원서 8판

정신건강 임상가를 위한 핸드북

면담 수행 및 보고서 작성 지침

Edward L. Zuckerman, PhD 저
조성근 · 심은정 · 유성진 · 한경훈 · 노가은 공역

Clinician's Thesaurus [8th ed.]

The Guide to Conducting Interviews and Writing Psychological Reports

학지사

Clinician's Thesaurus, 8th Edition:
The Guide to Conducting Interviews and Writing Psychological Reports
by Edward L. Zuckerman, PhD

역자 서문

정신건강 임상가의 기본 업무 중 하나가 문서화 작업이다. 문서화 작업 시 정신건강 임상가라면 누구나 한 번쯤은 내담자에 대한 자신의 관찰, 이해, 결론을 정확하고 적절한 언어로 기록하는 데 어려움과 갈증을 느끼게 된다. 그러나 이러한 욕구를 충족시켜 줄 수 있는 교재는 국내에 거의 소개된 바 없었고, 이에 필요성을 절실히 느낀 역자들이 이 분야의 스테디셀러인 이 책을 번역하게 되었다. 이 책『정신건강 임상가를 위한 핸드북: 면담 수행 및 보고서 작성 지침』은 저자의 표현대로 '보물 창고' 같은 책이다. 이 책은 많은 관련 용어와 표현을 한곳에 체계적으로 집대성하여 임상가가 보다 정확하고 적절한 언어를 쉽게 찾을 수 있어, 부담을 줄이고 문서의 전문성을 높이는 데 도움을 준다.

이 책을 번역하기 전에는 번역이 어려울 것이라는 생각을 전혀 하지 않았다. 책 전반에 걸쳐 용어가 상당 분량을 차지하고 있었기 때문에, 이 용어들을 단순히 번역하면 될 거라는 생각에서였다. 그러나 이러한 생각이 잘못되었음을 깨닫는 데는 그리 오래 걸리지 않았다. 이 책에는 비슷한 의미의 용어들이 많이 나오는데 한영사전을 찾아보면 모두 같은 의미로 번역되어, 용어 간 미묘한 의미의 차이를 전달하는 것 그리고 한국 실정에 맞는 용어로 번역하는 것이 생각 이상으로 매우 어려웠다. 이러한 이유로 번역 작업 중간에 이중 언어를 사용하는 역자를 새로 추가하여 최대한 용어의 의미를 반영하면서도 한국 실정에 맞는 용어를 사용하려고 노력했다.

번역 작업을 시작한 지 3년이 지나 이 책이 출판되었다. 번역 작업에 게을렀다기보다는 번역의 까다로움으로 인해 보다 정확하면서도 한국 실정에 맞는 번역을 하고자 많은 고민에 고민을 거듭한 결과이다. 그럼에도 불구하고 여전히 번역이 충분치 않다는 찜찜한 마음이 남아 있다. 번역의 지연을 참아 준 학지사 김진환 사장님과 편집 과정에서 많은 수고를 해 준 편집부 정은혜 과장님께 깊은 감사를 드린다. 중구난방이었던 역자들의 편집 양식을 통일된 양식으로 정리해 준 서민영 선생, 책 안에 있는 방대한 진단명을 정리하고 일일이 한글 명칭을 확인해 준 조인영 선생에게도 감사의 마음을 전한다. 모쪼록 이 책이 정신건강 관련 전공생과 관련 업무를 수행하는 수련생 및 임상가에게 도움이 되었으면 한다.

2023년 1월

역자 일동

감사의 글 그리고 제안

이 책을 출판할 수 있도록 변함없이 지원해 주신 The Guilford Press의 편집자들에게 감사드립니다. 그들의 도움이 없었다면 이 책의 명확성, 조직성, 정교성은 반감되었을 것입니다. 제8판을 출간하는 시점에서 그들의 식견, 경험, 막대한 노력에 다시 한번 감사와 경의를 표하고 싶습니다. Anna Brackett의 조직화, Marie Sprayberry의 세밀한 주의와 철저한 검토 그리고 특별히 Barbara Watkins의 지혜와 품위가 있었기에 유용한 서적을 출판할 수 있었습니다. 또한 이 책의 여러 부분을 공들여서 읽고 전문적인 의견을 피력해 준 James Morrison에게 감사드립니다.

제27장의 약물 목록을 공동으로 집필하고 온라인 보조 자료를 제공해 준 Pamela Kaden, PsyD에게 감사드립니다. 아울러 자신의 전문 지식을 아낌없이 베풀어서 이 책의 완성에 크게 기여해 준 다음의 전문가들에게 깊이 감사드립니다.

Judy Bomze (Wynnewood, PA)
Renee F. Bova-Collis (Richmond, VA)
Joe Elwart, PsyD (Royal Oak, MI)
Mustaq Khan, PhD (London, Ontario, Canada)
Bryan Lindberg (Portsmouth, RI)
Ilene D. Miner, CSW, ACSW (New York, NY)
Fay Murakawa, PhD (Los Angeles, CA)
Michael Newberry, MD (Palm Bay, FL)
James L. Pointer, PhD (Montgomery, AL)
Janet L. Smigel, RN (Darien, CT)
Frank O. Volle, PhD (Darien, CT)
Marcia L. Whisman, MSW, ACSW (St. Louis, MO)
Leslie J. Wrixon, PsyD (Cambridge, MA)

그 밖의 여러 동료에게도 큰 빚을 졌다는 사실을 분명히 밝히고 싶습니다. 나는 그들의 명료한 생각과 최고의 저술을 자유롭게 빌려와 이 책의 모든 페이지를 채웠을 뿐입니다. 250명 이상의 동료가 6만 편 이상의 자료를 공급했고, 거기서 수천 개의 중복되지 않는 용어를 추려 내고 통합한 것입니다. 동료들의 숫자가 너무 많아 일일이 거명하지 못하지만 부디 나의 감사와 존경을 흔쾌히 수용해 주기 바랍니다. 그들의 저작에서 수많은 단어와 문구를 인용했더라도 이 책의 내용과 구성에 관한 문제는 그것이 긍정적이든 부정적이든 전적으로 나에게 책임이 있습니다.

마지막으로, 당신에게도 기여해 달라고 요청하고 싶습니다. 이 책에 무엇이 빠졌습니까? 어떤 내용을 추가하거나 삭제하고 싶습니까? 이 책에 잘못된 부분은 없습니까? 우편이나 이메일로 알려 주기 바랍니다. 만약 이후의 개정판에 당신의 현명한 제안이 반영된다면, 3가지의 좋은 일이 생길 것입니다.

1. 당신에게 **무료로 개정판**을 보내 드릴 것입니다.
2. 당신이 기여한 내용을 개정판에서 확실히 밝힐 것입니다.
3. 당신이 추가한 지식이 작업에 도움이 되었으므로 정중한 감사 편지를 보낼 것입니다.

당신의 연락을 고대하겠습니다. 우편 주소는 P.O. Box 222, Armbrust, PA 15616이고, 이메일 주소는 edzucker@mac.com입니다.

* * *

다음의 저작권자들이 소중한 자료를 인용하고 수정할 수 있도록 흔쾌히 허락해 주었습니다.

"Assessing Strengths, Resilience, and Growth to Guide Clinical Interventions" by R. G. Tedeschi and R. P. Kilmer, 2005, *Professional Psychology, Research and Practice, 36*(3), 230–237. Copyright © 2005 the American Psychological Association.

"A Brief Reminder about Documenting the Psychological Consultation" by R. A. Rivas-Vasquez, M. A. Blais, G. J. Rey, and A. A. Rivas-Vasquez, 2001, *Professional Psychology: Research and Practice, 32*(2), 194–199. Copyright © 2001 the American Psychological Association.

"Detecting Physical Illness in Patients with Mental Disorders" by R. S. Hoffman and L. M. Koran, 1984, *Psychosomatics, 25*, 654–660. Copyright © 1984 the American Psychiatric Press.

"Enhancing Motivation for Treatment of Addictive Behavior: Guidelines for the Psychotherapist" by A. T. Horvath, 1993, *Psychotherapy, 30*(3), 473–480. Copyright © 1993 the Division of Psychotherapy (29) of the American Psychological Association.

A Guide to the Use of Recovery-Oriented Language in Service Planning, Documentation, and Correspondence by J. Harris and K. Felman, 2012 (Pittsburgh, PA: Mental Health America Allegheny County). Copyright © 2012 Jamie Harris and Kristyn Felman.

Handbook of Psychiatric Emergencies (4th ed.) by A. E. Slaby, J. Liev, and L. R. Tancredi, 1994 (Norwalk, CT: Appleton & Lange). Copyright © 1994 Appleton & Lange.

"Neuropsychological Aspects of AIDS Dementia Complex: What Clinicians Need to Know" by D. U. Greenwood,

1991, *Professional Psychology: Research and Practice, 22*(5), 407–409. Copyright © 1991 the American Psychological Association.

The Paper Office for the Digital Age (5th ed.) by E. L. Zuckerman and K. Kolmes, 2017 (New York: Guilford Press). Copyright © 2017 Edward L. Zuckerman and Keely Kolmes.

"The Seven Kinds of Denial" by S. Breznitz, 1988, in C. Spielberger et al. (Eds.), *Stress and Anxiety* (Vol. 2, Washington, DC: Hemisphere). Copyright © 1988 Shlomo Breznitz.

"Shame and Guilt: Definitions, Processes, and Treatment Issues with AODA Clients" by R. T. Potter-Effron, 1989, in R. T. Potter-Effron and P. S. Potter-Effron (Eds.), *The Treatment of Shame and Guilt in Alcoholism Counseling* (New York: Haworth Press). Copyright © 1989 The Haworth Press.

차례

역자 서문 3
감사의 글 그리고 제안 4
이 책의 활용 방법 14
보고서 작성을 위한 실용적 지침 25

제1부 정신건강평가

제1장 면담의 시작과 종결 49

1.1 면담의 시작 49
1.2 자기소개 및 의사소통 곤란 확인 49
1.3 면담 상황에 대한 내담자의 이해 수준 평가 51
1.4 사전 동의 취득 51
1.5 모든 면담에서 필요한 기타사항 53
1.6 주호소 문제/호소 문제/사안 탐색 53
1.7 문제에 대한 내담자의 이해 수준 탐색 53
1.8 호소 문제의 차원적 구분 54
1.9 면담의 종결 55
1.10 선별 도구 및 모니터링 도구 목록 55

제2장 정신상태평가 관련 질문/과제 59

2.1 정신 상태 관련 질문 소개 59
2.2 정신 상태 관련 배경 정보 60
2.3 란초 로스 아미고스 인지 기능 척도 61
2.4 인지 손상 선별 도구 61
2.5 지남력 62
2.6 주의력 64
2.7 집중력 65
2.8 언어 이해력 66
2.9 눈–손 협응/지각–운동 통합/통합운동장애/구성 능력 67
2.10 기억력 67
2.11 상식 71
2.12 반대말 74
2.13 차이점 74
2.14 공통점/유사점 74
2.15 모순점 75
2.16 계산 능력 76
2.17 유추/속담 77
2.18 속담 대비 78
2.19 실용적 추론 79
2.20 사회적 판단력 79

2.21 의사결정 ············80
2.22 자아상 ············80
2.23 장애에 대한 병식 ············81
2.24 강점 및 대처 ············81
2.25 정신상태평가 체크리스트 ············82

제3장 징후, 증상, 기타 행동 양상 관련 질문 87

3.1 징후, 증상, 행동 양상 관련 질문 소개 ····87
3.2 성인의 비(非)성적 학대/방임 ············88
3.3 성인의 성적 학대 ············90
3.4 정동/기분 ············91
3.5 불안 ············92
3.6 신체이형장애 ············93
3.7 치료에 대한 순응/불순응 ············94
3.8 강박 행동 ············94
3.9 망상 ············96
3.10 우울증 ············98
3.11 해리 경험 ············102
3.12 섭식장애 ············104
3.13 게이, 레즈비언, 양성애 성 정체성 관련 질문 ············106
3.14 성 정체성 ············108
3.15 성 정체성: 트랜스젠더 및 성별 비순응자 ············109
3.16 환각 ············111
3.17 착각 ············112
3.18 충동 조절 ············113
3.19 조증 ············114
3.20 강박 사고 ············115
3.21 기질성 증상/인지장애 ············116
3.22 만성통증 ············117
3.23 편집증 ············118
3.24 공포증 ············120
3.25 자해 ············120
3.26 성 관련 이력 ············121
3.27 수면 ············125
3.28 물질 남용: 약물 및 알코올 ············128
3.29 물질 사용: 담배 및 카페인 ············140
3.30 자살 및 자기파괴적 행동 ············141
3.31 폭력 ············145

제2부 보고서 작성을 위한 표준 용어 및 진술

A. 보고서 도입부 151

제4장 보고서 시작하기: 사전 정보 153

4.1 보고서 제목 및 날짜 ············153
4.2 보고서 정보 출처 ············154
4.3 내담자 인적사항 ············154
4.4 평가에서 나타나는 자발적 기능 수준···157
4.5 동의를 위한 설명문 ············158
4.6 신뢰도/타당도 관련 진술 ············159
4.7 비밀보장에 대한 안내 ············163
4.8 보고서 작성에서의 윤리적 고려사항···165

제5장 의뢰 사유 167

5.1 의뢰 사유 진술 ………… 167

제6장 배경 정보 및 과거력 169

6.1 과거력/현재 문제/질병/주호소 문제의 경과 ………… 169
6.2 과거력 및 기타 탐색 ………… 170
6.3 개인력, 가족력, 사회력 그리고 현재 사회적 상황 ………… 171
6.4 적응 ………… 176
6.5 장애검사에 필요한 사회력 ………… 178
6.6 가계도 ………… 178

B. 평가 시 내담자의 특성 181

제7장 행동 관찰 183

7.1 외모 ………… 183
7.2 복장 ………… 189
7.3 움직임/활동 ………… 190
7.4 발화 행동 ………… 194
7.5 기타 행동 관찰 ………… 198

제8장 검사와 관련된 반응 199

8.1 검사 맥락에 대한 반응 ………… 199
8.2 주의력/집중력/노력 ………… 200
8.3 평가/검사/질문 방법에 대한 반응 ………… 201
8.4 지속성/동기 ………… 203
8.5 검사자와의 관계 ………… 204
8.6 성공/실패/피드백에 대한 반응 ………… 208

제9장 자기제시 211

9.1 의존성-정열성(surgency) ………… 211
9.2 태도/스타일 ………… 211
9.3 자아상/자아존중감 ………… 212
9.4 교양/예의범절 ………… 213
9.5 따뜻함-냉담함 ………… 214
9.6 기타 자기제시 양상 ………… 215

제10장 기분/정동 증상 및 장애 219

10.1 기분 및 정동의 일반적 양상 ………… 219
10.2 분노 ………… 221
10.3 불안/두려움 ………… 222
10.4 제I형 양극성장애 ………… 226
10.5 제II형 양극성장애 ………… 226
10.6 순환성장애 ………… 227
10.7 우울증 ………… 227
10.8 죄책감/수치심 ………… 235
10.9 조증 ………… 236
10.10 공황 ………… 238
10.11 계절성정동장애 ………… 239
10.12 성적 관심 ………… 239
10.13 기타 정동/정서 반응 ………… 240

제11장 인지 기능 및 정신 상태 243

11.1 병리학적 소견 없음: 요약 진술 ………… 243
11.2 산술력 ………… 244
11.3 주의력 ………… 244
11.4 집중력/과제 지속성 ………… 245
11.5 의식 수준 ………… 246

11.6 의사결정 ·········· 246
11.7 치매 ·········· 247
11.8 실행 기능 ·········· 248
11.9 상식 ·········· 248
11.10 병식 ·········· 249
11.11 지능 및 인지: 평가 ·········· 250
11.12 지능 점수: 분류 ·········· 252
11.13 기억력 ·········· 253
11.14 도덕적/사회적 판단과 지식 ·········· 257
11.15 지남력 ·········· 258
11.16 현실 검증력 ·········· 259
11.17 추론/추상적 사고/개념 형성 ·········· 259
11.18 사회적 성숙도 ·········· 261
11.19 사고의 흐름 ·········· 262
11.20 판단력 검사: 요약 진술 ·········· 265
11.21 정신 상태의 인지적 구성 요소에 대한 기타 요약 진술 ·········· 266

제12장 이상 징후, 증상, 증후군 267

12.1 학대 ·········· 267
12.2 에이즈 치매 증후군 ·········· 268
12.3 주의력결핍/과잉행동장애 ·········· 269
12.4 자폐스펙트럼장애 ·········· 271
12.5 신체이형장애 ·········· 274
12.6 만성피로 증후군/근육류머티스성 뇌척수염 ·········· 275
12.7 강박 행동 ·········· 276
12.8 망상 ·········· 277
12.9 부인 ·········· 279
12.10 이인성 및 비현실감 ·········· 279
12.11 이중 진단 ·········· 280
12.12 섭식장애 ·········· 281
12.13 태아 알코올 증후군 ·········· 284
12.14 도박 ·········· 285
12.15 환각 ·········· 286
12.16 수집광 ·········· 288
12.17 건강염려증 ·········· 289
12.18 착각 ·········· 290
12.19 충동조절장애 ·········· 290
12.20 친밀한 관계에서의 폭력/가정 폭력 ·········· 292
12.21 꾀병 ·········· 295
12.22 강박 사고 ·········· 297
12.23 통증장애/만성통증 증후군 ·········· 298
12.24 편집증 ·········· 300
12.25 공포증 ·········· 300
12.26 뇌진탕후 증후군 ·········· 301
12.27 외상후 스트레스장애 ·········· 301
12.28 월경전불쾌감장애 ·········· 304
12.29 강간 외상 증후군 ·········· 305
12.30 조현병 ·········· 308
12.31 자해 행동 ·········· 309
12.32 성적 충동성/중독/강박 행동, 성욕과다증 ·········· 310
12.33 향정신성 약물의 부작용/약물 이상 반응 ·········· 311
12.34 수면장애 ·········· 314
12.35 스토킹 ·········· 317
12.36 물질 사용, 남용, 의존 ·········· 318
12.37 자살 ·········· 322
12.38 인신매매 ·········· 330
12.39 폭력 행동 ·········· 332

제13장 성격 양상 337

13.1 성격 진단 모델 ·········· 337
13.2 알코올 중독자/중독된 부모의 성인 자녀 ·········· 340
13.3 반사회성 성격 ·········· 340
13.4 권위성 성격 ·········· 344

13.5 회피성 성격 345
13.6 경계성 성격 346
13.7 공동의존성 성격 347
13.8 강박행동성(compulsive) 성격 351
13.9 의존성 성격 353
13.10 해리성 정체성 장애 355
13.11 연극성 성격 356
13.12 자기애성 성격 358
13.13 정상/건강한 성격 360
13.14 강박관념성(obsessive) 성격 361
13.15 편집성 성격 363
13.16 수동-공격성 성격 366
13.17 가학성 성격 367
13.18 조현성 성격 368
13.19 조현형 성격 369
13.20 자기파멸성 성격 370

C. 환경 속의 내담자 371

제14장 일상생활 수행 능력 373

14.1 평가 373
14.2 도움이 필요한 수준/독립이 가능한 정도 374
14.3 양육 374
14.4 집안일/집안 관리/가사생활 기술 375
14.5 요리 375
14.6 재정 능력 376
14.7 위험 인식 및 대처 376
14.8 생활환경/필요한 지원 수준 378
14.9 수행의 질 378
14.10 자기관리 기술 379
14.11 장보기 379
14.12 교통 380
14.13 돌봄 부담 380
14.14 요약 진술 381

제15장 사회/지역사회 기능 383

15.1 전반적 생활양식 383
15.2 사회/지역사회 활동 참여 384
15.3 공동체 내 관계 문제/갈등 385

제16장 커플 및 가족관계 387

16.1 체계적 가족 구조 387
16.2 접수면담 시 가족평가 388
16.3 가족면담 방법 391
16.4 자녀 부양/양육: 필수 요소 392
16.5 커플관계: 필수 요소 393

제17장 직업/학업 능력 395

17.1 기초 작업 능력 395
17.2 근무 경력 400
17.3 언어 능력: 읽기 및 쓰기 능력 400
17.4 수리 능력 402
17.5 장애 보고서에 대한 특별 고려사항 403
17.6 직업 능력/권고사항 403

제18장 여가 기능 407

18.1 오락: TV/라디오/온라인 프로그램/음악 407
18.2 취미 407
18.3 스포츠 408

18.4 읽을거리 408
18.5 참여/수행의 질 408

제19장 기타 전문 평가 411

19.1 비만대사 수술 411
19.2 대처 능력/스트레스 인내성 412
19.3 문화를 감안한 개념화 413
19.4 재정 능력/자본 관리 능력 414
19.5 난민 경험 415
19.6 종교 및 영적 문제 415

D. 보고서 마무리 419

제20장 결과 요약 및 결론 421

20.1 개관 421
20.2 요약의 서론 421
20.3 이전 정보의 요약 422
20.4 주요 결과 및/또는 결론 422
20.5 진단적 진술 423
20.6 자문 및 추가 평가 423
20.7 치료 요약 423

제21장 진단적 진술/소견 425

21.1 ICD 및 DSM 425
21.2 정신질환 진단의 참조 목록 개요 426
21.3 진단 한정어 429
21.4 ICD-10-CM의 정신질환 진단의 참조 목록 430

제22장 제언 471

22.1 치료 필요성/치료의 의료적 필요성 471
22.2 효과적인 치료 제공 473
22.3 치료 선택지/사례 처리 474
22.4 치료/서비스 유형 475

제23장 예후 진술 477

23.1 일반적 예후 관련 진술 477
23.2 기타 진술 478

제24장 결론 479

24.1 정보의 가치 479
24.2 의뢰인에 대한 감사 479
24.3 치료의 지속 가능성 480
24.4 서명 등 480
24.5 면책사항 481

제3부 유용한 자원

제25장 치료 계획 수립 및 치료 계획 서식 485

25.1 치료 계획의 흐름과 특성 ·········· 485
25.2 치료 계획 작성에 대한 조언 ·········· 486
25.3 다양한 형태의 치료 계획 ·········· 487
25.4 사례 개념화를 위한 치료 계획 서식 ·· 490
25.5 물질 남용 내담자를 위한 치료 계획 요소 ··········· 501
25.6 위기개입을 위한 치료 계획 요소 ······· 504
25.7 회복 패러다임 및 관련 표현 ··········· 505
25.8 강점 체크리스트 ··········· 507
25.9 효과 측정/목표 달성 ·········· 509

제26장 보고서, 평가, 요약 서식 511

26.1 평가 보고서 표준 서식 ··········· 511
26.2 정신역동평가 서식: 발달 모델 ··········· 513
26.3 『정신역동 진단 편람-2』 서식 ··········· 514
26.4 실존주의적 관점의 평가 사안 ··········· 514
26.5 치료 노트 서식 ··········· 515

제27장 일반 정신과 및 향정신성 약물 목록 517

27.1 상표 및 일반 명칭별 약물 목록··········· 517
27.2 길거리 마약의 명칭 ··········· 519
27.3 약물치료의 결과: 설명어 ··········· 520
27.4 임상가를 위한 약물 관련 자료 ··········· 520

제28장 의학적 상태의 정신과적 가장 523

28.1 개요 ··········· 523
28.2 불안 ··········· 524
28.3 성기능장애 ··········· 525
28.4 우울증 ··········· 525
28.5 조증 ··········· 526
28.6 기질성 뇌 증후군/치매 ··········· 527
28.7 정신증 ··········· 530
28.8 약물로 유발된 정신과적 상태 ··········· 530

평가, 면담, 보고서 작성과 관련된 문헌 참조 ··········· 531
참고문헌 ··········· 534
찾아보기 ·········· 548

이 책의 구매자는 개인적으로 또는 내담자와 함께 사용하기 위해 www.guilford.com/zuckerman-materials에서 3가지 양식, 120가지 일반 향정신성 약물 체크리스트 및 인터넷 자료 목록을 다운로드하여 인쇄할 수 있다(자세한 내용은 저작권 페이지 참조).

이 책의 활용 방법

『정신건강 임상가를 위한 핸드북』은 무엇이고 어떤 역할을 하는가

『정신건강 임상가를 위한 핸드북(Clinician's Thesaurus)』은 엄청난 분량의 유의어를 단순하게 모아 놓은 책이 아니다. 이 책은 임상가가 일상적으로 사용하는 전문적인 용어, 표준적인 표현, 상식적인 개념, 실용적인 정보를 망라하는 보물 창고이다. **이 책에는 정신건강 분야에 종사하는 미국인이 구사하는 언어가 넓고 깊게 수록되어 있다.** 이 책은 내담자에 관한 정보를 수집하고, 양질의 보고서를 작성하고, 가장 정확한 표현을 선택하며, 적절하게 진단하고 치료하고 제언하는 작업에 도움이 될 것이다.

『정신건강 임상가를 위한 핸드북』은 정신건강 평가서, 접수면담 결과지, 심리사회적 조사지, 심리검사 보고서, 경과 기록지, 치료 계획 및 치료 결과 요약지 등을 작성하는 임상가의 부담을 덜어 줄 것이다. 이 책은 다음과 같은 이유로 임상가의 글쓰기 능력을 예리하게 향상시킬 것이다.

- 관련 용어를 풍부하게 제시하기 때문에 보고서를 더욱 명료하고 정확하고 생생하게 작성할 수 있다.
- 여러 정신병리에서 드러나는 행동 특성을 기술하기 때문에 임상가의 관찰, 이해, 결론을 언어로 기록하는 데 도움이 된다.
- 『정신건강 임상가를 위한 핸드북』에 수록된 다양한 표현을 활용하면 내담자의 고유하고 개별적인 특징을 부각시킬 수 있다.
- 내담자의 독특한 특징을 회상할 수 있도록 자극한다(관련 자료를 읽으면 기억을 떠올릴 수 있기 때문이다).
- 간결한 요약 진술을 제안한다. 예를 들어, 인지 기능이 정상 범위에 속한다면 보고서를 간결한 요약 진술로 대신할 수 있다.
- 방대한 참고문헌과 유익한 색인을 제공하기 때문에 임상가에게 필요한 자료와 개념을 쉽게 찾을 수 있다. 온라인으로 접근할 수 있는 수백 개의 URL도 제공한다.
- 단조롭고 지루하게 느껴지던 글쓰기 작업을 흥미로운 활동, 자발적인 과정, 뜻밖의 재미를 발견하는 작업으로 변모시킬 것이다(이것은 거창한 말이지만, 이 책을 훑어보면 익숙한 내용과 새로운 내용을 모두 발견하게 될 것이다).

이에 더해,『정신건강 임상가를 위한 핸드북』은 다음과 같은 작업에 유익한 형식과 구조로 구성되어 있다.

- 면담과 평가의 과정을 구조화하여 면담과 평가를 진행할 때 중요한 측면이 누락되지 않도록 도와준다.
- 보고서를 작성하거나 구술하는 임상가의 생각을 조직화하여 내담자와 관련된 모든 자료를 빠짐없이 고려할 수 있도록 도와준다.
- 임상가가 그동안의 수련과 경험을 통해 형성한 지식 체계에 접근할 수 있도록 안내하며, 치료 계획을 세우거나 임상적 판단을 내릴 때 그것을 활용할 수 있도록 도와준다.
- 기존의 보고서를 수정하고, 퇴고하고, 개선하는 과정을 도와준다.『정신건강 임상가를 위한 핸드북』에 수록된 방대한 개념과 풍성한 용어를 활용하면 더욱 새롭고 다채로운 보고서를 작성할 수 있다. 심지어 이미 익숙한 주제나 초점도 여러 각도에서 접근할 수 있다.
- 보고서 작성 방법을 학습하고, 실행하고, 교육하는 활동을 도와준다(관련 내용 참조).

비유컨대,『정신건강 임상가를 위한 핸드북』은 방대한 체크리스트이다. 임상가는 나름의 내재적(internal) 체크리스트를 보유하고 있으며, 그것을 바탕으로 내담자와 면담을 진행하고, 내담자의 질문을 이해하고 답변하며, 내담자에 대한 보고서를 구성한다. 이 책은 내재적 체크리스트를 본떠서 만든 형식을 갖춘(external) 체크리스트이다. 그런데 형식을 갖춘 체크리스트를 활용하는 것이 훨씬 쉽다. 형식을 갖춘 체크리스트가 난해한 회상 과제를 평이한 재인 과제로 변환시키기 때문이다. 임상가는 이 책을 읽으면서 따져 보고 그중에서 최선의 표현을 선택하면 된다.

아동과 관련된 내용도 가끔 등장하지만, 이 책은 기본적으로 성인을 평가하고 이에 대해 보고하는 작업에 초점을 맞추고 있다. 아동의 평가 및 보고서 작업에 관심이 있는 독자에게는 비슷한 책인『아동 전문 임상가의 보고서 작성법 제2판(The Child Clinician's Report-Writing Handbook, second edition)』(Ellen Braaten, 2019)을 추천한다.

이 책의 구성

일반적으로 임상가는 내담자를 만나서 기능을 평가하고 보고서를 작성한다.『정신건강 임상가를 위한 핸드북』도 이와 동일한 순서로 구성되어 있다. 제1부는 정신건강평가의 수행과 관련된 문제를 다룬다. 제2부는 보고서의 시작, 전개, 종결과 관련된 문제를 다룬다. 정신건강평가 보고서에 포함되는 표준적인 주제를 모두 포괄하며, 전형적인 보고서의 순서에 따라 제시한다. 제3부는 치료 계획을 수립하는 방법, 대안적인 보고서의 형식, 그 밖의 요긴한 자료를 다룬다.

제1부에서는 정신건강평가를 위한 면담 수행 지침을 소개한다. 구체적인 정보를 파악하기 위해 임상가가 어떤 질문을 던져야 하는지를 자세히 설명한다.

- 제1장은 효과적 및 윤리적으로 면담을 진행하는 방법을 소개한다. 면담의 시작과 종결에 관한 문제를 다룬다.
- 제2장은 정신상태평가를 수행하는 전통적인 방법을 설명한다. 인지 기능을 평가하기 위해 사용하는 일반적인 질문 및 변형된 질문들을 다룬다.
- 제3장은 다양한 증상, 징후, 행동 양상을 탐색하는 여러 가지 질문을 소개한다. 면담에서 다루기 어려운 주제(예: 편집증, 해리 경험, 성생활)까지 포괄한다.

제2부에서는 보고서 작성 방법을 안내한다. 전형적인 보고서의 형식을 따르며, 이에 대한 자세한 내용은 다음을 참조하기 바란다. 각 장에서는 주제별로 다양한 설명어와 문구를 제공하는데, 이를 사용하면 웬만한 보고서는 작성할 수 있을 것이다. 또한 임상적으로 참고할 만한 내용 및 흔히 범하는 실수 예시도 다룬다.

- 제4장부터 제6장까지는 보고서를 시작하는 방법을 설명한다. 사전 정보, 의뢰 사유, 과거력을 기술하는 방법을 소개한다.
- 제7장부터 제13장까지는 평가에서 드러나는 내담자의 특징을 기술하는 방법을 설명한다. 행동 관찰, 반응 태도, 자기제시, 정서 특성, 인지 특성, 정신 상태, 이상 증상, 성격 양상과 관련된 주제를 다룬다.
- 제14장부터 제19장까지는 환경에서 드러나는 내담자의 특징을 기술하는 방법을 설명한다. 일상생활, 사회 기능, 커플관계, 가족관계, 직업 수행, 학업 수행, 여가 활동, 그 밖의 의뢰 영역과 관련된 주제를 다룬다.
- 제20장부터 제24장까지는 보고서를 종결하는 방법을 설명한다. 요약, 진단, 제언, 예후, 결론과 관련된 주제를 다룬다.

제3부에서는 임상가가 요긴하게 활용할 수 있는 자료를 제공한다.

- 치료 계획서 형식
- 다양한 보고서 및 요약문 형식
- 향정신성 약물 목록(상표 명칭, 일반 명칭), 불법 유통 약물 정보 등
- 의학적 상태로 가장된 정신과적 상태(가면성)를 탐지하는 단서

마지막으로, 부록에서는 임상가가 유용하게 사용할 수 있는 축약어 및 임상적인 평가, 면담, 보고를 위해 참고할 수 있는 문헌을 주석과 함께 제시한다.

인터넷 자료

이 책은 인터넷에서 유용한 자료를 찾을 수 있도록 수백 개의 웹사이트를 소개한다. URL을 입력하여 접속할 수 있고, 관련 파일(Internet Resources Cited in the Clinician's Thesaurus)을 다운로드하면 클릭해서 더 쉽게 접속할 수 있다(13쪽 하단의 박스 참조). 온라인 링크의 목록은 각 장의 제목과 번호에 따라 분류되어 있고, 관련된 장으로 바로 이동하는 것도 가능하다. URL을 클릭하기 바란다.

만약 목록에 오류가 있거나 접속이 불가능한 웹사이트가 있을 경우, Ed Zuckerman에게 연락해 주면 업데이트하겠다(edzucker@mac.com). 그 밖의 웹사이트를 추천하는 것도 환영하며, 유익하다고 여겨지면 추가하겠다.

장(chapter)의 스타일 및 형식

앞서 언급한 것처럼 『정신건강 임상가를 위한 핸드북』은 총 3부로 구성되어 있다. 제1부는 정신건강평가와 관련된 광범위한 질문, 제2부는 보고서 작성과 관련된 다양한 표현, 제3부는 임상가가 참고할 수 있는 요긴한 자료를 다룬다. 각 부의 각 장에서는 더 자세한 내용을 소개한다. 예를 들어, 제10장(기분/정동 증상 및 장애)에는 3가지의 주제가 포함되며, 각 주제는 분노와 우울증을 비롯하여 계절성정동장애까지 포괄한다. 각 주제는 번호와 명칭을 함께 표기한다. 예를 들어, 제10장의 세 번째 주제는 '10.3 불안/두려움'이다. 참고자료에도 번호가 표기되어 있다.

불안한 내담자와 관련된 자료를 찾는 경우, 목차에서 제10장의 '10.3 불안/두려움'을 확인하면 자세하게 정보를 탐색할 수 있다. 또한 색인에서 '불안'을 검색하면 관련된 자료를 활용할 수 있다.

당연한 이야기이지만, 각 장에서 다루는 모든 주제를 모든 보고서에 포함시킬 수는 없다. 각 장은 내담자 유형별로 그리고 보고서 목적별로 광범위한 자료를 제시하므로, 임상가는 특정한 내담자 혹은 특정한 보고서와 관련된 자료를 선별할 수 있다.

장(chapter) 섹션의 정보 유형

이 책의 대부분은 정신건강 분야에 종사하는 미국의 임상가들이 구사하는 표준적인 용어의 목록 혹은 군집으로 구성된다. 또한 각 장은 다음과 같은 정보를 제공한다.

- 소개하고 설명하는 표현
- 연관 분야 참고자료
- 실제적인 고려사항, 참고사항, 주의사항
- 표준적인 임상 작업의 참고자료
- 보고서에 적용되는 설명어, 용어, 문구

- '요약 진술' 예시
- 평가 질문 및 평가 과제 예시(주로 제1장, 제2장, 제3장)

20쪽의 [그림 1]에 각 장의 구조와 형식을 신속하게 파악할 수 있도록 시각적으로 도시했다. 또한 [그림 1]에는 의미 있는 기호를 제시했다(사례에는 기호의 일부만 포함되어 있음을 주의하기 바란다). 임상가는 가장 적합한 설명어를 선택해 보고서를 작성할 수 있다. 보고서의 형식은 이후에 소개하겠다.

이 책에서 소개하는 설명어와 표현은 표준적인 영어이며, 정신건강 분야에 종사하는 미국인이 관습적으로 사용하는 언어이다. 이 책에서는 용어의 사전적인 의미를 설명하지는 않으므로, 사전적인 의미가 궁금한 독자는 정신의학사전을 참고하기 바란다(예: Campbell, 2009; *Stedman's Psychiatry Words*, 2007).

[그림 1]과 이 책의 전반에서 알 수 있듯이, 내담자의 특징을 기술하는 설명어와 용어는 다양한 형식으로 제시된다. 경우에 따라서 문단이나 목록으로 제시될 때도 있고, 일부는 몇 개의 열로 제공될 때도 있다. 어떤 경우에는 목록의 순서가 문제의 수준을 반영하기 때문에 제시된 순서가 유의미하지만, 다른 경우에는 목록의 순서와 문제의 수준이 무관하기 때문에 제시된 순서가 무의미하다. 곧이어 이와 관련된 주의사항을 언급하겠다.

『정신건강 임상가를 위한 핸드북』 활용 예시

현재의 복잡한 정신건강 시스템에서는 적어도 수백 가지 종류의 보고서가 생산된다. 『정신건강 임상가를 위한 핸드북』은 여러 개의 모듈 단위로 구성되어 있기 때문에 거의 모든 보고서에 적용할 수 있다. 임상가는 모듈 중에서 일부를 선택하고 조합하여 보고서를 작성할 수 있다. 예를 들어, 『정신건강 임상가를 위한 핸드북』 모듈을 찾아보면 '보고서 작성을 위한 실용적 지침'이라고 설명된 부분을 발견할 수 있다.

설명어 및 용어의 형식

다른 종류의 정보와 구분하기 위해 『정신건강 임상가를 위한 핸드북』에서는 용어와 설명어를 항상 굵은 글씨로 제시하고 있다. 용어와 설명어는 다음의 4가지 방식 가운데 1가지 방식으로 정렬되어 있다. 이 중에는 순서가 무의미한 목록도 있고 순서가 유의미한 목록도 있다.

1. 순서와 상관없이, (동일하지 않은) 유사한 단어와 문구를 선형으로 혹은 문단으로 나열하는 경우가 있다.

   단정한, 적절한, 적합한, 연령과 직업에 적절한 외양과 복장, 사무적인, 전문적으로 보이는, 시선을 끌지 않는, 단정한 복장을 한

서로 대체할 수 있는 단어와 문구의 목록은 순서와 상관없이 한 줄이나 문단으로 제시했다. 앞의 예시에서 모든 용어와 문구는 복장의 '적절성'에 대한 유사한 설명어이다.

2. 정도 순서에 따라 단어와 문구를 선형으로 혹은 문단으로 연속하여 나열하는 경우, '↔' 기호를 사용한다.

> (↔ 정도순) **어설픈, 서투른, 자주 다치는, 부정확한/비효율적인 움직임, 경련성의, 협응이 안 된, 〈정상〉, 의도된, 부드러운, 능숙한, 섬세한, 민첩한, 기민한. 금지 표현: "사고뭉치의" "바보 같은"**

이 예시에서 내담자의 움직임/활동 특성을 기술하는 용어를 전혀 협응되지 않는 상태('어설픈')부터 매우 협응되는 상태('기민한')까지 순서대로 제시했다. 이 경우, '정상'이라는 단어를 품고 있는 (〈 〉) 기호는 연속선의 중간 지점을 뜻한다. 마지막의 '금지 표현'은 이후의 설명을 참조하기 바란다.

3. 정도 순서에 따라 단어 목록을 열 지어서 제시하는 경우, '↔' 기호를 사용한다.

복장의 특성(↔ 정도순)

불결한	구겨진	수선이 필요한	**평범한**	**단정한**	**유행을 따르는**
때묻은	헝클어진	올이 드러난	유행이 지난	신경 쓴 옷차림	세련된
더러운	방치된	꾀죄죄한	구식의	감각이 좋은	우아한

이 예시에서는 내담자의 복장의 특성을 기술하는 단어 목록을 열 지어서 순서대로 제시했다. 각각의 열에는 의미상 미묘한 차이가 있는 유의어를 순서와 무관하게 배치했고, 서로 대체할 수 있다. 그러나 각 열의 제일 위에 배치된 단어가 임상가가 사용하는 표준적인 용어인 경우, 그것을 고딕체로 표기했다. 앞의 예시에서 첫 번째 열에 배치된 3개의 단어는 모두 '복장의 특성'을 기술하는 유의어이고, 의미상 미묘한 차이가 있다. 이 중에서 '불결한'이 표준적인 용어이다.

4. 정도 순서에 따라 문장 혹은 문단을 나열하되, 길이 때문에 열 지어서 제시할 수 없는 경우는 아래쪽으로 점점 들여쓰기 해서 제시한다.

> **면담/보고서의 목적을 인지할 수 없는, ……**
> > **무관심한, 단조로운, 무심한, 거리를 두는, 관여하지 않는, 냉담한, ……**
> > > **의존적인, 검사자로부터 많은 지지/안심시키기/지침을 바라는, ……**
> > > > **긴장한, 면담 상황에 적절한/비례한 불안을 보이는, ……**
> > > > > **검사 상황에서의 예의/규범/기대/관습/요구 특성을 이해하는, ……**

제10장

기분/정동 증상 및 장애

10.1. 기분 및 정동의 일반적 양상

관련 질문은 섹션 3.4 '정동/기분' 참조

임상 장면에서 '정서'라는 단어는 상당히 광범위하고 포괄적이다. 보통 '기분'이란 자신의 경험에 대한 만연하고 지속적인 정서적 색채, 즉 (기후와 같이) 지속적으로 유지되는 정서를 말한다. 기분은 보통 자기보고를 통해 파악된다(그러나 때로는 추측되기도 한다). '정동'은 임상가가 면담 중 관찰하는 내용과 같이 지속 시간이 더 짧으며…….

정동의 양/반응성/범위(↔ 정도순)

단조로운	둔마된	제한된	정상의	광범위한
무감정의	무관심의	억제된	일반적인	깊은
무딘	무표정한	낮은 강도의	평균적인	강렬한

정동 혹은 기분 그리고 사고/상황의 적절성/일치성

(↔ 정도순) 다음 단락은 적절성/일치성 정도순(낮은 순서에서 높은 순서)으로 나열되었다.

부적절한, 불일치하는, 보고한/관찰한 감정과 묘사된 상황에서 예상되는 감정이 불일치하는

문제에 무관심한, 자신의 실제 문제와 한계에 신경 쓰지 않는, 일반적으로 강렬한 감정을 동반하는 경험에 대해 이야기할 때 예상되는 정동을 보이지 않는/최소한으로 보이는/예상보다 훨씬 적은 정동을 보이는

정동은 다양하나 대화 주제에서 예측하기 어려운, 어조 변화가 진술 내용 또는 정서적 의미와는 관련성이 없고 일관성도 없는

10.7. 우울증

관련 질문은 섹션 3.10 '우울증' 참조. 섹션 10.11 '계절성정동장애', 섹션 12.28 '월경전불쾌감장애' 참조

행동적 양상

여기에는 식물 징후/신체적 기능장애가 포함된다.

섭식

식욕/배고픔 증가 혹은 감소, 식욕 부진, 적은/잦은 빈도의 식사, 단식, 선택적 음식 갈망, 폭식, 체중 증가/감소. 금지 표현: "위로가 되는 음식"

리비도 관련 설명어는 섹션 10.12 '성적 관심' 참조

☑ 리비도는 성적 활동이 아닌 성적 관심이나 욕구라는 점을 기억하도록 하라.

10.9. 조증

(↔ 정도순) **단정하지 못한, 정리 안 된, 잘 차려 입지 않은, 지나치게 격식을 차려 입은, 잘 차려 입은, 화려한**

(↔ 정도순) **언어 압박, 빠른/속도감 있는 말, 속사포 같은 말, 청중의 수준에 맞지 않는 용어를 사용하는, 과도하게 말이 많은, 수다스러운, 과다한, 목소리가 큰, 장황한, 적절한 어조를 사용하는, 말재간이 좋은, 말 장난하는, 과장 어구를 사용하는, 대화 주제가 자주 바뀌는, 군말이 많은, 연설을 늘어놓는, 노래하는**

- 장 번호
- 장 제목
- 상호 연관된 장 및 섹션 번호
- 소개 및 설명 자료
- "10.1. 기분 및 정동의 일반적 양상"의 하위 섹션
- 정도순으로 정렬된 항목들
- 고딕체: 가장 빈번하게 사용되는 대표적인 용어
- 의미 정도 순으로 늘어놓은 행 또는 단락
- / 기호: 서로 대체할 수 있는 용어
- 유의어들(동의어는 아님), 순서대로 정렬되어 있지 않음
- " " 기호: 비속어 또는 부적합한 표현
- ☑ 기호: 논평, 조언 혹은 제언
- ↔ 기호: 연속선상에서 정도 순으로 정렬됨

[그림 1] 다양한 형식과 기호의 활용 예시

이 예시에서는 평가 장면에서 내담자가 드러내는 반응을 수준별로 구분하여 순서대로 제시했다. 동일한 수준에 속하는 단어와 표현은 거의 비슷한 의미를 지닌다. 앞의 경우, 내담자의 반응을 '……목적을 인지할 수 없는'부터 '……이해하는'까지 연속선상에서 기술했다.

설명어 및 용어 관련 기호 규칙

- 화살 표시(↔): 어떤 특질, 특성, 행동을 기술하는 용어와 문구를 심각성의 정도에 따라 연속적으로 제시한다는 뜻이다.
- 구분 표시(/): 구분 표시로 묶여 있는 용어들은 서로 대체할 수 있다는 뜻이다.

  검사 상황에서의 예의/규범/기대/관습/요구 특성을 이해하는……

  이 경우, '예의' '규범' '기대' '요구 특성'은 서로 대체할 수 있는 단어이다. 모든 용어를 '이해하는'이라는 표현과 함께 사용할 수 있다.
- 인용 표시(" "): 단어와 문구가 비속어인 경우, 내담자가 가끔 사용하기는 하지만 전문적인 보고서에 포함시키기는 부적합한 경우, 금지 표현과 함께 인용 표시로 구분한다.

  어설픈, 서투른, 자주 다치는, …… 금지 표현: "사고뭉치의" "바보 같은"

  비속어 및 부적합한 표현을 사용하는 내담자가 종종 있다. 이러한 표현에 익숙하지 않은 임상가를 위해서 관련된 항목의 말미에 비속어 및 부적합한 표현도 함께 제시한다. 그러나 금지 표현 및 인용 표시로 구분한 용어는 보고서에 포함시키지 않도록 주의해야 한다.
- 체크 기호(☑): 논평, 조언, 주의, 요령이 필요한 경우를 뜻한다. 간단한 언급으로 그치는 경우도 있고, 일목요연한 표로 정리하는 경우도 있다. 내담자 혹은 어떤 현상을 이해하는 데 도움이 된다. 그러나 보고서에 포함시키지는 않는다.

  ☑ 주: 만약 내담자가 관련된 정보를 제공하지 못한다면, 가족구성원 혹은 정보제공자에게 반드시 문의해야 한다.

설명어 및 용어 관련 기호 규칙의 개요	
기호	의미
↔	연속적인 순서에 따라 제시
/	서로 대체할 수 있는 용어
" "	비속어 또는 부적합한 표현
〈 〉	연속선의 중간 지점
☑	논평, 조언, 주의, 요령

문법에 대한 참고사항

어떤 목록에는 형용사, 부사, 동사, 명사가 뒤섞여 있다. 조밀하되 단순하게 제시하기 위해 문법을 희생했기 때문이다. 문장을 작성할 때 알맞게 수정하도록 하라.

대명사를 사용할 때는 성차별적인 연상과 함의를 줄이려고 노력했다. 성차별적인 표현이 해로운 영향을 미치기 때문이다. 이 책에서는 '그녀를/그를' 혹은 '그는/그녀는' 등을 순서를 바꿔 가며 무작위로 사용했다. 특정한 성별의 대명사만 제시한 경우에도 그것을 특정한 성별의 특징으로 받아들이면 안 된다.[1]

『정신건강 임상가를 위한 핸드북』을 활용하는 몇 가지 방안

면담

면담을 신행할 때 이 책의 제1부가 도움이 될 것이다. 정신 상태를 평가하는 질문이나 증상을 탐색하는 질문을 발췌해서 내담자에게 질문할 수 있고, 그중의 일부는 똑같이 따라 할 수 있으며, 의뢰 사유와 관련된 적절한 질문을 떠올리도록 기억을 되살릴 수 있다. 구조화된 면담과 비교하면, 이 책에서는 각각의 영역을 탐색하는 다양한 질문을 더 많이 제안하고 있다. 특정 질문이 만족스러운 답변을 유도하지 못하는 경우, 이 책에서 소개하는 비슷한 질문으로 변경해서 면담을 진행할 수 있다.

보고서 작성

이 책의 제2부는 전통적인 정신건강평가 보고서의 형식과 동일한 순서로 구성되어 있다. 만약 다른 형식의 보고서를 구상한다면, 이 책에서 당신의 욕구와 필요에 부합하는 부분을 선택해서 적절한 내용과 구조로 보고서의 형식을 변형할 수 있다. 이 책의 각 장은 독립적이고, 서로 쓰임새가 다른 일종의 모듈이다. 각 장의 제목(예: 행동 관찰, 정신 상태, 진단 요약)은 전통적인 보고서의 주요한 영역과 일치한다. 각 장에서 숫자로 표시된 섹션(예: 2.5 지남력)은 그 영역에서 전형적으로 평가하는 내용을 망라한다. 섹션을 대충 훑어보면 보고서를 작성할 때 참고할 만한 자료가 어디에 있는지 파악할 수 있을 것이다. 만약 심층적인 평가가 필요한 상황이라면, 각 장의 모든 섹션을 체크리스트처럼 활용해 중요한 부분이 누락되지 않았는지 검토할 수 있다.

제2부의 각 장에는 다양한 수준의 의미를 반영하는 구체적인 단어와 문구가 풍성하게 수록되어 있다. 그중에서 당신의 내담자에게 해당하는 최상의 표현을 선택하면 된다. 더욱 세련된 보고서를

1 역자 주: 자연스러운 표현을 위해 번역하는 과정에서 '그/그녀'를 '내담자/환자'로 대체했다.

작성하고 싶은 경우, 특별한 주제에 초점을 맞춘 장과 섹션을 집중적으로 활용하면 된다.

『정신건강 임상가를 위한 핸드북』을 사용하는 과정에서 당신의 글쓰기 방식과 가장 부합하는 단어와 문구 혹은 당신이 일하는 환경과 업무에 적합하게 여겨지는 단어와 문구에 밑줄을 긋거나, 색칠을 하거나, 표시를 해 두는 것이 유익하다는 사실을 발견하게 될 것이다. 또한 페이지 좌우의 인덱스를 활용하면 원하는 지점으로 신속하게 이동할 수 있다.

교육

학생을 교육하는 선생의 입장에서 임상가가 반드시 숙지해야 하는 내용을 하나부터 열까지 학생에게 가르치는 것은 불가능하다. 선생이 진단과 절차에 집중해도 학생은 중요한 부분을 빠뜨리기 십상이다. 선생이 추상적인 이론을 설명해도 학생은 구체적인 실무가 미진할 수 있고, 선생이 사례를 제시하면 학생은 심리장애의 큰 그림을 보지 못하고 오직 작은 조각에 집착할 수 있다. 나도 선생으로서 비슷한 문제를 겪어 왔는데, 이 책이 분명히 도움이 될 것이다. 각각의 심리장애에서 드러나는 증상, 징후, 양상이『정신건강 임상가를 위한 핸드북』에 모두 수록되어 있기 때문이다. 이 책에는 정신건강 분야에서 통용되는 모든 언어가 담겨 있다.

학생이 면담을 진행하는 경우, 거의 모든 의뢰 사유를 포괄하는『정신건강 임상가를 위한 핸드북』의 질문들을 따라 하면 된다. 면담에서 발견한 내용을 토대로 보고서를 작성하는 경우, 이 책에서 적합한 단어와 표현을 선택하면 된다. 이 책을 활용하면, 학생과 선생은 표준어를 새롭게 창제하는 엉뚱한 과제가 아니라 고급스러운 업무(따져 보고, 가려내고, 통합하는)에 집중할 수 있다.

학생들은 이 책을 좋아한다. 불안감이 줄어들고 유능감이 늘어나기 때문이다. 자신에게 필요한 거의 모든 것을 망라하는『정신건강 임상가를 위한 핸드북』이 존재한다는 사실을 알게 된 학생들은 안도의 한숨을 쉰다. 물론 이 책이 임상 교육을 대신하는 것은 아니다. 그러나 이 책은 임상 교육을 지원한다. 수학을 공부하는 학생에게 계산기를 제공하면, 학생은 계산의 세부가 아니라 문제의 본질에 집중할 수 있다.

수퍼비전

숙련되지 못한 학생과 전문가는 깊이 생각하지 않고 경솔하게 보고서를 작성하는 실수를 종종 범한다. 이런 경우, 대부분의 수퍼바이저는 내담자를 면담하면서 무엇을 관찰했는지 학생에게 질문한다. 그러나 학생은 거의 대답하지 못한다. 특정한 현상을 기술하는 정확한 용어를 모르기 때문이다.

대안적인 수퍼비전 방법을 고려하기 바란다. 예를 들어, 학생에게『정신건강 임상가를 위한 핸드북』의 적절한 부분을 제시하면서 내담자의 우울증을 인지적 측면에서 묘사하는 3개 이상의 단어를 찾아내도록 권유하는 것이다. 그러면 수퍼비전은 유능함을 입증하는 시합이 아니라 일종의 즐거운 게임으로 전환되며, 학생에게는 적합한 단어를 선별해야 하는 상당한 부담이 주어진다. 더 나아가서, 다양한 대안을 고려하고 따져 보게 함으로써 학생의 임상적 판단 능력을 훈련시킬 수 있다. 내가 여러 방법을 시도해 보았지만, 이 방법이 아니면 제대로 가르치기 어렵다.

『정신건강 임상가를 위한 핸드북』은 부정행위를 도와주는 쪽지도 아니고 의존의 대상도 아니다. 이 책을 활용해 보고서를 쓰더라도 통조림처럼 똑같은 보고서가 생산되는 것은 아니기 때문이다. 수천 개의 단어와 표현을 모조리 기억하고 있는 사람은 극히 드물다는 사실을 인정하면, 이 책을 통해 새로운 단어와 표현을 배우는 것을 부정행위로 치부하지는 못할 것이다. 우리는 누구에게나 적용되는 보고서를 쓰는 것이 아니다. 학생은 여전히 단어의 의미를 학습해야 하고, 자신이 만난 내담자에게 적합한 용어를 가려내야 한다.

주의사항 및 면책사항

『정신건강 임상가를 위한 핸드북』에 수록되어 있는 자료는 정신건강 분야에서 사용하고 있는 질문 예시와 용어 목록이다. 이 책에 수록되었다고 해서 저자나 출판사가 그것을 보증하는 것은 아니다. 모든 표현은 암묵적이거나 명시적인 보증과 무관하게 제시되었고, 오로지 전문가나 임상가의 활동에 최선의 도움을 제공하고 싶었을 뿐이다.

『정신건강 임상가를 위한 핸드북』에 수록되어 있는 단어, 문구, 설명어, 문장, 절차를 사용하는 각 개인이 임상적 · 법적 · 윤리적 · 재정적으로 야기되는 모든 결과를 모두 책임져야 한다. 저자와 출판사는 이 책에 수록된 자료의 사용 및 적용과 관련하여 어떠한 개인, 환자, 내담자, 학생에 대해서도 책임질 수 없고, 책임지지 않고, 책임지지 않을 것이다. 저자와 출판사는 이 책의 구매자와 사용자에 의해 발생하는 문제 혹은 연관되는 문제에 대해 그것이 우연적이든 필연적이든 법적으로 면책되어야 한다. 이 책을 사용하는 것은 각 사용자가 작업의 한계를 인정한다는 뜻이고, 전적으로 책임지겠다는 뜻이다.

저자와 출판사는 ①『정신건강 임상가를 위한 핸드북』의 사용자가 교육과 수련을 통해 이 책을 윤리적 및 법적으로 사용할 수 있는 자격을 갖추었고, ② 문서화할 수 있는 한계를 벗어나지 않는 범위에서 철저하게 윤리적으로 사용할 것으로 간주한다.

여기서 명시한 내용을 넘어서는 사건이 발생하여 문제가 되는 경우, 독자는 유능한 전문가에게 자문을 구하기 바란다.

보고서의 본질, 작성 단계 그리고 이에 해당하는 장(chapter)의 위치

보고서의 목적은 평가 결과, 치료 요약, 개입 방법 등을 이와 관련된 정보를 요청하는 사람에게 전달하고 소통하는 것이다. 보고서의 목적을 달성하기 위해, 보고서 작성자는 동시에 2가지 과제에 주의를 기울여야 한다.

1. 논리정연하게 통합하는 보고서를 써야 한다. 보고서에 기술하는 내용은 적절해야 하고, 중요해야 하며, 이미 익숙한 전문적인 구조에 부합해야 한다.
2. 독자의 요구에 주목하는 보고서를 써야 한다. 보고서의 독자는 의뢰자, 수퍼바이저, 후속 치료자, 법원 관계자, 법률가, 의료제공자, 다른 전문가, 평가받은 내담자 혹은 내담자의 가족일 수 있다. 각각의 독자는 자신의 배경과 경험에 근거해 당신의 보고서를 읽을 것이다.

보고서 작성자가 이러한 2가지 과제를 항상 유념해야 원활하게 소통되고 유용하게 활용되는 보고서를 작성할 수 있다.

앞으로 몇 페이지에 걸쳐서 보고서의 가장 전반적인 측면부터 가장 구체적인 측면까지 살펴보고자 한다. 보고서 작성자가 중요하게 생각하는 내용을 보고서 독자에게 효과적으로 전달하려면 정보의 흐름을 어떻게 조직화해야 하는지, 어떤 보고서가 정교한 용어와 맞춤형 표현으로 의미 있는 정보를 제공하는지 파악할 수 있을 것이다.

내담자와 관련 있는 정보를 수집하기 시작하는 단계부터 보고서를 작성하는 작업도 시작된다. 그러므로 당신은 수집한 정보를 반드시 조직화해야 한다. 일반적으로, 보고서에는 다음과 같은 주제가 순서대로 포함된다. 먼저, (A) 내담자의 과거력 및 의뢰 사유와 같은 과거의 정보를 제시한다. (B) 면담 혹은 평가를 통해 임상가가 수집한 새로운 정보를 제시한다. (C) 과거의 정보 및 새로운 정보 모두에 근거하여, 내담자에 대해 임상가가 새롭게 이해한 내용을 기술한다. 이렇게 통합된 자료를 기반으로, (D) 적절하고 효과적인 치료 개입과 같은 새로운 계획을 마지막에 제시한다. 이러한 단계적 과정은 전통적인 평가 보고서의 주요한 요소와 일치한다.

보고서 작성 단계	보고서의 주요 요소	『정신건강 임상가를 위한 핸드북』 제2부 하위 항목
과거의 정보	보고서 도입부	A
새로운 정보: 개인 관련	평가 시 내담자의 특성	B
(새로운 정보: 심리검사 결과)	(행동의 표준화된 예시)	(이 책에서 다루지 않음)
새로운 정보: 환경 관련	환경 속의 내담자	C
새로운 이해 및 계획	보고서 마무리	D

방금 소개한 형식이 전통적인 보고서를 작성하는 가장 일반적인 방법이다. 27쪽의 〈표 1〉에서 알 수 있듯이, 이 책에서는 보고서에 포함되는 4가지 주요 요소를 파악하기 위해 고려해야 하는 구체적인 주제와 내용을 소개한다. 물론 어떤 보고서도 모든 주제를 다루지는 못한다. 따라서 당신은 보고서의 목적과 임상적인 판단을 종합하여 독자에게 가장 쓸모 있는 정보를 전달해야 한다.

이제 임상 작업의 본질을 이해하기 위해 보고서의 주요 요소와『정신건강 임상가를 위한 핸드북』의 해당 자료를 자세히 살펴보자. 내담자의 개인적 및 사회적 기능을 평가할 때 임상가는 어떤 작업을 해야 하는가? 내담자를 도우려는 보고서의 독자가 암묵적으로 혹은 명시적으로 궁금해하는 것은 무엇인가? 이 책의 제2부는 당신이 이러한 질문에 답변할 수 있는 틀을 갖추도록 구성되어 있다. 여기서는 먼저 질문의 틀에 주목하자.

A. 보고서 도입부

보고서 시작하기: 사전 정보(제4장)

보고서를 시작하는 A 항목에서는 과거의 정보를 제시한다. 평가 장면에 방문하기 이전에 발생한 사실과 문제를 기술하되, 당신이 알고 있는 모든 과거력 정보를 나열할 필요는 없다. 보고서의 목적에 부합하는 정보를 제시하면 충분하다. 과거의 정보를 제시하면서 평가를 실시한 까닭과 보고서를 작성한 이유를 명확하게 설명한다.

대개의 경우, 처음에 내담자의 인적사항(예: 신원, 연령, 결혼 상태 등)을 기술한다. 이어서 면담 과정에서 당신이 발견한 중요한 단서(예: 기능 수준, 동의 여부 등)를 서술한다. 이것은 과거의 정보가 아니지만, 이어지는 임상적 정보의 흐름을 방해하지 않기 위해 관행적으로 그렇게 작성한다.

다음의 질문에 답변하고 보고서에 기술한다. 당신은 누구인가? 언제, 어디서, 누구에게 정보를 수집했는가? 내담자는 누구인가? 내담자가 면담의 과정과 결과를 얼마나 이해했는가?**(내담자에게 면담의 목적, 결과, 비밀보장을 설명하는 방법은 제1장, 특히 섹션 1.3 및 1.4 참조)** 면담 과정에서 어떤 제한점이 관찰되었는가? 내담자를 얼마나 신뢰할 수 있는가?

<표 1> 평가 보고서의 일반화된 형식

보고서의 구성 요소	장/섹션
A. 보고서 도입부(과거 정보)	
사전 정보	제4장
임상가 및 소속기관 식별 정보, 작성 일자	섹션 4.1
내담자에 대한 정보의 출처	섹션 4.2
내담자의 인적사항	섹션 4.3
평가에서 나타나는 자발적 기능 수준	섹션 4.4
평가에 대한 동의 여부	섹션 4.5
내담자의 신뢰도/정보의 타당도	섹션 4.6
비밀보장에 대한 안내	섹션 4.7
의뢰 사유	제5장
의뢰자, 의뢰 내용, 의뢰 목적	섹션 5.1
내담자 혹은 의뢰자가 당면한 문제의 본질	
배경 정보 및 과거력	제6장
이전 증상들 혹은 주호소 문제	섹션 6.1
병력/가족력/사회력/적응 이력	섹션 6.2~6.4
가계도	섹션 6.6
B. 평가 시 내담자의 특성(새로운 정보-개인적)	
행동 관찰	제7장
검사와 관련된 반응	제8장
자기제시	제9장
기분/정동 증상 및 장애	제10장
인지 기능 및 정신 상태	제11장
이상 징후, 증상, 증후군	제12장
성격 양상	제13장
C. 환경 속의 내담자(새로운 정보-사회적)	
일상생활 수행 능력	제14장
사회/지역사회 기능	제15장
커플 및 가족관계	제16장
직업/학업 능력	제17장
여가 기능	제18장
기타 전문 평가	제19장
D. 보고서 마무리	
새로운 이해	
결과 요약 및 결론	제20장
진단적 진술/소견	제21장
의학적 상태의 정신과적 가장	제28장
새로운 계획	
제언	제22장
예후 진술	제23장
치료 계획	제25장
결론 진술	제24장

의뢰 사유(제5장)

내담자 혹은 의뢰자가 당면하고 있는 문제의 본질이 무엇인가? 누가, 언제, 어떤 서비스에, 어떤 목적으로 내담자를 의뢰했는가? 이 부분을 정밀하게 탐색할수록 보고서를 작성하는 것이 쉬워진다. 왜냐하면 당신은 항상 이 부분으로 되돌아올 것이기 때문이다. 필요한 만큼 충분한 시간을 투자해서 의뢰자가 원하는 것을 정밀하게 이해해야 한다.

배경 정보 및 과거력(제6장)

평가 장면에 방문한 까닭은 무엇인가? 내담자의 이전 기능 수준은 어떠했고, 내담자는 어떤 환경 속에서 살아왔는가?

B. 평가 시 내담자의 특성

이어지는 B 항목에서는 내담자가 현재 혹은 최근에 어떻게 행동했는지를 기술한다. 이것은 새로운 정보이다. 즉, 내담자가 당신을 만났을 때 (평가적 면담 혹은 치료적 면담 과정에서) 어떻게 기능했는지를 기술한다.

내담자의 외모, 행동, 당신을 대하는 태도, 인지 기능, 정서 반응, 증상, 성격에 대해 기술한다. 당신은 심리학적 평가를 진행하면서 심리검사 자료를 확보했을 수도 있고, 내담자의 역동과 성격을 파악했을 수도 있고, 치료 시간에 드러난 내담자의 특징에 주목했을 수도 있다. 그것을 검토하여 서술한다.

이어지는 3가지 영역에서 핵심적인 질문은 다음과 같다. 당신이 관찰한 행동의 의미는 무엇인가? 그것이 내담자의 정신 상태와 대인 기능에 대해 시사하는 바는 무엇인가? 이러한 질문과 무관한 내용은 포함시키지 말아야 한다.

행동 관찰(제7장)

내담자의 외모, 복장, 움직임, 발화 행동 등은 어떠했는가? 그것이 임상가가 관심을 기울여야 하는 현상인가?

검사와 관련된 반응(제8장)

내담자는 당신을 어떻게 대했는가? 당신의 질문 혹은 검사 도구에 어떻게 반응했는가? 내담자는 얼마나 노력했고 지속했는가? 내담자는 곤란, 실패, 좌절, 성공, 피드백에 어떻게 반응했는가?

자기제시(제9장)

내담자는 얼마나 상냥했거나 다가왔는가? 내담자는 얼마나 자신감이 있었는가? 내담자가 의존적이거나 독립적이지는 않았는가? 내담자는 사회적으로 적절한 행동이 무엇인지 잘 알고 있었는가? 내담자는 얼마나 따뜻하거나 차가웠는가? 내담자의 사회 기술은 어느 수준이었는가?

이어지는 4가지 영역—정서 영역, 사고 영역, 증상 · 징후 · 증후군, 성격 양상—에서는 가장 심리학적인 요소를 평가한다.

기분/정동 증상 및 장애(제10장)

내담자의 기분과 정동은 어떠했는가? 평가에서 거론된 주제로 인해 혹은 그 밖의 이유로 인해 면담 도중에 내담자의 기분과 정동이 변화되었는가? 내담자가 분노, 불안/공포, 우울, 조증, 죄책감/수치심, 그 밖의 감정을 겉으로 드러내거나 경험을 이야기했는가?

인지 기능 및 정신 상태(제11장)

내담자는 원활하게 사고할 수 있는가? 내담자는 정보를 처리하고, 결론을 도출하고, 의사를 결정하고, 행동을 선택할 수 있는가? 내담자는 적절한 정보를 회상할 수 있고 통합할 수 있는가? 부적절한 정보를 배제할 수 있는가? 내담자는 세상과 자신을 이해하고 있는가? 일반적으로 세상과 자신에 대해 어떻게 생각하는가? 내담자는 사고를 조직화할 수 있는가? 정상적으로 단어를 사용하는가? 효과적으로 소통하는가? 내담자의 판단력, 병식, 고차원적 기능과 관련하여 당신이 발견한 증거는 무엇인가?**(인지 기능의 모든 영역을 평가하는 방법은 제2장 참조)**

이상 징후, 증상, 증후군(제12장)

당신이 주목하고 관찰하고 탐색해 보고서의 독자에게 전달하고 싶은 행동적 증상은 무엇인가? 정서적/정동적 증상 및 인지적 증상은 해당 부분에서 기술해야 한다. 행동적 증상은 얼마나 심각했는가? 내담자는 얼마나 한계를 드러냈는가?**(이상 행동과 증상을 평가하는 방법은 제3장 참조)**

성격 양상(제13장)

내담자가 지속적이고 일관적으로 드러내는 주의, 사고, 정서, 행동의 양상을 관찰했는가? 잘 알려진 성격장애 및 성격 양상의 용어(예: 공격성, 권위성, 의존성, 가학성, 자기파멸성)로 표현할 수 있는가? 그렇게 판단한 근거는 무엇인가?

C. 환경 속의 내담자

이어지는 C 항목에서도 새로운 정보를 제시하는데, 내담자가 일상생활과 같은 더 큰 세상에서 어떻게 기능하고 있는지를 서술한다. 친밀한 인간관계와 공식적 인간관계의 양상도 기술한다. 핵심적인 질문은 다음과 같다. 내담자는 다음의 각 영역에서 얼마나 성공적으로 살고 있는가? 혹은 내담자의 기능이 얼마나 손상되어 있는가?

일상생활 수행 능력(제14장)

내담자는 자기를 스스로 돌볼 수 있는가? 자기관리, 요리하기, 청소하기, 자녀 양육, 쇼핑하기, 외출하기와 같은 일상 과제를 얼마나 잘 수행하고 있는가?

사회/지역사회 기능(제15장)

내담자나 정보제공자가 내담자의 사회 및 지역사회 기능에 대해 어떤 이야기를 했는가? 내담자의 사회 기술은 얼마나 발달되었는가? 내담자는 사회적으로 얼마나 교류하고 있는가? 내담자는 얼마나 심각한 갈등과 실패를 경험하고 있는가?

커플 및 가족관계(제16장)

내담자나 정보제공자가 더욱 친밀하고 지속적인 관계(예: 원가족, 배우자/파트너, 자녀와의 관계)에 대해 어떤 이야기를 했는가? 내담자는 이 영역에서 얼마나 효율적인가 또는 제한적인가? 가족구성원을 면담한 경우, 그들은 얼마나 유능하고 능숙한가? 그들에게서 구조적인 문제나 체계적인 양상이 관찰되었는가?

직업/학업 능력(제17장)

내담자는 학업적 및 직업적으로 얼마나 적응하고 성취했는가? 내담자의 읽기 능력, 계산 능력, 직업 능력은 어느 정도 수준인가? 내담자는 어떤 문제나 갈등을 겪었는가?

여가 기능(제18장)

내담자는 자유시간을 어떻게 보내고 있는가? 어떤 활동에 참여하는가? 여가 활동의 수준과 강도는 어느 정도인가? 내담자가 얼마나 만족하고 있는가?

기타 전문 평가(제19장)

당신은 내담자의 재정 상태, 의지력, 스트레스 대처 방식, 망명 신청 등을 평가해 달라는 요청을 받을 수도 있다. 또는 내담자의 영적 혹은 종교적 관심과 문제와 쟁점을 평가해 달라는 요청을 받을 수도 있다.

D. 보고서 마무리

보고서를 마무리하는 D 항목에서는 당신이 새롭게 이해한 내용을 서술하고 새로운 계획을 제안한다. Groth-Marnat(2016)에 따르면, 과거의 정보를 통합하는 내용뿐만 아니라 새롭고 독특한 관점까지 제시하는 보고서가 좋은 보고서이다. 하지만 이것은 상당히 어려운 과제이다. 내담자에 관한 정보를 적극적으로 조직화해야 하는데, 임상가가 고려해야 하는 주제나 개념이 너무 많기 때문이다. 좋은 보고서에는 통합된 정보, 정확한 진단, 현명한 제언, 성취 가능한 치료 계획이 포함된다.

새로운 이해

결과 요약 및 결론(제20장)

의뢰자 혹은 독자가 궁금해했던 질문에 답변하기 위해 내담자의 과거력 정보, 임상가가 발견하고 관찰한 자료, 내담자에 대해 새롭게 이해한 내용을 통합하여 최종적인 결론을 제시한다. 인적사항, 의뢰 사유, 과거력, 주요 결과, 치료 경험 그리고 보고서의 목적에 부합하는 기타 정보를 1개의 문단으로 압축하여 서술한다.

어떤 보고서의 경우, 이 부분에 추가적인 내용을 포함시켜야 할 때도 있다. 예를 들어, 앞으로 누구에게서 어떤 정보를 더 수집해야 하는가? 심리적인 증상이 의학적인 상태에서 기인한 것은 아닌가?**(제28장 '의학적 상태의 정신과적 가장' 참조)**

심리검사 보고서의 경우, 각각의 주제별로 결과를 제시할 수도 있다. 의뢰 사유를 감안하여, 여러 심리검사 결과를 실행 기능, 정서 조절, 대인관계 등의 주제별로 제시하는 것이다. 또한 임상가가 발견한 정보의 신뢰도를 언급하는 것도 필요하다**(제4장 섹션 4.6 '신뢰도/타당도 관련 진술' 참조)**.

진단적 진술/소견(제21장)

진단은 여러 유형의 자료를 통합하는 전문적인 행위이다. 일반적으로 ICD-10-CM/DSM-5에 등재된 진단 명칭 중에서 내담자에게 해당되는 모든 진단 명칭을 고려해야 하고, 배제 진단(R/O)도 제안해야 한다. 여기서 진단적 진술/소견을 제시하고, 뒤에서 치료적 제언/계획을 제시하면 독자가 이해하기 쉽다.

새로운 계획

보고서의 마지막에 포함되는 몇 가지 요소는 새롭고 충분한 이해를 바탕으로 장기적인 관점에서 내담자에게 가장 유익한 서비스에 대한 새로운 계획, 즉 제언 및 치료 계획을 수행하는 것이다**(자세한 내용은 제25장 '치료 계획 수립 및 치료 계획 서식' 참조)**.

제언(제22장)

명확한 진단 혹은 쟁점의 해소를 위해 추가적인 평가가 필요한가? 현재의 기능 수준을 고려할 때 내담자에게 치료적 개입이 필요한가? 어떤 영역을 치료해야 하는가? 내담자는 무엇을 원하고 있는가? 내담자를 어떻게 지원해야 하는가? 내담자의 기능 수준을 회복하려면 어떻게 치료하는 것이 최선인가? 내담자는 치료를 받으려고 하는가? 전반적으로 어떤 치료, 접근, 방법을 어느 강도로 실시하는 것이 가장 효과적인가?**(치료 계획의 수립은 제25장 참조, 일반적인 정신과적 약물치료는 제27장 참조)**

예후 진술(제23장)

당신이 제언하는 치료나 처치를 받지 않을 경우, 내담자가 어떤 경과를 보일 것이라고 예상하는가? 당신이 제언하는 치료나 처치를 받을 경우, 내담자가 어떤 경과를 보일 것이라고 예상하는가?

결론(제24장)

의뢰자에게 감사를 표시하고, (가능한 경우에) 당신이 앞으로 꾸준히 협력할 수 있다고 밝힌다. 보고서에 서명한다.

임상가는 보고서의 개요를 작성하고 초안을 마련하는 노력을 기울여야 한다(Ownby, 1997). 과거의 정보와 새로운 정보를 요약하는 작업부터 시작해도 괜찮다. 이 과정에서 보다 종단적인 관점을 형성할 수 있기 때문이다. 내담자가 살아온 인생의 궤적을 검토했을 때, 당신은 처음부터 과거의 배경 정보와 현재의 관찰 자료를 연결시킬 수 있었는가? 처음부터 내담자에게 유익한 제언과 예후를 제시할 수 있었는가? 보고서를 작성할 때는 수차례의 검토를 거듭하면서 단편적인 정보를 체계적인 서술로 조직화해야 하고, 파편적인 증거에서 출발하여 통합적인 결론까지 도달하는 논리가 명쾌해야 한다. 마지막으로, 보고서의 초점이 의뢰 사유에 부합하는지 혹은 독자의 질문에 답변했는지 여부를 점검하면서 보고서의 분량을 조절해야 한다.

『정신건강 임상가를 위한 핸드북』을 활용한 보고서 예시

심리치료 클리닉에 방문한 내담자의 접수면담 보고서를 사례로 소개하겠다. 접수면담 보고서에 내담자의 과거력, 호소 문제, 정신역동을 기술했다. 또한 치료 계획을 제시하면서 효과적인 치료 방법을 언급했고, 지원 계획을 수립하면서 어떤 치료자 혹은 어떤 프로그램에 배정하는 것이 바람직한지 제안했다. 이 보고서의 목적은 배정 업무를 담당하는 관리자 및 초기 계획을 고민하는 치료자에게 정보를 제공하는 것이었다.

이 보고서의 주요 요소는『정신건강 임상가를 위한 핸드북』의 해당 자료와 상응한다. 이 책에 수록된 용어와 표현은 고딕체로 표기했다. 소제목과 관련 장은 '[ ]' 기호 안에 제시되어 있다.

Edward L. Zuckerman, PhD
펜실베이니아주 공인 임상심리학자
[주소]

심리치료를 위한 심리평가 보고서

[A. 보고서 도입부]

[인적사항] Steven Bedford 씨는 75세의 유럽계 미국인으로 아내와 사별했고, 대체로 건강하며, 보통의 체격을 가지고 있다. 그는 1944년 2월 24일에 출생했고, 펜실베이니아주 해리스버그 메이플가 258번지(우편번호 17701)에 거주한다.

접수면담 [사전 정보, 제4장]

[만남] 2018년 9월 10일에 내담자가 전화로 서비스를 신청했고, 9월 14일로 평가면담을 예약했다. 내담자는 평가 결과 및 치료 제언을 상의하기 위해 9월 28일에 다시 방문했다.

[정보 출처] 모든 정보를 내담자가 제공했다. 당시에 선별검사 및 자녀면담은 필요하지 않아 보였다. 그러나 의문 혹은 이견이 있다면 추가할 수 있다.

[자족/의존] 내담자는 약속한 시각에 정확히 방문했고, 집에서 클리닉까지 자가용을 운전해서 왔다.

[동의] 임상가가 적절하게 설명하자, 내담자는 평가 과정의 목적과 영향을 이해했고 참여가 전적으로 자신의 선택이라는 것에 동의했다. 또한 내담자가 허락하면 배정받은 치료자에게 접수면담 보고서를 전달할 예정이라고 알려 줬다. 그에게 사생활 및 비밀보장 규칙을 고지했고, 건강보험의 양도 및 책임에 관한 법률과 주정부의 법률 및 전문적인 규정을 따르는 클리닉의 정책을 설명했고, 내담자가 동의하고 서명했다. 그는 내가 자신을 담당하는 상담자가 아니라는 사실과 앞으로 지속적인 관계를 맺지 않을 것이라는 규정을 이해했다. 내담자의 건강보험이 이번 평가면담 비용을 지원하지 않기 때문에 내담자는 직접 비용을 지불하기로 약속했다. 그는 건강보험 권리 포기(waiver) 서류에 서명했다.

내담자는 전적으로 협조했고 친절하게 다가왔다. 내담자가 보고한 내용의 진실성을 의심할 만한 까닭은 없었다. 3시간 이상의 면담에서 내담자의 반응, 자발적 진술, 적절한 질문의 전체적인 특징과 양상을 관찰한 바에 따르면, 수집한 본 정보의 신뢰도와 타당도는 매우 높은 편이다.

의뢰 사유/주호소 문제 [제5장]

그는 내가 과거에 만났던 내담자의 친구이기는 하지만 자발적으로 의뢰했다. 그는 "경미한 수준의 만성적 우울증"을 치료하길 원했고, "남은 시간을 즐기는 방법"을 배우려고 내원했다. 그는 아내가 투병 중에 사망했으며 "지난 몇 년간 사람과 일에 대한 관심이 줄어들었다."라고 보고했다. 그는 "사람들을 다시 만나는 것이 힘들고, 심지어 자녀들과 만나는 것도 어렵다."라고 언급했고, "아무것에도 마음이 쓰이지 않는다."라고 토로했다. 그는 자신의 인생관을 "비관적이고, 냉소적인 태도에 가깝다."라고 묘사했고, "어디서나 꼼수가 보인다."라고 이야기했다.

배경 정보 [제6장]

[사회관계] 내담자는 가족과 25년간 살았던 교외의 주택에서 혼자 살고 있다. 경제적으로 안정되어 있고, 컴퓨터 기술을 교육하고 집필하던 전문직에서 10년 전에 은퇴했다. 1~2명의 친한 친구가 있고, 전문직 종사자들과 때때로 교류한다. 그러나 대부분의 시간은 독서나 인터넷 서핑을 하면서 혼자 보낸다.

[가족관계] 그에게는 장성한 2명의 아들이 있다. 아들들은 다소 떨어진 곳에 거주한다. 내담자는 가족과의 관계를 "친밀하지는 않지만 긍정적"이라고 묘사했다. 내담자의 가족은 1년에 두 차례 정도 서로 왕래한다.

내담자는 42년간 결혼생활을 유지했다. 아내는 알츠하이머로 5년간 투병하다가 18개월 전에 사망했다. 그는 "아내가 빨리 떠났다."라고 말했으며, 장기보험이 있어서 다행이었다고 언급했다. 아내가 투병하는 동안 아들들과 여동생들이 문병을 왔고 아내의 임종에 함께했다. 투병 기간이 길었기 때문에 한 아들은 사별을 몹시 힘들어했지만, 다른 친척들은 담담하게 받아들였다. 아내가 생각나는 순간은 점점 줄어들고 있지만, 그는 "상당히 낙심했고" 아내와의 사별에 대해 "죄책감과 슬픔"을 느낀다고 표현했다. 최근에는 일주일에 몇 번 정도 아내를 떠올린다. 아내는 주부였다. 결혼하고 5년 정도 사회복지사로 근무하다가 아들이 태어나고 사직했다. 그녀는 사회 문제에 적극적으로 가담했고 내담자는 아내를 지지했다. 내담자는 아내와 친구처럼 지냈다. 서로 친밀하지는 않았고 "성적으로는 메마른" 편이었다. 내담자가 결혼 기간 내내 바람을 피웠고 아내가 그것을 싫어했기 때문이다. 부부는 외도 문제를 서로 거의 언급하지 않았고, 오직 아내가 분노하는 순간에만 거론했다. 부부관계를 개선하고 싶은 마음이 있었지만 부부상담을 받은 적은 없다. 관련된 이야기를 나눈 적은 있다.

[건강 상태] 내담자는 건강하다고 보고했지만, 최근에 심장계통과 호흡계통에 문제가 생겨 검진을 받고 있다. 약간 과체중이고, 운동은 하지 않는다. 갑상선 보조제, 대변 연화제, 비타민을 복용하고 있다. 치과와 안과에 정기적으로 방문한다.

현재 문제

내담자는 평생에 걸쳐 다소 우울했다고 보고했다. 그는 "항상 절반만 살아 있는" 느낌이었고 "아무것도 즐기지 못했다."라고 호소했다. 내담자에 따르면, 지금은 "단순하고 편안하게" 살고 있지만 "질병과 사고만 기다리고 있고", 조만간 "남에게 의존하게 될" 것이라고 언급했다. 그는 "초점도 없고, 계획도 없고, 목적도 없이" 살고 있다고 표현했다. 하지만 무망감에 빠져 있거나 자살할 생각이 있는 것은 아니다. 20년 전에 부부관계의 위기가 닥쳤을 때 2주 정도 자살을 생각한 적이 있지만 자살을 시도한 적은 없다. 그때는 아내가 내담자에게 "보복하려고 홍청망청 돈을 썼기 때문에" 금전적으로 심각한 위기를 겪었다. 이후로는 내담자가 돈을 관리했다. 내담자는 "하루 벌어 하루 사는" 노동계층에서 성장한 아내를 어떻게 믿고 돈을 맡겼는지 모르겠다고 표현했다.

내담자는 대학 시절에 우울감 문제로 몇 차례 심리상담을 받았다. 당시에 목표를 선택하고 강점을 발견하는 데 도움이 되었다고 한다. 가족은 부친처럼 의사가 되기를 원했지만, 내담자는 다른 길을 선택했다. 내담자는 심리치료에 대해 신중하면서도 낙관적인 태도를 드러냈다.

내담자는 약물 남용 이력을 부인했다. 법적 문제에 연루된 적이 없고, 공격 혹은 폭력 행동도 부인했다.

[B. 평가 시 내담자의 특성-새로운 정보]

행동 관찰 [제7장]

[외모] 내담자는 정시에 도착했다. 그는 자신의 연령, 사회경제적 계층, 교육 수준에 부합하게 행동했다. 외모는 관리가 잘 되어 있었고, 영양 상태가 좋으며, 외견상 증상이 없어 보였다. 내담자의 체격

은 보통이었으나 약간 뚱뚱했다. 내담자는 날씨와 상황에 적절한 복장을 착용했다. 복장은 깔끔했고 몸에 꼭 맞았지만 새로운 스타일이나 최신 유행하는 스타일은 아니었다. 얼굴 표정은 다소 긴장되어 있으면서도 각성된 편이었고, 평가 절차에 대한 관심이 묻어났다. 아내의 사망이나 자신의 외로움을 언급할 때도 얼굴 표정에 변화가 없었다.

내담자의 자세, 보행, 협응은 정상이었다. 그러나 움직임과 얼굴 표정에서 기력의 감소가 관찰되었다. 활력이 약해 보였지만 허약한 상태는 아니었다. 정신병리 혹은 신체적 고통을 시사하는 기행증, 틱, 몸짓은 관찰되지 않았다. 면담을 진행하는 동안 내담자는 정상적으로 기민하게 반응했고, 적절한 눈맞춤이 가능했다.

내담자는 조음 곤란 없이 명료하게 발음했는데, 한편으로는 발화량과 유창성이 다소 저조하여 발음이 늘어졌다. 내담자의 말은 다소 기계적이었고 신중했다. 내담자가 먼저 어떤 화제를 꺼내지는 않았지만, 임상가의 질문에는 충실하게 반응했다.

검사와 관련된 반응 [제8장]

내담자는 매우 협조적이었고 끈기가 있었다. 그는 전문적인 평가에서 요구되는 사회적 규범과 기대를 이해했다. 내담자는 임상가의 질문에 체계적으로 차근차근 답변했다. 내담자의 반응은 적절했는데, 방어적이거나 저항적인 태도는 아니었지만 때로는 말수가 없고 과묵해 보였다. 부적절한 모습은 전혀 관찰되지 않았지만, 가끔씩 성급하고 초조해하는 면을 억제하는 것처럼 보였다.

자기제시 [제9장]

내담자는 공손하고 겉으로 보기에 우호적이었지만, 자신에게만 몰두하며 회피적이었다. 임상가가 유머를 구사하면 짧게 웃었지만 즐기는 것 같지는 않았다. 그가 먼저 잡담이나 농담을 건네지는 않았다. 그는 대체로 가라앉아 있었고, 직업과 관련된 이야기를 나눌 때만 약간의 활기가 느껴졌다.

정서 [제10장]

내담자는 노화에 동반되는 상실과 한계를 언급하면서 경도 수준의 만연한 불안과 슬픔을 보고했다. 노화와 관련하여, 내담자는 "내 인생이 어디로 가 버렸는지 모르겠어요. 갑자기 노인이 되어 버렸습니다."라고 표현했다. 내담자는 자신의 삶을 침체된 상태로 보았고 개선하려는 동기가 낮았다.

내담자의 기분 상태는 경도 수준의 만성적 우울감에 해당한다. 그는 "거의 모든 일에 관심이 없어요."라고 말하듯이 무쾌감증을 겪고 있다. 특히 내담자는 "온통 우울하게 만드는" 뉴스를 보면서 상당한 실망감을 경험한다. 그는 "내 삶이 나아질 것 같지 않습니다. 그냥 마지못해 살아 있는 것뿐이에요. 되는 대로 살고 있어요."라고 말하듯이 상당히 비관적이다. 그는 계획도 없고 삶에서 기대할 것도 없이 "절망적으로" 살고 있다.

내담자는 정서로부터 거리를 두고 있다. 최소한의 정동적 표현만 사용해 객관적으로 자신의 감정을 묘사했다. 비록 비참하고 고통스러워서 자살하고 싶은 정도는 아니지만, "교육하고 집필하는 것이 즐거울 때도 있었습니다. 하지만 지금은 너무 힘듭니다."라고 말하듯이 낙담하고 의기소침한 상태였다. 내담자는 비생산적으로 인생을 낭비하는 자신을 책망하고 있다.

비록 내담자가 극심한 불행감을 경험하고 있지만, 나는 평가면담의 과정에서 자살의 위험성과 타해의 위험성을 발견하지 못했다. 내담자는 조증 삽화 혹은 계절성정동장애를 보고하지 않았다.

인지 기능 [제11장]

내담자가 구사하는 어휘 수준, 언어 표현, 직업 경력을 감안할 때, 그의 지능 수준은 평균 이상인 것 같았다. 지적 능력이 비정상적으로 감퇴되었다고 간주할 만한 증거는 없었다. 내담자는 정신 둔함, 우유부단, 과도한 걱정과 같은 인지적 증상을 보고했는데, 경미하고 유동적인 양상이었다. 내담자의 주의력은 정상이었고, 면담 과정에서 집중력의 문제나 과제 지속력의 결함은 관찰되지 않았다. 그의 지남력은 정상이었다. 그는 자신의 과거력을 온전하게 회상할 수 있었으므로, 노화와 관련된 가벼운 건망증이 있기는 하지만 기억력은 정상으로 판단되었다. 사고의 흐름은 약간 느리지만 논리 정연했다. 사고의 집착, 차단, 장황은 관찰되지 않았다.

징후 및 증상 [제12장]

내담자의 우울 증상은 앞에서 기술했다. 면담이나 과거력에서 다음에 기술한 증상 외에 그 밖의 증상은 시사되지 않았다.

내담자는 한 번에 한 가지 과제에만 집중할 수 있어서 다른 많은 일이 지연된다고 보고했다. 그는 일상생활에 필요한 목록을 작성하는 과제 혹은 특정한 항목을 추후의 목록으로 이동하는 과제와 같은 사소한 과제를 수행할 때 강박적으로 꾸물대고 집착한다. 내담자는 평생을 이렇게 살아왔고, 그것이 유익했던 때가 있었다. 하지만 내담자는 자신의 목록을 실천하는 것이 점점 어려워진다고 보고했다. 이것은 부분적으로 순행성 기억력의 한계 때문일 가능성이 있다. 내담자는 대부분의 자유시간을 인터넷 서핑에 사용하고 있고 일부분은 독서에 할애하고 있다. 내담자는 혼자 지내고 있지만 외로움을 느끼지는 않는다고 보고했다.

성격 양상 [제13장]

이전의 '징후 및 증상'과 '정서' 항목에서 기술했다. 이후의 '진단' 항목도 참고하기 바란다.

[C. 환경 속의 내담자]

일상생활 수행 능력 [제14장]

내담자는 아내 및 두 아들과 함께 살았던 교외의 주택에서 혼자 살고 있다. 그는 25년째 그곳에 거주하고 있다. 내담자는 누구의 도움도 받지 않고 운전하고, 쇼핑하고, 요리하고, 청소하고, 주택을 유지 · 관리한다. 면담 과정에서 자기관리 능력의 결함은 전혀 관찰되지 않았다. 그는 건강과 재정을 스스로 관리하고 있으며, 항상 그렇게 해 왔다. 그는 편안하게 생활할 수 있는 정도의 충분한 예금과 수입을 가지고 있다.

내담자는 살기 위해 먹는 것이지, 음식을 즐기지는 않는다고 보고했다. 카페인의 효과를 느끼지 못하기 때문에 카페인을 과용하지 않으며, 배변 문제도 없다고 언급했다. 그는 음식을 구입할 때 눈물겹게 슬퍼진다고 보고했다. 자신을 스스로 돌봐야 하는 서러운 상황 혹은 혼자서 외롭게 지내는 상황이 떠오르기 때문이다. 내담자는 게으르고 무기력하게 지낸다고 언급했고, 쉽게 피곤해지며, 어떤 날은 거의 침대 밖으로 나오지 않는다고 했다.

사회적 기능 [제15장]

내담자는 과거에도 사교적인 사람은 아니었다. 내담자는 서서히 고독해졌고 고립되었다. 지난 몇 년간 아내의 사회적 활동이 감소되면서 내담자의 사회적 기능도 점점 악화되었다. 비록 은둔적인 수준까지는 아니지만 거의 회피적인 수준이다. 대부분의 사회적 접촉은 이메일로 진행되고, 삶의 범위가 매우 제한적이다. 내담자는 대부분의 시간을 혼자 독서와 인터넷을 하며 보낸다.

내담자가 친구라고 생각하는 사람은 극소수이다. 전문직 동료와 몇 년간 친하게 지냈는데, 1년에 겨우 6시간 정도 만나는 것이 전부이다. 전화로는 매주 통화한다. 다른 사람에게는 거의 전화를 걸지 않는다. 내담자는 자신의 이발사를 친구로 여긴다고 보고했다. 이발사의 일을 거들었고, 이발사의 재능을 존경한다. 최근에 내담자는 두 사람과 가까워졌는데, 관계의 만족도는 미미한 수준이다.

내담자에게는 몇 년간 알고 지낸 '여자 친구'가 있다. 한 달에 몇 차례 만나서 서로 매우 만족스러운 성관계를 갖는다. 함께 있을 때는 여자 친구가 내담자에게 요리를 해 준다. 몇 가지 활동에 그녀와 함께 참여하기도 한다. 내담자에 따르면, 여자 친구는 내담자를 "흠모하고 사랑한다."라고 이야기한다. 하지만 내담자는 "나도 그녀를 신뢰합니다. 그러나 동등한 수준으로 사랑하지는 않습니다."라고 표현했다. 내담자는 자신이 그녀에게 사랑받고 있다는 사실과 그만한 여자를 다시 만나지는 못할 것이라는 사실을 알고 있지만, 그녀와 성관계 이상을 공유하지는 않는다고 이야기했다. 내담자는 그녀와 친구처럼 지내지만 "침대 밖에서는 잘 어울리지 않는 조합"이라고 묘사했다. 여자 친구는 내담자처럼 "똑똑한" 사람이 아니고 "책을 읽는 사람"도 아니며, 대부분의 자유시간을 텔레비전을 보면서 허비하기 때문이다. 여자 친구는 기혼 상태이고, "가장 좋은 친구"라고 말하는 내담자를 떠나지 않을 것이다. 내담자는 "우리는 함께 살 수 없습니다."라고 이야기했다. 여자 친구는 본인의 생활과 가정을 꾸리고 있으며, 두 사람이 지금보다 더 깊은 관계를 발전시킬 계획은 없다.

내담자는 사회적으로 성숙한 사람이고 책임감 있는 사람이다. 내담자의 사회적 판단력은 온전해 보인다.

가족 [제16장]

내담자는 자신의 저조한 기분이 18개월 전 아내와 사별한 것과 무관하다고 주장했다. 두 사람 모두 5년 이상 투병생활에 적응했고, 아내의 사망은 이미 예정된 수순이었기 때문이라고 설명했다.

내담자는 1년에 두 차례 정도 두 자녀를 만난다. 그는 자녀들이 친절하고, 혼자 생활하는 자신을 염려한다고 보고했다. 두 자녀는 내담자가 '여자 친구'에 대해 이야기하는 것을 별로 좋아하지 않는다.

직업적 기능 [제17장]

내담자는 항상 수준이 높은 전문직에 종사해 왔다. 그는 누군가의 감독을 받지 않고도 최선을 다했다고 보고했다. 직업과 관련해 심각한 갈등과 곤란을 겪은 적은 없었다. 내담자는 자영업자였고, 다른 사람 밑에서 일한 경험은 거의 없었다. 그는 약 10년 전부터 자신의 전문 분야를 내려놓았는데, "부분적으로는 아내를 간호해야 했기 때문"이지만 "주된 까닭은 더 이상 따라갈 수 없었기 때문"이라고 표현했다.

여가 [제18장]

내담자는 30대 시절에 달리기를 했던 것을 제외하고 체육 활동 혹은 여가 활동에 전혀 참여하지 않았다. 여름에도 실내에서 작업했다. "주택을 정비하고 추리 소설과 논픽션을 읽는 것" 외에는 취미가 없다. 정기적으로 신체 활동을 하고 싶은 마음도 있지만, 동기가 부족해 못하고 있다고 언급했다.

[D. 보고서 마무리]

요약 [제20장]

내담자는 75세의 백인으로 아내와 사별했고, 전문직에 종사했다. 전문적인 소견에 의하면, 내담자는 경도 수준의 만성적 우울증을 겪고 있는 강박관념성 성격의 소유자이다. 내담자의 노화 및 아내와의 사별이 문제를 악화시켰고, 이로 인해 고립된 상태와 저조한 기분이 현저하게 나타나고 있다.

진단적 소견 [제21장]

비록 위축된 삶을 살고 있지만, 내담자는 사회적으로 불안한 사람이 아니므로 회피성 성격장애 진단은 적절하지 않다. 또한 내담자가 비록 반추와 지연 행동을 보이지만, 그가 특정한 내용에 강박적으로 집착하는 것은 아니므로 강박성 성격장애 진단을 고려할 수도 없다. 내담자가 평생 우울했다는 점을 감안할 때, 다음과 같은 진단이 가장 적합한 것으로 사료된다.

ICD−10−CM	F34.1 우울성 성격장애
또는	
DSM−5	F34.1 지속성 우울장애(기분저하증)

제언 [제22장] 및 **치료 계획** [제25장]

내담자는 치료받으려는 동기를 지니고 있다. 삶의 범위가 제한되어 있다는 사실을 어느 정도 인식하고 있고, 적당한 수준의 심리적 마음자세(psychologically minded)를 가지고 있다. 내담자는 지지적인 치료관계를 통해 가장 큰 도움을 받을 수 있을 것으로 보인다. 그러나 내담자의 방어적인 냉소성향이 치료적인 노력을 저해할 수 있고, 이로 인해 치료 결과에 부정적인 영향을 미칠 수 있겠다.

내담자에게 다음의 요소를 포함한 심리치료를 약 25회기 정도 실시하면 도움이 될 것으로 보인다.

- 삶의 기회를 놓치지 않고 중요한 과업에 다시 참여하는 것에 초점을 맞추는 수용전념치료
- 즐거움과 성취감의 경험, 활동 수준의 증가, 삶의 만족도 향상에 초점을 맞추는 행동치료
- 내담자가 보유하고 있는 전문적인 기술과 경험을 발휘할 수 있도록 지원하는 작업. 내담자는 동료들과 다시 관계를 이어 나가거나 여러 조직에 자문을 제공할 수 있다. 내담자는 튜터 혹은 멘토로 봉사할 수 있다.
- 내담자가 독서를 좋아하므로 독서치료가 유익할 수 있다.
- 내담자가 자살 사고를 보고하지 않고, 심각한 우울증이 아니며, 내담자의 연령과 건강 상태를 감안하여 약물치료는 고려하지 않는다.

예후 [제23장]

내담자가 겪고 있는 만성적 우울증이 유의미하게 개선될 가능성은 적어 보인다. 그러나 최근에 출현한 증상은 비록 사라지지 않더라도 분명히 감소할 것이다. 내담자가 무쾌감증을 경험하고 있으므로, 삶의 변화를 즐겁게 받아들이기는 어려울 것이다.

결론 [제24장]

이 보고서는 평가 시점에 임상가가 확보하고 있던 모든 자료를 기반으로 작성되었다. 내담자와 관련이 있지만 당시에는 확보하지 못한 자료 그리고 이 보고서를 작성한 이후에 수집한 자료는 포함시키지 않았다. 만약 그런 정보가 임상가에게 제공된다면, 이 보고서의 소견과 제언을 변경할 수 있다.

____

(서명)

____

(성명)

호칭과 표기

보고서에서 전문가를 지칭할 때는 다음과 같이 표현할 수 있다.

임상가, 치료자, 심리학자, 사회복지사, 정신과 의사, 1차 의료제공자(반드시 의사는 아님), 간호사, 임상간호사, 진료보조인력, 상담자, 행동전문가, 자문역, 평가자, 면담자, 작성자, 동의자, 저자, 보고자, 관련자

☑ 주: '박사'라는 호칭은 의미가 다양하고 모호하기 때문에 사용하지 않는다.

보고서에서 전문가의 행위를 기술할 때는 다음과 같이 표현할 수 있다.

보고하다, 제안하다, 관찰하다, 언급하다, 표명하다, 기록하다, 진술하다, 요약하다 등

보고서에서 내담자를 지칭할 때는 다음과 같이 표현할 수 있다.

내담자, 환자, 청구자, 거주자, 개인, 사람, 시민, 소비자, 남성, 여성, 학생 등. 금지 표현: "피검자" "피험자" [지금은 쓰지 않는 표현이다.]

내담자를 존중하는 차원에서 내담자가 선호하는 인칭대명사로 호칭하는 것이 바람직하다. 성별을 지칭하는 표준적인 용어('남성' '여성' '그' '그녀' 혹은 기타 인칭대명사)를 내담자가 선호하지 않을 수도 있으므로 인권적 감수성을 발휘하기 바란다. 내담자에게 "제가 당신을 어떻게 부르면 좋겠습니까?" 혹은 "제가 당신의 성별을 어떻게 부르면 좋겠습니까?"라고 질문하고, 내담자가 요청하는 표현을 사용하면 된다. 내담자 중에는 자신의 성별을 '젠더퀴어(gender-queer)' '논바이너리(non-binary)' '젠더플루이드(gender-fluid)' '헤테로플렉시블(heteroflexible)' '무성별자(no gender)' 등으로 소개하는 사람이 있다. 어떤 내담자는 자신의 성생활을 '다부다처제' '변태적 성향' '가학증 혹은 피학증' '가학-피학적 성향' '성 정체성이 유동적인 상태' 등으로 표현하기도 한다. 이러한 용어의 의미가 아직은 사전에 추가되고 있는 상황이므로, 보고서에 인용할 때는 내담자가 어떤 의미로 사용했는지를 밝혀야 한다. 자칫하면 낙인을 찍는 결과를 초래할 수 있으므로, 이러한 용어는 보고서의 목적에 적절하고 필요한 경우에만 사용하는 것이 바람직하다.

보고서에서 내담자의 행위를 기술할 때는 다음과 같이 표현할 수 있다.

말하다, 서술하다, 보고하다, 언급하다, 표현하다, 묘사하다, 나타내다, 거론하다, 이야기하다, 인정하다, 제시하다, 공개하다, 상술하다, 주장하다, 제공하다, 부인하다, 부정하다, 거부하다, 내보이다, 증언하다, 신청하다, 밝히다 등

법률 용어를 사용해야 하는 경우, 다음과 같이 표현할 수 있다.

제기하다, 진술하다, 청구하다, 분쟁하다, 단언하다, 개진하다, 입증하다 등

보고서에서 내담자의 성명을 표기할 때는 성과 이름을 모두 써야 한다. 이름만 표기하거나 별명으로 호칭하는 것은 전문적인 행동이 아니다. 성인의 경우, 미스터(Mr.) 혹은 미즈(Ms.)로 호칭하는 것이 전문 기준이다. 결혼한 여성도 마찬가지이다.

보고서 작성에 대한 추가 지침 및 조언

- 과거의 보고서는 정밀한 진단과 원인의 규명을 강조했다. 그러나 현재의 보고서는 내담자와 내담자의 구체적인 행동을 기술하는 작업에 더 집중한다. 과거의 보고서는 변화시킬 필요가 있는 증상, 부적응, 문제 영역에 주목했지만, 현재의 보고서는 내담자의 강점과 대처방식을 평가하는 작업에 더 주목한다(섹션 25.7 '회복 패러다임 및 관련 표현' 참조).
- 제목 및 소제목을 활용한다. 제목 및 소제목을 제시하면 보고서의 독자가 논리의 흐름을 따라올 수 있고, 분석의 수준이 변경되더라도 쉽게 이해할 수 있다.
- 평가 보고서에 심리검사 결과가 포함되는 경우, 심리검사 결과를 (대개는 도표를 활용하여) 명료하게 제시해야 한다. 또한 보고서를 읽으면서 내담자가 어떤 사람인지 파악할 수 있도

록 심리검사 결과를 통합해야 한다. Lichtenberger 등(2004)은 심리검사 결과를 보고서에 기술하는 3가지 방법을 제안했다. ① 소제목을 사용해 영역별로 제시한다. 예를 들어, '지능 수준' '적응 기능' '학업 성취' 등으로 구분한다. ② 소제목을 사용해 능력별로 제시한다. 예를 들어, '기억력' '판단력' '언어 표현력' 등으로 구별한다. ③ 소제목을 사용해 검사별로 제시한다. 본 저자가 생각하기에, 이 방식은 서둘러서 간단하게 보고서를 작성하는 경우에만 적합하다. 심리검사 결과를 통합하여 내담자를 전체적으로 이해하는 것이 심리평가의 궁극적인 목적이기 때문이다. 이와 달리, 전반적인 검사 결과에서 시작해 구체적인 검사 결과까지 나아가는 방법도 있다(Lichtenberger et al., 2004). 예를 들어, 지능검사 결과를 제시하는 경우, 전체 지능을 먼저 제시하고 하위 검사 점수를 나중에 제시한다. 다면적 인성검사(MMPI-2) 결과를 제시하는 경우, 타당도 척도를 먼저 해석하고 코드 타입을 나중에 해석한다. 그리고 그다음에 부수적인 검사 결과(예: 문장완성검사)를 제시한다. 이와 비슷하게, 표준화된 심리검사의 결과를 먼저 제시하고, 임상가의 관찰 혹은 타인의 관찰과 같은 비공식적인 자료를 나중에 제시하는 방법도 있다.

- 심리검사의 오염을 방지하고 저작권을 보호하기 위해, 표준화된 심리검사 또는 정신상태 검사의 문항을 보고서에 그대로 노출하는 것은 금물이다. 오직 내담자의 반응만 언급하는 것이 바람직하다(혹은 문항을 간접적으로 제시할 수 있다. 예를 들어, 웩슬러 지능검사의 '국보' 문항).
- 글을 쓰는 방식도 중요하다. Ownby(1997)가 제안한 '전문가의 방식'에 따르면, 전문적인 용어의 사용을 자제하고, 간결하고 정확하게 의미를 전달하고, 주제별로 간단하게 문단을 구성하고, 독자가 흥미를 느낄 수 있도록 문장의 길이와 구조를 변형하는 것이 바람직하다.
- 보고서의 독자를 감안해 글을 써야 한다. 보고서를 읽는 사람의 심리적 세련도(psychological sophistication), 이론적 및 전문적 지향점, 판단력과 선택권 그리고 당신과의 관계를 고려해야 한다. 전통적인 보고서는 작성자와 동료들의 수준(대학원 수준)에 맞춰져 있다. 그러나 당신의 보고서를 내담자의 부모가 읽을 수도 있고, 숙련도가 낮은 전문가 또는 다른 분야에서 훈련받은 전문가가 읽을 수도 있으며, 내담자가 읽을 수도 있다. 그러므로 12학년[2] 이하의 독해 능력을 가지고 있는 사람은 누구나 이해할 수 있도록 서술해야 한다(Harvey, 1997). 당신의 막연한 추측보다는 워드프로세서의 가독성 분석을 신뢰할 필요가 있다. 보고서는 독자가 이해할 수 있도록 (의미를 훼손하지 않는 범위에서) 평이하게 써야 하고, 문장을 되도록 간결하게 써야 하며, 두음 문자와 수동태 표현을 삼가야 한다. Brenner(2003)는 보고서를 작성할 때 ① 독자를 위해서, ② 전문적인 용어를 피하고, ③ 의뢰 사유에 충실하게 답변하고, ④ 모든 결과를 내담자에게 맞추고, ⑤ 강점을 강조하고,

2 역자 주: 한국의 고등학교 3학년에 해당한다.

⑥ 구체적으로 제언하라고 조언했다. Harvey(2006)는 심리학자가 아닌 일반인에게 도움이 되지 않는 보고서의 특징을 제시했다. 즉, 지나치게 복잡하고, 전문적인 용어를 설명하지 않으며, 상당한 시간을 들여야 이해할 수 있고, 다양한 독자를 고려하지 않은 것이다. 그녀는 이러한 문제를 해결하는 방법도 제안했다. Segal과 Hutchings(2007)는 접수면담 보고서의 완성도, 가독성, 전문성을 철저하게 검토할 수 있는 체크리스트를 고안했다.

- 보고서에서 세부사항을 자세하게 언급하는 경우, 그것이 적절하고 목적에 부합하는 경우에만 언급해야 한다.
- 당신이 전달받은 내용을 마치 사실인 것처럼 보고서에 기술하면 안 된다. 반드시 정보의 출처를 밝혀야 한다(다양한 표현은 앞의 '호칭과 표기' 참조).
- 양성 소견(존재하는 문제)뿐만 아니라 음성 소견(부재하는 문제)까지 보고서에 기술해야 한다.
- 보고서에는 독자가 의미를 파악하기 어려운 두음문자와 축약 표현을 사용하지 않는다. 독자에게 친숙하지 않은 유관 기관이나 프로그램의 명칭도 표기하지 않는다. 일반적으로 통용되는 표현을 사용하는 것이 바람직하다. 예를 들어, "희망쉼터, 지역사회 임시보호소" 혹은 "7병동, 알코올 중독 치료 병동"과 같이 표기한다.
- 보고서를 배포하는 과정에서 비밀보장이 곤란할 것으로 우려되는 경우 혹은 익명성을 보장하기 어려울 것으로 판단되는 경우, 이런 방법을 사용할 수 있다. 내담자의 성명을 보고서 첫 페이지의 상단에만 명시하고, 나머지 부분에는 이름(아동의 경우) 혹은 성(성인의 경우)의 초성만 표기한다. 이렇게 작성하면, 보고서의 첫 페이지만 제거해도 내담자를 보호할 수 있다(섹션 4.7 '비밀보장에 대한 안내' 참조).
- 보고서의 일부분이 변조되거나 분실되는 경우를 대비하여, 모든 페이지에 "6페이지 중 1페이지" 혹은 "6페이지 중 2페이지"와 같이 페이지 번호를 매긴다.
- 보고서에 서술된 내용이 일관적인지 여부를 검토해야 한다. 전체적인 흐름에서 벗어나서 엉뚱하게 판단하면 안 된다. 상이한 자료를 바탕으로 상이한 결론을 도출하는 것도 금물이다.
- 보고서는 잘 정돈되고 읽기 쉬워야 한다. 정확한 철자와 문법을 사용해야 하고, 사전을 활용하거나 철자법 검사를 실시해야 한다. 맞춤법 검사를 실시하면 미묘한 실수와 오류를 교정할 수 있다.
- 번거롭겠지만, 당신이 작성한 보고서에 대해 피드백을 요청할 필요가 있다. 동료에게 또는 독자에게 보고서에 대한 평가와 의견을 요청하는 것이 바람직하다.
- 관행적으로, 접수면담 보고서나 경과 기록지와 같은 진행형 보고서는 현재 시제로 작성하고, 이전에 보고된 사건 및 경험과 같은 과거의 정보(예: 과거력, 면담 요약, 정신상태검사)는 과거 시제로 작성한다. 그러나 비록 과거의 정보라고 하더라도 그것에 대해 논란의 여지가 있는 경우, 진실하지 않을 가능성이 있는 경우, 누군가를 비방하는 내용인 경우, 내담자가

보고한 것 외에 확실한 증거가 없는 경우에는 현재 시제로 신중하게 표현하는 것이 바람직하다. 예를 들어, "내담자의 부모는 알코올 중독이었다." 혹은 "그는 성직자에게 성적으로 학대당했다."라는 표현보다 "내담자는 부모에게 심각한 알코올 문제가 있었다고 보고한다." 혹은 "그는 성직자에게 성적으로 학대당했다고 토로한다."라는 표현이 바람직하다.

Sattler와 Hoge(2005)는 보고서를 작성할 때 참고할 수 있는 유익한 지침을 제시했다.

- 전반적인 내용보다 특징적인 내용으로, 모호한 표현보다 분명한 표현으로, 추상적인 문장보다 구체적인 문장으로 작성한다.
- 간단하게 서술하는 것보다 명확하게 서술하는 것이 더 낫다.
- 지나치게 화려한 용어는 사용하지 않는다.
- 불필요한 표현은 사용하지 않는다. 모든 표현이 제 몫을 해야 한다.
- 상응하는 개념은 비슷한 형식으로 표현한다. 보고서를 단조롭지 않게 만드는 것은 형식이 아닌 내용이다.
- 논리의 흐름을 따라갈 수 있도록 순서대로 분명하게 서술한다.
- 가급적 수식어의 사용을 자제한다. '다소' '약간' '가능한' '아마도'와 같은 수식어가 물을 흐려서 문장을 모호하게 만든다.
- 긍정문으로 표현한다. 확실하게 주장하는 것이 바람직하다. 애매하게 주저하는 표현과 어정쩡하게 무색무취한 표현은 사용하지 않는다.
- 과장된 표현은 사용하지 않는다. 과도한 해석과 과도한 일반화를 범하지 않도록 주의하고, 지나치게 일반적이어서 어디든지 적용될 수 있는 '바넘(Barnum) 진술'을 삼간다.

Esser(1974)는 보고서에서 흔히 발견되는 문제점을 다음과 같이 지적했다.

- 의뢰자의 질문에 답변하지 않는 경우 혹은 의뢰자가 원하는 정보를 제공하지 않는 경우가 있다.
- 보고서를 너무 길게 혹은 짧게 쓰는 경우가 있다. 보고서는 필수 정보를 간단하게 전달해야 한다. 간결성과 완전성의 균형이 중요하다.
- 의뢰자가 이미 파악하고 있는 정보를 부연하는 경우가 있다. 역으로, 의뢰자가 제공한 정보를 전혀 반영하지 않는 경우가 있다.
- 임상가의 해석, 판단, 소견을 덧붙이지 않고 단순히 자료만 나열하는 경우가 있다.
- 보고서의 내용에 모순이 존재하는 경우가 있다.
- 현실적인 혹은 부정적인 내용을 언급하지 않으려고 주저하는 경우가 있다.
- 비현실적인 계획을 제시하는 경우가 있다.

- 제언과 계획을 뒷받침할 수 있는 사실과 논리를 생략하는 경우가 있다.
- 제언, 진행 과정, 목표를 제안할 때, 대안을 고려하지 않는 경우가 있다.
- 본문에서 언급하지 않은 내용을 요약에 포함시키는 경우가 있다. 정보를 통합하지 못한 것이고, 전체적인 그림을 그리지 못한 것이다.

Zimmerman과 Woo-Sam(1973)이 소개한 보고서 작성 지침은 다음과 같다.

- 간결하게 압축해 정보를 전달해야 한다.
- 권위자의 견해를 인용하는 경우, 권위자의 전문성과 중립성을 확인해야 한다.
- 인과관계가 충분히 입증되었는지 검토해야 하고, 비슷한 해석을 남발하는 것은 아닌지 경계해야 한다.

제1부

정신건강평가

제1장 면담의 시작과 종결 49

제2장 정신상태평가 관련 질문/과제 59

제3장 징후, 증상, 기타 행동 양상 관련 질문 87

제1장 면담의 시작과 종결

1.1 면담의 시작

다양하게 개발되어 있는 특수한 면담 방법과 구조화된 면담 기법을 사용하면 개방형 면담보다 신뢰도와 타당도를 향상시킬 수 있다(Segal & Hersen, 2010). 훌륭한 안내서인 Rogers(2001)를 참고하기 바란다.

지금부터 구조화된 면담 및 비구조화된 면담을 시작할 때 임상가가 반드시 고려해야 하는 몇 가지 중요한 사항을 소개하고자 한다. 내담자가 질문의 목적을 이해하지 못하는 경우 또는 내담자의 답변이 충분한 정보를 반영하지 못하는 경우를 대비하여, 이어지는 제2장(정신상태평가 관련 질문/과제)과 제3장(징후, 증상, 기타 행동 양상 관련 질문)에서 관련된 주제를 논의할 때 변형된 형태의 유사한 질문을 추가로 제시하겠다.

1.2 자기소개 및 의사소통 곤란 확인

치료 장면에 방문한 내담자를 면담할 때 유념할 것이 있다. "평가를 받는 내담자는 극심한 정서적 고통을 겪고 있는 경우가 많다. 내담자는 종종 의기소침하고 절망스러운 상태에 놓여 있다. 당면한 문제를 해결하려고 노력했지만 실패했거나 혹은 노력의 효과가 미미했기 때문이다. 자신의 이야기에 주의를 기울이고 연민을 드러내는 임상가와 대화하는 기회를 갖는 것만으로도 내담자는 도움을 받을 수 있다."(Segal & Hutchings, 2007, p. 115)

내담자와 눈을 맞추면서 다음과 같이 임상가를 소개한다. "안녕하세요? 저는 ○○○[직함] ○○○[성명]입니다. 당신은 ________?" 이러한 형식을 사용하면 내담자의 신분을 노출해 비밀보장의 원칙을 훼손하는 실수를 피할 수 있다. 만약 여러 사람이 모여 있는 장소에서 처음 만난다면, 임상가의 이름을 말하면서 "저를 만나러 오신 분이 누구신가요?"와 같이 내담자를 확인하는 것이 바람직하다.

내담자가 청각 기능 및 시각 기능에 제한을 지니고 있을 가능성을 유념해야 한다. 만약 장애(disability)의 가능성이 의심되면, 안경이나 콘택트렌즈가 필요한지 혹은 보청기를 착용하지 않아서 보청기가 필요한지 문의한다. 그리고 그것이 내담자의 수행에 어떤 영향을 미쳤는지 보고서에 언급한다. 또한 청각 기능 및 시각 기능을 개선할 수 있는 방법을 강구하고, 배경의 소음을 최소로 줄이거나 공간의 조명을 적절히 조절한다. 임상가는 입을 가리지 않은 상태에서 또박또박 발음해야 한다. 청각 기능이 손상된 내담자 혹은 공식적인 수어(手語, American Sign Language)를 사용하는 청각장애 내담자를 면담할 때는 자격증을 소지한 통역사의 도움이 필요하다. 「미국장애인법(Americans with Disabilities Act: ADA)」(1980년 제정, 1990년 개정, 2016년 개정)에 규정되어 있을 뿐만 아니라 임상적으로도 유익하기 때문이다. 청각 기능에 문제가 있는 내담자에게 공식 수어가 아닌 방법으로 읽거나 쓰도록 강요해서는 안 된다. 임상가의 입 모양을 보고 의미를 파악하게 하는 독순술도 금지사항이다. 청각 기능에 문제가 있는 내담자가 지적장애 혹은 정신증적 장애로 잘못 진단되는 경우가 너무 많으므로, 임상가는 이 문제에 안일하게 대처하지 말아야 한다.[1]

임상가는 내담자가 다음 중에서 어떤 문제라도 지니고 있는지 여부를 평가하고 보고해야 한다. 임상적인 결론도 덧붙인다.

- **시각 손상: 근시, 원시, 난시, 백내장, 반맹, 전맹 등. 안경 착용 시력 보정(전부/일부/불능)**
- **청각 손상: 좌측/우측/양측 청력 상실(전부/일부), 보청기/독순술/수어/전반적인 의사소통/공식 수어 필요성. 증폭음/단순음/반복음 청취력**
- **움직임 기능 제한(검사를 실시하는 경우, 특히 손) 및 일정 시간 착석 능력 제한**
- **언어 손상** (섹션 7.4 '발화 행동' 참조)
- **영어에 익숙하지 않음, 영어가 제2언어임, 원어민이 아님, 통역사가 있음, 통역사가 필요함(특히 청각 손상, 언어 장벽)**
- **문해 능력: 신문과 잡지의 발췌문을 음독/이해/변형할 수 있음/없음, 웹페이지의 지시문을 이행할 수 있음/없음, 지도에서 위치를 파악할 수 있음/없음, 취업 지원서를 작성할 수 있음/없음, 처방전의 안내문을 이해할 수 있음/없음, 음식 조리법을 따라할 수 있음/없음 등**

[오해의 소지가 있고 기능과 무관하므로, '교육 연한(학년 기준)'은 사용하지 말도록 하라.]

☑ 기초적인 문해 능력에 결함이 있는 내담자를 온전하게 이해하기는 힘들다. 그런데 문맹에 대한 사회적인 인식이 부정적이기 때문에 상당수의 내담자는 스스로 문맹을 인정하지 않는다. 따라서 문해 능력 평가를 통상적인 절차에 반드시 포함시켜야 한다. 내담자에게 잡지의 발췌문을 음독하고 요약하게 시키는 방법보다는 문해 능력을 신속하게 추정하는 검사(예: 성인 의료 정보 문해력 속성 평가(Rapid Estimate of

1 관련된 정보를 제공한 Ilene D. Miner, CSW, ACSW(뉴욕주 뉴욕)에게 감사한다.

Adult Literacy in Medicine); Davis et al., 1993)를 사용하는 것이 바람직하다. 문해 능력의 결함 때문에 착오와 불응이 발생하는 경우, 그것을 저항으로 간주해서는 안 된다. 지능 수준이 낮아서 발생한 현상도 아닐 것이다.

임상가는 대인관계 의사소통에 영향을 미치는 것으로 밝혀진 모든 변수를 고려해야 한다. 예를 들어, 내담자의 연령, 성별, 민족, 인종, 사회경제적 계층, 언어 구사 및 소통 방식, 면담 상황의 요구 특성, 면담의 본질과 목적에 대해 내담자가 밝히지 않은 독특한 기대, 그 밖에 임상가의 특별한 상황 등을 고려해야 한다.

1.3 면담 상황에 대한 내담자의 이해 수준 평가

면담 초반에 다음과 같은 질문을 해야 한다. 특히 내담자가 어떤 주제에 대해 말하기를 꺼리는 경우에 그렇다.

- **"이번 면담/만남에 대해 어떤 말을 들었습니까?"**
- **"여기서 어떤 일이 벌어질 것이라고 예상합니까?"**
- **"여기에 오기 전에/저를 만나기 전에 무슨 생각을 했습니까? 기분이 어땠습니까?"**
- **"제가 ______ 와 이야기를 나눴습니다/ ______ 의 보고서를 읽었습니다/ ______ 에게 소개받았습니다. 그래서 당신에 대해/당신이 방문한 까닭에 대해/우리가 만난 이유에 대해 어느 정도 파악하고 있습니다. 하지만 저를 만나게 된 까닭을/여기에 온 이유를 당신에게 직접 듣고 싶습니다."**
- **"당신과 ______ 에 대해 잠시 이야기하고 싶습니다."**

1.4 사전 동의 취득

섹션 4.5 '동의를 위한 설명문' 참조

임상가는 면담, 평가, 그 밖의 절차에 대해 내담자에게 반드시 설명해야 한다. 내담자가 충분한 정보를 파악한 상태에서 인지 능력을 발휘하여 신중하게 결정하고 자발적으로 동의하는 과정이 반드시 필요하다.

면담의 목적을 설명한다. 의뢰자에 대한 내담자의 기대와 임상가의 기대에 모두 주목한다. 어떤 정보를 수집할 것인가, 어떤 방법으로 수집할 것인가, 앞으로 어떻게 될 것인가, 만약 보고서를 작성한다면 누가 읽어 보게 될 것인가(예: 사회보장장애보험, 산업재해보상보험, 법원 관계자 혹은 1996년에 제정된「건강보험 양도 및 책임에 관한 법률」에 따라 내담자의 추가적인 허락 없이 보고서를 열람할 권한이 있는 담당자).

임상가는 각각의 주제를 설명하면서 "이렇게 진행해도 괜찮겠습니까?"라고 문의한다.

면담 과정에서 어떤 은밀한 사실이 드러나는 경우, 그것을 절대로 무시해서는 안 된다. 임상가는 내담자에 대한 평가 및 보고의 결과로 어떤 문제가 발생할 가능성이 있는지 충분히 설명해야 하고, 내담자에게는 면담을 거부할 기회가 있다는 사실과 내담자가 원하면 언제든지 면담을 중단할 수 있다는 사실을 고지해야 한다. 대개의 경우, 본 저자는 다음과 같이 이야기한다. "무엇이 당신에게 장기적으로 가장 유익한지 신중하게 생각하기 바랍니다." 혹은 "다음으로 넘어가기 전에 조금이라도 망설여지는 부분이 있으면 언제든지 말해 주기 바랍니다." 내담자가 조금이라도 주저하는 기색이 탐지되거나 의심되는 경우, 무엇이든지 궁금한 것을 질문하라고 격려해야 한다.

면담을 진행하는 동안에도 어떤 문제가 발생할 수 있다. 이런 경우, "언제든지 면담을 중단할 수 있습니다. 만약 제가 하는 질문을 이해하지 못했거나 혹은 제가 하는 질문에 대해 궁금한 것이 있으면 언제든지 말해 주기 바랍니다."라고 표현할 수 있다.

만약 당신이 내담자를 자문하는 상황이라면, 면담과 치료는 별개라는 사실을 설명해야 한다. 또한 당신이 내담자를 직접 치료하지 않을 것이라는 사실, 내담자를 다른 치료자에게 소개하지도 않을 것이라는 사실, 면담 내용을 모두 공개해야 한다는 사실 그리고 내담자는 당신의 질문에 답변하지 않을 선택권이 있다는 사실을 안내해야 한다.

내담자를 평가하는 목적이 한정된 경우가 있다. 예를 들어, 내담자에게 특수 교육을 제공할 것인지, 내담자를 특정 직군에 고용할 것인지, 내담자에게 재정 지원을 실시할 것인지 등을 심사하는 경우이다. 이런 상황에서 임상가는 평가의 내용 및 보고가 심사 결과에 긍정적인 영향을 미치지 못할 수도 있다는 사실을 알려 줘야 한다. 또한 이번 평가가 영향을 미친다고 하더라도, 임상가가 아닌 담당자가 최종적으로 결정할 것이라는 사실도 설명해야 한다. 더 적극적인 관점에서, 비록 내담자가 목적을 달성하지 못한다 하더라도, 이번 평가를 통해 앞으로 어떤 활동이나 개입을 실시하는 것이 바람직한지에 대해 유익한 정보를 얻을 수 있을 것이라고 안내한다.

마지막으로, 평가 기록을 공개해도 괜찮다는 허락을 요청하고 동의서에 내담자의 서명을 받는다. 동의서에는 지금까지 소개한 주요사항이 포함되어야 한다. 예를 들어, "나는 이번 평가가 어떤 특정한 결과도 보장하지 않는다는 사실을 충분하게 이해한다."라는 표현을 응용할 수 있다.

내담자에게는 우리의 서비스를 거부할 권리가 있다. 내담자가 주저하는 경우, 먼저 내담자가 망설이는 까닭을 구체적으로 탐색하고 나서 정보를 추가적으로 제공하는 것이 바람직하다. 어떤 내담자는 자기를 보호하기 위해(예: 아동학대로 고발당하지 않으려고, 금전적 이익을 포기하지 않으려고) 저항하기도 한다. 이런 경우, 손해와 이득을 따져 보는 작업을 통해 내담자의 협조를 이끌어 낼 수 있다. 그러나 비록 임상적 혹은 행정적 절차에 방해가 되더라도, 내담자가 확고하게 거부하면 내담자의 의사를 반드시 존중해야 한다. 가능한 대안으로서 내담자가 동의하지 않는 쟁점을 우회하는 방법으로 면담 절차를 변경할 수 있다.

1.5 모든 면담에서 필요한 기타사항

모든 내담자에게 다음의 내용을 확인해야 한다.

- 현재 복용하는 처방 약물, 소지 약물: 명칭, 용량, 빈도
- 모든 물질 사용 문제(섹션 3.28 및 섹션 3.29 참조)
- 모든 학대 문제(섹션 3.2 및 섹션 3.3 참조)
- 주요한 사별 및 애도 문제
- 자살 사고(섹션 3.30 참조), 타살 사고(섹션 3.31 참조), 충동 조절 문제(섹션 3.18 참조)

환경, 인구, 기관, 지역, 기타 요인을 감안할 때, 보편적인 사람에게 익숙하지 않은 것으로 여겨지는 문제가 관찰되면 반드시 주의를 기울여야 한다.

1.6 주호소 문제/호소 문제/사안 탐색

주호소 문제를 탐색하는 더 자세한 방법은 섹션 6.1 참조

- "여기에 온 까닭을/저를 만나러 온 이유를/평가를 받는 목적을 말해 주겠습니까?"
- "무엇 때문에 병원/클리닉/사무실에 왔습니까?"
- "무엇을 가장 염려하고 있습니까?"
- "어떤 일이 있었습니까?"
- "당신에게 어떤 일이 일어났습니까?"
- "당신은 어떤 일을 겪었습니까?"
- "우리의 만남에서 어떤 일이 일어나기를/무엇을 얻기 바랍니까?"

1.7 문제에 대한 내담자의 이해 수준 탐색

섹션 19.3 '문화를 감안한 개념화' 참조

현재 문제에 대한 내담자의 이해 수준을 평가하기 위해 다음과 같이 질문한다(Reimer et al., 1984에서 발췌).

- "문제의 원인이 무엇이라고 생각합니까?"
- "그 시점에 그 문제가 발생한 까닭은 무엇입니까?"

- "당신이 겪고 있는 문제/장애/호소 문제/병감(病感, sickness)[2]이 얼마나 심각합니까?"
- "그 문제가 앞으로 얼마나 지속될 것 같습니까?"
- "혹시 그 문제/장애/호소 문제/병감을 겪게 된 다른 이유는 없습니까?"
- "당신이 겪고 있는 문제/장애/호소 문제/병감에 대해 두려워하는 것이 무엇입니까?"
- "어떤 종류의 치료를 받아야 한다고 생각합니까?"
- "이번 평가/치료를 통해 어떤 결과를 기대합니까?"

1.8 호소 문제의 차원적 구분

- **"문제가 얼마나 오래되었습니까?"**(기간)
- **"문제가 얼마나 자주 발생합니까?"**(빈도)
- **"문제가 발생한 경우, 처음에는 어느 정도 심합니까?"**(강도)
  - **"최악의 상태에서는 어느 정도 심합니까?"**
- **"저번에 문제가 발생했을 때를 떠올려 보기 바랍니다. 그리고……"**
  - **그전에 무슨 일이 있었습니까?"**(선행 사건, 촉발 단서, 통제 자극, 잠복 기간, 후속 사건, 진행 경과, 연쇄 반응)
  - **"어떤 생각을 했고, 어떤 감정을 느꼈습니까?"**(예상, 믿음, 의미, 정동)
  - **"주위에 누가 있었습니까? 그들은 어떤 생각을 했고, 어떤 감정을 느꼈습니까?"**(사회적 지지, 문제라고 규정한 사람들)
  - **"그다음에/이후에 어떤 일이 일어났습니까?"**(후속 사건, 강화 요인, 후속 결과)
  - **"그것이 평소와 비슷했습니까?"**(문제 발생, 강도)
  - **"처음에는 그것이 지금과 달랐습니까?"**(문제 발생에 대한 내담자의 이해)
  - **"이번에는 어떤 차이가 있었습니까?"**(결과 기대, 변화 가능성, 치료, 치료자, 원인 이해)

☑ 주: 문제의 촉발 요인과 지속 요인이 동일하지 않을 수 있다.

2 역자 주: '뭔가 내가 아픈 것 같다.' 혹은 '어쩐지 병에 걸린 것 같다.' 등의 이른바 병감이 있고 아직은 병을 형성하지 않은 경우를 말한다(대한민국의학한림원).

1.9 면담의 종결

다음과 같은 표준적인 방법을 활용하여 면담을 종결하는 것이 바람직하다. 표준적인 방법을 사용하면 잠정적으로 중요한 정보를 빠뜨리지 않을 수 있고, 모든 내담자 및 모든 상황에 일관적으로 적용하여 신뢰도와 타당도를 유지할 수 있으며, 법적으로 중요한 요건이나 내담자의 보호와 관련된 사안까지 포괄할 수 있다.

- **"혹시 추가하고/덧붙이고 싶은 주제나 제가 알기를/이해하기를 바라는 문제가 더 있습니까?"**
- **"혹시 아직 말하지 못한 중요한/관련된/힘겨운 문제가 더 있습니까?"**
- **"혹시 오늘 우리가 진행한 것/이번 평가/제가 작성할 보고서에 대해 질문이 있습니까?"**
- **"혹시 다음 단계/이후 일정에 대해 질문이 있습니까?"**
- **"다음에는 ______ 가 ______ 를 위해 당신에게 메일/전화로 연락을 드릴 것입니다. 아마 일쯤 뒤에 연락을 드릴 것입니다."**
- **"다음에는 ______ 를 위해 ______ 를 만나면 좋겠습니다."**
- **"이번 면담을 위해 기꺼이 시간 내서 방문하고 질문에 답변해 준 것에 대해 감사드립니다."**
- **"여기 와서 정보를 제공해 준 것에 대해 감사드립니다."**
- **"오늘 면담이 당신에게 어느 정도 도움이 될 것 같습니다." 혹은 "비록 오늘 면담이 당신에게 직접적으로 도움이 되지는 않더라도, 앞으로 당신과 비슷한 상황에 있는 사람들을 도울 전문가를 양성하는 데/당신과 비슷한 상황에 있는 사람들에게 도움이 될 수 있는 연구 결과를 수집하는 데 유익하게 활용되기를 바랍니다."**

1.10 선별 도구 및 모니터링 도구 목록

모든 평가를 진행할 때는 개략적인 조사를 먼저 실시하고 심층적인 분석을 나중에 진행하는 것이 생산적인 수순이다. 개략적인 조사에서는 어떤 문제(즉, 양성 소견)를 포착하고, 심층적인 분석을 통해서는 그것이 정말로 문제인지(즉, 참 양성, true positive) 혹은 사실은 문제가 아닌지(즉, 허위 양성, false positive)를 판단한다. 정신건강 분야에는 엄청나게 많은 선별 도구가 존재하며, 임상가는 선별 도구를 활용해 내담자의 거의 모든 기능을 (비록 정밀하지는 않더라도) 신속하게 평가할 수 있다. 이 책의 각 영역에서 특정한 주제(예: 우울, 인지 기능)를 소개할 때 관련된 선별 도구도 함께 제시하겠다.

내담자의 전반적인 건강 상태를 측정하고 싶다면 다음의 선별 도구를 참고하기 바란다.

- 다양한 버전으로 많이 사용되는 환자 건강 질문지(Patient Health Questionnaire)를 제공하는

웹사이트(www.phqscreeners.com/select-screener 참조)

- 모든 종류의 심리검사를 검색할 수 있는 W. E. Benet, PhD, PsyD의 웹사이트 (www.assessmentpsychology.com/tests.htm)
- 방대한 선별 도구 링크 목록을 제공하는 워싱턴주립대학교 웹사이트(https://depts.washington.edu/dbpeds/Screening%20Tools/ScreeningTools.html)
- 일반적인 심리검사를 직접 실시할 수 있는 'Counselling Resource' 웹사이트 (https://counsellingresource.com/quizzes)
- 약 50가지의 척도와 질문지를 제공하는 'Psychology Tools' 웹사이트(https://psychology-tools.com)
- 약 15가지의 척도를 제공하는 'Psychiatric Times' 웹사이트(www.psychiatrictimes. com/clinical-scales)
- 약 20가지의 척도를 다운로드할 수 있는 'Outcome Tracker' 웹사이트(https://outcometracker.org/scales_library.php)
- 미국정신의학회(American Psychiatric Association)는 DSM-5와 함께 약 70가지의 성인용 및 아동용 검사를 온라인으로 제공한다. 2가지 수준에서 증상을 전반적으로 측정하는 도구, 불안 · 우울 · 스트레스 등의 특정 문제를 측정하는 도구, 성격 질문지, 초기 발달 질문지, 세계보건기구(World Health Organization: WHO)의 '세계보건기구 장애평가조사표(World Health Organization Disability Assessment Schedule: WHODAS)'(이 모든 측정 도구는 www.psychiatry.org/psychiatrists/practice/dsm/educational-resources/assessment-measures#Disorder 참조)
- 여러 가지 척도와 링크를 제공하는 위키피디아 웹사이트(https://en.wikipedia.org/wiki/List_of_diagnostic_classification_and_rating_scales_used_in_psychiatry)
- 약 15가지의 선별 도구와 경과 모니터링 도구를 제공하는 'STABLE Toolkit'. 주로 양극성 장애 관련 도구를 제공하지만, 물질 남용, 약물 부작용, 정신장애를 측정하는 도구도 있다. 신뢰도 자료가 함께 제공된다(www.integration.samhsa.gov/images/res/STABLE_toolkit.pdf 참조).
- 마지막으로, Antony와 Barlow(2010)를 참고하기 바란다. 장애별로 측정 도구를 제공하고, 관련된 쟁점을 논의하며, 치료 계획을 지원한다.

◆선별 도구의 한계

일반적으로 선별 도구는 증상 체크리스트에 불과하고, 최소한의 훈련만 받아도 사용할 수 있으며, 잘못된 정보(허위 양성 및 허위 음성)를 제공할 가능성이 상당히 높다. 또한 선별 도구는 종종 다른 공존장애에 의해 오염된 정보를 제공한다. 더 나아가 선별 도구는 오직 현재의 행동만 측정하는 경향이 있기 때문에 심리장애의 발달적 측면과 생애적 측면을 간과한 채 단편적인 수치로 결과를 제시한다. 또한 거의 모든 선별 도구는 자기보고식 측정치이므로 반드시 다른 평가자의 평정 자료와 비교해 해석해야 한다. 그러나 선별 도구의 신뢰도가 면담의 신뢰도보다 대체로 높은 편이다. 따라서 내담자의 문제와 병리를 개략적으로 조사하고 심층적으로 분석하는 과정의 첫 단계로 선별 도구를 활용하는 것은 무리가 없다.

제2장 정신상태평가 관련 질문/과제

일반적으로 임상가가 내담자의 정서 기능, 인지 기능, 관계 기능을 두루 평가할 때 '정신상태평가(Mental Status Evaluation: MSE)'라는 용어를 광범위한 의미로 사용한다. 그러나 정신상태평가는 내담자의 인지 기능만 강조하는 협소한 개념이기도 하다. 제2장에서는 협소한 의미의 정신상태평가, 즉 내담자의 **인지 기능**을 평가하는 질문에 초점을 맞추어 설명하고자 한다. 다양한 **증상** 및 **이상 행동**을 평가하는 질문은 제3장에서 소개할 예정이다.

2.1 정신 상태 관련 질문 소개

지난 몇 년 동안 임상가들은 면담 과정에서 내담자의 인지 기능을 평가할 수 있는 질문을 만들어 냈고 그것을 학생들에게 가르쳐 왔다. 그러나 경험적인 연구에 따르면, 대부분의 질문이 신뢰도와 타당도가 미흡했고, 내담자의 반응을 해석하는 과정은 아직까지 표준화되어 있지 않다. 신뢰도를 향상시키려면 간편하게 표준화된 정신상태검사 혹은 단순한 검사들의 묶음(battery)을 활용할 수 있다(섹션 2.4 '인지 손상 선별 도구' 참조).

물론 임상가는 스탠퍼드-비네(Stanford-Binet) 지능검사에서 내담자의 연령에 해당하는 문항 혹은 웩슬러(Wechsler) 지능검사의 상식, 산수, 이해, 공통성, 숫자외우기 소검사를 활용해 내담자의 인지 기능을 정교하게 채점하고 해석하는 절차를 밟을 수도 있다. 하지만 표준화된 지능검사를 사용하더라도, 그것의 규준과 타당도는 정신상태평가를 통해 파악할 수 있는 중요한 내용보다 상대적으로 부족하다.

만약 내담자가 최근에 공식적으로 스탠퍼드-비네 지능검사 혹은 웩슬러 지능검사를 받았다면, 제2장에서 소개하는 질문들을 대안으로 활용하여 정신 상태를 평가할 수 있다. 지금부터 소개하는 질문들은 오직 선별의 목적으로 사용하는 것이 바람직하다. 내담자가 임상가의 질문에 특이하게 답변하는 경우, 반드시 표준화된 검사를 통해 심층적으로 확인해야 한다. 내담자가 임상가의 질문에 특이하게 답변하는 양상이 반복되는 경우, 반드시 교육학적 · 신경심리학적 · 신경학적 혹은 적절한 과학적 방법으로 정밀하게 평가해야 한다.

제2장에서 소개하는 질문들의 타당도는 확인된 적도 없고 보고된 적도 없다. 모든 질문의 의미는 맥락을 통해 추론해야 한다. 본 저자가 파악하고 있는 범위에서, 지금부터 소개하는 질문에 대해서는 어떤 경험적인 연구도 진행된 적이 없고, 임상적인 해석 지침을 안내하는 어떤 규준 자료도 출판된 적이 없다. 오로지 숙련된 전문가와 훈련된 전문가의 '내면적 규준(internal norms)'에 근거해 내담자의 반응을 평가하는 것이다. 거의 모든 정신의학 교과서에서 정신상태평가를 언급하고 있지만, 최고의 교과서는 Trzepacz와 Baker(1993)의 저서와 Morrison(2014c)의 저서이다. 특히 Morrison(2014c)은 자료 수집 과정과 면담 구조를 통합하는 간단하지만 탁월한 방법을 제시하고 있다. 정신상태평가 및 구조화된 면담을 개관한 저서로는 Rogers(2001)를 추천한다.

내담자의 사고 과정(즉, '증상')에 대한 임상가의 발견과 결론은 전적으로 임상가의 간접적인 관찰(즉, '징후')에서 비롯되었다는 사실을 항상 유념해야 한다. 다시 말해, 임상가는 내담자의 사고 과정을 직접적으로는 파악할 수 없다. 내담자의 언어적 표현과 행동적 표현은 다음과 같은 다양한 조건의 영향을 받는다: 감각 손상, 학습장애, 문맹, 통증, 주의분산 자극, 어학 문제, 혹은 심지어 치과적인 문제.[1]

지금부터 내담자의 정신적 기능을 평가하는 질문들을 섹션별로 구분해서 제시하겠다. 비록 거칠게 배열한 것이지만, 앞쪽에서 뒤쪽으로 갈수록 더 복잡하고 더 많은 작업을 요하는 인지 기능을 순차적으로 나열했다. 제2장에서 기억력, 공통성, 판단력, 추리력과 같은 특정 인지 기능에 대해 질문하는 각 섹션과 제11장('인지 기능 및 정신 상태')의 해당 섹션을 상호참조하기 바란다. 제11장에서 인지 기능을 기술하는 용어를 찾을 수 있을 것이다.

2.2 정신 상태 관련 배경 정보

제6장 '배경 정보 및 과거력' 참조

☑ 주: 내담자가 제공하는 정보를 신뢰할 수 없는 경우, 가족구성원 혹은 기타 정보원을 탐색해야 하고 그것을 보고서에 명시해야 한다.

- **"얼마나 오랫동안 학교에 다녔습니까/몇 학년까지 마쳤습니까/고등학교를 졸업했습니까?"**
- **"학교에서 낙제한/유급한/진급하지 못한 경험이 있습니까?"**
- **"학교에서 특수 학급/특수 교육에 편성되거나 학습장애/지적장애/또래 문제/정서 문제를 가지고 있는 학생을 위한 학급에 편성된 경험이 있습니까?"**

1 이러한 정보를 제공한 Joe Elwart, PsyD(미시간주 로얄 오크)에게 감사한다.

2.3 란초 로스 아미고스 인지 기능 척도

내담자가 얼마나 목적 지향적으로 행동하고 있는지 평가하기 위해 '란초 로스 아미고스 인지 기능 척도(Rancho Los Amigos Cognitive Scale)'를 사용할 수 있다. Hagen 등(1972)의 원판은 8수준으로 평가하고, Malkmus와 Stenderup의 개정판은 10수준으로 평가한다.

- 원판(www.mc.vanderbilt.edu/documents/traumasurvivors/files/The%20Rancho%20Los%20Amigos%20Scale.pdf)
- 개정판(https://medicalspeechpatholgoy.wordpress.com/traumatic-brain-injury/rlas; www.neuroskills.com/resources/rancho-los-amigos-revised.php)

2.4 인지 손상 선별 도구

임상가가 무료로 사용할 수 있는 간단한 선별 도구를 소개한다. 당연한 말이지만, 선별 도구를 진단 목적으로 사용해서는 안 된다. 진단을 위해서는 심층적인 평가가 필요하다. 선별 도구는 평가 과정의 첫 단계 혹은 시간의 흐름에 뒤따르는 변화를 관찰하는 용도로 사용할 수 있다. 약 40여 종의 선별 도구가 있으므로, Cullen 등(2007)을 참고해 선택하기 바란다. 또한 삶의 질과 일상생활 수행 능력은 다른 무엇보다 인지 기능에 더 크게 좌우된다는 것을 기억하기 바란다. 치매의 모든 측면을 평가하는 선별 도구에 대한 간단한 리뷰는 Sheehan(2012)을 참고하기 바란다.

◆간이정신상태검사

예전부터 사용했던 고전적인 간이정신상태검사(Mini-Mental State Examination: MMSE; Folstein et al., 1975; www.3parinc.com)는 내담자의 교육 수준에 의해 분할점 및 결과치가 왜곡되는 경향이 있다. '간이정신상태검사'의 공식적인 버전은 더 이상 무료로 제공되지 않으며, 검사 대상도 너무 협소하다.

◆전반적 퇴화 척도

Reisberg 등(1982; www.mirecc.va.gov/visn21/pdf/GDS_Basic_Package.pdf)이 개발한 전반적 퇴화 척도(The Global Deterioration Scale: GDS)가 있다.

몬트리올 인지평가

경도의 인지 손상을 간편하게 평가하는 몬트리올 인지평가(Montreal Cognitive Assessment: MoCA)는 무료이고, 여러 장면에서 사용되며, 타당도가 확보되어 있다. 여러 언어로 번역되었고, 언어 능력이 빈약한 내담자를 위한 버전(MoCA–B), 아이패드에서 사용하는 버전, 단축형 버전, 대안적 버전이 개발되어 있다. 최신 버전 및 사용법은 웹사이트(www. mocatest.org)를 참고하기 바란다.

세인트루이스대학교 정신상태검사

최근에 개발된 세인트루이스대학교 정신상태검사(St. Louis University Mental Status: SLUMS)」가 있다. 세인트루이스대학교 웹사이트(www.slu.edu/medicine/internal-medicine/geriatric-medicine/aging-successfully/pdfs/mental-status-exam.pdf)를 통해 접근할 수 있고, 여러 언어로 번역되었다. 영어 버전의 지시문은 다른 웹사이트(www.elderguru.com/slums-dementia-test-available-in-various-languages)에서 확인할 수 있다. SLUMS와 MoCA는 MMSE보다 민감도가 우수하다. 특히 경도의 인지 손상(치매)을 잘 탐지하고(Smith et al., 2007), 파킨슨병에서 나타나는 인지장애(dysfunction)를 잘 포착한다(Gill et al., 2008).

아덴브룩 인지검사-개정판

미국에서는 생소한 아덴브룩 인지검사–개정판(Addenbrooke's Cognitive Examination-Revised (ACE–R)은 양호한 타당도를 확보하고 있으며, 5가지 영역 점수—지남력/주의력, 기억력, 언어 유창성, 언어 구사력, 시공간 능력—를 제공한다. 여러 언어로 번역되었고, 영어 버전은 웹사이트(https://dementia.ie/images/uploads/site-image/ACE-III_Administration_(UK).pdf)를 통해 접근할 수 있다.

기타 선별 도구

알츠하이머협회(Alzheimer's Association) 웹사이트(www.alz.org/professionals/healthcare-professionals/cognitive-assessment)에 여러 종류의 간편 선별 도구, 사용법, 연구 자료가 소개되어 있다(더 많은 선별 도구는 섹션 1.10 참조).

2.5 지남력

관련 설명어는 섹션 11.15 '지남력' 참조

외상성 뇌손상(Traumatic Brain Injury: TBI) 이후에 출현하는 지남력의 장애와 착란을 공식적으로 평가하기 위해 갈베스턴 지남력 및 기억상실증 검사(Galveston Orientation and Amnesia Test: GOAT)를 많이 사용한다(https://scale-library.com/pdf/Gaveston_Orientation_Amnesia_Test.pdf; www.scribd.com/document/144627586/Galveston-Orientation-and-Amnesia-Test-GOAT). 그러나 난이도가 높아 다른 문제를 야기할 수 있으므로, 10개의 문항으로 구성된 '지남력 기록지(Orientation Log)'가 더 적합하다(https://tbims.org/combi/olog).

사람 지남력

- **"당신의 이름은 무엇입니까?"** [별명, 아명, 가명, 망설임에 주의한다.]
- **"당신은 누구입니까?"**
- **"당신은 결혼했습니까?"**
- **"당신의 직업은 무엇입니까/과거에 어떤 일을 했습니까?"**

장소 지남력

- **"우리는/당신은 지금 어디에 있습니까?"(환경, 주소, 건물, 도시, 주/지역)**
- **"당신은 어디에 살고 있습니까?"(환경, 주소, 건물, 도시, 주/지역)**
- **"이곳은 당신의 집에서 얼마나 멀리 떨어져 있습니까?"**

시간 지남력

내담자가 시계를 착용하고 있는지 관찰한다. 만약 시계를 착용하고 있다면, 현재 시각이 정확한지 여부와 내담자가 시각을 온전하게 파악할 수 있는지 여부를 탐색한다. 만약 시계를 착용하지 않아서 정확한 시각을 모른다면, 대략적인 시각을 추정해 보도록 요청한다.

- **"지금이 몇 시입니까? 아침입니까 혹은 저녁입니까? 낮입니까 혹은 밤입니까?"**
- **"당신은 몇 살입니까?"**
- **"당신의 생일은 언제입니까?"**
- **"오늘이 무슨 요일입니까? 일주일 중에서 무슨 요일입니까? 지금은 몇 월입니까? 오늘이 몇 일입니까?"**
- **"지금이 어떤 계절입니까? 지금은 몇 년도입니까?"**
- **"당신은 언제 이곳에 처음 왔습니까? 이곳에서 얼마나 머물렀습니까? 과거에도 이곳에 와 본 적이 있습니까?"** (만약 그렇다고 답변하면) **"그때는 이곳에 얼마나 머물렀습니까?"**

상황 지남력

- “제가 누구입니까?”
- “저는 지금 여기서 무엇을 하고 있습니까?”
- “우리가 대화하는 목적이 무엇입니까?”
- “당신이 이곳에 오신 까닭은 무엇입니까?”

친숙한 사물 지남력

- 임상가의 손을 들고 질문한다. “이것은 저의 오른손입니까, 왼손입니까?” “제 손가락의 이름을 말해 주겠습니까?”
- 연필, 시계, 안경을 들고/가리키고 그 사물의 이름, 용도, 부분을 질문한다.

타인 지남력

- “어머니/아버지/배우자의 이름이 무엇입니까?”
- “자녀/자녀들의 이름이 무엇입니까?”
- “저의 이름은 무엇입니까?”
- “저의 직함/직업은 무엇입니까?”
- “우리가 지난번에 언제 만났습니까?”
- “저 직원의 이름은 무엇입니까?” [직원의 직함, 역할 등을 질문한다.]
- “여기서 일하는/치료받는 사람/직원/환자의 이름은 무엇입니까?”

2.6 주의력(↔ 정도순)

관련 설명어는 섹션 11.3 ‘주의력’ 참조. 주의폭에 관한 질문은 섹션 2.7 ‘집중력’, 섹션 2.10 ‘기억력’ 참조

다음의 질문과 과제는 난이도가 높아지는 순서로 제시했다. 부적절한 자극을 배제하면서 단일한 혹은 특정한 자극에 대한 능동적 정보 처리를 할 수 있는지 평가한다.

- “가능한 한 빠르게 알파벳을 순서대로 말해 주세요.” (소요 시간을 기록한다. 평균 시간은 3~10초이다.)
- “‘지구(earth)’/‘집(house)’의 철자를 말해 주세요.” “이번에는 뒤에서부터 순서대로 철자를 말해 주세요.”

- **"당신의 사회보장번호[2]를 뒤에서부터 순서대로 말해 주세요."** [역순으로 말해 달라고 확실하게 표현해야 한다. 소요 시간 및 정확도를 기록한다.]
- **"제가 알파벳 C를 말할 때마다 연필로 책상을 한 번씩 두드려 주세요."** (1초에 한 문자씩 무선으로 연속해서 제시한다. 알파벳 C는 3~8회 중에 한 번씩 무선으로 제시한다.) [평균 수행은 45초/45개 중에서 1~2회 정도의 (알파벳 C에 반응하지 않는) 실수를 범하는 것이다.]
- **숫자 외우기, 바로 따라 외우기, 거꾸로 따라 외우기: 내담자에게 임의적인 숫자를 순서대로 불러 준 후, 처음에는 바로 따라 외우게 하고 나중에는 거꾸로 따라 외우게 한다**(섹션 2.10 '기억력' 참조).
- **3가지 사물의 이름을 불러 주고, 내담자가 따라 말하게 한다. 내담자가 모두 정확하게 따라 말할 때까지 시행하고 기록한다.** [지연 회상을 평가할 때도 사용할 수 있다.] (섹션 2.10 '기억력' 참조)
- **"제가 몇 번 두드리는지 횟수를 잘 세었다가 말해 주세요." (책상 밑면 혹은 내담자에게 보이지 않는 물체를 두드린다. 두드리는 횟수를 3회부터 15회까지 변경하면서 반복적으로 시행한다.)**

2.7 집중력 (↔ 정도순)

관련 설명어는 섹션 11.4 '집중력/과제 지속성' 참조

다음은 주의를 유지/지속하는 능력을 평가하는 질문과 과제이다. 또는 부적절한 자극을 배제해야만 순조롭게 실행할 수 있는 정신 활동과 밀접한 관련이 있는 수행을 평가한다. 과제의 소요 시간 및 오류 내용을 기록하도록 하자.

- **"당신의 이름을 알파벳 철자로 말해 주세요." "이번에는 뒤에서부터 순서대로 말해 주세요."**
- **"요일의 이름을 뒤에서부터 순서대로 말해 주세요. 일요일부터 시작해 주세요."**
- **"1월부터 12월까지 이름을 말해 주세요." "이번에는 뒤에서부터 순서대로 말해 주세요."**
- **"가능한 한 빠르게 알파벳을 뒤에서부터 순서대로 말해 주세요."**
- **"알파벳을 하나 걸러 하나씩 말해 주세요."**
- **임상가가 이야기를 하든지 말든지 상관없이, 지금부터 1분이 경과하면 말해 달라고 요청한다. 내담자가 1분이 경과했다고 보고한 시간을 기록한다.**
- **한 페이지 가득히 알파벳이 적힌 종이를 제시하고, 모든 A에 표시하기/밑줄 긋기를 요청한**

2 역자 주: 일종의 미국 내 주민등록번호이다.

다(예: B, F, H, K, A, X, E, P, A 등).

- **암산 과제를 제시한다**(잘 알려진 100에서 '7씩 빼기'와 같은 예시는 섹션 2.16 '계산 능력' 참조).

2.8 언어 이해력

섹션 17.3 '언어 능력: 읽기 및 쓰기 능력' 참조

언어 수용력

언어 수용력은 간단한 질문과 답변을 통해 평가할 수 있다. 예를 들어, **"이모의 남동생은 남자인가요, 여자인가요?"** 혹은 **"사자가 호랑이를 죽였습니다. 누가 죽었습니까?"**와 같이 질문하고 관찰한다. 임상가는 다음과 같은 방식으로 단순한 질문부터 복잡한 질문까지 차례로 제시한다.

- "눈을 감으세요. 눈을 뜨세요."
- "팔을 드세요. 왼팔을 드세요."
- "양치질/빗질을 어떻게 하는지 몸으로 보여 주세요."
- "오른쪽 손으로 왼쪽 무릎을 3번 두드린 다음에 오른쪽 손으로 왼쪽 귀를 만지세요."
- "오늘이 화요일이면 한쪽 팔을 들고, 오늘이 화요일이 아니면 양쪽 팔을 드세요.
- "종이를 들어서, 반으로 접고, 책상 위에 놓으세요." (3단계를 모두 요구한다.)
- "이 문장을 읽고 따라 하세요." ("5초 동안 눈을 감으세요."라고 적힌 카드를 제시한다.)

언어 유창성

- "알파벳 F로 시작하는 단어를 가급적 많이 말해 주세요. 사람 이름/고유명사는 안 되고, 똑같은 단어를 반복해도 안 됩니다. 제가 그만하라고 할 때까지 말해 주세요." (30초가 경과하면 중지한다. 필요한 경우, 알파벳 A, P 혹은 S로 시작하는 단어로 시행을 반복한다. 각 시행에서 내담자가 답변한 단어의 개수로 점수를 계산한다.)

언어 표현력

- 신문이나 잡지에서 발췌한 몇 문장을 제시하고, 내담자에게 문장을 읽고 설명하도록 요청한다.
- 한 장의 사진(예: 잡지에서 발췌한 사진)을 보여 주고, 물건(들)의 이름(들)을 질문한다.
- 한 장의 사진(예: 행동을 포착한 사진)을 보여 주고, 그것이 무엇인지 묘사하도록 요청한다.

2.9 눈-손 협응/지각-운동 통합/통합운동장애/구성 능력

- 내담자에게 다음의 과제를 요청한다.
  - 책상 위에 놓여 있는 동전을 양손으로 하나씩 집으라고 요청한다.
  - 책상 위에 놓여 있는 종이 클립을 팽이처럼 돌리라고 요청한다. 양손으로 각각 실시한다.
  - 엄지손가락으로 나머지 손가락을 건드리면서 각 손가락의 이름을 말하라고 요청한다. 양손으로 각각 실시한다. 순서는 상관없다.

- 내담자에게 다음의 과제를 요청한다.
  - 2개의 오각형이 겹쳐 있는 그림 카드를 보여 주고, 그것을 모사하라고 지시한다.
  - 집/나무/사람/내담자와 반대 성별의 사람/내담자 자신을 그리라고 지시한다. [잘 알려진 '집-나무-사람 검사' '인물그리기 검사'이다.]

- 내담자에게 임상가의 지시에 따라 다음의 물체를 그리도록 요청한다.

다이아몬드	십자가의 윤곽
파이프 담배	투명한 정육면체의 모서리

시계그리기 검사: 지름이 4인치[3]이고 중심에 선명한 점이 있는 동그라미를 제시한다. 나머지는 빈칸이어야 한다. 내담자에게 "이것이 시계의 앞면이라고 상상하고, 시계에 있어야 할 숫자를 적어 주세요."라고 지시한다. 내담자가 완료하면, "11시 20분이 되도록 시계의 바늘을 그려 주세요."라고 지시한다. [몇 차례 반복할 수 있다. 일반적으로 점수와 규준을 고려하지 않고 직관적으로 해석하지만, 자세한 내용은 Juby(1999) 및 Heinik과 Shaikewitz(2009) 참조]

2.10 기억력

관련 설명어는 섹션 11.13 '기억력' 참조

내담자의 기억력을 더 정확하고 정밀하게 평가하려면 타당도가 확보된 기억력 검사 혹은 웩슬러 기억력 검사(Wechsler Memory Scale-IV; Wechsler, 2009)를 사용하는 것이 바람직하다.

3 역자 주: 약 10cm에 해당한다.

시작 질문

- **"당신의 기억력은 괜찮은 편입니까?"**
- **"당신이 읽은 것/텔레비전에서 본 것/요리 방법/전화번호/시간 약속을 기억하거나 집중하는 데 어려움을 겪은 적이 있습니까?"**
- **"최근에 길을 잃어버린 경험/중요한 사건을 기억하지 못한 경험/요리하고 있었다는 사실을 잊었던 경험/어떤 전자제품의 전원을 너무 오래 켜 두었던 경험이 있습니까?"**
- **"어떤 사람의 이름을 기억하지 못했던 경험 혹은 그 사람을 어디서 만났는지 기억하지 못했던 경험이 있습니까?"**
- **"다른 사람에게서 당신의 기억력이 예전만 못한 것 같다는 이야기를 들어 본 적이 있습니까?"**

즉시 기억/기억폭

즉시 기억(immediate memory)은 실험실에서 약 10~30초 동안 기억하는 것을 의미한다. 또는 상담실에서 평가를 진행하다가 방금 청취한 것, 방금 수행한 것, 방금 학습한 것을 기억하는 능력이 즉시 기억이다.

순방향의 바로 따라 외우기와 역방향의 거꾸로 따라 외우기로 구성되는 '숫자외우기'는 기억력을 평가하는 보편적인 과제지만, 즉시 기억보다는 집중력을 더 요구하는 상대적으로 더 복잡한 과제이다.[4] 내담자에게 다음과 같이 지시하면서 시작한다.

"지금부터 몇 개의 숫자를 부르겠습니다. 제가 숫자를 모두 불러 드리면, 저에게 그 숫자를 다시 말해 주세요. 준비되었습니까?"

2개의 숫자로 시작한다(예: '1, 7'. 주의: '17, 36'이 아니다). 내담자가 첫 번째 혹은 두 번째 시행에서 정확하게 성공하면(각 시행마다 다른 숫자를 사용한다), 숫자의 개수를 1개씩 증가시킨다. 내담자가 2회의 시행에서 모두 실패할 때까지/순서가 틀릴 때까지 시행을 거듭한다. 임상가는 내담자에게 불러 준 숫자를 기록해야 한다.

☑ 1초당 1개의 숫자를 같은 속도로 불러 준다. 마지막 숫자를 불러 줄 때 음성의 변화를 주는 식으로 강조하면 안 된다. 연이은 숫자를 불러 주면 안 된다. 기억하기 쉬운 날짜 혹은 익숙한 순서를 사용하면 안 된다. 임상가의 사무실 전화번호 또는 내담자가 모를 법한 전화번호를 사용할 수 있다.

4 이것을 명쾌하게 설명한 James L. Pointer, PhD(앨라배마주 몽고메리)에게 감사한다.

이어서 다음과 같이 지시한다.

"지금부터 몇 개의 숫자를 부르겠습니다. 이번에는 제가 불러 드린 숫자를 뒤에서부터 거꾸로 따라서 말해 주세요. 예를 들어, 제가 '6, 2'라고 불러 드리면 뭐라고 답변하겠습니까?"

☑ 내담자가 첫 번째 혹은 두 번째 시행에서 순서대로 정확하게 회상한 숫자의 최댓값이 최종 점수이다. 예를 들어, 바로 따라 외우기에서 5개 숫자 중의 4개를 순서대로 정확하게 회상하고 1개를 실패하면, 바로 따라 외우기 최종 점수는 4점이다.

☑ 내담자의 (연령 수준이 아닌) 교육 수준이 숫자 외우기에 영향을 미치므로 신중하게 해석해야 한다. 통상적으로 성인의 기억 용량은 바로 따라 외우기는 5~8개, 거꾸로 따라 외우기는 4~6개이다. 바로 따라 외우기와 거꾸로 따라 외우기가 3개 이상의 차이를 보인다면 집중력의 결함을 의심할 수 있다. 웩슬러 지능검사 매뉴얼에서 자세한 규준을 확인하기 바란다(Wechsler, 2008, 2009).

단기 기억

단기 기억(short-term retention)은 몇 분에서 1~2시간까지 기억하는 것을 의미한다.

- **(청각 기억의 경우) 명칭을 불러 주거나 (시각 기억의 경우) 그림을 지목한다. 가장 쉬운 과제는 3개의 연관된 항목을 제시하는 것이다(예: 브로드웨이-뉴욕-택시; 책-연필-책상; 가위-칼-편지지; 사과-복숭아-배). 3개의 항목이 무엇인지 나중에 다시 물어보겠다고 말해 주고, 그 사이에 다른 과제를 실시하다가 5분 후에 질문한다. 어떤 단서도 제공하지 않은 상태에서 회상한 항목의 개수 및 어떤 단서를 제공한 상태에서 회상한 항목의 개수를 각각 기록한다.**
- **더 어려운 과제는 각각 다른 범주에 속하는 4개의 항목을 제시하는 것이다(예: 집, 식탁, 연필, 사전). 내담자가 몇 번의 시행으로 모든 항목을 회상했는지 기록한다. 이어서 5분 뒤에 그리고 10분 뒤에 다시 질문한다. 만약 내담자가 항목을 회상하지 못하면, 그 항목이 속한 범주를 단서로 제공한다(예: 건물, 가구, 필기구, 일종의 책). 내담자가 여전히 항목을 회상하지 못하면, 유사한 항목의 목록을 제시하고 그중에서 선택하도록 요청한다(예: 연필의 경우 볼펜, 크레용, 연필, 붓).**
- **3개의 색깔 혹은 모양을 제시하고, 그것을 5분 뒤에 회상하도록 요청한다.**
- **임상가의 이름을 말해 주고, 나중에 다시 물어볼 테니 기억하라고 요청한다. 이어서 5~10분 사이에 임상가의 이름이 무엇인지 질문한다. 만약 내담자가 정확하게 회상하지 못하면, 다시 한번 이름을 말해 주고 기억하라고 지시한다. 이후에 5~10분 간격으로 다시 회상하도록 요청한다. 몇 번 만에 성공했는지 혹은 중지했는지 기록한다.**

- 신문이나 잡지에서 발췌한 서술형 문단을 읽으라고 요청하고, 이야기의 요지를 처음부터 끝까지 말하도록 지시한다. 이때 제시문을 다시 보여 주면 안 된다.
- 면담 초반에 발생한 어떤 사건 혹은 상황에 대해 질문한다(예: 다른 사람이 주위에 있었습니까? 처음에 어떤 질문을 받았습니까? 그다음에 어떤 질문을 받았습니까? 과거력 중에서 어떤 이야기를 나눴습니까?).

최근 기억

최근 기억(recent memory)은 몇 시간에서 1~4일까지 기억하는 것을 의미한다. 오늘의 사건도 포함된다.

- 어제 무엇을 먹었는지/어떤 텔레비전 프로그램을 보았는지/어떤 활동을 했는지/누구와 함께 있었는지 질문한다(답변의 정확성을 확인할 수 있는 경우에 한함).
- 이곳에 어떤 길로 왔는지/얼마나 거리가 멀었는지 질문한다. (앞에서 너무 자주 물어보지 않았다면) 임상가의 이름을 질문한다. 최근 뉴스에 대해 질문한다.
- "어제 어떤 옷을 입었습니까?"라고 질문한다.

최근 과거 기억

최근 과거 기억(recent past memory)은 지난 몇 주부터 몇 달까지 기억하는 것을 의미한다. 답변의 정확성을 확인할 수 있는 경우, 다음과 같이 질문한다.

- "지난주에 어떤 일을 했습니까?"
- "지난 휴가를 언제, 어디서 보냈습니까?"
- "지난 생일/크리스마스에 어떤 선물을 받았습니까?"
- "최근의 국경일(예: 독립기념일, 노동절, 크리스마스)에 어떤 일을 했습니까?"
- "당신이 만났던 의사/찾았던 병원/받았던 검사의 이름을 말해 주세요. 언제부터 문제가 시작되었습니까/문제가 있다고 느꼈습니까/아팠습니까?"

원격 기억

원격 기억(remote memory)은 대략 6개월 이전부터 병전 기간(증상 발생 전)을 포함하여 내담자의 생애 전반에 걸쳐 기억하는 것을 의미한다. 다음과 같이 질문한다.

- 아동기 사건(발생 순서대로), 거주한 지역, 학교의 명칭, 친구의 이름

- "어디에서 태어났습니까?"
- "생일이 언제입니까?"
- "첫 번째로 기억나는 것은 무엇입니까?"
- "초등학교/중학교/고등학교 친구의 이름은 무엇입니까?"
- "학교에서 사귄 친구의 이름을 말해 주세요."
- 생애사: 부모의 이름, 형제자매의 이름 및 출생순위, 가족의 사별, 첫 직장, 결혼한 날짜, 자녀의 이름/생일/연령
- 더 어려운 과제: 형제자매의 생일, 입원한 날짜, 의사의 이름, 교사의 이름, "할로윈에 어떤 옷을 입었습니까?"
- 1년 전 공휴일 혹은 특정 날짜의 활동 내용
- 지역사회의 역사적 사건
- 역사적 사건: 진주만 공습(1941. 12. 7.), 스푸트니크호 발사(1957), 인류의 달 착륙(1969. 7. 20.), 사퇴한 미국 대통령 이름(닉슨, 1974. 8. 9.), 전쟁 중의 미국 대통령 이름(제2차 세계대전-루스벨트, 한국 전쟁-트루먼/아이젠하워, 베트남 전쟁-존슨/닉슨, 이라크 전쟁 및 아프가니스탄 전쟁-부시/오바마/트럼프), 챌린저호 참사(1986. 1. 28.), 베를린 장벽 붕괴(1989. 11. 9.), 오클라호마 폭발 사건(1995. 4. 19.), 국제무역센터/국방성 공격 사건(2001. 9. 11.) 등

2.11 상식

관련 설명어는 섹션 11.9 '상식' 참조

기본 지남력

- "당신의 생일은 언제입니까? 당신의 사회보장번호는 무엇입니까?"
- "당신의 전화번호는 무엇입니까? 지역번호는 무엇입니까?"
- "당신의 주소는 무엇입니까? 우편번호는 무엇입니까?"
- "당신의 키는 얼마입니까? 몸무게는 얼마입니까? 신발 크기는 얼마입니까? 의복 치수는 얼마입니까?"
- "지금이 몇 시입니까?"
- "지금부터 1시간 15분이 지나면 몇 시 몇 분입니까?"
- "크리스마스까지 얼마나 남았습니까?"
- "한 달/1년은 모두 며칠입니까?"
- "1주의 모든 요일/1년의 모든 월의 명칭을 말해 주세요."
- "여기가 어디입니까?" [주, 지역, 도시, 병원, 건물, 층수, 사무실 등을 질문한다.]

- "이 지역에서 활동하는 스포츠 팀의 이름을 말해 주세요."
- "이 주의 대표 도시가 어디입니까?"
- "이 주는 어떤 주와 경계선이 맞닿아 있습니까?"
- "미국에서 인구가 가장 많은 도시 5개를 말해 주세요." (2018년 기준, 뉴욕, 로스앤젤레스, 시카고, 휴스턴, 피닉스)
- "이곳에서 ______까지 얼마나 떨어져 있습니까?" (앞서 대답한 대도시 중 하나를 질문한다.)
- "뉴욕에서 샌프란시스코까지 얼마나 떨어져 있습니까?" (2,500~3,000마일)
- "로마/파리/런던/모스크바는 어느 나라의 도시입니까?"
- "중동/유럽/남아메리카에 있는 3개의 나라를 말해 주세요."
- "이 도시/주/미국/세계의 현재 인구는 얼마입니까?" (2018년 기준, 미국 약 3억 2,500만 명, 세계 약 76억 명)

◆인물에 대한 상식

- "현재 우리나라 대통령이 누구입니까? 그 전에는 누구였습니까? 현재의 대통령부터 시작해서 역순으로 말해 주세요." (1901년도 이래 미국 대통령, 역순: 바이든, 트럼프, 오바마, 부시, 클린턴, 부시, 레이건, 카터, 포드, 닉슨, 존슨, 케네디, 아이젠하워, 트루먼, F. D. 루스벨트, 후버, 쿨리지, 하딩, 윌슨, 태프트, T. 루스벨트) [주: 이것을 기억하지 못한다고 해서 병리적인 문제가 있다고 가정하면 안 된다.]
- "미국 대통령은 어디에서 살고 있습니까?" (백악관, 워싱턴 D.C.)
- "미국 초대 대통령이 누구입니까?"
- "이곳의 시장/주지사는 누구입니까?"
- "______가 누구입니까?" [내담자가 알고 있을 법한 현재와 과거의 유명인, 운동선수 이름을 몇 가지 제시한다.]
- "비행기를 발명한 사람이 누구입니까?" (라이트 형제, 윌버와 오빌)
- "약사가 하는 일이 무엇입니까?"
- "존 F. 케네디/마틴 루터 킹 주니어/피델 카스트로는 어떤 사람입니까?"
- "부커 T. 워싱턴/토머스 에디슨/조너스 소크/알버트 아인슈타인/스티브 잡스/빌 게이츠는 무엇으로 유명합니까?"

당연하게도, 이러한 질문에 대한 내담자의 답변은 내담자의 연령, 성별, 거주 지역, 인종뿐만 아니라 질문에 포함된 인물의 유명세 혹은 중요도에 따라 다를 수밖에 없다. 임상가가 일하고 있는 장면 및 내담자의 다양한 문화와 관심을 고려해 다음과 같은 간단한 유명 인사 목록을 작성하기 바란다: 스포츠계 유명 인사, 음악계 유명 인사, 지역사회 정치인, 국제적인 지도자, 영화 및 텔레비전에서 유명한 배우/배역, 과학계 유명 인사, 출판계 유명 인사, 위대한 사상가.

사물에 대한 상식

- "음식 이름을 5가지 말해 주세요."
- "동물 이름을 5가지 말해 주세요."
- 지역의 지리 요소—강, 산, 거리, 인근 지역, 중심 지역, 공원, 고속도로, 상점, 쇼핑몰, 학교—에 대해 질문한다.
- "오각형의 모서리는 몇 개입니까?" (5개)
- "알파벳 C로 시작하는 동물 이름을 3가지 말해 주세요."
- "알파벳 D로 시작하는 도시 이름을 3가지 말해 주세요."
- "1파운드는 몇 온스입니까?" (16온스)[5]
- "집은 무엇으로 만듭니까?"
- "미국에서 가장 긴 강은 무엇입니까?" (미시시피강)
- "해는 어느 쪽으로 집니까?" (서쪽)
- "이것이 무엇입니까?" [미국의 동전 혹은 지폐를 보여 준다.]
- "피라미드는 어디에 있습니까?" (이집트/멕시코)
- "물이 어는 온도는 몇 도입니까?" (화씨 32도 혹은 섭씨 0도)
- "휘발유는 무엇에서 얻습니까?" (기름, 원유)

사건에 대한 상식

- "7월 4일/크리스마스/추수감사절/노동절/현충일/부활절/유월절/라마단/설날이 어떤 날입니까?"
- "저번에 슈퍼볼/월드시리즈[6]에서 누가 우승했습니까?"
- "최근에 뉴스에서 화제가 되고 있는/신문에서 읽었거나 텔레비전에서 보았던 사건/이야기는 무엇입니까?"
- "최근에 ______에서 어떤 일이 있었습니까?" (구체적인 지명을 거론한다.)
- "최근에 ______가 어떤 일을 했습니까? 최근에 ______에게 어떤 일이 일어났습니까?" (구체적인 인명을 거론한다.)
- "미국은 언제 제2차 세계대전/한국 전쟁/베트남 전쟁/페르시아만 전쟁/아프카니스탄 전

5 역자 주: 약 450그램에 해당한다.

6 역자 주: 슈퍼볼(미식축구)과 월드시리즈(프로야구)는 미국에서 가장 큰 스포츠 행사이다.

쟁/이라크 전쟁을 치렀습니까?" (각각 1941~1945, 1950~1953, 1965~1975, 1990~1991, 2001~?, 2003~?) "미국은 무엇을 위해 전쟁을 치렀습니까?"

- "진주만 공습은 언제 일어났습니까?" (1941. 12. 7.)
- "존 F. 케네디 대통령은 언제 암살당했습니까?" (1963. 11. 22.)
- "세계무역센터와 국방성은 언제 공격당했습니까?" (2001. 9. 11.)

2.12 반대말

- "이 단어의 반대말을 말해 주세요."
  어려운　빠른　큰　바깥　높은　어린

2.13 차이점

- "_____와 _____의 차이점은 무엇입니까?" 혹은 "_____와 _____는 어떤 점에서 서로 같지 않고 다릅니까?"라는 형식을 사용하여 질문한다.

거짓말–실수	어린–작은	연–비행기
오리–비둘기	오렌지–야구공	물–땅
소년–소녀	손–발	혀–코

- "다음 중에서 서로 다른 것은 무엇입니까? 그 까닭은 무엇입니까?"라고 질문한다.
  - 책상, 사과, 의자, 조명(사과는 가구가 아니다, 인공물이 아니다, 먹을 수 있다)
  - 도자기, 조각상, 그림, 시(시는 만질 수 없다 등)

2.14 공통점/유사점

"_____와 _____는 어떤 점에서 서로 같거나 비슷합니까?"라는 형식을 사용하여 질문한다.

다음과 같은 단어의 쌍을 난이도 순서로 제시한다.

◆초급 난이도(추상적 수준의 공통점을 쉽게 발견할 수 있지만, 구체적 및 기능적 수준의 공통점도 여전히 발견할 수 있는 단어의 쌍)

노랑–초록	달러–다임[7]	사과–오렌지	가위–톱
기쁨–분노	바이올린–피아노	고양이–개	버스–자동차

◆중급 난이도(추상적 수준의 공통점을 쉽게 발견하기 어려운 단어의 쌍)

트럭–버스	버스–비행기	오리–치킨	팔꿈치–무릎
해–달	헛간–주택	양말–신발	손목시계–태엽시계

◆고급 난이도(공통점이 매우 추상적이기 때문에 답변하기 어려운 단어의 쌍)

극장–교회	날개–다리	일–놀이	감옥–동물원
산–강	전화–라디오	휘발유–음식	줄자–온도계

☑ 내담자가 모호하게 답변하는 경우, 이해 수준 및 추상 수준을 선명하게 가늠할 수 있을 때까지 질문을 거듭한다. 예를 들어, '버스–비행기'에 대한 답변은 다음과 같은 추상 수준의 연속선상에서 해석될 수 있다. "모두 바퀴가 있다. 모두 사람이 타는 것이다. 모두 운송 수단이다. 모두 기술로 개발된 인공물이다."

☑ 애매모호한 경우, 내담자에게 다음과 같이 질문한다. **"조금 더 설명해 주세요."** 추가 질문이 필요한 경우, 다음과 같이 덧붙인다. **"그것들이 어떤 유형/범주에 속합니까?"**

2.15 모순점

임상가는 스탠퍼드–비네 지능검사 제5판(Roid, 2003)의 '언어적 모순점' 소검사를 활용할 수 있다. 또한 내담자의 특성을 고려하여 임상가의 경험에서 우러나는 질문을 제시할 수 있다.

- **내담자에게 다음과 같이 질문한다. "여기서 무엇이 틀렸습니까/잘못되었습니까/어색합니까?"**
  - **"의사가 응급실로 뛰어왔다. 붕대를 가져왔다. 샌드위치를 먹었다. 피를 흘리는 사람에게 붕대를 감았다."**

7 역자 주: 미국의 화폐 단위이다.

- "빌의 귀는 너무 커서 스웨터를 발목부터 입기 시작했다."
- "바다를 비행하던 도중에 연료가 떨어졌다. 비행기 조종사는 안전을 확보하기 위해 되돌아갔다. 이륙했던 공항에 착륙했다."
- "어떤 사람이 두 건의 자동차 사고를 당했다. 첫 번째 사고에서 사망했다. 그러나 두 번째 사고에서는 신속하게 대피했다."

유익하다고 판단되는 경우, 일상생활의 모순점/불일치/역설에 대해 내담자에게 질문한다.

- "옴짝달싹할 수 없는 딜레마 상황의 예를 말해 주세요."
- "예방이 치료보다 효과적입니다. 하지만 충분한 재원이 마련되지 않았다면 어떨까요?"

2.16 계산 능력

관련 설명어는 섹션 11.2 '산술력' 참조

내담자가 다음의 질문에 답하기 위해서는 주의력, 집중력, 기억력, 교육 수준이 요구된다. 모든 산수 문제의 문답을 기록할 때는 내담자가 제시한 답변, 내담자가 기울인/투여한 노력, 소요된 시간, 답변의 정확성, 단서의 도움으로 답변을 수정한 양상, 정답에 이르기까지 관찰된 오답의 순서, 계산 과정에서 종이와 연필의 사용 여부 등을 포함해야 한다. 또한 내담자가 스스로 답변을 정정할 수 있었는지, 계산 과정에서 손가락을 사용했는지, 종이와 연필을 요구했는지, 문제가 어렵다고 불평했는지, 문제를 풀지 못해 변명했는지 여부 등도 상세하게 기록해야 한다.

◆산수 문제 기본 예시(↔ 정도순)

- "2 더하기 2는 얼마입니까? 4 더하기 4는 얼마입니까? 8 더하기 8은 얼마입니까?" [이러한 순서로 실시하면서 계산 능력의 한계를 평가한다. 더 어려운 질문은 3 더하기 3을 반복하거나 7 더하기 7을 반복하는 것이다.]
- 첫 번째 단계: "3 더하기 4는 얼마입니까?" "6 더하기 4는 얼마입니까?"
- 두 번째 단계: "7 더하기 5 빼기 3은 얼마입니까?" "8 더하기 4 더하기 9는 얼마입니까?" "4 더하기 6 더하기 3은 얼마입니까?"
- "1/3과 1/2 중에서 무엇이 더 큽니까?"
- 페니, 니켈, 다임, 쿼터[8]의 조합을 몇 가지 제시하고 다음과 같이 질문한다. "이것을 모두

8 역자 주: 미국의 화폐 단위이다.

더하면 얼마입니까/몇 달러입니까/얼마의 가치가 있습니까?"

언어로 제시하는 산수 문제(↔ 정도순)

- "몇 개의 쿼터가 있어야 1.75달러가 됩니까?" (7개)
- "볼펜 2개의 가격이 18센트라면, 볼펜 반 다스의 값은 얼마입니까?" (0.54달러/54센트)
- "14.00달러에서 5.50달러를 빼면 얼마가 남습니까?" (8.50달러)
- "몇 개의 니켈이 있어야 1.00달러가 됩니까?" (20개)
- "몇 개의 니켈이 있어야 1.95달러가 됩니까?" (39개)

연속 뺄셈/100에서 7씩 빼기

관련 설명어는 섹션 11.4 '집중력/과제 지속성' 참조

"100에서 시작해서 7을 빼십시오. 거기서 또 7을 빼십시오. 거기서 또 7을 빼십시오."

☑ 100에서 연속으로 7을 차감하여 최종으로 2까지 도달하는 평균 시간은 1분이고, 평균적으로 2회 이하의 오류가 관찰된다. 내담자가 자발적으로 정정하는 경우는 오류에 포함시키지 않는다. 오류 반응에 밑줄을 그어 두면 문제점을 확실하게 파악할 수 있다. 예를 들어, 93, <u>84</u>, 77, 70, <u>62</u>와 같이 기록한다. 임상가는 정확성뿐만 아니라 계산 속도, 과제 지속력, 자발적인 정정 여부까지 주의 깊게 살펴야 한다.

연속 뺄셈의 대안 과제

'100에서 7씩 빼기'와 같은 연속 뺄셈의 대안으로, '1부터 20까지 2의 배수로 세기' '1부터 39까지 3의 배수로 세기' '100부터 5씩 빼기' 등을 사용할 수 있다. '50에서 4씩 빼기'와 '31에서 3씩 빼기'는 이것보다 더 어렵다. '100에서 7씩 빼기'가 너무 쉬운 내담자의 경우, '100에서 13씩 빼기'를 사용할 수 있다.

2.17 유추/속담

관련 설명어는 섹션 11.17 '추론/추상적 사고/개념 형성' 참조

내담자의 유추/속담 추리 능력을 평가하는 임상가는 신중하고 박식해야 한다(Gibbs & Bitel, 1995). 임상가는 내담자의 결함과 진단을 감안해 유추/속담 질문을 선택해야 한다. 어떤 질문과 답변은 만족스럽게 해석하기가 어렵고, 어떤 질문은 내담자의 대처 능력, 인지장애(cognitive dysfunction), 개인 성향을 복합적으로 측정하기 때문이다.

- "사람들이 ________ 라고 이야기할 때, 그것은 무슨 뜻입니까?"와 같은 형식으로 다음과 같은 속담의 의미를 질문한다.
  - "반짝인다고 모두 금이랴"/"빛 좋은 개살구" (겉과 속이 다를 수 있다.)
  - "볕이 났을 때 풀을 말려라."/"쇠뿔도 단 김에 빼라." (기회를 놓치지 말라, 주도권을 잡아라.)
  - "이미 엎질러진 물이다." (성숙하게 체념하고 우선순위를 파악하라.)
  - "남의 떡이 커 보인다." (비관주의, 시기심, 후회, 불만족을 경계하라.)
  - "쥐구멍에도 볕들 날이 있다." (낙관주의, 희망, 신뢰, 인내를 발휘하라.)
  - "로마는 하루아침에 지어지지 않았다"/"천 리 길도 한 걸음부터." (인내심을 발휘하고, 좌절을 감내하고, 만족을 지연하는 것이 필요하다.)
  - "똥 묻은 개가 겨 묻은 개 나무란다." (오만을 경계하고, 수치심과 죄책감을 느끼고, 충동을 조절하라.) (또는 인과응보의 관점에서 타인의 티끌보다 자신의 들보를 바라보라.)
  - "유유상종"/"부전자전"/"콩 심은 데 콩 나고 팥 심은 데 팥 난다." (과거의 영향, 유전의 힘, 학습의 힘을 살펴보라.)
  - "김칫국부터 마시지 말라."/"남의 돈 천 냥이 내 돈 한 푼만 못하다." (매사에 주의하고, 현실적인 계획과 희망을 품으라.)
  - "우는 아이 젖 준다." (과도한 겸손을 경계하라. 필요한 것과 관심을 보여 줄 것을 요구하라.)
  - "호랑이 없는 골에 토끼가 왕 노릇 한다." (지배와 복종의 관계를 생각하라.)
  - "구르는 돌에는 이끼가 끼지 않는다." (돌/이끼/구르는 것을 긍정적으로 해석할 수도 있고 부정적으로 해석할 수도 있다.)

☑ 대안으로, **"좋아하는 성경 이야기가 있습니까?"**라고 질문할 수 있다. 만약 좋아하는 성경 이야기가 있다면, **"그것은 무엇입니까?" "그것을 좋아하는 까닭은 무엇입니까?"**라고 질문할 수 있다.

2.18 속담 대비

대비되는 속담을 활용하면 내담자의 유추 능력을 더욱 심층적으로 평가할 수 있다. 먼저, 좌측에 어떤 속담을 제시하고, 이어서 우측에 그것과 대비되는 속담을 제시한다. 각각의 속담에 대해 "사람들이 이렇게 이야기할 때, 그것은 무슨 뜻입니까?"라고 질문한다.

☑ 임상가는 대비되는 속담의 갈등적인 속성을 내담자가 언제 그리고 어떻게 파악하는지 평가해야 한다. 내담자가 모순을 이해하지 못했는가? 내담자가 모순을 파악했지만 그것을 무시하는가? 내담자가 농담을 하는가? 내담자가 인간 본성/일반 의미/평가자/평가자의 질문에 대해 무엇이라고 언급하는가? 내담자가 고도의 추상화를 통해 모순을 해결하려고 노력하는가? 내담자가 또 다른 대비되는 속담을 제시하는가?

- "남의 돈 천 냥이 내 돈 한 푼만 못하다." — "모험하지 않으면 얻는 것도 없다."
- "돌다리도 두드려 보고 건너라." — "망설이다가는 기회를 놓친다."
- "눈에서 멀어지면 마음도 멀어진다." — "떨어져 있으면 그리움이 더해진다."
- "제때의 한 바늘이 아홉 바늘의 실수를 던다." — "미리 공연한 걱정을 하지 말라."
- "급히 먹는 밥이 체한다." — "쇠뿔도 단 김에 빼라."/"볕이 났을 때 풀을 말려라."
- "네가 대접받고 싶은 대로 남을 대접하라." — "누구나 제멋에 사는 법이다."/"사람마다 제각각이다."

2.19 실용적 추론

◆일반 질문

- "음식을 냉장고에 보관하는 까닭은 무엇입니까?"
- "신문을 읽는 까닭은 무엇입니까?"
- "유언장을 작성해야 하는 까닭은 무엇입니까?"
- "당신이 입고 있는 옷은 누가 골랐습니까?"

◆위험 인식(↔ 정도순)

- "도로를 건너기 전에는 어떻게 해야 합니까?"
- "침대에서 담배를 피우면 안 되는 까닭은 무엇입니까?"
- "휴지통에 버려진 종이에 불이 붙으면 어떻게 해야 합니까?"
- "조리하고 있는 음식에 불이 붙으면 어떻게 해야 합니까?"
- "손가락을 베었을 때는 어떻게 해야 합니까?"
- "집에서 가스 냄새가 나면/부엌에서 물이 새면 어떻게 해야 합니까?"

2.20 사회적 판단력

섹션 2.19 참조. 관련 설명어는 섹션 11.14, 섹션 11.18, 섹션 11.20 참조

내담자의 사회적 판단력을 탐색하는 질문은 다음과 같다(↔ 정도순).

- "도서관에서 빌린 책을 분실하면/습득하면 어떻게 해야 합니까?"
- "길에서/거리에서 다른 사람의 지갑이나 가방을 주우면 어떻게 해야 합니까?"

- “사람들은 왜 학교에 가야 합니까?”
- “식당에서 음식을 먹었는데 음식값을 지불할 돈이 없으면 어떻게 해야 합니까?”
- “자동차에 열쇠를 남겨 두고 자동차의 문을 잠갔을 때는 어떻게 해야 합니까?”
- “편지를 보낼 때 우표를 붙이는 까닭은 무엇입니까?”
- “자동차에 번호판을 부착하는 까닭은 무엇입니까?”
- “당신이 나쁜/어리석은/잘못된 선택을 했던 상황/사건을 말해 주세요.”
- “타인을 이용했던/타인에게 이용당한 경험이 있습니까?”
- “부실 대출(bad loans)을 받아 본 경험이 있습니까?”
- “누군가가 당신의 직업을 비판한다면 어떻게 해야 합니까?”
- “누군가가 당신을 해치려고 한다면/해치겠다고 위협한다면 어떻게 하겠습니까?”
- “당신과 친하게 지내는 친구/당신이 믿을 수 있는 사람/개인적인 문제가 생겼을 때 상의하는 사람/심각한 문제가 생겼을 때 의논하는 사람의 이름을 말해 주세요.”
- “당신에게 1만 달러가 생기면/1만 달러의 로또에 당첨되면 어디에 쓰겠습니까?”
- “세상/역사에서 가장 중요한 사람은 누구입니까/누구였습니까? 그 까닭은 무엇입니까?”
- “민주주의 사회에서 언론 자유를 보장해야 하는 까닭은 무엇입니까?”
- “비밀 투표를 실시하는 까닭은 무엇입니까?”

2.21 의사결정

관련 설명어는 섹션 11.6 ‘의사결정’ 참조

- “당신은 당신이 내린 결정에 만족합니까?”
- “어떤 결정을 내리려고 고민하고 있습니까? 무엇이 가장 힘듭니까? 그 까닭은 무엇입니까?”
- “너무 성급하게 결정하거나 혹은 너무 지나치게 꾸물대지는 않습니까?”
- “누군가가 당신에게 우유부단하다고/갈팡질팡한다고 이야기한 적이 있습니까? 당신도 그 의견에 동의합니까?”

2.22 자아상

관련 설명어는 섹션 9.3 ‘자아상/자아존중감’ 참조

- “당신을 가장 잘 묘사하는 3개의 단어는 무엇입니까?”
- “당신의 인간적인 강점은 무엇입니까?”
- “스스로 생각하기에, 당신은 어떤 사람입니까?”

- "지금까지 당신의 인생에서 일어났던 일 중에서 가장 중요한 일은 무엇입니까?"
- "만약 당신이 오늘 죽는다면, 당신의 묘비명/부고 기사에 어떤 이야기가 쓰일 것 같습니까?"
- "당신의 인생은 당신에게 공평했습니까?"
- "당신의 인생에서 전환점이 되었던 사건이 있으면 말해 주세요."

2.23 장애에 대한 병식

반응 관련 설명어는 섹션 11.10 '병식' 참조

- "여기가 어디입니까? 여기서 무슨 일이 벌어지고 있습니까?"
- "당신은 왜 이곳에 왔습니까? 당신이 이곳에 온 까닭은 무엇입니까?"
- "당신이 저와 이야기하고 있는 까닭은 무엇입니까?"
- "당신에게 문제가 있다고 생각합니까?" (만약 그렇다면) "어떤 문제가 있습니까? 당신이 아픈 상태라고 생각합니까?"
- "당신이 문제/고통/혼란/장애/입원을 겪고 있는 까닭은 무엇이라고 생각합니까?"
- "당신의 마음은 온전하게 작동하고 있습니까?"
- "당신은 어떤 진단을 받았습니까?" "그것의 의미는 무엇입니까?"
- "당신은 신경쇠약/심리적인 문제를 겪었습니까? 당신의 마음에 어떤 문제가 있습니까?"
- "당신은 치료받을 필요가 있습니까?"
- "약물치료가 필요했던/필요한 까닭은 무엇입니까?"
- "이 문제/당신의 문제와 관련하여, 당신에게는 어떤 역할이나 책임이 있다고 생각합니까/믿습니까?" "당신이 잘 지내려면 어떻게 해야 합니까?"[9]
- "당신은 어떻게 하면 치료할 수 있다고 생각합니까?"
- "무엇을 변화시키면 당신에게 가장 큰 도움이 되겠습니까?"
- "당신의 어린 시절/가족/생애 초기에 대해 어떻게 설명할 수 있습니까?"

2.24 강점 및 대처

섹션 25.8 '강점 체크리스트' 참조

Tedeschi와 Kilmer(2005)에서 인용한 강점 및 대처 평가 목록을 소개한다.

9 내담자가 타인이나 상황을 비난하는 수준과 자신의 책임 수준을 평가하는 방법은 Michael Newberry, MD(플로리다주 팜베이)의 자료를 참고하기 바란다.

◆자기효능감

"새롭거나 도전적인 일을 시작할 때/누군가가 당신에게 중요한 문제를 상의할 때/소중한 인간관계에서 어떤 문제에 봉착할 때, 당신은 그 일이 얼마나 순조롭게 해결될 수 있을 것이라고 확신합니까?"

◆사회적 지지

- "당신에게 도움이 필요할 때, 친구나 가족이 도움이 될 것이라고 얼마나 신뢰할 수 있습니까?"
- "당신을 정말로 잘 알아주고 이해해 주는 사람이 주위에 있습니까?"
- "가족과 친지를 제외하고, 당신을 보살피고 도와주는 어른이나 사람들이 주위에 있다고 생각합니까?"

◆대처 전략

- "어떤 문제 상황이나 스트레스에 직면하는 경우, 당신은 어떻게 행동하는 편입니까? 당신은 그 문제를 어떻게 다루는 편입니까?"
- "스트레스를 받을 때 어떤 행동을 합니까? 감정이 격해졌을 때 대체로 어떻게 행동합니까?"
- "스트레스를 받을 때 그것을 어떻게 해소합니까? 그다음에는 어떻게 행동합니까?"

2.25 정신상태평가 체크리스트

☑ 내담자의 정신 상태를 평가하는 경우, 임상가는 내담자의 수행에 영향을 미치는 모든 변인을 항상 고려해야 한다. 예를 들어, 현재의 질병, 복용 약물, 의사소통 곤란, 그 밖의 여러 상황이 영향을 미칠 수 있다(**섹션 1.2 '자기소개 및 의사소통 곤란 확인' 참조**).

다음의 양식 1에서 소개하는 정신상태평가 체크리스트는 『디지털 시대의 종이 사무실(The Paper Office for the Digital Age)』(Zuckerman & Kolmes, 2017)에서 인용한 것이다. 이 양식을 활용하면 정신상태평가 결과를 유용하게 압축해서 기록할 수 있다. 내담자와 작업할 때는 저자에게 서면으로 동의를 받지 않더라도 양식 1을 복사해서 사용할 수 있다. 그러나 저자에게 서면으로 동의를 받지 않았다면 교육, 저술, 상업의 목적으로는 사용할 수 없다.

[이 페이지의 상단을 레터헤드로 사용한다.]

정신상태평가 체크리스트

지시사항: 현재 관찰되는 행동 양상에 대해 평가하시오(보고되지 않은, 과거에 있었던, 혹은 예상되는 모든 내용을 기술하시오).

A. 인적사항

내담자: ______________ 평가일: _____/_____/_____ 연령: _____세

최종 학력: ____________ ❑ 고졸 학력 인증? ❑ 특수 교육: 유형 _____ 기간 _____년

주요 직업: ______________________________ 기타 직업: ______________________

사용 언어: _______________________ 평가자: ______________________

B. 동의사항

동의 내용: ❑ 보고서 수취자 ❑ 평가 결과 ❑ 기타: ______________________

동의 방법: ❑ 개인정보보호 관행에 대한 안내문 ❑ 상호적 논의

❑ 기타: ______________________________

C. 평가 방법

1. 방법: ❑ 접수면담 ❑ 개인치료 ❑ 공식 정신상태검사 ❑ 기타: ______________
2. 시간: 총 _____분
3. 장소: ❑ 사무실 ❑ 입원실 ❑ 클리닉 ❑ 교도소 ❑ 학교 ❑ 가정/거주지 ❑ 직장

   ❑ 기타: ______________________________

D. 정신상태평가 요약

가장 적합한 표현에 동그라미하고, 필요한 경우 부연한다. 평가하지 않은 내용은 ~~줄표로 삭제함~~.

1. 외모 및 자기관리

신장	평균	작음	큼(아동의 경우, 연령에 비해)	약 _____cm		
체중	평균	과체중	비만	저체중	약 _____kg	
복장	깔끔한/청결한	부주의한/부적절한	헝클어진	불결한	세심한	
	연령, 상황, 날씨에 적합한	부적절한	유혹적인	기이한		
차림새	정상적	세심한	신경 쓰지 않은/무신경한	부적절한	특이한	기이한
화장	적절한	연령에 부적절한	과도한	특이한	화장기 없는	
향수 사용	없음	약간	과도한	체취		

(계속)

(2/3)

자세/보행 정상적 긴장된 경직된 구부정한 주저앉은 기이한 기타: ______________
움직임/활동 평범한 떨림 틱 지체된 안절부절못하는 급격한 동요된 행동으로 드러나는
기타: ____

2. 감각
주의력 기민한 부주의한 초점 없는 방황하는 자각 없음 경계하는
집중력 정상적 산만한 졸린/피곤한 무기력한 혼란스러워하는 갈팡질팡하는
불안이 방해하는 무관한 것에 주목하는 집착하는
지남력 모두 시간 사람 장소 상황 물건
회상/기억력 정상적 다음의 결함: 즉시/단기 최근 원격
심각도 ______________ 작화증 공백 기억상실증 환각

3. 정동/기분
정동 적절한 전 범위 극적 불안정한 제한된 둔마된 무정동
눈물을 흘리는 불안한 무감동 기타: ______________
기분 정상적 성마른 비관적 저조한 경조증 고양된 매우 고양된
기타: ______________

4. 사고/언어
말의 흐름 정상적 무언의 차단된 부족한 지체된 압박된 사고비약
시끄러운 부드러운 속삭이는
조직화 정상적 목적 지향적 단순한 느슨한 우회적 우원적 지리멸렬
사고 내용 일치(기분/상황) 불일치 관계 사고 의심
망상 ______________ 영향 사고 착각 단일광
보속성 개인화 기타: ______________________________
집착 우유부단 공포증 신체적 자살 타살 죄책감 종교적
기타: ______________________________________
환각 청각 시각 촉각 후각 기타: ______________________________
내용: ______________________________________

5. 실행 기능
상식 평균 평균상 빈약한: ______________ 때문에
지능 평균 평균하 평균상 평가 요망
추상화 정상적 구체적 기능적 일반적 추상적 과다추상적
판단력 정상적 상식적 온전한 빈약한 위험한
현실 검증력 현실적 적합한 왜곡된 변동적 자각 없음
병식 병식 있음 조금 있음 드물게 있음 자각 없음 부인
의사결정 정상적 단순한 충동적 우유부단 혼란스러운 마비된

(계속)

(3/3)

E. 관계 형성

눈맞춤	정상적 잠깐 회피 없음 응시
얼굴 표정	반응적 긴장된 불안한 슬픈 소진된 분노한 가면적
검사자에 대한 태도	유쾌한 협조적 인정 추구 극적 수동적 지루한 유치한 저항적 비판적 짜증 내는 적대적 비꼬는 논쟁적 도발적 요구적 위협적 의심하는 조심하는 방어적 조종하는 기타: ______________

F. 사회적 기능

사회적 성숙	책임감 있는 사려 깊은 무책임한 자기중심적 충동적 고립적
사회적 판단	정상적 물정 밝은 순진한 부주의한 피해 입은 부도덕한

G. 스트레스

스트레스원	통증 수입 주택 가족 갈등 직장 애도/상실 질병 전환(transition)
대처 능력	정상적 향상 중 탄력적 소진된 압도된 사회적 지지 부족 기술 부족
기술 결함	없음 교육 의사소통 대인관계 의사결정 자기조절 지속력 자기관리 일상생활
사회적 지지	전반적인 가족 친구 교회 서비스 체계 기타: ______________ 다음이 요망됨: ______________

H. 기타

자해/타해 위험성	부인 수동적 계획 중 수단/방법 위협 집착 시늉 시도 기타: ______________

[추가적인 관찰, 설명, 인용은 새로운 페이지에 기록한다.]

이것은 엄격한 비밀보장이 요구되는 내담자의 의료 기록입니다. 재공개 혹은 양도는 법률에 의해 명시적으로 금지되어 있습니다. 이 보고서는 자문 혹은 평가 시점에서 내담자의 상태를 반영합니다. 이 보고서에는 내담자의 진단 혹은 평가 이후의 상태가 반영되어 있지 않습니다.

제3장 징후, 증상, 기타 행동 양상 관련 질문

내담자의 인지 기능 및 정신 상태를 평가하는 질문은 제2장 '정신상태평가 관련 질문/과제'에서 자세하게 소개했다. 커플과 가족을 면담하고 평가하는 임상가는 제16장 '커플 및 가족관계'를 참고하기 바란다.

3.1 징후, 증상, 행동 양상 관련 질문 소개

제3장에서는 두 종류의 현상을 탐색하는 질문을 소개한다. 첫째는 징후와 증상 그리고 이와 관련된 심리장애를 파악하는 질문이다. 예를 들어, 불안 증상, 환각 경험, 조증 상태 등의 문제를 어떻게 탐색할 것인지 설명한다. 둘째는 임상가가 주목하는 부분이지만 그 자체로는 정신병리가 아닌 특징적인 행동 양상을 평가하는 질문이다. 예를 들어, 성 정체성, 정서 경험, 치료 순응 등의 영역에 어떻게 접근할 것인지 안내한다.

제3장에서는 개방형 질문을 통해 특정한 문제에 다방면으로 접근하는 방법을 모색한다. 『정신건강 임상가를 위한 핸드북』을 활용하면 동일한 현상에 대해 제2의 질문과 제3의 질문을 추가할 수 있고, 내담자가 드러내는 징후, 증상, 행동 양상을 온전하게 이해할 수 있으며, 내담자로부터 더 많은 정보를 확보할 수 있다.

제3장에서는 임상적으로 매우 중요한 문제를 다룬다. 하지만 이미 정해진 방향으로 내담자의 답변을 이끄는 유도 질문 혹은 내담자가 임상가의 의도를 파악할 수 있는 뻔한 질문을 사용하지 않고 문제 영역에 접근하는 것은 몹시 어려운 일이다. 예를 들어, 해리 경험, 망상 사고, 성 정체성 등의 문제가 그렇다. 제3장에서 소개하는 질문을 활용하면 이러한 문제에 더 효과적으로 접근할 수 있다. 또한 내담자의 성 경험을 탐색하는 질문과 모든 종류의 물질 사용을 평가하는 질문도 제시한다. 제3장에서 포괄하는 징후와 증상은 제10장 '기분/정동 증상 및 장애'와 제12장 '이상 징후, 증상, 증후군'의 해당 내용과 밀접하게 연결되어 있다. 제3장에서는 임상가의 탐색적인 질문에 방점을 찍고, 제10장과 제12장에서는 임상가의 발견과 내담자의 반응을 전문적인 용어로 기술하는 작업에

방점을 찍는다.

내담자가 어떤 정신병리를 겪고 있는지 여부를 감별할 때는 먼저 증상 체크리스트를 활용해 문제를 개략적으로 탐지하고, 이어서 면담을 진행해 그것을 심층적으로 탐색하는 순서가 효율적이다. 내담자의 특징적인 증상 및 행동을 탐지하는 수백 종류의 증상 체크리스트가 개발되어 있으므로, 그것을 사용하면 시간과 노력을 효율적으로 안배할 수 있다(**섹션 1.10 '선별 도구 및 모니터링 도구 목록' 참조**). 소중한 면담 시간은 그 정신병리의 심각도, 영향 범위, 발생 원인, 역동관계, 지속 기간 등을 더욱 심층적으로 탐색하는 데 사용해야 한다. 또한 임상가는 면담을 시작하기 전에 의뢰 사유와 과거 기록을 검토해 어떤 문제에 집중할 것인지 선택해야 한다.

내담자의 위험 징후를 탐색할 때는 반드시 학대, 성적 학대, 물질 사용, 물질 남용, 자살 시도, 충동 행동, 폭력 행동에 대해 질문해야 한다. 이 주제와 관련해서 첫 번째로 제시하는 질문들은 내담자에게 반드시 질문해야 한다. 나머지 질문은 필요한 경우에 추가하기 바란다.

3.2 성인의 비(非)성적 학대/방임

섹션 3.18 '충동 조절' 및 섹션 3.31 '폭력' 참조. 관련 설명어는 섹션 12.1 '학대', 섹션 12.20 '친밀한 관계에서의 폭력/가정 폭력', 섹션 12.39 '폭력 행동' 참조. 성인의 성적 학대는 섹션 3.3 참조

DSM-5와 ICD-10-CM에서는 학대와 방임의 문제를 다음과 같은 범주로 진단한다. T74, 성인 및 아동 학대, 방임, 기타 학대, 확인됨; T76, 성인 및 아동 학대, 방임, 기타 학대, 의심됨; Z62.810~812, 아동기의 다양한 유형의 학대/방임 개인력; Z69, 학대 피해자 및 가해자에 대한 정신건강 서비스를 위한 대면; Z91.410, 성인 신체적 및 성적 학대의 개인력.

☑ 임상가가 반드시 보고하고 보호해야 하는 사안인 경우, 법적인 의무와 전문가의 의무를 준수해야 한다. 임상가는 학대의 법적 정의를 숙지해야 하고, 어떤 문제를 어떤 사람에게 보고해야 하는지와 관련된 한계 기준을 명확히 파악해야 한다. 또한 일단 자백하면 취소할 수 없으므로, 임상가는 학대가 의심되는 상황을 탐색하기 이전에 자백을 취소할 수 없다는 사실을 내담자에게 반드시 고지해야 한다. 만약 상해 혹은 위험의 정황이 의심되면 경험이 많은 심리학적 · 의학적 · 법적 전문가에게 즉시 자문을 구해야 한다. 일반적으로 지역사회의 성인 보호 서비스 기관(adult protection agency)과 핫라인을 구축하고 사례를 협의할 수 있다. 이때 임상가의 사례 이해, 의무사항, 선택사항을 확실하게 파악하기 위해 내담자의 비밀 정보를 누설하지 않는 범위에서 '가상적인' 정보를 공유할 수 있다. 더 자세한 내용은 『디지털 시대의 종이 사무실』(Zuckerman & Kolmes, 2017)의 섹션 4.8 '보호 의무(경고 의무)'를 참조하기 바란다.

☑ 임상가의 입장에서 내담자의 학대 경험을 탐색하는 작업은 상당히 불편할 수 있다. 학대 경험의 피해자인 내담자를 보호하고 싶은데, 임상가의 질문이 내담자를 자극해서 고통스럽게 만들까 봐 염려하기 때문이다. 하지만 Becker-Blease와 Freyd(2006)는 이러한 걱정에 뚜렷한 근거가 없다고 반박했다. 오히

려 내담자 중에는 "당신에게 무슨 일이 있었습니까?"라고 부드럽게 질문조차 하지도 않았다고 임상가를 비판하는 사람이 가끔 있다(Read, 2007). 아동기 학대 경험은 다양한 (심리적 및 신체적) 장애를 유발할 수 있고, 치료의 예후에 부정적인 영향을 미칠 수 있다. 아동기 학대의 피해자는 성인기 학대와 폭력에 다시 노출될 취약성이 있다. 왜곡된 기억의 오류가 초래하는 문제보다 실제적 학대 경험이 초래하는 문제가 훨씬 심각하다. Black과 Black(2007)이 제안한 '단계적 동의(graduated consent)'라는 개념을 숙고하기 바란다. 학대 경험을 탐색하는 임상가는 내담자를 전문가에게 의뢰할 준비를 해야 하고, 내담자를 적극적으로 지원할 준비도 해야 한다. 임상가가 감당할 수 있는 범위 안에서 내담자를 돌봐야 한다.

☑ 학대 경험의 증거를 발견하면, 보호 시설 및 지원 기관과 협의하는 것이 바람직하다.

◆시작 질문

모든 내담자에게 신체적 및 성적 학대, 위협, 분쟁, 언쟁에 대해 **질문한다**.

- **"당신의 가정은 편안합니까?"**
- **"집에 혼자 있을 때가 많습니까?"**
- **"가족 중에 당신이 두려워하는 사람이 있습니까?"**

☑ 방임/학대의 징후로 체중 감소, 탈수 증세, 고립 현상 등이 나타날 수 있다.

◆구타행위

NiCarthy와 Davidson(1989)이 제안한 질문을 참고했다.

- **"파트너가 당신을/당신의 자녀를/당신의 가족을 심하게 때리거나, 주먹으로 때리거나, 손바닥으로 때리거나, 발로 차거나, 몸을 밀치거나, 이빨로 물었던 경험이 있습니까?"**
- **"누군가가 당신을 때리거나, 붙들거나, 붙잡아서 몸에 멍이 들었던 경험이 있습니까?"**
- **"누군가가 당신을 구타해 침대에 누워 있어야 했던 경험 혹은 직장에 나가지 못했던 경험이 있습니까?"**
- **"파트너가 당신을 구타해 병원에서 치료받은 경험이 있습니까?"**

◆정서적/심리적/경제적 학대

- **"파트너가 하루 종일 당신을 쫓아다닌 적이 있습니까?"**
- **"파트너가 집안의 모든 돈을 통제하면서 지출 내역을 일일이 밝히라고 강요한 적이 있습니까?"**
- **"파트너가 당신이 (바람을 피우지 않는데) 바람을 피운다고 반복적으로 비난한 적이 있습니까?"**

- "파트너가 자신의 외도 사실을 당신에게 자랑하듯이 떠벌린 적이 있습니까?"
- "파트너가 당신의 가족관계와 친구관계를 간섭한 적이 있습니까?"
- "파트너가 당신이 직장/학교에 나가지 못하도록 방해한 적이 있습니까?"
- "파트너가 남들 앞에서 당신을 창피 주거나, 욕하거나, 비웃음거리로 만든 적이 있습니까?"
- "파트너가 술/약에 취해 당신에게 몹시 화를 내거나 두려움에 떨게 만든 적이 있습니까?"
- "파트너가 당신/자녀를 해치겠다고 위협한 적이 있습니까?"
- "파트너가 당신/자녀를 흉기를 사용해 위협한 적이 있습니까?"
- "파트너가 당신과 헤어지겠다고 반복적으로 위협한 적이 있습니까?"
- "파트너가 당신에게 화가 나서 자녀/반려동물을 때린 적이 있습니까?"
- "파트너가 개인의 소유물 혹은 추억이 깃든 물건을 손괴한 적이 있습니까?"
- "파트너가 당신의 의지에 반하여 성관계를 갖도록 강요한 적이 있습니까?"

☑ Sherin 등(1998)이 파트너 폭력을 탐지하기 위해 개발한 HITS의 문항은 다음과 같다. "당신의 파트너가 얼마나 자주…… 당신을 신체적으로 아프게 합니까?(H: hurt) 당신을 모욕하거나 폄하합니까?(I: insult) 당신을 해치겠다고 위협합니까?(T: threaten) 당신에게 소리치거나 욕설을 합니까?(S: scream)" 각 문항은 5점 척도로 평정한다(전혀=1, 거의=2, 가끔=3, 자주=4, 매우=5). 유의미한 점수가 관찰되면 철저하게 조사해야 한다.

3.3 성인의 성적 학대

진단 범주, 주의사항, 경고사항은 섹션 3.2 참조

◆시작 질문

☑ 맥락이 적절한 경우, "당신에게 무슨 일이 있었습니까?"와 같은 부드러운 질문으로 시작하는 것이 도움이 된다. 이렇게 간접적인 질문이 "당신에게 어떤 문제가 있습니까?"라는 직접적인 질문보다 바람직하다. 성적인 행동을 '문제'로 간주하지 않는 경우가 있기 때문이다.[1]

◆성적 피해

- "당신이 원하지 않았는데 누군가가 성적으로 접촉했던 경험이 있습니까?"
- "당신의 첫 번째 성 경험은 당신이 선택한 것입니까, 아니면 강요된 것입니까?"

1 이렇게 섬세한 접근법을 제안한 Nora F. Young(워싱턴주 세드로 월리)에게 감사한다.

- "아동기 혹은 성인기에 성행위를 하도록 강요당한 경험이 있습니까?"
- "당신이 원하지 않았는데 파트너가 성관계를 하자고 강요한 경험이 있습니까?"
- "당신의 친척과 성관계를 가진 경험이 있습니까?"
- "누군가와 (어떤 형태이든) 성관계를 하도록 강요당한 경험이 있습니까?" (만약 그렇다면)
  - "무슨 일이 있었습니까? 상대가 누구였습니까?"
  - "어디서 벌어진 일입니까? 언제 벌어진 일입니까?"
  - "그런 일이 몇 번 있었습니까?"
  - "누구에게 이야기했습니까?" (아무에게도 이야기하지 않았다면) "이야기하지 않은 까닭은 무엇입니까?
  - "그래서 어떻게 했습니까?"
  - "그것이 당신에게 어떤 영향을 미쳤습니까?" 등

임상가가 반드시 보고하고 보호해야 하는 사안인 경우, 법적인 의무와 전문가의 의무를 준수해야 한다.

성적 가해

- "누군가에게 당신과 어떤 형태든 성관계를 하도록 강요한 적이 있습니까?"
- "무슨 일이 있었습니까? 상대가 누구였습니까? 어디서 벌어진 일입니까? 언제 벌어진 일입니까?" (앞의 '성적 피해'에서 소개한 질문을 지속한다.)
- "18세 미만인 사람과 어떤 형태든 성관계를 가진 경험이 있습니까?"

일상생활 수행 능력

평가의 목표에 맞게 질문을 만들 수 있는 설명어는 제14장 참조

3.4 정동/기분

관련 설명어는 섹션 10.2 '분노', 섹션 10.3 '불안/두려움', 섹션 10.7 '우울증' 참조

- "오늘은 기분이 어떻습니까?"
- "당신은 행복합니까/우울합니까? 지금 기분이 어떻습니까?"
- "최고로 행복했을 때가 플러스 10점, 전혀 우울하지 않았을 때가 1점, 최고로 우울했을 때가 마이너스 10점이라고 합시다. 오늘의 기분은 몇 점입니까?" [교육 수준이 낮은 내담자는 0~10점 척도를 사용할 수 있다.]

- "평소에 기분이 어떻습니까?" (만약 부정적인 경우) "가장 최근에 기분이 좋았던 때가 언제였습니까?"
- "언제 가장 행복합니까/행복했습니까?"
- "지난달에 운 적/소리 지른 적/두려움을 느낀 적이 며칠이나 됩니까?"
- "불쾌한/분노한 상태에서 벗어나려면 시간이 얼마나 걸립니까?"
- "아동기/청소년기/예전에는 주로 어떤 기분을 느꼈습니까?"
- "당신의 감정을 주체할 수 없었던 때가 있었습니까?"
- "언제 욕을 합니까? 누구에게 욕을 합니까? 뭐라고 욕을 합니까?"

알코올 사용/남용

섹션 3.28 '물질 남용: 약물 및 알코올' 참조

분노

관련 질문은 섹션 3.18 '충동 조절', 섹션 3.31 '폭력', 관련 설명어는 섹션 10.2 '분노' 참조

신경성 식욕부진증

섹션 3.12 '섭식장애' 참조

3.5 불안

관련 설명어는 섹션 10.3의 '불안/두려움' 참조. 가능한 의학적 원인은 섹션 28.2 '불안' 참조.
사회 불안/사회공포증은 섹션 3.24 '공포증' 참조

- "당신이 몹시 걱정하는/두려워하는 사건/상황/대상이 있습니까?"
- "무엇을 걱정합니까?"
- "당신의 미래가 어떨 것 같습니까?"
- "불안에 사로잡히면 어떤 현상이 일어납니까?"
- "심각한 공포/불안/공황발작을 경험한 적이 있습니까?" [만약 그렇다면, 촉발 자극, 촉발 사건, 발생 빈도, 지속 기간, 타인에게 관찰되었는지 여부, 독특한 생리적 증상, 증상 발현 순서 등을 질문한다.]
- "반복적으로 떠오르는 고통스러운 기억이 있습니까?"
- "불편해서/불안해서 자꾸 회피하는 상황이 있습니까?"

평가 도구

특정한 형태의 불안(치과 불안, 죽음 불안, 입원 불안, 수학 불안, 시험 불안, 사회 불안 등)을 평가하는 수많은 척도가 개발되어 있다. 가장 많이 사용되는 일반적인 불안평가 도구는 다음과 같다. 이 중에서 BAI-II는 무료로 사용할 수 없고, 우울과 불안을 변별하지 못할 수 있다.

- 해밀턴 불안 척도(Hamilton Anxiety Rating Scale: HAM-A 또는 HARS-A)
  (https://psychology-tools.com/hamilton-anxiety-rating-scale에서 이용 가능)
- 범불안장애 7문항 척도(Generalized Anxiety Disorder 7: GAD-7)
  (www.phqscreeners.com/select-screener에서 이용 가능)
- 융 자기보고식 불안 척도(Zung Self-Rating Anxiety Scale)
  (https://web.archive.org/web/20131126005548에서 이용 가능)
- 벡 불안 척도 II(Beck Anxiety Inventory-II: BAI-II)

3.6 신체이형장애

관련 설명어는 섹션 12.5 '신체이형장애' 참조

- **"당신의 외모에 만족하지 않습니까?"** (만약 그렇다면) **"어디가 마음에 들지 않습니까?"**
- **"당신의 신체 중에서 못났거나, 흉하거나, 추하다고 생각하는 부분이 있습니까?"**
- **"당신의 외모를 생각하면 우울해집니까/불안해집니까?"**
- **"남에게 외모의 결점을 이야기하면, 그들이 보기에는 아무렇지도 않다고 반박합니까?"**
- **"거울을 보거나, 해당 부분을 만지거나, 결점을 찾거나, 타인에게 안심을 구하거나, 당신이 결점이라고 생각하는 부분을 감추려고 애쓰는 활동에 하루 얼마나 많은 시간을 소모합니까?"**
- **"운동요법/식이요법/피부 관리/체중 감량 등을 통해 결점을 고치려고 노력합니까?"**
- **"결함에 대해 생각하느라 어떤 일에 집중하는 것, 학교/직장에서 생활하는 것, 쇼핑 같은 일상 활동을 하는 것이 어렵습니까?"**
- **"그러한 결함 때문에 인간관계를 회피합니까?"**
- **"외모의 결함을 고치려고 피부과/성형외과/치과/그 밖의 전문가와 의논한 적이 있습니까?"**
- **"외모의 결함을 고치려고 수술/처치를 받았지만 그다지 흡족하지는 않았던 적이 있습니까?"**

내담자가 스스로 수치스럽게 여기기 때문에, 임상가가 질문하지 않으면 내담자는 이런 증상을 자발적으로 보고하지 않을 것이다. 그러므로 관계 사고, 사회 불안, 우울, 자살 사고, 칩거 및/또는 불필요한 수술 이력 또는 그 밖의 처치 이력이 있으면 신체이형장애를 탐색해야 한다.

신경성 폭식증

섹션 3.12 '섭식장애' 참조

3.7 치료에 대한 순응/불순응

치료에 대한 순응/불순응 문제를 다루는 ICD-10-CM의 진단 범주는 'Z91.19, 기타 의학적 치료에 대한 환자의 불순응(noncompliance)'이다. DSM-5에서는 '의학적 치료 미준수(nonadherence)'로 분류한다. 순응에는 내담자를 다소 폄하하는 의미가 내포되어 있고, 준수에는 내담자의 자율성을 더 존중하는 의미가 반영되어 있다.

- "매일 복용하는 약물이 있습니까? 꾸준히 복용해야 하는 약물이 있습니까?"
- "치료를 받는 것/의사의 지시를 따르는 것/처방 약물을 복용하는 것/치료 시간을 지키는 것이 어떤 점에서 어렵습니까?"
- "약물이 아직 남아 있는데도/어떤 특별한 이유 때문에, 처방받은 약물을 복용하지 않고 임의로 치료를 중단한 적이 있습니까?" (만약 그렇다면) "약물 복용을 중단한 까닭은 무엇입니까?"
- "약물 복용/치료 제안을 꺼리는 특별한 이유가 있습니까?"

3.8 강박 행동

섹션 3.20 '강박 사고' 참조. 관련 설명어는 섹션 12.7 '강박 행동' 참조

다음의 질문은 Goodman 등(1989)에서 부분적으로 인용했다.

시작 질문

- "당신은 안전에 대해 각별히 신경을 쓰는 사람입니까?"
- "가정/직장에서 당신이 자주 확인하는 것이 있습니까?"
- "똑같은 행동을 여러 차례 반복했던 적이 있습니까? 혹은 특정한 방식으로 여러 차례 반복하는 행동이 있습니까?"
- "당신에게 반복적인 습관/빈번하게 반복하는 행위/반드시 수행하는 행동/특정하게 고수하는 방식이 있습니까?"
- "잠들기 전에/외출을 준비할 때 반드시 수행하는 행동이 있습니까?"

청결/오염

- "음식을 섭취하기/화장실을 사용하기 전에 혹은 도중에 반드시 수행하는 행동이 있습니까?"
- "당신은 오염/병균/질병에 대해 각별히 신경을 쓰는 사람입니까?"
- "하루에 몇 번 정도 손을 씻습니까?"
- "하루에 한 번 이상 옷을 갈아입어야 한다고 생각합니까?"

확인/의심

- "자물쇠/현관문/창문/조명/가전제품을 확인하고 나서 다시 확인하는 버릇이 있습니까?"
- "모든 사람이 무사한지 확인하기 위해 그리고 당신이 누군가를 우연히 해치지 않았는지 확인하기 위해 이미 지나온 길을 반복적으로 되돌아갈 필요가 있다고 생각합니까?"
- "실수하지 않았다고 확신하려면 무언가를 다시 확인해야 한다고 생각합니까?"
- "무언가를 여러 차례 두드릴/건드릴 필요가 있다고 생각합니까?"

저장/수집

- "필요하지 않은/사용하지 않는 물건을 전혀 버리지 못해 너무 많은 물건을 갖고 있습니까?"
- "그런 물건들 때문에 가사 활동에 지장이 있습니까? 그런 물건들 때문에 음식 준비를 못하거나, 안전하지 못하거나, 위생 상태가 불량하거나, 가족이나 반려동물을 돌보지 못합니까?"

정렬/조직화

- "당신의 의복/물품을 특정한 방식으로 정렬해야 한다고 생각합니까? 물건이 정렬되어 있지 않으면 몹시 신경이 쓰입니까?"
- "무엇이든 깔끔하게 정돈되지 않았을 때/조직화되지 못했을 때/제자리에 놓이지 않았을 때/대칭이 어긋날 때/정리되지 않았을 때 몹시 불편합니까?"

반복/세기

- "어떤 단어나 구절을 특정한 방식 또는 특정한 횟수로 반복해서 말해야 한다고 생각합니까?"
- "어떤 물건들의 개수를 여러 차례 반복해서 헤아려야 한다고 생각합니까?"

- "간단한 목록조차 여러 차례 반복해서 고쳐야 한다고 생각합니까?"
- "남들이 여러 차례 안심시켜 주어도 별로 편안해지지 않습니까?"

◆과도함/비합리성에 대한 내담자의 인식

- "그런 행위가 합리적이라고 생각합니까, 아니면 지나치다고 생각합니까? 당신이 원하는 시간보다 더 많은 시간을 그런 행위에 소모합니까?"
- "그런 행위를 모두 마치지 않으면 불편합니까? 심지어 그것이 중요하지 않은/불필요한/비효율적인 행위라는 사실을 알면서도 그렇습니까?"
- "그런 행위를 반복하는 것이 당신의 삶/일상생활/직업 활동/인간관계/가족관계에 어떤 영향을 미치고 있습니까?"
- "그런 행위를 얼마나 잘 조절할 수 있습니까? 당신은 그런 행위를 하지 않으려고 저항합니까, 아니면 저항하는 것을 포기합니까?"

3.9 망상

섹션 3.23 '편집증' 참조. 관련 설명어 및 정의는 섹션 12.8 '망상' 참조

◆정신 통제

"누군가가 당신의 마음을 읽으려고/특이한 수단으로 당신에게 어떤 생각을 강요하려고/당신의 생각을 훔치려고/당신의 생각을 중단시키려고 혹은 차단하려고 시도한 적이 있습니까?"

◆과대/특별한 능력

☑ 내담자가 자동차 혹은 소유물의 양을 자랑하는 경우, 특별한 능력을 지니고 있다고 과시하는 경우, 직함/학위/학식/지위를 과장하는 경우, 알코올/약물의 소비량을 극적으로 혹은 비현실적으로 부풀리는 경우, 믿기 어려운 행위 혹은 범죄적인 행위를 떠벌리는 경우에 주목한다.

- "당신은 비범한 특성을 가지고 있습니까? 그것이 무엇입니까?"
- "당신은 특별한 재능을 지니고 있습니까? 그것이 무엇입니까?"
- "당신은 엄청난 재산/비범한 강점/특별한 권력/특별한 성적 능력을 가지고 있습니까?"
- "당신은 남에게 영향을 미칠/타인의 마음을 읽을/타인의 생각을 조종할 수 있습니까?"
- "당신은 하늘로부터/신에게서/비범한 사람에게서 은밀한 계시를 받았습니까?"
- "당신은 외계인/망자/신/예수/사탄/성모마리아/성경에 등장하는 인물과 소통하고 있습니까?"

- **"당신은 영원히 사는/다치지 않는/아프지 않는/죽지 않는 사람이라고 생각합니까?"**

사기/기만

- **"당신은 때때로 가식적인 행동을 합니까?"** [망상과 신념을 구분해야 한다. 자존감이 낮아서 자신의 부적절성에 집착하는 '가면 현상(imposter phenomenon)'을 보이는 사례가 있다.]
- **"사람들이 당신의 참 모습을 알고 있다고 생각합니까?"**
- **"당신의 참 모습이 발각될까 봐/탄로날까 봐/노출될까 봐 걱정합니까?"**
- **"당신의 실질적 서열은 어느 정도입니까?"**

단일광

특정한 생각, 주제, 사건, 인물에 집착하는 사람을 단일광(monomania)이라고 부른다. 내담자가 특정한 생각, 주제, 사건, 인물에 집착하고 있는가? 내담자와 대화를 나누다 보면 모든 내용이 다시 단일한 주제/잘못된 생각으로 수렴되는가?

허무

- **"모든 것이 헛되다고/절망적이라고/무의미하다고 생각합니까?"**
- **"결코 내일이 찾아오지 않을 것이라고 생각합니까? 시간이 멈추었다고 생각합니까?"**
- **"아무것도 실제로 존재하지 않는다고/우리가 일종의 매트릭스에서 살고 있다고 생각합니까?"**
- **"당신은 정신이 온전합니까?"**

피해

섹션 3.23 '편집증' 참조

관계

- **"사람들이 오직 당신만 제대로 이해할 수 있는 행동/당신에게만 특별한 의미가 있는 행동/아무도 모르게 당신에게만 무언가를 전달하고 메시지를 보내는 행동을 합니까? 혹은 그런 사건이 일어납니까?"**
- **"텔레비전/라디오/신문에 나오는 내용이 당신에게 특별한 의미가 있습니까? 혹은 그런 내용이 오직 당신에게만 특별한 메시지를 전달합니까?"**
- **"어떤 사건이 발생하기 전에 그 사건이 발생할 것이라는 경고를 미리 받았습니까? 그 사건이 발생할 것이라는 사실을 미리 알고 있었습니까?"**

신체/건강 염려

- "당신의 건강 상태는 어떻습니까? 얼마나 자주 아픕니까? 얼마나 자주 병원에 방문합니까? 여러 가지 질병/건강 문제를 가지고 있습니까?"
- "다양한 통증 혹은 특이한 통증을 느끼고 있습니까?"
- "정기적으로 복용하는 약물은 무엇입니까? 처방받지는 않았지만 정기적으로 복용하는 약물/생약/보조제가 있습니까? 그것이 무엇입니까?"
- "질병에 걸릴까 봐 혹은 이미 질병에 걸렸을까 봐 걱정합니까? 어떤 질병을 염려합니까?"
- "그것에 대해 얼마나 자주 생각합니까?"
- "그것에 대해 생각할 때 느낌이 어떻습니까?"
- "그것에 대해 어떤 조치를 취합니까?"
- "아직 정확한 진단을 받지는 않았지만, 당신이 장차 심각한 질병을 앓을 것이라고/이미 앓고 있다고 생각합니까?"
- "당신이 심각한 질병을 앓고 있지만, 그것을 치료할 수 있는 의사를 아직 만나지 못했다고 생각합니까?"

자기비하

섹션 3.10 '우울증', 섹션 10.7 '우울증' 참조

이인성 및 비현실감

섹션 3.11 참조

3.10 우울증

관련 설명어는 섹션 10.7 '우울증' 참조. 가능한 의학적 원인은 섹션 28.4 '우울증' 참조

선별 질문

- "지난 2주 동안, 당신은 얼마나 자주……
  - 우울했습니까/울적했습니까?"
  - 행동이 느려졌습니까/기력이 소진됐습니까?"
  - 자신을 비난했습니까/자신이 무가치하다고 느꼈습니까?"
  - 평소보다 많이 먹었습니까/적게 먹었습니까?"
  - 잠을 잘 수 없었습니까/계속 잠을 잤습니까?"
  - 집중하는 것이/결정하는 것이 어려웠습니까?"

– 미래가 몹시 비관적으로/절망적으로 느껴졌습니까?”

신체/식물 증상

- “최근에 건강 상태가 달라졌습니까?”
- “최근에 식욕/식사 습관/음식에 대한 흥미가 달라졌습니까?”
- “잠은 잘 잡니까?” (내담자가 “잘 잡니다.” 혹은 “문제 없습니다.” 이외의 반응을 보이면, 다음과 같이 질문한다.) “일주일에 며칠 정도 밤에 잠을 자는 데 어려움을 겪습니까?” (추가 질문은 섹션 3.27의 ‘수면’ 참조)
- “대변 습관/소변 습관이 달라졌습니까?”
- “성관계에 대한 흥미가 달라졌습니까?” [성욕은 수행이 아니고 욕구이다.]

정동 증상

- “당신의 기분 상태는 전반적으로 어떻습니까?”
- “마지막으로 기분이 가라앉았던 때가 언제였습니까?”
- “아주 낙심했던/우울했던/울적했던 적이 있습니까? 지금도 우울합니까/울적합니까?”
- “한번 슬퍼지면/가라앉으면 그것이 얼마나 오래 지속됩니까?”
- “몹시 피곤했던/짜증났던 적이 있습니까?”
- “최근에 개인적인 상실로 아픔을 겪었습니까?”
- “여름보다 겨울에 더 우울해진다고 생각합니까? 혹은 특정한 계절에 더 우울해진다고 생각합니까?” (섹션 10.11 ‘계절성정동장애’ 참조)
- “정신적으로 심각한 고통을 겪고 있습니까?”

사회적 기능

제15장 ‘사회/지역사회 기능’, 제18장 ‘여가 기능’ 참조

- “사람들과 어울리는 것을 회피합니까?”
- “평소보다 외출하는 횟수가 줄었습니까?”
- “친구관계/사회 활동을 중간에 포기한 적이 있습니까?”

자기비하

- “당신은 자기 자신에게 매우 엄격한 사람입니까?”
- “최근 스스로에게 엄격하게 대한 적이 있습니까?”
- “스스로를 무가치한/보기 흉한/평판이 나쁜 사람이라고 생각합니까?”

- "자신을 욕하면서 비난하는 때가 있습니까?" (만약 그렇다면) "뭐라고 욕합니까?"
- "스스로 사악한 존재/흉악한 죄인/용서받지 못할 사람이라고 생각합니까?" (만약 그렇다면) "그렇게 생각하는 까닭이 무엇입니까?"

자살 사고

섹션 3.30 '자살 및 자기파괴적 행동' 참조. 관련 설명어는 섹션 12.37 '자살' 참조

- "우울해지면 죽음을 생각하는 사람들이 있습니다. 당신도 그런 생각을 해 본 적이 있습니까?"
- "자신을 스스로 해치는 생각을 해 본 적이 있습니까?"
- "당신은 앞으로 어떻게 될 것 같습니까?"
- "이 문제에서 벗어날/회복할 수 있을 것 같습니까?" (만약 그렇다면) "시간이 얼마나 걸릴 것 같습니까?"

낙관주의-비관주의

- "당신의 미래가 어떨 것 같습니까?"
- "낙관적으로 생각합니까, 아니면 비관적으로 생각합니까?"
- "만약 3가지 소원이 이루어진다면, 어떤 소원을 빌겠습니까?"

무쾌감증

- "인생을 즐기기 위해/좋은 시간을 보내기 위해/재미를 찾기 위해 어떤 활동을 합니까?"
- "그런 활동에 대한 흥미가 달라졌습니까?"

평가 도구

현재 시점에서 무료로 사용할 수 있는 보편적인 우울평가 도구를 소개한다.

- 환자 건강 질문지(Patient Health Questionnaire: PHQ-9): 선별 도구로 많이 사용한다(www.cqaimh.org/pdf/tool_phq9.pdf에서 이용 가능).
- 해밀턴 우울 척도(Hamilton Depression Rating Scale: HAM-D), 융 자기보고식 우울 척도(Zung Self-Rating Depression Scale), 노인 우울 척도(Geriatric Depression Scale), 벡 우울 척도(Beck Depression Inventory: BDI). (이 4종은 모두 온라인에서 이미지 형태로 제공된다; www.assessment-psychology.com/onlinetests.htm에서 모두 이용 가능)
- 역학연구센터 우울 척도(Center for Epidemiologic Studies Depression Scale: CES-D): 연구 목

적으로 많이 사용한다(www.chcr.brown.edu/pcoc/cesdscale.pdf; 개정판인 CES-D-R은 http://cesd-r.com).

- 골드버그 우울 질문지(Goldberg Depression Questionnaire, https://counsellingresource.com/quizzes/depression-testing/goldberg-depression). (인쇄 가능한 버전은 http://psychiatryassociatespc.com/doc/Goldberg%27s_depression_scale.pdf)
- 간이 우울 증상 평가 척도(Quick Inventory of Depressive Symptomatology): 자기평정 및 임상가평정이 가능하다(www.ids-qids.org/index.html).
- 에든버러 산후우울증 척도(Edinburgh Postnatal Depression Scale) (www.blackdoginstitute.org.au/docs/default-source/psychological-toolkit/edinburgh-postnatal-depression-scale.pdf?sfvrsn=8)
- 몽고메리-애스버그 우울증 평가 척도(Montgomery-Asberg Depression Rating Scale): 약물치료에 따른 변화를 측정하는 10개의 문항으로 구성되어 있다(http://narr.bmap.ucla.edu/docs/MADRS.pdf에서 이용 가능). (온라인 버전은 https://psychology-tools.com/montgomery-asberg-depression-rating-scale)
- 기분장애 질문지(Mood Disorder Questionnaire: MDQ): 양극성장애 증상을 측정하는 13개의 문항으로 구성되어 있다(www.integration.samhsa.gov/images/res/MDQ.pdf에서 이용 가능).
- 우울증 호전 정도 평가 척도(Clinically Useful Depression Outcome Scale: CUDOS): 연구를 통해 지지되었고, 변화를 민감하게 탐지하는 척도이다. DSM-IV의 주요우울장애 및 기분부전장애 증상을 18개의 문항으로 온라인에서 측정한다(https://outcometracker.org/scales.php 참조).
- 우울 증상 평가 척도(Inventory of Depressive Symptomatology: IDS, 30문항), 간이 우울 증상 평가 척도(Quick Inventory of Depressive Symptomatology: QIDS, 16문항): IDS와 QIDS는 우울 증상의 심각도를 평가하기 위해 John Rush와 동료들이 30년간 개발했다. 임상가평정 버전과 자기평정 버전이 있고, 선별 도구 및 심각성 측정 도구로 사용한다(www.ids-qids.org 참조).
- THINC: 우울증은 인지 기능에 영향을 미치고 가성 치매를 유발할 수 있다. THINC는 이를 측정하는 디지털 방식의 자기평가 도구이다(https://thinc.progress.im/en/content/thinc-it-about에서 이용 가능).

☑ 'SIGECAPS'로 기억하면 우울 증상을 평가할 수 있다. S(sleep, 수면, +/-), I(interest, 흥미: -), G(guilt, 죄책감), E(energy, 활력: -), C(concentration, 집중력: -), A(appetite, 식욕: +/-); P(psychomotor, 정신 운동 속도: +/-), S(suicidal ideation, 자살 사고), 우울 기분 2주 이상/SIGECAPS 4점 이상=주요우울장애, 우울 기분 2년 이상/SIGECAPS 3점=기분부전장애

3.11 해리 경험

관련 설명어는 섹션 12.10 '이인성 및 비현실감' 참조

해리 경험 선별 도구로 Carlson과 Putnam(1993)이 개발한 해리 경험 척도(Dissociative Experiences Scale-II)가 많이 사용된다. 다양한 버전을 활용할 수 있다.

- 인쇄 가능한 버전은 2가지이다(http://traumadissociation.com/downloads/information/ dissociative-experiencesscale-ii.pdf; http://sandiego-emdr-trn.weebly.com/uploads/ 2/1/6/6/21662230/des-adult.pdf 참조).
- 자기평가가 가능한 온라인 버전도 있다(http://traumadissociation.com/des 참조).
- 청소년을 위한 버전도 있다(www.seinstitute.com/wp-content/uploads/2012/03/a-des.pdf 참조).

구조화된 면담인 해리장애 면담 양식(Dissociative Disorders Interview Schedule)을 사용하면 표준화된 평가를 실시할 수 있다. 최고의 자료는 Colin A. Ross의 웹사이트(www.rossinst.com/ddis/html)에 탑재되어 있다. 이 척도는 DSM-5에 수록된 5가지 해리 관련 장애의 진단 기준에 부합한다. 132개의 문항이 있고, 30~45분이 소요된다.

◆해리 경험

- **"잠을 자다가 걸어 다녔던 적이 있습니까?"**
- **"어린 시절에 상상의 놀이 친구가 있었습니까?"**
- **"과거의 사건이 너무 생생하게 기억나서 마치 당신이 실제로 그곳에 있는 것처럼 느꼈던 경험이 있습니까?"**
- **"당신은 갑자기……**
  - **여행의 앞부분이 전혀 기억나지 않은 적이 있습니까?"**
  - **어떻게 그곳에 왔는지 전혀 생각나지 않은 적이 있습니까?"**
  - **스스로 선택하지 않은 옷을 입고 있었던 적이 있습니까?"**
  - **몇 가지 소지품을 분실한 적이 있습니까?"**
  - **어떻게 구했는지/샀는지 기억나지 않는 물건을 가지고 있었던 적이 있습니까?"**
- **"당신을 다른 이름으로 부르면서 반갑게 인사하는/알아보는 사람을 만난 적이 있습니까?"**
- **"당신의 인생에서 중요했던 사건이 기억나지 않은 적이 있습니까?"**
- **"어떤 행동을 실제로 수행했는지, 아니면 그것을 오로지 상상했는지 판단하기가 어려웠던 적이 있습니까?"**

◆이인성

- "당신에게 어떤 중요한 변화가 나타나면 그것을 모두 인식할 수 있습니까?"
- "당신이 정상이라고/괜찮다고/자연스럽다고/실재한다고 느낍니까?"
- "당신이 누구인지 항상 확신할 수 있습니까?"
- "당신이 자신으로부터 분리된/이탈된 것처럼 느낀 적이 있습니까?"
- "마치 당신이 2명의 서로 다른 사람인 것처럼 매우 특이하게 행동한 적이 있습니까?"
- "마치 당신의 정체성을 잃어버린 것처럼/당신이 누군가 다른 사람인 것처럼 느낀 적이 있습니까?"
- "마치 당신이 다른 사람인 것처럼 혹은 다른 무언가가 된 것처럼 느낀 적이 있습니까?"
- "거울에 비친 당신의 얼굴/신체를 순간 알아보지 못한 적이 있습니까?"
- "당신(의) 스스로가/몸이 다르다고/변했다고/낯설다고/이상하다고 느낀 적이 있습니까?"
- "마치 당신의 몸이 더 이상 당신의 것이 아닌 것처럼 느낀 적이 있습니까?"
- "마치 정신과 몸이 동떨어진 것처럼/서로 연결되지 않은 것처럼 느낀 적이 있습니까?"
- "마치 당신의 몸과 분리된 것처럼/당신의 마음이 사라진 것처럼/당신을 스스로 관찰하고 있는 것처럼 느낀 적이 있습니까?"
- "걷고 있을 때 마치 누군가가 당신의 다리를 움직이는 것처럼/당신이 로봇이 된 것처럼 느낀 적이 있습니까?"

◆비현실감

- "어떤 백일몽에 너무 깊이 몰두해 그것이 현실이었는지 아니었는지 구분할 수 없었던 적이 있습니까?"
- "사람/나무/건물 등이 평소처럼/예전처럼 보입니까?"
- "당신이 실제로 존재하지 않는 것처럼 느낀 적이 있습니까?"
- "당신이 마치 자신으로부터/주변 환경으로부터/주위의 모든 것으로부터 분리된 것처럼/멀어진 것처럼/동떨어진 것처럼 느낀 적이 있습니까?"
- "어떤 익숙한 장소가 이상하게/특이하게/기이하게/낯설게/달라졌다고 느껴진 적이 있습니까?"
- "주변의 사물/세상이 몹시 이상하게/까마득하게/비현실적으로/달라지고 있다고 느껴진 적이 있습니까?"
- "주변의 사물이 자연스럽게/현실적으로 보입니까, 아니면 자연스러운/현실적인 척 시늉하고 있는 것으로 보입니까?"
- "어떤 사물/물체가 마치 살아 있는 것처럼 보입니까?"

◆약물 사용

섹션 3.28 '물질 남용: 약물 및 알코올' 참조

☑ **모든 내담자에게 반드시 질문한다.** 과거에 내담자가 사용했던 혹은 현재에 내담자가 사용하는 약물/마약/보조제/생약/화학물질을 파악한다. 특히 알코올에 대해 질문한다(Ramsey et al., 2005).

3.12 섭식장애

관련 설명어는 섹션 12.12 '섭식장애' 참조

내담자의 체중 및 비율에 주목해야 한다. 또한 내담자의 자기효능감, 음식에 대한 집착, 섭식에 대한 과민 반응, 체중 증가에 대한 공포, 비현실적인 신체상, 특이한 섭식 행동 등을 파악해야 한다.

☑ 몇 종류의 간편한 선별 도구가 있지만, 26개의 문항으로 구성된 섭식 태도 검사(Eating Attitude Test: EAT-26)가 제일 유명하다(www.eat-26.com에서 이용 가능; 더 자세한 정보는 http://river-centre.org/Docs/EAT-26Scoring-10-16-08-dg.pdf 참조).

☑ 다른 웹사이트에서 약 20개의 질문과 증상 목록을 활용할 수 있다(www.nationaleatingdisorders. org/screening-tool).

◆시작 질문

- **"현재 체중은 얼마입니까? 체중이 가장 많이 늘었을 때는 얼마였습니까? 성인이 된 이후 체중이 가장 적었을 때는 얼마였습니까?"**
- **"지난 1~2년 사이에 체중이 늘었습니까/줄었습니까?"** (만약 그렇다면) **"체중이 얼마나 늘었습니까/줄었습니까?"**
- **"지난 24시간 동안 무엇을 먹었습니까?"** [섭식 행동의 양상, 특징, 이유 등을 탐색한다.]
- **"당신의 섭식 습관이 비정상적이라고 생각합니까?"**
- **"당신의 삶은 다이어트의 연속입니까?"**
- **"짧은 시간 동안 엄청난 양의 음식을 먹는 이른바 '폭식'을 합니까?"**
- **"폭식할 때 사탕/디저트처럼 칼로리가 높은 음식, 짠 음식, 지방이 많은 음식을 먹습니까?"**
- **"구토해서/관장약을 사용해서/잠들어서/통증 때문에 폭식을 멈춘 적이 있습니까?"**

섭식장애를 평가할 때 기억해 두면 좋은 약어는 다음과 같다: SCOFF

- S(sick, 구토 경험): **"배부른 것이 불편하게 느껴져 억지로 토해 냅니까?"** (제거 행동)
- C(control, 식이 조절 실패에 대한 두려움): **"식사량을 스스로 조절하지 못할까 봐 걱정됩니까?"**
- O(one stone, 급격한 체중 감량 14파운드, 약 6.3kg): **"최근 3개월 동안 약 6.3kg 이상 체중이 줄어든 적이 있습니까?"**
- F(fat, 뚱뚱하다는 인식): **"다른 사람들이 당신을 보고 너무 말랐다고 말해도, 당신은 스스로를 뚱뚱하다고 생각합니까?"**
- F(food, 음식에 대한 집착): **"음식이 당신의 삶을 지배한다고 말할 수 있습니까?"**

Morgan 등(1999)에 따르면, 이 5가지 질문에 '그렇다'고 대답할 때마다 1점씩 부여한다. 2점 이상인 경우, 신경성 식욕부진증 혹은 신경성 폭식증을 의심할 수 있다.

증상 질문

◆체중에 대한 생각/감정

- **"체중/식사/다이어트에 대해 얼마나 자주 생각합니까?"**
- **"현재의 체중에 대해 어떻게 생각합니까?"** [외모와 관련하여 내담자의 보고와 임상가의 판단이 불일치하는 부분에 주목해야 한다.]
- **"당신이 매우 뚱뚱하다고 생각합니까?"** (만약 그렇다면) **"언제부터 그렇게 느꼈습니까?"**
- **"과체중인 것이/과체중이 될까 봐 두렵습니까?"**
- **"현재, 섭식 행동을 얼마나 잘 조절하고 있다고 생각합니까?"**
- **"현재, 섭식 행동을 전혀 통제할 수 없습니까?"**
- **"특정한 음식(예: 설탕, 지방, 소금, 콜레스테롤, 글루텐 등)을 기피합니까?"**
- **"당신이 원하는 만큼 체중이 줄어들면/늘어나면 당신의 삶이 어떻게 달라질 것 같습니까?"**

◆식이 제한 관련 과거력

- **"어떤 종류의 다이어트를 시도했습니까?"** [다이어트 과거력—일시/기간, 체중의 감소량, 체중의 재증가에 소요된 시간, 체중의 감소를 위해 제한한 것, 다이어트 시작 체중 및 종결 체중, 다음번 다이어트 등—을 탐색한다.]
- **"체중 때문에 너무 속상해서/간절해서 무엇이든 극단적인 방법까지 시도한 적이 있습니까?"**
- **"연속으로 폭식한 적이 있습니까? 음식을 먹고 나서 의도적으로 구토한 적이 있습니까? 오랫동안 단식한 적이 있습니까? 체중을 줄이기 위해 다이어트 약물/설사제/변비약/이뇨제를 복용하거나 과도하게 운동한 적이 있습니까? 체중이 심각하게 감소된 적이 있습니까? 음식을 먹고 나서 죄책감을 느낀 적이 있습니까?"**

대안 질문

- "배고프지 않아도 음식을 먹습니까? 걱정이나 골칫거리를 떨쳐 내려고 음식을 먹습니까?"
- "음식에 대한 생각이 당신 삶의 중심을 차지하고 있습니까?"
- "혼자 음식을 먹을 수 있는 시간을 즐겁게 고대합니까?" (만약 그렇다면) "혼자 음식을 먹을 계획을 세웁니까?"
- "체중이 증가할까 봐/음식 섭취를 조절하지 못할까 봐 두렵습니까?" "과식하고 나서 죄책감을 느끼거나 후회합니까?"
- "남들과 함께 있으면 적당히 먹지만 혼자 있을 때는 폭식합니까?"
- "당신은 끊임없이 다이어트를 합니까?"
- "누군가가 당신의 과식을 말리면서 '의지력을 발휘하라'고 이야기하면 화가 납니까?"

3.13 게이, 레즈비언, 양성애 성 정체성 관련 질문

섹션 3.14 '성 정체성', 섹션 3.15 '성 정체성: 트랜스젠더 및 성별 비순응자', 섹션 10.12 '성적 관심' 참조. 섹션 6.4 '적응'에서 '성 관련 적응' 참조

성 소수자는 당연히 병리적인 사람이 아니고, 내담자의 성적 지향을 탐색하는 것은 대부분의 평가 목적에 부합하지 않는다. 그러나 성 소수자에 대한 강력한 사회적 압력과 편견이 스트레스로 작용하므로, 비주류로 분류되는 성적 지향을 지니고 있는 사람이 적응 기능을 발휘하려면 추가적인 노력이 필요할 수 있다. 여기서는 보편적인 성 정체성 발달 과정을 탐색하는 질문을 소개한다.

일반 질문

- "당신이 어디에도 속하지 않는다는 생각 혹은 당신이 대부분의 사람과 성적으로 다르다는 느낌을 경험한 적이 있습니까?"
- "당신은 게이인 남자를 알고 있습니까? 레즈비언인 여자를 알고 있습니까? 양성애인 사람을 알고 있습니까? 성별과 무관하게 상대에게 매력을 느끼는 사람을 알고 있습니까?" (만약 그렇다면) "그 사람들을 어떻게 생각합니까? 당신은 그 사람들에 대해 어떤 인상/이미지를 가지고 있습니까?"
- "당신의 역할 모델 중에 게이, 레즈비언, 양성애자, 범성애자가 있습니까?" "당신은 성별과 무관하게 상대에게 매력을 느낄 수도 있다고 생각해 본 적이 있습니까?" (만약 그렇다면) "처음 그렇게 생각한 것이 언제입니까? 그런 생각을 품은 것이 어떻게 여겨졌습니까? 그런 느낌을 받았을 때 어떻게 여겨졌습니까?"

매력

- "당신은 다양한 성별의 사람에게 매력을 느낍니까?"
- "당신의 느낌에 따라 행동한 적이 있습니까?" (만약 그렇다면) "어떤 행동을 했습니까?"
- "당신은 그런 생각과 느낌을 무시하려고 혹은 고치려고 노력했습니까? 그리고/또는 당신이 게이/레즈비언/양성애자/트랜스젠더/기타가 아니라고 스스로 확신하기 위해 노력했습니까?"

이해

- "사람들의 성 정체성이 서로 다른 까닭이 무엇이라고 생각합니까?" (가능한 반응 예시: "그들은 원래 그렇게 태어난 것입니다.")
- "당신은 자신이 게이/레즈비언/양성애자/트랜스젠더/기타라고 생각합니까? 그것을 좋아하지는 않아도 인정합니까?"

지향

- "당신은 자신이 게이/레즈비언/양성애자/트랜스젠더/기타 성 소수자라고 생각합니까? 그렇다고 혹은 아니라고 말할 수 있습니까? 혹은 밝히고 싶지 않습니까?"
- "당신의 성적 지향은 무엇입니까? 당신을 동성애자/이성애자, 게이, 레즈비언, 양성애자라고 말할 수 있습니까? 혹은 ________처럼 별도의 용어를 선호합니까? 혹은 밝히고 싶지 않습니까?"

정체성 능동성

- "당신이 사회적으로 어떤 압력을 받고/느끼고 있는지 말해 주세요."
- "당신은 친구/가족/동료/대중에게 [성적 지향을 숨기지 않고] 알렸습니까?"
- "당신은 그들/타인에게 알리려고 고민하고 있습니까?"
- "당신의 성적 지향과 관련된 공동체 활동에 참여하고 있습니까? 사회적 · 정치적 및 그 밖의 활동에 가담하고 있습니까?"

3.14 성 정체성

섹션 3.13 '게이, 레즈비언, 양성애 성 정체성 관련 질문', 섹션 3.15 '성 정체성: 트랜스젠더 및 성별 비순응자', 섹션 10.12 '성적 관심' 참조. 섹션 6.4 '적응'에서 '성 관련 적응' 참조

임상가가 사용하는 용어에 많은 함의가 내포되므로, 내담자의 성(sex)/성(gender) 구분을 구체적으로 명시해야 한다. 만약 내담자를 전통적인 '남성' 혹은 '여성'으로 구분하는 것이 부적절하다고 여겨진다면, 내담자가 어떤 용어를 선호하는지 질문하는 것이 바람직하다. 거의 모든 보고서의 목적을 감안할 때, 내담자가 선호하는 용어로 표기하면 적절하고 충분하다.

"당신의 성별은 무엇입니까? 당신은 여성, 남성, 여성도 남성도 아닌 제3의 성입니까?; 당신은 젠더 플루이드(gender-fluid)[2] 혹은 젠더 다이버스(gender-diverse)[3] 혹은 ______처럼 별도의 용어를 선호합니까?; 또는 당신은 자신을 앨라이(ally)[4]라고 생각합니까? 또는 당신은 성별을 밝히지 않는 것을 선호합니까?" "당신은 자신을 트랜스젠더라고 생각합니까? 그렇다고 혹은 아니라고 말할 수 있습니까? 혹은 밝히고 싶지 않습니까?"

이 주제는 빠르게 변화하고 있다. 게이레즈비언연합권익단체(Gay and Lesbian Alliance Against Defamation: GLAAD)의 웹사이트(www.glad.org/reference/transgender)를 방문하면 용어 목록 및 활용지침을 구할 수 있다.

◆ 성 정체성 형성 단계

일반적으로 자신의 성적 지향을 자신, 가족, 타인에게 공개(커밍아웃)하는 것은 몹시 힘겨운 과정이자 한 번으로 끝나지 않는 지속적인 분투이다. 성 정체성 형성 단계를 설명하는 몇 가지 모델이 있지만, 가장 많이 수용되는 6단계 모델을 소개하겠다. Cass(1979)가 제안한 모델을 부분적으로 인용하고 수정했다.

1. 혼돈(confusion): 자신이 색다른 성별을 지니고 있을 가능성을 의식적으로 자각한다. "내 행동은 [성별 명칭]처럼 보일 수 있다. 그렇다면 내가 [성별 명칭]인가?" 혼란감과 소외감을 경험하고, 정보를 검색한다. 색다른 성별을 지니고 있을 가능성을 부인하고, [성별 명칭]에 반대하는 태도를 드러내고, [성별 명칭]처럼 보일 수 있는 행동을 자제한다. 혼돈을 봉쇄한다.

2 역자 주: 성 정체성이 고정적이지 않고 유동적으로 전환되는 사람을 말한다.

3 역자 주: 성 정체성이 사회적으로 정의된 남성 또는 여성 성별 규범에 부합하지 않는 사람을 말한다.

4 역자 주: 성 소수자의 인권을 지지하고 차별을 반대하는 사람을 말한다.

2. 비교(comparison): "나는 [성별 명칭]일 가능성이 있다." "나는 남들과 다르다. 나는 어디에도 속하지 않는다." "나는 남들과 다른 사람이고 싶지 않다."
3. 감내(tolerance): "나는 아마도 [성별 명칭]인 것 같다."
4. 수용(acceptance): "나는 [성별 명칭]이다." 탐색하고 실험한다. 친밀한 관계를 맺는다.
5. 자긍심(pride): "[성별 명칭]은 좋은 것이다." "[성별 명칭]인 것이 자랑스럽다." 공개 전략을 사용해서 몰두하고 대립하는 양상이 나타날 수 있다. "나는 [성별 명칭]인데, 어째서 함부로 내가 이성애자/동성애자일 것이라고 가정하는가?" 또한 '그들과 우리'로 구분하여, "[성별 명칭]은 좋은 것이고, [성별 명칭]은 나쁜 것이다."와 같은 태도를 드러낼 수 있다.
6. 통합(synthesis/consolidation): "나의 [성별 명칭]을 자연스럽게 받아들이는 사람들도 있다." 이 단계에 이르면, 자신의 [성별 명칭]을 더 이상 자신의 정체성과 연계하지 않는다. 성 정체성은 자신의 여러 측면 중에서 오직 하나의 측면일 뿐이라고 인식한다.

3.15 성 정체성: 트랜스젠더 및 성별 비순응자

섹션 3.13 '게이, 레즈비언, 양성애 성 정체성 관련 질문', 섹션 3.14 '성 정체성', 섹션 10.12 '성적 관심' 참조. 섹션 6.4 '적응'에서 '성 관련 적응' 참조

☑ 복장도착, 의상도착, 성별불쾌감, 망상 등을 트렌스젠더와 구분해야 한다.

- "몇 살 때 처음으로 당신이 남성, 여성, 양성, 무성인 것을 알았습니까?" "남들이 당신의 성별에 어울리지 않는다고 이야기하는 옷을 입거나 장난감을 가지고 놀았던 적이 있습니까?" "당신은 더 남성적으로 혹은 더 여성적으로 보이고 싶었습니까?" "당신의 복장과 신체가 너무 남성적이어서 혹은 너무 여성적이어서 그것이 싫었습니까?" "당신은 정말로 남들과 다른 성 정체성을 가지고 있다고 생각합니까?"
- "당신의 생식기를 편하게 생각합니까? 당신의 생식기를 싫어합니까? 당신의 생식기가 혐오스럽습니까?"
- "당신의 성별을 바꾸고 싶었습니까?" "당신의 생식기를 손상시킨 적이 있습니까?"

◆ 여성으로 태어난 사람인 경우

- "당신은 말괄량이였습니까? 지금도 그렇습니까?" "남성적인 옷을 입으면 더 편합니까/좋습니까?"
- "당신은 여성의 몸에 갇혀 있는 남성이라고 느낍니까?"
- "공개 행사에서 남자처럼 행동하려고 노력한 적이 있습니까?" (만약 그렇다면) "언제 그렇게

행동했습니까? 그러면 기분이 어땠습니까? 그렇게 해서 무엇을 얻었습니까?"
- "누군가가 당신을 '아가씨' 혹은 '부인'이라고 부르면 성별을 잘못 부르는 것 같습니까?"
- "남자처럼 보이려고 당신의 가슴을 짓눌렀던 적이 있습니까?"
- "남성의 생식기를 가지고 있는 것처럼 보이려고 그곳에 무언가를 집어넣은 적이 있습니까?"

남성으로 태어난 사람의 경우

- "당신은 여성의 옷/속옷을 입습니까? 화장을 합니까?"
- "당신은 남성의 몸에 갇혀 있는 여성이라고 느낍니까?"
- "공개 행사에서 여자처럼 행동하려고 노력한 적이 있습니까?" (만약 그렇다면) "언제 그렇게 행동했습니까? 그러면 기분이 어땠습니까? 그렇게 해서 무엇을 얻었습니까?"
- "누군가가 당신을 '아저씨'라고 부르면 성별을 잘못 부르는 것 같습니까?"
- "남성의 생식기를 감추려고 그곳을 구겨 넣은 적이 있습니까?"

자세한 내용은 매우 교육적인 '건강 관리 실무 표준(Standards of Care)'을 제공하는 세계트랜스젠더보건의료전문가협회(World Professional Association for Transgender Health, www.wpath.org) 및 그 밖의 단체에서 제공하는 자료를 참고하기 바란다. 미국심리학회의 실무 지침(2015)을 통해서도 트랜스젠더 및 성별 비순응자에 대한 교육적인 정보를 학습할 수 있다(www.apa.org/practice/guidelines/transgender.pdf에서 이용 가능). 플립보드(Flipboard) 관련 기사도 참고하기 바란다(https://flipboard.com/@flipboard/-omnisexual-gynosexual-demisexual-whats-/f-18e6368cb5%2Fqz.com).

임상가는 자신의 고정관념을 경계해야 한다. 특히 당신이 이성애자/동성애자/시스젠더(cisgender)[5]인 경우, 이 문제를 결코 간단하게 치부하면 안 된다. 자신을 'LGBTQQIA(Lesbian, Gay, Bisexual, Transgender, Queer, Questioning, Intersex, and Asexual)'라고 규정하는 사람들과 단체들도 서로 이질적이고 항상 상대를 지지하는 것도 아니다. 더 나아가 그들이 자신과 다른 성 소수자[예: 다부다처주의자, 일부일처반대자, 자유연애주의자, 가학성애자(구속, 훈육, 가학, 피학)]를 용납하는 수준도 제각기 다르다.

5 역자 주: 태어날 때 지정된 성별과 성 정체성이 일치하는 사람을 말한다.

3.16 환각

관련 설명어는 섹션 12.15의 '환각' 참조. 가능한 의학적 원인은 섹션 28.7의 '정신증' 참조

☑ 주: 내담자가 환각을 경험하고 있을 가능성을 시사하는 행동에 주목해야 한다. 특정 지점으로 시선이 회귀하는 경우, 갑자기 고개를 돌리는 경우, 공간의 특정 지점을 응시하는 경우, 무언가의 움직임을 추적하는 경우, 아무도 없는데 혼자서 중얼거리는 경우, 아무도 없는데 누군가와 대화하는 경우 등. 내담자가 환각을 경험하고 있을 가능성이 의심되면, 그것이 수면의 시작/종결과 관련된 것인지(입면시/출면시 환각), 섬망 상태인지, 알코올/약물 남용 혹은 금단과 관련이 있는지, 그 밖의 약물 복용과 관련이 있는지 분명하게 확인해야 한다.

일반 질문

- "눈앞에 생생히 보이는 듯한 심상이 떠오를 때가 있습니까?"
- "꿈인지, 현실인지, 기억인지 확실하게 구별할 수 없을 정도로 생생한 꿈을 꿉니까?"
- "정말로 이상한/엉뚱한/특이한 방식으로 생각한/행동한 적이 있습니까?"
- "기묘한/괴상한/기이한/설명할 수 없는 현상을 경험한 적이 있습니까?"
- "자신의 마음을 스스로 속인 적이 있습니까?"
- "남들이 보지/듣지 못하는 것을 당신이 본/들은 적이 있습니까?"
- "유령이 나타난/유령을 목격한 적이 있습니까?"
- (앞의 질문 중 하나라도 그렇다면) "어디에서 처음 경험했습니까?"

청각

- "남들이 듣지 못하는 소리(속삭이는 목소리, 메아리처럼 울리는 소리, 음악의 선율, 대화의 일부, 다투는 소리, 지시하는 소리 등)를 들어서 깜짝 놀란 적이 있습니까?"
- "당신을 어지럽히는 소음을 머릿속에서 들어 본 적이 있습니까?"
- "당신의 마음속에서 비롯된 목소리를 들어 본 적이 있습니까?" (만약 그렇다면)
  - "당신의 생각을 말하는 것 같았습니까, 아니면 타인의 생각을 말하는 것 같았습니까?"
  - "그것은 어디서 생겨난 것입니까?"
  - "누구의 목소리였습니까? 남자였습니까, 여자였습니까? 나이는 얼마나 되는 것 같았습니까?"
  - "뭐라고 말했습니까?"
  - "언제 들렸습니까? 얼마나 자주 들립니까?"
  - "언제부터 들렸습니까?"
  - "무엇 때문에 그렇습니까?"

◆시각

- "너무 이상해서 남들이 믿어 주지 않는 무언가를 본 적이 있습니까?"
- "유령이 나타난/유령을 목격한/귀신을 목격한 적이 있습니까?"
- "깨어 있는 상황에서 마치 꿈을 꾸는 것처럼 무언가를 본 적이 있습니까?"
- "아무도 보지 못하는 것을 당신이 본 적이 있습니까?" (만약 그렇다면)
  - "무엇을 보았습니까? 어떤 느낌이 들었습니까?"
  - "이러한 경험에 대해 무엇이라고 생각합니까?"
  - "그런 일이 왜 발생한 것 같습니까?"
  - "그런 일이 처음 발생한 때가 언제입니까?"

◆근감각/촉각/촉감

"이상한 감각(예: 감전, 이명)/기이한 감촉/무언가(예: 벌레)가 몸을 기어 다니는 느낌을 경험한 적이 있습니까?"

◆미각

"입에서 이상한 맛(예: 금속, 전류, 독약 등)을 느껴 본 적이 있습니까?"

◆후각

"설명할 수 없는 이상한 냄새(예: 독약, 죽음, 오물, 무언가가 타는 냄새, 본인의 몸에서 나는 기이한 냄새, 망자의 영혼)를 맡아 본 적이 있습니까?"

◆기타

- "당신이 지금까지 경험한 것 중에서 가장 기이한 경험은 무엇입니까?"
- "당신은 다른 행성에 가 보았습니까? 당신은 죽었다가 살아났습니까?" (만약 그렇다면) "어떻게/왜 그런 일이 일어났습니까?"

3.17 착각

섹션 3.11 '해리 경험'에서 '비현실감' 참조. 관련 설명어는 섹션 12.18 '착각' 참조

- "오직 하나의 현실만 존재한다고 믿습니까?"

- "세상이 매우 다르게 보입니까?" (만약 그렇다면) "어떻게 보입니까?"
- "어떤 식으로든 특정한 때에 다르게 느껴지는 것이 있습니까?"
- "어떤 사물의 크기가 계속 변하는 것처럼 보입니까? 어떤 사물이 더 작게/크게 보입니까?"
- "몸의 일부분이 크기나 모양, 또는 다른 방식으로 변하는 것처럼 보입니까?"
- "때로는 어떤 사물이 실제보다 더 가깝게/멀게 보입니까?"
- "시간이 매우 천천히/빠르게 흐르는 것처럼 보입니까?"

3.18 충동 조절

관련 질문은 섹션 3.31 '폭력' 참조, 관련 설명어는 섹션 12.19 '충동조절장애' 및 섹션 12.39 '폭력 행동' 참조

- "생각이나 결정도 하기 전에 갑자기 어떤 행동을 하고 있는 자신을 발견합니까?"
- "돈이 있으면 곧바로 써 버립니까?"
- "하고 싶지 않은 일을 해야 한다는 강박감/하고 싶은 충동을 느낍니까?"
- "어떤 행동을 시작하면 중단하는 것이 어렵습니까?"
- "성적인 행동을 하고 나서 후회한 적이 있습니까?"
- "타인/가게의 물건을 훔친 적이 있습니까?"
- "경찰서에 방문한 적이 있다면 모두 말해 주세요."
- "해고당한/퇴거당한/구속당한 적이 있습니까?" (만약 그렇다면) "왜 그랬습니까?"
- "몹시 속상할/분노할 때 대체로 어떻게 행동합니까?"
- "당신은 화를 잘 내는/버럭 화를 내는/불끈 성을 내는 사람입니까?"
- "물건을 집어던진/부숴 버린 적이 있습니까? 사람을 때린/폭행한 적이 있습니까?"
- "당신은 이웃 사람 누구보다도 싸움에 연루되는 경우가 많습니까?"
- "항상 논쟁에 휘말리기 때문에 아예 대화를 나누지 않는 사람들이 있습니까?"

◆ 병식

섹션 2.23 '장애에 대한 병식' 참조. 관련 설명어는 섹션 11.10 '병식' 참조

◆ 성마름

섹션 3.4 '정동/기분', 섹션 3.10 '우울증' 참조

3.19 조증

관련 설명어는 섹션 10.9 '조증' 참조. 가능한 의학적 원인은 섹션 28.5 '조증' 참조

- "당신은 한 번이라도……
  - 몹시 기분이 좋아 한참 동안 들떠 있던 때가 있었습니까?"
  - 아무 이유도 없이 너무 행복했던 때가 있었습니까?"
  - 몸에 기운이 넘쳤던 때가 있었습니까?"
  - 말을 너무 많이 해서 멈출 수 없었던 때가 있었습니까?"
  - 너무 자주 남에게 전화했던/방문했던 때가 있었습니까?"
  - 너무 많은 일을 계획해서/시작해서 아무것도 끝맺지 못했던 때가 있었습니까?"
  - 하루나 이틀간 잠을 자지 않고 일했던 때가 있었습니까?"
  - 성관계를 지나치게 많이 했던 때가 있었습니까?"
  - 지나치게 많은 일을 했던/동시에 여러 직업을 가졌던 때가 있었습니까?"
  - 무모하게 돈을 썼던/빚을 내서 돈을 썼던/남에게 값비싼 선물을 주었던/도박에 빠졌던 때가 있었습니까?"
- "초조해서 계속 서성거렸던/잠시도 멈추지 못했던 때가 한 번이라도 있었습니까?"
- "너무 참을성이 없었던/쉽게 화를 내었던/전혀 집중할 수 없었던/생각의 속도를 따라갈 수 없었던 때가 한 번이라도 있었습니까?"
- (앞의 질문에 하나라도 그렇다면) "그런 현상이 언제 처음 시작되었습니까? 그런 현상이 몇 번이나 일어났습니까? 무엇 때문에 그런 현상이 일어났습니까?"
- "그런 현상에 대해 한 번이라도 치료를 받았습니까?"

18개의 문항으로 구성되어 있는 골드버그 조증 질문지(Goldberg Mania Questionnaire)를 2개의 웹사이트에서 구할 수 있다(https://psych-central.com/quizzes/maniaquiz.htm; https://counsellingresource.com/quizzes/bipolar-testing/goldberg-mania/#about_scoring).

◈ 뮌하우젠 증후군

섹션 12.21 '꾀병' 참조

◈ 불순응

섹션 3.7 '치료에 대한 순응/불순응' 참조

증상 질문

3.20 강박 사고

섹션 3.8 '강박 행동' 참조. 관련 설명어는 섹션 12.22 '강박 사고' 참조

☑ 주: 감별 진단을 통해 강박 사고와 우울성 반추, 불안성 걱정, 망상적 사고를 구별해야 한다.

표준화된 기록이 필요한 경우, Goodman 등(1989)이 개발한 예일-브라운 강박 척도(Yale-Brown Obsessive-Compulsive Scale: Y-BOCS)를 사용할 수 있다. 사고 내용, 고통 수준, 소모 시간, 병식 수준, 우유부단, 회피, 저항을 평가한다(https://iocdf.org/wp-content/uploads/2014/08/Assessment-Tools.pdf). 여러 가지 측정 도구를 개관한 Rapp 등(2016)도 참고하기 바란다(www.ncbi.nlm.nih.gov/pmc/articles/PMC4994744).

시작 질문

- "당신은 도저히 망각할/제거할/배척할/중단할 수 없어 보이는 무언가를 경험하고 있습니까?"
- "주로 어떤 생각이 자꾸 떠오릅니까/계속 되살아납니까?"
- "계속해서 머릿속에 떠오르는/당신이 통제할 수 없어 보이는 구절/이름/날짜/구호/운율/노래/음악이 있습니까?"
- "반복할 수밖에 없다고 느껴지는 기도/숫자/이름/구절이 있습니까?" (만약 그렇다면) "그게 어떤 것이고, 언제 그렇게 합니까?"

사고

- "무슨 일이 일어날지 몰라서 당신이 끊임없이 생각하는/고민하는/숙고하는/사유하는 무언가가 있습니까?"
- "일상적인 문제도 결정하지 못하는 경우 혹은 결정하는 데 시간이 너무 오래 걸리는 경우가 있습니까?"
- "당신의 건강 상태/신체 기능/질병 여부에 대해 얼마나 자주 생각합니까?"

과도함/비합리성에 대한 내담자의 인식

- "당신은 하루에도 몇 번씩 필요한/원하는/합당한 수준 이상으로 그것을 생각합니까? 그것을 생각하느라 매일 상당한 시간을 소모합니까?"
- "그것을 계속 생각하느라 당신의 삶/일상생활/직업 활동/인간관계/가족관계에 지장이 있

습니까?"

- "그것을 계속 생각하지 않으면 불편합니까? 심지어 그것이 무의미한/하찮은/비효율적인 생각이라는 사실을 알면서도 그렇습니까?"
- "그런 생각을 얼마나 잘 조절할 수 있습니까? 당신은 그런 생각을 하지 않으려고 저항합니까?"
- "그런 생각을 쫓아내기/중단하기 위해 어떤 노력을 기울입니까?"
- "그런 생각이 어디서 비롯되는 것 같습니까?"

강박 사고의 내용

- 신체: 신체 기관, 외모, 질병
- 오염: 배설물, 먼지, 세균, 동물, 악취 등
- 종교적 양심
- 반복, 세기, 정렬, 확인, 저장, 수집 등
- 성교: '변태', 금지된 행동, 근친상간 등
- 대칭, 정밀, 균형, 정돈
- 폭력: 자해, 타해, 끔찍한 심상, 외설/욕설을 무심결에 내뱉음 등

3.21 기질성 증상/인지장애

관련 설명어는 제11장 '인지 기능 및 정신 상태' 참조. 정신상태평가 수행 지침은 제2장 '정신상태평가 관련 질문/과제' 참조

다음의 과거력을 탐색하도록 하라.

일사병	두부손상/뇌진탕	매독
익사 위기	주요 수술	에이즈/에이즈 합병증
감전	호흡 정지	고열/섬망
음독	현기증/어지럼증	뇌전증/경련/발작

다음을 추가로 탐색하도록 하라.

- 직장/가정/정원에서 독성 물질 노출
- 물질 사용/남용, 약물 정맥 주사, 약물 과용(**섹션 3.28 '물질 남용: 약물 및 알코올' 참조**)
- 의식 상실, '기진맥진', 실신(fainted), 혼수 상태

- 의식 수준의 반복적인 변화, '기절(out cold)' '어안이 벙벙한' '의식을 잃어 가는'

정신상태평가를 실시하고, 신경심리학적 검사 및/또는 신경과적 평가를 고려하도록 하라.

3.22 만성통증

관련 설명어는 섹션 12.23 '통증장애/만성통증 증후군' 참조

OPQRST로 기억하면 일반적인 의학면담을 진행할 수 있다.

- O(onset, 발병): "어떻게 시작되었는가?"
- P(palliative/provocative, 완화/악화): "무엇이 완화/악화시켰는가?" (시간, 추위, 움직임?)
- Q(quality/character, 양상/특징): "욱신거리는가/지속적인가?" "무지근하게 아픈가/날카롭게 베듯이 아픈가?"
- R(region/radiation, 부위/방사): "한쪽/양쪽이 아픈가?" "다른 부위로 번지는가?"
- S(severity, 심각도): 과거력을 참고하여 심각도를 비교한다(예: 치통, ______ 의 상처).
- T(timing/duration, 빈도/지속 기간): "얼마나 자주 아픈가?" "얼마나 오래 지속되는가?"

- "자주 통증을 느끼는 신체 부위가 있습니까?" (만약 그렇다면) "어느 부위가 아픕니까?"
- "통증이 수면에 영향을 미칩니까?" (만약 그렇다면) "어떤 영향을 미칩니까?"
- "통증이 섭식에 영향을 미칩니까? 체중에 변화가 있습니까?"
- "통증이 사고력/집중력에 영향을 미칩니까?" (만약 그렇다면) "구체적으로 말해 주세요."
- "통증 때문에 눕거나 쉬어야 합니까, 아니면 계속 움직여야 합니까?"
- "통증에 대해 많이 생각합니까?"
- "24시간을 어떻게 보내는지 말해 주세요. 요리, 세탁, 쇼핑, 청소, 독서, 운동, 습관 등을 말해 주세요. 언제 잠에서 깹니까?" (일상생활을 구체적으로 탐색한다.)
- "통증이 자기관리/일상생활에 영향을 미쳤습니까?"
- "통증 때문에 제한해야/중단해야 했던 활동은 무엇입니까?"
- "보조 기구를 사용해야 합니까? 보행하려면 보조 기구가 필요합니까?" (만약 그렇다면) "언제부터 사용했습니까? 어느 의사가 처방했습니까?"
- "작년에는 지금과 달랐습니까?"
- "통증으로 인해 어떤 약물을 복용합니까?" [약물의 명칭, 용량, 일반 의약품/전문 의약품 여부를 탐색한다.]
- "약물을 복용하면 효과가 있습니까?"

- **"약물을 복용할 때 부작용은 없습니까?"**
- **"그 밖에 어떤 치료를 받았습니까?"(예: 척추지압, 물리치료, 수술, 재활, 기타) "그것이 효과가 있었습니까?"**
- **"통증관리 프로그램에 참여하거나 통증클리닉에 방문한 적이 있습니까?"** (만약 그렇다면) **"언제였습니까? 어디였습니까? 어떤 효과/결과가 있었습니까?"**
- **"심리학자/정신건강의학과 의사를 만나서 통증에 대처하는 방법을 배우라는 권유를 받은 적이 있습니까?"** [성명, 일자, 위치, 전화번호, 치료 일자를 탐색한다.]
- **"의사/박사를 만나서 도움이 되었습니까, 아니면 도움이 안 되었습니까?"**
- **"당신의 통증이 심리적인 문제라고 설명하는 의사/박사가 있었습니까?"**
- **"당신은 가망이 없다고 생각합니까?"**

시각적인 정보(예: 얼굴 표정, 신체 부위)가 포함된 척도를 사용하면 내담자와 소통하는 작업 및 통증의 강도와 특징을 파악하는 작업에 도움이 된다. 다음의 척도를 참고하기 바란다.

- 웡-베이커 통증 표정 평정 척도(Wong-Baker Faces Pain Rating Scale). (원판: http://wong-bakerfaces.org, 개정판: www.nes.scot.nhs.uk/media/2701203/faces_scale_tool.pdf)
- 맥길 통증 질문지(McGill Pain Questionnaire): 통증의 부위와 특징을 파악한다(단축형: www.peterbodnarmd.com/resources/Pain%20Form.pdf, 완성형: http://callisto.ggsrv.com/imgsrv/FastFetch/UBER1/ZI-0NWE-2008-FEB27-IDSI-37-1).
- Michael J. Lewandowski의 웹사이트(http://painassessmentresources.com/Files/AAPM2000notes.pdf)에 여러 척도의 목록이 소개되어 있다.
- 특수한 임상 집단(예: 치매)에 사용할 수 있는 여러 가지 척도가 마련되어 있다 (http://dementiapathways.ie/_filecache/04a/ddd/98-painad.pdf).

3.23 편집증

관련 설명어는 섹션 12.24 '편집증' 참조

◆감시당함

- **"버스에 승차할 때/식당에서 식사할 때/공공장소에 입장할 때, 사람들이 당신을 주목합니까/쳐다봅니까?"**
- **"당신을 각별히 주목해서 감시하는/관찰하는/염탐하는 사람이 있습니까?"**
- **"당신을 가끔 미행하는 사람이 있습니까?"**

의심

☑ 주: 의심의 심각성과 특이성을 평가할 때는 내담자의 개인력을 고려해 위협의 정황을 현실적으로 추정해야 한다. 실제로 박해받았던 피해자일 수 있고, 핍박받았던 소수자일 수 있고, 누군가의 표적이 되었던 사람일 수 있으므로 개인력을 상세하게 탐색해야 한다.

- "당신은 남들보다 더 조심하는/의심하는 사람입니까? 당신이 조심하는/의심하는 데는 타당한 이유가 있습니까?"
- "당신은 누군가로부터 공격/총격을 당한 적이 있습니까?"
- "총/칼/호신 용품을 휴대하면 혹은 경호원을 고용하면 더 안전하게 느껴집니까?"
- "당신에게 일부러 못되게 구는 누군가/무언가가 있습니까?"
- "당신에게 반감을 갖고 있는 사람이 있습니까? 당신을 적대하는 사람이 있습니까?"
- "당신에게 앙심을 품고 있는 조직/단체가 있습니까? 당신을 해치려고 음모를 꾸미는 사람이 있습니까?"
- "당신에게는 그들이 당신을 시기하도록/편견을 갖도록/못되게 굴도록 만드는 무언가가 있습니까? 그들이 당신을 위협하는/당신의 소유물을 파괴하는 까닭이 무엇입니까?"
- "사람들이 타인에 대한 이야기보다 당신에 대한 이야기를 더 많이 합니까?"
- "사람들이 당신이 없는 자리에서 당신에 대한 이야기를 합니까? 뭐라고 이야기합니까?"
- "사람들이 당신에 대해 모욕적인/경멸적인/비판적인/부정적인 이야기를 합니까?"
- "사람들이 당신을 비웃습니까?"
- "사람들과 함께 있을 때는 더욱 각별하게 조심해야/긴장해야/경계해야 한다고 생각합니까?"
- "특별한 예방 조치를 할 수밖에 없었습니까?"
- "안전을 확보하기 위해 행동 방식을 바꿨습니까?"

조종당함(↔ 정도순)

- "사람들이 당신에게 장난질을 칩니까/농간을 부립니까?"
- "사람들이 당신에게 영향을 미치는/이해가 안 되는 행동을 합니까?"
- "누군가가 당신의 음식/음료에 약품을 넣은 적이 있습니까?"
- "다른 사람이 당신의 생각을 알고 있는 것 같습니까? 다른 사람이 당신의 마음을 읽을 수 있습니까?"
- "본인이 생각하지 않은 것이 마음속에 떠오르는 경우가 있습니까?
- "사람들이 당신의 생각/마음을 조종하고 있습니까?" (만약 그렇다면) "그들이 무엇을 합니까?

그들이 어떻게 조종/시도합니까? 왜 그런 일이 벌어지는 것 같습니까?"

- "당신의 마음이 타인/전자 기기/도청 장치/라디오/텔레비전/그 밖의 수단에 의해 조종당하고 있습니까?"

3.24 공포증

관련 설명어는 섹션 12.25 '공포증' 참조

특정공포증/광장공포증

- "당신은 대부분의 사람이 별로 두려워하지 않는 무언가를 몹시 두려워합니까?" (만약 그렇다면) "무엇을 두려워합니까?"
- "몹시 불편하기/불안하기 때문에 당신이 회피하는 활동/장소가 있습니까?" (만약 그렇다면) "더 자세하게 말해 주세요."
- "당신의 공포 반응/회피 행동이 합당하다고/적절하다고 생각합니까?" (만약 아니라면) "그것을 이겨 내려고 어떤 노력을 했습니까?"

사회공포증/사회 불안

- "당신은 자주 당황합니까? 당황하지 않으려고 당신의 행동을 제한합니까?"
- "사람들 앞에서 이야기하는 것/남에게 어리석어 보이는 것/남들이 쳐다보는 것/남에게 비판당하는 것이 몹시 두렵습니까?"
- "불안하기 때문에, 사교적인 모임에 참석하는/낯선 사람에게 이야기하는 것을 회피합니까?"
- "사람들이 많은 곳에 가면 얼굴이 쉽게 빨개집니까/진땀을 흘립니까/오들오들 떱니까/덜덜 떨립니까/심장이 두근거립니까?"

3.25 자해

추가 자료는 섹션 12.31 '자해 행동' 참조

- "기분이 좋아지게/고통이 줄어들게 하려고 스스로를 해롭게 한 적이 있습니까?"
- "그 당시에 무슨 일이 벌어지고 있었습니까?"
- "무엇을 했습니까?" "몇 번 했습니까?" "언제 했습니까?"
- "그렇게 했을 때/그렇게 한 직후에 기분이 어땠습니까?"

- **"그다음에는 어떤 일이 일어났습니까?" (없었음, 무시당했음, 응급실에 방문했음, 수술을 받았음, 정신병원에 입원했음 등)**

임상가가 내담자와 더 깊은 관계를 형성하면, 구체적인 자해 방법을 더 상세하게 탐색할 수 있다: 긋기/베기, 태우기, 문지르기/긁기, 할퀴기, 물건으로 때리기, 주먹으로 때리기, 깨물기/씹기, 뜯기/꼬집기, 모발/체모 뽑기, 음식이 아닌 것(예: 동전, 손톱, 유리 조각 등)을 삼키기, 물건을 억지로 삽입하기. 신체의 어떤 부위를 자해했는지 파악하는 것이 매우 중요하다.

3.26 성 관련 이력

내담자가 성적인 문제를 호소하는 경우, 섹션 6.4 '적응'에서 '성 관련 적응' 또는 섹션 10.12 '성적 관심' 참조. 성적 학대가 의심되는 경우, 섹션 3.3 '성인의 성적 학대' 참조

여기서는 성적 문제가 아니라 성 관련 이력을 탐색하는 질문을 발달 단계에 따라 소개한다. 성 관련 이력을 철저하게 파악하는 방법은 Kaplan(1983)과 Ross 등(2000)을 참조하도록 하라. 아울러서 훌륭한 임상 지침이 필요한 경우 Levine(2006)을 참조하기 바란다(www.mdedge.com/currentpsychiatry/article/62293/how-take-sexual-history-without-blushing에서 이용 가능). 성생활의 모든 측면과 관련된 방대한 자료를 제공하는 미국성정보및교육위원회(Sexuality Information and Education Council of the United States: SIECUS)의 웹사이트(www.siecus.org/index.cfm?fuseaction=document.viewDocument&documentid=595&documentFormatId=701에서 이용 가능)를 방문하면, '성 관련 이력 탐색하기'를 비롯한 여러 자료에 접근할 수 있다. 또한 미국질병통제예방센터(Centers for Disease Control and Prevention: CDC)의 웹사이트(www.cdc.gov/std/treatment/sexualhistory.pdf)를 방문하면 간단한 안내 책자를 구할 수 있다.

성 관련 이력은 모든 사람에게 민감한 주제이다. 특히 성적 소수자, 인종적 소수자, 성적으로 학대당했던 내담자는 더 민감할 수 있다. 따라서 임상가는 특별한 훈련을 받아야 한다.

굳이 질문하지 않아도 되는 명백한 사유가 존재하지 않는다면, 모든 내담자에게 성적 학대의 경험을 질문해야 한다. 임상가는 다음과 같은 개방형 질문으로 조심스럽게 시작할 수 있다.

"제가 최선을 다해 당신을 도우려면, 당신의 성 관련 이력에 대해 무엇을 알아야 할까요?"

이어서 다음과 같이 질문할 수 있다.

- **"당신은 현재 성적인 관계를 맺고 있습니까?"**
- **"당신은 남자, 여자, 혹은 모두와 섹스를 합니까?"**

아동기

- "언제 처음 성별의 차이를 알게 되었습니까?"
- "어린 시절에 남자아이의/여자아이의/남자아이 · 여자아이 장난감을 모두 가지고 놀았습니까?"
- "(여성의 경우) 남자 같다는/(남성의 경우) 여자 같다는 이야기를 들어 본 적이 있습니까?"
- "어린 시절에 다른 성별의 옷을 입은 적이 있습니까?"
- "당신의 첫 번째 성적인 경험/느낌은 무엇이었습니까? 몇 살이었습니까? 어떤 상황이었습니까? 그때 무슨 생각을 했습니까?"
- "여자아이들 및 남자아이들과 어떤 성적인 놀이를 했습니까?"
- "언제 처음 자위행위를 했습니까? 자위행위를 어떻게 배웠습니까? 처음 자위행위를 했을 때 느낌이 어땠습니까? 무슨 생각을 했습니까?"
- "어른끼리 성적인 행동을 하는 것을 보았습니까? 무엇을 보았습니까? 그것에 대해 어떤 느낌/생각이 들었습니까?"

청소년기

- "성에 대해 누구에게 처음 배웠습니까? 성에 대해 누구에게 대부분 배웠습니까? 무엇을 배웠습니까?"
- "학교에서 성교육을 받았습니까?" (만약 그렇다면) "무엇을 배웠습니까?"
- "가정에서 성에 대한 질문을 자유롭게 할 수 있습니까?" (만약 아니라면) "그러면 누구에게 질문합니까? 어디서 정보를 구합니까?"
- (여성의 경우) 초경 연령, 생리 주기의 규칙성, 생리 주기의 변동성, 임신/유산/사산/낙태/분만에 대해 질문한다.
- (남성의 경우) 사춘기 연령, 변성기, 몽정, 음모, 자위행위를 통한 사정/절정감 등에 대해 질문한다.
- "생리, 성교, 임신에 대해 언제/어떻게 알았습니까?"
- "생리/몽정/신체 변화에 대해 사전에 얼마나 준비되어 있었습니까?"
- "관음증/누군가의 나체를 훔쳐보는/누군가의 성관계를 엿보는 행동을 한 적이 있습니까? 혹은 노출증/당신의 성기를 노출하는 행동을 한 적이 있습니까? 혹은 동물과 성관계를 한 적이 있습니까?"
- "서적, 잡지, 비디오와 같은 성인물(혹은 포르노[6])을 본 적이 있습니까? 무엇을 보았습니까?

6 Steinem(1980)은 다음과 같이 중요하지만 간과되어 온 차이점을 지적했다. 인간이 창조한 인공물 중에서

거기서 어떤 장면을 보았습니까?" (이성 성교, 동성 성교, 구강 성교, 아동 성교, 집단 성교 등)

- **"몇 살 때 데이트를 시작했습니까?"**
- **"얼마나 많은 사람과 얼마나 오래 데이트를 했습니까?"**
- **"언제 처음 뽀뽀/키스/포옹/애무를 했습니까?"**
- **"몇 살 때 처음으로 다른 사람과 성관계를 가졌습니까?"** [여기서는 의도적으로 '성관계'를 세밀하게 구분하지 않았다.]
  - **"이성애였습니까, 아니면 동성애였습니까?"**
  - **"그 사람은 당신보다 얼마나 나이가 많았습니까/적었습니까?"**
  - **"당신은 어떤 감정/생각을 느꼈습니까?"** [물리력을 동반한 강요가 있었는지 주목한다.]
- **"임신 조절/피임은 어떻게 했습니까?"**
- **"아이를 임신하고 싶었습니까/아이의 아버지가 되고 싶었습니까?"**
- **"무방비적인 성관계를 얼마나 자주 합니까?"**
- **"성관계를 통해 감염되는 질병을 앓은 적이 있습니까?"**

성인기

- **"지난 20년 동안 남성, 여성 혹은 모두와 어떤 형태로든 성관계를 맺은 적이 있습니까?"**
- **"당신이 추산하기에, 지금까지 콘돔/피임약을 사용하지 않고 몇 번 정도 성관계를 가졌습니까?"**
- **"지난 20년 동안, 다른 남성과 성관계를 가진 남성 성 파트너가 당신에게 있었습니까?"**

이 질문에 대한 내담자의 답변을 감안하여, 후천성 면역결핍증(HIV)의 위험성에 대해 추가로 질문할 것인지 고려한다.

- **"타인과 주사기를 공유하여 약물을 주사한 경험 혹은 타인의 주사기를 빌려서 약물을 주사한 경험이 있습니까? 혹은 그렇게 했던 사람과 무방비적인 성관계를 한 적이 있습니까?"**
- **"당신이 알고 있던 사람/나중에 알게 된 사람/후천성 면역결핍증에 걸린 사람/에이즈에 걸린 사람과 무방비적인 성관계를 한 적이 있습니까?"**
- **"당신이 후천성 면역결핍증에 걸렸을지 모른다고 조금이라도 염려합니까?"**

성적인 각성을 목적으로 제작된 것이 '에로티카(erotica)'이다. 에로티카 중에서 파트너 사이의 권력 차이를 심하게 드러내는 것이 '포르노그래피(pornography)'이다. 따라서 나체의 성교 장면을 부각한 것은 에로티카이자 아름다울(무해할) 수 있지만, 비록 옷을 입고 있더라도 강간 장면을 묘사한 것은 포르노그래피이자 혐오적일(유해할) 수 있다.

- "HIV나 AIDS 검사를 받은 적이 있습니까?"
- "당신의 일반적인 성적 환상은 무엇입니까?"
- "당신의 성적 환상 중에 고통스러운/두려워하는 것이 있습니까?"
- "현재 당신의 성 기능에 문제가 있습니까? 과거에도 그랬습니까?" (만약 그렇다면) "어떤 문제가 있습니까?"
- (남성의 경우) "발기하는 것/발기 상태를 유지하는 것/절정감을 경험하는 것/사정하는 것/사정을 지연하는 것/사정하지 못하는 것에 어려움을 겪은 적이 언제입니까?"
- (여성의 경우) "성적 흥분을 느끼는 것/성적으로 달아오르는 것/뜨거워지는 것/절정감을 경험하는 것/느낌이 오는 것/최고조에 이르는 것/성교통으로 어려움을 겪은 적이 언제입니까?"
- "당신이 생각하기에 그런 문제가 당신에게/오직 당신에게만/당신과 파트너 모두에게/오직 파트너에게만 영향을 미칩니까?"
- "그런 문제를 극복하기 위해 어떤 노력을 했습니까?"
- "당신의 경험을 돌이켜 볼 때, 성적으로 가장 왕성했던 시기와 저조했던 시기는 언제입니까?"
- "당신의 성 발달 측면에서 어떤 점이 달라지길 바랐습니까?"

여성의 경우

- "생리 주기가 당신의 기분/태도/행동/성욕에 영향을 미칩니까?"
- "임신했던 경험에 대해 모두 말해 주세요."

☑ 주: 약물과 질병이 성욕과 성 기능에 영향을 미친다. 따라서 약물(처방 약물, 비처방 약물), 마약, 알코올(섹션 3.28 참조), 질병(특히 당뇨, 순환기장애)에 대해 질문한다.

연애관계

- "과거의 연인관계를 돌이켜 볼 때, 그 사람(들)과의 성관계는 (각각) 어땠습니까?"
- "그 사람(들)과 연인관계를 중단한 까닭은 (각각) 무엇입니까?"
- "현재의 연인관계를 생각할 때, 그 사람과의 성관계는 어떻습니까?"
- "파트너는 당신에게 어떤 매력을 느낍니까?"
- "당신은 파트너에게 어떤 매력을 느낍니까?"
- "당신의 성관계 횟수에 만족합니까? 파트너도 횟수에 만족합니까?"
- "파트너와 함께 있을 때 어떤 성적인 심상/공상을 품습니까?"

- "성관계의 어떤 측면에서 당신의 파트너와 어떤 갈등이 있습니까?" (구강 성교, 방법, 체위, 빈도, 강도, 환경, 선호, 시작하는 타이밍 등)
- "그 밖의 측면에서 당신의 파트너와 어떤 갈등 혹은 불일치가 있습니까?"

성적(sexual) 및 성(gender) 정체성

섹션 3.13 '게이, 레즈비언, 양성애 성 정체성 관련 질문', 섹션 3.14 '성 정체성', 섹션 3.15 '성 정체성: 트랜스젠더 및 성별 비순응자', 섹션 10.12 '성적 관심' 참조. 섹션 6.4 '적응'에서 '성 관련 적응' 참조

3.27 수면

관련 설명어는 섹션 12.34 '수면장애' 참조

일반 질문

- "평소에 몇 시쯤 잠자리에 듭니까/잠이 듭니까/잠에서 깹니까?"
- "수면과 관련해 어떤 변화가 있었습니까?"
- "잠에서 깨면 상쾌합니까/짜증 납니까/피곤합니까?" [내담자의 총 수면 시간을 계산하고, 동년배 및 내담자의 과거 양상과 비교한다. 이렇게 계산하는 것이 "평소에 얼마나 잡니까?"라는 질문보다 더 정확할 것이다.]
- "낮에 졸립니까? 평소에 낮잠을 잡니까/자야 합니까?"
- "어떤 꿈을 꿉니까? 나쁜 꿈 혹은 특이한 꿈을 꿉니까?"
- "한동안 밤마다 같은 꿈을 꿉니까?"
- "반복되는 꿈이 있습니까?"
- "당신의 수면에 문제가 있습니까?" (만약 그렇다면) "어떤 문제가 있습니까?" [불면증, 과다 수면, 악몽, 혼돈 각성, 가위눌림, 놀라서 깸, 생생한 꿈, 입면시/출면시 환각, 탈력발작, 기면발작, 이갈이 등을 고려한다.]
- "그 문제가 당신의 삶에 어떤 영향을 미칩니까?"

잠들기 어려움(초기 불면증)

- "잠자리에 들기 전에 무엇을 합니까?"
- "침대/침실에서 무엇을 합니까?" (텔레비전 시청, 독서, 학습, 음식 섭취, 컴퓨터/태블릿/전화 사용, 성관계 등)
- "일반적으로 몇 시쯤 잠이 듭니까?"

- "침대에 누웠을 때 잠들기까지 얼마나 오래 걸립니까?" [보통 15~20분 걸린다.]
- "잠들지 못하는 까닭이 무엇입니까?" (활동, 파트너, 그날 하루를 회상, 침실 환경 등)
- "잠들기 전에 무슨 생각을 합니까?"
- "잠들기 전에 이상한 것이 보입니까/들립니까/느껴집니까?"
- "잠들기 위해 무엇을 합니까?"

◆잠자기 어려움(중기 불면증)

- "당신은 매우 잘 깨는/잘 깨는/깊이 자는/매우 깊이 자는 사람입니까?"
- "밤중에 잠에서 깹니까?" (만약 그렇다면) "평균적으로 몇 번쯤 잠에서 깹니까?"
- "밤새도록 자지 못하고 중간에 깨는 이유가 있습니까?" (요의, 파트너의 행동, 아이의 호출, 거리의 소음, 나쁜 꿈, 무호흡증, 걱정 등)
- "다시 잠들려면 얼마나 걸립니까?"
- "침대에 누워서 무슨 생각을 합니까?"
- "다시 잠들기 위해 무엇을 합니까?"

◆일찍 깨어남(말기 불면증)

- "평소에 몇 시쯤 일어납니까/깨어납니까?"
- "아침에 너무 일찍 잠에서 깹니까? 한번 잠에서 깨면 다시 잠들 수 없습니까?" (만약 그렇다면) "그러면 무엇을 합니까?"
- "침대에 누워서 무슨 생각을 합니까?"

◆기타 질문

- "하루에 커피/콜라/차를 얼마나 마십니까?"
- "카페인이 함유된 물질/처방받지 않은 약물/생리 진통제, 통증 완화제, 두통 완화제 등과 같은 약물을 복용합니까?"
- "담배를 하루에 얼마나 피웁니까?"
- "어떤 약물을 복용하고 있습니까? 수면 보조제/수면 유도제를 복용합니까?"
- "잠자리에 들기 전에 무엇을 먹습니까/마십니까?"
- "직장에서 교대 근무/탄력 근무/순번 근무로 일합니까?"
- "스트레스를 많이 받고 있습니까?"
- "가족 중에 수면 문제/유사 문제를 겪고 있는 사람이 있습니까?"
- "코골이가 심합니까?"

• **"숨이 차서/다리 경련으로/쥐가 나서/통증이 있어서 잠이 깹니까?"**

◆수면평가

매우 적은 수면 시간 혹은 문제성 수면에 대한 내담자의 호소는 종종 과장되거나 잘못된 경우가 많다. 따라서 초기에는 수면 일지를 작성하고 수면 위생을 실천하는 개입을 항상 먼저 진행해야 한다. 수면 부족은 거의 모든 사람이 겪고 있는 현상이다. 수면 부족이 안전, 수행, 우울, 자살에 미치는 영향은 잘 알려져 있지 않다. 낮 시간의 피곤함에 대해 질문하는 것도 그리 생산적이지 못하다. 모두 낮 시간에 피곤함을 경험하기 때문이다. 임상가는 구체적인 상황과 행동에 초점을 맞춰야 한다.

• **"잠을 자려고 하지 않았는데 잠든 적이 있습니까?"**
• **"낮 시간에는 정신이 초롱초롱합니까?"**
• **"직장/학교에서 끊임없이 졸음과 싸워야 합니까?"**

• 앱워스 주간 졸림 척도(Epworth Sleepiness Scale): 기면발작을 정식으로 평가하는 자기보고 척도이다(http://epworthsleepinessscale.com/about-the-ess에서 이용 가능).
• 피츠버그 수면의 질 지수(Pittsburgh Sleep Quality Index): 수면 증상의 변화를 유용하게 추적한다(최고의 버전은 www.outcometracker.org/library.PSQI.pdf에 있다).
• 스탠퍼드 졸림 척도(Stanford Sleepiness Scale): 각성 수준을 7단계로 평정한다 (https://web.stanford.edu/~dement/sss.html).
• 수면-각성 활동 척도(Sleep-Wake Activity Inventory), 바르셀로나 졸음 지수(Barcelona Sleepiness Index): 이 2종은 요인분석 방법으로 개발되었고, 같은 웹사이트(둘 다 http://jcsm.aasm.org/Articles/jcsm.11.11.1289.pdf에서 이용 가능)에서 확인할 수 있다.
• 다중 수면 잠복기검사(Multiple Sleep Latency Test: MSLT): 가장 대표적인 객관적 검사로서 실험실에서 수행된다.

◆사회공포증

섹션 3.24 '공포증' 참조

3.28 물질 남용: 약물 및 알코올

관련 설명어는 섹션 12.36 '물질 사용, 남용, 의존' 참조. 섹션 3.29 참조

물질의 사용, 오용, 남용을 예리하게 구별하는 기준은 아직까지 합의된 바 없다. '문제성 음주/약물 사용'과 '알코올/약물 중독'의 구분도 마찬가지이다. 모든 진행 단계/심각 수준의 내담자가 임상 현장에 방문하기 때문이다. 여기서는 다음과 같은 물질의 사용/오용/남용 문제를 파악하는 질문을 소개한다.

- 맥주, 와인, 독주, 일반 의약품, 음용 불가 물질 등에 포함된 알코올
- 처방 약물, 합법 약물: 암페타민, 바비튜레이트, 항우울제, 아편제, 진정제, 수면제, 항불안제, (일부 주에서) 카나비스
- 마약, 불법 약물, 정체불명 물질, 합성 약물('디자이너', 카나비스, 마리화나, 대마초, '잡초', '풀', '음료'), 코카인, 크랙, 환각제, 최면제
- 흥분성 일반 의약품, 자양강장제, 활력 충전 음료
- 흡입 물질: 접착제, 희석제, 휘발유, 분무제

물질 남용의 행동적 징후

진정제/수면제/항불안제

중독(intoxication)

- 주의폭 축소, 기분 동요
- 불분명한 발음, 협응 상실, 낙상/타박상을 동반한 운동 실조, 안구 진탕, 동공 축소
- 비몽사몽

금단

- 불면증, 불편한 꿈
- 안절부절못함, 빈맥, 심계 항진, 발한, 떨림, 동공 확장, 반사 항진, 메스꺼움, 구토, 두통, 통증, 발작
- 비현실감, 환각, 지남력 상실, 기억 손상
- 불안, 성마름, 우울, 자살 사고, 광장공포증

억제제(바비튜레이트, 벤조디아제핀, 감마하이드록시부티르산, 로힙놀)

'알코올' 참조

중독

- 불안 감소, 안녕감, 탈억제
- 주의폭 제한, 충동성, 기분 동요
- 정신 기능 지체, 신체 기능 지체
- 지남력 상실, 판단력 손상, 기태적 사고, 작화증
- 협응 상실, 불분명한 발음, 안구 진탕, 운동 실조, 발작
- 꾸벅거림, 수면 지속

금단

- 성마름, 우울, 급성 불안
- 악몽, 불면증
- 쇠약감, 안절부절못함, 떨림, 메스꺼움, 구토, 두통, 발작, 사망 위험
- 진전 섬망: 지남력 상실, 동요, 환시, 환촉, 열병, 동공 확장

알코올

중독

알코올 냄새(물질의 음용에 기인하고 혈중 알코올 농도와 무관함)

알코올의 효과는 사람마다 매우 다르게 나타난다. 그러나 혈중 알코올 농도의 증가에 따라 다음과 같은 전형적인 효과가 관찰된다(↔ 정도순).

탈억제, 쾌활함, 피부 홍조/온기, 판단력 감소
불분명한 발음, 미세운동 곤란, 당혹감, 정서적 동요, 부적절한 웃음
매우 불분명한 발음, 비틀거림, 이중 시야, 무기력, 낙상, 회상 저조
혼미, 통증에 일시적 각성 반응, 심한 코골이
혼수, 각성 불능, 요실금, 혈압 저하, 불규칙 호흡
호흡 중단으로 인한 사망 위험, 매우 낮은 혈압, 기침 반사 소실로 인한 구토물 폐 유입

금단('숙취')

- 피로감, 쇠약감, 두통, 근육통
- 안절부절못함, 초조감
- 갈증, 메스꺼움, 구토, 속쓰림
- 수면 감소
- 현기증, 과민 반응(빛, 소리)

- 주의력 감소, 집중력 감소
- 우울, 불안, 성마름
- 떨림, 진땀, 맥박 증가, 수축기 혈압 증가, 반사 항진
- 가변적 진전 섬망
- 감각 이상: 가려움, 따끔거림, 저림, 화끈거림, 환각

금단 증상의 모든 측면을 종합적으로 개관한 Jesse 등(2017)을 참조하기 바란다.

자극제(암페타민, 코카인, 니코틴, 카페인)

'MDMA' 참조

중독

- 주의력 증가, 피로감 감소, 활동량 증가, 발화량 증가, 식욕 감소
- 불면증
- 매우 고양된 기분, 유능감 및 권능감을 동반한 일시적이고 급격한 심리적 고양감, 웅대감, 고조감, 성마름
- 호흡 증가, 발열, 빈맥, 동공 확장, 발한, 절정감 지연
- 근육 수축, 초조감, 미세한 떨림
- 장기적 효과
  - 정신증, 편집증, 환각, 반복 운동 행동
  - 공격성, 충동성, 뇌졸중, 체중 감소

금단

- 무감동, 우울, 성마름, 초조감, 불안
- 피로감, 식욕 증가, 수면 지속
- 자살 사고, 갈망, 기이한 꿈

MDMA('엑스터시')

중독

- 정신적 자극(mental stimulation), 정서적 온기, 타인에 대한 공감, 전반적 안녕감, 감각 증진, 불안 감소
- 기억력 상실, 판단력 저조
- 탈수
- 드물게 환각

아편계/마취제(헤로인, 모르핀, 아편, 펜타닐, 옥시코돈, 메타돈, 코데인)

중독

- 매우 고양된 기분, 통증 감소
- 무감동, 집중력 감소, 활동량 감소, 불분명한 발음, 느려진 발음, 비틀거림
- 수면과 졸음의 반복
- 동공 수축, 침흘림, 가려움

금단

- 구토, 재채기, 설사, 식욕 부진
- 눈물, 콧물, 하품, 떨림, 안절부절못함, 호흡 증가, 오한, 열감, 발한, 피로감, 근육 수축, 통증, 하지 경련, 복부 경련
- 동공 확장, 입모('닭살')
- 불면증
- 약물 추구 행동, 갈망

카나비스(마리화나, 해시시)

중독

- 탈억제(킥킥거림, 우둔한 행동)
- 몽롱한 의식, 시간 지각 변화, 감각 입력 변화
- 의사소통 능력 감소, 협응 능력 감소, 반응 시간 지체, 사고 속도 지연
- 식욕 증가('간식 탐닉'), 구갈(dry mouth)

금단

- 과잉활동, 불면증, 식욕 감소
- 불안

환각제(LSD, 메스칼린, 실로사이빈)

중독(최대 12시간까지 지속)

환각제의 효과는 상황, 성격, 기분, 기대, 용량 등에 따라 매우 다르게 나타난다.

- 색감/질감/형태/음악/내적 자극에 대한 민감성 증가, 시각/깊이 왜곡
- 판단력 저하, 위험한 행동
- 기분 변화, 대체로 매우 고양된 기분, 때때로 우울감
- 동공 확장, 진땀, 거식증, 무수면, 구갈, 떨림

금단

- 즉시적 효과 없음
- 회상('플래시백'), 특히 다른 약물 사용 시, 최장 1년까지
- 정신증 상태 지속 가능성

해리성 마취제(펜시클리딘 혹은 PCP/케타민/덱스트로메토르판)

- 해리성 기억상실(유체 이탈, 부유 경험), 최근 기억/즉시 기억 손상(데이트 강간, 강도 사건의 경우)
- 아찔한 행복감, 종종 불안발작이 뒤따름
- 시간/공간 지각의 변화, 편집증, 망상, 집중력 감소
- 심박 증가, 진땀, 메스꺼움, 마비감, 반사 지연
- 과도한 침흘림, 회전성/수직성 안구진탕, 운동 실조, 갑자기 움직임, 근육 수축
- 불안, 공황, 위축, 강직
- 정신증 상태 지속

흡입제(산업용 솔벤트/휘발유/니트릴, '포퍼', 접착제)

중독

- 흥분 이후 졸림, 탈억제, 가벼운 현기증, 초조감
- 마취감, 감각 상실, 의식 소실
- 어지러움, 졸림, 불분명한 발음, 어색한 행동, 휘청거림
- 착각, 환각, 망상, 혼돈, 정서적 동요, 사고력 손상
- 매우 고양된 기분, 멋진 꿈, 짧은 수면 이후 종료됨

물질의 효과에 대한 선별 질문

- **"술을 마시면/약물을 사용하면 어떤 현상이 나타납니까? 당신이 상당히 달라집니까? 평소와 사뭇 다르게 행동합니까? 이상한 행동을 합니까? 성격의 다른 부분이 나타납니까?"**
- **"음주/투약이 당신의 학업/직업/업무/경력에 영향을 미쳤습니까? 음주/투약 때문에 법적인 문제가 발생한 적이 있습니까? 음주/투약이 당신의 친구관계/가족관계/결혼생활/신체건강에 영향을 미쳤습니까? 음주/투약이 그 외 삶의 다른 영역에 영향을 미쳤습니까?"**
- **"음주/투약이 지금까지 어떤 문제를 야기했습니까? 지난달에는 어떤 문제가 있었습니까?"**
- **"다음 중 어떤 문제가 있었습니까: 수전증, 의식 상실, 시각 이상, 음성 이상, 통증, 열감, 낙상, 싸움, 교통사고?"**
- **"당신이 혹은 타인이 당신의 음주/투약에 대해 염려하고/걱정하고 있습니까? 당신의 음주/**

투약을 중단시키려고 노력한 사람이 있었습니까?" (만약 그렇다면) **"그것에 대해 어떻게 생각합니까?"**

자기인식

- **"당신은 '사회적 음주자'입니까, 아니면 '문제성 음주자'입니까? 혹은 스스로 뭐라고 부릅니까?"**
- **"당신이 생각하기에 당신은 알코올 중독자/약물 중독자입니까? 그렇다고/아니라고 생각하는 까닭은 무엇입니까?"**

과거력/사용 양상

물질을 사용/과용/오용/남용하는 양상은 천차만별이기 때문에 내담자의 과거력과 사용 양상을 세밀하게 조사해야 하고, 내담자의 독특한 특징을 파악해야 한다. 가용성, 공급원, 상황, 선택, 치료, 노화, 교차중독, 임시 대체/선호 물질 등과 같은 여러 요인이 물질을 사용/과용/오용/남용하는 양상에 영향을 미칠 수 있다. 하지만 여기서 내담자별로 맞춤형 질문을 제시할 수는 없으므로, 임상가의 직관과 내담자의 보고(혹은 회피)를 감안해 과거의 경험 및 연관된 요인을 철저하게 수집하도록 하라.

☑ 다음의 표와 같은 형식을 사용하면 내담자의 과거력을 탐색하는 데 도움이 될 것이다. 특히 과거력이 복잡할 때 그러하다.

약물 명칭/유형	시작 연령	총량	빈도	경로	최근 용량	조절 노력/결과

다음과 같은 질문으로 시작한다. **"당신은 어떤 약물을 선택/선호합니까?"** 내담자의 답변에 따라 다음의 '알코올' 혹은 '약물' 부분으로 이동한다.

알코올

먼저, 알코올의 위험성을 확실하게 이해하자. 미국국립알코올남용및중독연구소(National Institute on Alcohol Abuse and Alcoholism, 2000, pp. 429–430)가 발표한 자료에서는 다음과 같이 분류한다. 임신 중인 여성이 알코올을 사용하는 것은 모든 단계에서 위험하다.

증상 질문

- ‘안전한(safe)’ 알코올 사용: 남성 2잔/일, 여성 1잔/일, 65세 이상 1잔/일
- ‘위험한(at-risk)’ 알코올 사용: 남성 14잔/주 또는 4잔/회, 여성 7잔/주 또는 3잔/회
- ‘심각한(heavy)’ 알코올 사용: 남성 5~6잔 이상/일, 여성 3~4잔 이상/일

- **“어느 정도 마시면 술의 효과를 느낍니까?”**
- **“어느 정도 마시면 만취 상태에 이르게 됩니까?”**
- **“어떤 형태의 술이든, 언제 어디서 처음 마셨습니까?”**
- **“언제 어디서 처음으로 만취 상태를 경험했습니까?”**
- **“언제부터 정기적으로 술을 마시기 시작했습니까?”**
- **“현재 술을 마시는 양까지 어떻게 도달했습니까?”**
- **“주로 어떤 술을 마십니까? 다른 술도 마십니까?”**
- **“다른 물질(예: 면도용 로션, 기침약, 구강 청결제)도 마셔 본 적이 있습니까?”**
- **“어디서 술을 구합니까?”** (동료, 상점, 술집, 절도, 절취?)
- **“어디서 술을 마십니까?”** (직장, 가정, 모임, 술집?)
- **“누구와 함께 술을 마십니까?”** (혼자, 단짝, 친구, 배우자, 파트너?)
- **“안주 없이 술을 마십니까?”**
- **“얼마나 자주 술을 마십니까?”** (매일, 이틀 간격, 주말에만)
- **“낮에 취해 있습니까? 대부분 그렇습니까? 언제 그렇습니까?”**
- **“한번 술을 마시면 얼마나 마십니까? 하루에 맥주 1상자/위스키 1/5병 이상을 마십니까?”**[7]
- **“몇 시부터 술을 마시기 시작합니까?”** (눈을 뜨자마자, 하루 종일, 아무 때나, 점심 식사할 때, 퇴근 후에, 저녁 식사할 때, 밤늦게)
- **“술을 마셔야 사람들과 어울릴 수 있습니까? 술을 마시지 않으면 하루를 버텨 낼 수 없습니까?”**
- **“술을 마시기 직전에는 일반적으로 어떤 상황/기분입니까?”**
- **“싸움한/실망한 이후에 심하게 술을 마신 적이 있습니까?”** (촉발 감정: 분노, 좌절, 외로움, 지루함, 초조감)
- **“극심한 압박을 받을 때 술을 더 많이 마십니까?”**
- **“모임/행사에서 술을 마실 때, 여분의 술을 몰래 가지고 갑니까?”**[8]

7 고용량으로 질문을 시작하면 방어성과 부정확성을 감소시킬 수 있다.

8 Janet L. Smigel, RN, CD는 추가 질문을 제안했다. “모임에 술이 없을까 봐/모임에 술이 부족할까 봐/평소처럼 마시면 누군가 당신이 과음한다고 생각할까 봐 두려워 모임에 참석하기 전 한 잔/몇 잔을 마시고 갑니까?”

- "빨리 취하려고 술을 벌컥벌컥 마신 적이 있습니까?"
- "음주량을 남에게 숨긴/속인 적이 있습니까?"

약물

- "지난 1개월/6개월 동안 어떤 약물/약품을 사용했습니까? 그것을 어떻게 구했습니까?"
- "당신이 처방받은 약물(진통제, 수면제, 진정제, 바비튜레이트 등)을 의사가 처방하지 않은 용도로 사용한 적이 있습니까?"
- "타인이 처방받은 약물을 당신이 사용한 적이 있습니까?"
- "당신이 사용하는 마약은 무엇입니까?" (마리화나, 코카인, 크랙, 헤로인, 환각제, LSD, '엑스터시', '어퍼', '스피드', '다우너', 진통제, '디스코 비스킷', '레드', '블랙 뷰티', 진정제, 메타암페타민, '메트' 등?) [임상가는 내담자가 사용하는 용어에 익숙해져야 한다.]
- "흡입 물질(접착제, 휘발유, 뷰테인, 나프타, 희석제)을 흡입한/사용한 적이 있습니까?"
- "언제 처음 마약을 사용했습니까/약물을 남용했습니까/화학 물질을 흡입했습니까?"
- "그것을 사용하면 어떤 효과가 있었습니까?"
- "최초로 사용한 것은 무엇입니까?"
- "언제부터 그것을 사용했습니까/정기적으로 사용했습니까?"
- "현재 사용하는 양까지 어떻게 도달했습니까?"
- "약물을 사용하기 직전에는 일반적으로 어떤 상황/기분입니까?"
- "얼마나 자주 사용합니까? 언제 시작합니까?"
- "약물을 사용해야 사람들과 어울릴 수 있습니까? 약물을 사용하지 않으면 낮/밤을 버텨 낼 수 없습니까?"
- "어디서 약물을 사용합니까?" (직장, 가정, 모임, 친구의 집?)
- "누구와 함께 약물을 사용합니까?" (혼자, 단짝, 친구, 배우자, 파트너?)
- "각각의 약물/화학 물질을 어떤 방법으로 사용합니까? 평소에/최대로 사용하는 용량은 얼마입니까?"

긍정적 및 부정적 효과

섹션 12.36 '물질 사용, 남용, 의존'에서 '비용-편익 분석 접근 방식의 요점' 참조

- "술/약에 취했을 때, 당신은 어떤 사람으로 변합니까?"
- "술을 마셨을 때/약물을 사용했을 때, 당신이 가장 좋아하는 효과는 무엇입니까?"
- "당신이 가장 싫어하는 효과는 무엇입니까?"

◆조절

- "약물/알코올 문제에 대해 처음으로 걱정하기 시작한 것은 언제입니까?"
- "정상적으로 기능하려면/하루를 버텨 내려면 술을 마실 필요가 있다고 생각합니까?"
- "일단 음주/약물/흡연을 시작하면 어떻게 그것을 중단합니까?" (내부적 압력: 자기조절력, 자기결정력, 장소/시간에 대한 자발적 규칙; 외부적 압력: 만취, 의식 상실, 금전 부족, 타인 등?)
- "음주/약물을 줄이려고/멈추려고 노력했지만 당신의 뜻대로 되지 않은 적이 있습니까? 그것을 중단하려고/자제하려고 노력했을 때 어떤 생각/느낌/충동이 들었습니까?"
- "어떤 방법으로 음주/약물을 조절하려고 노력했습니까?" (이사/이전, 기도/종교, 주종/약물의 교체, 의지력, 일정 관리, 해독요법, 재활치료, 12단계 프로그램, 새로운 친구, 고립 등?)
- "당신은 음주/약물 문제에 대한 통제력을 잃어버렸다고 생각합니까? 언제 잃어버렸습니까?"
- "가장 길게 술을 마시지 않은/약물을 사용하지 않은 기간은 얼마 동안입니까?"
- "단주 모임/단약 모임에 참석한 적이 있습니까?"

◆정서적/심리적 측면

- "술/약에 취해 행동한/말한 것을 나중에 후회한 적이 있습니까?"
- "음주/약물 문제에 대해 죄책감/수치심/후회감/미안함을 느낍니까?"
- "실질적인 음주/약물 문제에 대해 속인/숨긴/정당화한/회피한 적이 있습니까?"

◆건강 문제

- "의사로부터 건강을 위해 술/약을 끊으라는 이야기를 들은 적이 있습니까?"
- "음주/약물이 당신의 건강 상태를 악화시키고 있습니까?"
- "음주/약물로 인해 당신의 섭식 행동/체중이 달라졌습니까? 그 문제 때문에 수면이 달라졌습니까?" (불규칙한 양상, 밤낮이 바뀜, 수면 방해, 음주/약물을 사용하면 24시간 이상 깨어 있음)
- "음주/약물을 사용했을 때 혹은 중단했을 때, 다음의 문제를 경험한 적이 있었습니까: 경련, 발한, 발열, 콧물, 눈물, 설사, 헛구역질, 발작, 경기, 진전, 떨림, 진전 섬망, (식이요법 없이) 체중 감소, 환청, 환시, 환촉?"
- "다음의 진단을 받은 적이 있습니까: 간경변, 췌장염, 황달, 간염, 에이즈, 기타 약물 관련 장애?"
- "당신이 어떤 행동을 했는지/어떻게 그곳에 갔는지 기억하지 못하는 의식 상실(블랙아웃)을 경험한 적이 있습니까?" (만약 그렇다면) "언제 처음 경험했습니까? 가장 최근에 언제 경험했습니까? 얼마나 자주 경험했습니까?"

- "오직 1~2잔밖에 마시지 않았는데 만취했던 경험이 있습니까?"

가족 문제/관계 문제/영향

- "여가 시간/자유 시간을 어떻게 보냅니까? 누구와 함께 보냅니까?"
- "술/약에 취해 배우자/파트너/자녀/친척/친구와 심하게 다툰/싸운 적이 있습니까? 당신이 그들을 때린/그들에게 맞은 적이 있습니까?"
- "당신의 파트너도 음주/약물 문제를 가지고 있습니까?"
- "가족구성원(형제/자매/부모/자녀) 중에서 음주/약물 문제를 가지고 있는 사람이 있습니까?"
- "음주/약물로 인해 자녀/가족과의 관계가 껄끄럽습니까/껄끄러워졌습니까? 혹은 음주/약물로 인해 방임/언어적 학대/성적 학대/신체적 학대 문제가 발생했습니까?"
- "음주로 인해 가족 모임을 망친/긴장된 분위기가 형성된/자녀가 당신을 두려워한/사람들이 당신에 대해 의논한 적이 있습니까?"
- "술/약에 취했을 때 가족을 피합니까?"
- "음주/약물로 인해 성적인 문제가 생겼습니까?" (발기부전, 흥분 불능, 고위험 행동 등)
- "음주/약물이 당신의 결혼/자녀/가족/친구에게 전반적으로 어떤 영향을 미쳤다고 생각합니까?"

직업 문제/재정적 문제

- "음주/약물로 인해 학교생활에 문제가 생긴 적이 있습니까?"
- "군대에서 복무하는 동안에 술/약을 사용했습니까?" (만약 그렇다면) "술/약 때문에 군대에서 문제가 생긴 적이 있습니까?"
- "음주/약물로 인해 직장생활에 어려움을 겪은 적이 있습니까?" (생산성 저하, 승진 심사 탈락, 임금 인상 좌절, 기타 직업 문제)
- "만취/취기/숙취 때문에 얼마나 많은 일감을 놓쳤습니까?"
- "만취/취기/숙취 때문에 직장에서 말다툼/말썽이 벌어진 적이 있습니까?"
- "음주/약물 때문에 징계당한/해고당한/물건을 손괴한/사람을 상해한 적이 있습니까?"
- "약물을 구입할 돈을 어떻게 마련합니까/마련했습니까?"

법률 문제

- "음주/약물 때문에 빚지거나 퇴거당한 적이 있습니까?"
- "술/약에 취했을 때 소란행위, 음주 운전, 폭력행위, 파괴행위를 해서 구속당한 적이 있습니까?

- "약물의 소지, 판매, 유통 때문에 구속당한 적이 있습니까?"
- "지금까지 거래한 약물의 총량은 얼마나 됩니까?"

영적 문제

"음주/약물로 인해 영적 문제가 생긴 적이 있습니까?"(섹션 19.6 '종교 및 영적 문제' 참조)

치료[9]

섹션 25.5 '물질 남용 내담자를 위한 치료 계획 요소' 참조

- "단주 모임/단약 모임에 참석한 적이 있습니까?" (만약 그렇다면) "그것이 언제였습니까? 어떤 모임이었습니까? 참석을 중단한 까닭은 무엇입니까?"
- "음주/약물 문제와 관련해 어떤 치료를 받았습니까?"

☑ 다음의 표와 같은 형식을 사용하면 깔끔하게 정리할 수 있다.

일시	치료 유형[10]	치료 기간	장소/기관	금욕 기간	재발 자극	내담자의 태도/기대[11]

- "이번에 치료받으러 찾아온/돌아온 까닭은 무엇입니까?"

물질 사용/남용 선별 도구

알코올과 약물의 사용/남용을 평가하는 여러 가지 선별 도구가 있다. 성인 및 청소년을 평가할 수 있고, 다양한 상황과 서비스에서 활용할 수 있다. 하지만 이것은 진단 또는 치료를 목적으로 개발된 도구가 아니라는 사실을 기억해야 한다. 몇 가지 선별 도구는 이어서 소개하는 측정 도구 목록에도 포함된다.

---

9 이 섹션에 대한 아이디어를 제공한 Bryan Lindberg(로드아일랜드주 포츠머스)에게 감사한다.

10 치료 유형의 예시는 다음과 같다. 입원치료, 외래치료, 해독치료, 거주시설, 복귀시설, 약물치료(메타돈, 디설피람, 캠프랄 등), 부부치료, 커플치료, 동기강화상담(Miller & Rollnick, 2013), 위험감소치료(Marlatt et al., 2012) 등.

11 내담자의 태도/기대에는 치료에 대한 태도(예: 비관주의, 거리두기, 좌절감, 실망감, 기타 장애물) 및 기대(합리적 기대, 왜곡된 기대)를 적는다.

- 알코올 사용장애 선별 검사(Alcohol Use Disorders Identification Test: AUDIT): 세계보건기구가 개발했다(10개 문항: www.integration.samhsa.gov/AUDIT_screener_for_alcohol.pdf에서 이용 가능, 3개 문항: www.integration.samhsa.gov/images/res/tool_auditc.pdf에서 이용 가능).
- CAGE 질문지(CAGE Questionnaire): 4개의 문항으로 간편하게 선별한다(https://pubs.niaaa.nih.gov/publications/arh28-2/78-79.htm에서 이용 가능).
- 미시간 알코올 중독 선별 검사(Michigan Alcohol Screening Test: MAST): 대상별 및 물질별로 다른 버전을 제공한다(24개 문항: www.integration.samhsa.gov/clinical-practice/sbirt/MAST.pdf에서 다운로드 가능, 13개 문항: www.dhs.state.il.us/page.aspx?item=38488에서 이용 가능).
- 음주, 흡연, 약물 사용 선별 검사(Alcohol, Smoking and Substance Involvement Screening Test: ASSIST): 세계보건기구가 제공한다. 알코올 및 모든 약물의 사용과 효과를 파악하는 8개의 문항으로 구성되어 있다(www.who.int/substance_abuse/activities/assist/en).
- 약물 남용 선별 검사(Drug Abuse Screening Test: DAST): 10개 문항 버전 및 20개 문항 버전이 있다(둘 다 www.uspreventiveservicestaskforce.org/Home/GetFileByID/ 228에서 이용 가능).
- 'TWEAK'를 기억하면 5가지를 질문할 수 있다. 높은 민감도와 특이도를 가지고 있고, 임산부용으로 개발되었다. T[tolerance, 내성: 몇 잔을 마시면 취하는가(T1), 몇 잔까지 마실 수 있는가(T2)], W(worry about drink, 음주에 대한 걱정), E(eye-opener, 해장술), A(amnesia, 기억 상실/블랙아웃), C(cut down on drinking, 음주량 줄이기, K=C)(https://pubs.niaaa.nih.gov/publications/arh25-3/204-209.htm).

측정 도구 목록

- 물질 사용 선별 및 평가 도구 데이터베이스(Substance Use Screening and Assessment Instruments Database): 연령별 검색이 가능하고, 사용 빈도가 높은 도구를 검색할 수 있다(http://lib.adai.washington.edu/instruments).
- 미국중독의학회(American Society of Addiction Medicine)가 7가지 평가 도구와 도구 목록을 제공한다(www.asam.org/education/live-online-cme/fundamentals-of-addiction-medicine/additional-resources/screening-assessment-for-substance-use-disorders/screening-assessment-tools).
- 영국의 자선 단체 스마트(SMART)는 잘 알려진 물질 사용 측정 도구뿐만 아니라 잘 알려지지 않은 10종의 약물 사용 측정 도구를 제공한다(www.smartcjs.org.uk/professionals/gps/screening-tools).
- 알코올 문제 평가: 임상가 및 연구자 지침(Assessing Alcohol Problems: A Guide for Clinicans and Researcher): 미국국립알코올남용및중독연구소가 출판했고, 18종의 측정 도구를 소개한다. 웹사이트(http://pubs.niaaa.nih.gov/publications/assessingalcohol/index/htm)에서 다운

로드할 수 있다.

- 미국약물남용및정신건강서비스관리국(Substance Abuse and Mental Health Services Administration)에서 약물을 남용하는 여성에게 특화된 책자를 발간했다 (www.ncbi.nlm.nih.gov/books/NBK83252).
- 미국청소년건강및의학회(Society for Adolescent Health and Medicine)에서 다양한 도구와 자료를 제공한다(www.adolescenthealth.org/Topics-in-Adolescent-Health/Substance-Use/Clinical-Care-Guidelines/Screening-Tools.aspx).
- 웹사이트 www.verywell.com/alcohol-screening-tests-ideal-for-healthcare-settings-69503 에서 잘 알려지지 않은 측정 도구를 확인할 수 있다.
- 조기 선별 및 단기개입치료 의뢰(Screening, Brief Intervention, and Referral to Treatment: SBIRT) 패키지: 심층적인 평가 및 전문가 의뢰가 가능하다(www.integration.samhsa.gov/clinical-practice/sbirt).

3.29 물질 사용: 담배 및 카페인

◆담배

- "당신은 담배/시가/파이프를 피웁니까? 당신은 씹는 담배/액상 담배/무연 담배를 피웁니까? 당신은 전자 담배를 피웁니까?" (만약 그렇다면) "하루에 얼마나 피웁니까/사용합니까?"
- "하루 중 첫 담배를 언제 피웁니까?"
- "어디서/언제 항상 담배를 피웁니까? 어디서/언제 절대 담배를 피우지 않습니까?"
- "당신이 생각하는 흡연의 긍정적인 효과는 무엇입니까?"
- "언제부터 담배를 피우기 시작했습니까?"
- "과거에는 지금보다 담배를 더 많이/적게 피웠습니까?"
- "흡연량을 줄이려고 담배의 종류를 바꿨습니까?"
- "담배를 끊으려고 노력한 적이 있습니까?" (만약 그렇다면) "어떤 노력을 했습니까? 몇 번이나 금연을 시도했습니까? 얼마나 오래 금연했습니까? 어떤 방법이 유익했습니까/무익했습니까?"

◆카페인

- "다음의 음료를 1주일에 평균 몇 잔 정도 마십니까?"
  - 커피, 아이스커피, 라떼, 카푸치노 등(디카페인은 제외)
  - 차(홍차, 녹차, 온차, 냉차 등)

- 콜라, 카페인이 함유된 청량음료(마운틴듀, 선키스트 등)
- 파워 드링크, 에너지 드링크(레드불, 몬스터, 록스타, 파이브 아워 에너지 등)

• **"노도즈(No-Doz)와 같은 카페인 알약을 얼마나 자주 사용합니까?"**
• **"어떤 형태이든, 초콜릿을 얼마나 자주 먹습니까?"**
• (앞의 모두와 관련하여) **"언제 그것을 마십니까/먹습니까/사용합니까?"**

3.30 자살 및 자기파괴적 행동

관련 설명어는 섹션 12.31 '자해 행동', 섹션 12.37 '자살' 참조

시작 질문

내담자에게 다음과 같이 이야기하면서 시작하도록 하라.

"당신은 몹시 고통스러운 몇 가지 경험을 말했습니다. 그것을 견디기가 분명히 힘들었을 텐데, 아마도 때로는 그러한 고통을 멈추고 싶다고/자신을 해치고 싶다고/당신의 삶을 끝내고 싶다고 생각했을지도 모릅니다. 그런 생각을 해 봤습니까?"

내담자가 인정하면, 다음과 같은 영역을 탐색한다.

죽음에 대한 소망

• **"가장 최근에 영원히 잠들면 좋겠다고/죽어 버렸으면 좋겠다고/당신이 죽으면 당신과 타인과 세상이 더 나아질 것이라고 생각한 때가 언제입니까?"**
• **"예전에도 그렇게 생각했던 때가 있었습니까?"**

자살 사고

자살 사고는 대부분의 사람이 인식하는 수준보다 더 흔하게 관찰된다.

• **"최근에 자신이나 타인에게 '삶이 무의미하다.' '더 이상은 감당할 수 없다.' '고통을 끝내고 싶다.' '이제는 나에 대해 걱정하지 않아도 된다.' '조만간 모두 끝난다.'라고 이야기합니까?"**
• **"처음으로 모두 끝내겠다고/자신을 해치겠다고/자신을 죽이겠다고 생각한 때가 언제입니까?"**
• **"마지막으로 모두 끝내겠다고/자신을 해치겠다고/자신을 죽이겠다고 생각한 때가 언제입**

니까?"
- "최근에/지난달에 어떤 방식으로든 자해할/자살할 계획을 세운 적이 있습니까?"
- "죽고 싶다는 생각이 얼마나 오래 지속됩니까?"
- "죽고 싶다고 생각한 까닭은 무엇입니까?"
- "지금 이 순간, 그런 생각에 대해 어떤 느낌이 듭니까?"
- "당신은 그런 생각을 통제할 수 있습니까?"
- "무엇이 그런 생각을 멈추게/끝내게 합니까?"

◆정동 및 행동

- "당신은 얼마나 자주 외로움/두려움/슬픔/우울감/무망감[12]을 느낍니까?"
- "당신이 쓰는 글/당신이 그리는 그림/당신이 읽는 책/당신이 듣는 음악에 절망과 관련된 주제가 예전보다 더 많아졌습니까?"
- "당신이 우울증을 겪고 있다는 사실을 공개한 이후[13]로 생기가 조금씩 회복되는 것 같습니까?"
- "당신과 아주 가까웠던 사람을 잃었습니까?" (이별, 파경, 이혼, 사별?)
- "당신의 관심사/취미/활동/친구에 대한 흥미가 사라졌습니까? 그것을 포기했습니까?"
- "학업 성적이 떨어졌습니까? 직무 수행이 저하되었습니까?"
- "외모에 신경을 쓰지 않습니까? 먹고 자는 행동에 변화가 있습니까?"
- "예전보다 더 위험하게 행동합니까?"
- "기분이 좋지 않아서……
  - 잘 먹지 않거나 잘 자지 않습니까?"
  - 가출한 적이 있습니까?"
  - 몸싸움에 휘말린 적이 있습니까?"
  - 학교생활에 문제가 생긴/학교생활을 중단한 적이 있습니까?"
  - 물건을 파괴한 적이 있습니까?"
  - 경찰과 말썽을 빚은/구속당한 적이 있습니까?"
  - 신체적/성적 학대에 연루된 적이 있습니까?"
  - 나중에 후회한 행동에 연루된 적이 있습니까?"
  - 임신한/임신시킨 적이 있습니까?"
  - 술/약을 더 많이 사용한 적이 있습니까?"

---

12 우울감이 아닌 무망감이 자살의 결정적인 요인이다.

13 이 시기에 매우 위험할 수 있다.

자살 동기

- "왜 자살하려고 합니까/했습니까?"
- "당신의 삶이 실패했다고 혹은 현재의 상황이 절망적이라고 느낍니까?"
- "당신이 죽으면 당신에게 어떤 일이 벌어질 것 같습니까?"
- "당신의 죽음/자살이 당신의 가족/친구/동료/당신을 아끼는 사람에게 어떤 영향을 미칠 것 같습니까?"
- "당신의 친척/친구 중에 자살을 시도했던/자살로 사망한 사람이 있습니까?" [만약 그렇다면, 자살한 사람의 수, 자살한 연령/시간, 자살한 이유, 가장 최근의 사건 등을 탐색한다.]
- "최근에 누군가/명망가/유명인의 자살 혹은 죽음에 대해 들었습니까/읽었습니까?"
- "어떤 일이 벌어질 때 자살하고 싶습니까?"

억제 요인/생존 동기

- "당신이 계속 살아야 하는 까닭은 무엇입니까?"
- "당신이 자살하지 못하게 방지하는/억제하는 요인은 무엇입니까?" (겁이 나서, 용기가 없어서, 자녀/친척을 생각해서, 종교적 신념 때문에, 수치심 때문에, '그/그녀가 좋아하는 꼴을 보기 싫어서', 살고 싶어서, 즐기고 싶어서, 나아지고 싶어서?)
- "만약 자살을 시도했다가 실패하면 어떤 일이 벌어질 것 같습니까?" (영구적 통증 및 부상, 휠체어 사용, 시각 상실, 청각 상실, 언어 상실, 경제적 궁핍, 타인에의 의존, 타인의 유기, 고통의 악화, 식물인간)

자살 위협/자살 시늉/자살 시도

- "처음 자해/자살을 시도한 것이 언제입니까?"
- "한 번 이상 자살을 시도했습니까?"
- "가장 최근에 자해/자살을 시도한 것이 언제입니까?"
  - "그 당시에 죽음에 대해 어떤 생각을 했습니까?"
  - "그 당시에 정말로 죽으려고 했습니까?"
  - "만약 아니라면, 자해/자살을 시도한 목적/동기는 무엇이었습니까?"
  - "어떤 방법으로 자해/자살을 시도했습니까?"
  - "당신 혼자 있었습니까?"
  - "술이나 약물을 복용한 상태였습니까?"
- "자해/자살을 시도하기 전에 어떤 일이 있었습니까?" (언쟁, 가족 갈등, 굴욕, 실망, 학교 문제, 괴롭힘, 형사 사건, 임신, 폭행, 신체적 학대, 성적 학대, "네가 죽어 버렸으면 좋겠어."라는 말을 들음?)

- **"자해/자살을 시도하고 나서 어떤 일이 있었습니까?" (중환자실/정신 병동/일반 병동 입원, 가족/친구/자신에게 미친 영향, 심리상담/심리치료?)**

자살 준비

- **"당신은……**
  - **사람들에게 (값비싼) 물건을 나눠 줬습니까?"**
  - **유언장을 썼습니까?"**
  - **보험금을 확인했습니까?"**
  - **장례식을 예약했습니까?"**
  - **누군가에게 당신의 계획을 이야기했습니까?"**
  - **유서를 썼습니까?"**

자살 계획/자살 수단/자살 방법

- **"어떻게/어디서/언제 자살할 것인지 생각해 두었습니까?"**
- **"스스로 목숨을 끊는 것이 얼마나 쉬운지/어려운지 생각해 보았습니까?"**
- **"어떤 방법으로든 자해/자살할 계획을 세웠습니까?"** [만약 그렇다면, 자살 계획의 실행 가능성과 구체적인 자살 방법을 탐색한다.]
- **"어떻게 자살할 계획입니까? 자살할 수단을 가지고 있습니까?"** [만약 그렇다면, 자살 수단의 가용성, 시의성, 치명성을 평가한다.]
- **"자살하기 위해 어떤 준비를 마쳤습니까?" (약물의 수집, 총알의 장전 등)**

자살 위험의 선별 및 평가

- 콜럼비아 자살 심각도 평가 척도(Columbia Suicide Severity Rating Scale): 6개의 문항으로 구성되어 있고, 무료이다. 웹사이트(www.cssrs.columbia.edu)에서 다양한 버전과 훈련용 비디오를 제공한다.
- 자살평가 5단계 분류법(Suicide Assessment Five Step for Triage: Safe-T): 무료이고, 모바일 애플리케이션과 추천 정보를 제공한다(http://store.samhsa.gov/product/Suicide-Assessment-Five-Step-Evaluation-and-Triage-SAFE-T-Pocket-Card-for-Clinicians/SMA09-4432에서 이용 가능).
- 자살 행동 척도-개정판(Suicide Behavior Questionnaire-Revised: SBQ-R): 4개의 자기보고식 문항(평생의 자살 사고, 작년의 자살 사고, 자살 시도의 위협 수준, 미래의 자살 가능성)으로 구성되어 있다. 면담을 진행하면서 반복적으로 측정하면 신뢰도가 높아질 것이다(www.integration.samhsa.gov/images/res/SBQ.pdf에서 이용 가능).

- 성인 자살 생각 척도(Adult Suicide Ideation Questionnaire): 25개의 문항으로 구성되어 있다. 웹사이트(www.parinc.com/Product/Pkey/11)에서 구매할 수 있다.
- 벡 자살 생각 척도(Beck Scale for Suicidal Ideation): 21개의 문항으로 구성되어 있다(자살 사고의 빈도/지속 기간, 보호 요인, 자살 계획을 측정). 면접 방식으로 평가하고, 5개의 선별 문항이 모두 0점으로 채점되면 5분이 소요되고, 14개의 추가 문항을 덧붙이면 10분이 소요된다. 웹사이트(www.pearsonclinical.com/psychology/products/100000157/beck-scale-for-suicide-ideation-bss.html)에서 구매할 수 있다.
- 벡 무망감 척도(Beck Hopeless Scale): 실패에 대한 기대 및 미래에 대한 생각을 측정하는 20개의 문항으로 구성되어 있다. 웹사이트(www.pearsonclinical.com/psychology/products/100000105/beck-hopelessness-scale-bhs.html)에서 구매할 수 있다.
- 미국국립생물공학정보센터(National Center for Biotechnology Information)의 웹사이트(www.ncbi.nlm.nih.gov/books/NBK137742/bin/appa-et1.docx)에 방문하면 약 18개의 측정 도구를 개관한 표를 확인할 수 있다.
- 자살평가와 관련된 실용적인 정보는 Bongar와 Sullivan(2013), Shea(2002), Jobes(2016), Rudd 등(2001)을 참고하기 바란다. 자살 행동의 선별 도구와 치료 방법을 가치, 비용, 위험의 측면에서 철저하게 개관한 자료는 미국보건의료연구및품질관리원(Agency for Healthcare Research and Quality)의 웹사이트(www.ncbi.nlm.nih.gov/pubmedhealth/PMH0056019에서 이용 가능)에서 확인할 수 있다.
- 미국국립자살예방센터(National Suicide Prevention Lifeline)는 24시간 무료로 운영된다. (800) 273-8255로 전화하면, 300곳의 자살예방센터 중에서 가장 가까운 곳으로 연결된다. 온라인에서 실시간 채팅도 가능하다. 자살할 위험성이 있는 사람을 염려하는 사람에게도 질문, 조언, 제언, 의뢰 방법을 자세하게 안내한다(www.suicidepreventionlifeline.org).

외상

관련 설명어 및 평가는 섹션 12.27 '외상후 스트레스장애' 참조

3.31 폭력

관련 질문은 섹션 3.18 '충동 조절' 참조, 관련 설명어는 섹션 12.20 '친밀한 관계에서의 폭력/가정 폭력' 및 섹션 12.39 '폭력 행동' 참조

- **"화가 치밀어 오를/폭발할 때, 무엇이 당신을 그렇게 화나게/분통터지게 합니까?"**
- **"화가 나면/분노가 폭발하면 어떤 행동을 합니까?"**
- **"화를 가라앉히려면 시간이 얼마나 오래 걸립니까?"**

- **"누군가를 해치겠다고 위협한 적이 있습니까?"** (가족, 파트너, 친척, 자녀, 반려동물 등?)
- **"누군가를 주먹으로 혹은 다른 방식으로 위협한 적이 있습니까? 누군가의 얼굴을 때린 적이 있습니까? 누군가의 사유지를 침범한 적이 있습니까?"**
- **"누군가를 위협해서 성관계를 가진 적이 있습니까?"**
- **"당신이 분노했을/좌절했을/실망했을 때, 어떤 물건을 부숴 버린/던져 버린 적이 있습니까? 주먹으로 벽을 치거나 혹은 발로 문을 걷어찬 적이 있습니까?"**
- **"당신이 누군가를 움켜잡은/뺨을 때린/몸을 밀친/손가락으로 찌른/손으로 꼬집은/발로 걷어찬/침을 뱉은/두들겨 팬/머리카락을 잡아당긴/목을 조른 적이 있습니까?"**
- **"화가 났을 때 누군가를 주먹으로/방망이로/어떤 물건으로 때린 적이 있습니까?"**
- **"칼이나 흉기를 사용한 적이 있습니까?"**
- (구체적인 상황에 대해) **"그 싸움이 얼마나 지속되었습니까? 그 사람(들)과의 싸움을 왜 멈추었습니까?"**
- **"그 사람(들)이 얼마나 다쳤습니까?"** (타박상, 찰과상, 옷이 찢어짐, 응급 처치/의료 행위 실시, 의료 기관 방문, 심각한 장애, 사망 등?)
- **"당신이 연루된 싸움 때문에 경찰이 출동한 적이 있습니까?"** (만약 그렇다면) **"경찰이 당신을 체포했습니까? 그래서 어떻게 달라졌습니까? 그다음에 무슨 일이 있었습니까?"**
- **"누군가를 해칠/죽일 계획을 가지고 있습니까?"** (만약 그렇다면) **"언제부터 그것을 계획했습니까?"**

전통적인 면담으로는 폭력 행동의 위험성을 정확하게 평가하고 관리하기 어렵다. 다음과 같은 구조화된 임상적 판단 방법을 사용해 평가와 관리의 정확성을 제고하기 바란다.

- 과거 임상 위험성 관리-20(Historical Clinical Risk Management-20: HCR-20): 성인의 폭력 행동을 전반적으로 평가한다.
- 배우자 폭력 위험성 평가 척도(Spousal Assault Risk Assessment: SARA): 가정 폭력의 위험성을 평가한다(www.biscmi.org/documents/Spousal_Assault_Risk_Assessment.pdf에서 이용 가능).

계리적 방법(actuarial methods)을 활용하면 효과적이고 효율적으로 접근할 수 있는 것으로 밝혀졌다.

- 폭력 위험성 분류법(Classification of Violence Risk: COVR): 지역사회로 복귀한 이후에 발생하는 전반적인 폭력 문제를 관리하는 상호작용적 소프트웨어이다.
- 폭력 위험성 평가 지침(Violence Risk Appraisal Guide: VRAG): 고위험 남성 범죄자, 정신장애인, 폭력 전과가 있는 사람을 대상으로 한다.
- 스태틱 99(Static-99) 및 성범죄자 위험 평가 지침(Sex Offender Risk Appraisal Guide: SORAG):

성범죄자의 성적 및 비성적 재범 가능성을 예측한다.

- 위험성 평가 척도(Danger Assessment Scale: DAS): 가정 폭력 범죄자의 폭력 증가 및 폭력살인 위험성을 평가한다.
- 앞에서 소개한 SARA를 제외한 모든 측정 도구는 웹사이트 http://criminal-justice.iresearchnet.com/forensic-psychology/violence-risk-assessment에서 접근할 수 있다.

제2부

보고서 작성을 위한 표준 용어 및 진술

A. 보고서 도입부 151

B. 평가 시 내담자의 특성 181

C. 환경 속의 내담자 371

D. 보고서 마무리 419

Clinician's Thesaurus

이 책의 제2부는 전형적인 평가 보고서의 형식과 순서에 해당하는 A, B, C, D의 4가지 하위 항목으로 분류된다. 모든 보고서의 첫 번째 주요 구성 요소(A)는 당신에게 알려진 것, 즉 오래된 정보를 다루어야 한다. 이 기반에 따라 결과(B와 C)를 제시하고, 결론과 제언(D)으로 넘어간다.

이 책의 시작 부분에 있는 '보고서 작성 지침' 섹션에서는 제2부의 내용을 활용해 보고서 작성을 위한 단계별 지원을 제공한다. 제2부에서 제시한 순서를 따르지 않기로 결정한 경우, 제26장으로 이동하여 다른 형식을 선택할 수 있다.

A. 보고서 도입부

제4장 보고서 시작하기: 사전 정보 153

제5장 의뢰 사유 167

제6장 배경 정보 및 과거력 169

모든 보고서는 당신, 내담자 그리고 검사나 치료에 대한 정보를 제공하는 것으로 시작해야 한다. 제4장에서는 이러한 정보, 표준 문구 그리고 당신이 언급해야 할 법적·윤리적 문제에 대한 추천할 만한 형식을 제공한다. 제5장에서는 내담자가 당신에게 의뢰될 수 있는 사유를 열거하고, 제6장에서는 내담자의 과거력(의료, 사회, 교육, 가족, 적응)을 제시하는 방법을 제시한다.

제4장 보고서 시작하기: 사전 정보

이 장에서는 보고서를 **시작할 때** 사용하는 **기본 정보**를 다룬다. **의뢰 사유**는 제5장에서, **내담자에 대한** 자세한 **배경 정보**는 제6장에서 다룬다.

4.1 보고서 제목 및 날짜

준비된 용지를 사용하거나 이름, 학위, 직함과 같은 평가자의 인적사항을 포함하도록 하라. 필요한 경우, 평가자의 소속, 수퍼바이저, 면허(자격증) 번호, 기관명, 주소, 이메일 주소, 전화번호를 포함하도록 하라.

보고서의 내용과 대상에 맞는 보고서 제목(예: '심리평가 보고서' 또는 '사례 종결 보고서')을 사용하도록 하라. 대부분의 제목은 다음에 제시된 단어의 조합으로 이루어진다. 항상 실무 장면에서 선호하는 제목을 선택하도록 하라.

분야나 활동을 기술하는 단어를 선택하도록 하라.

- **심리사회, 사회복지, 정신건강의학과, 심리, 신경심리, 심리교육, 간호, 다학제**
- **법의학, 재활, 가활(habilitation), 진단, 검사(testing), 사례, 정신 상태, 접수, 경과, 퇴원, 종결**
- **교육, 지적(intellectual), 성격, 생태학, 개별화, 행동, 치료, 관리, 생활 관리**

그리고 문서의 종류를 기술하는 단어를 선택하도록 하라.

요약, 평가, 보고서, 검사(examination), 과거력, 계획, 업데이트, 기록지, 개념화

항상 보고서 날짜를 기재하도록 하라. 또한 모든 날짜와 검사/평가/면담 장소(예: 병실, 학교 사무실, 개인 사무실, 집)를 기재하도록 하라. 해당되는 경우, (비용 청구를 위한) 시작 및 종료 시간, 현 시각, 검사/면담 총 시간 등을 기재하도록 하라.

4.2 보고서 정보 출처

필요한 경우, 다음 진술 중 하나 이상을 사용하여 정보 출처를 기술하도록 하라.

- **면담 준비/진행 과정에서 다음과 같은 기록을 받아 검토했다.**
- **받은 기록은 명확한 출처가 없었다/확인할 수 없는 출처에서 나온 것이었다.**
- **기록은 알아볼 수 없었다/유효하지 않았다/불충분했다/관련이 없었다/타당했다/적절했다/방대했다.**

정보의 출처에는 다음이 포함될 수 있다.

- 제공된 문서(출처 포함), 즉 치료 요약 및 보고서, 학교 기록, 이전 평가 결과 등
- 임상면담 동안 내담자에 대한 관찰
- 내담자 친구/배우자/부모/가족/친척/보호자/통역사 등과의 주변인(collateral) 면담
- 검사: 각 검사나 질문지를 전체 이름으로 따로 열거하고 보고서 본문에는 약어를 사용하도록 하라(**검사명에 대해서는 섹션 11.11 '지능 및 인지: 평가', 섹션 13.1 '성격 진단 모델' 참조**). [필요한 경우, 다음의 진술을 추가하거나 수정하도록 하라. "모든 검사는 보조자나 수련생의 지원 없이 이 보고서의 작성자가 시행, 채점, 해석했다."]

- 다른 선문/가와의 상담(이름을 기재하도록 하라)
- 다른 전문가에 의한 관찰/내담자/자녀/가족과의 면담(이름을 기재하도록 하라)

4.3 내담자 인적사항

고유한 개인의 특성을 식별 가능하도록 매우 상세하게 기술해야 한다(**구체적인 용어는 제7장 '행동 관찰' 참조**).

이름

항상 내담자의 성과 이름을 명시하도록 하라. 필요한 경우, 원가족/결혼 전의 성,[1] 개명, 가명/예명을 명시하도록 하라.

기타 식별 정보

내담자의 주소, 전화번호, 사례번호(있는 경우), (필요한 경우) 현재 치료자/의사/의뢰자/사례관리자의 이름을 제공하도록 하라.

성적(sexual) 정체성 및 성(gender) 정체성

섹션 3.13 '게이, 레즈비언, 양성애 성 정체성 관련 질문', 섹션 3.14 '성 정체성' 참조

용어는 많은 정보를 전달하기 때문에(그리고 잘못된 정보를 전달할 수 있기 때문에), 내담자의 생물학적 성(sex) 및/또는 사회적 성(gender)을 명시하도록 하라. 거의 모든 보고서의 목적상 내담자의 자가보고로도 적절하고 충분하다. 혹시라도 '남성'이나 '여성'이라는 관습적인 용어가 적합하지 않을 수도 있다는 것을 고려할 만한 이유가 있다면 질문하도록 하라.

연령

성인의 경우 연령을 '세' 단위로 기재하도록 하라.

결혼 상태

남성과 여성의 결혼 상태를 명확하게 보고해야 한다. 결혼/사실혼, 별거/이혼 횟수, 기간을 기재하도록 하라.

- **현재: 비혼**['미혼'에 비해 모호하지 않아 바람직하다], **파트너/약혼자/약혼녀와 동거, 기혼/사실혼, 별거/이혼 과정/이혼, 미망인/홀아비, 알려지지 않음**
- **자녀 없음/_____ 자녀의 부모**
- (숫자 기입) **현재 내담자와 함께 거주하는 자녀 _____ 명/내담자가 양육하는 자녀 _____ 명. 위탁 가정에 맡겨진 자녀 _____ 명, 일시적으로 어머니/아버지/조부모/기타 친척과 함께 거주하는 자녀 _____ 명**

1 역자 주: 미국의 경우 여성은 보통 결혼 후 남편의 성을 따른다.

직업

내담자의 취업/실업/불완전 취업, 전일제, 시간제, 학생, 은퇴 등의 여부를 기재하도록 하라. 그리고 현재 하고 있는 일만이 아닌 기타 직업, 이전 직업 등을 기재하도록 하라.

국적/민족성

☑ 모든 내담자의 국적/민족성(인종)을 보고하도록 하라. 이를 보고할 때 출생지와 가정에서 사용하는 언어를 기재하도록 하라.

인종

☑ 인종을 보고할 때 보고서 전반에 걸쳐 일관성을 유지하도록 하라. 소수 민족에 한해서만 보고하지 말도록 하라. 인종은 피부색이나 다른 표면 특성과 동일하지 않다. 만약 어떤 사람의 인종 혹은 현시점에서나 지역적으로나 개인적으로 용인 가능한 용어에 대해 의문이 있다면 질문하도록 하라. 인종이라는 개념은 과학적 근거가 없기 때문에 나는 개인적으로 '흑백혼혈(biracial)' '복합인종(multiracial)' 또는 '혼혈(mixed races)'이라는 설명어에서 아무런 가치도 발견하지 못했다. 우리 거의 모두가 유전적 배경이 섞여 있다. 그리고 많은 특성에 있어 인종 간의 차이보다 인종 내에서 더 많은 차이가 있다. 대안은 일반화된 선천적 특성보다는 유전적 유산을 나타내는 '혈통'을 사용하는 것이다. 또 다른 대안은 특정한 특성이나 질병(겸상 적혈구나 테이삭스병처럼) 또는 특히 처우와 관련하여 다른 집단보다 특정 집단에 더 많은 영향을 미치는 사회적 요인을 주목하는 것이다.

평등고용기회 및 적극적 고용개선조치(Equal Employment Opportunity and Affirmative Action: EEO/AA) 프로그램에서는 다음과 같은 용어를 제시한다. 그러나 인구 집단의 심리적/문화적 다양성을 모호하게 할 수 있는 포괄적인 용어 사용을 경계하도록 하라.

- **히스패닉계 혹은 라틴계 미국인**: 쿠바인, 멕시코인, 푸에르토리코인, 남미인 혹은 중미인, 혹은 인종과 상관없이 기타 스페인 문화권 출신이나 태생인 사람
- **백인**: 유럽, 중동, 북아프리카 출신인 모든 사람(**유럽계 미국인**이라는 용어는 유럽계 태생인 사람에게 사용될 수 있다)
- **흑인 혹은 아프리카계 미국인**: 아프리카의 흑인 인종 집단 태생인 사람
- **하와이 원주민 혹은 기타 태평양 섬 주민**: 하와이, 괌, 사모아 또는 기타 태평양 섬 주민 태생인 사람

- **아시아계 미국인**[2]: 동남아시아 혹은 캄보디아, 중국, 인도, 일본, 한국, 말레이시아, 파키스탄, 필리핀 제도, 태국, 베트남 등을 포함하는 인도 아대륙(Indian Subcontinent) 태생인 사람
- **아메리칸 인디언 혹은 알래스카 원주민**: 북미 및 남미(중미 포함) 태생이면서 부족 사회 혹은 연맹관계를 유지하고 있는 사람. 또한 ('에스키모'가 아닌) **이누이트**(Inuit), **아메리카 원주민**
- **둘 이상의 인종**: 앞에 나열된 인종 중 하나 이상 식별되는 모든 사람
- **기타**: 기타 집단 설명어로는 오세아니아인, 카리브인 등이 있다.

거주/생활환경

관련 설명어는 섹션 14.8 '생활환경/필요한 지원 수준' 참조

종교

종교에 대해 관련이 있는 경우에만 보고하도록 하라.

- **부모의 종교/모태 종교 여부, 침례받았는지/자라면서 종교를 가졌는지/개종했는지/현재 종교는 무엇인지**
- **특정 종교 없음: 중요하지 않은, 종교 없음, 신실하지 않은, 제명된, 불가지론주의, 무신론자**
- **특정 종교 있음**(↔ 정도순): **신실한, 경건한, 독실한, 공의로운, 열성적인, 전도하는, 복음화시키는, 집착하는, 망상적인**

법적 정신건강 상태

비자발적/자발적 입원/치료/수용(지방법의 해당 조항 번호와 명칭을 제공하도록 하라)

의뢰 사유

제5장 '의뢰 사유' 참조

4.4 평가에서 나타나는 자발적 기능 수준

- **첫 방문(혹은 두 번째 방문 등) 시 ________분 지각했다/매우 일찍 도착했다/적당히 일찍 도착했다/정시에 도착했다/정확히 검사 시간에 맞춰 도착했다.**

2 명확한 구분에 도움을 준 Fay Murakawa PhD(캘리포니아주 로스앤젤레스)에게 감사한다.

- **혼자 방문했다/보호자 없이 방문했다, 친구/배우자/자녀/보호자/사례관리자/기타와 방문했다.** [동반자가 있는 경우, 검사에서의 동반자 역할을 기재하도록 하라.]
- **상담센터를 찾는 데 어려움이 ________ (정도) 있었다.**
- **운전해서 왔다/누군가가 자동차로 데려다 주었다/기타 대중교통을 이용했다**(기재하도록 하라).

4.5 동의를 위한 설명문

평가 혹은 치료에 대한 동의

환자에게 제공해야 하는 정보와 관련된 지침은 다음과 같다. "합리적이고 신중한 성인이 평가나 치료를 받을지 혹은 거부할지 결정하기 위해 알아야 할 것은 무엇인가?"

평가의 경우, 내담자에게 먼저 평가 과정의 특성(요구사항 및 스트레스)에 대해 고지해야 한다. 그러고 나서 내담자에게 보고서를 볼 수 있는 대상(예: 법원, 관리의료 직원, 의뢰자, 청소년 내담자의 부모)을 알려야 한다. 다음으로, 내담자는 이 보고서를 바탕으로 해당 사람이나 기관이 어떤 결정을 내릴 것인지에 대해 조언을 받아야 한다. 마지막으로, 내담자의 특정 정보를 공개하는 것이 자신에게 최선의 이익이 되지 않는다고 내담자가 인지할 경우, 언제든지 참여를 중단하거나 중단할 수 있는 기회를 내담자에게 제공해야 한다.

치료 과정에서 합리적으로 예상할 수 있는 위험과 이점에 대해 논의해야 한다. 정신의학진흥회[Group for the Advancement of Psychiatry(GAP), 1990]가 제안한 내용을 기반으로 환자에게 다음과 같이 진술할 수 있다.

- **"완전히 만족할 만한 통계는 없지만, 이러한 치료 조합이 성공 가능성이 가장 높다고 생각합니다."**
- **"이 치료의 성공률은 약 85%입니다.[3] 즉, 이 치료를 받는 모든 환자의 약 85%가 완전한 증상 소실이나 실질적인 증상 완화를 경험합니다."**

Zuckerman과 Kolmes(2017)가 제공하는 논의와 자료는 이와 관련해 매우 도움이 될 수 있다.

3 분명 이 수치는 제안하는 치료법에 따라 다를 것이다.

◆ 사전 동의

- 평가/치료 절차, 즉 내담자와 평가자/치료자에게 기대되는 사항, 다른 누군가 참여하거나 영향을 받게 될지에 대한 여부, 치료의 위험과 이점 그리고 대안적인 방법의 출처, 비용, 위험, 이점에 대해 내담자와 논의했다.
- 이 내담자는 자신이 정보를 제공하는 것과 제공하지 않는 것의 위험과 이점에 대해 이해했다.
- 내담자는 동의 절차와 그에 따른 발생 가능한 결과/영향 그리고 대안 절차 및 그에 따른 결과를 이해했다.
- 내담자가 제공하는 정보가 보고서에 포함될 것이고, 평가를 위해 내담자를 의뢰한 ________ 에게 이 보고서를 전달할 것이라는 점을 내담자에게 고지했다.
- 내담자에게 나는 내담자를 담당하는 상담자가 아니고, 지속적으로 전문적 관계를 맺지 않을 것이며, 이 기관/상담센터에는 내담자에 대한 어떤 기록도 보관하지 않을 것이라는 점을 알렸다.
- 내담자는 이 평가 결과가 ________ 에게 보내져 ________ 목적으로 사용될 것이라는 것을 알고 있다.
- 계속되는 대화에서 내담자의 교육 수준, 지적 수준, 경험 수준에 맞춰 이러한 내용들을 설명했다.

◆ 자발적 동의

- 이 내담자는 참여가 전적으로 자신의 선택이라는 것을 이해하고 이에 기꺼이 동의했다.
- 내담자는 언제든지 동의를 철회하고 평가/치료를 중단할 수 있음을 이해했다.

◆ 동의 능력

- 내담자와의 상호작용을 바탕으로 할 때, 내담자는 현재 고려 중인 평가/절차/치료에 동의할 능력이 없다는 의문을 가질 근거는 없다.
- 내담자는 미성년자이거나 지적 결함이 있는 것은 아니다. 또한 의사소통의 제한, 정신병리 혹은 동의에 대한 이해와 능력을 손상시킬 수 있는 그 밖의 문제도 가지고 있지 않다.

4.6 신뢰도/타당도 관련 진술

◆ 자료의 근거

- ……에 근거해

- ……(구체적인 장면)에서 ________ 상황을 ________ 시간 동안 내담자를 관찰한 것
- 수집한 정보와 병력의 내적 일관성
- 부정적인 정보의 누락/삭제 여부, 모순적인 내용
- 내담자의 반응, 자발적 진술, 행동의 특성과 이들 간 일관성
- 다른 출처로부터 얻은 정보의 일관성
- 상황에 대해 충분히 보고하는 내담자의 능력

• 자료/과거력은 충분한/상당한/적절한/어느 정도의/최소한의/의심스러운 신뢰도를 보인다고 판단된다.
• 내담자는 충분히/최소한 신뢰할 수 있는 정보제공자라고 생각된다.

면책사항

• 보고서 작성 당시에 사용 가능한 정보만 반영하고, 나중에 수집 가능한 정보/관련 있을 수 있지만 현재 사용할 수 없는 정보는 반영하지 않는다는 것을 알려드립니다. 이러한 정보는 평가 결과나 제언에 영향을 줄 수 있습니다.
• 이 보고서는 평가 당시 내담자의 상태를 반영하며, 퇴원이나 최종 진단 시 혹은 그 이후나 그 이전 기간의 내담자의 상태를 반영하지 않을 수 있습니다. 추가 정보를 수집할 경우, 나는 이 보고서에 작성된 내담자에 대한 진술과 결론을 재평가하고 수정할 권리가 있습니다. 또한 시간이 지남에 따라 보고서의 진술과 결론이 더 이상 정확하지 않을 수도 있습니다.
• 이 보고서는 보고서에 명시된 정보 출처만을 기반으로 합니다.
• 내담자가 제시한 사실 혹은 배경 정보에 대해 별도의 확인은 거치지 않았습니다.
• 내담자의 과거력 보고를 신뢰했고 그것이 정확하다고 가정했기 때문에(명시된 경우를 제외하고), 나는 이 보고서에서 발생할 수 있는 사실의 오류에 대해 어떠한 책임도 지지 않습니다.
• 이 보고서에 명시된 진단 및 소견은 합리적인 수준의 확신을 가지고 제공한 것입니다.
• 이 보고서에 제시된 소견은 의뢰인/의뢰 기관의 영향을 받지 않았습니다.

대표성/타당도

• 결과는 내담자의 현재 기능 수준을 정확하게 나타내는 것/검사 장면 밖에서의 전형적인 행동 패턴/행동으로 생각된다.
• 내담자는 거부한 검사 문항/질문이 없었고, 검사에 열심히 임했으며/매우 협조적이고 도움이 되었으며, 불안이나 우울 같은 검사에 방해되는 정서가 없었기 때문에, 평가 결과는 내담자의 최소한의/보통의/최적의 기능 수준을 나타내는 것으로 보인다.

- [검사/구조화된 면담/과제 명칭]에 대한 내담자의 수행 결과는 내담자의 임상 표현(clinical presentation), 교육 이력, 취업 이력과 일치하지 않았다. 따라서 이는 내담자의 전반적인 지적/기타 능력에 대한 타당한 척도가 아닌 것으로 보인다.
- 이 검사에서 얻은 결과는 (검사자가 관찰한 범위 내에서) 타당하다. 중립적인 제3자로부터 정보를 입수할 경우, 이러한 결과는 재평가될 수 있다.

일관성

- 내담자가 지각한 문제는 검사자의 관찰/기타 기록에 의해 지지/확인되었다.
- 내담자는 자발적으로/거리낌 없이 충분히 구체적이고 일관성 있게, 논리적이며, 차분하게 시간 순으로 개인력을 제공했다.
- 내담자는 과거력을 빈약하게/적절하게/양호하게/훌륭하게 보고했다.
- (↔ 정도순) 완전히/상당히 조직화된 표현, 세부사항/이름 및 순서에 대한 정확한 회상, 빈약한 자료/부족한 정보/피상적인 병력, 비조직화된/산만한/계획성 없는, 불분명한/막연한/모호한, 비논리적인, 모순된, 가장의

정확성

- 내담자의 자기진술은 신뢰할 수 있고 솔직하며 잘 보고되었다.
- 내담자의 진술은 솔직했다/진실했다/사실에 근거했다/정확했다고 판단된다.
- 다소 과장되었지만 핵심 정보는 진단/평가 목적에 정확하고 타당한 것으로 보인다.
- 내담자는 사건을 정확하게 기억하려고 노력했지만…….
- 내담자는 기민한 관찰자가 아니다.
- 내담자는 질문에 적절한 답변을 하려고 노력했지만…….
- 내담자는 과거력을 일관성 있고 연대순으로 제시하는 데 어려움을 보였다.
- 내담자에게 광범위하고 창의적인 방식으로 질문했지만, "잊어버렸어요."라는 비형식적인 설명 외에 그 어떤 증상 묘사나 더 많은 정보를 알아내는 것/명확하게 파악하는 것/얻어 내는 것은 불가능했다.
- 구체적인 내용에 대해 계속 요청하는 경우 내담자는 사고의 이탈을 보인다.
- 환자는 자신의 한계와 손상을 인식하지 못하는 것처럼 보였지만, 자신의 개인적인 상황에 대해 정확한 설명을 했다고 확신하는 것처럼 보였다.
- 내담자는 자신의 실수나 정신 착란을 전혀 인식하지 못한 채 자신 있게 자신을 표현했다.
- 내담자가 앞의 정보를 솔직하게 보고한 듯하지만, 사회적/통상적/시대적 현실 검증력, 평범한 행동 및 관계 양상 등을 가지고 있지 못하거나, 내담자가 호소/보고한 경험 중 매우

예외적인 면이 있을 수 있기 때문에 해당 정보의 정확성에는 의문을 제기해야 한다.
- 내담자가 성격적으로 불안정한 주요 생활양식을 묘사하는 과정에서 딱히 증상이라고 할 만한 개인력을 보고하지는 않았다.

◆신뢰성/솔직/꾀병

- 내담자는 자신의 강점과 약점을 솔직하게 표현하는 것처럼 보였다.
- 내담자는 자신의 과거력을 솔직하고 정확하게 보고하는 것처럼 보였다.
- 내담자는 자신의 과거력을 조작하는 것처럼 보이지 않았다.
- 질문에 대해 내담자는 왜곡된 반응을 하려는 고의적인 시도가 없는 것처럼 보였다.
- 내담자는 자신의 문제의 심각성이나 진위를 검사자에게 납득시키기 위해 특별한 노력을 하지 않았다.
- 내담자는 검사 수행 시 노력에 대해 어떠한 고의적인 왜곡을 보이지 않았다.
- 보고된 과거력은 걸러서 판단해야 한다/조작되었다/과장되었다.
- 내담자가 한 말의 대부분은 누군가 내담자에게 말해 준 것처럼/사전에 준비한 것처럼 들렸다.
- 내담자는 검사자가 제시하는 모든 증상이나 문제의 존재를 인정하면서 이어지는 질문(leading question)에 열심히 응답했다.
- 내담자는 간저 증후군(Ganser syndrome, 처벌을 피하기 위해 '미친 행동'으로 모호한 대답을 하거나 부정확하게 작업을 수행하는 것)을 보이는 듯했다. 그러나 기질성 원인이나 정신적 원인을 고려해야 한다.
- 각 호소 문제에 대한 내담자의 설명은 모호하고 자기모순적이며 알려진 임상 양상 어떤 것과도 완전히 일치하지 않는다는 점에 유의해야 한다.
- 내담자는 단지 금전적 이익을 얻고자 하는 의욕이 강한 것처럼 보인다.
- 내담자는 통증과 손상을 호소함에도 불구하고, 의자에서 어려움 없이 일어섰다 앉았다 할 수 있고 오랫동안 편안하게 앉을 수 있다.
- 내담자는 자신의 행동에 대해 과장/최소화해서 설명했다.
- 내담자는 의도적으로 속이고 있다/꾀병을 부리고 있다/가장하고 있다.
- 현 평가자는 내담자가 자신의 상태를 주장하고 경험을 보고하는 것이 가능하며, 이는 장애 신청에 도움이 될 만하지만 현실적이지는 않다고 보고 있다.
- 내담자는 의도적으로 자신의 과거력을 미흡하게 보고했다.
- 내담자는 일부러 꾸민/사전에 준비한 것 같은 모습을 보였다.
- 내담자는 자신의 (알코올 중독/폭력/무책임/기타)에 대해 그럴 만한 자격이 있다고 말했다.
- 내담자는 자신의 질병/장애에 대해 무관심한/인내하는/수용적인/초월적인 태도를 보인다.

☑ 주: 일부 의료 장면에서는 제목으로 '신뢰도' 혹은 '타당도' 이외의 용어와 개념이 사용된다(Coulehan & Block, 2005). "**객관성(objectivity)**은 관찰자의 신념, 편견, 선입견으로 인한 체계적인 편향을 제거하는 것이나."(p. 4) "**정확도(precision)**는 임의의 오류로 인해 관측치가 '실제값' 주변에 얼마나 광범위하게 흩어져 있는가 하는 것이다."(p. 8) "**검사의 민감도(sensitivity of a test)**는 해당 질병의 실제 사례를 '포착'하는 능력을 나타낸다."(p. 10) 즉, 허위 양성(false positive)에서 참 양성(true positive)을 분리하는 능력이다. "반대로 **특이도(specificity)**는 정상인을 제대로 '분류'하는 검사의 능력을 의미한다."(p. 10) 즉, 허위 음성(false negative)에서 참 음성(true positive)을 분리하는 능력을 의미한다.

4.7 비밀보장에 대한 안내

◆지침

비밀을 보장하기 위해 보고서 페이지에 '기밀'이나 '전문가 전용'이라는 문구의 도장을 찍는 것만으로는 충분하지 않은데, 이는 너무 일반적이고 모호하기 때문이다. 대신 다음 사항을 명확히 하는 공지를 (적어도 첫 페이지에) 제공하도록 하라.

1. **이 보고서의 내용은 법적으로 보호되는 의료 문서로 간주된다.**
2. **이 보고서의 정보는 명시된/특정 목적을 위해 사용된다.**
3. **이 보고서는 권한을 부여받은 수취인만 취급 가능하다.**
4. **이 보고서는 환자/내담자를 포함한 다른 관계자에게 공개되지 않는다.** [이에 대한 모든 예외는 명확하고 구체적으로 명시되어야 한다.]
5. **이 보고서는 지정된 용도로 사용 후에/명시된 요구사항이 충족된 후에 파기될 것이다.**

1996년 「건강보험 정보의 이전 및 그 책임에 관한 법률(Health Insurance Portability and Accountability Act: HIPAA)」이 출현한 이래로 (내담자와의 관계 시작 시 내담자가 개인정보보호 관행 공지를 읽은 후 서명한) HIPAA 동의를 통해 어떤 정보를 공개할 수 있는지 그리고 주 법률에 따라 완전한 승인이 필요한 때는 언제인지를 알아야 한다. HIPAA에 대한 자세한 내용은 Zuckerman(2006)을 참조하도록 하라(**일반 상담 기록지 및 HIPAA 규정을 준수하는 경과 기록지의 내용에 대해서는 섹션 26.5. '치료 노트 서식' 참조**).

◆예시

다음의 예시들은 현장의 요구사항을 반영하기 위해 필요에 따라 변경될 수 있다.

보고서 시작하기

- 귀하에게 공개된 이 정보는 미국연방기밀규정(42 C.F.R. Part 2. P.L. 93-282)과 주법[예: 펜실베이니아 주법 7100-111-4]에 의해 보호되는 기록이다. 이 규정은 관련자의 서면 동의에 의해 명시적으로 또는 42 C.F.R Part 2에 의해 달리 허용된 경우를 제외하고는, 이 정보를 귀하에게 더 이상 공개하지 못하도록 금지한다. 이에 정보 공개를 위한 일반적인 승인은 충분한 이유가 되지 못한다. 연방 규정은 알코올 남용이나 약물 남용으로 환자를 형사 조사하거나 기소하기 위해 이 정보를 사용하는 것을 금지한다.
- 본인은 해당 기록을 귀하에게 제공하기 위해 서명된 유효 승인서/인증서를 소유하고 있다.
- 이 정보는 이 보고서에 기술된 내담자의 이익에 반해 사용되지 않는다.
- 이 기록에 대한 접근 권한을 부여받은 사람이나 기관은 오직 법적 절차나 법적으로 공개된 기타 사안에서 환자를 대표해야 하는 경우에 한해, 이 정보에 대해 환자와 논의할 수 있다.
- 이는 권한이 제한되어 있으며 기밀사항에 해당하는 환자 신상정보이다. 비허가된 공개는 중범죄이다. 복제해서는 안 된다.
- 이 보고서에는 내담자 정보가 포함될 수 있다. 보고서에 포함된 정보를 윤리적으로 그리고 전문적으로 해석하고 이해할 수 있는 전문가들에게만 공개해야 한다.
- 이 보고서의 정보는 타인에 대한 해석을 포함하기 때문에, 전문 인력에 한해 활용될 예정이다.
- 이는 엄격한 '기밀'사항이며 기재된 사람만을 위한 정보이다. 이 보고서의 대상자(내담자)를 포함한 다른 사람이 열람하게 되는 경우, 어떠한 책임도 질 수 없다. 이러한 기록의 복제, 전송, 재공개 또는 재전송은 명시적으로 금지한다. 그러한 재공개는 귀하에게 민사 혹은 형사상의 책임을 물을 수 있다.[4]
- 여기에 포함된 정보를 내담자나 다른 당사자에게 직접 공개하는 것은 부적절하다. 훈련된 정신건강 전문가와의 상의 없이 (관심 있어 하는) 누군가에게 이 정보가 유출되는 경우, 이 보고서의 내용이 오해석될 수 있으며, 제대로 안내받지 못해 읽는 이가 정서적 고통을 경험할 가능성이 있다.
- 이 보고서에 포함된 정보는 비공개이고 특별 취급되며 기밀에 속한다. 부모나 보호자의 서면 동의를 받은 검사자/평가자/보고서 작성자 외에는 기관 외부로 공개할 수 없다. 무단 복제와 무단 전재를 금한다.

4 이는 『디지털 시대의 종이 사무실(The Paper Office for the Digital Age)』(Zuckerman & Kolmes, 2017)에서 발췌한 것이다.

4.8 보고서 작성에서의 윤리적 고려사항

모든 임상가의 활동에는 윤리적으로 고려할 사항이 있다. 이는 작업하는 과정에서 피할 수 없는 부분이다. 즉, 윤리적으로 고려할 사항이 더 이상 추가되지 않거나 가끔씩만 다루어질 수 있는 상황이 아니다. 다음은 윤리적으로 고려할 많은 사항 중 극히 일부일 뿐이다.

내담자를 존중하도록 하라.

- 내담자가 공개한 내용은 법률에 따라 학대나 기타 상황/상태를 신고하거나 경고의 의무를 갖기 때문에, 보고서의 정보가 공유되는 방식뿐만 아니라 비밀보장에 대한 한계도 명확히 하도록 하라.
- 장기적인 측면에서 내담자의 최선의 이익을 염두에 두고 작업을 구성하도록 하라. 내담자의 비밀을 존중하고, 이를 염두에 두면서 보고서 내용을 작성하도록 하라.
- 내담자에게 의미를 알리고 동의를 구하기 전에 내담자와 이에 대해 논의하도록 하라.

당신 역량의 한계를 이해하고 기억하도록 하라.

- 역량은 작업에 필요한 요구사항과 자원 사이의 적합성에 따라 달라진다. 역량은 내담자의 연령, 성별, 성 정체성, 민족, 문화, 출신 국가, 종교, 성적 지향, 언어, 사회경제적 지위, 지역(locale) 등에 대한 이해에 따라 달라질 수 있다.
- 당신이 모르거나 이해하지 못하는 것을 상기하도록 하라.
- 합법적으로 어떤 일을 할 수 있다는 사실이 당신이 그 일을 할 수 있는 능력이 있다거나 허용된 관행 기준에 따라 할 것이라는 의미는 아니다.

자료가 가지고 있는 의미 이상으로 사용하지 않도록 하라.

- 평가 목표에 적합한 척도를 선택하고, 내담자를 위해 결과를 타당하게 해석하도록 하라.
- 검사와 면담은 내담자가 수행할 수 있는 행동 영역의 표본일 뿐 전체 영역은 아니다. 선택한 자료에서 광범위한 결론을 도출하지 말도록 하라.
- 정신건강 전문가와 면담하는 것은 고유한 관계이며, 관찰 내용이 다른 장면과 사람들에게 일반화되지 않을 수 있다. 평가 장면의 맥락과 요구 특성을 고려하도록 하라.
- 타당한 도구를 사용하고 보안을 유지하도록 하라.

Michaels(2006)는 이러한 문제들과 관련 이슈들에 대해 보다 종합적인 논의를 제공한다.

제5장 의뢰 사유

이 장에서는 성인 내담자가 평가에 의뢰된 사유를 다룬다. 보다 구체적이고 상세한 사유는 제12장 '이상 징후, 증상, 증후군'의 내용에 포함될 것이다. 보고서 도입부에 포함되어야 하는 다른 주제는 제4장과 제6장에서 다룬다.

5.1 의뢰 사유 진술

섹션 16.2에서 '현재 문제, 주호소 문제, 의뢰 사유' 참조

의뢰 사유에 대한 진술에는 의뢰 사유 자체뿐만 아니라 의뢰원, 날짜, 평가/서비스 유형 및 목적도 포함되어야 한다.

내담자는 ______(의뢰 날짜) ______(의뢰원/의뢰자 및 의뢰 기관)에 의해 ______(목적)을 목적으로 ______(의뢰 사유)에 대해 ______(평가 혹은 기타 서비스 유형)가 의뢰되었다.

평가 유형/서비스 유형

정신상태검사	사전평가 및 제언
임상면담	재평가
명확한 진단	교육 배치
역량평가	직업 권고, 재활 잠재력/요구도 분석
법의학평가	직무 적합성
양육권평가	

◆목적

- 필요한 관리 수준/치료 강도 결정
- 배치/입원/퇴원/전원(transfer) 판단 지원
- 정신적/심리적 장애의 성격 및 심각도 결정
- 치료/재활/교육 프로그램 개발 지원
- 채용/승진 평가 지원
- ______ 프로그램 참여 적합성 평가
- 신경심리학적 한계와 대처 능력 정도 평가
- 현재 기능의 기준(benchmark) 결정
- 평가를 위한 기관의 요구사항/주 규정 및 연방 규정/공동위원회 지침 충족
- 법적/법의학적 판단 지원

제6장 배경 정보 및 과거력

배경 정보와 과거력을 수집하고 보고하는 주된 이유는 내담자가 경험한 과거력 관련 스트레스 요인, 사용한 대처 방법 및 그에 따른 기능을 설명하기 위한 것이다. 그 결과, 자료는 'P's'—소인(predispositions), 촉발 요인(precipitants/provocations), 현재 문제(presenting problems), 보호 요인(preventers/protectors)—로 기술될 수 있다. 이 장에서는 여러 영역에서 내담자의 **과거력과 적응**에 대해 다룬다. **기타 사전 정보**는 제4장에서 다룬다.

6.1 과거력/현재 문제/질병/주호소 문제의 경과

이 섹션에서는 환자의 말을 통해 문제를 바라보는 환자 자신의 관점과 호소 문제의 원인에 대한 생각을 다룬다. 또한 다음을 포함할 수 있다.

장애(disability) 보고서의 경우: 부상/호소/장애(disorder)로 인해 발생한 손상에 대한 청구인의 관점

발병, 상황 그리고 영향

- 현재/주호소 문제의 공식적인 진술. 기간, 경과, 호소 문제의 강도
- 병전 성격 및 기능 수준
- 요인: 소인, 촉발 요인(스트레스, 스트레스원, 유발 자극, 단서, 사건, 상황, 유사 장면 및 행위, 기념일)
- 징후/증상의 발달/행동 변화, 종단적/연대기적/전기적 순서, 취업 기간/취업 시도/발병 이후 기능 회복, 현재 상태
- 호소 문제가 모든 영역에서 환자의 기능에 미치는 영향

- 호소 문제에 대한 치료의 효과
- 이 시점에 치료를 찾는 이유와 목표(주: 이것이 바로 중요한 "왜 지금입니까?" 질문이다.)
- 호소 문제에 대한 평가자의 명료화/재개념화/정교화

요약 진술

- **현재 입원 사유는 ________ 이다/ ________ 로 인해 현재 입원 중이다.**
- **이번이 (병원 이름)에 (횟수)번째 입원이며, 지금까지 정신건강의학과 병동 입원, 재활, 부분 입원 등의 총 횟수는 (횟수)번이었다.**

경과

섹션 23.1 '일반적 예후 관련 진술'에서 '경과 설명어' 참조

- 첫 번째 삽화인가 혹은 다수의 삽화가 있었는가? 후자의 경우 다음과 같이 기술하도록 하라.
  - **재발(recurrences), 재발(relapses), 악화(exacerbations), 심화(worsenings), 돌발(flareups), 변동(fluctuating course)**
- 각 삽화의 기간?
- 관해(존재하는 경우)
  - **치료를 통한 관해/자연적 관해**
  - **각 관해의 기간?**
- 어떤 수준의 기능/증상으로 돌아가는가? 다음과 같이 기술하도록 하라(↔ 정도순).
  - **기능 상실, 저하, 적응, 보상(recompensation), 회복, 향상, 과다보상(overcompensation)**

6.2 과거력 및 기타 탐색

과거력

- 현재/최근 질병
- 증상[전반적 평가를 위해 간이정신진단검사-90-개정판(Symptom Checklist-90-Revised: SCL-90-R; Derogatis, 1994)과 같은 체크리스트를 사용하도록 하라]
- 심리적 양상을 동반하는 질환/장애: 예, 갑상선장애, 승모판 탈출증, AIDS, 당뇨병, 췌장암, 알코올 남용, 간염(인터페론 치료) 등(제28장 '의학적 상태의 정신과적 가장' 참조)
- 수술 및 치료
- (여성의 경우) 임신(임신 횟수, Gravida), 생존아 출생(분만 횟수, Para), 사산, 자연 유산/인공

배경 정보

유산(유산 횟수, Abortus). G(횟수), P(횟수), A(횟수)로 표기하도록 하라. 때때로 A는 빼고 P는 만삭 출산, 조산, 인공 유산 혹은 자연 유산, 생존아 출생까지 포함하기도 한다. 예를 들어, G5P3114은 5회의 임신 중 3회의 만삭 출산, 1회의 조산, 1회의 인공 유산 혹은 자연 유산, 4명의 생존 자녀를 의미한다. G1P1002는 쌍둥이를 의미한다.

- 손상/사고, 특히 외상성 뇌손상, 폐쇄성 뇌손상, 의식 불명을 유발하는 모든 사고(섹션 12.26 '뇌진탕후 증후군' 참조)
- 약물치료, 약물 사용, 약물 남용, 특히 길거리/불법 약물 사용(해당 질문은 섹션 3.28 '물질 남용: 약물 및 알코올', 해당 설명어는 섹션 12.36 '물질 사용, 남용, 의존' 참조). 또한 처방 의약품 및 일반 의약품의 사용/오용(수면 보조제, 소화 보조제, 기침감기약, 비타민, 생약, 기타 보조제 등)
- 가정 혹은 직장에서의 노출 이력: 독성 물질, 기간, 양, 유형, 출처, 치료

정신과적 병력

- 과거 심리적 어려움 및 받았던 치료/전문적 도움
- 현재 및 과거에 복용하는(복용한) 약물/받고 있는(받은) 치료, 현재 및 과거에 복용하는(복용했던) 약물/치료/요법, 치료 효과/반응, 부작용, 치료 종결 후 상태, 기타 진행 중인 기관/치료자
- 입원: 일자, 기관 이름, 장소, 입원 조건, 시행된 치료 및 치료에 대한 반응, 입원기간, 퇴원 조건, 다음 입원까지의 생활, 경과(앞의 내용 참조)
- 이전 심리치료 혹은 상담: 일자, 주호소 문제/문제, 제공자, 제공된 서비스, 효과
- 퇴원 후: 후속 치료, 의뢰(위탁), 순응(compliance), 후속 치료 실패?

이전 검사 혹은 평가

- 평가: 과거력 및 신체검진, 신경학적, 지적, 교육적, 직업적, 신경심리학적, 성격, 투사, 기질성(organicity), 기타/특수
- 결과: 유용성, 점수, 현재 결과와 비교, 누락되었거나 모순적인 부분, 감별 진단

6.3 개인력, 가족력, 사회력 그리고 현재 사회적 상황

☑ 가계도 작성(섹션 6.6 참조)은 면담 시 질문을 구성하고 면담 중 발견한 내용을 기록하는 데 유용할 수 있다.

부모 특성

- 연령 혹은 생년월일/사망일자; 사망 이유(사망한 경우); 내담자의 연령 및 부모의 죽음에 대한 내담자 반응과 그에 따른 결과(해당되는 경우)
- 아동기 동안 내담자의 전반적 신체 및 정신건강; 현재 건강; 만성 혹은 심각한 질병, 장애(disability)
- 성격 특성, 내담자와의 관계 형성 방법, 양육 방식, 부모의 영향력에 대한 내담자의 지각
- 결혼/이혼/별거/기타 파트너
- 환자의 아동기 및 청소년기 가족 구성
- 부부관계 특성: **논쟁과 충돌이 많은, 친밀한, 냉담한, 따뜻한, 기능적, 학대적 등**(제16장 '커플 및 가족관계' 참조)
- 기타: 대가족, 평범한 양상, 의무, 가족의 '차변(debits) 및 대변(credits)'
- 직업, 취업 상태/경력이 내담자에게 미치는 영향
- 부모의 물질 남용 혹은 오용, 신체적 학대 혹은 성적 학대, 외상, 상실(losses) 이력
- 환자의 행동/문제/질병에 대한 가족의 반응

내담자의 발달력 및 초기 건강력/병력

- 임신
  - **간절히 바라던/계획한, 계획하지 않은, 받아들이지 않은/받아들인**
  - **만삭, 임신 ______ 주 조숙아/과숙아**
  - **합병증이 없는/합병증이 있는**(임신 전/동안 어려움/질병을 기재하도록 하라)
- 분만
  - **자연, 준비된, 준비되지 않은, 어려운, 예기치 않은, 수월한**
  - **정상적인/지연된**(몇 시간 걸렸는지 기재하도록 하라)
  - **합병증이 없는/합병증이 있는**(어려움을 기재하도록 하라)
- 출생 체중, 아프가 점수(Apgar score),[1] 출생 결손
- 산전, 주산기, 산후 독소, 약물, 알코올, 질환, 기타 손상에 노출
- 발달
  - 산후 곤란, 체중 증가, 섭식, 수면, 하루 일과
  - 발달 지표: 기어다니기, 도움 없이 앉기, 걷기, 배뇨/배변 훈련, 말/언어 습득 시기; 발달 지연, 이전에 습득한 능력의 상실(기재하도록 하라); 미성숙한 행동 양상

1 역자 주: 신생아의 건강 상태를 알아보기 위해 태어나자마자 시행하는 검사이다.

- 성장: 출생부터 3세까지 그리고 2세에서 20세까지의 남아와 여아의 체중, 신장, 체질량, 머리둘레에 따른 성장 차트는 미국질병통제예방센터(CDC, www.cdc.gov/growthcharts)에서 무료로 제공된다.

• 아동기 질병, 복용한 약물, 장애 상태

형제자매/의붓 형제자매/이복 형제자매

• 연령, 성별, 출생 순위/형제자매 족보/형제자매 관계/종교 집단/형제자매의 수/친인척관계/형제자매. 관련 진술 예시: **내담자에게는 18세의 형제가 있고, 22세와 16세의 두 자매가 있다. 내담자는 네 자녀 중 둘째이다.** 혹은 더 간략하게: 내담자는 네 형제자매 중 둘째이다: F22, M19(내담자), M18, F16

• 과거와 현재 형제자매 간 사이

• 내담자의 아동기 시절 전반적 신체건강 및 정신건강; 현재 건강; 만성질환, 장애

양육의 사회적 맥락

• 문화적/민족적 배경 그리고 필요한 경우, 출생 국가 및 가정에서 사용하는 언어

• 거주 형태: 해당되는 관계 문제/법적 이슈를 기재하도록 하라.

- **부모/양부모와 거주한다, 재혼한 부모/의붓가족/한부모/조부모/기타 친척**(기재하도록 하라)**과 거주한다, 입양되었다, 위탁 가정/기관에 거주한다, 기타**(기재하도록 하라)

• 위치

- **도시/대도시/도심/교외, 시골/지방, 시설, 군사 기지, 기타**(기재하도록 하라)

• 주택 지원

- **극빈층/노숙, 빈곤층, 빈곤가정임시지원정책**(Temporary Assistance for Needy Families: TANF), **사회보장제도[연방정부 생활보조금**(Supplemental Security Income: SSI), **사회보장 장애인연금**(Social Security Disability Income: SSDI)**], 영양보충지원 프로그램**(Supplemental Nutrition Assistance Program: SNAP), **시간제/상근직/한 가지 이상의 일을 하는 한부모/양부모 가정, 이전 고소득자, 기타**(기재하도록 하라). **금지 표현: "복지" "근로 빈곤층"**

• 안정성

- **안정적인, 내담자가 ______ (세) 때 별거/이혼, 현재 조정 중에 있는, 불안정한, 다수의 이사, 입양, 부모의 파트너 변경, 격동의, 혼란스러운, 최근에 안정된**

• 사회적 관계

- **조직원, 문화 활동, 많은 친구/적은 친구/친구 없음, 가까운/친한 친구, 어울리는 친구들/특정 모임/또래 집단, 고립/배척/거절/'외톨이'****(제15장 '사회/지역사회 기능' 참조)**

성인기 사회력 및 상태

이는 섹션 6.4 '적응'에 포함될 수 있다.

- 연애 이력, 동거
- 결혼: 각 결혼 시 연령/일자, 졸혼 이유(해당되는 경우)**(제16장 '커플 및 가족관계' 참조)**
- 자녀의 수, 연령, 성별. 관련 진술 예시: **내담자는 3세, 5세의 아들과 6세의 딸을 두었다.**
- 이전 배우자(해당되는 경우), 배우자/파트너, 자녀와의 관계
- 외도/혼외관계/연인 외 관계, 독점적인 관계(exclusivity)/일부일처
- 거주 형태
  - **독립 거주, 가족/친척/친구/기타 사람과 거주, 가족의 지원/사회적 지원/지역사회의 지원을 받으며 혼자 거주**
- 직업 관련 요인
  - 보호 고용(sheltered employment)/장애인 고용(adapted employment), 시간제 및 전일제 경쟁 고용(competitive employment) 이력
  - 이전 직업의 특성, 직무 요구, 근무 기간(해당되는 경우)
  - 현재 직업: 자의적/타의적, 근무 기간, 만족도, 교육적/지적 요구사항, 사회-행동적 요구사항, 승진, 직업 포부, 좌절감
- 군복무 특성
  - **없음, 병역 거부, 대체 복무, 복무 회피, 입대, 징집**
  - 병과, 훈련, 수행 작업, 진급/강등
  - 전투/전투 구역/비전투 지역
  - 재입대, 복무 기간, 최종 계급, 제대 구분
  - 군생활 적응: 제15조 편대(Article XVs),[2] 영창 기간, 군사 법원
- 법적/범죄 이력: 경찰 훈방, 경범죄 기소, 기소, 구속, 유죄 판결, 투옥/보호 관찰/가석방, 민사 소송, 현재 진행 중인 소송, 파산, 타인에 대한 폭력(기재하도록 하라)
- 기타: 특수 기술, 커리어 목표, 부채, 부채 상환/욕구 충족을 위한 소득의 적정성, 종교적/영적 문제, 물질 사용 및 남용
- 여가 활동**(제18장 '여가 기능' 참조)**

성 관련 이력 및 상태

해당 질문은 섹션 3.26 '성 관련 이력' 참조

2 역자 주: 제2차 세계대전에 참전한 호주, 뉴질랜드, 캐나다 공군 편대를 지칭한다.

성인기 교육 상태

- 등록 유형
  - **반일제, 전일제, 시간제, 기타**(기재하도록 하라)
- 학교/학업 유형
  - **공립, 사립, 교구 부속/종교 부속/분파 부속, 대안학교**(대안학교에 진학한 이유를 기재하도록 하라), **순회 교사, 홈스쿨, 사이버스쿨**
- 학교 위치
  - **시골/지방, 교외, 대도시/도시/도심**
- 전반적 학업 성취도/학점 수준, 평점, 학급 등수
- 전공 분야와 현 직업과의 관련성(해당되는 경우)
- 교육 지원을 받은 이력(↔ 정도순)
  - **특수 교육(생활 기술, 학습/지능/전반적 발달지연을 위한 인지적 지원/정서적 지지/자폐증/시각장애/청각장애를 위한 학습 지원), 도움반/치료 지원 인력(혹은 기타 서비스), 숙박, 〈주류, 정규 수업〉, 학술 활동, 재능/타고난**
- 교육 프로그램
  - **인문계, 실업계, 검정고시, 대학 입시 준비 학교(college preparatory)[3] 등**
- 방과후 활동
  - **운동, 사회봉사, 음악, 학술, 종교, 정치, 특별한 관심사**(기재하도록 하라), **기타**(기재하도록 하라)
- 기타사항: 좋아하는 과목, 또래 및 선생님과의 사이, 또래 집단에서의 위치, 학업 포부
- 최종 학력
  - **중학교, 고등학교, 실업계 학교, 2년제 혹은 4년제 대학교, 대학원; ______ 학년 수료; ______ (이유를 기재하도록 하라)로 인해 ______ 세에 ______ 학교 ______ 학년 중퇴**

요약 진술

- **내담자는 정규 교육과정 동안/______ 학교 ______ 학년 이후로/______ 학교 ______ 학년 때 특수 교육/교육 지원을 받았다.**
- **내담자는 정상 수준의 발달 지표를 보이는 것으로 나타났다.**
- **측정되지 않은 잠재력의 존재를 시사하는 주목할 만한 요인은 없다.**

3 역자 주: 교육의 목적이 대학 진학에 보다 초점이 맞추어진 학교를 뜻한다.

의뢰 사유

제5장 '의뢰 사유' 참조

성 관련 이력, 비증상적(nonsymptomatic)

섹션 6.4 참조. 또한 섹션 3.26 '성 관련 이력' 참조

물질 남용 과거력

섹션 3.28 '물질 남용: 약물 및 알코올' 참조

6.4 적응

여기에서는 내담자의 중요 생활 사건과 전환기(transition)에 관심을 둔다.

내담자의 중요한 인생 사건에 대해 표나 연대기를 작성하면 연관성을 명확히 보여 줄 수 있다. 날짜와 이 날짜에 해당하는 내담자의 연령은 가로에, '아동기 사건/전환기'와 '가족 및 환경 관련 사건'은 세로에 작성할 수 있다. 여기에는 이사, 전학, 재정 상태 변화, 부모의 별거/이혼, 주요 질병, 법적 어려움 등이 포함될 수 있다.

성 관련 적응

해당 질문과 이슈는 섹션 3.3, 섹션 3.14, 섹션 3.15, 섹션 3.26 참조

- 성 기능장애/성 기능 손상
  - **성욕 상실, 억제된 성적 각성, 일차성/이차성/간헐성 발기 혹은 발기 유지의 어려움/조기 사정/지연 사정, 억제된 성 극치감, 성교 통증, 질 경련. 금지 표현: "발기 불능"**
- 성적 학대/정서적 학대/신체적 학대 이력
  - **해당됨/위협적 착취당함/착취/인신매매(강제 노동/성적 착취), 희생당함, 폭력, 트라우마, 법적 문제, 기타**(기재하도록 하라)
- (성적 학대의 경우) **해당됨/위협적 성추행/성적 접촉/성기 삽입, 기타**(기재하도록 하라) [성적 학대는 문헌마다 정의가 다양하고 성추행, 성적 접촉, 음란 전화, 성희롱/성적 모욕, 노출증 등을 포함할 수 있으며 성기 삽입(구강, 항문, 질, 대퇴부 등)도 포함할 수 있다는 것을 알아 두도록 하라.]
- 성적 지향성 및 성적 대상 선택: 내담자에게 선호하는 성 관련 대명사[4]와 성 정체성에 대해 물어보도록 하라. 제3장에서 언급한 바와 같이, 특히 당신이 이성애자/시스젠더인 경우, 자신의 고정관념을 인식하고 단순화하지 말도록 하라. 레즈비언, 게이, 양성애자, 트랜

4 역자 주: 그, 그녀를 의미한다.

스젠더, 퀴어, 퀘스처닝(questioning),[5] 인터섹스(intersex),[6] 무성애자로 식별되는 커뮤니티와 사람들은 실상에 연연하지 않는다(섹션 3.13 '게이, 레즈비언, 양성애자 성 정체성 관련 질문', 섹션 3.14 '성 정체성', 섹션 3.15 '성 정체성: 트랜스젠더 및 성별 비순응자', 섹션 10.12 '성적 관심' 참조).

- 성도착증/성소수자/성적 변이(variation)/특별한 관심사
  - **성도착증, 청소년기호증, 노출증, 관음증, 성표현물(pornography), 성매매, 가학성애 및 피학성애(S & M), 동물성애, 접촉도착증, 신체 결박, 지배/복종, 가학성애와 피학성애를 포함하는 성적 취향(BDSM), 절편음란증(fetishism), 의상도착증, 소변 색욕이상증(urolagnia), 그리스식 섹스(항문)/프랑스식 섹스(구강)/영국식 섹스(채찍질) 등. 금지 표현: "수상 스포츠(water sports)"/"골든 샤워(golden showers)"/"화장실 서비스(toilet service)"[7]**

요약 진술

- **내담자는 성적 외상 경험을 보고하지 않았다/보고했다**(해당되는 경우 기재하도록 하라).
- **환자는 성적 취향/성적 지향, 성 관련 이력 혹은 성적 관심에 대한 질문은 받지 않았다.**

◆사회적 적응

- 지인, 특정 모임원, 친구/친한 친구의 유무, 형제자매와의 관계/기타 가족구성원과의 관계/친구와의 관계/경쟁자와의 관계
- 결혼, 출산/부모됨(parenthood), 상실, 노화, 질병, 건강 관리/건강 서비스/치료, 전환기에 적응할 수 있는 능력
- 사회적 · 직업적 기대에 부합하는 능력; 취업 능력; 경력 발전 능력; 상사, 동료, 일정, 작업 부하, 업무 변경에 적응할 수 있는 능력

요약 진술

- **내담자의 과거력은 ______**(내용을 기재하도록 하라)**에 한해 주목할 만하다.**
- **내담자는 군복무/약물 혹은 알코올 문제/특수치료/범죄 이력이 없다.**
- **내담자는 ______(병리)에 대한 가족력을 갖고 있다.**
- **내담자는 ______년간 고통스러운/괴로운/학대/사회병질적/범죄/소동을 일으키는/혼돈된/병리적 가정에서 살아온 이력이 있다.**
- **가정환경은 불안정하고, 변화가 없으며, 비구조적이었다.**

5 역자 주: 자신의 성 정체성에 대해 의문을 갖고 있는 사람을 뜻한다.
6 역자 주: 생물학적으로 성별 구분이 모호한 사람을 뜻한다.
7 역자 주: 상대방의 입에 혹은 출혈 부위에 소변을 보는 것을 뜻하는 속어이다.

• **내담자의 초기 생활 상황은 큰 고통/충격적/비극적/재앙적이었다.**

6.5 장애검사에 필요한 사회력

제17장 '직업/학업 능력' 참조

• 사업장/직장 스트레스 요인, 호소 시점, 발병과 관련된 (추정되는) 부상 또는 질병에 대한 검사 신청자의 설명
• (추정되는) 부상 상황에 대한 심리적 반응
  – (추정되는) 부상 이후 정신건강 문제 과거력
  – (추정되는) 부상 이후 치료 이력
  – 검사 당일 복용한 약물을 포함한 현재 받고 있는 치료 및 복용하고 있는 약물

다음 영역 각각에 대해 부상 전, 부상 중, 부상 후를 구분해 탐색하도록 하라.

• 교육 수준 및 훈련: 전문직, 기술직 등
• 추구하는 직업에 대한 순차적인 설명(군복무 포함)
  – 필요한 훈련 및 기술
  – 경력 향상: 상향, 하향, 수평(lateral), 정적
  – 감독 책임
  – 각 직업 환경에서의 어려움 및/또는 성취
• 이전의 업무상 상해, 시간 손실 및 결과
• 이전의 삶의 변화(외부 스트레스 및 상실)와 이에 대한 반응
• 법적 이력(해당되는 경우)
  – 이전 근로자 보상 및 기타 개인 상해 청구(상세한 설명과 결과 포함)
  – 진단 및/또는 장애로 인한 범죄 이력
• 물질 사용 및 남용
• 현재 전형적인 일상에 대한 검사 신청자의 설명

6.6 가계도

가계도를 작성하면 과거력을 수집하는 동안 당신과 내담자에게 길잡이 역할을 할 수 있고, 가족력의 유사점이 시각화되면 탐색과 통찰력을 촉진할 수 있다. 가계도 사본을 가능한 한 많이 만들어

놓도록 하라. 아마도 치료 과정에서 다시 사용할 상황이 있을 것이다. 기호와 단어를 통해 인구통계 정보(가족구성원의 성별, 이름, 생년월일/사망일자, 재혼 여부, 민족 및 종교적 특성)와 가족구성원 간 관계(예: 삼각관계, 조화형)를 나타낼 수 있다.

다음 그림은 가계도를 기록하기 위한 규칙을 나타낸다.

현재 가족구성원을 중심으로 선을 그리도록 하라.

평가를 위한 기타 가족 관련 정보는 제16장 '커플 및 가족관계'에서 찾을 수 있다. 가족치료 시 가계도[8]를 그리고 사용하고자 한다면 McGoldrick 등(2008)을 참조하도록 하라.

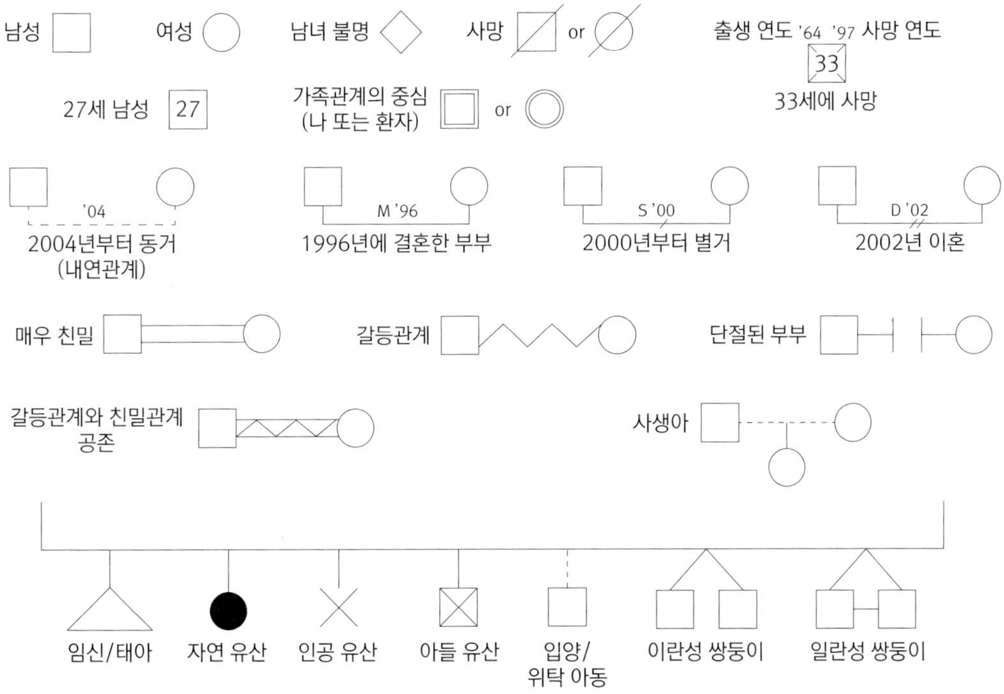

배경 정보

8 가계도를 많이 사용하거나 가족치료에 사용하고자 하는 경우, Geneware(www.genogram.org)에서 종이 양식, 체크리스트 그리고 기타 매우 유용한 자료들을 구할 수 있다.

B. 평가 시 내담자의 특성

제7장 행동 관찰 183

제8장 검사와 관련된 반응 199

제9장 자기제시 211

제10장 기분/정동 증상 및 장애 219

제11장 인지 기능 및 정신 상태 243

제12장 이상 징후, 증상, 증후군 267

제13장 성격 양상 337

제7장 행동 관찰

이 장에서는 복장을 포함한 **외모**, 모든 종류의 **움직임**, **발화 행동**(발화 내용은 아님)의 영역을 다룬다.

내담자가 **평가면담에** 어떻게 **응했고**, 검사에서 **자신을** 어떻게 **제시했는지**에 대해서는 각각 제8장과 제9장에서 다룬다. 인지적 이상(abnormal cognition)을 반영하는 **발화 행동**은 섹션 11.19 '사고의 흐름'에서 다룬다.

7.1 외모

☑ 주: 신체적 아름다움은 서양 문화에서 선량함 및 건강과 밀접하게 연관되어 있고, 개인의 인생 과정에 영향을 미치기 때문에, 모든 임상가는 사회적으로 통용되는 편견(성 차별, 인종 차별, 연령 차별, 외모 차별)에 의해 야기되는 판단의 왜곡에 대해 충분히 알고 있어야 하며, 이를 지지하는 표현들을 주의 깊게 살펴야 한다.

전반적인 외모: 요약 진술

- 내담자는 관리가 잘 되어 있었고, 영양 상태가 좋으며, 외견상 증상이 없어 보였다(No Apparent Distress: NAD).
- 타인의 도움 없이 위생 상태를 효과적이고 적절하게 관리하고 있다.
- 복장은 청결하고, 단정하며, 잘 차려 입었다.
- 내담자는 복장, 위생 상태, 차림새와 관련해 자신의 외모를 잘 관리했다.
- 내담자의 외모에 특이한 점은 없었다.
- 눈에 띄는 특이한 특징/기형/이형적(dysmorphic) 특징은 없었다.
- 내담자의 자세, 태도, 습관적 행동 또는 위생 상태에 대해 특이한/주목할 만한/눈에 띄는

점은 없었다.

- 내담자는 스스로에 대한 관심과 사회 문제 의식을 가지고 있는 사람으로서 위생 상태와 옷차림이 적절하고 일반적이었다.
- 이 내담자는 자기방임의 징후를 보였는데, 구체적으로……
- 내담자는 생활 연령/보고한 연령과 비슷하게 보인다/에 비해 나이 들어 보인다/에 비해 어려 보인다.
- 초췌한, 허약한, 창백한, 힘없는, 생기 없는, 졸린/피곤한 [당시 시간을 기록하고, 수면에 대해 물어보도록 하라.]
- 외모가 손상된, ……(기재하도록 하라) 장애가 있는
- 약물/알코올/질병/스트레스/과로/연령/질환으로 인한 심각한 손상, 쇠약한, 아파 보이는, 지쳐 보이는, 건강 상태가 좋지 않은. 금지 표현: "병신" "불구"
- 내담자는 현재 알코올 사용 또는 약물 사용/신체적 의존의 징후를 보인다. [최근 주사 자국, 정맥 혈전증 등의 유무를 기재하도록 하라.] (관련 징후에 대해서는 섹션 3.28 '물질 남용: 약물 및 알코올' 참조)

직업평가의 경우

- 내담자는 사람들을 상대하는 일에 적합한 외모를 가지고 있다.
- 내담자의 외모는 해당 업계에서 평범한 편이다.
- 작업복 밖으로 문신이 드러나 보인다(뒤의 '문신' 참조).

◆ 체격(↔ 정도순)

수척한	마른	보통의	단단한	거구의
병약한	군살이 없는	체격이 좋은	통통한	몸집이 큰
영양실조의	길고 마른	신장에 비례하는 체중	건장한	거대한
영양결핍의	날씬한	영양 상태가 (양호한)	장대한	
저체중의	마르고 키가 큰	정상 범위 내의	육중한	털살이 많은
악액질 상태의	야윈		포동포동한	털살이 처진
허약한	앙상한	뼈대가 굵은	상체가 단단한	배가 나온
쇠약해진		팔다리가 긴	땅딸막한	살이 늘어진
	몸집이 작은	골격이 큰	약간 비만한	비만한(아래 비만 관련 주 참조)

골격이 작은	튼튼한	살집이 있는	통통한
왜소한	근육질의	체격이 건장한	금지 표현: "술배"
	강건한	우람한	
	다부진	굴곡이 있는	
	금지 표현: "건강한"	풍만한	
		금지 표현: "두꺼운"	

신장

☑ 당신의 신장을 함께 명시하는 경우가 아니라면, 상대적인 용어('작은/보통/큰')보다는 객관적으로(예: 수치 제공) 신장을 명시하는 것이 좋다.

체중

"현재 체중이 얼마나 나갑니까?"와 "이 체중이 당신의 평소 체중입니까?"라고 물어보도록 하라.

☑ 주: '비만'과 '해당 안 됨/경도의/중등도의/고도의/심각한/병적인 비만'은 모두 오해의 소지가 있을 정도로 주관적이어서 취향과 스타일에 따라 평가가 달라질 수 있다. 측정한 신장, 체중, 일반적인 '체격'을 보고하는 것이 훨씬 바람직하다. 기억하도록 하라. 비만은 정신과적 진단이 아니다.

체형: 남성형 비만/복부 비만, 몸통 비만 혹은 여성형 비만/하체 비만. 금지 표현: "사과형 비만" "서양배형 비만"

◆안색

혈색이 좋은, 까무잡잡한, 그을린 피부의, 황달에 걸려 얼굴이 누런, 병약한, 핼쑥한, 창백한, 기운 없는, 혈색이 좋지 않은, 생기 없는/하얗게 질린, 건조한 피부의, 여드름이 도톨도톨하게 난, 피부에 사마귀가 난, 관리가 안 된, 얼룩덜룩한/선천성 모반이 있는, 반점/혈관종이 있는, 흉터가 있는, 여드름이 난

문신

- **자가시술, 범죄자/교도소에서 볼 수 있는 문신, 비전문가 시술, 전문가 시술, 미용 목적, 의료 목적**

- 위치: 손, 다리, 팔, 일상복이나 작업복 사이로 보이는
- 내용: 상징적 의미가 있는, 그림으로 표현된, 초상화, 글자(이름, 날짜, 가사, 인용구)
- 양식: 전통 미국식(항해, 핀업걸), 뉴스쿨(new school), 리얼리티(realistic), 트라이벌(tribal), 일본식(용, 한자, 호랑이, 꽃), 블랙워크(blackwork), 블랙 & 그레이(black and gray), 카툰(cartoons), 기하학, 바이오메카닉(biomechanical), 초현실적

기타 신체 변형

스컬리피케이션(scarification),[1] 피어싱(piercing), 장신구류, 서브더멀 임플란트(subdermal implants)[2] 등

얼굴

- 전반적인: 부어 있는/부어오른, 기운 없는, 수척한, 실제 연령에 비해 나이 들어/어려 보이는, 동안의, 침울한, 동그란
- 움직임: 틱, 움찔거리는, 눈을 내리깐, 면담/대화 중에 움직이는
- 껌을 씹는/이쑤시개를 사용하는/얼음을 씹는/담배를 피우는/기타
- 머리 모양: 독특한 모양의, 이상 소두의/이상 대두의, 장두형/중두형/단두형 두상의, 보통의, 머릿결이 좋지 않은. 금지 표현: "크레틴병에 걸린"
- 치아 상태: 보통의 위생 상태, 변색된/고르지 않은 치아, 치아 사이에 간격이 있는, 치아 결손, 피개교합/부정교합, 충치, 무치아, 틀니, 특이한 치아 상태, 입냄새가 심한
- 수염: 뒤 '체모'에서 '턱수염' 참조
- 화장 상태: 화장을 하지 않은, 연하게 한, 립스틱만 바른, 눈화장을 한, 눈썹 제모한, 〈일반적인〉, 진한, 부적절한, 특이한, 화려한, 매우 독특한
- 주목할 만한 외양: 귀, 코, 뺨, 입, 입술, 치아, 턱, 목(예: 눈 밑 다크서클, 주먹코/빨간 코/혈관이 드러나 보이는 코, 큰/작은 특징을 보이는, 치아를 드러내며 활짝 웃는)

얼굴 표정

제10장 '기분/정동 증상 및 장애' 참조

- 주의를 기울이는, 각성되어 있는, 관심 있어 하는, 집중하는
- 긴장하는, 걱정하는, 놀란, 겁먹은, 불안해하는

1 역자 주: 일부러 살을 도려내 흉터를 만들어 표현하는 신체 변형 문신을 뜻한다.

2 역자 주: 피부층 아래에 피어싱 등을 심는 것을 뜻한다.

- 슬픈, 찡그린, 풀이 죽은, 아파하는, 찡그린, 고독한, 굳은
- 울먹이는, 눈물이 맺힌/울컥하는, 울음을 터뜨리는/흐느껴 우는
- 과장된 표정의, 표정이 풍부한, 주제에 따라 표정이 변하는
- 무관심한, 몰두하는, 무신경한, 부자연스러운, 움츠러든, 공허해 보이는, 멍한, 정신없는, 초연한, 가장하는, 면담 내내 미소 짓거나 표정 변화가 없는, 자연스러운/적절한/예상할 수 있는 얼굴 표정이 아닌, 경조증, 단조로운, 무표정한, 활기가 없는, 얼어붙은, 경직된
- 차분한, 침착한, 편안한, 공상에 잠긴, 졸듯이 고개를 끄덕이는
- 미소 짓는, 생기 있는, 행복한, 기뻐하는, 멋쩍게/겸연쩍게 웃는, 밝게 웃는
- 화난, 혐오감을 느끼는, 불신하는, 경멸하는, 반항적인, 비꼬는, 노려보는, 암울한, 시무룩한, 입을 굳게 다문, 미간을 찌푸린, 매우 뚱한 표정의

눈

섹션 7.3 '움직임/활동'에서 '눈맞춤/응시' 참조

- 크기, 모양 등: 큰, 작은, 미간이 좁은, 미간이 넓은, 아몬드 모양의, 움푹 들어간, 충혈된, 빨개진, 게슴츠레한, 돌출된, 처진, 휘둥그레진, 사시의, 초점 없는. 금지 표현: "양쪽 눈의 초점이 다른"
- 표현: 응시하는, 눈을 깜빡이지 않는, 멍한, 공허한, 예리한, 날카로운, 긴장한, 눈을 자주 깜박이는, 재빠르게 움직이는, 곁눈질로 보는, 피로한, 초롱초롱한, 평범하지 않은. 금지 표현: "눈이 반짝거리는"
- 눈썹: 돌출된, 짙은, 숱이 많은, 치켜 올라간, 모아진, 처진, 정리를 한, 뽑힌, 과하게 그려진, 지나치게 짙게 그린
- 안경: 일반 교정 렌즈, 반투명 렌즈, 이중 초점 안경, 독서용 안경, 콘택트렌즈, 선글라스, 안경이 필요하지만 착용하지 않은, 맞지 않는, 부러진/잘 고쳐지지 않은, 안경 프레임이 스타일리시한, 평범하지 않은, 크기가 독특한 등

체모

- 헤어스타일: 평범한, 기장과 스타일이 멋스러운, 긴, 포니테일 모양의, 머리를 땋은, 땋아 붙인 머리, 자연스러운, 곱슬곱슬한, 곱슬머리, 손가락으로 꼰 곱슬머리, 레게머리, 웨이브를 넣은, 직모의, 부스스한, 헝클어진, 삭발한, 최신 유행 스타일, 독특한 머리 모양/스타일/시술을 한 머리, 모히칸 스타일, 멀렛 스타일, 무스칠을 한, 오래 손질하지 않은, 관리하기 용이한 스타일의, 짧은 머리, 단발머리, 크루컷/스포츠 머리, 뱅헤어. 금지 표현: "갈래머리" "아프로 스타일" "펑크 스타일" "편 머리" "파마머리"
- 색상: 염색한, 일부를 밝게 염색한, 보라색/파랑색/초록색/핑크색으로 염색한, 몇 가닥만

물들인, 뿌리만 물들인, ……으로 얼룩덜룩한. 금지 표현: "노랗게 뜬"
- 탈모: 머리숱이 빠지는, 머리가 벗겨지는 이마, 넓은 이마, 이마선이 V자형인, 남성형 탈모, 머리가 벗겨지기 시작하는, 원형 탈모, 머리가 벗겨진, 삭발한, 탈모증
- 인공적 붙임머리: 붙임머리, 가발, 부분 가발, 헤어피스, 머리를 심은, 모발 이식, 티나는 부분 가발
- 청결 상태: 깔끔한, 지저분한, 단정하지 않은, 기름진/지성의, 머리털이 엉겨 붙은
- 턱수염: 깔끔하게 면도된, 면도되지 않은/면도가 필요해 보이는, 며칠 자란 것 같은, 자라기 시작하는/몇 가닥 난/듬성듬성 자란, 짧고 까끌까끌한, 일부러 기른/잘 다듬어진/정돈된, 잘 관리되고 있는/있지 못하는, 멋지게 기른, 단정하게 다듬은, 가득히 난, 세심하게 다듬은, 머튼 찹스 스타일, 염소수염 스타일, 친 스트랩 스타일, 소울 패치 스타일, 반 다이크 스타일, 산타클로스 스타일
- 콧수염: 콧수염을 기르는, 팔자수염, 가늘게 기른, 단정한, 늘어진, 덥수룩한, 이제 막 자라기 시작한/숱이 적은. 금지 표현: "중국 스타일" "대령 스타일"

◆ 기타 외모/체형 양상

- 차림새/위생 상태/청결 상태: 매우 좋은/좋은/평범한/적정한/불충분한/부족한, 지저분한/더럽혀진, 방치된, 무관심을 나타내는, 용인될 수는 있으나 적절하지 않은, 평범한/이변 없는, 단정한, 깔끔한, 세심한
- 차림새가 반영하는 것: 빈곤/매우 제한된 자원, 문화적 배경, 하위 집단/유명인사/이상(理想)과의 동일시, 신체 활동 제한, 인지 기능 제한, 외모에 대한 자신감
- 냄새(신체 혹은 옷): 퀴퀴한 냄새가 나는, 특정 냄새가 나는, 불쾌한, 데오드란트를 사용했으나 효과가 없는, 잘 씻지 않는, 향수를 과하게 뿌린, 알코올/담배 냄새가 나는
- 손톱 상태: 깨끗한/단정한, 담배에 의해 변색된, 더러운, 때가 낀, 물어뜯은, 긴, 부러진, 색을 칠한, 광이 나는, 매니큐어를 칠한, 인공/인조 손톱
- 피부 상태: 멍, 베인 상처, 찰과상, 딱지, 상처, 흉터, 손상, 문신, 피어싱, 여드름, 여드름 흉터, 모반
- 호흡: 거친, 쌕쌕거리는, 호흡이 짧은, 산소 호흡 장치를 사용하는
- 장신구: 반지, 귀걸이, 팔찌, 핀, 피어싱 등
- 주목할 만한 양상: 어깨, 가슴, 배, 등, 골반, 다리, 발, 발목, 손, 손가락
- 기타: 보청기, 보형물, 장루 주머니, 카테터, 기타 장치, 가방을 소지함

7.2 복장

☑ 복장의 평가는 패션, 가격 또는 신상(newness)의 측면에서 하는 것이 아니라 내담자가 자신을 관리하는 능력, 자기제시, 적절성에 대한 판단의 측면에서 하는 것이 적절하다.

◆ 적절성

- 상황/경우/날씨에 적절한, 업무상 약속/사무실 방문에 적합한
- 단정한, 적절한, 적합한, 연령과 직업에 적절한 외양과 복장, 사무적인, 전문적으로 보이는, 시선을 끌지 않는, 단정한 복장을 한
- 내담자의 생각에는 적합한, 연령에 적합하지 않은/더 어린 연령에 적합한, 내담자의 지위에 적합하지 않은, 격식을 차리지 않은, 사람과 옷차림에 대한 개념이 적합한
- 기타: 전통적인, 독특한/평범하지 않은/특이한/기이한, 특유의 조합, 어수선한, 불쾌감을 주는 복장의, 관습에 얽매이지 않는/관습적인, 주의/시선을 끄는, 이국풍의, 지나치게 화려한, 기이한

◆ 복장의 특성(↔ 정도순)

불결한	구겨진	수선이 필요한	평범한	단정한	유행을 따르는
때묻은	헝클어진	올이 드러난	유행이 지난	신경 쓴 옷차림	세련된
더러운	신경쓰지 않은	꾀죄죄한	구식의	감각이 좋은	우아한
냄새 나는	잘못된 사이즈	깔끔하지만 해진		고상한	말끔한
먼지투성이의	맞지 않는	해진	특정 지역/타국 옷차림		단정한
케케묵은 냄새가 나는	단정하지 못한	허름한	특이한	지나치게 차려 입은	멋을 부린
	너저분한	너덜너덜한	깔끔한	매력적인	
음식 자국이 있는		찢어진	우중충한	노출이 심한	세심한
기름때 많은	지저분한			지나치게 화려한	깨끗한

기름으로 더러워진	엉성한	좌우 균형 결손	몸에 꽉 끼는
	헐렁한	지퍼가 열린	
	더럽혀진	단추를 푼	
	남루한		

◈기타

- 내담자는 오늘날 젊은 사람들 사이에서 유행하는 옷을 입었다/10년 전에 유행한 옷을 입었다(기재하도록 하라), 동년배들의 옷차림을 했다.
- 옷이 헐렁해/상당히 끼어 보였는데, 이는 최근의 체중 변화를 시사한다.

7.3 움직임/활동

◈속도/활동 수준

(↔ 정도순) 얼어붙은, 움직임이 거의 없는, 약간의 움직임이 있는, 무표정의, 정신운동 지연, 느린, 꼭 필요한 움직임만 보이는, 반응 시간이 느린/질문에 대한 반응이 느린, 〈정상〉, 정상 운동, 가만히 있지 못하는, 꿈틀거리는, 안절부절못하는, 초조해하는, 끊임없이 손을 움직이는, ______을 끊임없이 구부렸다 펴는, 과잉활동의, 활동량이 많은, 불안해하는, 부산스러운

◈협응-비협응

(↔ 정도순) 어설픈, 서투른, 자주 다치는, 부정확한/비효율적인 움직임, 경련성의, 협응이 안 되는, 〈정상〉, 의도된, 부드러운, 능숙한, 섬세한, 민첩한, 기민한. 금지 표현: "사고뭉치의" "바보 같은"

☑ 신체 자각, 신체 자아, 신체 자신감의 정도를 기재하도록 하라.

현저하게 빈약한 손 기능, 연필, 가위와 같은 도구를 서투르게 쥠, 그림 모사 요청 시 손과 손가락 협응의 어려움, 많은 오류를 보이거나 특이한 방식으로 휴대전화 사용, 작업 중 손 떨림, 선 그리기의 어려움(기재하도록 하라)

☑ 손잡이(handedness) 유형/선호손/우세손, 입체인식불능증(astereognosis) 유무를 기재하도록 하라.

우세 부위: 오른쪽/왼쪽/양쪽, 한쪽 발을 사용하여 뛰는 모습, 한쪽 눈 사용의 선호, 한 손으로만 동전을 뒤집거나 던진 물건을 잡을 수 있는

행동(praxis)

- 잡기: 일반적인/특이한/서투른/주먹 쥐기 방식으로 잡는, 손바닥 잡기 방식으로 연필을 잡는, 책상에서 손을 수직으로 들고 연필을 잡는, 연필심에 가까이 잡는/손가락을 연필 끝에 지나치게 가까이 잡는, 엄지손가락이 집게손가락을 포개는 방식으로 연필을 잡는/집게손가락이 엄지손가락을 포개는 방식으로 연필을 잡는, 두 손가락과 엄지손가락으로 연필을 잡는, 세 손가락과 엄지손가락으로 연필을 잡는, 집게손가락과 가운데 손가락 사이 팽팽하게 연필을 잡는
- 필체(↔ 정도순): 우아한, 정확한, 정형화된, 읽기 쉬운, 대충 쓴, 인쇄체, 신경 쓰지 않은, 휘갈겨 쓴, 읽기 어려운, 식별이 어려운 글자
- 악수(↔ 정도순): 회피하는, 손바닥이 촉촉한/손바닥이 축축한/긴장한, 축 처진, 망설이는, 힘이 없는, 지체하는, 〈정상〉, 힘 있는, 과장된, 아플 정도로 강한. 금지 표현: "비리비리한"

☑ 내담자에게 걷거나, 문장을 쓰거나, 신발끈/(넥)타이를 매는 것을 요청하고, 이와 관련된 능력/어려움을 관찰하도록 하라.

기행증(mannerisms)/기이함(oddities)

이 하위 섹션에서는 운동 행동, 자동증, 특이한 손/신체의 사용에 대해 다룬다(다음의 '징후성 움직임' 참조).

- 정신병리나 신체적 고통을 나타내는 기행증, 틱, 몸짓(gestures)은 없었다.
- 상동적 움직임: 돌리기, 몸 흔들기, 자기자극 행동, 손 팔랑거리기, 목적 없는/반복적인/비생산적인/반생산적인 움직임, 머리 흔들기, 꿈틀거리기, 손 혹은 손가락 움직임, 다리 떨기, 경직된 자세, 옷 뜯기/잡아당기기, 눈 깜박이기
- 보속증: 선택 지점(방/문을 나갈 때)에서 동작을 일시 중지 및 반복하는, 여러 가지/변화된/새로운 자극에 대해 동일한 반응을 하는
- 특이한 입 움직임: 혀 깨물기, 쩝쩝거리기, 휘파람 불기, 이상한/동물/그르렁거리는 소리 내기, 트림하기, 입술 안으로 빨아들이기

- 곁눈질로 보는, 얼굴을 찌푸리는/찡그린 표정을 짓는
- 어린아이 같은 얼굴 표정을 짓는/말을 하는(예: "아이코."), 낄낄거리는, 낄낄 웃는
- 반복해서/큰 소리로 코를 훌쩍거리는, 휴지/손수건을 사용하는/휴지/손수건이 필요하지만 사용하지 않는, 거리낌 없이 빈번하게 코를 후비는, 반복해서 손가락으로 귀를 파는
- 지나치게 자주/주기적으로/일부러 하품을 하는, 눈을 비비는
- 숨소리가 들릴 정도로 숨을 쉬는
- 끊임없이/부주의하게/위험하게/강박적으로/이기적으로 담배를 피우는
- 물건을 떨어트렸다 주웠다 하는

징후성 움직임(symptomatic movements)

- 납굴증, 지연성이상운동증, 상반운동반복장애, 추체외로 증상, 무정위운동, 편무도병, 운동실조, 무도성 운동의, 운동불능증, 알약굴리기(pill-rolling)운동/저작운동, 하지불안 증후군, 다리를 반복적으로 벌리고 오므리는, 초조하게 서성이는, 과긴장의/저긴장의, 운동과다의/운동감소의, 동작모방증, 허탈발작, 노출행위(섹션 12.33 '향정신성 약물의 부작용/약물 이상반응' 참조)
- 떨림: 없음/경미한/안정시/본태성/가족성, 의도적인/맴도는, 가벼운 떨림, 오들오들 떨림, 움찔 수축, 틱, 떠는
- 자율신경의 과활동(섹션 10.3 '불안/두려움' 참조)

이동성

- (↔ 정도순) 침대에서 움직이지 못하는/누워만 있는, 휠체어/보조 기구를 사용하는, 도움/지원/감독이 필요한, 보행 보조기(지팡이, 다리 보호대, 허리 보호대, 보행기, 목발)를 사용하는(지팡이, 다리/허리 보조기, 보행 보조기, 목발/삼두근 목발. 보행 보조기의 보조 기능 혹은 기타 용도에 주목하도록 하라), 보행하는, 느리게 걷는, 조심스럽게 걷는, 장애물을 피하며 걷는, 뛰는, 활동적인
- 자주 일어섰다, 방(검사실) 안을 돌아다녔다, 기지개를 켰다/주기적으로 걸어 다녔다, 나가려 했다

보행 및 이동

- (↔ 정도순) 기립불능증/보행불능증, 실조성 보행, 족하수 보행, 뒤뚱거리는, 삐딱한, 발을 질질 끄는, 정처 없이 돌아다니는, 부자연스러운, 느리게 걷는, 뻣뻣하게 걷는, 절뚝거리며 걷는, 한쪽 발을 끄는/한쪽 발로 서 있는, 서툴게 걷는, 불안한 자세로 걷는, 뒤뚱거리며 쿵

쿵 걷는, 기대고 있는, 건들건들하는, 휘청거리는, 물체/사람과 부딪히며 걷는, 보폭이 넓은, 다리가 바깥으로 휜/밭장다리의, 다리가 안으로 휜/안짱다리의, 〈정상〉 여유롭게 걷는, 보행이나 움직임상 눈에 띄는 문제/이상이 없는, 움직임(계단 포함)이 자유로운, 발걸음이 가벼운, 우아하게 걷는, 거침없이 걷는, 활기차게/힘이 넘치게 걷는, 자연스럽게 걷는, 종종걸음으로 걷는, 과장되게 걷는, 성큼성큼 걷는, 극적으로/연기자처럼/눈에 띄게 걷는, 특이한

- 계단을 오르기 어려운, 양 발목을 스치듯 걷는, 앞으로 걷기가 불안정한, 가끔 발을 헛딛는
  [주: 신발의 마모 양상을 관찰하도록 하라.]

균형(↔ 정도순)

어지러워하는, 현기증을 느끼는, 비틀거리는, 휘청거리는, 넘어질까 봐 두려워하는/불안정한, 흔들거리는, 롬버그(Romberg) 양성 징후, 가벼운 현기증을 호소하는, 〈정상〉, 넘어질 위험이 없는, 안정적인

자세/몸의 방향/위치

- 만성질환을 시사하는, 약하게/허약하게 보이는, 낮은 활력/낮은 지구력/쉽게 숨이 차는, 호흡이 힘든, 불편해하는
- 등이 굽은, 구부정한, 늘어져 앉아 있는, 웅크린, 어깨가 굽은, 다리를 저는, 고개를 떨구는, 무기력한, 허탈발작, 이완된, 〈정상〉, 당당한, 뻣뻣한, 긴장된, 경계하는, 경직된, 똑바로 선, 똑바른, 의자 가장자리에 앉은, 의자 한쪽 면에 앉은, 의자를 거꾸로 돌려 앉은, 숙이는, 특이한/비정형적인/부적절한. 금지 표현: "쭈그리고 앉은" "군인 자세"

눈맞춤/응시(↔ 정도순)

섹션 7.1 '외모'에서 '눈' 참조

없음, 회피하는, 허공을 바라보는, 눈을 내리까는, 의도적으로/일시적으로/간헐적으로 시선이 멈추는, 경계하는, 깨어 있는, 한 부분만을 바라보는, 언뜻 보는, 흘끗 보는, 아주 잠깐 동안 바라보는, 몰래 바라보는, 똑바로 보려고 하지 않는, 적절한, 〈정상〉, 별문제 없는, 조절하는, 시선을 오래 두는, 응시하는, 차분하게 바라보는, 노려보는, 예리한 눈초리의, 날카롭게 바라보는, 대립하는 듯한, 못마땅하게 바라보는, 움직임 혹은 기타 감정 표현 없이 응시하는

기타

움직임이나 자세가 통증을 암시하는 경우, 섹션 12.23 '통증장애/만성통증 증후군' 참조. 불안 행동에 대해서는 섹션 10.3 '불안/두려움' 참조. 우울 행동에 대해서는 섹션 10.7 '우울증' 참조

7.4 발화 행동

인용문/축어록을 예시로 제시하도록 하라(섹션 11.19 '사고의 흐름' 참조).

☑ 적어도 다음 첫 두 영역에서 나타나는 문제에 대해서는 언어치료사(임상능력자격증을 소지한 언어병리학자)의 평가가 필요하다.

조음

- 이해하기 어려운, 말을 더듬는, 횡설수설하는, 중얼거리는, 혼잣말을 중얼거리는, 작은 소리로 중얼거리는, 혀 짧은 소리를 내는, 치찰음이 나는, 불분명하게 발음하는, 알아듣기 어려운, 이해하기 쉬운, 명확한, 정확한, 특정 발음을 생략하는, 끊어서 말하는, 기계 같은, 발음이 좋지 않은, 말투가 불분명한, 잘못 발음하는, 불명확한, 비유창성의, 조음장애(경직성, 이완성, 실조성), 실어증. 금지 표현: "침이 고이는"
- 속도/억양/정도: 지나치게 느린/빠른, ______한 리듬
- 말투: 뚜렷한, 부드러운, 강한, 이국적인, 지역 사투리의, 특이한, 강렬한, 혼란스러운, 느린, 'R' 발음을 내는 ['이국적인'과 '지역 사투리의'와 같은 용어는 상대적인 관점에서 사용해야 하는 것을 유념하도록 하라.]
- 미숙한, 예상보다 간단한 문장/형식으로 말하는, 별문제 없는/연령에 적합한/연령에 부적합한 조음 오류, 조음 곤란, 특히 /r/ /sh/ /z/ 혹은 /ch/ 발음, 특정 자음 소리를 흘리는

목소리의 특성

큰/시끄러운/거의 비명을 지르듯이, 거슬리는 소리의, 쉿소리의, 거친, 걸걸한/목이 잠긴/탁한, 목이 쉬어 그르렁거리는, 비음의, 날카로운, 끽끽대는, 높고 날카로운, 스타카토 느낌의, 감미로운, 조용한, 부드러운, 힘없는, 기력 없는, 가는, 거의 안 들리는, 속삭이는/목소리가 안 나오는, 가장된, 떠는/떨리는, 저음의/고음의, 노래하는 듯한, 징징대는, 특이한 어조/억양, 단조로운 음/어조, 슬픈/낮은 어조의 목소리, 웅얼거리는, 베이스/바리톤/알토/소프라노. 금지 표현: "목소리가 작은"

◆어법: 요약 진술

다음의 내용이 맥락에 적합할 경우에는 문서화하도록 하며, 대화 시에도 사용할 수 있다.

- 내담자는 유치한/미숙한 말투로 말했다. 금지 표현: "아기 말투(baby talk)"
- 내담자는 단어를 잘못 발음했고, 교양 없는/제한된 교육을 반영하는/문화적 결핍을 반영하는 어휘를 사용했고, 속어를 사용했으며, 예상치 못한 문법적 실수를 저질렀다.
- 내담자는 지방 사투리, 구어적 표현, 외래어를 사용했다. [이러한 용어들이 상대적이라는 사실에 주의하고, 고정관념에서 벗어나도록 하라.]
- 상투적 표현, 습관적 표현, 유행어의 반복, "그…… 있잖아요."/"음…… 뭐랄까요."와 같은 말의 사용이 두드러졌다.
- 내담자가 사용한 언어 표현은 현학적이고, 피상적이며, 과장되고, 지나치게 의례적이며 전문 용어로 가득했다. 친밀감을 나타내는 용어(예: '어머나' '자기')가 부적절하게 사용되었다.
- 내담자는 말장난을 하고, 라임(rhyme)을 맞추며, 부자연스러운 표현을 사용했다.
- 내담자의 말에는 편하고 친숙한 욕설, 적대적 욕설, 인종적/민족적/종교적 비방이 포함되었다.
- 실어증: 표현성/비유창성, 수용성/유창성, 완전, 연결피질성(유창성 실어증 또는 비유창성 실어증에 의한 따라 말하기 보존), 명명, 건망, 청각장애/단어농(word deafness), 시각장애/단어맹(word blindness) 등
- 실독증, 감정표현불능증, 문법상실증, 문장착오
- 내담자가 단어를 잘못 발음하는 경우, 명확하게 하기 위해 헛갈리는 단어(예: '지양'과 '지향')에 대해 반복적인 요청과 질문이 필요하다.
- 내담자는 연령에 비해 어휘력이 부족했다.
- 대화는 문장보다는 서너 단어 구절로 이루어졌다.

◆발화량/어휘 생산력/발화력/발화 속도(↔ 정도순)

더듬거리는	느린	정상적인	언어 압박	장황한
주저하는	최소한의 반응	주도하는	말수가 많은	말수가 지나치게 많은
지체하는/지연된	비자발적인	기민한	시끄럽게 떠드는	길고 늘어지는
억제된	과묵한	생산성 있는 말을 하는	말이 많은	허풍떠는
말이 막힌	간결한	생기 있는	지나치게 자세한	쉬지 않고 계속 말하는

말이 처지는	느릿느릿한	이야기하기 좋아하는	과장된	시끌시끌한
반응 속도가 느린/긴	부족한	유창한	아무 생각 없이 말하는	과다한
말이 없는	드문	편하게 말하는	소란스러운	발화량이 방대한
선택적 함구증	빈곤한	자발적인	시끄러운	필요 이상으로 반응하는
고개를 끄덕거리기만 하는	말이 적은	원활한		열변을 늘어놓는
반응이 없는	필요한 만큼만 답변하는	수다스러운	급한	방대한
	말수가 없는	일정한	빠른	매우 말이 많은
단어 찾기 곤란	단답으로 반응하는		성급한	
반응할 단어를 찾는 데 곤란한	축약어로 말하는		서두르는	사고의 비약

◆ 발화 태도(↔ 정도순)

냉담한	정상적인	꾸밈없는	공감적인
서두르는	반응을 보이는	개방적인	상대방의 마음을 움직이는
아는 체하는		솔직한	통찰력 있는
침울한	억양과 리듬이 잘 조절되는	속임 없는	현명한
제대로 표현하기 어려워하는	표현이 또렷한	자유로운	매력적인
	잘 이해시키는	침착한	재치 있는
감정 표현이 빈약한	온화한	편하게 말하는	유쾌한
기계적인	호감 가는	따스한	
	세련된	진심 어린	
극적인	유창한	자발적인	
징징거리는	현실적인	자신의 감정을 담은	
있는 그대로 드러나는	신중한		

정상적인 의사소통/발화 행동에 대한 요약 진술

- 정신 상태 혼란을 나타내는 언어 기능의 손상은 없었다.
- 내담자는 검사/평가 지시사항과 과제를 이해하고 수행할 수 있었으며, 검사 자료나 문항을 잘못 해석하지 않았다.
- 내담자는 수용성 언어장애나 표현성 언어장애를 보이지 않았다.
- 어떤 식으로든 의사소통은 중단되지 않았다. 만족스러운/적절한/정상적인 표현력
- 청각적 이해력은 적절했고, 말 전달력도 효과적이었다.
- 내담자의 말에서 조음 관련 결함은 발견되지 않았다.
- 내담자의 구어 이해력은 정상적이었다/부족했다/정상에서 벗어났다.
- 구어를 이해하는 내담자의 능력은 이 검사의 맥락에서는 적절했지만 ……(기재하도록 하라)와 같은 다른 상황에서는 적절하지 않을 수도 있다.
- 내담자에게 질문/지시사항을 다른 말로 바꾸어/쉽게/반복해서 설명할 필요는 없었다.

대화 방식에 대한 요약 진술

- 내담자는 대화 나누는 것을 좋아한다/자발적으로 대화에 참여했다/대화를 계속 이어 나가는 능력이 있다.
- 내담자는 화제를 적절하게 꺼낼 수 있는 능력이 있다.
- 내담자는 의사소통의 관습/사회적 규칙(적절한 단어 구절과 대화에서의 순서 교대 등)을 따르고 미국 영어를 사용하는 원어민이 가정하거나 기대하고 있는 바를 이해했다.
- 내담자는 사회적 대화에 적절하게 참여했다/참여하지 않았다.
- 내담자는 감사의 뜻을 전하고 받아들이는 것과 같은 기대되는 사회적 태도를 주고받았다.
- 내담자는 잡담을 거의 하지 않았다/적당하게 했다/예상한 만큼 했다/과도하게 했다.
- 내담자는 대화를 시작하거나 자발적으로 대화 주제를 생각하지 않았다.
- 내담자는 지적/개인적/의학적/역사적/가족 문제에 상당한 중점을 두면서 자세하게 말했다.
- 내담자는 자신의 과거력/생각/대화의 주제에 대해 검사자보다 더 많이 알고 있다고 추측했다.
- 내담자는 상담자–내담자 관계에서 구어적 표현을 지나치게 많이 사용했다.
- 내담자는 말을 느리게 했고, 신중하게 했으며, 때로는 얼버무렸다.
- 내담자는 자신의 장애 정도를 강조하기 위해 방어적으로 말했다/꾸며서 말했다.
- 내담자의 답변은 신뢰롭고 적절하며 요점에도 부합했다(섹션 4.6 '신뢰도/타당도 관련 진술', 섹션 8.5 '검사자와의 관계' 참조).
- 내담자는 충격을 주기 위해 무례한/신성모독적인/외설적인/성적인 말을 사용했다.
- 대화 방식에서 특정 주제에 사로잡혀 있는 점이 드러난다(섹션 11.19 '사고의 흐름' 참조).

- 내담자는 했던 말을 기계적으로 반복했다.
- 내담자는 정신건강의학과 용어/전문 용어를 사용했는데, 이는 그가 이 방면에 해박함을 시사한다.
- 내담자의 언어 선택은 현실에서 검사자가 재현해 낼 수 있는 수준보다 더 독특했다.
- 내담자는 자신의 호소 문제/문제/증상에 대해 자세히 말하는 것을 꺼렸다/부인했다.
- 내담자는 정보를 거의 제공하지 않았지만 직접적인 질문에는 바로 대답했다.
- 내담자는 매우 말이 많았지만 논리정연하지는 않았다.
- 내담자는 한 단어로 충분할 수 있는/답할 수 있는 질문에 장황하게 답했다.
- 내담자는 많은 제동이 필요할 정도로 지나치게 말을 많이 했다.
- 내담자는 도움이 되기 위해 많은 것을 말하려고 노력했고, 그 과정에서 언어 압박이 나타났다.

7.5 기타 행동 관찰

- 내담자가 검사에 가져온/데려온 물품/대상: 소지품, 담배, 선물, 서류, 서류 가방, 커피/음료수/캔디/음식, 반려동물, 자녀
- 트림 등을 하고 미안해하지 않았다.

☑ 내담자의 반응이 특이해 보이는 경우, 미확인된 난청을 한 요인으로 고려하도록 하라. 이는 노인 인구에서 더 흔하지만(65세 이상 여성의 25%, 65세 이상 남성의 40%, 85세 이상 남성의 80% 이상), 젊은 사람들에게는 흔하지 않다. 미확인된 난청으로 인해 다른 사람들이 자신에게 반감이 있다고 믿게 되는 경우가 흔하다(Holt et al., 1994).

제8장 검사와 관련된 반응

이 장에서는 평가 절차에 대한 반응, 검사자와의 라포, 평가 방법에 대한 반응, 집중력, 동기, 실패에 대한 반응, 검사 과제에 대한 접근 방법 등 **검사와 관련된 내담자의 반응**을 반영한 **대면 행동**, 일대일 행동, **대인관계 행동**에 대해 기술한다. 제9장에서는 평가자에 대한 내담자의 **자기제시**(self-presentation)를 다룬다.

8.1 검사 맥락에 대한 반응

섹션 8.2, 섹션 8.5 참조

(↔ 정도순) 다음 여섯 단락은 반응 정도순으로(낮은 순서에서 높은 순서로) 나열되었다.

면담/보고서의 목적을 인지할 수 없는, 사회 관습을 모르는, 검사 상황을 이해하거나 적응하지 못하는, 질의응답 형식의 주고받기를 이해하지 못하는, 질문의 성격을 이해하지 못하는, 부적절한 반응을 하는, 관련 없는, 논리적이지 않은, 목표 지향적이 아닌, ________ 의 ________ 증상을 도출하기 위해 고안된 질문을 이해하거나 답할 수 없는, 주의집중력이 낮은, 적절한 사회적 상호작용을 위한 최소 요구사항만을 충족시킬 수 있는, 질문을 잘못 해석하는, 의식/자각 없는, 회피적인, 반응이 없는, 반향언어증의, 다른 생각에 잠겨 있는, 어색해하는, 핵심 혹은 목표를 이해하지 못하는

무관심한, 단조로운, 무심한, 거리를 두는, 관여하지 않는, 냉담한, 활기 없는, 노력을 기울이지 않는, 시도하지 않는, 개인 시간을 보내는 것 외에 흥미 없어 하는, 생각 없이 반응하는, 둔감한, 지루해하는, 떠오르는 감정을 그대로 드러내는, 지나치게 조심스러운, 다소 관계 없는 보고를 하는

의존적인, 검사자로부터 많은 지지/안심시키기/지침/격려를 바라는/요구하는, 도움을 간절히 원하는, 자기의심을 하는, 불안한

긴장한, 면담 상황에 적절한/비례한 불안을 보이는, 초기에는 질문에만 답했지만 이후에는 보다 자발적으로 말하는, 초기에는 불안 수준이 높았으나 평가가 진행됨에 따라 감소하는, 시작하는 데 도움이 필요한

검사 상황에서의 예의/규범/기대/관습/요구 특성을 이해하는, 편안한, 자신 있는, 이완된, 집중하는, 자각하는, 기민한, 협력적인, 이상이 없는, 주의를 기울이는, 반응적인, 소통하는, 지속적인, 참여적인, 주도적인, 효과적으로 소통하는, 명확하고 효율적인, 양질의 상호작용을 하는, 심도 있는

관심 있어 하는, 호기심이 강한, 의욕적인, 진지한, 검사 상황을 주의 깊게 살피는

청소년의 경우

☑ 청소년의 연령과 평가상/평가자가 보기에 부적절하거나/비정상인 정도를 넘어 과도한 행동을 보인다면 주목하도록 하라.

8.2 주의력/집중력/노력

섹션 8.3 '평가/검사/질문 방법에 대한 반응', 섹션 8.4 '지속성/동기', 섹션 11.3 '주의력', 섹션 11.4 '집중력/과제 지속성' 참조

무신경한	활기 없는	주의가 산만한	보통 활력 수준의	의욕적인
단조로운	느리게 작업하는	주의력이 낮은	협력적인	생기 있는
단순한	동작이 느린	과제에서 쉽게 주의가 분산되는	관심 있는	흥미 있는
노력하지 않는	반응이 느린	집중력을 잃은	적절한	주도적인
수동적인	더딘	과제를 지속하지 못하는	최선을 다하는	호기심이 많은
무력한		지시사항을 따르는 데 많은 어려움이 있는	자발적인	열정적인
의지를 보이지 않는	무정동의	지속성이 없는	주의를 기울이는	
지루해하는	개성 없는		기민한	
흥미 없어 하는	감정을 드러내지 않는		반응적인	
부주의한	표정이 없는			

무관심한	**창의적이지 않은**
	유의미한 사고가 결여된
피곤한	**빈약한 반응**
기력이 없는	
지친	
반응 않는	
일관성이 없는	
때때로 반응하는	
과제에 따라 다른	

요약 진술

- 내담자는 산만함, 불안함 혹은 좌절감을 거의 보이지 않았고 적절한 주의폭(attention span)/집중력을 보였다.
- ……이 집중을 방해하는 요인이 되었지만, 내담자는 ……(기재하도록 하라)로부터 산만해지지 않을 수 있었다.
- 면담에 방해가 되거나 내담자의 반응을 왜곡시킬 만큼의 상당한 불안이 관찰되지 않았다.

8.3 평가/검사/질문 방법에 대한 반응

◈ 지시사항/질문에 대한 이해력

섹션 8.1 '검사 맥락에 대한 반응' 참조

(↔ 정도순) 다음 두 단락은 이해력 정도순으로(낮은 순서에서 높은 순서로) 나열되었다.

지시사항을 거의 이해하지 못하는, 많은 반복/설명이 필요한, 지시사항을 자주 반복하는 것이 필요한, 혼란스러워하는, 질문을 보다 구체적이고 단순하게 하기 위해 질문의 재구성이 필요한, 과제의 특성을 파악하기 전까지 기본적인 지시사항에 대해 상세한 설명이 필요한, 내담자 자신에게 필요한 것을 이해하기 위해 과도한 시간과 반복이 필요한

주의를 기울이는, 이해한, 이해력이 좋은, 상황의 문제/요구사항/목표/핵심을 빠르게 파악하는, 면담의 암묵적인 대화 및 절차 규칙에 잘 반응하는, 정중하고 협력적인

접근 방법/문제 해결 전략(↔ 정도순)

무작위의	무관심한	주의가 분산된	체계적인	경직된
무계획적인		일관성 없는	조직화된	강박적인
어수선한	성의 없는	부주의한	통제된	의례적인
답을 추측하는	노닥거리는	체계적이지 않은	효율적인	보속적인
		대충하는	목표 지향적인	완벽주의적인
자신의 능력을 불신하는	지시사항과 상관 없이 행동하는	조직화되지 않은	적극적인	상투적인
자기의심을 하는			성실한	
자신의 판단에 의문을 제기하는	생각나는 대로 말하는	난처해하는	빠르게 이해하는	긴장한
확신이 안 가는	멍하게 있는	당황스러워하는	행동 전에 충분히 생각하는	오랜 시간 지척거리는
불확실한	시행착오 접근 방법을 사용하는	당혹스러워하는	세부사항에 주의를 기울이는	과도하게 신중한
추측/모험을 거부하는		어리둥절해하는	질서 있는	
자신의 능력을 과소평가하는		혼란스러워하는	꼼꼼한	
		무지한	차근차근	
			끈기 있는	
		서두르는	능숙한	
		빠르게 하는		
		신속하게 하는		
		재빠르게 하는	신중하게 생각하는	
		급하게 하는	신중한	
		성급하게 하는	생각이 깊은	
		충동적으로 하는	자아성찰을 하는	
		흥분한/격한		

요약 진술

- 내담자는 지시사항을 끝까지 들었다/듣지 않았다.

- 내담자는 면담자의 질문을 주의 깊게 들었다.
- 검사 지침이나 지시사항에 문제가 없었다.
- 지침/지시사항을 반복하거나 다른 말로 바꾸어/쉽게 설명할 필요가 없었다.
- 검사 지침을 쉽게 설명할 필요 없이 반복해서/느리게 설명하는 것만으로도 충분했다.
- 내담자는 여러 단계의 지침을 이해할 수 있었다.
- 내담자는 모든 과제의 요구사항에 충분히 대응했다.
- 내담자의 반응/행동은 일관성 있고 체계적이었다.
- 내담자는 검사 질문에 답하기 전에 자신의 생각을 정리했다.
- 내담자는 뒤로 물러나 실패했을 때의 행동을 검토했다. 즉, 누가 봐도 비효율적인 접근 방식만을 고수하지는 않았다.
- 내담자는 충분한 사전 생각 없이 빠르게 작업했다.
- 내담자는 평가에 필요한 만큼만 임했고, 이는 ……을 반영했다.
- 경도/중등도/고도 수준의 저하된 지적 능력
- 저조한 인지 능력/문제 대처 능력/문제 해결 기술/전략
- 전반적으로 체계적이지 못한 정신적 처리 과정
- 자기평가 부족/자신이 한 반응의 질에 대해 관심이 거의 없음
- 내담자는 대부분의 과제에서 무작위적 접근 방식을 사용했으며, 과제 전반에 대한 낮은 이해도/시각화하는 능력/분석력, 시행을 통한 낮은 경험 학습 능력, 낮은 계획 능력을 보였다.
- 내담자는 다음 과제의 요구사항/지시사항에 적절하게 적응하고 대응하는 데 어려움을 보이며 나아가지 못했다.
- 난이도가 더 높은 문항에 대한 내담자의 접근 방식에는 변화가 없었다.
- 내담자는 검사를 수행하는 동안 검사 도구를 바닥에 떨어뜨리거나, 과제/소검사 사이에 대화를 한다거나, 밖에서 들리는 소리에 주의를 기울이거나, 검사 도구와 절차에 대해 반복적으로 질문하거나, 과제에 집중하지 않는 등의 회피 전략을 사용했다.
- 내담자는 지시사항이 끝나기 전에 심사숙고하거나 최소한의 고민/검토 없이 충동적인 반응을 보여 조직화 능력이나 계획 능력이 저조했다.
- 내담자는 좋지 않은 수행/실패에 대해 만족감을 보였다/인지하지 못했다.

8.4 지속성/동기

(↔ 정도순) 다음 단락들은 관여 정도순으로(낮은 순서에서 높은 순서로) 나열되었다.

검사 문항/소검사/질문에 답변/수행을 거부하는, 중단하는, 짜증/화를 내는, 불평하는

짧은 답변만 하는, 자세한 설명을 요청해야 하는, 쉬운 문항에 답변을 포기하는, 면담을 끝내려고 하는, 빨리 포기하는, 쉽게 포기하는, '실패주의적인', 별 노력 없이 답변/반응을 마무리하는, 성의 없이 수행하는, 최소한의 순응도를 보이는, 느리게 반응하는/저항의 한 형태로 의도적으로 잘못된/틀린 반응을 하는

일정하지 않은 수준의 관심/동기를 보이는, 질문에 대한 반응 시간이 느린/일정하지 않은, 망설이는, ______ 만큼의 시간 동안만 노력을 들이는, 종종 낙담하는, 낮은 좌절 인내성을 보이는, 쉬운 과제만을 수행하는, 불명확함에 대한 인내성이 거의 없는, 초기에는 과제 수행을 거부했으나 이후 여러 번 제시하자 협조적인, 어려운 과제를 잘하려는/검사자 앞에서 어려운 과제를 성공적으로 수행하려는/수행을 잘하려는 동기가 없는, 검사가 너무 어려운 경우 좌절하고 포기하고 싶어 하는, 휴식을 취한 후 계속하고자 하는 의지를 회복하는, ______ 정도의 시간이 지나면서 평가 과제 및 검사자와의 대화에 흥미를 잃기 시작한, 피상적으로만 협력하는

일반적인 수준의 인내력과 노력을 보이는, 낙담하거나 부주의한 모습이 거의 나타나지 않은, 모든 과제를 완벽하고 능숙하게 끝내는, 과제에 집중하는, 과제에 전념하는, 각 평가 과제에 협력적이고 최선을 다하는, 각 과제를 기꺼이/열심히 수행하는, 평가 과정에 잘 참여하는, 과제가 요구하는 바에 반응하기 위해 진지하게 임하는, 과제에 상당히 몰두하는, 다음/새로운 과제에 적절히 임하는

계속 열심히 하는, 어려운 과제에도 도전하는, 오랜 시간 동안 한 과제에 집중하는, 모든 과제를 완료하는, 극한의 상황에서만 주의가 산만해지는, 지속적으로 노력하는, 지속하는, 성실한, 꼼꼼한, 제대로 임한, 수행을 잘하고 싶은, 평가가 내담자에게는 힘들어 보이는

8.5 검사자와의 관계

◆ 협력/긍정적 행동(↔ 정도순)

예의 바른	협력적인	의존적인	무관심한	유혹적인
상냥한	도움이 되는	습관적으로 동의하는	애매한 태도를 보이는	애처로운
우호적인	면담하기 수월한	고분고분한	냉담한	도움을 요청하는
친숙한	의욕적인		심드렁한	애정을 요구하는
	면담을 즐기는	순종적인	불명확한	맞춰 주고 싶어 하는

아주 다정한	망설임 없이 반응하는	비위를 맞추는	거의 협력하지 않는	짓궂은 장난을 하는
사교적인	적절히 반응하는	마음에 들려고 노력하는		어리광부리는
사회적 품위가 있는	기꺼이 대답하는	마음에 들고 싶어 하는	복종하는	
붙임성 있는	친절한	순응하는	수동적인	자기과시욕이 강한
	선뜻 동의하는			
사려 깊은	친화적인	과장된	말이 적은	신경질적인
진심 어린	협조적인	호감을 얻고자 아부하는	과묵한	
세심한	순응적인	애원하는		퉁명스러운
따뜻한	예의를 갖추는	지나치게 신경을 쓰는		무뚝뚝한
	깍듯한	순종하는		율법주의적인
다정한	정중한			수동–공격적인
유머 있는	공손한	느끼한		무례한
유쾌한		아양 부리는		금지 표현: "엽기적인"
장난기 많은	자발적인	아첨하는		
여유 있는	참여할 수 있는	아부하는		
	도움이 되는	예의를 갖추는		
점잖은	개방적인	겸손한		
차분한	솔직한	과도하게 정중한		
얌전한	솔직담백한	과도하게 미안해하는		
금지 표현: "업된" "늘어진" "순둥한"	꾸밈없는	완곡하게 돌려 말하는		
	신뢰로운			

◆저항/부정적 행동(↔ 정도순)

섹션 10.2 '분노' 참조

신중한	무뚝뚝한	화난	지나치게 요구하는	적대적인	논쟁적인	공격적인
말이 없는	시무룩한	미묘하게 적개심을 드러내는	강요하는	화나게 하는	텃세부리는	모독적인
말이 적은	심통이 난	비협조적인	고집하는	부추기는	집착하는	저항하는
다루기 힘든	말을 안 듣는	방어적인	분개한	불쾌한	적의를 보이는	제멋대로인
저항하는	과민한	비순응적인	대립하는	인내심을 시험하는	다투기 좋아하는	질책하는
주저하는		거부하는	무례한	반항적인	반대하는	
	뾰로통한					
	신경질적인	금지 표현: "지긋지긋한"		질문에 신경질적인		욕하는
가까이하기 어려운	시큰둥한		불만스러워 하는		조종하는	비방하는
거리를 두는	침울한		불평하는	못마땅해하는	화를 자극하는	중상하는
서먹서먹한	불쾌하게 하는		거만한	비하하는	트집을 잡는	
모호한	짜증스러운		무례한	동정하는	따지기 좋아하는	위협하는
경계하는	퉁명스러운		심하게 잔소리하는	쌀쌀한	비판이 지나치게 엄한	협박하는
물러서는	틱틱거리는			무시하는	신경질적인	악의 있는
마음을 주지 않는			완고한	자기 중심적인	싸우기 좋아하는	위협적인
회피하는	불평스러운		고집 센	특권의식을 가진	이의를 제기하는	적의 있는
적극적이지 않은	짜증난		완강한	자만심이 강한		악의적인
입을 굳게 다문	지루해하는		고집스러운	경멸하는	폭언을 하는	신랄한

	못마땅한	비타협적인	거만한	조롱하는	혐오적인
의심이 많은	금지 표현: "성질 부리는"	융통성 없는	검사자를 우롱하는	비웃는	
비밀스러운		확고한	금지 표현: "잘난 체하는"	고압적인	
조심스러운	유치한	단호한		거만한	
	미성숙한	둔감한	우쭐거리는	비아냥거리는	
과잉통제하는		확고한	'성격 있는'	트집 잡기 좋아하는	
사무적인		부정적인	금지 표현: "아는 체하는"	비난하는	
격식을 차리는		거슬리는		경멸하는	
뻣뻣한					
우호적이 아닌		독단적인	'뻔뻔한'	깔보는	
산만한		억지 부리는	'건방진'	악담을 퍼붓는	
습관적인		대립하는		조롱하는	
형식적/피상적으로 협력하는		강압적인		비꼬아대는	
		고약한		괴롭히는	
				비꼬는	
				빈정대는	
				모욕적인	

라포 관련 요약 진술

제9장 '자기제시', 섹션 4.6 '신뢰도/타당도 관련 진술' 참조

- 내담자는 면담 과정에서 여유롭고 편안해 보였다/망설임 없이 생각을 나누었다/진실하고 사려 깊은 반응을 보였다.
- 라포가 쉽게/간헐적으로 형성되고 유지되었다/라포가 전혀 형성되거나 유지되지 않았다.
- 내담자는 권위자에 협조적인/정중한/적절한/생산적인/무관심한/적대적인/도전적인/권위

를 해치는/비생산적인/비순응적인/경멸적인 반응을 보였다.

- 내담자는 제공된 일부/모든 질문에 대해 다른 사람이 대답하는 것을 요구/허용했다/어떤 질문에 대해서도 다른 사람이 대답하는 것을 요구/허용하지 않았다.
- 내담자는 관심 받는 것을 좋아하는 것처럼 보였다.
- 평가자는 내담자의 뜻을 쉽게 이해할 수 있었다.
- 내담자는 호감이 가는 인물은 아니었다.

협력 관련 요약 진술

- 내담자는 최선을 다해 협력했고, 검사자에게 친절한 태도를 유지했다.
- 내담자는 평가에 협력하기 위해 많은 노력을 기울였다.
- 내담자는 사회적 규범에 대해 잘 알고 있었고 이를 따를 수 있었다.
- 내담자는 일부 장면에서는 협력적이었다. 내담자는 일부 검사 문항/검사/주제에 답/수행하는 것을 거부했다.
- 내담자는 평가자의 자격증을 확인하고 난 후에야 검사에 전적으로 협조했다.
- 내담자는 권위 있는 사람의 지시를 받아들이지 않을 것이다.
- 내담자는 반복적으로/부적절하게/도발적으로 면담자를 방해했다.
- 내담자는 평가자의 말을 끊고 면담을 주도하려 했다.
- 내담자는 공감적 어조, 감정을 배제한 사무적인 면담 태도, 적대감/협력 부족/자기패배적 행동 등에 대한 직면 모두에 동등하게 반응이 없었다.
- 내담자는 남성/여성 직원에게 부적절하게 선을 넘는 행동을 보였다.
- 검사/질문/과거력 청취/검사 수행은 특히나 이 내담자에게 힘들었다.

눈맞춤

섹션 7.3 '움직임/활동'에서 '눈맞춤/응시' 참조

8.6 성공/실패/피드백에 대한 반응

이 섹션의 항목들은 내담자의 수행과 평가자의 반응에 대한 내담자의 반응을 다룬다. 이 항목들은 또한 자기인식/자기감찰/자기비판에 대해서도 다룬다(섹션 8.5 '검사자와의 관계' 참조).

(↔ 정도순) 다음 단락들은 반응성 정도순으로(낮은 순서에서 높은 순서로) 나열되었다.

실패 여부를 의식하지 못하는, 성공 혹은 실패에 반응하지 않는, 실수에 대해 알지 못하는/개의치 않는/인식하지 못하는, 내담자가 수행한 수준이 낮은 수준임을 알지 못하는, 낮은 자기감찰 능력/오류 수정 능력의, 자신의 빈약한 수행을 인정하는, 부적절한 수행에 만족하는, 평가 결과에 대한 최소한의 관심과 주의만 보이는, 무관심한, 모르는 체하는, 부적절하게 과신하는, 검사자의 질문/조언/힌트가 수행을 향상시키지 못하는, 쉽게 포기하는

당황한, 난처한, 창피한, 속상한, 변명하는, 자기비난하는, 자기비하하는, 감정이 쉽게 상하는, 약점을 드러내기 꺼리는, 실패를 합리화하는, 자신의 수행에 대해 과도하게 비판적인/비판이 지나치게 엄한, 자신의 수행에 대해 폄하하는, 완벽하지 않은 것에 만족하지 않는, 창피당하는 것에 취약한, 내담자가 모른다고 말하는 것을 싫어하여 말하지 않는, 실패에 낙담하는/낙심하는/매우 화내는, 부정행위 혹은 타협을 시도하는

긴장한, 얼굴을 찡그린, 긴장된 호흡을 하는, 긴장한 듯한 기침을 하는, 손톱을 무는, 헛기침을 하는, 주위를 둘러보는, 화장실/집에 가도 되는지/회기가 끝났는지 물어보는

실패에 대한 일반적인 반응 및 대처를 하는, 최선을 다하는, 실패에 놀라는, 아쉬워하며 실수를 인정하는, 실패/실수/오답에도 불구하고 계속해야 한다는 것을 인정하는, 자신감 있는, 침착한, 쉽게 이해하는, 적응하는, 조정하는, 자기비판과 자신감 사이에서 균형을 잘 잡는, 스스로 답을 찾아내는, 오류/경험으로부터 학습하는, 자신의 한계를 인정하여 실패의 영향을 최소화하는

스스로 만족하는, 적절하게 도움을 청하는, 자부심이 강한, 성취에 대해 자부심을 가지는, 성공에 기뻐하는, 끈기 있는, 열심히 수행하는, 자기감찰하는, 자신의 수행에서 오류를 찾아 수정하는, 능력 밖의 문항에서만 포기하는, "다시 시도해 보십시오."에 쉽게 동기화되는, 난이도가 높아질 때/어려운 문제를 접했을 때 노력을 두 배로 하는

요약 진술

- 내담자는 칭찬이 필요했다/칭찬을 해 주면 잘 수행했다/어떠한 칭찬도 받아들였다/일반적인 칭찬은 무시했다/많은 칭찬을 필요로 하지 않았다.
- 내담자의 지속적인 수행을 위해 빈번한/꾸준한 강화/격려/안심/칭찬이 필요했다.
- 도움을 주는 것에 대해 불신/무관심/감사하는 태도를 보였고, 분개하며/감사해하며 거절했다/도움을 받은 대로 자신의 접근 방식을 개선했다.
- 내담자는 자신이 생각했던 것만큼 능숙하지 않았다.
- 내담자 자신의 지위와 능력에 대한 인식은 다소 과장되었다.
- ________(예: 현학적인 스타일)를 통해 보상받고자 하는 모습은 내담자에 대한 부정적인 인상을 주었지만, 내담자는 알아차리지 못했다.

- **일반적으로 내담자의 행동을 공감하고 강화하며 수용한 평가 환경은** ……(기재하도록 하라)**로 입증되었다.**

제9장 자기제시

이 장에서는 **평가자가 보기에 내담자의 자기표현**을 다룬다. 이는 **대인관계 기술과 인상 관리**를 위한 행동으로도 볼 수 있다.

이 장의 많은 설명어는 내담자에 대한 추론과 판단이지 객관적인 평가가 아니다. 이 설명어는 여러 출처, 시간, 장소에 걸쳐 반복적으로 일관되게 나타나는 경우에만 사용해야 한다.

9.1 의존성-정열성(surgency)

다음 섹션 9.3과 더불어 섹션 13.9 '의존성 성격', 섹션 13.12 '자기애성 성격' 참조

(↔ 정도순) **온순한, 따르는, 맹종하는, 의존적인, 의지하는, 투덜대는/불평하는, 우유부단한, 유순한, 정중한, 싫은 소리 못하는, 수동적인, 남의 말을 잘 듣는, 순종적인, 잘 따르는, 자기주장이 부족한, 사회적으로 미성숙한, 순응하는, 찬성하는, 동의하는, 협조적인, 〈정상〉, 자신감 있는, 용기 있는, 힘이 있는, 자존심이 강한, 밀어붙이는, 자기중심적인, 지나치게 요구하는, 지배적인, 오만한, 독단적인, 독재적인, 거만한, 거센, 호전적인. 금지 표현: "줏대 없는" "흐리멍덩한"**

9.2 태도/스타일(↔ 정도순)

섹션 8.5 '검사자와의 관계' 참조

내성적인	위협을 느끼는	수줍어하는	상냥한	**자율적인**
고립된	**의심이 많은**	**소심한**	**매력적인**	**솔직한**
소원한	**두려워하는**	**숫기 없는**	**유머러스한**	**자신감 있는**

거리를 두는	불안한	얌전한	따뜻한	지배적인
못 미더워하는	몹시 동요된	수동적인	사교적인	적극적이고 활발한
신중한		조심스러운	유쾌한	사무적인
비사교적인	취약한	소극적인	외향적인	자기주장이 강한
내향적인	약한	겸손한	활발한	
혼자 있는	예민한	조용한	생기 있는	완고한
은둔적인	흔들리기 쉬운	과묵한	붙임성 있는	고집 센
초연한	쉽게 영향을 받는	내향적인	매력적인	
냉담한	회복탄력성이 낮은	절제하는		독특한
낙심한	위협에 민감한		차분한	기이한
			평온한	극적인
			온화한	
			우쭐거리지 않고 자연스러운	
			처연한	

9.3 자아상/자아존중감

자아상/자아존중감의 개념에는 내적 자아와 관련된 구성 요소/기능과 사회적 자아와 관련된 구성 요소/기능이 포함된다. 내적 자아의 양상은 다음과 같다.

- 자기개념, 자아정체성, 자아경계
- 자기지각, 자의식, 자기평가, 자기검진, 자기감찰, 자기노출
- 자기결정, 자기관리, 자기통제, 자기주도, 자기효능감, 자기강화
- 자기분화, 자기발견, 자기인식, 자아발견, 자아실현

그리고 사회적 자아의 양상은 다음과 같다.

- 연령 및 성 역할, 성(gender) 정체성, 성적(sexual) 정체성, 민족, 인종 및 역사적 정체성
- 신체상, 외모, 신체 자아, 경계, 개인 공간, 개인 재산
- 역할: 타인과의 관계 속에서의 자아(자녀, 부모, 배우자/파트너, 친구, 직원으로서의 자아 등)

내담자가 이러한 양상을 드러내는 것에 주의를 기울이도록 하라. 특히 자살 사고/자살 시도(섹션 12.37 '자살' 참조), 자해(섹션 12.31 '자해 행동' 참조), 고위험 활동(이 책의 많은 섹션에서 이에 대한 구체적인 내용을 다루고 있다)과 같은 자기패배적/자기파괴적 행동의 근거를 살펴보도록 하라. 긍정적인 자아상/자아존중감과 부정적인 자아상/자아존중감의 몇 가지 특정 구성 요소에 적용되는 설명어는 다음과 같다.

자신감 수준

- 자신에 대한 과장된 의견을 표현하는, 반대 증거에도 불구하고 예외적으로 유능하다고 믿는, 과장하는, 자만하는, 과장하여 자랑스럽게 말하는, 자만심이 강한, 뽐내는, 잘난 체하는, 자부심이 강한, 특권의식을 가진, 지나치게 요구하는, 조종하는. 금지 표현: "배짱 있는"
- (↔ 정도순) 자신감 있는, 스스로를 쉽게 받아들이는, 균형 잡힌, 자존감 있는, 잘난 체하지 않는, 내세우지 않는, 겸손한, 자기의심하는, 비현실적인, 부적절한, 비관적인, 자기비하하는, 자책하는, 자기경멸적인, 재능 없는/실패한/부적격의/무가치한. 금지 표현: "패배자"

스스로를 위한 목표

- 희망적인, 낙관적인, 간절히 바라는, 발전을 기대하는, 주도적인, 포부가 높은, 미래 지향적인
- 계획이 있는, 계획이 명확한/포괄적인/현실적인, 대안적 접근 방법/대체 계획이 있는
- 계획이 모호한/비현실적인/부실한, 합리적인 기대 수준 이하의, 비관적인
- (↔ 정도순) 삶을 침체된/흘러가는/변화하는 것으로 묘사하는, 자신을 삶의 희생자로 보는, 자신의 삶을 향상시키기 위한 뚜렷한 관심/동기가 없는, 적어도 향상시킬 수 있다는 것을 알고 있는, 문제를 해결하려고 노력하는, 변화에 대한 동기가 강한

자부심(↔ 정도순)

품위 있는, 자긍심/자아존중감/자부심/자아상이 높은, 자신감, 독선적인, 자만하는, 자아가 강한, 잘난 체하는, 노력 없이/어울리지 않게 높은 지위를 요구하는, 거만한, 자기를 과대평가하는, 생색내는, 자기애적인, 자신의 행동에 대한 결과를 좋게 포장하는

9.4 교양/예의범절

교양

(↔ 정도순) 다음 단락들은 교양 정도순으로(낮은 순서에서 높은 순서로) 나열되었다.

순진한, 때묻지 않은, 속기 쉬운, 과신하는, 천진난만한, 쉽게 영향을 받는, 교육 받지 않은, 문화적으로 변하지 않은, 의학적/심리학적 치료 효과가 좋은, 어설픈 방법으로 조종을 하려 하는, 속이지 않는, "네, 선생님." "아니요, 선생님."을 과다하게 사용하는

미성숙한, 사회적으로 서투른/미숙한, 어색한, 버릇없는, 서투른, 상호작용 능력이 부족한, 단순한, 지나치게 단순한, 타인을 의식하는, 경솔한, 변덕스러운. 금지 표현: "바보 같은" "촌스러운"

세련된, 사회적으로 능숙한, 교양 있는, 표현이 분명한, 자신의 이익을 위해 영향력을 행사/변호할 수 있는. 금지 표현: "세상물정에 밝은"

조종하는, 기회주의적인, 냉담한, 자신의 이익을 위해 타인을 이용하는, 분개하는, 독선적인, 타인을 비난하는, 인정하지 않는, 무책임한, 성적으로 유혹하는, 권모술수에 능한, 반사회적인. 금지 표현: "교묘한" "세상물정 모르는"

◆ 예의범절(↔ 정도순)

- 공손한, 예의 바른, 정중한, 점잖은, 침착한, 임기응변을 잘하는, 상냥한, 예의범절을 아는
- 무례한, 조심성 없는, 부주의한, 퉁명스러운, 신랄한, 임기응변을 못하는, 노골적으로 비판하는, 도발적인, 거슬리는, 모욕적인, 점잖지 못한, 버릇없는

9.5 따뜻함–냉담함

섹션 8.5 '검사자와의 관계' 참조

(↔ 정도순) 다음 단락들은 따뜻함 정도순으로(높은 순서에서 낮은 순서로) 나열되었다.

과도하게 받아 주는, 마음이 여린, 맹목적으로 사랑하는, 과도하게 애정이 넘치는, 상냥한, 과도하게 친절한, 비위를 맞추는, 허위로 맞추는

관심을 보이는, 마음이 따뜻한, 동정심 있는, 사려 깊은, 인정 많은, 친밀한, 부드러운, 온화한, 온순한, 세심한, 신중한, 다정한, 애정 어린, 자애로운, 너그러운, 인간적인, 관대한, 자비로운, 용인하는, 헌신적인

우호적인, 붙임성 있는, 친절한, 고상한, 사교적인, 유쾌한, 다정한

말수가 적은, 무뚝뚝한, 가라앉은, 수줍어하는, 표현을 억제하는, 자제하는, 주저하는, 냉담한, 무관심한, 냉정한, 무심한, 거리를 두는, 차가운, 초연한, 무감각한, 반응 없는

무정한, 냉정한, 차가운, 인정이 없는, 가혹한, 난폭한, 엄격한, 험악한

9.6 기타 자기제시 양상

자기폐쇄(self-containment)/경직성

섹션 13.4 '권위성 성격' 참조

- 자기고립적이고 스스로 잘 관리하는, 조심스러운, 침착한, 무미건조한, 정적인, 기계적인, 상투적인, 깔끔함/순서/계획에 강박적인, 경직된, 무표정한, 자신의 질병/한계에 신경 쓰지 않는
- 고지식한, 엄격한, 고상한 체하는, 기분이 언짢은, 엄한, 까다로운, 독선적인, 독실한, 위선적인. 금지 표현: "얌전 빼는"

미숙함

- 유치한, 미성숙한, 어린, 어리석은, 과도하게 관심을 끌려고 하는, 애정 결핍인, 애원하는, 조르는, 달래는, 연령에 비해 훨씬 어려 보이는/신체에 비해 정서적으로 훨씬 어리숙한 태도, 관련 없는 부분에 집착하는, 감정이 쉽게 상하는, 쉽게 화내는
- 내담자는 자신을 괴롭히는/왕따시키는/조롱하는 또래들의 기분과 지시사항에 쉽게 영향을 받는 것처럼 보인다.
- 내담자는 성인/다른 사람으로부터 돌봄받기 위해 또래 친구들이 돈/책/물건들을 가져가게끔 한다.
- 내담자는 종종 놀림/조롱/왕따/시달림/모욕/농락/괴롭힘을 당한다.

둔감성/부주의

둔한, 지루한, 단조로운, 특징 없는, 부주의한, 잘 잊는, 생각에 잠긴, 몰두하는, 마음이 다른 곳에 가 있는. 금지 표현: "꿈같은" "다 타 버린"

걱정/불안

섹션 10.3 '불안/두려움'에서 '인지적 양상' 참조

걱정하는, 과도하게 걱정하는, 쉽게 위협을 느끼는, 서투르다고 느끼는, 모든 주제에 대해 면담 내내 불안을 나타내는. 금지 표현: "쓸데없는 걱정이 많은"

화려함/연극성

섹션 13.11 '연극성 성격' 참조

- 화려한, 과장된, 극적인, 신파적인, 일부러 꾸민, 과도한, 유별난, 인위적인, 배우 같은, 연극하듯이, 생생하게, 꾸며진, 변덕스러운, 불안정한
- 유혹적인, 과도하게 성적으로 대하는, 성적으로 짓궂은, 내숭떠는, 성적으로 자극적인, 외설적인, 시시덕거리는, 지나치게 소녀스러운/소년스러운
- 면담자의 악의 없는 질문에 극적으로 놀라는/정서적으로 크게 영향받은 것처럼 반응하는
- 개성적인, 특이한, 특이한 지각/행동 방식, 엉뚱한, 적절하지 않은, 색다른, 낯선, 독특한, 특유한, 기이한, 이상한. 금지 표현: "한 성격 하는" "자기 멋대로 하는" "괴짜 같은"

반사회적 특징

섹션 13.3 '반사회성 성격' 참조

- 거만한, 과시하는, 자만심이 강한, 무시하는, 자신에 대한 찬사를 과도하게 늘어놓는, 무신경한, 공감이 부족한, 짜증스러우면서도 즐거워하는 태도를 취하는/유지하는, 끊임없는/그럴듯한 말로 구슬리는
- 면담자에게 자신이 젊다는/활력 있다는/강인하다는 인상을 심어 주기 위해 자랑하는, 화려한 표현으로 힘이 세고 위험한 사람(예: 놀라게 하기 위해 상스러운 행동이나 표현을 하는) 또는 높은 잠재력/많은 친구/사회적 힘 등을 소유한 것처럼 보이려고 하는. 금지 표현: "못되게 구는" "싸울 기세로 덤비는" "독종"
- 협박조의, 무서운, 시선을 끄는, 위협적인, 조종하는, 무심한 듯하면서도 몹시 위협적인, 가학적 농담을 즐기는/희롱하는. 금지 표현: "무시무시한"

주지화

모든 경험을 주지화하는, 심리학 전문 용어를 사용하는, 철학적인, 탁상공론의, 추상적인, 동떨어진, 달관한 듯한, 행동/증상에 대한 설명을 요청받으면 이름을 붙여 분류해 버리는, 감정은 배제한 채 보고하는. 금지 표현: "심리학 전문 용어를 지껄이는"

피해 의식

- 인생을 일련의 사고로 열거하는, 신파조로 인생의 불행을 열거하는, 자신의 삶을 장황하게 이야기하는, 비참한 이야기를 늘어놓는/한탄하는/악의에 찬 이야기를 늘어놓는/영원한 피해자/왕따라고 이야기하는. 금지 표현: "눈물을 쥐어짜는 이야기", 스스로를 "타고난 찌질이"라고 표현하는

- 자신을 별로 기대해서는 안 되는 연약하고 부적절한 사람으로 표현하는

죄책감/수치심

섹션 10.8 '죄책감/수치심' 참조

- 미안해하는, 실패/실수/피해에 대해 설명하는, 간접적으로/대충/충분히/과장되게 사과하는
- 난처해하는, 수치스러워하는, 자기비난하는, 자책하는, 가책을 느끼는, 자신의 행동이 부적절함을 깨닫고 걱정하는. 금지 표현: "쓸모없는"

발화 및 언어적 상호작용

섹션 7.4 '발화 행동', 섹션 8.5 '검사자와의 관계' 참조

과제 수행과 관련 없는 행동

- 시간을 계속해서 확인하는
- 언제 끝날지 반복적으로 묻는
- 부적절한 신체 접촉을 가하는/요구하는
- 검사자 말의 내용이나 면담의 핵심/요점보다는 검사자의 사무실/말투/의복/태도/역할/외모에 집중하는

기타 진술

- 내담자를 동일 연령, 사회적 및 문화적 집단의 사람들과 구별시킬만큼 두드러지는 행동 이상은 없다/시사되지 않는다.
- 내담자의 반응은 현실적인 계획보다는 희망사항을 반영한다.
- 내담자는 기관에서 제공하는 지원사항에 의존하고 있으며, 기꺼이 입원/치료받고자 한다.
- 내담자는 ……(기재하도록 하라)을 감추기 위해 좋은(괜찮은) 척하는 행동을 했다.
- 내담자는 검사자가 꼭 알아야 할 필요가 있다고 생각한 내용들을 말한 후 만족감을 느끼는 것 같았다.
- 내담자는 검사자의 도움 없이 자신의 이야기를 지속적으로 이어 나갔다.
- 내담자는 ____________(증상)을 ____________(행동)라고 표현했다.

제10장 기분/정동 증상 및 장애

10.1 기분 및 정동의 일반적 양상

관련 질문은 섹션 3.4 '정동/기분' 참조

임상 장면에서 '정서'라는 단어는 상당히 광범위하고 포괄적이다. 보통 '기분'이란 자신의 경험에 대한 만연하고 지속적인 정서적 색채, 즉 (기후와 같이) 지속적으로 유지되는 정서를 말한다. 기분은 보통 자기보고를 통해 파악된다(그러나 때로는 추측되기도 한다). '정동'은 임상가가 면담 중 관찰하는 내용과 같이 지속 시간이 더 짧으며, 논의되는 주제에 대해 (날씨처럼) 더 가변적이고 반응적이다. 면담 중에 기분과 정동 간의 차이점을 기록하고 문서화하도록 하라.

기분/정동/정서에 대한 인용구/자기보고/축어록을 제공하도록 하라. 추가적으로 다음과 같이 기록하거나 보고하도록 하라.

- 정서적 상태를 반영하는 **행동**: 뒤의 개별 정서 관련 섹션 참조. 일반적으로 눈물, 홍조, 움직임(떨림 등), 호흡 변화 및 호흡 불규칙, 음성 변화, 표정 및 안색, 단어 선택, ……(기재하도록 하라)을 통한 정동의 신체적 표현을 기록하도록 하라.
- **기질/원천**: 내담자의 정서가 반응성인가, 내인성인가, 외인성인가, 성격 특성인가, 평생 지속성인가?
- **정도**: 내담자가 경도, 중등도, 고도, 최고도의 우울을 겪는가?

◆정동의 양/반응성/범위(↔ 정도순)[1]

단조로운	둔마된	제한된	정상의	광범위한

1 약물의 잠재적 영향을 고려하도록 하라(제28장 '의학적 상태의 정신과적 가장', 특히 섹션 28.4, 섹션 28.5 참조).

무감정의	무관심의	억제된	일반적인	깊은
무딘	무표정한	낮은 강도의	평균적인	강렬한
무반응의	비자발적인	피상적인	반응적인	전반적인
멍하게 바라보는	감정에 좌우되지 않는	크게 드러내지 않는	정상 범위의	만연한
부재하는	공감하지 못하는	가라앉은	유연한	
무심한	초연한	통제하는	정서적 활력 수준이 적절한	
수동적인	관여하지 않는	영향받지 않는	정서 표현을 시작/유지/종결하는 데 어려움이 없는/다소 있는/매우 있는	
표현 없는	호불호를 드러내지 않는			
일정한				
변화가 없는				

기분 혹은 정동 변화 지속 기간(↔ 정도순)

변덕스러운/급격한, 급변하는, 정동 실금(affective incontinence)의, 극적인, 일시적인, 변하기 쉬운, 변동이 극심한, 기분이 급격하게 변동하는, 불안정한, 요동치는, 변화하는, 감정 기복이 있는, 쉽게 흥분하는, 매일/계절별 기분 변화가 있는, 짧은 주기의(며칠), 긴 주기의, 긴장감의 변화가 있는, 정서 상태가 변동적인, 적절한, 일관적인, 정서적 변동이 거의 없는/보통으로 나타나는/크게 나타나는, 얼어붙은, 변함 없는

정동 혹은 기분 그리고 사고/상황의 적절성/일치성

(↔ 정도순) 다음 단락들은 적절성/일치성 정도순으로(낮은 순서에서 높은 순서로) 나열되었다.

부적절한, 불일치하는, 보고한/관찰한 감정과 묘사된 상황에서 예상되는 감정이 불일치하는 문제에 무관심한, 자신의 실제 문제와 한계에 신경쓰지 않는, 일반적으로 강렬한 감정을 동반하는 경험에 대해 이야기할 때 예상되는 정동을 보이지 않는/최소한으로 보이는/예상보다 훨씬 적은 정동을 보이는

정동은 다양하나 대화 주제에서 예측하기 어려운, 어조 변화가 진술 내용 또는 정서적 의미와는 관련성이 없고 일관성도 없는

정서/감정의 범위, 적절한, 사고 내용 및 상황에 적절한 정서를 보이는, 사고 내용 및 상황과 관련 있는 정서적 반응을 보이는, 면담/검사 동안 적절한 정서를 보이는, 우울한 상태임에도 자신의 과거력에서 재미있는 요소에는 미소 지을 수 있는

상황 및 사고 내용/이야기 주제에 매우 적절한/일치하는 정서를 보이는, 보고하는 정서가 반영된 얼굴 표정을 보이는, 정서 상태로 모든 사고가 드러나는

기분장애 삽화

- 첫 삽화/단일 삽화인가? 혹은 삽화가 반복성, 재발성, 불규칙성, 순환성, 주기순환성, 계절성, 연간성, 주기성 반응인가?
- 장애가 현재 악화되었는가, 만성적인가, 완전/부분 관해되었는가?
- 재발성 삽화가 시간이 지남에 따라 악화되는 것처럼 보이는가?
- 내담자의 무증상 기간이 더 긴가/짧은가?
- 호전되는 기간이 이전만큼 개선되지 않는가? 약물치료가 증상 호전을 지연/방해하는가?
- 진단의 정확성을 위해 시간대별 기분 그래프를 그리는 것을 고려하도록 하라.

기분 기록을 위한 자료

웹사이트 http://bipolarmoodcharts.com에서는 7개의 차트를 검토하고 각 링크를 제공한다. 또한 www.depakote.com/resources/mood-tracker에서는 기분 외에도 기타 많은 사건을, www.cqaimh.org/pdf/tool_edu_moodchart.pdf에서는 기타 정서들을 기록할 수 있다.

10.2 분노

추가적인 행동적 양상은 섹션 8.5 '검사자와의 관계' 참조

일반적 양상

다음 사항을 알아보도록 하라.

- 분노의 근원. 내담자가 제공하는 정당성과 합리성에 주목하도록 하라.
- 강도 및 변동성
- 표출 방향, 표출 대상

- 분노 다루기/대처 방법, 충동 조절, 분노 표출/억제
- 상황/상태 혹은 성격/특성 분노
- 분노에 대한 죄책감

적대감/언어적 적대감(↔ 정도순)

짜증 내는	신경질적인	적대적인	격노한
거슬려 하는	징징대는	성나게 하는	격분한
불만스러워하는	언짢은	적의를 품은	매우 성내는
까칠한	불만이 속에 가득 찬	답답해하며 화를 내는	다혈질의
발끈하는	심술궂은	분개하는	
불만인	성마른	폭발 직전의	위협하는
반항적인	싸울 듯한	들끓고 있는	소리 지르는
날이 선	화를 잘 내는	분노에 찬	고함치는
악의적인	거친	살기를 띠는	
심통스러운	만성적으로 화가 난		호전적인
빈정대는	싸우기 좋아하는	모욕하는	공격적인
불평하는	금지 표현: "열받은" "열 뻗친" "집착하듯 괴롭히는"	욕하는	폭력적인
금지 표현: "성질부리는" "성가신"		악담을 하는	
		독설을 하는	

폭력성/공격 행동

섹션 12.19 '충동조절장애', 섹션 12.39 '폭력 행동', 섹션 3.31 '폭력' 참조

10.3 불안/두려움

관련 질문은 섹션 3.5 '불안' 참조, 섹션 10.10 '공황' 참조

☑ 우울증은 전체 사례의 절반 이상에서 불안과 함께 공존(동반 이환)하며, 1차 진료 장면에서 동반이환이 없는 경우보다 있는 경우가 더 흔하므로(Rivas-Vasquez et al., 2004) 2가지 진단을 모두 고려하도록 하라.

자율신경계/신체적 과잉행동/과각성 양상

창백한 혹은 홍조의	호흡 문제	어지러움	축축함
심계항진	호흡 곤란	현기증	땀이 흥건한 손
심장이 쿵쾅거리는/빈맥	흉통/흉부 압박감	방이 빙빙 도는	식은땀/오한
	질식/숨막힘	가벼운 현기증	다한증
설사	빠르고 깊은 호흡	실신	땀이 흥건한 이마
요 절박성(urgent urination)	공기 부족	졸도	입마름
속이 울렁거리는	과호흡		
메스꺼운	재채기	전신 허약	털세움(piloeretion)
구역질	하품	휘청이는	
헛구역질	한숨		안면 홍조
목이 메이는		감각 이상	금지 표현: "닭살"
금지 표현: "심장이 벌렁거리는"		저림	
		무감각	
		금지 표현: "후들거리는" "다리가 후덜덜한"	

투쟁 혹은 도피 반응/각성: 앞의 증상 외에 예민해진 청각, 비장 수축, 말초 혈관 확장, 세기관지 확장, 동공 확장, 혈액 응고구 및 림프구 수치 상승, 아드레날린 분비, 위산 분비 감소, 방광 조절 곤란/항문 괄약근 조절 곤란, 침분비 감소 등

행동적 양상

운동성 긴장

초조, 떨림, 긴장, 움찔수축, 안절부절못하는, 몸이 떨리는, 떨림, 몸이 흔들거리는, 경직된 자세, 뻣뻣한 목/등/근육, 근육통, 긴장한, 억제된 동작, 가만있지 못하는, 쉽게 피로해지는

긴장을 나타내는 행동(↔ 정도순)

매만지는	가만히 앉아 있지 못하는	머리카락 꼬기	공황 상태의
긁기	팔/다리를 흔드는	머리카락을 쓸어내리는	뛰쳐나가는

손톱 물어뜯기	몸을 흔드는	머리카락 뽑기	구토
	서성거리는		실신
반복적 움직임	몸을 쭉 펴는	공포의 표정	
근긴장	몸이 가만히 정자세로 있지 못하고 기우는	걱정스러운 표정	
손을 주무르는	손가락 두드리기	긴장된 얼굴	
손을 움켜쥐는	손으로 만지작거리는 행위	살짝 미소 짓는	
하품/한숨	조바심 내는	눈물/울음	
나비 포옹 (self-hugging)		눈이 휘둥그레진	
입술에 침을 바르는	주머니에 손을 고정시킨/넣고 있는	미간을 찡그리는	
기침	경직된 팔		
침을 꿀꺽 삼키는	발을 이리저리 움직이는		
목을 가다듬는	눈맞춤을 회피하는		
숨을 헐떡이는			

발화/음성

섹션 7.4 '발화 행동' 참조

- 부자연스러운, 숨가쁜, 떨리는, 말을 더듬는, 목소리가 갈라지는, 미완성된/일관성 없는 문장
- 부적절한/미소를 짓는, 소리 죽여 웃는, 참으면서 웃는. 금지 표현: "긴장해서 나오는 웃음"

경계 및 주시

- 쉽게 놀라는, 흠칫하는, 자극에 지나치게 민감한, 과잉반응하는
- 집중력이 감소된, 불안정한, 정신이 멍해진, 일을 진행하기 힘든, 기능하기 어려운, 움직이기 힘든, 얼어 버린
- 잠들기가 어려운 혹은 수면을 유지하기 어려운, 마음이 요동치는

◆ 정동적 양상(↔ 정도순)

조용한	걱정하는	불안정한	두려워하는	공포를 느끼는

차분한	긴장한	성마른	염려하는	공포에 휩싸인
둔감한	불안한	신경질적인	겁을 먹은	
억제하는	어찌할 바를 모르는	스트레스/좌절에 대한 내성이 낮은	겁에 질린	경직된
안정적인	걱정에 시달리는	취약한	초조해하는	얼어붙은
흔들림 없는	당황한	쉽게 영향을 받는	긴장을 풀지 못하는	아연실색한
이지적인	괴로워하는	쉽게 흥분하는	싱숭생숭한	마비된
안정된	금지 표현: "근심쟁이" "잔걱정 많은 사람" "바짝 긴장한"	잘 놀라는	금지 표현: "날이 서 있는" "신경이 곤두선"	공황 상태의
침착한		흥분을 잘 하는		공황발작의
태연한		호들갑스러운		
자신감 있는		금지 표현: "긴장한(nervous)" "열받아서 흥분한" "성질 나쁜" "신경쇠약" "멘붕" "무너져 내린"		

금지 표현: "쿨한"

인지적 양상

- 염려하는, 걱정하는, 우려하는, 반추하는, 머지 않은 종말에 대해 생각하는, 객관적인 위험에 대해 과장하는, 끔찍한 사건/재난을 걱정하며 기다리는, 보통 거의 또는 전혀 우려할 만하지 않은 사람 또는 사건에 위협을 느끼는, 공상/상상/비판/공격/상처로 인해 화를 내는, 몹시 두려워하는, 도피하고 싶은, 통제 상실/죽음/공격을 당하는 것/의식 소실/미칠 것 같은 느낌/굴욕 혹은 유기를 당하는 것에 대한 공포를 느끼는. 금지 표현: "걱정쟁이" "세상이 무너질 것 같은" "통제 불능"
- 당혹스러운, 혼란스러운, 생각이 뒤죽박죽인, 생각이 흐릿한, 이해 못해 당황한, 집중력이 감소한, 회상하기 힘든/우유부단한, 잘 잊어버리는, 생각에 사로잡힌, 실수가 많은, 주도성/생산성/창의성이 감소한
- 이인증, 비현실감, 신체 감각에 몰두하는(관련 설명어는 섹션 12.10 '이인성 및 비현실감' 참조)
- 압도된/다루기 어려운/통제하기 어려운/생각을 통제하기 어려운, 내적 긴장감이 높은, 서

투른/긴장한 느낌의, 스트레스/압박/요구를 감당할 수 없는, 좌절에 대한 내성이 낮은, 스트레스에 대한 내성이 낮은, 모호함에 대한 내성이 낮은, 취약한, 자신감/자기효능감이 낮은, 확신이 안 가는. 금지 표현: "폭발할 것 같은/심장이 터질 것 같은"
- 사건에 대해 이야기할 때 감정의 깊이가 없는, 변덕스러운, 조심스러워하는, 스스로 혼란스럽게 하는, 스스로를 압박하는, 한 주제/화제에서 다른 주제/화제로 갑자기 넘어가는

◆ 대인관계적 양상

제9장 '자기제시' 참조

- 쉽게 위협을 느끼는/불안해지는, 불안정한, 취약한, 지나치게 민감한, 시선을 의식하는, 소심한, 마음이 약한, 어떻게 말할지/행동할지 모르는, 의존적인, 매달리는
- 눈맞춤을 회피하는, 철수하는, 관계가 감소하는
- 비판이 지나치게 엄한, 자기비하하는
- 까다로운, 만성적으로 불만스러운, 트집잡기 좋아하는, 흠을 잡는
- 다른 사람을 비난하는, 충동적인/행동화하는
- 안절부절못하는, 불편한
- 많은 사람이 모여 있는 것을 회피하는/싫어하는, 사회적으로 불안한, 수줍어하는, 민감한, 자아존중감이 낮은, 자신과 타인에게 엄격한. 금지 표현: "신경과민"

10.4 제I형 양극성장애

제I형 양극성장애에 대한 ICD-10-CM 및 DSM-5 코드는 F31.xx로 다양하게 구성되어 있다.

우울증 요소와 조증 요소가 모두 서로 다른 강도, 혼재성 양상, 순서로 나타나기 때문에, 이에 대한 설명어는 섹션 10.7 '우울증' 및 섹션 10.9 '조증'을 참조하도록 하라. 삽화 관련 설명어는 섹션 10.1 '기분 및 정동의 일반적 양상'의 '기분장애 삽화'를 참조하도록 하라.

10.5 제II형 양극성장애

제II형 양극성장애에 대한 ICD-10-CM 및 DSM-5 코드는 F31.81이다.

주요 특징으로 만성적인 기분 불안정성과 적어도 한 번의 경조증 삽화(제II형 양극성장애에서와 같이 완전한 조증 삽화는 아니다)와 함께 적어도 한 번의 주요우울 삽화가 나타난다. 가족력(방계 가족 포함)과 개인력에 대한 철저한 조사 없이는 경조증 삽화 진단을 놓칠 수 있으며, 이러한 조사는 제II형 양극성장애를 성격장애, 불안장애, 단극성 우울증, 제I형 양극성장애와 구분하는 데에도 도움이 된

다. 진단은 약물 남용에 가려져 진단되지 못할 수도 있으며(제II형 양극성장애 환자의 60%는 약물사용장애 공존), 자살 위험은 제I형 양극성장애보다 제II형 양극성장애에서 더 높을 수 있다.

10.6 순환성장애

순환성장애에 대한 ICD-10-CM 및 DSM-5 코드는 F34.0이다(섹션 10.4, 섹션 10.5, 섹션 10.9 참조).

순환성장애는 제I형 양극성장애나 제II형 양극성장애보다 경미한 두 단계, 즉 경조증 증상과 우울증상의 양상을 번갈아 보인다.

10.7 우울증

관련 질문은 섹션 3.10 '우울증' 참조. 섹션 10.11 '계절성정동장애', 섹션 12.28 '월경전불쾌감장애' 참조

ICD-10에서 정동장애는 약물남용장애와 연관될 수 있다는 점에 유의하도록 하라.

◆ 정동적 양상

무쾌감증

섹션 10.1 '기분 및 정동의 일반적 양상' 참조

기쁨이 없는, 삶에서 즐거움이 감소한, 즐거움 없는, 이전에 가치 있었던 활동/취미에 만족감을 느끼지 못하는, 흥미가 감소한, 무언가를 할 욕구/동기/활력이 없는, 삶에 재미가 없는, 무관심한, 무덤덤한, 권태로운, 욕구가 낮은/없는, 삶에서 기대할 만한 것이 아무것도 없는, 칭찬/보상에 무관심한, 정서적으로 빈곤한, 생기 없는, 재미없는, 냉담한, 공허한. 내담자는 다음과 같이 말할 수 있다. "어느 것도 만족스럽지 않아요." "관심이 없어요." "사는 게 따분해요." "되는 대로 살고 있어요."

불쾌감(↔ 정도순)

비참한	우울한	슬픈	**기분이 언짢은**
슬픔에 빠져 있는	**기운 없는**	**침울한**	**구슬픈**
괴로워하는	**낙담한**	**음울한**	**비관적인**
고통스러워하는	**한스러워하는**	**소진된**	
참담한	**허망해하는**	**울적한**	

절망적인	씁쓸해하는	눈물 어린
비통한	불쾌한	심란한
고통 속에 있는	시무룩한	활기 없는
자포자기의	침울해하는	시무룩한
	수심에 찬	암담한
자살 충동에 빠져 있는	매우 슬픈	실망한
자기파괴적인	몹시 슬퍼하는	풀이 죽은
	매우 불행한	마음이 어려운
	병적으로 암울한	의기소침한
	처연한	낙심한
	기분 좋지 않은	금지 표현: "꿀꿀한" "쓰레기통에 처박힌 기분" "다운된" "뚱한"
	냉소적인	

행동적 양상

여기에는 식물 징후/신체적 기능장애가 포함된다.

수면 양상

관련 설명어는 섹션 12.34 '수면장애' 참조

섭식

식욕/배고픔 증가 혹은 감소, 식욕 부진, 적은/잦은 빈도의 식사, 단식, 선택적 음식 갈망, 폭식, 체중 증가/감소. 금지 표현: "위로가 되는 음식"

활력

무기력한, 활력 수준이 낮은, 느려진, 맥빠진, 침체된, 쉽게 지치는, 지친, 의기소침한, 그럭저럭 힘을 내는, 쇠약해진, 활발하지 못한, 활력이 없는, 둔한, 나른한, 삶의 중요한 과업을 수행하는 데 적절한 활력 수준을 보이는, 일상 업무도 해내지 못하는, 녹초가 된, 진이 빠진, 고갈된. 금지 표현: "밀어붙여야만 일을 끝낸다." "매사가 일이다." "컨디션이 좋지 않다." "침대 밖으로 나오지 못한다." "우울함을 떨쳐 버릴 수 없다."

정신 운동 지체/가속

섹션 7.3 '움직임/활동' 참조

자발적인 언어/운동/정서 표현이 없는/감소한, 질문에 답하기까지 반응 시간이 오래 소요되는[몇 초가 걸렸는지 기재하도록 하라], 사고가 느린/많은 노력이 필요한/빈곤한/연속적으로 떠오르는

리비도

관련 설명어는 섹션 10.12 '성적 관심' 참조

☑ 리비도는 성적 활동이 아닌 성적 관심이나 욕구라는 점을 기억하도록 하라.

성적 관심이 감소한/없는, 무관심한, 수동적인, "하고는 싶은데 너무 큰일이에요." "하든 말든 상관없어요." "제 연인은 원하지만 저는 관심 없어요."

배변/방광 습관 변화

배뇨 횟수가 증가한, 설사/변비, 배설에 대해 과도하게 걱정하는, 변비약을 만성적으로 사용하는 혹은 남용하는, 복부 팽만감이 있는 혹은 불완전 배변감이 있는

물질 사용

처방약 및 비처방 일반 의약품(진통제, 변비약, 수면 보조제, 비타민)을 과용하는, 알코올, 카페인, 각성제

외모/제시 표현

섹션 7.1 '외모' 참조

- 슬픈/표정의 변화가 없는/감정 표현 없는/웃지 않는/풀이 죽은 얼굴, 찡그린, 시선이 아래로 향하는, 산만해 보이는, 침울한, 멍하니 바라보는, 눈썹을 찌푸리는, 억지로 미소 짓는. 금지 표현: "미소 우울증"
- (↔ 정도순) 울먹이는/눈물이 가득한/눈물이 글썽거리는, 눈물이 고이는, 눈물을 잘 흘리는/울먹거리는, 우는, 소리 내어 우는/울부짖는, 엉엉 우는, 흐느껴 우는
- 힘을 다 써 버린, 지쳐 버린, 진이 빠진, 자기관리가 안 된, 자기방임의
- 양손을 꽉 잡고 있는, 이마를 문지르는, 발을 질질 끄는
- 억양이 거의 없는, 단조로운/감정 표현이 빈약한/어조 변화 없는 목소리
- 들릴 정도의 한숨을 쉬는, 신음 소리를 내는
- 금지 표현: "껍데기만 남은 사람"

요약 진술

- **모든 식욕이 사라졌다.**
- **내담자는 의학적 치료에 반응하지 않는 신체 증상을 지속적으로 호소한다.** [특히 두통, 소화기 질환, 만성 및 이주(migration) 통증을 주목하도록 하라.]

인지적 양상

돌봄/활력/계발(↔ 정도순)

희망이 없는	비관적인	**냉정한**	지루한
무력한	**진이 빠진**	**개의치 않는**	**무관심한**
변하지 않는	**실망한**	**절제하는**	**비자발적인**
진이 빠진	**환멸을 느낀**	**냉담한**	**무신경한**
좌절스러운	**냉소적인**	**권태로운**	**사무적인**
쓸데없는	**의욕을 잃어버린**	**싫증이 난**	
부정적인	**사기가 떨어진**	**유머가 없는**	
암울한	**흥미 없는**	**정체된**	
절망하는	**패배주의적인**		
따분한	**반복/촉구가 필요한**		
허무주의의	**고갈된**		
무의미한			

자신에 대한 계획이 없는, 미래가 없는, 삶에서 기대할 것이 없는, 무의미한 행동의 공허한 반복뿐인, 야망을 상실한, 목표/계획이 없는, 체념한, 장래가 없는, 기대가 없는

정신 둔함(mental dullness)

- 부적절하게 대응하는, 대처하지 못하는, 멍한, 기진맥진한
- 느린, 반추하는, 숙고하는, 우유부단한, 집중력이 감소된, 생각을 동원하지 못하는, 의지 상실의
- 혼란스러운, 이해하기 어려운, 기억력이 감소한, 파편화된 기억의, 모호한, 불확실한. 금지 표현: "정신없는"
- 과도하게 걱정하는, 안절부절못하는, 낙담한
- 감정표현불능증, 말로 표현 못하는, 난처한, 당혹스러운, 낙담한, 놀라서 말이 안 나오는, 정서를 인식하지 못하는/감정을 인식하지 못하는/감정으로 인해 당혹스러워하는, 갈팡질

팡하는, 지각이 없는, 알지 못하는

자기비판/수심적 사고(↔ 정도순)

섹션 10.8 '죄책감/수치심' 참조

자기의심하는	미안하게 생각하는	자기연민의
자기불신하는	후회하는	씁쓸한
자기비하하는	유감스럽게 생각하는	빈정대는/비꼬는
자아존중감이 낮은	난처한	분노를 억제하는
	수치스러운	자책하는
자기책망하는	굴욕감을 느끼는	자기혐오하는
자기비난하는		자학하는
자기비판하는	상처받기 쉬운	신랄한
자책하는	위협에 민감한	금지 표현: "부적응자" "망한/낭비한 인생" "인생이 끝났다고 생각하는" "무가치한" "실패자" "패배자" "개똥같은" "불쌍하다고 생각하는"
흠잡는	비판에 민감한	
	거절에 민감한	
금지 표현: "부적합한" "비효율적인" "비생산적인" "부적절한" "열등한"	위압을 느끼는	
	겁먹은	
	무서워하는	
	압도된	

역기능적 인지

Beck 등(1979), Burns(1999), Ellis와 Dryden(1997)과 같은 임상가들은 우울한 사람들에게서 나타나는 다음과 같은 역기능적 인지 유형을 설명했다.

- 임의적 추론: 증거에 의해 뒷받침되지 않는 부정적인 결론을 도출하는 것
- 이분법적 사고: 과잉단순화; 흑 아니면 백, 선 아니면 악, 옳음 아니면 그름, 전부 아니면 전무

- 독심술: 상대방의 (보통 부정적인) 생각을 안다고 가정하는 것
- 확대 또는 축소: 균형감 결여; 사건의 중요성을 과장하거나 최소화하는 것
- 과잉일반화: 너무 적은 데이터나 하나의 사건에 대해 일반적인 결론을 내리는 것; '항상' 또는 '절대 아니다'라는 결론을 성급하게 내리는 것
- 개인화: 경험적 또는 합리적 근거 없이 부정적인 사건을 자신과 연관시키는 것
- 선택적 추론: 상황의 부정적인 측면에만 관심을 기울이고 다른(긍정적인) 측면은 무시하는 것; 정신적 여과; 선택적 주의; 긍정적인 결과 가치 절하하기
- 파국화: 최악의 시나리오가 발생할 것이라고 자동적으로 가정하는 것
- 하나의 최종적인 부정적 결과가 불가피한 것으로 보이도록 시간과 선택지를 축소하는 것
- 정서적 추론: "내가 두려운 걸 보니, 분명 위험할 거야."
- '예언자' 오류: 과대 예측; 미래는 과거의 반복일 뿐이다.
- 자신 또는 타인에게 '의무를 지우는 것', 당위 진술

자살 사고

관련 질문은 섹션 3.30 '자살 및 자기파괴적 행동' 참조. 관련 설명어는 섹션 12.37 '자살' 참조

요약 진술

- **내담자는 자신, 세상, 미래에 대한 부정적인 관점을 나타내는 Aaron Beck**(Beck et al., 1979)**의 우울증의 인지삼제를 보였다.**
- **주기적으로 부정적 사고 과정/역기능적 인지가 나타났다.**
- **내담자는 부정적, 안정적/불안정적, 전반적/특수적/상황적, 내부적/외부적 귀인을 했다.**
- **내담자는 과거의 실패, 놓쳤던 기회들, 불가능했던 일들, 가지 않은 길 등에 대해 계속해서 생각했다.**
- **감정표현불능증이 뚜렷하게 나타났다.**
- **내담자는 기분 좋은 척하는 것처럼 보였다.**

◆사회적 요인

대인관계적

은둔하는	회피성의	시기하는	성마른	긴장된 관계의
가까이 하기 어려운	거리를 두는	원망하는	좌절을 잘 견디지 못하는	의존적인
비사교적인	자아도취적인	논쟁적인	좌절에 대한 내성이 부족한	수동적인

	철수하는		신랄한	자신 없는
벽을 치는	사회적 관심이 낮은	무시당했다고 느끼는	지나치게 요구하는	
고립시키는	억누르는	거부당했다고 느끼는	쉽게 짜증내는	경계하는
은둔자 같은	매우 부끄러워하는		쉽게 화내는	불신하는
차단하는	삶/타인으로부터 거리를 두는		심통 부리는	의심하는
	지켜보기만 하는		독선적인	
	상호작용이 적은		금지 표현: "심술궂은"	

지지 추구적

섹션 9.1 '의존성–정열성' 참조

세상이 불공평하다고 불평하는, 험담하는, 불평하는, 쓸데없이 화를 내는, 동정을 구하는, 징징대는, 자기연민의, 조종하는, 정서적으로 굶주린, 위기 상황에서만 지지를 구하는, 다른 사람의 도움이나 동정을 충분하지 않다고 느끼는

◆ 기타 우울증 양상

다음의 가능성을 염두에 두도록 하라.

- 장애/상실/상해에 의해 의존하게 되어 내담자가 우울해하고 있는가?
- 내담자는 죽음을 '떠나는 것'이라고 말하지만, 그가 혼자인 이유가 단순히 다른 사람들보다 오래 살았기 때문인가?
- 겨울에 우울증이 더 심한가?(섹션 10.11 '계절성정동장애' 참조)
- 내담자가 자기패배주의적이고 자기희생적인가?(섹션 13.20 '자기파멸성 성격' 참조)
- 하루 중 기분 변화가 있는가? 우울증의 증상은 아침에 악화되고 낮 동안에 완화되는가?
- 주간–야간 활동의 뒤바뀜이 있는가?

◆ 애도/사별

정상적 애도

사별 혹은 단순 사별에 대한 ICD–10–CM 및 DSM–5 코드는 Z63.4이다. ICD–10–CM에서

F43.20, 애도 반응으로도 코드를 부여할 수 있다.

정상적인 애도는 상실과 공허감을 포함한다는 점에서 주요우울 삽화와 다르다. 이는 고인과 관련한 고통으로 문득 찾아온다. 그리고 상실/사랑하는 사람/사후 현실/기억에 대한 집착, 가슴 아픈 기억, 고인을 돌보지 못한 것에 대한 후회, 고인과 함께하고자 하는 소망을 수반한다.

- **고통, 슬픔, 비통, 절망, 가슴앓이, 통증, 비애, 괴로움, 시달림, 근심**
- **쉽게 눈물을 흘리는/감정이 북받쳐 오르는, 사고 속도가 느리며 반응 시간이 오래 걸리는, 멍하니 허공을 쳐다보는**
- **무력하다고/취약하다고/쓸모가 없다고/자아존중감이 낮다고 느끼는**

Kübler-Ross(1969)는 상실에 대한 정상적인 반응을 부정, 분노, 협상, 우울, 수용의 5단계로 구분했지만, 그 순서는 상당히 가변적이다.

미해결된/병리적 애도

DSM-5에서는 미해결된 애도를 지속성 복합애도장애라고 하며, 이를 향후 연구가 필요한 상태로 지정했다.

- **슬픔, 간절한 생각, 집착, 부정/의심, 분노, 자기비판, 재결합 희망, 불신, 분리, 무의미함, 애도의 부재, 병적 동일시, 건강염려증, 괴로움, 만성적 애도, 고인과 관련된 단서 회피, 고립, 재애착(reattachment)**
- **면역 체계 기능이 감소한, 약물 및 알코올 사용이 증가한, 우울증, 애도로 인한 의료 서비스를 과용/오용하는**

자살

관련 질문은 섹션 3.30 '자살 및 자기파괴적 행동' 참조. 그리고 관련 설명어는 섹션 12.37 '자살' 참조

당황

섹션 10.8 '죄책감/수치심' 참조

혼재성 불안 및 우울

환자는 일반적으로 불안과 우울이 혼재된 상태로 임상가를 찾아온다. ICD-10-CM과 DSM-5에서 모두 F41.8, 달리 명시된 불안장애로 코딩할 수 있다. 또는 DSM-5에서 '불안증 동반' 명시자를 F32 혹은 F33, 주요우울장애 진단에 추가할 수 있다.

10.8 죄책감/수치심

◆일반 설명어

- 미안해하는, 참회하는, 간청하는, 애원하는, 후회하는, 유감으로 여기는, 유감스럽게 생각하는, 뉘우치는, 깊이 뉘우치는, 부담을 갖는
- 죄책감을 느끼는, 가책을 느끼는, 죄책감 경향성이 높은, 몹시 당황스러워하는, 자기비난하는, 자신을 질책하는, 처벌적 초자아를 가진, 초자아의 경계를 침범하는, 용납할 수 없는 충동을 느끼는, 처벌로서 자기소멸(anihilation)에 대한 공포를 느끼는
- 당황스러워하는, 굴욕감을 느끼는, 망신을 당한, 비난을 받는, 평가절하받는, 수치심을 느끼는, 열등감을 느끼는, 사라지게/보이지 않게 되기를 원하는, 결점이 드러나는 것을 피하는, 부적절함을 숨기는
- 부끄러워하는, 열등감을 느끼는, 거절/유기에 대한 공포를 느끼는, 목표 달성/기준 달성에 실패한
- 무지한, 냉정한, 무감각한, 냉소적인, 뉘우치지 않는, 비양심적인, 부끄러운 줄 모르는, 부도덕한, 착취하는, 제멋대로의, 자신의 이익을 위해 남을 이용하는

◆수치심과 죄책감의 구분

다음 구분은 Potter-Efron(1989)의 허락을 받아 각색되었다.

핵심 특질	수치심	죄책감
실패	존재의, 목표 달성의, 자기 전체의	행위의, 도덕적 자아의
주요 감정	부적절한, 부족한, 쓸모없는, 벌거벗겨진, 혐오스러운, 창피한	나쁜, 악한, 후회하는
촉발 사건	예상치 못한 사소한 사건	실제로 가치를 침해하거나 침해할 것이 예상되는
자기관여	전체 자아상 관여: "어떻게 내가 그럴 수가 있지?"	부분 자아상 관여: "어떻게 내가 그럴 수가 있지?"
핵심 두려움	유기	처벌
기원	부모와의 긍정적 동일시	공격적인 충동성 통제
주요 방어기제	감추고 싶은 욕구(철수), 부인, 완벽주의, 당당함, 뻔뻔함	강박적 사고, 편집증, 주지화, 과도한 처벌 추구
긍정적 기능	인간의 한계에 대한 인식, 분리된 자아 발견, 겸손함, 공동체와의 동일시, 숙달, 자율성	승화, 도덕적 행동, 계획성, 보상 행동

평가

관련 검사들은 Mosher(2011), Tangney와 Dearing(2002), Harder와 Greenwald(1999), O'Connor 등(1997), Gazzillo 등(2017)과 다른 이들에 의해 개발되었다.

10.9 조증

ICD-10-CM에서 조증은 다양한 F30.xx 코드로 진단된다. DSM-5에서 조증 삽화는 그 자체로 코드 부여가 가능한 장애로 간주되지 않지만, 존재하는 경우 명시자로 추가된다(관련 질문은 섹션 3.19 '조증' 참조. 섹션 10.4 '제I형 양극성장애', 섹션 10.5 '제II형 양극성장애', 섹션 10.6 '순환성장애' 참조).

정동적 양상(↔ 정도순)

발랄한	들뜬	경조증의	활력이 넘치는	조증의	무아지경에 빠진
마음 편한	쾌활한	행복한	의기양양한	웃음이 그치지 않는	고양된
긍정적인	즐거워하는	실없는	열광적인	다행감의	황홀감에 빠진
밝은	부풀어 있는	들떠 있는		가장된 즐거움	
생기 있는	유쾌한	과도하게 떠들썩한	성마른	가장된 의기양양함	공황 상태의
열정적인	기분 좋아진	기운이 넘치는	화난		
		변동이 급격한	격노하는		
이랬다저랬다 하는	낙관적인			정도를 뛰어 넘는	
불안정한	자신만만한				

행동적 양상

- (↔ 정도순) 단정하지 못한, 정리 안 된, 잘 차려 입지 않은, 지나치게 격식을 차려 입은, 잘 차려 입은, 화려한
- (↔ 정도순) 언어 압박, 빠른/속도감 있는 말, 속사포 같은 말, 청중의 수준에 맞지 않는 용어를 사용하는, 과도하게 말이 많은, 수다스러운, 과다한, 목소리가 큰, 장황한, 적절한 어조를 사용하는, 말재간이 좋은, 말장난, 과장 어구를 사용하는, 대화 주제가 자주 바뀌는, 군

말이 많은, 연설을 늘어놓는, 노래하는
- (↔ 정도순) 활기찬, 과잉활동 삽화, 서성거리는, 몸짓으로 이야기하는, 가만히 있지 못하는, 속도를 높이는, 속도가 붙은, 빨라지는, 빠른, 빠르게 움직이는, 침착하지 못한, 춤추는, 운동초조, 광적인, 정신없이 부산스러운, 조증의, 분노, 격분, 공격적인
- 과도하게 자신만만한, 자신의 능력에 대한 과장하는, 많은 활동을 시작하지만 대부분의 활동을 끝내거나 마무리하지 않는, 거창한 계획을 세우는, 피해 입는(다치는)/좋지 않은 결과를 예상하지 못하는
- 불면증, 전체 수면 시간이 감소한, 수면의 필요성이 감소한, 피로감에 대한 인식이 없는
- 부주의한, 경솔한, 사회적 판단이 부족한, 두려움이 없는, 무모한 활동을 하는(예: 위험한 운전, 어리석은 사업 투자 혹은 충동적 소비, 불륜), 탈억제된 활동, 흡연량이 증가한

인지적 양상(↔ 정도순)

앞의 '행동적 양상'의 발화 관련 설명어 참조

확대시킨	과잉사고	사고 비약	연상의 이완	망상
부풀린		비논리적인	일관성 없는	지리멸렬한
과장하는	기이한 연상 활동	급속 사고	와해된	기이한
	관계 망상	사고 폭격	맥락 없는	
통찰력이 거의 없거나 없는			사고 단절	환각 경험
		성적/종교적 몰두	갑작스러운 주제 변화	반향언어증의
집중력이 부족한			음운을 맞추는	
주의 지속 시간이 짧은				
주의가 산만한				

사회적/대인관계적 양상

- (↔ 정도순) 인내심이 없는, 편협한, 성마른, 짜증난, 과도하게 민감한, 과민한, 모욕적인, 비협조적인, 저항적인, 부정적인, 비판적인, 빈정거리는, 도발적인, 화난, 쉽게/부적절하게 화내는, 고약한, 떠들썩한, 무례한, 조잡한, 상스러운, 욕하는, 악담하는, 모독하는, 저속한, 뒷말하는, 외설적인
- 의심이 많은, 조심스러운, 믿지 않는, 다른 사람들이 자신을 제외시킨/따돌린다고 생각하

는, 내담자가 ……(기재하도록 하라)하도록 속았다고 주장하는, 모든 비판의 타당성이나 현실성을 부정하는
- (↔ 정도순) 사교적인, 호감이 가는, 인상적인, 유쾌한, 즐거운, 쾌활한, 매력적인, 농담하는, 장난치는, 순진한, 유치한, 실없는
- 모든 관계를 성적 대상화하는, 성행위에 대한 욕구가 크게 증가한, 성욕/성적 관심이 증가한, 성욕 과잉의, 성적으로 무분별한/행동화하는
- 특권의식 있는, 자만심이 강한, 과장하는, 자부심이 강한, 자신감 있는. 금지 표현: "뻔뻔한"
- 지배적인, 통제적인, 자랑하는, 도전적인, 지략 있는(surgent), 권위적인 인물과 갈등이 있는, 위협적인

조증 평가

가장 일반적인 평가 도구는 성인을 위한 영 조증 평가 척도(Young Mania Rating Scale: YMRS)이다. 이 척도는 11개 문항으로 구성되어 있고, 절단 점수가 존재하며, 기준 점수 및 자기보고식 형태의 척도가 나와 있다(www.outcometracker.org/library/YMRS.pdf; https://psychology-tools.com/young-mania-rating-scale 참조).

진단의 정확성을 위해 시간대별 기분 그래프 그리기를 고려하도록 하라(예: www.manicdepressive.org/tools_clinical.html의 기분 차트 참조).

경조증

ICD-10-CM에서 경조증 코드는 F30.8이다. DSM-5에서 조증 삽화와 같이 경조증 삽화는 그 자체로 코드 부여가 가능한 장애로 간주되지 않기 때문에 명시자로 추가된다.

경조증은 조증보다 덜 심한 증상이지만, 갑작스러운 발병, 판단 착오, 상황과 비례하지 않는 고양된 기분 때문에 기쁨이나 정상적인 행복과는 다르다. 경조증은 항우울제로 우울증을 치료하는 경우 가끔 발생하기도 한다.

망상

섹션 12.8 '망상' 참조

10.10 공황

섹션 10.3 '불안/두려움' 참조

공황장애에 대한 DSM-5 및 ICD-10-CM 코드는 F41.0이다. 광장공포증(공황장애와 동반되는 경

우가 많지만 항상 그렇지는 않다)에 대한 ICD-10-CM 코드는 F40.00, F40.01, F40.02이다. DSM-5에서는 현재 광장공포증에 대해 코드 F40.00을 사용하여 공황장애와 별도로 다룬다.

- **공포에 대한 공포, 불안의 급격한 상승, 불안에 대한 통제 상실, 극심한 공포/불편감**
- **임박했다는/죽음에 가까워졌다는/파국적 느낌**
- **예기치 못한/예상치 못한 증상 발병. 금지 표현: "뜬금없이"**
- **통제 상실/죽음/정신을 놓는 것/난처한 상황을 만드는 것/제어 안 되는 일이 생기는 것에 대한 공포(방광 통제 상실, 졸도)**
- **신체 증상, 특히 자율신경계 반응이 쏟아지듯 나타나는**

10.11 계절성정동장애

ICD-10-CM과 DSM-5 모두에서 계절성정동장애는 F33 주요우울장애로 진단되지만, DSM-5에서는 '계절성 동반' 명시자가 추가된다.

계절성정동장애는 조울증이나 조증으로 나타날 수도 있지만, 주로 우울증으로 나타난다. 좀 더 경미한 형태는 '겨울우울증(winter blues)'이라고 불린다.

증상은 가을/겨울에만 발생하거나 악화된다. 이 비율은 미국의 남부 지역(1.4%)에서 북부 지역(9.7%)으로 갈수록 증가하지만, 구름의 양과 폭풍우(storm)에 따라 달라질 수 있다. 계절성정동장애는 보통 30대에 시작되고, 환자의 75~80%는 여성이다. 광치료는 세로토닌 수치를 조절한다(오전 8시 이전에 시작하여 하루 30~45분 동안 10,000룩스). 증상은 다음과 같다.

- **무기력한, (특히 아침에) 쉽게 피로해지는, 장기 수면에도 비회복적인(과다수면)**
- **왕성한 식욕/체중 증가/탄수화물 갈망**
- **관계에서의 철수, 성욕 감소**
- **주의집중의 어려움, 직업적 곤란, 비효율성**
- **불안 및 절망**

10.12 성적 관심

섹션 3.13 '게이, 레즈비언, 양성애 성 정체성 관련 질문', 섹션 3.14 '성 정체성', 섹션 3.15 '성 정체성: 트랜스젠더 및 성별 비순응자', 섹션 3.26 '성 관련 이력', 섹션 16.5 '커플관계: 필수 요소' 참조, 섹션 6.4 '적응'에서 '성 관련 적응' 참조

각성/흥분/욕정(↔ 정도순)

싫중 난, 수치스러운, 금욕주의적인/고상한 체하는/고지식한, 성에 무관심한, 냉담한, 관심이 낮은, 독신주의의, 금욕적인, 억제된, 성욕 감퇴의, 시작하기를 꺼리는, 자제하는, 지체하는, 수동적인, 주저하는, 관대한, 흥분하는, 관능적인, 갈망하는, 호색적인, 욕정에 사로잡힌, 과도한, 성욕 과잉의, 음란한, 외설적인, 음탕한, 과거 금지되었던 행위에 흥미를 보이는, 성행위를 요구하는(매춘), 현혹하는, 강박적인, 지나치게 요구하는, 공격적인, 폭력적인

☑ 리비도는 성적 활동이 아닌 성적 관심이나 욕구라는 점을 기억하도록 하라.

사랑의 유형

낭만적 사랑, 도취적 사랑, 우애적 사랑, 이타적 사랑/아가페적 사랑, 우정/우애, 열정적 사랑/에로스적 사랑, 가족적/스토르게적 사랑. 금지 표현: "사랑과 사랑에 빠진"

수치심

섹션 10.8 '죄책감/수치심' 참조

10.13 기타 정동/정서 반응

유머 감각

- (↔ 정도순) 유머 감각이 매우 좋은/보통인/적절한/감소된/없는, 웃음기 없는, 점잔 빼는, 너무 진지하게 생각하는
- 유쾌한 반응은 잠깐이었다/순간적이었다, 유머에 반응은 하지만 먼저 시작하지는 않는. 금지 표현: "살짝 보이는 억지 웃음"
- 점잖은, 유쾌한, 장난스러운, 쾌활한, 농담을 좋아하는, 짓궂은, 웃기는, 즐거움을 주는, 이야기/농담을 잘하는, 가벼운 농담을 잘 던지는, 말장난하는, 재치 있는 농담을 하는, 조롱하는, 실없는, 몸 개그를 보이는
- 유머 감각이 심오한/실존주의적인/부조리주의적인, 풍자적인, 진지한 체하는, 반어적인, 냉소적인, 수준 높은, 재치 있는
- 빈정대는, 명확한 의도를 지닌, 괴롭히는, 적대적인, 모욕적이고 저속한 농담, 부적절한 발언을 한 후 "농담입니다."라는 말로 변명하는

◆양가감정

복잡한 심경의, 상충된, 동문서답하는, 접근-회피 갈등의, 왔다 갔다 하는, 우유부단한, 결정을 내리지 못하는, 계속해서 대안책을 따지는, 다른 선택지를 찾는, 막힌, 의지 상실의. 금지 표현: "내가 뭘 하고 있는지도 모르겠다." "나는 하고 싶기도, 하기 싫기도 하다."

제11장 인지 기능 및 정신 상태

이 장에는 정신상태평가(MSE)에서 평가된 인지 기능의 모든 측면에 대한 설명어들이 포함되어 있다. 이러한 행동과 기능을 이끌어 내기 위한 질문들은 제2장에 수록되어 있다.

이 장의 소제목은 단순한 정신적 · 인지적 기능에서 복잡한 정신적 · 인지적 기능 순으로 나열되어 있다. 이러한 기능의 용어는 학문과 전문 분야에 걸쳐 보편적으로 사용되지 않으므로 알파벳 순으로 정렬하면 독자들에게 혼란을 줄 수 있다. 제12장 '이상 징후, 증상, 증후군'에서 소제목은 알파벳 순으로 정리되어 있는데, 이는 임상가들이 해당 방식으로 검색하는 경우가 더 많기 때문이다.

11.1 병리학적 소견 없음: 요약 진술

관련 ICD-10-CM 코드는 Z71.1이다. 어떤 진단 및 증상이 없는 상태이며, 현재 DSM-5에서 유사한 증상도 없을 경우에 사용하도록 하라. ICD-10-CM 코드 Z03.89도 마찬가지이다. 기타 의심되는 장애 및 증상에 해당되지 않을 경우 사용하도록 하라. 현재 증상이 있는 경우에는 '달리 명시되지 않는'에 해당하는 DSM-5의 F99 정신장애 코드; 혹은 '명시되지 않는'에 해당하는 ICD-10-CM의 F99 코드, 정신질환, NOS 또는 R69를 사용하도록 하라.

- **면담 중에 관찰된 행동을 근거로, ……라고 사료된다.**
- **전문적 소견으로는…….**
- **검사는 모두 정상/양성이다.**
- **검사는 모두 정상 범위 이내였다.**
- **내담자는 정상으로 보인다/내담자에게 특이사항은 없어 보인다/내담자는 온전한 상태로 보인다.**
- **특이한 점은 발견되지 않았다.**
- **상기 평가 도구/검사에 의한 평가에서 어떠한 한계점도 관찰되지 않았다.**

- 사고장애 또는 주요한 정동/인지/행동장애의 근거/징후는 발견되지/드러나지 않았다.
- 사고, 정동 또는 행동의 이상 없음/심각한 이상 없음/기이함 없음
- 나는 그 어떤 특이한 논리나 이해 불가한 점을 발견하지 못했다.
- 정신증이나 기질성 증상의 명백한 징후도 없고 어떤 범주의 환각 증상도 없다.
- 내담자는 자연스럽고 정상적인 방식으로 사고하고 있으며, 사고가 뚜렷하고 일관성 있다.
- 비논리적이고 이해 불가한 말에서 지리멸렬한 정신운동에 대한 징후는 발견되지 않았다.
- 대화 속 내용이 맥락상 적절하며 전달력도 자연스럽다.
- 내담자는 완전/부분/미미한/최근/취약한 관해 상태에 있다.
- 나는 이전에 보고되었던 증상이나 장애와 관련된 행동적 증상/징후를 찾아내지 못했다.
- 현재 관찰된 근거로 볼 때 과거 상황의 진전, 기능 저하 또는 악화된 양상은 없다.
- 지적 능력의 현저한 감퇴와 관련된 징후를 발견할 수 없다.
- 약물 또는 알코올 남용/법률 기록(legal record)/정신건강의학과 진단 혹은 치료 병력에 대한 증거 자료는 없다.

11.2 산술력

섹션 17.4 '수리 능력', 섹션 14.6 '재정 능력' 참조. '계산 능력'에 대한 질문은 섹션 2.16 참조

11.3 주의력

'주의력'에 대한 질문은 섹션 2.6 참조. 섹션 12.3 '주의력결핍/과잉행동장애' 참조

(→ 정도순) 다음 분류는 주의력 정도순으로(낮은 순서에서 높은 순서로) 나열되었다.

자각 없는, 주의를 기울일 수 없는, 주의 집중이 안 되는, 백일몽, 자폐적인 몽상, 생각에 잠긴, 수심에 찬, 질문을 놓치는, 주의를 기울이거나 유지할 수 없는, 외부 소리/동시에 벌어지는 일들/환상/정서/기억에 의해 주의력이 제한되는. 금지 표현: "망상에 잠기기"

산만한, 부주의한, 방황하는, 주의 이동하는, 무관한 것에만 주의를 기울이는, 반응이 무관한, 환경/체내/정서 경험으로부터의 방해 자극을 억제하지 못하는, 외부 자극보다는 내부 자극에 의해 영향을 받는, 자극에 쉽게 압도되는, 많은 반복이 필요한, 익숙한 단어/문구를 반복하지 못하는, 잠깐 동안만 주의를 기울일 수 있는, 주의의 폭이 짧은/주의 지속이 어려운

주의력이 낮은, 생각에 사로잡힌, 주의를 요하는 과제에 어려움을 겪는, 일상 업무 이상으로 책임감 있는 판단에 필요한 세부사항에 몰두하지 못하는, 선택적 주의/부주

의, 일시적으로 주의가 흐트러진

주의를 기울이는, 상황에 맞지 않는 요소 가운데 핵심적인 정보만 선택/집중할 수 있는, 초점을 유지할 수 있는/방해 요소를 차단할 수 있는, 질문 응답/면담/심리치료/효율적인 생활 관리에 있어 주의력이 충분한, 주변 자극으로부터 방해받지 않는, 주의를 오래 기울일 수 있지만 때때로 주의가 산만해지는, 주의 깊은

11.4 집중력/과제 지속성

관련 질문은 섹션 2.7 '집중력' 참조. 섹션 12.3 '주의력결핍/과잉행동장애' 참조

일반적인 설명어

검사 중/몇 분 이상 집중력을 유지할 수 없는, 또래에 비해 주의력이 저조한, 3가지 이상의 연속/서면 지시사항을 따를 수 없는, 대처 능력/적응 능력/목적 있는 과제에 주의를 기울일 수 없는, 자주 사용하는 단어의 철자를 거꾸로 쓸 수 없는

방해 요인

- 직접적인 질문에 대한 집중력은 손상되지 않았지만 특정 주제(예: 증상이나 부인 행동)에 대한 질문에는 다소간의 회상 능력 손상이 나타남
- 수행 불안, 실패에 대한 두려움, 부족함/부적절함이 드러나는 것에 대한 두려움, 당황, 일반적인 불안, 자신 및 타인에 대한 생각에 몰두함

100에서 7씩 빼기 과제 수행

- 100에서 7씩 ______ 번을 뺄 수 있었다/100에서 7씩 빼는 것을 틀리지 않고 끝까지 할 수 있었다/100에서 2가 나올 때까지 7씩 정확하게 뺄 수 있었다.
- 수행을 중단시킬 때까지 100에서 7씩 빼는 과제를 ______ 까지 ______ 초 만에 수행했으며, 오류는 ______ 개였다.
- 오류를 범하기 전까지 100에서 7씩 빼기를 ______ 번 수행할 수 있었다.
- 수행 과정에서 스스로 오류를 수정했다.
- 7씩 빼는 과제에서 ______ 개의 오류를 보였으나 직전 숫자에서의 빼기는 정확하게 수행했다.
- 신중하게 수행했음에도 ______ 단계/______ 번째 시도까지만 집중력을 유지할 수 있었다.
- 수학적 추론 능력은 적절했으나 계속되는 수행 불안으로 계산이 부정확했다.

정신 상태

11.5 의식 수준

섹션 2.3 '란초 로스 아미고스 인지 기능 척도' 참조

(↔ 정도순) 다음 분류는 의식 정도순으로(낮은 순서에서 높은 순서로) 나열되었다.

혼수, 혼수 상태에 빠진, 각성 혼수, 각성 불능의, 무반응의, 둔감 상태의

혼미, 의식이 혼미한, 지속적인 유해 자극에만 반응하는, 발작 후 혼미 상태의, 몽롱 상태의, 잠에 빠진, 오락가락하는, 각성 가능한, 반혼수

기면, 각성 상태가 감소된, 졸린 상태의, 의식을 잃는 짧은 순간에만 반응하는

의식 혼탁, 졸린, 잠이든, 반응하려면 특별한 노력이 필요한, 과제 수행 능력이 저하된, 잦은 주춤거림, 갑작스러운 행동 개시/움직임, 지남력이 저하된, 정신이 혼미해 몸을 가누지 못하는, '약물에 취한 상태의', ……(기재하도록 하라)한 약물의 영향으로, 멍한 상태의

명료, 질문에 반응하는, 주의를 기울이는, 눈맞춤을 하는, 상호작용하는, 질문하는, 대화하는, 또렷한, 손상되지 않은, 자발적으로 대화하는

11.6 의사결정

섹션 11.14 '도덕적/사회적 판단과 지식' 참조. 관련 질문은 섹션 2.21 '의사결정' 참조

(↔ 정도순) 다음 분류는 의사결정 능력 정도순으로(낮은 순서에서 높은 순서로) 나열되었다.

쉽게 혼란스러워하는, 선택 상황에서 쉽게 압도되는, 선택지에 대한 이해가 부족한, 선택지를 고려하지 못하는

결단하지 못하는, 허둥대는, 갈피를 못 잡는, 지연하는, 끝없이 고민하는, 결정해야 하는 상황을 회피하는, 결정을 번복하는, 의견이 자주 뒤바뀌는, 양가적인, 다른 사람에게 대신 결정을 요청/요구하는. 금지 표현: "갈팡질팡하는"

언급한 선택사항을 수행해 낼 수 없는, 지시사항을 수행하는 데/시작한 과제를 마무리하는 데 부족함이 있는, 간단한/업무 관련 결정만 내릴 수 있는

결단력 있는, 효과적인, 시작한 일을 완수하는, 좌절/모호함/지연/실수/주시하는 것/변수/변화/양가성을 견디는

11.7 치매

섹션 11.13 '기억력', 섹션 11.14 '도덕적/사회적 판단과 지식', 섹션 11.17 '추론/추상적 사고/개념 형성.' 참조. 선별 질문은 섹션 2.10 '기억력' 참조

치매의 유형

알츠하이머 치매(조발성 G30.0, 후발성 G30.1)가 가장 흔하다. 다경색 치매/혈관성 치매(행동장애에 유무에 따라 F01.50 및 F01.51)가 두 번째로 많이 발생한다. 그 외 루이소체 치매(G31.83)와 피크병(G31.01)도 있다. 이들은 모두 ICD-10-CM에 있지만, F01.50과 F01.51은 DSM-5에만 있으며, 여기에는 G31.84에 따른 경도 신경인지장애와 G31.9에 따른 일부 가능한 고도 신경인지장애도 포함된다. 희귀 치매에는 신경매독에 의한 치매, 에이즈 치매 증후군(AIDS Dementia Complex), 권투선수 치매(dementia pugilistica), 포르피린 관련 치매(porphyria-related dementia)가 있다.

회복 가능한 또는 치료 가능한 치매는 다음의 질병으로 인한 치매가 포함된다. 우울증(다음 내용 참조), 갑상선기능저하증, 심혈관질환, 간성뇌증, 저혈당증, 고칼슘혈증, 알코올 사용(베르니케 코르사코프 증후군)으로 인한 비타민 B1 결핍(각기병), 니아신(비타민 B3) 결핍(펠라그라), 엽산(비타민 B9) 결핍, 다중/과다약물 복용, 물질에 의해 유발되는 모든 정신증과 섬망(**섹션 28.6 '기질성 뇌 증후군/치매' 참조**). DEMENTIA: Drugs: 약물(항콜린성), Emotional: 정서적(우울), Metabolic or endocrine: 대사성 혹은 내분비, Eyes and ears declining: 시력 및 청력 감퇴, Normal pressure hydrocephalus: 정상압수두증, Tumor or space-occupying lesion: 종양 또는 점거성 병변, Infections(syphilis, HIV): 감염(매독, HIV), Anemia(vitamin B12 or folate deficiency): 빈혈(비타민 B12 또는 엽산 결핍).

주의사항

☑ 첫째, 노화가 치매를 유발하는 것이 아니기 때문에 '노망'을 치매의 의미로 사용하지 말도록 하라. 노화는 질병이 아니다. 어떤 나이에 발병해도 치매는 정상적인 상태가 아니며, 많은 경우 치매는 가역적이지만 나이는 그렇지 않다. 정상적인 인지 기능 저하는 있을 수 있지만 "질병이 없는 상태에서 치매는 존재하지 않는다". 감별 진단을 위해서는 다음을 확인하는 것이 필요하다. 우울증, 반복되는 일상과 수동성으로 인해 '의식이 없는 상태'(Langer, 1989), 당뇨병, 알코올 남용, 감염, 외상, 종양, 혈관질환, 감각 지각 능력 제한, 정상압수두증, 대사장애, 영양실조, 약물 상호작용/독성, 수면 박탈, 다양한 중추신경계 상태 **(섹션 12.33 '향정신성 약물의 부작용/약물 이상 반응' 참조)**.

☑ 둘째, 잠행성 발병으로 인한 에이즈 치매 증후군 가능성에 주의하도록 하라(**이 주제에 해당하는 섹션 12.2 참조**).

☑ 셋째, 치매와 유사한 증상이 다른 정신과적 장애로 인해 발생할 수 있는지 고려하도록 하라. 가장 일반적으로는 우울증이 있다(이를 '우울성 치매 증후군'이라고 부름). 그러나 때로는 조현병이나 신체형장애일 수도 있다. 이러한 상태를 공식적으로 '가성치매'라고 부르지만 기능적으로 '가성'은 아니다. 우울성 치

매 증후군과 감별하는 것은 쉽지 않지만, 이와 관련하여 여러 웹사이트(https://brainaacn.org/dementia-versus-depression; www.psychiatrist.com/JCP/article/Pages/ 2017/v78n09/TK16043AH5C.aspx)에서 수준 높은 최신 지침을 제공한다.

알츠하이머병의 감퇴 단계

일반적으로 받아들여지고 있는 7단계 치매 진행 모델은 다음의 웹사이트 www.fhca.org/members/qi/clinadmin/global.pdf, https://www.mayoclinic.org/diseases-conditions/ alzheimers-disease/in-depth/alzheimers-stages/art-20048448, https://www.alz.org/ alzheimers-dementia/stages에서 찾아볼 수 있다.

11.8 실행 기능

주의력결핍/과잉행동장애(ADHD)에 대해 진행하고 있는 연구 및 이론은 기본 주의력, 경계력, 집중력 결핍에 초점이 맞춰져 있었으나, 다른 역량에 의존하는 상위 개념인 자기조절 실패로 보는 관점으로 변하고 있다. 전형적으로 낮은 수준의 인지 기능에는 주의력, 언어 및 비언어적 작업 기억, 단순 학습, 정신운동 처리가 포함된다. 높은 수준의 인지 과정을 '실행 기능'이라고 하며, 여기에는 과제 분석, 전략 세우기, 계획, 우선순위 정하기; 의사결정 및 일관성, 과제 개시 및 다중 작업; 정보의 업데이트; 전환 및 지속적 유연성; 경쟁 활동 억제 및 지속; 정서적 자기통제가 포함된다. 이 모든 과정은 독립적인 일상 과제 수행과 목표 달성을 성공적으로 이루는 데 필요한 자기통제력 및 조절 능력을 요구한다.

자주 사용되는 실행 기능 검사에는 위스콘신 카드분류검사(Wisconsin Card Sorting Test; Nyhus & Barceelo, 2009)가 포함되며, 다양한 유사 검사가 있다. 할스테드-라이탄 신경심리검사 배터리(Halsted-Reitan Neuropsychological Battery; Reitan & Wolfson, 1993)에 포함된 범주 유창성검사(Category Test), 선로잇기검사 A, B(Trail Making Tests A and B), 하노이탑검사 개정판(Tower of Hanoi Revised) 및 런던탑검사(Tower of London)가 있다.

11.9 상식

관련 질문은 섹션 2.11 '상식' 참조

상식/일반 상식이 빈약한/부족한, 최신 정보/실용 정보/일반 상식을 알지 못하는, 사실적 지식 수준이 낮은/고르지 않은, 많은 사실적/수치적/역사적/지리적/사회적 기본 개념을 알지 못하는

요약 진술

- 부족한 교육 수준은 일반적으로 초등학교에서 습득하는 낮은 수준의 상식에서 명백하게 드러났다/입증되었다.
- 내담자의 문화적 배경, 정규 교육 수준, 독학 수준을 고려할 때, 내담자의 상식 수준은 …… (기재하도록 하라)였다.

11.10 병식

관련 질문은 섹션 2.23 '장애에 대한 병식' 참조

전혀 없음 혹은 거의 없음

- 병식 없음, 자신의 행동에 대한 성찰이 전혀 없는, 심리적 문제/질병/증상의 존재를 부인하는, 문제를 인식하고 있지만 그 문제를 다른 사람/주변 환경/신체적 요인/알려지지 않았거나 설명할 수 없는 무언가의 탓으로 돌리는, 행동에 대한 심리적 또는 동기적 해석을 반박하는, 기관의 제도나 체계와 맞서는, 자기 자신을 돕기 위해 거의 또는 아무것도 하지 않는, 운명론적 체념
- (증거가 있음에도 불구하고) 현재의 증상이 심각하다는 것/도움이 필요하다는 것을 부인하는, 어떤 특정한 방법으로 태도/행동/감정을 바꿀 필요가 없다고 느끼는, 논의 도중 의료진의 평가/결과물에 대해 축소하는/거부하는/핵심을 흐리는/회피하는
- 혼란스러운, 이해하기 어려운, 당혹스러운, 자신이 처한 상황을 어떻게 다루어야 할지 모르는

어느 정도 있는

- 피상적인, 얕은, 상투적인, 심리적 문제의 존재를 인정하기 어려워하는, 자기기만의, 문제에 집중할 수 없는, 객관성이 결여된
- 병식이 양호하지 못한, 잠깐씩 병식이 돌아오는, 자신을 잘 이해하지 못하는
- 자신의 능력치/잠재력을 충분히 발휘하지 않고 있다는 사실을 알고 있는
- 일부 증상을 인식하는 것처럼 보이나 그 기전이나 진행 과정에 대한 이해는 없는
- 병식이 생겨나고 있는/온전해지고 있는/분명해지고 있는
- 자신의 정신병적 사고를 이해하려고 계속 노력하는
- 행동에 대한 어느 정도의 병식을 가지고 있지만, 적절하게 대응하거나 생활 장면에 대한 만족스러운 해결책을 찾아내지 못하는

◆온전한

- 자신에게 문제가 있다고 믿는/수용하는, 치료의 필요성을 인식하는, 자발적으로 치료를 받으러 온, 자신의 문제에 대해 말할 수 있는, 약물을 복용하는, 치료에 참여하는, 치료 활동에 참여하는, 심리적/신체적/과거 큰 한계점이 있음을 인정하는
- 증상/문제 행동/적응 실패가 적어도 부분적으로는 비합리적인 사고/감정/내적 상태/방어/개인력으로 인한 것임을 수용하는, 증상 행동으로 인해 발생한 정서/인지적 변화를 식별할 수 있는, 증상 행동(예: 알코올 남용)과 정서 상태의 관계를 인식하는, 문제가 수명/삶의 질/삶의 만족도에 미치는 영향을 인정하는
- 자신과 타인에 대한 새로운 사고방식/관점에 개방적인, 자기인식, 심리적으로 받아들이고 분석될 준비가 되어 있는, 보호자가 제공하는 설명을 수용하는, 자신의 행동/삶의 방향을 바꾸기 위해 이해한 바를 적용할 수 있는, 질병의 원인/역동/치료/영향을 이해하는
- 행동의 결과를 이해하고 이러한 인식의 영향을 받는, 사회적 가치에 반하는/사회적으로 수용될 수 없는/개인적으로 비생산적인 행동을 식별/구분/이해할 수 있는

장애 보고서의 경우: 부상/질병과 심리적 상태 간 관계에 대해 대상자가 어느 정도 자각하고 있는지를 기록하도록 하라.

11.11 지능 및 인지: 평가

일상생활 수행 능력평가는 섹션 14.1 참조, 성격평가는 섹션 13.1 참조, ADHD평가는 섹션 12.3 참조, 기억평가는 섹션 11.13 참조, 직업평가는 섹션 17.1 참조

'지능'은 널리 이용되는 검사로 측정되는 부분보다 더 많은 종류가 있다는 것을 명심하도록 하라. Gardner(2006)는 최소한 9가지의 지능을 다음과 같이 제시했다.

1. **자연관찰 지능**: 생물을 이해하고 자연을 탐구하는 능력
2. **음악적 지능**: 음의 높이, 음조, 리듬, 음색을 식별하는 능력
3. **논리-수학적 지능**: 계산 능력, 수량화 능력, 명제와 가설을 고려하는 능력, 수학 연산 수행 능력
4. **실존적 지능**: 삶의 의미, 왜 죽는지, 어떻게 살아야 하는지와 같은 인간 존재에 대한 심오한 질문에 대처할 수 있는 능력
5. **대인관계 지능**: 타인을 이해하고 타인과 효과적으로 상호작용할 수 있는 능력
6. **운동 감각 지능**: 사물을 조작하고 다양한 신체 기술을 사용할 수 있는 능력

7. **개인내(intrapersonal) 지능**: 자기 자신 그리고 자신의 생각과 감정을 이해하고, 자신의 삶을 계획하고 방향을 결정하는 지식을 활용할 수 있는 능력
8. **언어적 지능**: (그림이 아닌) 언어로 사고하는 능력, 언어를 사용하여 복잡한 의미를 표현하고 이해하는 능력
9. **공간 지능**: 3차원으로 사고하는 능력

☑ 학습장애, 정보처리장애, 지적장애 또는 학교 수행을 제한하는 기타 상태의 존재가 의심되는 경우, 평가 및 교육을 위해 여러 특성화된 도구를 사용할 수 있는 학교심리학자 또는 교육 전문가에게 자문을 구하거나 의뢰하는 것이 일반적으로 적절하다.

수천 개의 도구가 정신 기능의 거의 모든 측면을 평가하기 위해 제작되었고, 이 중 수백 개의 도구는 좋은 신뢰성과 타당성을 가지고 있다. 다음 목록에 포함되어 있다고 해서 본 저자나 출판사가 검사의 목적이나 유효성을 보증한다는 의미는 아니다. 임상 장면에서 접할 가능성이 있는 검사 위주로 포함했다. 각 항목에는 현재 판 제목 또는 각 검사 버전(밑줄 표시된 앞 글자를 딴 약어 또는 일반 이름 포함), 저작권 날짜(가능한 경우), 현재 출판사 또는 배급사, 적용 가능한 연령 범위가 제시되었다.

지능(선별검사)

- 슬로슨 지능검사-3판(Slosson Intelligence Test-Revised-3rd ed), Slosson, 4~65세
- 카우프만 간편지능검사-2판(Kaufman Brief Intelligence Test-2), Pearson Assessment, 4~90세
- 레이놀즈 지적 선별검사(Reynolds Intellectual Screening Test, 2003), Psychological Assessment Resources, 3~94세

지능(보다 정확한 평가를 위한 개인별 과제)

- 카우프만 청소년 및 성인용 지능검사(Kaufman Adolescent and Adult Intelligence Test), Pearson Assessments, 11~85세 이상
- 스탠퍼드-비네 지능검사-5판(Stanford-Binet Intelligence Scales, 5th ed., 2003), Riverside, 2세~성인
- 단축형 웩슬러 지능검사(Wechsler Abbreviated Scale of Intelligence, 2011), Pearson Assessments, 6~89세
- 웩슬러 성인용 지능검사-4판(Wechsler Adult Intelligence Scale-IV, 2008), Pearson Assessments, 16~90세
- 광범위 지능검사(Wide Range Intelligence Test, 2000), Psychological Assessment Resources, 4~85세

지적 기능을 측정하는 비언어적 검사

- 비언어적 지능검사-4판(Test Of Nonverbal Intelligence-4, 2010), PRO-ED, 6~90세
- 비언어적 지능 종합검사-2판(Comprehensive Test Of Nonverbal Intelligence-2, 2009), PRO-ED, 6~91세
- 레이븐 누진 행렬검사-2판(Raven's Progressive Matrices-2, 2018), Pearson Assessments, 5세~성인

학업 성취검사

- 광범위 성취검사-5판(Wide Range Achievement Test, 5th ed., 2017), Psychological Assessment Resources, 5~94세
- 우드콕-존슨 성취검사-4판(Woodcock-Johnson IV, 2014), Riverside, 2~90세 이상

11.12 지능 점수: 분류

DSM-5/ICD-10-CM 진단 및 지적장애에 대한 코드(그리고 DSM-5 경계선 지적 기능 R41.83)는 제21장 '진단적 진술/소견' 참조

성인 IQ 규준

범주	IQ 점수 범위	각 항목에 포함된 인구 비율(%)
매우 우수	130 이상	2.27
우수	115~129	13.59
평균 상	100~114	34.13
(평균)	(85~115)	(68.26)
평균 하	85~99	34.13
경계선	71~84	13.59
경도 지적장애	50~55에서 70	2.14
중등도 지적장애	35~40에서 50~55	0.13

이 표는 Wechsler(2008)를 기반으로 한다.

점수의 타당도: 요약 진술

- **획득한 검사 점수는 현재 지적 기능의 유효한 지표로/현재 지적 기능을 상당히 과소평가한 것으로 사료된다.**

- **발달력 및 손상된 기능 정도에 부합할 수준으로 평가되었지만** ……(기재하도록 하라) **때문에 잠재 능력은 반영되지 않았다.**

주의사항

☑ 진단 시 지능검사 결과(그리고 이 점수의 표준 오차)뿐만 아니라 적응 행동(ADLs, 도움이 필요한 정도, 기능적 능력) 수준 및 사회적 기술 수준을 신중히 고려하도록 하라.

☑ 교육, 우울증, 치매, 불안으로 인한 주의력 저하/주의 분산, 검사자와의 관계, 병발성 의학적 질병 등이 지적 기능에 미치는 잠재적 영향을 고려하도록 하라.

☑ 일반적으로 40점 미만의 IQ 점수(또는 검사에서 얻은 점수의 최저치)는 의미 있는 변별 기준이 아니다.

☑ 현재 기능이 저하된 상태일 가능성을 고려하도록 하라. 만약 그렇다면 현재 하위 영역 검사 결과, 이전 검사 결과, 적응 행동의 변화된 수준 등을 바탕으로 병전 지능 추정치를 제공하도록 하라.

11.13 기억력

관련 질문은 섹션 2.10 '기억력' 참조. 섹션 11.7 '치매' 참조

손상 지표(↔ 정도순)

- 잘 잊어버리는, 불확실한/의문스러워하는, 어찌할 바를 모르는, 뚜렷하지 않은, 머뭇거리는, 몽롱한 상태로 보이는, 멍한, 헷갈리는, 혼란스러운, 말을 지어내는, 말을 꾸며 내는, 말을 계속 반복하는, 머릿속이 뒤섞인, 뒤죽박죽인. 금지 표현: "기억이 드문드문 나는" "정신이 없는"
- 시기/순서를 혼동하는, 순차적으로 기억하지 못하는, 외부/상황 문제에 지나치게 집중하는, 모호한, 추측하는/추정하는/어림잡는, 간저 증후군, 기억한 내용의 앞뒤가 맞지 않는, 빈틈이 보이는, 생략하는, 빈약한/배경 정보가 피상적인, 모순된 기억, 과거 사건을 회고해 줄 사람/보고해 줄 사람의 보고가 빈약한
- 인식만 가능한, 느린 회상, 많은 지시(prompting)/단서에만 회상하는, 재생산/재구성하는 데 많은 어려움/부정확성을 보이는

기억 상실

전향성, 후향성, 일과성 완전 기억 상실, 둔주, 기억상실장애, 코르사코프 증후군, 베르니케 증후군. 금지 표현: "유아 기억 상실"

기억 착오

회상성 기억 조작, 작화, 과거 사건/타인으로부터 들은 말로 인한 사전 지식, 데자 뷰(déjà vu: 자신이 지각하고 있는 것을 이전에 경험한 경험), 데자 앙탕뒤(déjà entendu: 이미 들은), 데자 팡세(déjà pensé: 이미 생각한), 자메 뷰(jamais vu: 한 번도 경험하지 못한), 기억 항진, 명칭실어증, 인식불능증, 얼굴인식불능증, 설단 현상

기억 손상이 환자에게 미치는 영향(↔ 정도순)

보상 방법/대처 기술을(이) 최대한 사용하는/효과적인/빈약한/활용 불가능한, 생활방식을 제한하는, 무시하는, 부인하는

기억 수행에 대한 요약 진술

정상 기억

- 기억의 모든 요소가 모두 온전하다.
- 내담자는 정상적으로/시기별 개인력에 대해 자세하게 말할 수 있다.
- 사전 배경 정보에 대한 별개의 검증 없이 판단한 결과, 내담자의 원격 기억, 최근 기억, 즉시 기억은 손상되지 않은 것으로 보인다.
- 정상적인 망각/노화에 의한 기억 소실/노화에 의한 기억 감퇴/노화에 의한 기억 저하(Age-Associated Memory Impairment: AAMI)/노화에 의한 인지 기능 저하(Age-Related Cognitive Decline: ARCD)가 존재한다.

회고자로서

- 내담자는 자신의 활동/생활 사건을 시간 순서대로 설명할 수 없었다/있었다.
- 내담자의 기억 수행은 온전하고, 실질적이고, 순차적이고, 상세하고, 논리적인 배경 정보/이야기를 제공할 수 있는 능력을 반영한다. 내담자의 기억은 ……(기재하도록 하라)로 인해 손상이 있었다/상당히 빈약했다/빈약했다/적절했다/정상적이었다/뛰어났다/이상이 있었다.
- 시간 순서에 따른 사건들에 대한 기억은 모호했다/불완전했다/모순되었다/혼란스러웠다.
- 내담자는 학교/직장/가정 내 변화/치료의 시기를 회상할 수 없었다.

기억 손상

- 내담자는 5/10분 동안 다른/관련 없는 활동을 한 후 어떤 물건/단어도 회상할 수 없었다/1개/2개/3개의 물건/단어를 회상할 수 있었다.

- **모든 시기에서 기억력에 제한/생략된 부분이/손상/문제가 있었다.**
- **기억력은 기질적으로 손상되지 않았지만, 불안/우울이 이에 방해가 되고 있다.**
- **내담자의 즉시 기억/단기 기억/최근 기억/최근 과거 기억/원격 기억은 결함이 있는 것/정상인 것/뛰어난 것으로 보인다.**
- **내담자는 ______** (진단명을 기재하도록 하라)**가 현재 있거나, 과거에 있었던 사람들의 전형적인 기억 결함 양상을 나타낸다.**
- **______ 기억은 문제가 없으나/정상이나, ______ 기억은 결함이 있다/예외였다.**
- **원격 기억과 최근 기억은 손상되지 않은 것으로 보이나, 중요한 사건에 대한 내담자의 설명에는 내용이 없고 흐릿했다.**
- **내담자는 개인사의 중요한 사건에 대해 풍부한 설명을 제공하지 않았다.**
- **내담자의 회상은 모호하게 보고하는 것처럼/회피하는 것처럼/불신에 의해 왜곡된 것처럼/자기보호를 위해 편집된 것처럼 보였다.**

기억의 기타 측면

기억의 유형

- 임상적: 재인(식별하기, 선택하기, 골라내기 혹은 찾기), 재생(말하기, 반복하기, 복사하기), 회상(단서 없이 기억해 내기)
- 유형: 즉시, 단기/능동/작업, 장기, 일반, 직관, 서사, 서술/명시적 vs. 절차/암묵, 자동적 vs. 노력을 요하는, 의미 vs. 일화, 언어(단어, 문구, 이야기, 연합 단어 쌍), 시각(색깔, 디자인, 그림), 공간(사물의 위치), 일화(맥락, 상황, 요소, 세부사항, 순서, 주제), 실용/실행(깡통 여는 법, 양치질하는 법, 빵에 버터 바르는 법 등을 시연/몸짓으로 표현하는 능력)
- 기능 혹은 과정: 습득, 등록, 부호화, 재부호화, 청킹(chunking), 공고화, 시연, 전송, 저장, 유지, 쇠퇴, 인출, 회상, 재구성[1]
- 망각의 가능한 원인: 쇠퇴, 대치, 간섭(interference), 역행성 및 순행성 제지(inhibition), 공고화 차단 이론(consolidation block theory), 인출 실패 이론(retrieval failure theory), 명시적 기억 결핍
- 회상에 영향을 미치는 요인: 초두 효과, 최신 효과, 생생함, 빈도
- 회상을 증진시키는 방법: 장소법, 기억술, 정교화 시연, 점화, 시공간 기억법(spatiotemporal markers)

1 이 섹션의 몇 가지 수정사항에 대해 Mustaq Khan, PhD(캐나다 온타리오주 런던)에게 감사한다.

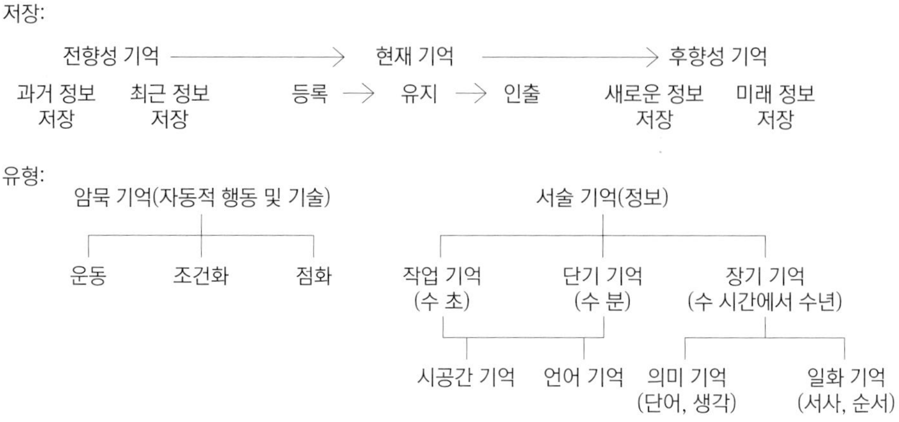

노인성 건망증의 특징

다음 표는 Kral(1978)에서 발췌한 것이다.

악성	노화에 의한 기억장애(양성 노인성 건망증)
• 기억 유지 시간 단축 • 중요하지 않은 사실뿐만 아니라 경험 자체를 포함하여 최근 과거의 사건을 회상할 수 없음 • 장소와 시간 그리고 점차적으로 사람에 대한 지남력 상실을 동반한 회상 실패 • 손상에 대한 자기인식 부재	• 회상 실패는 경험의 상대적으로 중요하지 않은 부분(예: 이름 또는 날짜)에 국한된다. • 한 사건에 대해 잊어버린 부분은 다른 시점에서 기억날 수 있다. • '잊힌' 내용은 최근 과거 기억이 아닌 원격 기억(더 오래전 기억)에 속한다. • 대상자는 결점을 인지하고 양해를 구하거나 통찰할 수 있다. • 경미한 언어장애 또는 실행장애(praxis impairment)

◆ 기억력 평가 도구

섹션 11.11의 검사 목록에서와 같이 여기에 있는 각 항목에는 현재 판 제목 또는 각 검사 버전, 저작권 날짜(가능한 경우), 현재 출판사 또는 배급사, 적용 가능한 연령 범위가 제시되었다.

- 웩슬러 기억력검사-4판(Wechsler Memory Scale-IV, 2009), Pearson Assessments, 16~90세
- 벤톤 시각 기억검사-5판(Benton Visual Retention Test, 5th ed., 1991), Pearson Assessments, 8세~성인
- 광범위 기억 및 학습검사-2판(Wide Range Assessment of Memory and Learning-2, 2003), Psychological Assessment Resources, 5~90세
- 레이 복합 도형검사 및 재인검사-2판(Rey Complex Figure Test and Recognition Trial, 1995),

Pearson Assessments, 6~89세

- 리버메드 행동 기억검사-3판(Rivermead Behavioural Memory Test-3), Pearson Assessments, 성인

11.14 도덕적/사회적 판단과 지식

섹션 11.6, 섹션 11.9, 섹션 11.15, 섹션 11.16, 섹션 11.17 참조. 관련 질문은 섹션 2.20 '사회적 판단력' 참조

이해력/상식 부족

- 일반적/사회적 현실을 인식할 수 있는 역량의 상당한 결함
- 합리적이고 현실적인 일상에서 결정을 내리는 능력 손상
- 충분한 정보 없이/충동적으로/소문에 의존하여/친구의 부탁을 거절할 수 없어 중대한 결정을 하게 되는
- 아주 작은 스트레스에도 의사결정 오류를 범하는
- 잘못된 신념에 이끌린 것 같은
- 조심성 없는/무모한/무심한/경솔한, 무책임한, 충동적인
- 평생 동안 효과 없는 대처법을 사용해 온
- 지나친 상상력, 소망/공포/충동을 객관적/사회적 현실과 혼동하는

피해

- 자기 자신에게 해로운 행위를 하는
- 두드러질 정도로 부족하고 자기위해적인 선택을 하는
- 반복적으로 이용당해 온
- 쉽게 현혹되고 사기/학대/이용당하는
- 친구를 잘 분별해 사귀지 않는
- 자신도 모르는 사이에 위험한 상황에 빠지거나 위험에서 벗어날 수 없는
- 손실/피해/착취를 방지하기 위해 긴밀한 지원/감시가 필요한
- 자립생활/원호생활(assisted living)에 대한 판단력이 충분하지 않은

정상적 판단/상식

- 상식적인 수준에서 이해하는, 상식적인, '세상 물정에 밝은'

- 사람들의 동기에 대한 일반적인 설명에 동의하는
- 의학적/심리적 문제에 대한 치료를 구하는
- 경험/피드백/타인의 실수/교정/지시사항을 통해 학습하는
- 행동의 가능한 결과를 이해/예상하고, 미리 효과적으로 생각/계획하는
- 책임감 있는, 자신의 행동/행위가 초래할 수 있는 결과를 이해/예상하는
- 실행 기능(의사결정, 사회적 인식, 사고/판단 유연성)이 높은/낮은, 좋은/부족한 해결책/입장을 찾아내는
- 통찰력, 분별력, 현명함을 보여 주는

적절성/부적절성

- 사회적으로 용인되는 행동과 용인되지 않는 행동을 구분하고, 이러한 이해에 따라 행동하는
- 자신과 타인에게 유해한 행동/허용되는 규칙에 반하는 행동/공동체가 수용하는 범위를 넘어서는 행동을 식별하고 조절할 수 있는
- 사회적 상호작용에 부적절한 특이하거나 기이한 행동을 보이지 않는
- 용인되는 행동에 반하는 행동을 하는
- 이해(예: 사회적 환경의 요구 특성)의 측면에서 판단력은 온전하지만, 행동의 사회적 수용성 측면에서는 그렇지 않다.
- 자신의 행동이 가져올 예상되는/일반적인 결과나 타인에게 미칠 영향/심겨 줄 인상에 대해 이해하지 못하는/예상하지 못하는/받아들이지 않는
- 기본적인 사회 관습에 대해 부적절하게 인지하고/알고 있는

기타 진술

- 내담자는 내린 결정을 뒷받침하는 작업/실행하는 것과 관련된 작업을 하는 데 어려움이 있다.
- 내담자의 사고력/이해력이 저조한 것을 보면, 판단력이 손상되었음이 틀림없다.
- 병전 상태 또는 지능/나이/교육 수준/사회적 경험에 근거한 예상 능력과의 비교를 바탕으로, 내담자의 판단력에 대한 평가는……(기재하도록 하라).

11.15 지남력(↔ 정도순)

관련 질문은 섹션 2.5 '지남력' 참조

- 자신의 이름을 잘못/부적절하게 알고 있는, 현재 위치/정확한 시간/사물/기타 등을 오인/혼동하는, 날짜/사람/장소를 오인/혼동하는, ______ 년/월/일 이후 기억이 정확하지 않은

- 가장 단순한 의미/기본적인 평가에만 지남력을 보임, ________에는 지남력이 있지만 에는 없음
- 3개의 항목, 즉 시간, 장소 및 사람에 온전한 지남력을 보이는, 4개의 항목, 즉 시간, 장소, 사람, 일반적인 상식에 대한 지남력이 온전한

11.16 현실 검증력

섹션 11.14 '도덕적/사회적 판단과 지식' 참조

- 손상되지 않은, 기능적인, 정신역동/방어기제/정신병리에 의해 왜곡되지 않은, 대부분의 사람처럼 사회적 세계를 인식하는, 다른 사람들처럼 인과관계를 이해하는, 인과관계의 일반적인 속성을 이해하는, 세상에 대한 지식/인식이 기능적/적합하게/잘/포괄적으로 마련되어 있는, 성숙한
- 현실 검증 능력이 손상된, 잘못된 판단을 반복적으로 하는, 쉽게 현혹되어 이용당하는, 상식적인 현실을 잘못 해석하는, 자신의 행동에 대한 타인의 반응을 예상할 수 없는, 자극/다른 사람들의 행동에 과잉반응하는, 사건과 그 의미에 대해 왜곡되게/특이하게 해석하는, 마치 세상이 자신이 원하는 방식대로 움직이는 것처럼 행동하는, 공상의 세계에 살고 있는

11.17 추론/추상적 사고/개념 형성

섹션 11.14 '도덕적/사회적 판단과 지식' 참조. 관련 질문은 섹션 2.12~2.15, 섹션 2.17~2.18 참조

◆ 해석 수준(↔ 정도순)

심각한 결함이 있는, 질문의 본질을 파악하지 못하는, 내담자가 해석하기에 충분히 간단한 속담을 찾을 수 없는, 추상적 사고나 확장된 사고 과정은 나타나지 않는, (정교한 설명 없이) "예전에 들은 적이 있습니다."

사고장애로 인해 왜곡되어 의인화/기이한 증상/망상을 보이는

구체적인(자극의 표면적 특징이나 외양적인 측면만을 언급함), 매우 구체적인 예만 제시하는, 다른 말로 바꿔 말하는, 구체적인 방식으로 추론하는, 자극 의존적인 연상을 하는

단순한, 개념 형성/판단, 추상화, 반대/유사점/차이점, 비유, 모순, 속담 사용을 어려워하는

검사하는 과정에서 적절한/예상 가능한 수준의 추상화 능력을 발휘하지 못하는, 위계의 범주가 뒤섞인, 추상적 사고 및 개념 처리 능력이 빈약한, 일반화의 정도가 지나치게 넓은/좁은, 쉬운/중간/어려운 난이도에서 추론하는 데 약간

의 어려움이 있는, 이상한/특이한/반사회적인 방식으로 해석하는

기능적/실용적인 수준에서의 해석, 제시 항목의 용도나 문자적 의미에만 반응하는

속담의 통용적인 의미를 해석할 수 있는, 적절한 추론 능력, 상식

자극의 공통적인 특성을 추상화하는(자극 사이의 언어적 또는 논리적 관계에 주목함), 원리를 사용하는, 추상적으로 추론하는, 유사한 속담을/다른 표현으로 자연스럽게 사용할 수 있는, 종합적인 추론이 가능한

지나치게 추상적인, 자극의 선택적/무관한 측면에만 주의를 기울이는, 정형화된, 지나치게 철학적인/불분명한/출처가 불분명한, 지나치게 이론적인, 복잡하게 추론하는

요약 진술

정상적 추상화

- 내담자는 일상적인 물건에 대한 상식적/기능적 이해를 가지고 있었다.
- 내담자는 검사자가 제시한 용어/항목 간의 추상적인 관계에 따라 응답할 수 있었다.
- 내담자는 뚜렷한 지시 없이도 개념을 잘 형성할 수 있었다.
- 내담자는 반대점, 유사점, 차이점, 논리적 모순점을 식별할 수 있었다.
- 내담자는 간단한 속담의 의미를 모두 적절한 수준의 추상화를 통해 분석할 수 있었다.
- 내담자는 검사자가 제시한 격언이 가지고 있는 깊은 의미에 대해 말할 수 있었다.

잘못된 추론

- 내담자는 잘못된 귀납적/연역적 추론을 했다.
- 내담자는 그릇된/잘못된 전제하에 결론을 내렸다.
- 내담자는 논리와 판단의 오류를 범했다/잘못된 결론을 내렸다.
- 내담자는 자신의 대답에 대한 적절한 근거를 대지 못했다.
- 내담자의 추론은 자폐적 사고로/비현실적으로/특이하게 보인다.
- 다음과 같은 오류가 발견되었다. 예를 들어, 불합리한 추론(non sequiturs: 이전 진술과 이어지지 않는 진술), 전체를 대표하는 일부(pars pro toto: 전체를 나타내기 위해 어떤 것의 일부를 취하는 것), 무아지경 논리(trance logic: 비판적 사고가 정지된 상태), 인신공격의 오류(adhominem: 주장하는 사람을 공격하여 논쟁을 반박하는 것), 인과관계 혼동의 오류(post hoc, ergo propter hoc: 사건 Y가 사건 X에 뒤따랐기 때문에 사건 Y는 사건 X에 의해 발생한 것이 틀림없다)
- 섹션 10.7 '우울증'에서 '역기능적 인지' 참조

11.18 사회적 성숙도

섹션 11.14 '도덕적/사회적 판단과 지식' 참조

무책임

섹션 13.3 '반사회성 성격' 참조

- 책임을 부인/왜곡하는, 타인의 재산을 빼앗는/파괴하는, 부채 상환/손괴한 재산에 대한 지불을 거부하는, 속이는, 무고한 사람들을 비난하는, 죄책감이나 양심의 가책을 보이지 않는, 아무런 설명도 하지 않는, 죄책감을 가장하는, 진심 없는/충분하지 않은 사과만 하는, 거짓으로 간청하는/애원하는
- 직장에서(제17장 '직업/학업 능력' 참조): 규칙/지시사항/마감일에(을) 저항하는/무시하는/거부하는/협조하지 않는, 많은 일을 시작하지만 완료하지 않는, 동료가 자신의 일을 하도록 조종하는, 동료들을 속이는, 불성실하게 일하는, 면밀한/지속적인 감독이 필요한, 이유 없이 결근하는/사라지는, 지각하는/너무 자주/긴 휴가/휴식 시간을 갖는/조기 퇴근하는, 직장에서 술에 취한, 근무 시간에 자기 사업을 하는

자기중심성

섹션 13.12 '자기애성 성격' 참조

조종하는, 목표가 없는/비현실적인 목표를 가지고 있는/눈앞의 목표만 가지고 있는, 이기적인, 무신경한, 제한사항에 대해 분해하는, 제멋대로 하는, 충동적인, 자극적인 것을 추구하는, 감정이나 생각을 그대로 드러내는, 미성숙한, 유치한

재정 관련 행동

섹션 14.6 '재정 능력' 참조

사회적 상호작용

제15장 '사회/지역사회 기능', 제16장 '커플 및 가족관계' 참조

- 권위 있는 인물(부모, 감독관, 경찰, 인사담당자)에 대해 저항하는, 부적절하거나 병적인 모델을 선택하는/모방하는
- 동의 없이 다른 사람을 만지는, 부적절하게 자신을 만지는
- 떠나겠다고/복수하겠다고/재산을 파괴하겠다고/폭력을 저지르겠다고 막연히 위협하는, 자신의 무책임한 행동에 직면했을 때 위협하는, 괴롭히는/겁주는, 해코지하는
- 다른 사람들과의 접촉이 제한적이어서 부적절한 행동을 할 기회가 거의 없는

- 내담자는 또래 집단의 사람들과 전혀/거의 놀지/어울리지 않는다/내담자는 또래 집단의 사람들과 종종/평소에 논다/어울린다.
- 내담자는 물건/문서/숫자/생각/사람에 의미 부여하는 것을 좋아한다.

요약 진술

- 청소년 내담자는 또래와 비슷하게 성숙하다/겉보기에만 성숙하다/가족으로 인해 부모 역할을 해 왔다/지나치게 성숙하다.
- 같은 연령/문화/교육 수준의 다른 사람들과 비교했을 때, 내담자는 ______ 정도의 성숙도를 보였다.

11.19 사고의 흐름

이 섹션에서는 언어 표현에 대해 다룬다. 섹션 7.4 '발화 행동', 섹션 11.17 '추론/추상적 사고/개념 형성' 참조

양/생산성(↔ 정도순)

빈곤한	말수가 적은	정상적인	급한	사고 비약
부족한	느린	자발적인	말수가 지나치게 많은	
제한된	주저하는	평균적인	발화량이 방대한	
감소된	인지 처리 속도가 느린	말수가 많은	언어 압박	
정교하지 않은				
비생산적인				
말이 막힌				

연속성/일관성(↔ 정도순)

지리멸렬	느슨한	단절된	명확한
이해할 수 없는	우회적	주제가 바뀌는	현실적인
소리 연상	말도 안 되는	따라가기 어려운	합리적인

신어조작증	우원적	단편적인	명료한
말비빔	모호한	혼란스러운	일관적인
작화	탈선한	일관성 없는	논리 정연한
보속성의	장황한	무관한	관련 있는
뒤죽박죽의	불분명한	이해할 수 없는	통합된
흥분해서 주절대는	방향을 트는	뒤얽힌	목적 지향적인
횡설수설하는	산만한	알기 어려운	논리적인
쓸데없이 수다 떠는	얼버무리는	잘못된 결론	관계가 있는
황당한 결론을 내는	이탈하는	불명확한	따라가기 쉬운
	핵심 없는	부정확한	손상되지 않은
	에둘러 말하는	애매한	순차적인
			무언가에 사로잡히지 않은
	바꿔 말하는	잘 정의되지 않은	
	대체어를 사용하는		표현이 분명한
	비순차적인		선형적인
	뒤죽박죽인		
	비논리적인		
	반복적인		

단계적 진행이 없는, 논리적 순서가 없는, 내부 논리/구조가 결여되어 있는

연상의 이완, 사소한 및/또는 특이한 유사성으로 연결 지어 연상하는, 다시 집중시켜야/바로잡아 주어야 하는, 질문에 대답하지 못하는

인과관계 사고가 명확한, 질문에 맞는/받은 질문에 적절한 답을 하는, 일반적인/현실적인 연상, 핵심만 말하는

◆몰두

앞의 내용 참조. 섹션 12.8 '망상', 섹션 12.22 '강박 사고', 섹션 12.24 '편집증' 참조

정신건강	종교	성
강박 사고	신앙심	세속적인
강박 행동	지나친 기도	외설적인
공포/공포증	불경한 생각	지저분한

증상	모욕적인 행위들	포르노의
죽음	비종교적인 행동	음란한
자살	성직자/신학에 대한 공포/망상	신성을 더럽히는
살인		불경한
죽는 순간	자신이 처한 곤경	상스러운
병적 사고	삶 속 상황	
상실	스트레스원	신체/질병에 대한 걱정
파국화	좌절감	현재 신체 질병
허무 망상	실망감	치명적인 질병
	수치심/당황	흔한 질환
도피	후회	
도망	양가감정	

◆사고의 흐름과 관련된 기타 문제

- 개인화된, 특이한, 신중하게 고려한, 특이한 연상, 억측상의, 사로잡힌, 엉뚱한, 이상한, 단일 주제의, 과대평가된 생각
- 기이한 주제, 마술 사고, 우화적인
- 사소한, 상투적인, 감상적인, 지나치게 단순한, 공허한
- 목표의 상실, 자발적이지만 비생산적인 말, 축약, 지나치게 포괄적인 사고, 자기반향어, 주제가 뒤바뀌는, 부분들이 합쳐지지 못하는, 인지적 오류(cognitive slippage)
- 바꾸어 말하기 오류/명칭실어증/이상한 단어 및 문장 형성/구문 오류/구성통합운동장애/말라프로피즘(malapropisms)/실독증/감정표현불능증

◆문제가 있는 사고의 흐름에 대한 요약 진술

- 내담자는 듣는 사람이 해독해야 이해 가능한 상징적 또는 연상적인 방식으로 대화한다.
- 내담자는 분석적이거나 편파적인 사고를 거의 하지 않는다.
- 내담자는 자발적으로 말하기보다는 질문에 대답하는 방식으로 대화를 나누었다.
  - 질문에는 충분히 답하지만 추가 정보는 자발적으로 거의 제공하지 않았다.
  - 내담자는 관심 주제나 나의 질문에 대한 답변에 상세하게/덧붙여서/자세하게 응답하지 않았다.
- 내담자는 단어 인출 결함을 보였다/'건망증'을 보고했다/단어를 찾는 데 어려움을 겪었다/말을 더듬었다, 말/대화 도중 갑자기 멈추곤 했다.

- 내담자는 단어를 찾기보다는 생각을 모으는 데 상당한 어려움을 겪었다.
- 내담자는 더 정확한/적절한 용어에 가까운 관련 단어들로 대체했다.
- 대화 도중 끼어들자 내담자는 혼란스러워하며 횡설수설하기 시작했다.
- 내담자는 내버려 두면 우원증으로 이어질 만한 일화적인 사고를 하는 경향이 있다.

◆정상적 사고 내용에 대한 요약 진술

- 내담자의 사고량은 적절했고, 사고는 정상적인 속도로 진행되었다/정상적인 흐름에서 빨라지거나 느려지지 않았다/흐름 양상이 적절했다.
- 생산성, 관련성, 일관성의 관점에서 보면 내담자의 사고는 정상으로 보인다.
- 내담자는 질문에 적절하게 답변했다.
- 내담자는 자신의 생각을 적절한 속도로 이해 가능하고 알맞은 방식으로 제시했다.
- 내담자의 생각은 일관성이 있고, 체계적이며, 당면한 주제와 관련이 있었다.
- 내담자는 관련 없는 내용에 대한 언급 없이도 사고 과정의 목표점에 도달했다.
- 내담자의 일련의 생각은 목표 지향적이고, 적절하고, 논리적이고, 일관적이고, 초점이 맞추어져 있고, 여담이 없고, 무관하지 않고, 논리적 혼란이 있거나 기이하지 않았다.
- 우회증, 우원증, 산만함은 없었다.
- 대화 내용은 일관적이고, 적절했으며, 특이한 사고는 보이지 않았다.
- 대화 속 문법적 복잡성은 양호했다.
- 내담자는 강박 사고나 공포증, 관계 사고, 환각, 망상, 인식 오류, 지각장애, 사회적으로 약속된 현실에 대한 오해 혹은 정신증적 왜곡을 보이지 않았다.
- 내담자의 답변은 피상적이긴 했지만, 논리는 쉽게 따라갈 수 있었다.
- 내담자는 자신의 건강에 대해 매우 걱정하고 있지만, 이해할 만하고 적절한 수준이다.
- ________(예: 건강 문제)에 대한 내담자의 생각이 주를 이루지만 이에 국한되거나 걱정이 지나친 수준은 아니다.

11.20 판단력 검사: 요약 진술

- 내담자는 가상 상황에서의 판단을 묻는 질문에 합리적인 답변을 했다.
- 내담자는 사회적 판단/규범에 대한 지식/통상적인 규칙/관습 및 사회의 기대가 요구되는 가상의/인위적인 상황에 적절하게 대응했다.
- 판단을 묻는 질문에 대한 내담자의 수행은 나빴다/적절했다/좋았다/보통이었다/예상대로였다/뛰어났다. 이는 내담자가 외부 세계/사회적 세계/현실 세계에서 ……(기재하도록 하라)할 것임을 시사한다.

정신 상태

11.21 정신 상태의 인지적 구성 요소에 대한 기타 요약 진술

- 내담자의 정신 통제 기능이 손상된 것으로 보인다.
- 내담자는 인지 전환이 불가능한 것/경직된 것/융통성이 없는 것/학습하거나 미리 계획할 수 없을 것으로 보인다.
- 인지 기능은 결함이 있기보다는 제한적인 것으로 보인다.
- 자존감/자신감과 자기비판 사이의 균형이 잘 이루어졌다.
- 사무실에서 가볍게 시행한 검사에 따르면 인지 기능은 손상되지 않았다.
- 내담자는 조숙한/매우 학식 있는/뛰어난 사람이다.
- 지능/장애로 인해 문제 해결 능력은 부족하다/결함이 있다/왜곡되었다/제한적이다.
- 내담자의 연령과 교육 수준을 고려하면…….
- 일반적인 가상 상황에 대해 내담자가 실제로 해낼 법한 반응을 보인 점을 고려하면 비판적 판단력은 양호했다.

제12장 이상 징후, 증상, 증후군

이 장에서는 순수한 **기분/정동 증상 및 장애**(제10장 참조)나 순수한 인지기능장애(제11장 참조)가 아닌 **정신병리** 영역을 보고하는 방법을 소개한다. 이는 일부 실제 진단(예: 성인 주의력결핍/과잉행동장애, 조현병)과 많은 증상(예: 강박, 부인, 환각, 편집증)을 포함하는 다소 잡다한 편람이다.

'증상'은 환자가 관찰하거나 보고한 심리적 또는 의학적 상태의 표시이다. 이는 주관적이고 다른 사람들이 확인할 수 없다. '징후'는 상태에 대한 객관적인 근거이고 다른 사람들이 관찰하고 측정할 수 있다. 이 두 용어는 종종 혼동된다. '증후군'은 일관된 징후와 증상의 집합이다.

아직 공식적인 진단은 아니지만 당신은 별개로 분리된 증상들을 평가하라는 요청을 받을 가능성이 높다. 이중 일부는 만성피로 증후군(Chronic Fatigue Syndrome: CFS), 만성통증 증후군, 월경전불쾌감장애(Premenstrual Dysphoric Disorder: PMDD), 강간 외상 증후군(Rape Trauma Syndrome: RTS)이다.

이 장의 다른 섹션에서는 살인 및 자살의 위험 요인, 혼란스럽게 만드는 흔한 향정신성 약물의 부작용, 성적 '중독' 및 꾀병과 같은 문제를 다룰 것이다.

12.1 학대

섹션 12.19 '충동조절장애', 섹션 12.20 '친밀한 관계에서의 폭력/가정 폭력', 섹션 12.38 '인신매매', 섹션 12.39, '폭력 행동', 섹션 13.17 '가학성 성격' 참조

관련 ICD-10-CM 및 DSM-5 코드는 복잡하다. Z62 및 Z69 코드를 참고하도록 하라.

학대에는 많은 종류가 있고 한 사람이 종종 한 가지 이상의 학대를 겪기 때문에 약어 PVEMS—신체적(Physical)/언어적(Verbal)/정서적(Emotional)/정신적(Mental)/성적(Sexual)—를 노트에 적어 활용할 수 있다. 각 용어들이 포함하는 내용은 상당히 포괄적이므로, 애매하지 않게 완벽한 기술이 필요하다는 데 유의하도록 하라.

당신이 무슨 일을 하느냐에 따라 지역 경찰, 가족 쉼터, 학대 피해자와 가해자를 위한 치료 프로

그램, 사회 및 법률 지원소 등의 연락처와 전화번호를 알고 있어야 한다.

◆중독

섹션 12.14 '도박', 섹션 12.32 '성적 충동성/중독/강박 행동, 성욕과다증', 섹션 12.36 '물질 사용, 남용, 의존' 참조

◆알코올 중독자의 성인 자녀/중독자 부모

섹션 13.2 '알코올 중독자/중독된 부모의 성인 자녀', 섹션 13.7 '공동의존성 성격' 참조

◆정동

제10장 '기분/정동 증상 및 장애' 참조

◆공격성

섹션 12.19 '충동조절장애' 참조

12.2 에이즈 치매 증후군

관련 DSM-5 및 ICD-10-CM 코드는 F02.80 및 F02.81 행동장애가 있거나 없는 주요신경인지장애이다. 또한 ICD-10-CM 코드 B20인 HIV 질환이 있다.

이제는 에이즈 감염 환자 수가 적지만(10% 미만), 에이즈 치매 증후군은 서서히 퍼지고 있으며, 이는 치료받지 못한 사람들에게서 여전히 나타나고 있다. Kalichman(2003)은 접근하기 쉬운 형식으로 정보를 제공하고, Grant와 Atkinson(1995)의 교과서도 정신의학적으로 잘 쓰여 있다. 미국국립보건원(National Institute of Health)에서는 이에 대한 전반적인 내용을 다루고 있다(https://aidsinfo.nih.gov). 다음 자료는 Greenwood(1991)로부터 허가를 받아 각색한 것이다.

◆인지적 변화

기억의 손상, 집중할 수 없는, 말하는 도중 사고의 흐름이 끊기는, 경도의 혼란, 넋이 나간, 지적/기억/언어검사 전반에 걸친 언어적 결함, 정신 운동 지연, (감염으로부터) 안전한 성관계하는 것을 잊는, 초조, 말을 할 수 없는, 자기관리 기능 상실, 질병/손상 정도를 알지 못하는, 주변에 대한 무관심, 과다수면, 혼수 상태

◆ 운동기능장애(↔ 정도순)

하반신이 불편한, 불안정한 보행, 협응 능력 저하, 필기 곤란, 떨림, 하반신 마비, 요실금, 발작

◆ 기타 변화

두통, 무기력, 성욕 저하, 무감동, 무관심, 자살 위험, (특히 이전의 사교적인 성격에서) 철회, 뇌위축증/부종/탈수초 영역

12.3 주의력결핍/과잉행동장애

관련 질문은 섹션 2.6 '주의력', 섹션 2.7 '집중력' 참조. 추가 설명어는 섹션 11.3 '주의력', 섹션 11.4 '집중력/과제 지속성' 참조

관련 DSM-5 및 ICD-10-CM 코드는 F90이다.

☑ 충동성, 산만함, 낮은 좌절 인내성 등의 원인으로 높은 납 농도, 중금속 중독, 산모의 약물/알코올 사용 등을 고려하도록 하라. Barkely의 저서(1997, 2010, 2015)가 참고할 만한 대표 전문 서적이다. ADHD는 발달에 따라 다르게 나타날 수 있지만, ADHD로 진단받은 아동의 2/3가 여전히 성인 기준을 충족하기 때문에 연령에 딱 맞는 것은 아니다(Resnick, 2000). 동반 이환 중 불안, 우울증, 인지처리장애가 높은 비율로 나타난다.

◆ 집중력결핍장애/굼뜬 인지적 템포

일부 연구자가 명명하는 '집중력결핍장애'나 '굼뜬 인지적 템포(sluggish cognitive tempo)'는 아마도 ADHD와는 별개의 장애일 것이다. 느린 작업 완수 속도, 끈기 부족/노력 감소, 공상, 멍함, 철회/무감동/무기력/졸림, 느린 움직임, 불안, 사회적 어려움 등이 나타난다. 이러한 증상은 ADHD(주의력 결핍형) 및 우울증과 겹친다. DSM-5에는 없지만, ICD-10-CM은 ADHD와는 별개로 주의력 결핍과 집중력 결핍에 모두 R41.840을 부여한다. Barkley의 저서(www.oxfordhandbooks.com/view/10.1093/oxfordhb/9780199935291. 001.0001/oxfordhb-9780199935291-e-9)와 논문(www.ncbi.nlm.nih.gov/pubmed/24234590)을 참조하도록 하라.

성인 ADHD의 특성

주의력 결핍형

- 작업 개시의 어려움, 지연, 우유부단함, 지속적인 주의가 필요한 작업이나 일의 회피
- 만성적인 건망증, 부실한 시간 관리, 시간 추적 능력 상실, 지각, 완수할 수 있는 것보다 더 많은 작업 수행, 약속/책무/의무를 상기시키기 위해 배우자/형제자매에게 의존
- 작업에 필요한 세부사항을 회상하고 일하는 데 필요한 세부사항을 떠올려 조직화하는 데 어려움, 한 작업에서 다른 작업으로 주의를 이동시키는 데 어려움, 다중 작업의 어려움

과잉행동-충동형

- 더 활동적이고 자극적인 활동을 선호하는, 신체 활동이 적은 작업이나 앉아서 하는 일을 피하는
- 빈번한 직업 변경, 장시간 일하거나 동시에 2가지 일을 하는, 능력에도 불구하고 성취도가 낮은
- 지속적인 활동을 추구하는, 쉽게 지루해하는, 강한 흥미를 보였다가(실제적인 활동을 해 본 후에도) 지루해지는, 장기 프로젝트를 견디기 힘들어하는
- 참을성이 없는, 낮은 좌절 인내성을 보이는, 쉽게 짜증을 내는, 쉽게 흥분하는/금방 화를 내는, 자기통제력이 부족한
- 다른 사람의 대화를 방해하는, 자신의 말이 다른 사람에게 미치는 영향에 신경 쓰지 않는
- 충동적인, 적절한 계획 없이 좋지 않은/성급한 결정을 내리는, 무책임한 행동

업무

(지능이 정상임에도 불구하고) 또래나 형제자매에 비해 성취도가 낮은, 강한 흥미를 보였다가 (실질적인 계약을 한 후에조차) 지루해하는, 장기 프로젝트를 견디기 힘들어하는

자극제의 가능한 부작용

- 성마름, 슬픔/눈물, 불안, '멍한'/멍한 응시
- 철회, 자기고립, 지나치게 잠잠한
- 평소와 달리 쾌활한, 말이 많은
- 식욕 저하, 잠들기 어려운
- 두통, 배탈, 어지러움
- 틱, 움찔 수축, 손톱 물어뜯기, 특이한 사지 움직임

성인 ADHD 평가

성인용 ADHD 자기보고 척도(Adult ADHD Self-Report Scale: ASRS) 증상 체크리스트 v.1.1은 ASRS의 18개 문항 중 첫 6문항으로 구성되며, 이는 ADHD에 대한 DSM-IV 기준에서 도출되었다[증상 체크리스트는 www.mentalhealthprofessionalsinc.com/Forms/Adult_ADHD_Self_Report_Scale_(ASRS-v1.1).pdf에서 이용 가능]. 체크리스트는 이후 DSM-5에 기반해 수정을 거쳐 최적화되었고, https://www.hcp.med.harvard.edu/ncs/ftpdir/adhd/ASRS-5_English.pdf에서 이용 가능하다.

델리스-카플란 실행기능 시스템(Delis-Kaplan Executive Function System: D-KEFS; www.pearsonclinical.com/psychology/products/100000618/deliskaplan-executive-function-system-d-kefs.html에서 이용 가능)은 성인의 사고 유연성, 억제, 문제 해결, 계획, 충동 조절, 개념 형성, 추상적 사고, 언어 및 시공간 자극에서의 창의성 등 보다 상위 수준의 인지 기능을 평가한다. 유사한 검사로 성인용 실행기능 행동 평정 척도(Behavior Rating Inventory of Executive Function-Adult Version: BRIEF-A; www.parinc.com/Products/Pkey/25에서 이용 가능)도 있다. 간단하면서도 표준화된 도구인 코너스 성인용 ADHD 평정 척도(Conners Adult ADHD Rating Scales: CAARS)는 자기 및 관찰자 평정 버전이 있다(www.mhs.com/MHS-Assessment?prodname=caars 참조).

(무료는 아니지만) 시간 제한을 둔 전산화된 컴퓨터 검사도 있다. 이 중 가장 잘 알려진 것은 코너스 연속 수행력검사 3판(Conners Continuous Performance Test-3: Conners CPT-3; www.mhs.com/MHSAssessment?prodname=cpt3에서 이용 가능)이다. 중거리 시각 및 청각 고급판 연속 수행력검사(Intermediate Visual and Auditory Advanced Edition continuous performance test)는 성인용으로 개발된 더 긴 버전이다(www.braintrain.com/ivaae2에서 이용 가능). 또 다른 시간 제한이 있는 측정 도구로 주의력검사(Tests of Variables of Attention: TOVA; www.tovatest.com/about-the-t-o-v-a에서 이용 가능)가 있다.

관련 자료

성인 ADHD에 관한 종합적인 내용을 다루고 있는 서적으로는 Tuckman(2007), Resnick(2000), Barkley(2010, 2015)가 있다.

12.4 자폐스펙트럼장애

관련 ICD-10-CM 코드는 F84이다. ICD는 현장에서 사용되는 진단을 반영하기 때문에 레트 증후군, 아스퍼거 증후군, 소아기 붕괴성 장애, 광범위성 발달장애 및 기타 장애에 대한 기존의 개별적인 진단을 유지한다. DSM-5에서는 이 모든 것을 하나의 스펙트럼(F84.0) 안에 넣었다. 이러한 진단은 어느 연령대에나 적용될 수 있다.

고립

- 애착 형성에 실패한, 사회적 미소를 짓지 못하는, 괴로울 때/화가 났을 때/무서울 때 다른 사람들로부터 위안받을 생각이 없거나 특이한 방식으로 위로를 구하는, 사람들을 무시하는, 눈맞춤과 시선 검토(gaze monitoring)를 피하는, 사람들을 지나치듯 보는
- 정서적으로 냉담한, 신체 접촉이 있을 때 애정이나 관심이 없는, 신체 접촉이 있을 때 힘이 빠지는/경직되는, 너무 몰두하여 신체 접촉에 대해 수용적이지도 방어적이지도 않은
- 사회적 주고받기/상호관계/상호교류/행동 조절/반응/상호성이 부족한, 타인의 감정에 대한 최소한의 인식만 할 수 있는(마음 이론 결여), 애정을 무시하는/애착관계로부터 철수하는/애정을 돌려주지 않는, 타인을 기계적으로 대하는, 친구관계가 없는, 사회 규칙에 대한 이해가 부족한
- 생명 없는 물체나 의례적 행위에 관심 갖는(다음 참조)

의사소통

- 자발적 언어의 결여/빈약한 표현력, 모방하지 않거나 이상하게/기계적으로 모방하는, 반향언어증(즉시성 또는 지연성)
- 반복에 의한 확언(동의를 요청하는 질문 반복), 대명사 전환(자신을 2인칭, 3인칭 그리고 이름으로 지칭), 신어조작증, 문자 자체의 극단적 의미 해석 또는 '은유적 언어'(예: 특정 상황의 '아니요'를 모든 '아니요' 상황에 적용) 사용, 부분-전체 혼동(예: '케첩'을 저녁 식사를 의미하는 용어로 사용)

의례적 행동 및 강박 행동

- 동일성 및 상동 행동 선호: 물건 조작하기, 몸 흔들기, 손뼉 치기, 발끝으로 걷기, 한 자리에서 빙글빙글 돌기, 빙글빙글 돌기, 돌아가는 선풍기 응시
- 예측할 수 없는/기이한 행동: 돌진하기, 달려들기, 갑작스러운 정지, 흔들기, 머리 돌리기

성인 자폐증 평가

Bastiaansen 등(2011)은 다음과 같이 기술했다.

> 자폐스펙트럼장애(ASD) 진단을 위해서는 영아기나 초기 아동기부터 증상이 나타나야 하지만, 여러 가지 이유—잘 구성된 지원 체계, 높은 지능을 통한 제한점 보완, 보다 미묘한 자폐 증상의 존재, 다른 정신장애와의 혼동 또는 다른 정신장애에 의해 가려짐 등—로 장애를 늦게까지 발견하지 못할 수 있다.

임상가는 DSM의 배제 기준에도 불구하고 일반적인 동반 이환인 다른 정신과적 증상 및 상태, 특히 불안과 우울증에 대해 평가해야 한다. ASD가 있는 성인은 높은 지능에도 불구하고 감정을 식별하고 기술하는 데 어려움을 포함한 정서의 인지 처리와 같은 상당한 심리사회적 제한이 있을 수 있다.

☑ 성인에게 나타나는 증상들은 아동과 다르기 때문에 측정 도구도 달라야 한다.

- 리트보 자폐 아스퍼거 진단 척도-개정판(Ritvo Autism Asperger Diagnostic Scale-Revised: RADS-R; Ritvo et al., 2011)은 자기평정 방식으로 4가지 범주(언어, 사회관계성, 감각 운동, 제한된 관심사)의 약 80개의 증상을 평가한다.
- 성인용 사회 반응성 척도 2판(adult form of the Social Responsiveness Scale-2: SRS-2, 2012)은 자기보고 버전과 환자를 잘 아는 친척이나 다른 사람이 평가하는 버전이 있다. www.parinc.com/Products/Pkey/426에서 이용 가능하다.
- 구조화된 면담의 사용이 개선되었다. 자폐증 진단 관찰 스케줄 2판(Autism Diagnostic Observation Schedule-2: ADOS-2)의 언어가 유창한 성인을 위한 모듈 4(Hus & Lord, 2014)는 내담자와 면담자가 작성하도록 되어 있다.
- 자폐증 진단면담-개정판(Autism Diagnostic-Revised: ADI-R, 2003)은 93개의 개방형 질문으로 구성되어 있으며, 약 2시간이 소요된다. 부모면담을 위해 고안되어 성인 대상으로 사용할 수 있으며, 언어/의사소통, 사회적 상호작용, 반복적 행동/관심의 3가지 영역을 평가한다. www.wpspublish.com/store/p/2645/adi-r-autism-diagnostic-interview-revised에서 이용 가능하다.
- 사회적 의사소통장애 진단면담(Diagnostic Interview for Social and Communication Disorder: DISCO; www.autismrpphub.com/sites/default/files/resources/disco_encyclopedia.pdf에서 이용 가능)에는 자폐증의 핵심 증상뿐만 아니라 감각 증상, 정서 증상, 대근육 및 소근육 운동 능력, 정신과적 및 법의학적 문제, 부적응 행동, 수면 곤란, 3가지 증상 영역의 병리(언어, 사회관계성, 감각-운동 기능)를 포괄하는 300문항으로 구성되어 있다.
- 성인용 반복 행동 질문지 2판(Adult Repetitive Behavior Questionnaire-2: RBQ-2; Barrett et al., 2015)은 반복적인 운동 행동과 동일성에 대한 고집으로 인해 성인이 얼마나 영향을 받는지 측정한다.
- Murphy 등(2016)은 성인 자폐증의 현안에 대해 훌륭한 개요를 제공한다(www.ncbi.nlm.nih.gov/pmc/articles/PMC4940003 참조).

양극성장애

섹션 10.7 '우울증', 섹션 10.9 '조증' 참조

12.5 신체이형장애

관련 질문은 섹션 3.6 '신체이형장애' 참조

관련 DSM-5 및 ICD-10-CM 코드는 F45.22 신체이형장애이다.

신체이형장애는 '이형공포증' '신체이형증' 또는 '이형 증후군'으로도 알려져 있다. 이는 남성과 여성에게 동등하게 발생한다. 이 장애는 종종 우울증과 사회공포증을 동반하며, 관련 자살 위험률이 높다. Phillips(2004, 2009)는 이 장애에 대해 가장 이해하기 쉽고 완벽한 정보를 제공한다. 예일-브라운 강박 척도(Yale-Brown Obsessive-Compulsive Scale: Y-BOCS; Goodman et al., 1989)는 신체이형장애의 현 심각도를 측정하는 반구조화된 임상가 평정 척도로 개편된 것이다(Philips et al., 2014). 치료 매뉴얼로 Wilhelm 등(2013)의 저서가 있다.

신념

- 하나 이상의 신체적 특징이나 일반적인 외모에서 지각된 결함에 몰두하는, 추함
- 결함은 다른 사람들의 눈에도 쉽게 띈다고 믿는다.
- 사실이 아닌 것부터 망상에 이르기까지 병식의 정도

정서

- 당황스러워하는, 부끄러워하는, 타인을 의식하는, 낮은 자아존중감, 비웃음에 대한 두려움
- 우울, 사회 불안
- 자살 사고

행동

- 거울/반사면 확인 또는 거울 회피, 사진 촬영 거부
- '결함'을 확인하거나 개선하거나 숨기려는 반복적이고 강박적인 행동
- 과도한/섬세한 몸단장 의례(rituals), 면도, 털뽑기, 빗질, 피부 뜯기
- 자신의 손, 자세, 옷, 모자 또는 과도한 화장으로 가리기
- 화려한 옷이나 보석으로 주의를 흩뜨리기
- 피부과나 성형외과 전문의와 상담하여 고통스럽거나 위험한 수술 감행

- 타인과의 비판적 비교, 좋아하는 연예인이나 모델을 강박적으로 관찰
- '결함'에 대한 과도한 정보 추구
- '결함' 부분을 반복적으로 검진하거나 만지기

사회적 상호작용에 미치는 영향

- 제한된 교우관계, 손상된 직업 및/또는 사회적 기능
- 사회적 철회/고립, 회피, 의존성
- '결함'에 대한 거듭된 안심 구하기
- 다른 사람들에게 '결함'이 보일 수 있는 사회적 상황 피하기
- 다른 사람들과 함께 있는 경우 불안
- 외모에 대한 반추로 인해 생산성 제한

근육이형증

이는 주로 남성에게서 나타난다.

몸이 볼품없고 근육이 부족/작다고 믿음, 강박적인 운동, 근육 증강제와 보조제 남용

신경성 폭식증

관련 질문은 섹션 3.12 '섭식장애', 관련 설명어는 섹션 12.12 '섭식장애' 참조

12.6 만성피로 증후군/근육류머티스성 뇌척수염

관련 DSM-5 및 ICD-10-CM 코드는 R53.82이다. 만성피로 증후군에서는 피로감이 강조되고, 섬유근통(ICD-10-CM 코드 M79.7)이나 근육류머티스성 뇌척수염에서는 통증이 강조되지만 많은 증상이 겹친다.

- 지속적인/일상을 방해하는/건강을 쇠약하게 만드는 피로감, 병전 활동 수준보다 50% 이상 감소, 약간의 운동 후 쉽고 지속적인 피로감, 갑작스러운 피로감 발생, 휴식으로 완화되지 않는
- 미열, 압통/촉지성(palpable) 림프절, 점막염, 인후통, 기침, 만성두통, 관절통/근육통, 미만성 통증(diffuse pain), 허약
- 성마름, 혼란감, 집중력 저하, 우울증, 광선공포증(photophobia), 수면장애

만성피로 증후군에 대한 자료와 학습을 위해서는 미국질병통제예방센터(CDC) 웹사이트(www.cdc.gov/CFS/me-cfs)가 좋은 출발점이 될 것이다.

만성통증 증후군

섹션 12.23 '통증장애/만성통증 증후군' 참조

12.7 강박 행동

관련 질문은 섹션 3.8 '강박 행동', 섹션 3.20 '강박 사고'. 관련 설명어는 섹션 12.22 '강박 사고' 참조

관련 DSM-5 및 ICD-10-CM 코드는 F42이다.

요약 진술

- 내담자는 강박 행동에 대한 문제를 부인했다.
- 내담자는 식사/수면/옷 입기, 집 청소/세탁/배변, 학교 과제 또는 업무/기타 정신적 작업 등을 위한 의례적 행동을 한다.
- 내담자는 집/주방/창문/문/잠금장치/위험물/자녀 등을 반복적으로 확인해야 한다고 느낀다.
- 내담자는 물건을 반복적으로 만져야/문질러야, 수를 세야, 순서대로 배치해야, 정렬/재정렬해야 한다고 느낀다.

강박 행동 평가

Goodman 등(1989)이 개발한 Y-BOCS(**섹션 12.5 참조**)는 많은 인터넷 사이트에서 찾을 수 있다.

의례적 행동

Greist 등(1986)은 의례적 행동에 대해 다음과 같은 유형을 제안했다.

- 먼지나 세균에 의한 실제 또는 상상의 오염 제거(예: 손 씻기)
- (씻어 내는 행동의 필요성을 불필요하게 만들기 위해) 의례적 행동에 의한 오염 방지
- 의례적 행동을 일정한 횟수로 반복
- 일련의 행동을 정해진 순서대로 완료. 중단된 경우 처음부터 다시 시작
- 특히 잠금 장치, 잠재적으로 위험한 물건(예: 칼, 난로) 확인 및 재확인

- **균형이나 대칭을 위해 물건의 정확하고 적절한 위치에 대해 지나치게 신경을 씀**
- **쓸모없는 물건의 저장, 수집, 정렬 또는 쌓기**(뒤 참조)

순환성장애

관련 설명어는 섹션 10.6 '순환성장애' 참조

12.8 망상

관련 질문은 섹션 3.9 '망상' 참조. 관련 설명어는 섹션 12.24 '편집증', 섹션 12.30 '조현병' 참조

망상은 ICD−10−CM 신경인지장애(F01~F03), 모든 물질 사용장애(F10~F19), 정신병적 장애(F20~F29), 특히 F22 망상장애에서 나타난다.

망상(내담자의 문화나 하위 문화의 사회적 현실에 의해 뒷받침되지 않는 명백하게 거짓되고, 확고부동하며, 특이한 신념. 예시는 앞의 내용 참조)을 다음과 구분하도록 하라. '지배 관념(overvalued idea)'(개인의 행동에 크게 영향을 미치고 관찰자에게 과장된 것처럼 보이는 특이하거나 공유된 신념−예: 병적인 질투, 인종적 우월감), '착각'(허위이지만 지각에 대한 합리적인 해석−예: 그림자 속에 숨어 있는 누군가를 지각하는 것), '공상허언증'(참과 거짓, 상상과 현실이 뒤섞인 기이한 거짓말), '환각'(감각이 없는 지각 또는 객관적인 자극이 없는 상태에서 지각하는 것)**(예시는 섹션 12.15 '환각' 참조)**.

확신의 정도/조직화/표현 수준

- (↔ 정도순) **미약한/간헐적 의심, 불신, 타인의 속임수나 기만에 대한 암시, 개인화된 의미, 관계 사고, 마술적 사고, ________를 믿지만 ________를 믿지 않는, 왜곡된 사고가 만연해 있는, ________의 진실을 확신하는, 형태를 갖춘 망상/망상에 빠진, 환상의 세계에 사는**
- (↔ 정도순) **단편적인, 엉켜 붙은, 잘 조직화되지 않은, 잘 조직화된, 통합된, 체계화된**
- **망상이(을)……**
  - **부인되었다, 거부되었다, 의심되었다, 믿고 있다, 고착되었다**
  - **범위가 좁다, 제한적이다, 한정적이다, 확산되었다, 강화되었다, 광범위하다, 포괄적이다**
  - **신뢰하는 사람들에게만 예외적으로 드물게/종종/지속적으로 표현된다.**
  - **가족구성원들과 공유된다.** [공유된 망상은 감응성 정신병(folie á deux or á trois)으로 기술된다; ICD−10−CM에서는 F24 공유 정신병적 장애로 제시된다.]

망상의 주제

과대한 자기감	통제	자살	신체질환
과대망상	**피해**	**살인**	**건강염려증**
전지	**관계 사고**	**다가오는 죽음**	**감염**[1]
전능	**미행당하는**		**왜곡된 신체상**
특수 능력	**영향받는**	**허무주의적 두려움**	**악취**[2]
자기중요성	**외계인 통제**	**자기비하**	**기형**[3]
착오	**사고 전파**	**자기비난**	
특별 정체성		**죄책감**	**부두교(voodoo)**
유명인이나 신과의 특별한 관계	**조롱당하는**	**폄하**	**오컬트(occult)**
정부/종교를 위한 특별 임무	**관찰당하는**	**수치심**	**죽은 자와의 소통**
	속는	**죄악**	**독심술**
색정[4]	**공모당하고 있는, 맞서는, 방해받고 있는, 괴롭힘을 당하는**		**텔레파시**
성 정체성		**결백함**	**예지**
불륜관계	**빈곤**	**무고함**	**염력**
부정(infidelity)			**초감각 인지**
질투		**긴급한 일을 소홀히 한 것에 대한 책임**	
동물과의 사랑		**다른 사람에게 피해를 입힌**	
금지 표현: "상사병"		**실수로 다른 사람들을 오염시키는**	

1 예를 들어, 기생충증
2 악취에 대한 강박(bromosis)
3 이형공포증. 외모에 대한 불만과 구별된다.
4 편집증적 망상(DeClérambault-Kadinsky complex)

12.9 부인

부인(denial)은 적응적일 수도 있고 부적응적일 수도 있다. Breznitz(1988)는 부인의 여러 유형과 유형별 내담자 진술 예시를 다음과 같이 정리했다.

유형	예시
제공된 정보 부인	"그건 몰랐습니다." "아무도 나에게 그것에 대해 말한 적이 없습니다."
위협에 대한 정보 부인	"아무도 나에게 걱정할 것이 있다고 말한 적이 없습니다." "위험이 수반되는 것을 본 적이 없습니다."
개인 관련성 부인(외재화)	"그건 나에게 해당되지 않고 다른 사람들에게만 해당됩니다" "저는 걱정할 것이 없습니다."
취약성 부인	"나에게 나쁜 일은 일어나지 않을 것입니다."
긴급성 부인	"급할 게 없습니다." "나중에 생각해 볼 수 있습니다."
정서 부인	"나는 그것에 대해 두렵지/화나지/상심하지/속상하지 않습니다."
정서 관련성 부인	"네, 두렵지만 그렇게 느낄 이유가 없습니다."

기타 유형: 문제의 중요성에 대한 부인, 변화 능력에 대한 부인, 문제의 지속성에 대한 부인, 변화의 합리성 또는 필요성에 대한 부인

12.10 이인성 및 비현실감

관련 질문은 섹션 3.11 '해리 경험' 참조

주요 관련 DSM-5 및 ICD-10-CM 코드는 F48.1이다. DSM-5에서는 이인성/비현실감 장애이고, ICD-10-CM에서는 이인성-비현실감 증후군이다.

☑ 주: 이인성 및 비현실감의 증상 대부분은 측두엽 간질[5]의 증상일 수도 있다.

- **방의 먼 곳/구석에서 자신을 관찰하는 것을 보고하는, 마치 자신의 몸 밖에 있는 것처럼 느끼는, 몸이 변한/달라진 것처럼 보이는**

5 이 통찰력에 대해 Frank O. Volle, PhD(코네티컷주 다리엔)에게 감사한다.

- 자기소원(self-estrangement), 자신/환경/주변으로부터의 극도의 비현실감/분리감, 공중에 떠 있는, 꿈을 꾸는, 세상이 현실이 아닌 것처럼 느끼는, 때로는 세상의 일부가 아닌, 기계/로봇인 것처럼 느끼는
- 자신의 생각이 아닌 것을 경험한, 몸과 마음이 연결되지 않은 것처럼 느끼는
- (↔ 정도순) 백일몽, 공상적인 이야기, 무아지경, 히스테리 발작/삽화, 기억 상실, 둔주, 몽유병, 자동 기술(automatic writing), 유체 이탈 경험, 죽었다가 다시 살아 돌아온, 외계 여행, 전생

☑ 주: 삽화가 더 빈번하고 오래 지속되는 경우 병적이다. 다른 증상과 함께 발생하며, 단일/심각한 심리적 외상, 피로, 수면 시간, 약물 및 알코올 사용, 의학적 질병과는 관련이 없다.

우울증

관련 질문은 섹션 3.4 '정동/기분', 섹션 3.10 '우울증' 참조. 관련 설명어는 섹션 10.7 '우울증', 섹션 12.37 '자살' 참조

해리성 정체성 장애

섹션 13.10 '해리성 정체성 장애' 참조

가정 폭력

신체 및 성적 학대 관련 질문은 섹션 3.2, 섹션 3.3, 가해자 관련 질문은 섹션 3.31, 신체학대 위험 요인은 섹션 12.1 참조. 섹션 12.19 '충동조절장애', 섹션 12.20 '친밀한 관계에서의 폭력/가정 폭력', 섹션 12.27 '외상후 스트레스장애', 섹션 12.38 '인신매매', 섹션 12.39 '폭력 행동' 참조

12.11 이중 진단

관련 설명어는 섹션 12.36 '물질 사용, 남용, 의존' 참조

(약물 관련이 아닌) 하나의 주요 정신장애와 물질 사용장애가 같이 있는 사람들은 '이중 진단'을 받게 된다. 동의어로는 약물 남용을 동반한 정신질환(Mental Illness with Substance Abuse: MISA), 화학물질 남용 및 중독을 동반한 정신질환(Mental Illness with Chemical Abuse and Addiction: MICAA), 동반발병장애(Co-Occurring Disorder: COD) 등이 있다(드물지만 이 용어는 지적장애와 물질 사용장애가 같이 있는 경우를 지칭한다).

12.12 섭식장애

관련 질문은 섹션 3.12 '섭식장애' 참조

DSM-5 및 ICD-10-CM 코드는 F50이다.

신경성 식욕부진증

ICD-10-CM에서는 이를 명시되지 않는(F50.00), 제한형(F50.01) 또는 폭식/제거형(F50.02)으로 코드를 부여한다. DSM-5에서는 후자 2개만 인정한다.

신체적 증상

종말증(cachexia), 수척한, 무월경, 서맥, 저체온증, 부종, 질병 없이 최소 15% 체중 감소

인지적 양상

- '음식공포증', 체중 증가/뚱뚱해지는 것에 대한 병적인 두려움, 음식에 대한 왜곡되고 완고한 태도, '살찌는' 음식 회피, 비만에 대한 과잉사고(overvalued ideas)/두려움, 강박적인, 음식에 집착하는, 날씬함에 대한 집착
- 외모에 대한 불만, 왜곡된 신체상(항상 너무 뚱뚱하다고 생각함), 소진/배고픔/질병에 대한 부인, 사춘기 변화에 대한 두려움
- 가족에 대한 '긍정적' 견해, 가족 갈등 부인, 부모에 밀착
- 완벽주의, 자기관리가 철저한, 지나치게 통제하는, 체중 관리/스스로 의도한 절식에 대한 자부심, 다른 사람들에게 지나치게 비판적인, 감정을 드러내지 않는

행동적 양상

- 설사제/이뇨제 오용/남용, 단식/굶주림/제한적인 식품 섭취, 과도한 운동
- 의례화된 식습관(음식을 아주 작은 조각으로 자르기, 오랫동안 씹기), 저지방, 무지방/저칼로리, 무칼로리 음식만 먹는

사회적 양상

- 수줍어하는, 순응하는, 의존적인
- 성적 미숙함/경험 부족
- 신경성 폭식증에서보다는 덜한 반사회적인 행동
- 전문가에 대한 불신

신경성 폭식증

관련 ICD-10-CM 및 DSM-5 코드는 F50.2, 신경성 폭식증이다.

신체적 증상

- 불면증, 변비, 배냇솜털, 조기 노화, 탈모, 산성 토사로 인한 치아 부식, 무월경, 탈수, 체중 변동, 심혈관 질환, 전해질 불균형, 불규칙한 생리 기간
- 정상에 가까운 체중(때로는 비만), 큰 체중 변동(20lbs.[6] ≥5회).

인지적 양상

- 왜곡된/비합리적인 신체상, 외모/체형/체중에 지나친 염려, 외모에 대한 불만, 비만에 대한 두려움[이 두려움은 체중이 감소해도 줄어들지 않는다].
- 명확하게 생각하지 못하는, 이분법적 사고, 완벽주의, 섭식/증상의 합리화
- 낮은 자아존중감, 체중이 자기평가의 중심인, 체중에 대한 무력감을 느끼는, 평생 다이어트하는, 자기혐오, 체형에 대한 혐오
- 섭식 양상이 비정상적이라는 인식, 음식에 대한 집착, 갈망/욕구/배고픔

행동적 양상

- 순식간에 '사라져 버릴' 음식을 대량으로 구매하는, '충동적으로' 구매하는/먹는, 다른 사람들의 음식을 '해치워 버리는', 포장음식을 많이 먹는
- 많은 양의/고칼로리 음식을 자주 먹지만 살이 찌지 않는다.
- 과잉행동, 과도한 운동
- 잦은 체중 측정, 체중 조절 클리닉 내원
- 하제/이뇨제/설사제/갑상선 제제/식욕 억제제 남용
- 정크 푸드 소비, 폭식, 구토, 몰래 하는 폭식, 엄격하게 제한적인 식단 조절/단식
- 절도, 성적 행동으로 드러나는, 자살 시도

사회적 양상

- 먹는 양에 대한 부끄러움에 혼자 밥을 먹는
- (제거행위를 위해) 화장실에 자주 가는
- 높은 성취, 학업적 성공
- 비판에 대한 과민성, 허약함, 취약성

6 역자 주: 약 9kg에 해당한다.

정동적 양상

- **감정 기복, 충동성, 우울, 가면 분노, 폭식을 촉진하는 특정 정동 문제**
- **자신에게 혐오감을 느끼는/자기비하**
- **우울한/죄책감을 느끼는/폭식/구토에 대해 괴로워하는**

기타 양상

다음 요인들은 중요할 수도 있고 중요하지 않을 수도 있다.

- 식단(다양한 음식 또는 단 음식, 짠 스낵 등 일부로만 구성)
- 해리성 특성('무감각한' '멍한' 느낌을 묘사함)
- 다양한 정신병리 및 의학적 상태가 평소보다 높은 수준

폭식장애

DSM-5 및 ICD-10-CM에서는 F50.81 폭식장애로 제시된다.

평소보다 많은 양을 먹는, 빠르게 먹는, 혼자 먹는, 과식 후 짜증이나 자기혐오를 보이는, 제거행위를 하지 않는

비만

섹션 7.1 '외모'의 '체중' 참조

이식증

ICD-10-CM 및 DSM-5에서 이식증의 코드는 F50.89이다.

비식품을 먹는: 먼지, 벌레/곤충, 대변 등

추가 주의사항

☑ 섭식장애가 있는 사람들은 병적으로 비만, 과체중, 평균 체중, 저체중이거나, 주기적으로 조절이 가능하거나, 강박적인 섭식 행동을 조절하지 못하는 형태로 나타난다. 이들은 신체 치수, 체중, 체형에 대한 집착이나 잦은 섭식, 폭식, 강박적인 다이어트 또는 주기적인 단식과 같은 비정상적인 식습관으로 나타날 수 있다: 과도한 운동, 구토 및/또는 설사제/이뇨제 남용, 보상이나 위안으로서 음식 사용, 다이어트 약의 사용, 빠른 체중 감소 계획 또는 의학적/수술적 개입을 위한 지원 요청, 기타. 따라서 전반적인 조사가

필요하다. 이들은 모두 불규칙한 식습관 그리고 신체상, 음식이 기분에 미치는 영향, 섭식 규칙에 대한 왜곡된 믿음을 가지고 있을 가능성이 매우 높다. 섭식장애에 대한 모든 DSM 기준을 충족하지 않은 상태는 매우 흔하며, 이때는 '달리 명시된 섭식장애' 또는 '명시되지 않는 섭식장애'로 진단되어야 한다.

폭발장애

섹션 12.19 '충동조절장애' 참조

추체외로 증상

섹션 12.33 '향정신성 약물의 부작용/약물 이상 반응' 참조

12.13 태아 알코올 증후군

태아 알코올 증후군(Fetal Alcohol Syndrome: FAS)은 DSM-5에 없다. ICD-10-CM에서는 Q86.0 이형성 장애로 제시된다. 그러나 수많은 신체 체계와 기능에 영향을 미치기 때문에 더 많은 코드가 적용될 수 있다. FAS는 성인이 된 후 증상이 나타난다는 점을 기억하도록 하라. 짧지만 종합적인 논문은 온라인에서 이용 가능하다(www.aafp.org/afp/2005/0715/p279.htm; 최근 업데이트는 www.aafp.org/afp/2017/1015/p515.html 참조). 대규모 관련 자료는 미국 정부의 태아알코올스펙트럼장애센터 웹페이지(Fetal Alcohol Spectrum Disorders Center: FASD Center; www.samhsa.gov/fetal-alcohol-spectrum-disorders-fasd-center)에서 이용 가능하다. FASD의 평가 및 관리를 위한 도구는 다음의 두 웹사이트 http:///depts.washington.edu/fasdpn/htmls/diagnostic-forms.htm과 www.pbinstitute.com/blog/fetal-alcohol-syndrome-adults에서 찾아볼 수 있다.

FAS의 전형적인 진단 특징은, ① 얇은 윗입술, ② 없거나 불분명한 인중(코 밑의 수직 함몰부), ③ 짧은 눈꺼풀 틈새(눈의 수평 길이)이다. 신장과 체중은 일반적으로 출생부터 10번째 백분위수 미만이다. 낮은 콧대와 위로 올라간 코끝으로 인해 납작한 얼굴 중앙부, 덜 발달된 귀 윗부분, 좁은 이마, 수두증뿐만 아니라 손가락, 발가락, 뇌의 기형도 자주 발견된다.

일반적인 심리학적 현상으로는 지적장애, 발달지연, 언어 표현력 부족, 충동성, 협동운동실조, ADHD가 있다.

FAS는 미국 내 지적장애의 가장 흔한 원인이자 예방 가능한 선천적 결함의 주요 원인이다. 임신 중 어떤 시기에서든 알코올을 섭취하면 FASD처럼 결함 진단을 받게 될 수 있다.

12.14 도박

관련 ICD-10-CM 및 DSM-5 코드는 F63.0이다. ICD-10에서는 병적 도박, DSM-5에서는 도박 장애로 불린다. 전문가의 주의를 요하는 도박은 '중독성' '강박성' 또는 '문제성'이라고도 불린다.

비록 경과는 다르게 나타날 수 있지만 발병에서는 성별의 차이가 없다. 게다가 남성은 일반적으로 흥분과 도박행위 자체를 위해 도박을 하는 반면, 여성은 스트레스 요인에 대처하기 위해 도박을 한다. 약물 남용과 자살 경향성이 높은 비율로 동반되는 것으로 나타났다. 유희성 도박은 10대와 학생들 사이에서 매우 흔하며, 큰 승리를 거둔 후에 병적 도박으로 진행될 수도 있다.

요약 진술

- **그의 생각과 말은 도박에 대한 이야기와 계획들로 가득 차 있다.**
- **내담자의 도박행위는 강박적이다. 불안 조절을 위해/우울 감소를 위해/습관화를 보이는/저항할 수 없는 충동으로 인한/만성적이고 반복적인/감춰진/미신적 행위/특별한 기법(강박 행동)/강박 의식을 하는 등**
- **내담자는 도박사의 전형적인 인지 왜곡을 보여 준다. 결과를 예측하는 자신의 능력에 대한 과신, 손실을 보상하기 위한 큰 승리에 대한 비합리적 기대/새롭게 다시 시작하는 것, '운이 좋은' 느낌, 미신, 통제의 환상 또는 내기의 결과에 대한 예측, 확률에 대한 감이 부족한, 도박사의 오류, 선택적 회상, 손실 최소화**
- **도박은 좌절이나 실망을 보상하기 위해, 걱정이나 문제를 잊기 위해, 혹은 행운을 축하하기 위해 사용되었다.**
- **도박은 내담자의 가족/경력/명성에 해를 끼쳤다.**
- **그녀는 도박 때문에 출근하지 않았다.**
- **내담자는 도박을 하기 위해 돈을 빌렸다, 도박하기 위해 물건을 팔았다, 빚을 갚기 위해 도박을 했다, 돈이 다 떨어질 때까지 도박을 했다, 도박으로 돈을 벌기 위해 범죄를 생각했다/범했다.**

사우스 오크스 병적 도박검사(South Oaks Gambling Screen: SOGS; Lesieur & Blume, 1987)는 20문항의 신뢰로운 평가 도구로 청소년용 버전과 스페인어 버전을 포함해 인터넷에서 이용 가능하다. DSM-5에서는 전문적(professional) 또는 병적 도박을 사교성/유희성 도박과 구별할 수 있는 기준을 제공한다.

12.15 환각

관련 질문은 섹션 3.16 '환각', 보다 많은 관련 설명어는 섹션 12.30 '조현병' 참조

환각은 ICD-10-CM 다른 의학적 상태로 인한 정신병적 장애(F06), 모든 물질 사용장애(F10~F19), 정신병적 장애(F20~F29), 개별 증상(R44.0~R44.3 환각)에서 찾을 수 있다.

☑ 환각 경험은 측두엽 간질[7]에서뿐만 아니라 수면 전(입면시)과 부분 각성시(출면시)에서도 흔히 나타난다.

감각 양식

다음 양식은 대략적인 유병률 순으로 나열되어 있다.

- **청각: 소음이나 목소리, 휘파람/벨소리, 익숙한 소리, 속삭임, 누군가의 이름을 부르는 소리**
- **시각: 형체가 없는/빛/섬광, 형체가 있는/사람/사물/동물**
- **후각: 역겨운/혐오스러운/불쾌한 냄새(예: 죽음이나 질병)[8]**
- **운동 감각: 일그러지는 느낌, 뒤틀리는 느낌, 통증, 환상 사지(phantom limb)**
- **미각: 독, 신맛, 금속 맛, 고약한 맛**
- **내장 기관/신체: 두개골 안쪽을 긁는 느낌. "속이 비었다." "속이 썩어 간다." 또는 "유리로 만들어졌다."와 같은 표현은 망상을 지칭하는 것일 수 있다.**
- **전정(기관): 넘어질 것 같은 느낌, 나는 느낌, 몸이 가벼운 느낌**

드물지만 다음과 같은 현상도 있다.

- **이차 감각(synesthesia): 감각의 혼합(예: "빨간 냄새가 납니다.")**
- **엑스트라캠핀(extracampine): 자기 뒤에 있는 사람을 보는 것과 같은 불가능한 시감각**(루이 소체 치매에서 가장 흔함)

이 외에도 수십 가지가 더 있다.

이상 증상

7 이러한 견해에 대해 Frank O. Volle, PhD(코네티컷주 다리엔)에게 감사한다.

8 환후는 측두엽 간질의 전조 증상으로 흔하게 나타난다.

☑ 목소리의 경우, 누구의 목소리인지(식별할 수 있는 경우), 성별과 나이가 어떤지, 목소리가 명확한지 또는 속삭이는지에 주목하도록 하라. 또한 발화의 내용(끊어지는 단어들, 내담자 자신의 생각, 내담자에게 한 말 등)도 주목하도록 하라.

특성

- 유익한, 친절한, 상냥한, 위안을 주는, 도움이 되는, 사회적 관계에 초점이 맞춰진
- 논쟁하는, 서로 대화/소통하는, 생각/행동/동기에 반응하는/피드백을 주는
- 비난하는, 악의 있는, 비평하는, 박해하는, 괴롭히는, 증오하는, 악의적인, 질책하는, 위협적인, 협박하는, 공포에 떨게 하는
- 유혹적인, 불길한 예감을 주는, 충고하는/명령적인/위엄 있는/강제적인/통제적인, 소모적인

환각에 대한 태도

- (↔ 정도순) 자아이질적, 무서운, 겁나는, 기이한, 저항하는/대항하는, 가상의 대화 상대와 대화하는/말하는, 편안한, 익숙한, 자아동조적, 수용하는
- (↔ 정도순) 자신의 현실을 확신하는, 생생한 환상, 최면 상태, 현실 불가능한, '환상일 뿐'이라고 묘사하는, 현실/자신의 지각을 의심하는, 이러한 것들을 통제/대처하기 위해 다양한 노력을 하는, 환각이 잦지 않은

발생 상황

입면시, 출면시, 섬망시, 물질 금단시, 플래시백, 자발적인, 뜻밖의, 환각 경험에 영향을 미치는, 문화적/상황적/외부적 자극, 상황과의 관계가 발견되지 않는

기질성과 심인성에 기인한 환각의 비교

기질성에 기인한	심인성에 기인한
시간에 따라 뚜렷하게 구분되는	순간적이고 일시적인
생생하고 잘 형성된	모호한, 희미한, 흐릿한
여러 색의 및/또는 여러 소리의	일반적으로 회색 음영의
과운동성(예: 벌레가 기어다니는 느낌)	일반적으로 정적인
공포를 동반한, 불안	기타 정서
지속적 특성	변하기 쉬운

환자는 실제로 보고/듣고/느끼는 것처럼 행동한다.	환자는 보고 느끼는 것 등을 스스로 한다고 생각하지만, 실제 그에 부합하는 행동을 하지 않는다.
	환자의 정신역동과 관련이 있을 수 있다.

요약 진술

- **내담자는 환각을 부인하지만, 내적/보이지 않은 자극에 반응하는 것으로 보인다.**
- **환각이 현실 세계로부터 조금/어느 정도/크게 왜곡된 내용을 포함하고 있다.**
- **환각(은)이 의심된다/의심의 여지가 없다/부인되었다.**

12.16 수집광

DSM-5 및 ICD-10-CM 코드는 F42.3 수집광이다.

수집광은 관리가 불가능하고 안전상 위험해지며 물건이 쌓여서 정상생활이 어려워질 때까지 다른 사람에게 쓸모없어 보이는 물건을 계속 수집하는 강박장애이다. 이러한 강박 행동을 가진 사람들은 일반적으로 완벽주의적이고 전반적으로 우유부단하지만, 종종 합리화를 잘 한다. DSM-5에서는 개인의 병식 수준을 좋은, 양호한, 좋지 않은 또는 병식 없음/망상적 믿음으로 명시할 것을 제안한다.

물건을 버리는 것이 어렵다는 것은 사람보다 물건에 더 신뢰가 가고, 사람과의 관계보다 동물과의 관계가 더 가치 있고 안정적이며, 일부 물건을 버리는 것은 그간 그들의 삶이 '낭비'였다는 것을 의미한다는 신념 때문일 수 있다. 그들은 당황해하며 변화를 약속할 수는 있지만, 도움 없이는 모아 둔 것들을 내버릴 수 없다. 3가지 척도가 온라인에서 이용 가능하다(https://hoarding.iocdf.org/professionals/clinical-assessment 참조).

동물 수집광

동물을 수집하는 사람들은 일반적으로 관리가 가능한 몇 마리의 반려동물부터 시작한다. 그런 다음 상황이 관리 불가능하고 학대적이며 끔찍할 때까지 더 많이 수집하거나 번식시키지만, 집중적인 개입 없이는 멈출 수 없다. 재범률은 거의 100%에 가깝다. 동물 수집광과 관련하여 가장 잘 나와 있는 임상가를 위한 자료는 터프츠 대학교 웹사이트(http://vet.tufts.edu/hoarding)에서 이용 가능하다. 동물 수집광 평가를 위한 척도는 Tolin 등(2010)에 의해 개발되었다(www.ncbi.nlm.nih.gov/pmc/articles/PMC2914137).

과잉행동

섹션 12.3 '주의력결핍/과잉행동장애' 참조

12.17 건강염려증

섹션 12.21 '꾀병' 참조

ICD-10-CM 및 DSM-5에는 현재 DSM-5에서 질병불안장애라고 부르는 코드 F45.21이 포함되어 있다. 이는 그리스 병인학적 라벨에서의 건강염려증처럼 부정확한 라벨보다 훨씬 바람직하다. 그러나 ICD-10-CM은 F45.20과 F45.21에 이전 용어를 유지하고 있다. 질병불안장애는 F45.1(둘 다 포함) 신체증상장애와 관련이 있다.

일반 특성

자료에 따르면 노인이나 여성에서 건강염려증이 더 자주 나타나는 것은 아니다. 현재는 공황과 강박 사고의 요소가 있는 불안장애로 보고 있으며, 다른 불안장애에서도 나타날 수 있다. Tyrer 등(1990)은 다음과 같은 특성을 기술했다.

- **식이 제한/약물/비타민/허브 제품을 통한 건강 유지에 대한 집착**
- **경미한 증상에 대한 왜곡된 지각으로, 주요 질병과 생명을 위협하는 질병으로 악화된다. 언제나 건강이 온전하지 않다고 느낀다.**
- **검사/치료/안심을 위한 의료상담을 요구하는, 만족스럽지 않거나 도움이 되지 않을 경우 다른 의료제공자를 찾는, 내담자는 정신건강 서비스에 대한 경험이 많아지고, 그 과정에서 다소 환멸을 느끼게 된다.**
- **건강과 생활방식에 대한 엄격하고 지속적인 믿음**
- **금지 표현: "친숙한 얼굴" "("돌팔이"에게 진료받는) 병자" "단골손님" "진료 이력이 쌓여 있는 환자"**
- **의존적 적대감**[치료와 실패를 모두 기대하는]
- **다양하고 변화무쌍한 증상 호소, 정서에 의존한 표현으로 묘사되는 특이한/이례적인 신체증상 호소, 이상한 아픔과 통증, 만성/변하지 않는 피로감**
- **모든 약물, 많은 음식 등에 대한 과민성**
- **즐거움이 없는/만족스럽지 않은 생활방식/과도한 책임감**

정체성

섹션 9.3 '자아상/자아존중감' 참조

12.18 착각

관련 질문은 섹션 3.17 '착각' 참조

감각 기만, 거짓 감각, 시각/청각/촉각 왜곡, 빨라지거나 느려지는 시간의 흐름, 소시증(micropsia)/왜소 착각(Lilliputian illusions)[진전 섬망에서 나타나는 증상으로 물체의 세부사항은 그대로 유지하면서 실제보다 훨씬 작아 보이는 지각], **거인증**

12.19 충동조절장애

관련 질문은 섹션 3.18 '충동 조절', 섹션 3.31 '폭력' 참조. 관련 설명어는 섹션 10.2 '분노', 섹션 12.37 '자살', 섹션 12.39 '폭력 행동', 섹션 13.3 '반사회성 성격', 섹션 13.4 '권위성 성격', 섹션 13.17 '가학성 성격' 참조

DSM-5 및 ICD-10-CM 모두 충동조절장애는 F63으로 코딩된다.

충동조절장애의 유형

- F63.81: 간헐적 폭발장애(ICD-10-CM 및 DSM-5)
- F63.2: 병적 도벽(pathological stealing; ICD-10-CM), 절도광(kleptomania; DSM-5)
- F63.0: 병적 도박(pathological gambling; ICD-10-CM), 도박장애(gambling disorder; DSM-5) (섹션 12.14 참조)
- F63.1: 병적 방화(pathological fire-setting; ICD-10-CM), 방화광(pyromania; DSM-5)
- F63.3: 털뽑기장애(hair-pulling disorder; ICD-10-CM 및 DSM-5), 발모광(trichotillomania; DSM-5). 털뽑기장애 선별을 위한 7문항의 검사 도구는 다음의 웹사이트 https://depts.washington.edu/dbpeds/Screening%20Tools/Trich-Mass_Gen_Hair_Pulling_Scale.pdf에서 이용 가능하다.
- 기타 자해 행동(self-damaging behaviors)/자기절단(self-mutilating behaviors)은 섹션 12.31 '자해 행동' 참조. 성적 충동성, '여성색정증' '남성색정증' '성중독' 등은 섹션 12.32 '성적 충동성/중독/강박 행동, 성욕과다증' 참조

◆통제 정도(↔ 정도순)

지나치게 통제하는	참을성이 있는	불안정한	충동적인	난폭한
방어적인	내성이 있는	화를 내는	공격할 수 있는	폭발적인
억제하는	통제하는	좌절 인내성이 낮은	맹렬한	공격적인
부인하는	조심하는	변화가 급격한	다혈질의	호전적인
지나치게 조심하는		성급한	버럭 화를 내는	폭력적인
융통성이 없는	침착한	쉽게 기분이 상하는	맹렬히 비난하는	위험한
진득한	자제하는	흥분하는	급변하는	
	차분한	성마른	갑작스러운	
		쉽게 짜증 내는	예측할 수 없는	
		쉽게 흥분하는	억제할 수 없는	
		살기를 띠는	무모한	
		금지 표현: "버럭 화를 내는" "열받은" "발끈하는"	돌발 행동	
			떠나 버리는	
			성미가 급한	
			무분별한	

◆사람이 ~할까 봐 두려워하는 것

곤란한 일을 자처하는, 통제력 상실, '소변 실수를 한'/방광 조절력 상실, 실신, 자신 또는 타인을 해치는, 타살 사고, 비행이나 불법행위를 저지르려는 충동에 저항할 수 없는

◆판단에 따른 영향

대안을 저울질하지 않고/주저 없이 행동하는, 경솔한, 검토하지 않고 행동하는, 중재하지 않는, 충동적으로 행동하는, 준비 없이/무분별하게 행동하는, 자기중심적 행동, 충동의 즉각적인 충족을 추구하는, 부주의한, 고의적인, 충동 표현에 대한 제한된 지적 통제, 빈약한 계획

◆반사회적 행동

섹션 13.3 '반사회성 성격' 참조

방해, 무책임, 부정행위, 거짓말, 절도, 범죄, 검거, 싸움, 강력한 공격성

강간범의 특징

대부분의 연구에서 유죄 판결을 받은 강간범들을 조사했지만, 기소만 되거나 발견되지 않은 강간범들도 많이 있다. 피해자들을 치료하는 것으로 강간 범죄를 멈출 수 없기 때문에 그러한 남성들이 어떤 특징을 가지고 있는지 확인할 필요가 있다. 다음의 자료는 다른 성범죄자에게는 적용되지 않을 수 있다. 웹사이트 www.psych.ucla.edu/sites/default/files/documents/other/confluence%20model%20published.pdf에서 Malamuth와 Hald(2017)는 성적 공격성에 대한 현재 최고의 통합적인 모델을 제공한다.

- 이들은 고등학교나 대학 초기에 범죄를 저지르기 시작하는데, 대부분 연인과의 관계에서 일어난다. 피해자의 대다수는 18세 미만이고, 대체로 어린 시절에 강간을 당한 적이 있다.
- 일부는 몇 번의 강간 후에 멈춘다. 또 다른 일부는 범죄 행동을 유지하거나 증가시킨다. 양심의 가책을 느끼는 사람들은 피해자를 비난하는 사람들보다 강간을 계속할 가능성이 적다. 자기애는 강간을 증가시키는 반면, 공감 능력은 강간을 감소시킬 수 있다.
- 이들은 성범죄를 저지르는 다른 성범죄자들과 어울려 다닌다. 이들의 또래 집단은 여성을 묘사하는 데 적대적인 언어를 사용한다. 폭음, 성관계에 대한 압박감, 강간 신화에 대한 믿음이 있다.
- 이들은 자신이 강간한 것을 부인하지만, 동의를 무시한 채 합의되지 않은 행위를 한 것에 대해서는 인정한다. 문제가 있거나 강간범이라는 사실을 부인한다(Wegner et al., 2015).
- 이들과 소통하기 위해서는 강한 어조로 대화해야 하지만, 강하게 말하는 것이 이들에게 대화를 하는 데 충분한 동기를 주지는 않는다.

병식

관련 설명어는 섹션 11.10 '병식' 참조

간헐적 폭발장애

관련 설명어는 섹션 12.19 '충동조절장애' 참조

12.20 친밀한 관계에서의 폭력/가정 폭력

신체 및 성적 학대 관련 질문은 섹션 3.2, 섹션 3.3, 신체학대 위험 요인은 섹션 12.1 참조. 섹션 12.19 '충동조절장애', 섹션 12.27 '외상후 스트레스장애', 섹션 12.38 '인신매매', 섹션 12.39 '폭력 행동' 참조

관련 ICD-10-CM 및 DSM-5에서는 학대 유형[방임, 유기, 학대(maltreatment), 신체적 · 성적 · 심

리적 학대]에 따라 T74 및 T76, 피해자와 가해자의 상담에는 Z69, 외상 이력은 Z91.4xx로 코딩된다. 이 책의 나머지 부분과 마찬가지로 아동이 아닌 성인에게 초점이 맞춰져 있다. 배우자/파트너 학대에 대한 오래된 용어인 '매 맞는 여성 증후군(battered-woman syndrome)'은 덜 성차별적이고 보다 현실적인 용어인 '친밀한 관계에서의 폭력(Intimate Partner Violence: IPV)'으로 대체되었다. 이는 종종 외상후 스트레스장애를 유발한다.

☑ 매 맞는 여성 표본의 92%가 머리를 맞았고, 40%가 의식을 상실했으며, 77%가 뇌진탕후 증후군(Postconcussive Syndrome: PCS)의 일부 징후를 보고했기 때문에, Jackson 등(2002)은 모든 IPV 사례에 대해 경도의 외상성 뇌손상(Traumatic Brain Injury: TBI)과 PCS를 평가해야 한다고 권고했다**(PCS는 섹션 12.26 참조)**.

◈ 위험 요인

학대는 모든 종류의 관계에서 발생한다는 것을 명심하고, 따라서 항상 모든 내담자에게 물어보도록 하라**(섹션 3.2, 섹션 3.3 참조)**. Capaldi 등(2012)은 IPV의 위험 요인에 대한 높은 수준의 연구를 통해 철저한 검증과 고찰을 제공한다(www.ingentaconnect.com/content/springer/pa/2012/00000003/00000002/art00009# 참조).

◈ 피해자의 특징

- 학대당하지 않은 집단에 비해 우울증, 자살 경향성, 외상후 스트레스장애, 약물 남용의 비율이 훨씬 높다(Golding, 1999).
- 학대의 세부사항에 대한 부인 또는 최소화[가해자의 특권 의식이나 책임감 부인, 이것이 실제 학대라는 사실, 심각성, 그에 따른 결과 등에 대해 가해자가 부인하는 것과 일치함]
- 피해자가 도움을 요청하는 경우, 미친/과장한/꾸며 낸 것일 수 있다는 비난에 대한 두려움
- 폭력의 악순환에 빠짐: 폭력, 공포, 달래기, 더욱 심한 폭력이나 피해자를 떠나버리는 것, 가해자의 변하겠다는 약속, 관계 복귀, 폭력 등
- 낮은 자아존중감(특히 효능감)
- 피해자에게 큰 대가를 치르더라도 가해자의 요구를 최우선으로 생각하는, 심리적 · 신체적으로 해로운 상황에서 떠나지 못하는, 수동적이고 의존적인 행동

◈ 파트너학대 유형(↔ 정도순)

비폭력적 학대: 지나치게 침착한 대화, 삐진, 철회하는/고립시키는/무시하는/피하는, 소리지르는/욕설하는, 모욕하는, 욕하는. 스토킹, 인터넷에 노출 사진을 게시하는

위협: 이동을 제한하는/자유를 구속하는/사생활을 무시하는, 활동을 방해하는, 집에 귀가하지 않는, 재정을 통제하고 공개하지 않는, 성질을 내는, 거짓말하고 중요한 정보를 은폐하는, 가족/친구/직장과의 연락을 금지하는/외출을 금지하는

언어학대: 모욕하는, 불평하는, 과소평가하는, 창피를 주는, 죄책감을 유도하는, "단지 농담이었어/그냥 놀린 거야.", 거짓말하는, 지나치게 요구하는, 외모/가족/수행에 대해 비판하는

폭력 위협: 흉기로 위협하는, 자녀/반려동물/배우자/친척을 향한 위협, 위험하게 운전하는, 자녀를 버리겠다고/지원을 끊겠다고/의무를 다하지 않겠다고 위협하는

폭력: 물건을 던지는, 밀치는, 고통스럽게 제지하는, 몸싸움을 벌이는. 폭행/구타: 때리는, 차는, 무는, 주먹으로 치는, 질식시키는, 강간하는. 살인 미수: 심한 구타, 통제 불능, 흉기 사용

평가 및 결정

Niolon(2011)은 정해진 문항만이 아니라 가정 폭력의 유형, 원인, 평가에 대해서도 기술하고 있다(www.psychpage.com/family/dv.html 참조). Dutton(2007)은 학습과 발달 이력을 가해자의 성격 요인과 통합했다. McCloskey와 Grigsby(2005)는 가해자/학대자, 피해자, 치사율, 안전 요인뿐만 아니라 기타 관련 자료를 평가하기 위한 세부 문항과 절차를 제공했다.

Hamby(2013)는 피해자가 사용하는 보호 전략에 대해 저술했으며, 목표, 방법, 위험 피해 척도(Victim Inventory of Goals, Options and Risks: VIGOR)를 개발했다. 이는 아동이나 다른 사랑하는 사람들에 대한 걱정, 재정 문제, 사회적 문제, 개인적 가치를 포함하여 모든 위험 요인에 대한 상세한 평가를 통합하는 강점 기반의 개별 안전 계획으로 이어진다. 이 검사는 여러 언어로 이용 가능하다(www.thevigor.org/the-vigor/#.WfkAZRNSz1I 참조).

IPV의 즉각적인 위험에 처한 사람들을 위한 맞춤형 안전 계획에 대한 개요는 샌디에이고시 웹사이트(www.sandiego.gov/department/safety-planning)에서 확인할 수 있다. 미국국립가정폭력센터(National Center on Domestic Violence)는 안전 계획에 대한 광범위한 템플릿을 가지고 있다(www.ncdsv.org/images/TXAdvoProj_PersonalizedSafetyPlan_Long_Eng.pdf 참조). IPV에 대한 광범위하고 높은 수준의 읽을거리와 온라인 교육은 다른 사이트(www.domesticviolenceresearch.org)에서 이용할 수 있다.

☑ 가정 폭력은 형제자매 간에 발생할 수도 있고, 양육자나 아동이 가해자가 될 수도 있다. 통제와 학대에 대한 특정 징후가 있을 수 있다(www.thoughtco.com/different-types-of-domestic-abuse-973311 참조). 노인 학대에 대한 우려가 커지고 있으며 미국심리학회(American Psychological Association) 웹사이트에서 이에 대한 좋은 개요를 제공하고 있다(www.apa.org/pi/aging/resources/guides/elder-abuse.aspx 참조).

◆ 후기 황체기 불쾌기분장애

섹션 12.28 '월경전불쾌감장애' 참조

12.21 꾀병

섹션 12.17 '건강염려증' 참조

관련 ICD-10-CM 및 DSM-5 코드는 Z76.5이다. ICD-10-CM에서는 '꾀병자(malinderer)'로 되어 있으며, DSM-5에서는 '질병을 가장하는 사람'을 추가했다.

Rogers와 Bender(2018)에 따르면, 꾀병은 드물지 않고, 감지하기 쉽지 않으며, 공통적인 반응 양상이 없다. 꾀병은 사이코패스나 범죄 또는 기타 유효한 정신과적 증상의 존재와 유의한 상관관계가 없고, 심리검사에서 쉽게 발견되지 않는다.

정신장애에 대한 꾀병을 의심하는 몇 가지 기준은 다음과 같다.

1. 매우 비전형적으로 드러나는 증상(드문, 노골적인, 터무니없는, 모순적인, 무분별한, 빠르게 변화하는). Rogers(1984)는 다음과 같이 제안했다. 내담자는 극도로 심각한 증상에 대해 설명하고, 많은 증상을 보고하며, 임상적 사례 개념화 및 진단적 소견과 일치하지 않는 증상을 묘사하고, 심리적 스트레스원에 대해 '과장된' 회상을 보여 준다.
2. 부가적인 면담 또는 심리학적/의학적 검사를 통한 결과에 대한 확실한 증거가 없다.
3. 인위적인 동기가 있거나 경계성 성격장애 환자는 배제한다.

Adams(1991)가 추가한 가능한 꾀병의 표지는 다음과 같다.

4. 환자가 직접 변호사를 선임한 경우
5. 주장하는 장애와 객관적인 결과 사이의 현저한 불일치
6. 평가나 제언에 대한 협력 부족
7. 반사회성 성격장애 또는 특성

다른 측면으로는 꾀병에 대해 식별 가능한 행동들이 포함된다. 즉, 원인을 찾거나 업무에 복귀하고 싶다는 주장에도 불구하고 진단이나 치료에 대한 협조가 미흡함, 변함없이 재발함, 스스로 상태를 악화시킴, 이전 치료자와의 의사소통에 대한 저항, 지나치게 극적이거나 과장된 증상 표현, 진술 간 또는 진술과 행동 간 논리적 불일치 등. 많은 심리검사의 보안이 공개적으로 이용 가능한 인터넷 사이트에 의해 침해되었으며, 이에 대한 변호사의 코칭은 자주 있는 일이라는 것을 인지하도록 하라(Ruiz et al., 2002). 그리고 변호사의 코치가 이루어지고 있다는 소식이 심심치 않게 들리고 있다.

따라서 진단을 내릴 때 검사 결과에만 의존하지 말도록 하라. Ken Pope, PhD는 출판된 꾀병검사들 그리고 유사한 연구들에 대한 정보를 자신의 웹사이트(www.kspope.com/assess/malinger.php)에 아낌없이 올려놓았다.

Hyler와 Spitzer(1978)는 신체질환으로 나타나는 증상의 감별 진단 기준을 다음과 같이 제시했다. 각주가 추가되었다.

진단	알려진 신체 기제로 증상을 설명할 수 있는가?	증상이 심리적 원인과 관련이 있는가?	증상이 자발적/의식적으로 통제되고 있는가?	분명한 목표가 있는가?
전환장애	전혀 없음	항상	전혀 없음	가끔
꾀병	가끔	가끔	항상	항상*
신체화장애	항상	항상	전혀 없음	가끔
인위성장애	가끔	항상**	항상	전혀 없음(의학적 관심을 받고 싶어 하는 것 외에는)***
진단되지 않은 신체질환	가끔	가끔	전혀 없음	전혀 없음

* 예를 들어, 돈, 마약 취득, 책임 및 기소 회피, 타인 통제

** 무의식적인 욕구에 의한 증상 증폭

*** 혹은 아프거나 부상당한 것처럼 보이고 환자의 역할을 하는 것

유사한 증상을 위한 용어들: **가장, 과장, 증상 증폭, 통증 및 장애에 대한 파국화, 과대평가, 부풀리기, 천막상부 인자(supratentorial factor), 의식적으로 꾸며 냄**

MSE에서의 저조한 수행 후 요약 진술

- **의도적으로 낮은 집중력과 과제 지속성을 보였다.**
- **내담자는 검사자가 그의 증상 호소를 진지하게 심각한 문제로 받아들일까 봐 매우 염려하는 것 같았다.**

뮌하우젠 증후군

관련 ICD-10-CM 코드는 F68.1이다. 뮌하우젠 증후군(Munchausen's syndrome)은 DSM-5에서 환자가 질병의 증상을 모방하거나 심리적 이득을 위해 의학적 질병을 꾸며 내는 F68.10 인위성장애의 아형으로 기술된다. 따라서 이는 꾀병과 구별되어야 한다.

특성 구분하기

- 자가감염에 의한 하나 이상의 의학적 질병을 만들어 내는, 실험실 검사 절차나 결과를 수정하는, 상처 치유에 비협조적인 등
- 치료를 오래 끌고 감: 한 간병인에서 다른 간병인으로 바꾸는, 가명 사용
- 공상허언증: 자기 자신과 경험에 대해 환상적으로 과장해서 꾸며 내는 것
- 상당히 그럴듯하지만 조사한 바와 일치하지 않는 초기 이야기
- (현실에) 직면시키면 이를 강하게 부정, 무의식적인 동기
- 스트레스가 심한 기간에만 그렇게 행동하는

치료에는 다음과 같은 힘든 단계가 요구된다. 즉, 거짓이 밝혀지는 경우 내담자가 다른 치료사로 옮겨 가지 못하게 하고, 이 문제에 직면시키며, 저항을 극복한다. Marc Feldman, MD는 웹사이트(www.munchausen.com)를 통해 뮌하우젠 증후군의 아형에 대한 풍부한 정보를 제공하고 있다.

◈조증

관련 설명어는 섹션 10.9 '조증' 참조

◈경도 외상성 뇌손상

섹션 12.26 '뇌진탕후 증후군' 참조

◈다중인격

관련 설명어는 섹션 13.10 '해리성 정체성 장애' 참조

12.22 강박 사고

관련 질문은 섹션 3.20 '강박 사고' 참조. 섹션 13.14 '강박관념성 성격', 섹션 3.8 '강박 행동', 섹션 12.7 '강박 행동', 섹션 11.19 '사고의 흐름' 참조

ICD-10 및 DSM-5에서 코드는 강박장애의 경우 F46.81이고, 강박성 성격장애의 경우 F60.5이다. 아형은 F42로 코딩된다. 이러한 행동은 많은 물질 사용장애(F10~F19)에서도 발견되고, ICD-10-CM에서는 R46.81이며 독립 증상으로 코딩될 수 있다.

- **편집광**(monomania), **단순한 사고의 연속, 반복적 주제, 자기우월광**(egomania), **과대망상증**(megalomania), **과잉사고**(예: 이형공포증)

- 오염/청소: 만지거나 닿는 것, 신체의 배설물, 세균, 옷, 먼지/쓰레기/오염 물질, 동물, 자신 또는 타인의 질병
- 성적: 색정광(erotomania), 아동/근친상간, 이성애자들 사이에서의 동성애, 성생활, '도착'
- 종교적: 신성모독적인 행위, 신성모독적인 발언, 도덕성, 옳고 그름, 죄를 범한 것에 대한 지나친 염려, 죄책감
- 신체: 질병이나 질환, 신체 부위, 신체적 '증상'
- 기타: 색상, 소리, 음악, 이름, 제목, 숫자, 구절, 기억, 불쾌한 이미지, 상처를 입힐 것/말을 내뱉을 것/해를 입힐 것/절도할 것/재난을 일으킬 것 같은 충동, 특정한 말을 하지 않는 것, 잃어버리지 않는 것, 기억해 내야 하는 것, 색상을 맞춘 옷 등

12.23 통증장애/만성통증 증후군

관련 질문은 섹션 3.22 '만성통증' 참조

관련 ICD-10-CM 및 DSM-5 코드는 F45.4이다.

통증 이력을 수집하는 데 있어 유용한 약어는 SOCRATES — 부위(Site), 발병(Onset), 통증 특성(Character), 방사통(Radiation: 통증이 다른 부위로 확산), 완화 요인/관련 증상(Alleviating factors/Associated symptoms), 시기(Timing: 기간, 빈도), 악화 요인(Exacerbating factors), 심각도 또는 대안적으로 징후 및 증상(Severity, or, alternatively, Signs and Symptoms) — 이다.

◆ 통증 행동

- 신음하는, 움찔하는, 놀라서 움츠리는, 얼굴을 찡그리는, 이를 악무는, 긴/큰 한숨을 쉬는
- 느리고 조심스럽게 움직이는/자세를 바꾸는, 이상한 자세를 취하는/유지하는, 자세를 바꾸는 것/일어나는 것/걷는 것/스트레칭이 자주 필요한
- 여러 가지/효과 없는 약물 복용
- 휴식/취침 시간이 증가하고 활동 시간이 감소한, 피곤해 보이는, 수면 효율이 떨어진
- 성행위/성행위 시간/성행위 빈도/성적 관심의 감소 또는 부재
- 식욕 저하 및 관련 체중 변화
- 집중력 저하

◆ 기분

- 표현의 제한된 범위 및 강도
- 성마름, 분노, 위태로운, 낮은 좌절 인내성

- 우울한, 사기가 저하된, 비관적인, 다음의 내용에 대한 무망감의 표현: 변화/개선/직장으로의 복귀, 통증 악화에 대한 반응으로 간헐적인 우울
- 상실에 대한 슬픔: 건강, 자율성, 자유롭게 이동할 수 있는/생활비를 벌 수 있는/가족을 돌볼 수 있는 능력 등
- 금지 표현: "괴짜스러운"

사고 내용

- 상실/강요받은 주거시설(forced accommodations)/새로운 역할/신체 감각/치료/통증/증상/건강 상태 및 그로 인한 결과에 대한 생각에 사로잡힌, 작은 진전의 징후에 주의를 기울이는
- 통증/제약/우울/증상과 진전/변화/신체 진행 과정 간 기이한 상관관계를 만들어 낼 수 있는
- "왜 나인가?"/인과관계/복수/재정적 문제에 관한 반추
- '불구가 된' 것 같은, '무가치한', 무력한, "통증을 안고 살아가는 법을 배운다."라고 낙관적으로 이야기하지만 변화는 없는, 오래된 역할의 상실로 인한 자존감 상실
- 상황이 바뀌기를 간절히 바라지만, 어떤 개입의 효과도 의심하고 있는
- 건강염려가 아닌 만성통증에 대한 반응으로 신체적 자아에 대해 내면에 집중하는
- 수동적인 죽음을 바라는 형태의 자살 사고
- 권리 의식이 있고, 상황의 불공평함에 초점을 맞추는
- 자신이 현재 또는 이전 고용주 또는 산재보상위원회/보험 회사/미국사회보장국(Social Security Disability Insurance)으로부터 괴롭힘을 당하고 있다고/인정받지 못하고 있다고 느끼는/믿는, 도우미/보험 회사의 부당한 대우에 분개하는
- 마땅한 자신의 권리를 위해 보험 청구를 하는 것/의학적 검사를 받는 것/양식을 작성하는 것/"힘들여 고생하는 것"이 "지긋지긋하다"고 보고하는

사회적 양상

- 사회 활동 감소, 철회/고립, 여가생활 감소/부재
- 환자 역할에 적응하기: 의존성, 수동성, 무력함, 책임 회피/면책, 통증과 회복의 의학적/생물학적 모델, 기적적인 치료법 찾기 vs 한계를 수용하고 다른 방법 시도하기 등
- 위안보다는 신뢰를 바라는, 자신의 증상이 심각하게 받아들여질까 염려하는

12.24 편집증

관련 질문은 섹션 3.23 '편집증' 참조. 섹션 12.8 '망상', 섹션 13.15 '편집성 성격' 참조

관련 ICD-10-CM 및 DSM-5 코드는 F20.0 조현병, 편집형(DSM) 또는 편집성 조현병(ICD), F22 망상장애, F60.0 편집성 성격장애이다. 일반적이지는 않지만, 편집증적 사고는 기질적 상태(F03 명시되지 않는 치매)와 연관될 수 있고, 독립적인 정신병적 장애(F06.2), 또는 공유 정신병적 장애(F24)의 일부일 수 있다.

다음 분류는 편집증 정도순으로(낮은 순서에서 높은 순서로) 나열되었다.

편집증이 아님, 특별한 권한이나 임무를 부인하는, 자신이 사람들과 지역사회로부터 상당히 좋은 대우를 받고 있다고 느끼는

자신이 매우 고결하다고 믿는, 자신이 다른 사람들을 불신하는 것을 부인하는, 타인의 동기에 대해 계속해서 순진하게 받아들이는, 자신이 특히 민감하다고 믿는, 자신의 주관적인 지식을 과대평가하는

경각심을 보이는, 의심을 표출하는, 불신, 모든 것이 제대로 되어 있지 않다는 믿음, 편집성 경향, 피해 사고, 부적절한 의심을 보고하는, 조사당한다고 느끼는, 감시당한다고 느끼는, 미행당한다고 느끼는, 녹음된다고 느끼는, 누군가 매복하고 있다고 느끼는, 보호적 사고(자신의 실패에 대해 다른 사람의 의심과 비난을 확인하기 위한 선택적 주의), 부분적으로 지지되는 망상, 피해/피해의 증거에 대한 그럴듯한 이야기, 경계를 늦추지 않는, 편집성 착각("이제야 모든 것이 말이 되는구나.")

모든 사람/모든 사람의 행동에 대한 만연한 의심, 사람들이 보복할 것을 예상하는, 사람들이 앙심을 품은 것으로 간주하는, 자신을 다른 사람/적/복수의 피해자로 여기는, 과민반응하는, 경계를 늦추지 않는, 경계하는, 몰래 감시하는, 음모를 꾸미는, 해를 끼치려는 시도, 공격, 저지된 공격, 체계화된 망상, 자신을 음모하기 위해 모인 Cameron(Cameron & Rychlak, 1968)의 '가성 사회(pseudocommunity)'에 대해 주장하는

12.25 공포증

관련 질문은 섹션 3.24 '공포증', 관련 설명어는 섹션 10.3 '불안/두려움' 참조

관련 ICD-10-CM 코드는 F40.01 광장공포증, 공황장애 동반, F40.02 광장공포증, 공황장애를 동반하지 않는 경우, F40.10~F40.11 사회공포증, F40.2xx 다양한 특정공포증이다. DSM-5에는 F40.00 광장공포증, F40.10 사회불안장애(사회공포증), F40.2xx 다양한 특정공포증이 나열되어 있다. (DSM-5에서 공황장애는 광장공포증과 별도로 코딩된다.)

공포증은 지속적이고 비현실적인 수준의 두려움, 높은 수준의 국한된 불안 그리고 불안을 유발하는 상황/동물/사회적 환경/사람들의 회피를 수반한다.

공포증의 유형에는 외상으로 학습된 공포증, 동물공포증(animal phobia), 사회공포증, 광장공포증, 고소공포증, 통증공포증, 폐소공포증, 타인공포증, 동물공포증(zoophobia)이 있다. 위키백과(https://en.wikipedia.org/wiki/list_of_phobias)에는 약 375개의 명명된 공포증이 나열되어 있다. '동성애공포증'은 성격장애의 일부일 가능성이 더 높다(섹션 13.4 '권위성 성격', 섹션 13.15 '편집성 성격' 참조).

12.26 뇌진탕후 증후군

관련 ICD-10-CM 코드는 F07.81 뇌진탕후 증후군 그리고 G31.84 경도 신경인지장애(또는 DSM-5에서 외상성 뇌손상으로 인한 경도 신경인지장애)이다.

뇌진탕후 증후군(PCS)은 경도 외상성 뇌손상(TBI)과 스트레스 또는 환경적 요구 사이의 상호작용으로 인한 신체적·정동적·인지적·대인관계적 증상의 집합체이다. '경미한 두부 손상' 또는 '뇌진탕'이라고도 불리는 경도 TBI는 머리에 대한 타격으로 인해 발생하며, 일시적이거나 영구적이고 점진적일 수 있다. 증상은 외상 직후에 시작되거나 최대 10일 정도 지연될 수 있다.

PCS의 인지 증상은 매우 다양하지만 주의 산만, 1가지 이상의 자극에 주의할 수 없음, 약속을 잊어버리고 물건을 잃어버림(그리고 전망 기억에서도 비슷한 문제가 나타남), 단어를 찾기 어려움, 실행기능 및 사회 인지의 제한, 정보 처리의 지연, 탈억제 등이 포함된다. 정서적 증상에는 정동 문제, 낮은 좌절 인내성, 성마름, 불안 등이 포함된다. 신경학적 증상에는 피로와 수면장애, 두통, 현기증 또는 어지럼증, 후각 상실, 이명뿐만 아니라 빛, 소음, 알코올/약물에 대한 과민성이 포함된다.

12.27 외상후 스트레스장애

관련 ICD-10-CM 및 DSM-5 코드는 F43이다. 다음에 나열된 증상 중 일부는 Courtois (2004)에서 인용했다.

◆ 정동적 증상

- **정서적 마비, 둔화, 일상적인 경험에 대한 정서적 반응의 부족, 소원(estrangement), 지금-여기로부터의 분리**
- **흥미 상실, 싫증, 무감동**

- 쉽게 놀라는 것과 같은 각성의 증가, 과다각성, 경계해야 하는, 수면장애
- 충동적인 행동
- 성마름

인지적 증상

- 집중력 및 기억 기능 저하
- 외상 상황의 재경험/재체험, 침습적 기억, 플래시백
- 단축된 미래(foreshortened future), 가족/직업/정상적인 수명을 갖지 못할 것이라고 믿는
- 생존자 죄책감, 도덕적 손상, 국가 보위 문제(배신감, 실수/범행에 대한 책임, 개인화된 책임 및 죄책감)
- 자살 사고

행동적 증상

- 기존 스트레스원과 유사한 상황에서 증상 악화
- 기존 외상 상황과 유사한 자극이나 요인이 재경험이나 회상을 유발하기 때문에 회피
- 대처하기 위해 알코올/약물 사용
- 기억이 안 나게 바쁘게 지냄

사회적 증상

- 친밀감에 대한 두려움, 전반적 소외감, 가족 불화, 동료를 제외한 모든 사람과의 단절
- 철회, 고립
- 권위(권위적 대상)에 대항하는

다양한 요인 분석 결과에 따르면 외상후 스트레스장애(PTSD)에는 다음과 같은 6가지 요인이 있을 수 있다. ① 침습/재경험, ② 의도적 회피, 부정적 정동, ③ 무쾌감증/정서적 마비/활동에 대한 흥미 상실, ④ 다른 사람들로부터의 분리, 제한된 정동, ⑤ 불쾌성 각성 자극, ⑥ 불안 각성 자극. PTSD를 가진 다양한 모집단에 따라 요인별로 각각 증상의 정도가 다를 수 있다.

재향 군인을 위한 고려사항

ICD-10-CM에서는 군대 배치가 군인과 그 가족에게 미치는 영향에 대해 Z56.82, Z63.31, Z63.71, Z91.82 코드를 제공한다. DSM-5에서는 이 중 첫 번째와 마지막 코드를 제공한다.

스트레스원/외상 사건에는 들이닥치는 총격, 저격수의 사격, 순찰 중 적의 매복 공격, 부대의 총격전, 폭탄 폭발 등이 포함될 수 있다. 국가 보위 문제에는 정부로부터 혹은 전쟁이 어떻게 일어났는가에 대해 배신감을 느끼는 것이 포함될 수 있다. 외상에 대한 최근 접근 방식에는 전투의 위험에 대한 두려움뿐만 아니라 살인이나 기타 전쟁행위에서 비롯된 죄책감의 정상성을 강조하는 것이 포함된다. 의학적 및 심리적 장애의 조합인 걸프전 증후군(Gulf War syndrome)에 대한 고려가 이루어져야 하며, 이후의 전쟁 경험에도 적용될 가능성이 높다.

걸프전 증후군에 대한 자세한 고찰은 웹사이트 www.pbs.org/wgbh/pages/frontline/shows/syndrome에서 이용 가능하다. 미국국립PTSD센터(National Center for PTSD, www.ptsd.va.gov)는 의료제공자와 연구자에게 PTSD 평가 및 치료에 대한 훌륭한 자료를 제공한다.

PTSD의 주요 특징

Pies(1993)는 PTSD의 주요 특징을 요약하는 방법으로 약어 TRAUMA를 제공한다.

- **정상 범위를 벗어난 외상 또는 실제 피해**(Trauma or actual harm outside normal range)
- **불쾌감을 주는 꿈, 기억의 반복**(Recurrent disturbing dreams, recollections)
- **괴로운 기억의 회피, 주요 외상 사건에 대한 기억상실**(Avoidance of troubling memories, Amnesia for key events of trauma)
- **원치 않는 심상, '플래시백'**(Unwanted images, 'flashbacks')
- **현저히 감소한 흥미**(Markedly diminished interest)
- **자율신경 활동 과다, 분노 폭발**(Autonomic overactivity, Anger outbursts)

관련 장애

급성 스트레스장애(DSM-5 및 ICD-10-CM 모두 F43.0)는 유사하지만 증상이 더 적고, 2일 내로 시작되며 4주 이하로 지속된다.

복합 PTSD(Complex PTSD: C-PTSD)는 장기간 또는 반복적으로 노출되고, 외상이 증가할 가능성이 더 높다. C-PTSD에 대한 설명은 두 웹사이트(www.ptsd.va.gov/professional/ptsd-overview/complex-ptsd.asp; https://themighty.com/2017/08/life-impacting-symptoms-of-complex-posttraumatic-stress-disorder-ptsd)에서 확인할 수 있다.

외상평가

생활 사건 체크리스트(Life Event Checklist; www.integration.samhsa.gov/clinical-practice/life-event-checklistlec.pdf에서 이용 가능)는 응답자의 일생 동안 잠재적인 외상 사건을 선별하기 위한 17개의

항목으로 구성된 자기보고식 검사이다. 잠재적으로 PTSD 또는 괴로움을 초래하는 것으로 알려진 16가지 사건에 대한 노출을 평가하고, 그 밖의 다른 극도의 스트레스 사건을 평가하는 1개 항목을 포함한다. 외상후 스트레스장애 체크리스트-민간인용(PTSD Checklist-Civilian version: PCL-C)에는 17가지 증상에 대해 각각 얼마나 고통스러운지 묻는 17개의 질문이 있다. 단축형 버전도 이용할 수 있다(둘 다 www.integration.samhsa.gov/clinical-practice/Abbreviated_PCL.pdf에 있다). 미국약물남용및정신건강서비스관리국(SAMHSA)의 외상 기반 정신건강 서비스(Trauma-Informed Care in Behavioral Health Services)는 외상을 평가하기 위한 17가지 도구를 소개한다(www.integration.samhsa.gov/clinical-practice/SAMSA_TIP_Trauma.pdf 참조).

12.28 월경전불쾌감장애

ICD-10-CM 및 DSM-5는 F32.81 월경전불쾌감장애이다. 연구 결과가 혼재되어 있고, 여성에만 국한되어 있으므로 진단에 주의하도록 하라.

월경전불쾌감장애(PMDD)는 보다 심각한 형태의 월경전 증후군(Premenstrual Syndrome: PMS)이다. 월경 1~2주 전에 발생하는 PMS의 극심한 증상은 다음에 요약되어 있다. 신체적 증상은 보통 심리적인 증상보다 훨씬 덜 심각하다.

◆생장(vegetative) 양상

- 식욕/섭식 변화, 식욕 부진, 특정 음식을 갈망하는
- 수면 변화/과다수면/수면 부족/불면증, 졸음증/피로증, 침대에 머무는/낮잠을 자는

◆정동적 양상

- 우울, 무망감, 절망감, 비현실적인 자기비하
- 기분 동요, 압도된/스트레스를 받는 느낌, 슬픔, 자살 사고, 울음
- 불안, 긴장, 안절부절못함, 지속적인 분노/성마름, 불안정성
- 활동에 대한 흥미 감소
- 경우에 따라 애정이 넘침, 친밀감을 필요로 함
- 흥이 넘침, 웰빙, 에너지/활동의 폭발

◆통증

경련, 두통, 유방통, 관절통/근육통, 전신 아픔과 통증, 근육 경직, 요통

자율신경계 양상

구역/구토, 두근거림, 발한/냉한, 열성 홍조/홍조, 어지럼증, 시야 흐림, 무감각/따끔거림, 쿵쾅거림, 가슴 통증, 이명, 질식감

체액 평형

체중 증가, 복부 팽만, 부종, 가슴민감증/부종

인지적 양상

- 집중력 감퇴/주의 산만, 건망증, 혼란감, 판단력 저하, 우유부단함
- 효율성 저하, 학업 또는 업무 수행 능력 저하, 사고, 조화운동불능, 정리할 수 있는 능력이 저하됨
- 충동성

대인관계 양상

과민함, 갈등 증가, 불신감, 거부 반응에 대한 과민성, 고립, 회피, 외로움

12.29 강간 외상 증후군

강간 외상 증후군(RTS)에 관한 다음의 자료는 주로 Burgess와 Holmstrom(1974)에 기반하며, 이들은 RTS가 3단계로 진행된다고 처음 기술했다.

급성기

이것은 며칠 또는 몇 주 이내에 발생한다.

반응 양상

- 표출: 초조, 울음, 불안
- 통제: 감정 없이, "실제로 벌어진 일이 아니다."
- 충격/불신: 지남력 상실, 집중력 저하, 결정을 내리거나 일상 활동을 하는 데 어려움

인지적 변화
- 각성 수준이 낮은, 범죄에 대한 회상이 어려울 수 있는, 사고가 와해된, 혼란스러운, 당혹스러워하는
- 자책

신체적 반응
- 생식기 외상(타박상, 출혈 등), 분비물, 가려움, 화끈거림, 통증, 직장 통증/출혈, 감염, 임신
- 두통, 피로, 수면 변화, 악몽
- 과도한 놀람 반응
- 위장 반응: 구역, 구토, 복통, 식욕 변화, 신체 내부의 떨림

정동적 반응
- 분노, 불안, 긴장, 안절부절못함
- 멍함, 불안감으로 마비됨, 울음
- 죽음, 죽는 순간, 발작에 대한 두려움
- 굴욕, 당황

생활방식의 변화
- 주거지 변경, 여행 다님, 지지를 위한 가족/친구 방문
- 자동 응답기 사용, 전화번호 변경, 온라인/소셜 미디어 계정 변경
- 무너진 일상
- 강박적인 청소
- 다른 사람의 반응에 대한 과민반응

외적으로는 적응했지만 내적으로는 혼란감을 겪는 단계

피해자는 이전 생활 양상을 재개한 것처럼 보일 수 있지만, 극심한 내적 혼란과 증상을 경험한다.

증상

불안, 무력감, 두려움, 우울, 기분 동요, 수면장애, 플래시백, 해리, 공황발작 등

대처 기제
- 가족과 친구의 지원
- 물질 남용

- 최소화: “모든 것이 괜찮아.”, 관련 내용에 대한 대화 거부
- 극화: 폭행에 대한 지속적인 이야기
- 설명: 무슨 일이 일어났는지 이해하려고 하는
- 새로운 집이나 도시로 도피
- 외모의 변화

인지적 및 행동적 변화
- 개인의 안전감 상실, 활동의 위축
- 새로운 관계의 회피
- 혼란스러운 성관계–플래시백, 회피, 통제를 위한 과잉 성 행동

폭력의 특성

RTS의 구체적인 특성은 행위의 성격, 가해자와의 관계, 사용된 무력의 유형과 양, 폭행 상황에 따라 달라질 수 있다. 낯선 사람에게 폭행을 당한 경우, 두려움은 다루기 힘들 가능성이 높다. 취약하다는 느낌은 더욱 악화된다. 가해자가 아는 사람이고 피해자가 가해자를 신뢰했다면, (일반적인 경우) 자책감과 죄책감이 고조될 수 있다.

잠행 단계

피해자들은 마치 아무 일도 없었던 것처럼 일상으로 돌아가려고 하며 외상 사건에 대한 모든 생각을 차단한다. 이것은 몇 년 동안 지속될 수 있다.

신체적 반응
- 양호하지 않은 건강 상태
- 긴장성 두통, 피로, 화끈거림 또는 가슴/인후/팔/다리의 국소 통증
- 폭행당한 신체 부위와 관련된 증상(예: 구강 강간 후 입과 목의 불편감)
- 구역/구토, 신경성 식욕부진증 및/또는 신경성 폭식증이 시작됨

강간 상황 특정공포증(부상공포증)
- 군중 속에 있는 상황, 누군가 후방이나 측면에서 접근해 오는 상황, 아무 데나 혼자 남겨져 있는 상황, 집을 떠나는 상황
- 모든 남성
- 가해자의 특성(예: 콧수염, 곱슬머리, 술이나 담배 냄새, 옷이나 차 종류)

재조직화 단계

피해자는 정서적 혼란과 무서운 고통을 재경험할 수도 있다. 공포는 가해자, 상황, 폭행과 구체적으로 관련이 있거나, 훨씬 일반화되어 나타날 수 있다. 피해자는 악몽/야경증에 시달릴 수 있다. 복수에 대한 폭력적인 공상도 생길 수 있다.

재정상화 단계

이상적으로, 재정상화 단계에서는 피해자가 부인을 더 이상 하지 않고, 해로웠던 불필요한 대처기제를 버리며, 자신의 적응을 위해 더 큰 통찰을 하게 된다. 강간은 더 이상 피해자의 삶의 중심을 차지하지 않는다. 죄책감, 수치심, 자책감은 끝이 난다.

지원 및 추가 정보

RTS 단계 및 세부사항에 대한 자세한 정보는 온라인에서 확인할 수 있다(예: https://rsvpcenter.wustl.edu/learn-more/rape-trauma-syndrome; www.kcsarc.org/sites/default/files/Resources%20%20Rape%20Trauma%20Syndrome.pdf 참조).

미국국립성폭력 핫라인 전화(National Sexual Assault Telephone Hotline)는 (800) 656-HOPE(4673)이다. 발신자는 전화번호의 처음 6자리를 기준으로 해당 지역의 성폭력 서비스 제공 기관의 훈련된 직원과 연결된다. 휴대전화 발신자는 사업자들이 가장 가까운 성폭력 서비스 제공 기관을 보다 정확하게 찾을 수 있도록 현재 위치의 우편번호를 입력할 수 있는 옵션이 있다.

☑ 물론 남성들도 강간을 당하는데, 여성과는 다소 다른 단계를 거친다. 관련 정보는 Tewksbury (2007)를 참조하도록 하라.

12.30 조현병

섹션 11.19 '사고의 흐름', 섹션 12.8 '망상', 섹션 12.15 '환각' 참조

DSM-5는 더 이상 전통적인 유형의 조현병을 구분하지 않는 반면, ICD-10-CM은 그 구분을 아직 유지하고 있다(F20).

DSM-5 조현병 진단은 양성 및 음성 증상을 모두 포함한다. 양성 증상에는 환각, 망상, 기이한 행동, 와해된 언어가 포함될 수 있다. 음성 증상은 정상인에게서 발견되는 행동이 없는 것이다. 여기에는 다음과 같은 언어 및 사고 과정의 빈곤이 포함될 수 있다. 모호함, 차단 및 오랜 반응 지연, 둔마된 정동(감소된 정서 범위)과 무쾌감증, 철회/고립; 사회적 · 교육적 · 직업적 · 관계 영역의 기능

저하, 무감동/무욕증, 주의력 · 작업 기억 및 실행 기능의 손상, 정신 운동 지체, 단조로운 말투 그리고 병전 기능 수준으로 돌아갈 가능성이 거의 없는 보다 만성적인 경과.

미국국립정신건강연구원(National Institute of Mental Health)의 현재 정책은 전통적인 진단 범주에 기반한 연구를 권장하지 않는 것이다. 대신, 연구 영역 편람(Research Domain Criteria: RDoC)은 유전체학, 행동 차원, 생리학적 특성 또는 뇌 영상 소견을 기반으로 분류하기를 권장한다. 보다 정확한 진단은 치료 개선으로 이어질 것으로 기대된다.

◆ 계절성정동장애

관련 설명어는 섹션 10.11 '계절성정동장애' 참조

12.31 자해 행동

ICD-10-CM 및 DSM-5에서는 Z91.5 자해의 개인력을 제시한다.

자해 행동(Self-Injurious Behavior: SIB)은 "의식적인 자살 의도 없이 직접적으로 신체 조직을 파괴하거나 변형시키는 의도적 행동이나, 조직 손상(예: 흉터)이 발생할 정도로 심각한 부상을 초래하는 것"이다(Gratz, 2003, p. 193). Klonsky와 Glenn(2009, p. 147)은 여기에 "사회적으로 용인되지 않은 목적으로"를 추가했다. SIB에는 칼로 베거나 긋기, 파내기, 화상 입히기, 심한 긁기, 바늘 찌르기, 상처가 치유되도록 내버려 두지 않기 등이 포함된다. 치장용 문신, 스컬리피케이션(scarification), 피어싱, 물체의 체내 삽입 등은 제외한다. SIB의 또 다른 일반적인 용어는 비자살적 자해(Nonsuicidal Self-Injury: NSSI)이다. SIB 또는 NSSI는 많은 진단에서 볼 수 있으며, 따라서 특정 장애나 어떤 장애의 존재를 의미하는 것은 아니다. SIB는 남녀 모두에게서 흔히 나타난다(Klonsky & Glenn, 2009).

☑ '자기학대' '자해' '자기훼손' '자기폭력' '자기파괴' '피학성'이라는 용어는 행동의 동기와 목표(예: 자기혐오, 자살)에 대한 가정을 내포하고 있지만, 대부분의 경우 이러한 가정은 정확하지 않다. SIB는 잘 발달되지 않은 정서 조절 능력으로 인해 압도적으로 강한 정서를 관리하는 데 주로 사용된다. Gratz(2003)는 문헌을 철저히 검토한 후 다음과 같은 SIB의 가능한 기능들을 확인했다: "① 불안감을 해소하기 위해, ② 화를 풀기 위해, ③ 불쾌한 생각과 감정을 해소하기 위해, ④ 긴장감을 없애기 위해, ⑤ 죄책감, 외로움, 소외감, 자기혐오, 우울감을 해소하기 위해, ⑥ 정서적 고통을 외현화하고 구체화시키기 위해, ⑦ 정서적 고통으로부터 벗어나기 위해, ⑧ 안전감을 갖기 위해, ⑨ 통제감을 갖기 위해, ⑩ 자기처벌을 위해, ⑪ 타인과의 경계 설정을 위해, ⑫ 이인증과 비현실감을 끝내기 위해, ⑬ 플래시백을 끝내기 위해, ⑭ 급속 사고(racing thoughts)를 중단시키기 위해."(p. 199). 내담자들은 이러한 동기에 대해 정확하게 말하지 못할 수 있다.

SIB 동안 내담자들은 종종 해리를 경험했다고 보고한다. 여기에는 이인증, 기억력 저하, 자신의 신체로부터 거리감을 느끼는 것, 누가 무엇을 했는지에 대한 혼란, 무감각증 또는 변화되고 있다는 지각 등이 포함될 수 있다(섹션 13.10 '해리성 정체성 장애' 참조). 위험 요인에는 아동기의 성적 및 신체적 학대, 방임, 분리 및 상실, 불안정한 애착 등이 있다. 이러한 위험 요인들은 Z62와 Z63으로 코딩될 수 있다.

12.32 성적 충동성/중독/강박 행동, 성욕과다증

성욕과다증은 중독인지, 강박 행동인지, 신경학적 상태인지, 문화적으로 정의된 병리인지에 대한 합의가 부족하기 때문에 DSM-5에서는 장애로 보지 않는다. 성욕과다증은 ICD-10-CM에서 F52.8 물질 또는 다른 의학적 상태에 의하지 않은 기타 성기능부전으로 진단될 수 있다. DSM-5에서는 동일한 코드를 사용하지만 단순히 달리 명시된 성기능부전이라고 부른다. ICD-10-CM에서는 억제된 성적 흥분과 관련된 정신성성기능장애; 정신성성기능장애, 억제된 성적 흥분; 과도한 성욕; 여성색정증; 남성색정증과 같은 증상을 추가한다. 2가지 모두 대안으로 F52.9 명시되지 않는 성기능부전이 사용된다.

모든 진단 기준은 Patrick Carnes(1983)와 동료들로부터 나온 것이다. 다른 어떤 전문 단체나 과학 단체도 성적 과다행동을 익명의 성중독자들(Sex Addicts Anonymous), 익명의 성애중독자들(Sex and Love Addicts Anonymous) 또는 익명의 성중독자들(Sexaholics Anonymous)과 같이 별도의 치료 방법을 정당화하는 중독이나 장애로 여기지 않았다.

강박 행동 양상

- **강렬하고 반복적인 성적 충동을 통제하는 데 있어 지속적인 실패**
- **반복적인 생각(강박 사고) 및 행동(강박 행동)**(↔ 정도순)**: 자위행위, 성애물이나 음란물 보기/읽기/쓰기, 전화/온라인을 통한 성적 상호작용(사이버섹스, 성채팅방), 음란 전화/성적 문자 메시지, 성도착증(노출증, 관음증 등), 여러 번의 일회성 성관계, 성매매 종사자/성매매/매춘부/스트리퍼와의 성관계, 학대 및 범죄적 성행위**
- **성행위에 소요되는 시간과 돈**

중독 양상

- **성적 활동에 대한 집착이나 갈망, 강렬한 환상**
- **시간이 지남에 따라 성적 활동의 빈도나 범위 증대**
- **계속해서 성적 파트너를 찾는 데 보내는 시간이 늘어남**

- 활동을 줄이거나 중단하려는 시도
- 불쾌감, 불안, 분노, 스트레스(vs. 쾌락 추구)에 대한 반응으로 활동 증가
- 파트너나 다른 사람에게 이러한 활동 숨기기

자신이나 타인에게 해를 끼치는

- 배우자와의 관계에서조차 피상적임
- 죄책감, 수치심, 불안과 같은 성 활동으로 인한 큰 괴로움
- 직장관계, 사회적 관계 또는 가족관계 무시
- 성매개질환(Sexually Transmitted Diseases: STDs)이나 임신과 같은 건강상의 결과
- 공공장소에서의 성관계나 피임하지 않은 성관계와 같은 유해하거나 위험한 성적 활동
- 큰 대가에도 불구하고 지속

평가

Carnes, Green과 Carnes는 1988년에 성중독 선별검사(Sexual Addiction Screening Test: SAST)를 처음 출판했다. 절단 점수가 포함된 28개의 예-아니요 문항으로 구성되어 있다(www.puritynetwork.info/Sexual_Addiction_Screening_Test.pdf 참조). 여성과 게이 남성을 위한 개정판은 2010년 Carnes 등에 의해 25개의 문항으로 구성되어 출판되었다. Womack 등(2013)은 32가지의 성욕과다증 척도를 고찰하고 제언했다. 최근에는 인터넷 성행위에 많은 관심이 집중되었으며, Delmonico와 Miller(2003)가 개발한 7개 하위 척도로 구성된 음란물중독 자가테스트(Internet Sex Screening Test)가 있다. Kaplan과 Krueger(2010)는 진단, 평가, 치료에 대한 좋은 개요를 제공한다.

12.33 향정신성 약물의 부작용/약물 이상 반응

일반적인 부작용

- 항콜린성 효과: 입안 건조, 흐려 보임, 변비, 요폐
- (기저핵의 도파민 차단으로 인한) 추체외로 효과
  - 파킨슨병과 유사한 효과: 부수적인 움직임 감소, 톱니바퀴 경직(cogwheel rigidity), 발을 질질 끌면서 걸음, 안정시 떨림, 가면을 쓴 것과 같이 표정 없는 얼굴(무정동이 아님), 표정감소(hypomimia), 운동느림증(bradykinesia)
  - 근육긴장이상증(dystonias): 목의 경련(사경, torticollis), 안구운동발작 등(뒤의 '급성근육긴장이상' 참조). 금지 표현: "목석"

- 불수의 움직임: 쩝쩝거리기, 혀 말기/내밀기, 어금니 꽉 물기, 침 흘리기, 틱/경련성 움직임, 몸을 뒤트는 듯한 움직임
- 좌불안석증(akathisia)[불안으로 인한 것이 아니라 내면적 동요로 인한 움직임]
- 지연성 이상운동증(tardive dyskinesia)(뒤의 '지연성 이상운동증' 참조)

• 자율신경계 영향: (어지럼과 불균형을 유발할 수 있는) 기립성 저혈압
• 진정 작용: 졸음, 과도한 또는 주간 진정, 늦잠, 불면증, 악몽(섹션 12.34 '수면장애' 참조). 또한 기면(lethargy), 쉽게 피곤해지는 것, 허약, 무력증(anergia)
• 인지적 영향: 집중력 또는 반응 시간 손상, 기억력 손상, 혼동 상태
• 성적 영향: 성욕/욕구 감소, 발기하거나/질액이 분비되거나 발기가 지속적으로 유지되는/질액이 지속적으로 분비되는 것의 어려움, 성감이상증(anorgasmia), 월경 불순
• 기타 영향: 체중 증가, 발작 역치 감소, 간 문제, 광과민성(photosensitivity), 창백/홍조, 체온 조절 기능 손상 및 열사병 위험, 흐려 보임, 심장박동 변화, 가려움/두드러기

다음은 향정신성 약물의 부작용이기도 하지만, 특이한 부작용과 착각적 상관(illusory correlations)도 있으므로 내담자가 보고하는 내용에 주의를 기울이도록 하라.

◆신경이완제 악성 증후군

신경이완제 악성 증후군(Neuroleptic Malignant Syndrome: NMS)에 대한 ICD-10-CM 및 DSM-5 코드는 G21.0이다.

NMS는 잠재적으로 생명을 위협하지만 어느 신경성 약물에서나 잘 나타나는 반응은 아니다(이 약물을 복용하는 사람 중 1% 이하에 영향을 미침). Belvederi Murri 등(2015)은 NMS 진단 및 치료에 대한 종합적 고찰을 제공한다(https://link.springer.com/article/10.1007/ s40268-014-0078-0에서 이용 가능).

고열을 동반한 심각한 근육 경직, 자율신경계 불안정성(홍조/창백, 불안정한 혈압, 빠른 호흡, 발한/땀, 떨림, 빈맥), 초조, 요실금, 혼미/혼수

◆지연성 이상운동증

지연성 이상운동증(Tardive Dyskinesia: TD)에 대한 ICD-10-CM 및 DSM-5 코드는 G24.01 (ICD에서는) 신경이완제로 유발된 TD 또는 (DSM에서는) 단순 TD이다.

TD는 향정신성 약물의 심각한 부작용일 수 있다. 이는 비정상 불수의 운동 척도(Abnormal Involuntary Movement Scale: AIMS)로 평가한다(뒤의 '부작용 검사' 참조). TD는 보통 3~6개월 후에 발생하지만, 최대 치료 후 6년까지도 발생할 수 있다. 종종 회복하기 어려운 경우가 많지만, 회복되는 경우도 많다.

불규칙적/경련성/무도성(choreiform) 또는 느린/몸을 뒤트는 듯한/느리게 비트는 움직임, 씹기, 삼킴, 핥기, 빨기, 혀 움직임, 눈 깜빡거림, 얼굴 찡그림[주로 입 주변이지만 때로는 손가락을 움직이기도 함]

급성 근육긴장이상

DSM-5 및 ICD-10-CM 코드는 G24.02 (ICD에서는) 신경이완제로 유발된 급성 근육긴장이상 또는 (DSM에서는) 약물치료로 유발된 급성 근육긴장이상이다.

목/몸통/눈 근육 경련[보통 신경이완제 투여 후 처음 며칠 이내에 발생], **사경(torticollis), 후방 사경(retrocollis), 고관절 흔들림, 안구운동발작, 후두(laryngeal) 경련**

세로토닌 증후군

선택적 세로토닌 재흡수 억제제(Selective Serotonin Reuptake Inhibitors: SSRIs)와 관련된 약물 상호작용으로 인해 세로토닌이 과도하게 분비되어 다음과 같은 심각한 영향을 일으킬 수 있다.

- **혼란감, 초조, 불안, 경조증, 불면증, 환각, 두통**
- **과다반사(hyperreflexia), 간대성 근경련증(myoclonus), 안절부절못함, 떨림, 협동운동실조, 경직, 간대(clonus), 치아 떨림, 입벌림장애(trismus), 발작**
- **발한, 고열, 고혈압, 빈맥, 동공 확대, 구역, 설사, 오한**

즉각적인 진료가 필수적이다.

SSRI 중단 반응

몇 주에 걸쳐 SSRI를 줄이지 않으면, 다음과 같은 증상이 종종 나타난다. 유용한 약어는 FINISH이다.

- **독감 유사 증상(Flu-like symptoms): 두통, 기면/피로, 아픔/근육통, 땀, 부비동염(sinus congestion)**
- **불면증(Insomnia), 생생한 꿈, 악몽**
- **구역(Nausea)**
- **불균형(Imbalance), 가벼운 현기증, 어지러움, 현기증**
- **감각장애(Sensory disturbances): '화끈거림', '따끔거림', '전기가 통하는 것 같은', 이명, 비정**

상적인 느낌
- **과다각성(Hyperarousal): 불안, 성마름, 초조/안절부절못함, 갑작스러운 경련**

이러한 중단 반응은 세로토닌에 영향을 미치는 약물 복용을 갑자기 중단한 사람들의 약 20%에서 발생한다. 이러한 반응은 반감기가 짧은 약물을 사용하거나 약물요법에 대한 준수도가 낮은 경우 더 잘 발생한다. 이는 약물에 효과가 없거나 우울 혹은 불안 문제가 악화된 것처럼 보일 수 있다.

부작용 검사

비정상 불수의 운동 척도(Abnormal Involuntary Movement Scale: AIMS)는 14개의 문항으로 구성되어 있으며 널리 사용되고 있다(www.cqaimh.org/pdf/tool_aims.pdf에서 이용 가능). 반스 좌불안석 평가 척도(Barnes Akathisia Rating Scale: BARS)는 객관적 · 주관적 · 전반적 좌불안석의 3가지 특성을 평가한다(https://outcometracker.org/library/BAS.pdf 참조). 심슨-앵거스 추체외로 부작용 척도(Simpson-Angus Extrapyramidal Side Effects Scale)는 파킨슨병 움직임의 10개 영역을 1~4로 평정한다(www.outcometracker.org/library/SAS.pdf에서 이용 가능; 사용 및 타당도 관련 정보는 www.ncbi.nlm.nih.gov/pmc/articles/PMC555761 참조).

Rajnish Mago, MD는 환자 교육 자료용으로 대부분의 정신과 약물의 부작용에 대한 매우 기본적인 표를 만들었다(https://simpleandpractical.com/aehandouts 참조).

12.34 수면장애

관련 질문은 섹션 3.27 '수면' 참조

ICD-10-CM 및 DSM-5에서 대부분의 수면장애(현재 DSM에서는 수면-각성장애로 불림)는 G47로 코딩된다. 또한 대부분의 물질 사용장애 유형에는 수면장애 진단이 포함된다. 수면장애가 물질 사용이나 의학적 상태로 인한 것이 아닌 경우 F51 진단을 참조하도록 하라. 수면 박탈은 Z72.820으로 코딩되고, 부적절한 수면 위생은 Z72.821로 코딩되며, 둘 다 ICD-10-CM에서만 제시된다.

☑ '불면증'이라는 용어는 여러 의미를 가지고 있고 모호하기 때문에 단독으로 사용하지 않도록 하라.

5~9시간의 지속적인 수면은 일반적이지만 보편적인 것은 아니다. '한밤중'에 일어나 그다지 힘들지 않은 활동을 한두 시간 하고 난 후 '두 번째 수면'에 들어가는 것이 평범한 양상이다(Brown, 2006; www.psychiatrictimes.com/sleep-disorders/acknowledging-preindustrial- patterns-sleep-may-revolutionize-approach-sleep-dysfunction 참조).

가장 완전한 진단은 국제수면장애분류(International Classification of Sleep Disorders; American Academy of Sleep Medicine, 2014)에서 제공된다. ICD-10-CM이나 DSM-5에서는 없지만, 수면 및 각성장애는 '수면 곤란(dysomnias)'(수면의 양, 시간 또는 질의 문제)과 '사건 수면(parasomnias)'(각성 및 수면 단계 전환의 어려움)으로 분류된다.

수면 곤란

- **잠들기 어려움(Difficulty Falling Asleep: DFA): 초기 불면증, 입면 잠복기**
- **수면 지속의 어려움(Sleep Continuity Disturbance: SCD): 중단된/단절된/분절된 수면, 중기 불면증**
- **조기 각성(Early Morning Awakening: EMA): 말기 불면증(우울증에서 흔함)**
- **F51.01은 ICD-10-CM에서는 원발성 불면증, DSM-5에서는 불면장애라고 불린다.**
- **F51.11은 DSM-5에서는 과다수면장애, ICD-10-CM에서는 원발성 과다수면증이다. 물질 또는 다른 의학적 상태에 의하지 않은 과다수면증은 ICD-10-CM에서 F51.1이다.**
- **기타 불면증은 ICD-10-CM에서 F51로 진단된다.**

사건 수면

사건 수면 그리고 기면증 및 일주기 리듬 수면장애와 같은 기타 수면장애는 DSM-5에서 수면-각성장애로 진단되며, 기질적 상태에는 G47을, 비기질적 상태에는 ICD-10-CM과 마찬가지로 F51을 사용한다.

야경증

왜곡된 특징을 가진 공포 표현[내담자가 아침에 회상하는 것이 아니라 타인이 보고함], **침대에서 일어나 앉거나 뛰는, 땀을 많이 흘리는, 갑자기 비명을 지르는/몸부림치는/외치는, 수면이 방해받지 않는**[혹은 깨어났을 경우, 내담자가 비명을 지르거나 지르는 이유를 기억할 수 없는], **다른 사람에 의해 깨어나거나 공포심이 완화되지 않는, 각성 시 다른 사람을/장소를 인식하지 못하는, 꿈속의 대상에 대해 환각을 느끼는, 공포는 최대 20분 동안 지속될 수 있음, 공포가 끝난 후 편안히 잠이 드는**

악몽

무서워하는/종종 편집중적인 특성을 보이는, 자각할 수 있는, 신음 소리나 작은 움직임만 나타내는, 발한 증상 없음, 환각 없음, 다른 사람이 왔을 때 깨어 꿈을 회상할 수 있는, 다른 사람들과 주변 환경을 인식할 수 있는, 깨어 있는 채로 꿈을 회고할 수 있는, 최대 지속 시간 1~2분, 종종 아침에 더 잘 회상하는

생생한 꿈

잘 정리가 된 내용, 기분이 좋지도 나쁘지도 않은 꿈, 일반적인 꿈과 매우 다른 느낌("거의 실제"라고 묘사됨), 꿈을 꾼 당사자의 먼 과거 인물과 사건에 관한 내용

수면 마비

움직일 수 없는 것 외에도, 강렬한 두려움/공포/즐거움/분노 보고, 임박한 죽음에 대한 생각, 깨어났다는 잘못된 믿음, (가위 눌린 것처럼) 다른 무언가가 함께 있다는 느낌

내담자는 또한 많은 종류의 생생한 환각을 보고할 수 있는데, 여기에는 종종 초자연적인 존재로부터 받는 공격, 임사 체험(near-death experiences) 또는 기타 과학으로 설명할 수 없는 경험들이 포함된다(Cheyne et al., 1999).

기타 사건 수면

- **몽유병, 수면 중 섭식(somnirexia), 잠꼬대, 야간 발성(nocturnal vocalizations)**
- **입면/출면기 환각**

◆기타 양상

- 무호흡: 중추성, 상기도, 혼합, 폐쇄성
- 야간 근경련/간대성 근경련증/하지불안 증후군
- 가려움/기어다니는 느낌
- 이갈이/이악물기
- 요실금, 야뇨증/유뇨증, 요 절박성(urinary urgency)
- 주야 역전(day-night reversal)

◆수면장애의 기타 측면

- 양호하지 않은 수면 구조: 잠드는 시간이 길어진, 두통으로 깨는, 숨 막히는 등
- 수면 박탈/부채(debt), 주간졸림증/졸음, 지침/피로감, 반복적이거나 너무 오랜 낮잠, 개운하지 않은 기상
- 감소한/증가한/변동 없는/정상적인/과소평가된 총 수면 시간
- **'종달새' 양상**[저녁에 효율이 떨어지고 아침에 깨어 있는] **또는 '올빼미' 양상**[반대]

병인학적 고려사항

- 장애: 우울증, 만성질환, 통증, 수면을 위한 약물/알코올 사용
- 수면 위생 불량: 불규칙한 취침 시간/장소, 식사/각성제/알코올/담배/약물 복용/취침 시간 즈음 하는 격렬한 운동, 방해되는 소음 또는 빛, 수면을 취하려는 노력, 침실에 있는 텔레비전/전화/컴퓨터, 폭력적인 방송물
- 파트너/어린아이로 인한 방해/화장실 이용 필요, 시차가 발생하는 여행, 집을 떠나온, 가정 내 분위기 변화

신체화장애

섹션 12.17 '건강염려증' 참조

관련 코드는 F45.0 신체형장애(ICD-10-CM) 및 F45.1 신체증상장애(DSM-5)이다.

12.35 스토킹

섹션 12.20 '친밀한 관계에서의 폭력/가정 폭력', 섹션 12.29 '강간 외상 증후군' 참조

일반적인 행동

- 몰래 감시하는, 피해자에 대해 다른 사람에게 묻는, 피해자를 따라다니고 감시하는, 메모를 남기는/이메일을 보내는/SNS에 게시물을 올리는, 언어적으로 괴롭히는, 직장에 전화하는/방문하는, 재산상 손해/파손, 절도
- 피해자/가족/반려동물에게 가해 위협하는, 폭력적인 성행위로 위협하는
- 연락 의사/연락 요청/연락 거절을 무시하는, 공공장소에서 피해자와 부딪치는, 논쟁하는/반복적으로 그리고 지나치게 사과하는 등
- 괴롭힘: 허위 사실을 유포하는, 사진을 찍는, 리벤지 포르노/온라인 학대 게시물을 올리는

피해자

- 가해자와의 관계: 개인적(일반적으로 전 배우자 또는 전 파트너), 직업 장면, 고용 관련, 대중매체를 통해, 인터넷(사이버스토킹)을 통해, 우연히 알게 된, 기타(기재하도록 하라)
- 결과: 이직이나 경력 포기로 인한 삶의 제약, 사회적 관계를 제한하는, 고립, 수면장애, 약물 남용, 우울증, 불안 증상

가해자

Purcell 등(2003)은 다른 사람을 스토킹하는 사람들을 다음과 같이 분류했다.

- 거부당한 사람들: 화해, 배상 또는 둘 다를 요구한다.
- 친밀감을 추구하는 사람들: 자신이 피해자로부터 사랑받고 있거나 사랑받게 될 것이라는 잘못된 믿음을 가지고 있다.
- 방법이 부적절한 사람들: 구애 방식에 무지하거나 무신경해서 겁을 주는 방식을 사용한다.
- 분개하는 사람들: 지각된 상처나 모욕에 대한 복수심으로 스토킹한다.
- 약탈을 일삼는 사람들: 성적 만족과 통제를 추구한다(스토킹은 폭력적 환상을 실현하기 위한 연습이다).

12.36 물질 사용, 남용, 의존

관련 질문은 섹션 3.28 '물질 남용: 약물 및 알코올', 섹션 3.29 '물질 사용: 담배 및 카페인', 섹션 13.7 '공동의존성 성격' 참조

ICD-10-CM 및 DSM-5에서는 물질관련장애에 대해 약 300개의 코드를 제공한다(제21장 '진단적 진술/소견' 참조). DSM-5에서는 도박장애(섹션 12.14 '도박' 참조)를 중독(addiction)에 포함시키지만 (아직은) 인터넷 게임, 강박적인 섹스, 쇼핑 또는 운동을 포함시키지는 않는다. 다른 의미를 가진 많은 용어가 다양한 장면에서 사용된다. '알코올 및 기타 약물(Alcohol and Other Drugs: AOD)' '약물 & 알코올(Drugs & Alcohol: D&A)' '화학 약물/물질/복합물질 남용/의존' '알코올 중독' 그리고 일반적인 '알코올 중독'뿐만 아니라 '교차중독'도 포함한다[중독(intoxication) 및 금단 징후는 섹션 3.28 참조]. 사람들은 알코올사용장애(Alcohol Use Disorder: AUD)의 심각도 수준이나 음주 상태를 떠나 모두 평가 및 치료를 받는다(단주/저위험 음주, 진단 이하의 위험 음주, 경도 AUD, 중등도 AUD, 고도 AUD).

문제적 음주/약물 사용 증상

- **내성/습관화/동일한 효과를 보기 위해 사용량 증가**
- **금단 증상(특정 물질 증후군)**
- **금단 증상을 조절하기 위해 사용하는, 아침 음주/(약물) 사용. 금지 표현: "해장술"**
- **음주/(약물) 사용에 집착하는, 약물/알코올을(에 대해) 구매/판매/복용/이야기하는 데 시간을 소비하는**
- **(약물) 사용으로 인해 신체적/의학적 장애 또는 사회적 문제가 악화되었음에도 불구하고 계속 사용하는**

- 복용 양상: 충동적인, 꿀꺽 삼키는, 부적절한 상황에서, 혼자, 비밀스럽게/몰래 공급받는, 약물과 알코올을 함께 사용하는
- 음주/(약물) 사용에 대해 죄책감을 느끼는, 거짓말하는, 남을 탓하는
- 합리화: "나에게는 약이 된다."/자가치료, 건강상의 이점, 안정제, 사회생활에 도움이 됨 등
- 단주(단약)/절주(절약)의 주기적인 시도
- 사회적 회피/고립, 사회적 또는 직업적 의무를 수행할 것으로 기대되는 상황에서 빈번한 중독(intoxication)/손상 발생, 은밀한/제2의 삶을 사는
- 술을 마시기 위해/(약물) 사용을 위해 약속/작업/취미/기타를 빼먹는
- 취할 정도로/의식불명이 될 정도로 복용하는, 통제력을 상실한
- 음주 운전으로 체포, 공공장소에서 만취(intoxication), 폭력

◆변화 단계 모델

섹션 25.3 '다양한 형태의 치료 계획' 참조

◆음주의 성별 차이

음주의 성별 차이에 대해 잘 요약된 내용은 온라인에서 이용 가능하다(http://pubs.niaaa. nih.gov/publications/brochurewomen/women.htm).

◆비용-편익 분석 접근 방식의 요점

다음 표는 Horvath(1993)의 허락을 받아 수정한 것이다. 동기강화상담에서 이 자료를 사용하려면 Miller와 Rollnick(2013)을 참조하도록 하라.

편익/동기 유발 요인	비용/동기 저해 요인
부정 정서(불안, 죄책감, 우울, 무력감, 무가치함) 감소	생산성 감소
음주를 강요하는 친구들의 사회적 압박/버림받거나 비난받지 않기 위해	대인관계 손상
	건강 손상
해결할 수 없는 대인관계 갈등을 무시하는 능력	자아존중감 저하
긍정적인 정서 상태 상승	불안정한 기분 및 정서
고통스러운 금단 증상 예방	법적 위험(재판, 구치소, 비용)
통증, 압박감, (약물) 사용의 문제 회피	재정 비용
성적 수행 능력 향상에 대한 희망	성적 즐거움 감소
갈망 제거 또는 감소	인지 기능 손상
자기통제력 검증 기회	수면 및 휴식에 지장

맛, 새로움, 장소에 대한 즐거움	의무에 대한 대응 능력 저하
사교성 향상	죄책감
항상 마시던 습관이 있기 때문에 자신에게 문제가 있다는 생각을 못함	불편한 갈망
사회 집단에 소속	부정직함(혹은 이에 대한 유혹)
스스로 '엉망인 사람'이나 '무너진 사람'이 아닌 정상이라는 느낌을 받기 위해	밀매자, 기타 중독자들과의 관계
시간 때우기, 기분 전환	자기통제감 저하
살아가는 방식	활력, 인내성, 능력 감소
의식의 확장	사용 가능한 시간 감소
	건강하지 못한 외모
	운전 능력 저하

◆ 나쁜 예후를 나타내는 요인

단주(단약) 지지 체계가 없는 사람, (알코올/약물) 사용량이 많은 지역에 사는 사람, 자존감/자기효능감 기대치가 낮은 사람, 신체적/성적/정서적 학대 이력이 있는 사람

◆ 치료에 대한 반응

섹션 25.5 '물질 남용 내담자를 위한 치료 계획 요소' 참조

급성금단 후 현상(postacute withdrawal)

활성 물질 사용을 중단한 후 3개월에서 18개월 사이는 회복에서 가장 취약한 기간이 될 수 있다. 전형적인 증상으로는 기억력 문제, 정서적 과잉반응이나 무감동 및 마비, 수면장애, 협응성 문제, 스트레스에 대한 더 큰 취약성 등이 있다(Gorski, 1997).

알코올 중독/중독으로 인정

(↔ 정도순) 다음 분류는 인정한 정도순으로(낮은 순서에서 높은 순서로) 나열되었다.

부인: 무절제한 사용/음주 문제/폭음/알코올 중독에 대해 인정하지 않는, 홍청망청 술 마시는 것에 대해 자랑하는, "난 중독 아니야.", 치료의 필요성을 인정하지 않는, 거만한/오만한, 자신과 다른 중독자의 차이점을 찾아내는/과장하는/꾸며 내는, 자신의 사용 양상에 만족하는, 중독에 대해 '비난'하는 것에 적대적인

음주/(약물) 사용의 결과를 최소화하는, 자신의 알코올 중독/중독을 너무 쉽게/말로만 인정하는, ……(물질명을 기재하도록 하라)로 자가투약하는, (약물) 사용으로 인한 부정적인 결과를 인정하지만 자멸적이라고는 인지하지 못하는, 알코올 중독/중독이 있다고 구두로 인정하지만 사회적 기술 향상과 같은 변화된 행동은 보이지 않는, 중독으로부터 벗어

날 수 있는 대안적인 문제 해결책에 저항/거부하는, 물질 남용에 대한 이전 치료의 실패에 무관심한/관심이 너무 적은, 변화할 가망이 없는, 중독/(약물) 사용으로 인한 문제를 회피하거나 다른 사람을 즐겁게 해 주는 데만 신경 쓰느라 자신의 증상 행동을 바꾸지 않는, 치료 밖의 세상과 마주하는 것을 두려워하는, 동기를 말로 표현하지만 진실되어 보이지 않는, 방어적인 분노/비난/투사를 사용하는, 변화를 위한 외적 동기 유발 요인만 있는, '마지못해 하는', '치료받을 때만 노력하는'

자신이 알코올 중독자/알코올 중독/회복 중임을 인정하는, 단주를 최우선 순위로 삼는, 인정/생활방식/관계/행동 변화를 통해 자신이 중독/교차중독 되었다는 통찰력 있는 자각을 보이는, 제시된 개념에 개방적이고 수용적인, 자신의 모든 약물 사용 이력을 솔직하게 공유하는, 역기능적이었던 아동기의 문제를 다루는, 자신이 알코올 중독/중독에 대해 무력하고 다른 사람들의 도움과 지원 없이는 회복할 수 없다는 것을 알고 있는, 질병의 진행 상황과 자신의 삶에 미치는 영향을 설명하는, 자신이 잃은 것에 대해 슬퍼하는, 후회/분노를 표현하는, 속았다고/버림받았다고 느끼는, 많은 정서를 방출한/눈물을 보인, 희망을 보고하는, 새로운 행동을 통해 희망을 보여 주는, 일상 계획/홈 그룹 모임을 포함한 사후 관리 계획을 준비한, 총 ____회/____주/____일 동안 매주 모임 ____회 참석할 계획인, 알코올 중독자 성인 자녀 모임(Adult Child of Alcoholic/Addicted: ACOA)의 개념을 이해하는

지원을 제공할 수 있는/적절하게 직면할 수 있는, 단주를 최우선으로 하고 있는, 필요한 일이라면 기꺼이/무엇이든 하는, 미래에 대해 긍정적이고 낙관적인 태도를 가지고 있는, 영적 헌신은 지속적인 투쟁의 자산임, 재발 방지 기법을 이해하고 실천하는, 유혹이 강한 상황에 저항/회피하는, 음주에 대한 HALT 신호, 즉 배고픔(Hungry), 분노(Anger), 외로움(Lonely), 피로(Tired) 신호를 인지하고 예방할 계획이 있는, 중독/분노/부인/슬픔의 중심적인 문제를 다루는, 기능적이고 비물질 중심의 지원 네트워크/역할 모델이 있는, 재정/대인관계/법적 측면에서 안정적인 삶을 살고 있는, 모임/후원자의 필요성을 이해하는, 회복하는 삶을 살아가는

배우자/파트너 반응

섹션 13.7 '공동의존성 성격' 참조

(↔ 정도순) 스스로를 쉽게 되돌아보는, 내담자의 회복에 관여하는, 지지적인, 참여적인, 비난/분노/분개하는, 신뢰하지 못하는, 납득시켜야 하는, 비협조적인, 공동의존적인

12단계 집단치료 및 기타 치료: 요약 진술

- 이 내담자는 ____(날짜를 기재하도록 하라)로 거슬러 올라가 보면, 이전 약물의존치료 이력이 있다. 그 후 가장 긴 단주 기간은 ____이다.

- 내담자는 익명의 알코올 중독자들(Alcoholics Anonymous: AA)/익명의 마약 중독자들(Narcotics Anoymous: NA)/기타 12단계 집단치료(기재하도록 하라)에 대한 필요성을 부인한다/경시한다/거부한다/마지못해 인정한다. 내담자는 익명의 알코올 중독자들(AA)/익명의 마약 중독자들(NA)/기타 12단계 집단치료(기재하도록 하라)의 회원임을 자랑스럽게 생각한다.
- 내담자는 12단계 모임에 전혀 참석하지 않는다/가끔 참석한다/정기적으로 참석한다/매일 참석한다, 내담자는 후원자의 이름을 알고 있다/내담자는 후원자이다.
- 내담자는 단기간에만/정해진 기간에만/갈수록 더 많이 재활 프로그램에 참여했다/재활 프로그램에 참여하여 단주/절주에 성공했다.
- 내담자는 알코올 중독/교차 중독/공동의존성/기타를 가지고 있다는 정체성/중독이 장애라는 것을 알게 되었다/학습했다/이해했다/적응했다/바꾸었다.
- 내담자는 합리적 회복 집단(Rational Recovery)과 같은 비질병 지향 모델/비12단계 프로그램으로부터 도움을 받았다.

기타 요약 진술

- 병식과 관련하여 내담자는 무관심과 체념으로 알코올을 대한다, 내담자는 너무 절망스럽고 패배감이 들어 일상 습관처럼 음주 남용을 지속하고 있다.
- 내담자는 술이 자신에게 가치가 있음을 시사하는 비논리적 방식으로 음주를 합리화했다. 예를 들어, 내담자는 잠을 자고, '떨리는 것'을 조절하며, 사람들과 편히 어울리기 위해 음주를 하거나, 술에 취해 자동차 사고에서 목숨을 구했다고 보고한다.
- 임상적으로 다루기 힘든 본 환자에게 대부분의 직원이 다가가 격려하고 지도했으나 효과는 거의 없었다.

12.37 자살

관련 질문은 섹션 3.30 '자살 및 자기파괴적 행동', 섹션 12.19 '충동조절장애', 섹션 12.31 '자해 행동' 참조

ICD-10-CM에서는 자살 사고에 R45.851을, 자살 시도에 T14.91을 제시하며, 이는 DSM-5에서도 Z91.5 자해의 개인력으로 제시된다.

자살 사고 및 행동의 정도

(↔ 정도순) 다음 분류는 대략적인 자살 위험성 정도순으로(낮은 순서에서 높은 순서로) 나열되었다.

가능성이 매우 낮은, 있을 법하지 않은, 확고한 종교적 신념이나 삶의 철학을 어길 수 없는, 한 번도 고려하지 않은, 빠른 거부감, 살고 싶어 하는, 살아야 하는 이유가 죽어야 하는 이유를 넘어서는, 자신을 포기하거나 해칠 생각이 없는, 납득이 가도록 자살 사고를 부인하는. 금지 표현: "불가능한"

자살에 대한 생각을 고려하자마자 지워 버리는, 애매한 이유로 자살을 거부하는, 현재 자살을 고려하지 않는, 자살에 대한 생각이 스쳐 지나가는/자살 생각이 순간 드는, 자해에 대해 이야기하는

수동적인 죽음에 대한 소망/도피에 대한 소망, 죽고 싶은, 생사를 운에 맡기는, 생명을 구하거나 유지하기 위해 필요한 조치를 취하지 않으려고 하는, 계획 없이 소원을 비는, 사는 데 지친, 수동적인 자살 시도

양가감정을 표현하는, 이랬다저랬다 하는, 생각이 여기저기 기우는, 자살 생각이 마음 한편에 있는, 자신이 이를 헤쳐 나갈 수 있을지 의심하는, 사후의 삶에 대한 질문을 던지는, 재회에 대한 소망/환상, 타인의 자살에 대한 회상, 치명적이지 않은/치사율이 낮은/위험하지 않은 방법, 자해행위, 상징적/효과적이지 않은/무해한/극적 시도

시늉, 연습, 자살 의도가 포함된 명령 환각, 방법/수단에 대해 이야기하는, 삶을 끝내고 싶다고 말하는, 의도에 대해 말하는, 위협하듯 자살 경향성을 드러내는, 다른 사람들에게 자신을 죽여 달라고 요청하는

계획이 상세하고 실현 가능한(뒤 참조), 신중한, 행동 계획, 선택한/취득한 방법/수단, 치사율이 높은 방법, 소유물을 나눠 주는, 일을 정리하는, 메모를 쓴, 다른 사람들에게 의도에 대해 말한, 작별 전화를 한

노력이 지속되는/거듭되는/끊임없는, 끊임없는 집착

◆자살 위험 평가

약 75개의 변인이 자살에 대한 경고 신호나 위험 요인으로 확인되었지만, 임상가는 이 모든 변인을 평가할 수 없을뿐더러, 그중 어느 변인에서도 별개의 예측 값이 내재되어 있지 않다(변인 간의 조합이 더 나은 예측 변인일 수 있음). 핵심적인 문제는 자살이 통계적으로 드물기 때문에 허위 양성(false positives)이 많다는 것이다. 하위 집단의 위험 요인에 대한 철저한 고찰은 도움이 되며, 성인(Maris et al., 1992), 청소년(Lewinson et al., 1996), 노인(McIntosh, 1995), 주요우울증 환자(Peruzzi & Bongar, 1999) 대상으로 수행되었다.

남성의 경우, 정신과적 장애/진단을 받으면 위험이 8~10배, 우울증이 있으면 80~100배(심각한 우울증은 500배) 증가한다. 이전 입원 이력은 외래치료보다 위험성을 더 높인다. 위험도를 증가시키는 진단에는 정신병적 장애(특히 자살하라는 명령 환각이 존재하는 경우), AUD(섹션 12.36 '물질 사용, 남용, 의

존' 참조), 반사회성, 자기애성, 연극성, 경계성 성격장애 진단(제13장 '성격 양상' 참조) 등이 포함된다. 정신건강의학과 환자 중 남성과 여성의 자살률은 거의 같다.

훌륭한 위험평가 모델은 Joiner(2007)에 의해 제공되었다. 자살과 밀접한 관련이 있는 3가지 요인, 즉 ① 타인에 대해 짐이 되는 느낌, ② 특히 갑자기 바뀐 곳에서 느끼는 사회적 고립, 낮은 및/또는 실패한 또는 좌절된 소속감 또는 통합이 포함된다. 이것은 Durkheim(1897/1966)의 아노미적(anomic) 자살과 같다. ③ 몸에 상처를 입히거나 고통, 부상 또는 위험을 견디는 학습된 능력, 철저한 반복 연습이나 노출 또는 약물 남용으로 인해 몸에 해를 가하는 것에 대한 두려움이 없다. 3가지 요인이 모두 존재하면 위험도가 높아지는데, 세 번째 요인은 빠른 시간 안에 바뀌지 않는다. 약물 남용 및 최근의 부정적인 생활 사건은 이러한 요인 중 하나라도 존재할 때 위험도가 높아진다. 또 다른 요인인 절망감(Beck et al., 1990)이 여기에 추가될 수 있다.

미국보훈부(Department of Veterans Affairs: VA)는 자살에 관한 광범위한 프로그램을 보유하고 있다. 자살 위험에 처한 환자의 평가 및 관리를 위한 임상 실무 지침(Clinical Practice Guideline for Assessment and Management of Patients at Risk for Suicide)은 온라인에서 이용 가능하다(www.healthquality.va.gov/guidelines/MH/srb/VADODCP_SuicideRisk_Full.pdf). 위험평가를 위한 1페이지 분량의 빠른 사용을 위한 설명서도 이용 가능하다(www.mentalhealth.va.gov/docs/va029assessmentguide.pdf).

자살 위험을 평가하기 위한 최신 도구에는 컬럼비아 자살 심각도 척도(Columbia Suicide Severity Rating Scale)가 있다(www.cssrs.columbia.edu에서 3가지 버전으로 제공되며, 사용을 위한 교육은 http://zerosuicide.sprc.org/sites/zerosuicide.sprc.org/files/cssrs_web/course.htm에서 이용 가능하다).

Pisani 등(2016)은 자살 위험 평가가 개입을 계획하는 데 있어 직접적인 정보를 제공하기 위해 자료를 다음과 같은 4가지의 분명한 판단을 통해 종합해야 한다고 주장한다. ① 위험 수준(특정 하위 집단과 비교했을 때 환자의 위험 정도), ② 위험 상태(기저선 또는 기타 특정 시점과 비교한 환자의 위험도), ③ 환자가 위기 상황에서 끌어낼 수 있는 가용 자원, ④ 위험을 악화시킬 수 있는 예측 가능한 변화이다.

면담 기법 및 개입 계획에 대한 종합적인 고찰을 70여 페이지에 걸쳐 제공하는 Meichenbaum(2007)의 논문을 적극 추천한다. Pope와 Vasquez의 「자살 위험 인식, 평가 및 대응(Recognizing Assessing, and Responding to Suicidal Risk)」이라는 훌륭한 논문은 Pope의 웹사이트(www.kspope.com/suicide)에서 확인할 수 있다.

심리적 증상

- **우울 증상: 생장(vegetative) 증상, 무망감[9]/무력감, 무쾌감증, 가치감 저하/잘못에 대한 죄**

9 무망감은 우울보다 자살을 훨씬 더 잘 예측한다.

책감, 성마름 증가
- 우울 삽화 내 기분의 순환
- 극도의 불안이나 공황 상태, 지속적인 걱정
- 정신증, 만성보다는 급성 정신병적 증상, 정신병적 삽화의 관해, 그러나 계속되는 우울증
- 심한 수면장애, 특히 더 긴 기간(수개월)의 악몽
- 사고의 혼란 및 분열, 사고/기타에 대한 통제감이 없는
- 고통스러운 상황이(을) 바꿀 수 없다는/최종 결과라는/해결할 수 없다는/돌이킬 수 없다는/변하지 않는다는 것을 수용하는
- 삶의 위기에 직면하기보다 회피해 버리는 일관된 양상
- 최근의 분노/격노/폭력적 행동
- 죽음/자살에 대한 병적인 집착
- 우울증이 해결되지 않은 상태에서 활력이나 활동량이 증가한 경우

실행 가능한 계획
- 수단/방법/기회/자원(예: 흉기)의 가용성
- 매우 치명적인 방법 선택
- 구체적인/상세한 계획, 준비(수단, 사생활, 시간, 장소)를 해 온, 거의 구조가 불가능한
- 마지막 준비(유서/장례식/묘소)를 해 온, 일생을 정리하는, 가장 좋아하는 소유물을 나누어 주는, 유서를 쓴
- 가능하다고 느끼는/할 수 있다고 느끼는/행동으로 옮길 자신이 있는
- 자살 사고를 면담자에게 숨긴/부인한

이전 자살 행동

☑ 주: 자살을 시도한 사람의 50~60%가 이전에 한 번 시도한 적이 있지만, 자살을 시도한 사람 중 10~20%만이 자살로 사망한다.

- 현 자살 사고의 기간이 더 길고, 빈도가 잦고, 수용성이 큼
- 여러 번의 시도, 여러 번의 위협/진술/시늉, 최근 시도
- 과거 시도에서 매우 치명적인/고통스러운/폭력적인/의학적으로 심각한 방법을 사용한
- 발견 가능성이 거의 없는 시도
- 이전 시도에서 죽으려고 작정한
- 중요한 기념일에 시도한

사회적 고립

- 주변에 친구가 없는, 혼자 살거나 가족구성원이 아닌 다른 사람과 함께 사는, 도움을 주는 (만나는) 가족구성원이 거의 없거나 전혀 없는
- 의존도가 높은 성격
- 가족 불안정성/초기 거부 경험, 사랑하는 사람들 모두가 거부하는/처벌적인/비지지적인, 따뜻한/친밀한/상호의존적인 관계가 없는
- 과거 또는 현재와의 연결감 상실
- 파트너 또한 자살 충동을 느끼는, 자기도취적인/경쟁적인 파트너
- 치료자와 치료적 동맹이 맺어지지 않은

스트레스원/촉진 요인

- 갑작스러운 스트레스 발생
- 돌이킬 수 없는 손실: 심각한 질병 또는 장애, 만성질환, 건강 악화(특히 이전에 건강이 좋았던 경우)
- 삶의 주요 역할 행동(실업, 성적 부진 등)을 수행하지 못해 굴욕감을 느끼는, 사회적 지위 상실에 대해 수치심을 느끼는
- 표준적인 성 역할 수행에 근거한 지나친 자기평가
- 완벽주의
- 사람/직위/소유물에 대한 최근 상실 경험, 대체할 대상이 없는
- 사망 또는 상실 기념일
- 성폭력, 관계에서의 폭력

위험도를 증가시키는 기타 변인

- 높은 수준의 심리적 고통, 이차적 이득의 부재(예: 메시지 발송), 우울증으로부터 회복 시작, 최근 정신병원에서 퇴원한, 미래에 대한 계획 부족, 제지해 주는 대상이 적거나 그 영향력이 부족할 때, 치료에 협조하는 것을 거부하거나 할 수 없는
- 충동성, 초조, 범죄 행동 이력, 자살뿐만 아니라 살인도 고려하는, 복수/관심 끌기에 기반한 동기, 생명을 위협하는 '사고'/사고에 취약한
- 자신의 장례식에 대해/친구들이 나중에 어떻게 느낄지 이야기하는, 언론에 보도된 사람을 모델로 자살 시도하는, 친구/함께 일하는 사람/동료/가족구성원의 자살, 어머니의 사망(특히 지난 3년 이내)
- 건강염려증, 심각한 신체질환, 조현병 또는 기질성 뇌 증후군
- 알코올 중독: 현재 알코올 중독(intoxication) 또는 현재 음주를 하지 않지만 오랜 이력의 알코올 남용

- **비정상적인 수준의 사이토카인**[10]

위험 요인을 기억하기 좋은 약어

SAD PERSONS

- 성별(Sex): 남성
- 나이(Age): 청년, 노인
- 우울증(Depression)
- 이전 자살 시도/이전 이력(Previous suicide/Prior history)
- 에탄올(및 기타 약물) 남용[Ethanol (and other drug) abuse]
- 현실 검증력/합리적 사고 능력 저하(Reality testing/Rational thinking loss)
- 지원 체계 손실(Support system loss)
- 체계화된 자살 계획(Organized suicide plan)
- 중요한 타인의 부재(No significant other)
- 병(Sickness)

이 항목에 대한 자세한 설명은 온라인에서 확인할 수 있다(www.capefearpsych.org/documents/SADPERSON-suiciderisk.pdf).

근위적(proximal) 위험 요인 평가: AID ILL

- 초조(Agitation): 급성불편감, 각성, 안절부절못함, 이 상태에서 벗어나고자 하는 욕구
- 의도(Intent): 미래에 대한 무망감, 자살 사고 및 계획이 있는
- 자포자기(Desperation): 고통스럽고 참을 수 없는 슬픔
- 불안정성(Instability): 기분 변동성, 충동성, 공격성, 물질 사용
- (관계 또는 역할의) 상실(Loss)
- 사용 가능한 치명적인 방법(Lethal methods available)

10 Pandey(2016)는 다음과 같이 지적했다. "자살 행동에 대한 몇 가지 생물학적 지표가 연구되어 왔다. 여기에는 5-하이드록시트립타민(5-hydroxytryptamine acid: 5HT) 수용체 2A, 5-하이드록시인돌아세트산(5-hydroxyindoleacetic acid: 5HIAA), 세로토닌 수송체(serotonin transporter: 5HTT), 덱사메타손 억제 검사[dexamethasone suppression test: DST-시상하부 뇌하수체 부신(hypothalamic pituitary adrenal: HPA)축 기능 지수]가 포함되며, 이는 자살 행동 혹은 자살로 인한 사망을 예측한다."

원위적(distal) 위험 요인 평가: SADADS

- 자살 이력(Suicide history): 특히 자살 사고와 우울증이 지속되는 경우, 최초 시도 후 처음 3개월 이내에 재시도할 위험이 가장 높음
- 무쾌감증(Anhedonia)
- 까다로운 치료 경과(Difficult treatment course): 치료에 대한 미흡한 반응, 미래에 대한 비관주의, 만성적으로 진행되는, 동반 이환, 조기 발병
- 학대 및 외상 이력(Abuse and trauma history), 폭력에의 노출
- 단절(Disconnection): 사회적 고립
- 물질 남용(Substance abuse)

계획 평가: SLAP

- 구체성(Specificity): 상세한 계획, 일정 등
- 치명성(Lethality): 해당 방법이 얼마나 확실하게 죽음으로 이어질 수 있는지
- 가용성(Availability): 계획을 얼마나 빨리 실행할 수 있는지
- 근접성(Proximity): 방해하는 사람이나 도움이 되는 자원이 얼마나 멀리 떨어져 있는지

보호 요인

앞의 위험 요인들은 부재하거나 적기만 해도 자살을 방어해 준다. 다음에 나열된 요인들은 자살 위험을 감소시키지만 제거하지는 않는다.

- **스트레스원에 대처하는 능력/자원**
- **일부 종교적 신념(자비로운 하나님, 오직 하나님만이 삶을 결정하는, 용서받을 수 없는 죄로서의 자살 등)**
- **좌절 인내성, 대처 기술 및 이력**
- **미래를 향한 희망적인 방향성**
- **주요 과업(학교생활, 자녀 결혼시키기)을 끝내고 싶은 욕구**
- **가족/자녀/사랑하는 반려동물을 돌봐야 한다는 책임감**
- **파트너/가족/친구/다른 사람들에게 상처 주는/실망시키는 것을 꺼림**
- **사회적 지지 및 연결, 소속 집단/리더십**
- **치료자와의 긍정적인 관계**

자살의 여파에 대처하기

'자살 생존자'(자살로 사망한 사람의 친구 및 친척)는 일반적으로 충격, 혼란, 슬픔, 분노, 절망감을 경

험한다. Lukas와 Seiden(2007)에 따르면, 자살 생존자들은 자살의 원인, 생존자들의 역할 및 예방할 수 있었던 방법에 대해 이야기한다. 일반적인 이들의 대처 방법은 다음과 같다.

- **긴 이별: 끝없는 애도와 집착**
- **희생양: 몇몇 다른 사람을 비난하는, 자살한 사람에 대한 분노를 대체하는**
- **처벌로서의 죄책감: 책임감과 자책 떠맡기**
- **차단: 즐거움을 포함한 모든 정서 억누르기**
- **신체적 문제: 신체화 및 신체적 문제들에 집중하기**
- **움직임: 끝없는 움직임과 변화**
- **자살: 자살자를 따라 죽음**

미국자살예방재단(American Foundation for Suicide Prevention)은 생존자들을 위한 많은 자원을 가지고 있다(https://afsp.org/find-support/ive-lost-someone 참조).

심리 부검

법적 사망 원인[기억을 위한 유용한 약어는 NASH: 자연적 원인(Natural cause), 사고(Accident), 자살(Suicide) 또는 살인(Homicide)]을 파악하기 위해서는 심리사회적 맥락, 즉 심리 부검에 대한 철저한 조사가 필요할 수 있다. 관련 지침은 Shneidman과 Collins(2004), Ebert(1987)를 참조하도록 하라.

자살 행동 분류 방식

- **아노미적 · 이기적 · 이타적 자살**(Durkheim, 1897/1966)
- **간접적 자기파괴 행동(Indirect Self-Destructive Behavior: ISDB;** Farberow, 1980**)**, **준자살행위**(Farberow, 1980), **의도하지 않은 사망**(Shneidman, 1980)
- **죽음의 추구자, 죽음의 개시자, 죽음의 무시자, 죽음의 도전자, 죽음의 심판자**(Shneidman, 1980)

자살평가

Jobes(2016), Bongar와 Sullivan(2013), Shea(2002) 등의 훌륭한 저서들이 이 복잡한 작업에 대해 다루고 있다.

사고의 지속성, 내용, 기타 측면

관련 설명어는 섹션 11.19 '사고의 흐름' 참조

12.38 인신매매

노예의 한 형태인 성매매와 노동 착취는 미국에서 알려져 있지 않으며, 임상가는 피해자가 필요로 하는 지원을 찾도록 돕기 위해 내담자의 성매매와 노동 착취의 가능성에 주의해야 한다. 다음의 내용은 Barrows와 Finger(2008), Macy와 Graham(2012)에 근거한 것이다.

'성매매'는 강제, 사기 또는 강압에 의해 유발되는 상업적 성행위를 목적으로 한 사람을 모집, 은닉, 운송, 제공 또는 취득하는 것으로, 이러한 행위를 당하는 사람은 18세 미만이다. 성매매는 가짜 마사지 업소 및 스파, 에스코트 서비스, 주거용 매춘 업소, 공공장소, 도시의 거리 및 트럭 정류장, 스트립 클럽, 호스티스 클럽, 호텔 및 모텔 등 많은 장소에 존재한다. 매춘 알선업자들과 관리자들은 그들의 이익을 위해 폭력, 위협, 거짓말, 거짓 약속, 부채로 인한 속박 또는 기타 형태의 통제 및 조종을 통해 피해자를 계속해서 관여시킨다. 2000년「연방 인신매매 피해자 보호법(federal Trafficking Victims Protection Act: TVPA)」에 따르면, 상업적 성행위를 제공하는 18세 미만의 대상은 '아동 매춘부'가 아니며, 무력 사용 여부와 상관없이 인신매매되고 있다.

'노동 착취'는 강제 노역, 빚을 갚기 위한 노예 노동, 채무로 인한 속박, 아동 노동 또는 노예를 목적으로 무력, 사기 또는 강압을 사용하여 노동 또는 서비스를 위해 사람을 모집, 은닉, 운송, 제공 또는 취득하는 것이다. 노동 착취 피해자에는 청소부, 접객업 종사자, 가사 도우미, 농장 노동자 등이 있다.

피해자 특성

양호하지 않은 정신건강 또는 이상 행동

- (특히 법 집행에 관한 언급 이후), 비정상적으로 두려워하는/긴장하는/불안해하는, 우울한, 눈맞춤을 회피하는, 지나치게 경계하거나 태도가 매우 종속적인
- 이야기에 수많은 모순이 있거나 이야기가 짜여진 것 같은
- "그냥 방문하는 것"이라고 주장하는, 자신이 머물고 있는 곳/주소를 명확히 말하지 못하는
- 행방에 대한 지식이 부족하거나 자신이 어느 도시에 있는지 모르는
- 현금을 너무 많이 가지고 다니는
- 음식/쉼터/마약/돈을 위해 성매매를 하다 발견되는

조절 능력 부족

- 개인 재산이 거의 없거나 전혀 없는
- 자신의 돈을 관리할 수 없는, 재무 기록/은행 계좌가 없는, 취업이나 직장생활을 유지하게끔 사기당하거나 강요당하고 있는
- 본인 신분증(주민등록증 또는 여권)을 관리하지 않는
- 내담자가 대답하는 것을 허용하지 않는, 통제적인 사람이 동행하는, 내담자를 가로막거나 나무라는, 내담자의 말을 대변하기를 고집하는. 혼자 면담을 하는 경우, 내담자는 검사 중 많은 문자나 전화를 받는다.

일반 업무 및 생활 조건

- 마음대로 떠나거나 오고 갈 자유가 없는
- 급여가 없거나, 아주 적거나, 팁을 통해서만 지급되는
- 지나치게 긴 시간 동안 및/또는 평상적이지 않은 시간 동안 일하는
- 근무 중 비정상적인 제약으로 인해 휴식이 허용되지 않거나 괴로워하는
- 큰 빚을 지고 있고 갚을 능력이 없는
- 업무의 특징 및 조건과 관련하여 거짓 약속을 하며 채용된
- 직장 및/또는 거주 지역에 높은 수준의 보안 조치(예: 불투명한 창문, 판자로 막은 창문, 쇠창살을 댄 창문, 철조망, 보안 카메라)가 존재하는

신체적 지표

- 언급한 나이보다 어려 보이는
- 영양실조로 보이는, 탈수된, 탈진한
- 외상, 신체적 및/또는 성적 학대, 신체적 구속, 감금 또는 고문의 징후나 흔치 않은 직장 내 부상
- 인두 문신, 문신
- 결핵이나 면역성 질환과 같은 비정상적인 감염이나 다수의 성병
- 스트레스로 인한 여러 신체 증상
- 다수의 임신 또는 낙태
- 제공된 병력과 임상적 증상(clinical presentation) 간의 불일치

◆ 지원 및 추가 정보

End Slavery Now(www.endslaverynow.org)라는 단체를 자세히 알아보도록 하라. 인신매매 의심 신고를 하거나 도움을 요청하려면 미국국립인신매매 핫라인(National Human Trafficking Hotline)

(888) 373-7888 또는 BeFree(233733)에 'HELP'라고 문자를 보내도록 하라. 미국보건복지부(U.S. Department of Health and Human Services)에는 인신매매 관련 업무를 담당하는 사무소가 있다(www.acf.hhs.gov/otip).

외상성 뇌손상

섹션 12.26 '뇌진탕후 증후군' 참조

12.39 폭력 행동

관련 질문은 섹션 3.18 '충동 조절', 섹션 3.31 '폭력' 참조. 추가 설명어는 섹션 12.19 '충동조절장애', 섹션 12.20 '친밀한 관계에서의 폭력/가정 폭력' 참조

- 공격적인, 폭력적인, 위험한, 폭행하는, 누구와도 싸우는, 위협하는, 협박하는, 괴롭히는, 거짓말하는/속이는/모든 규칙을 어기는, 훔치는, 진실을 부인하는/다른 사람들을 비난하는, 모욕적으로 욕하는/저속한 말을 퍼붓는
- 악의 있는, 잔인한, 호전적인, 신경질적인, 자제력이 낮은
- 괴롭히는, 강탈/갈취, 동물이나 사람에 대한 신체적 학대, 강도행위, 폭행, 몸싸움을 시작하는, 흉기를 사용하는

폭력 대상

- 재산에 대한 폭력적인 행위: 공공시설 파손, 타인의 소유로 알려진 재산의 고의적 파괴, 방화, 훔침, 상점 절도, 주거 침입 절도, 절도/자동차 절도, 차를 훔쳐 타고 돌아다니기, 날치기, 무장강도
- 사람에 대한 폭력: 자기 자신, 가족, 낯선 사람, 여성, 어린이, 동물, 권위자, 또래, 노인/노쇠한/장애를 가진/약한 사람, 가능한 모든 대상, 가족구성원

심각한 공격성과의 상관관계

- 동물을 고문하는
- 감춰져 있던 공격적인 행동을 보이는
- 약한 상대와 싸우는
- 이전의 공격 경험에 대해 자랑스러워하는
- 재산의 무익한 손해(특히 자신의 재산)
- 명백한 목적 없이 공격적인 행동을 하는

- **공격적으로 행동할 때 자해 위험에 신경 쓰지 않는**
- **공격적일 때 '통제 불능'인**
- **공격적인 행동을 계획하는**
- **약물 남용**

폭력 위험 평가를 위해 고려해야 할 기타 변인

이 목록은 Beck(1990)의 연구를 바탕으로 한다.

- 정신건강 진단/치료 이전의 폭력 이력은 위험을 크게 증가시킨다.
- 정신 상태: 판단력 결여, 높은 각성 수준, 정신증, 의식장애
- 교통 법규 위반, 지출, 성적/사회적 관계, 위험 감수 행동, 직장 이력에서 볼 수 있는 충동성
- 주취제 사용, 약물/알코올 남용 이력
- 흉기 가용성/피해자가 될 가능성
- 어린 시절 폭력/학대/방임에 노출, 혼돈된 가족(chaotic family), 폭력 하위 문화(violent subculture)
- 불안정성: 잦은 이사, 해고, 퇴거, 새로운 파트너
- 좌절/분노를 비폭력적으로 표출하는 능력: 언어 능력, 지적 능력, 대처 기제, 지지 체계 사용
- 내적 통제가 부족할 때/결함이 있을 때/무너질 때 외적 통제가 필요한
- 폭력적인 행동의 특징
  - 장소, 시간, 빈도, 다른 이와 함께하거나 단독으로, 방법, 폭력 대상과의 관계, 방법의 치사율
  - 동기/이득/통찰력, 위협, 촉발 요인
- 기타 행동: 자세의 긴장 상태(의자 가장자리, 모서리를 움켜쥠), 목소리(큰, 귀에 거슬리는), 운동 행동(안절부절못함, 서성거림, 떠나 버림), 놀람 반응(쉽게, 몸 전체)

상습적인 폭력과 관련된 요인

이 목록은 가장 신뢰할 만한 출처인 Monhan 등(2001)의 연구에 기초한다.

- 범죄 이력: 재범률은 각 이전 범죄행위에 따라 증가한다. 5회 이상의 전과가 있을 경우 재범 위험이 50%를 넘는다.
- 연령: 젊은 연령은 범죄와 밀접한 관련이 있다. 청소년기에 첫 범죄를 저지를 경우 재범 위험성이 더 크다.

- 성별: 남성이 훨씬 더 폭력적이다.
- 사회경제적 지위(SES): 낮은 지위와 직업 불안정성
- 약물 및 알코올 남용 이력
- 안정적이지 않고 비지지적인 가족 환경
- '나쁜 친구' 또래들과 동료들
- 쉽게 대상이 될 수 있는 피해자: 광범위한 피해자 또는 지속해서 볼 수 있는 좁은 계층의 피해자(예: 여자 친구)에 대한 반복적인 폭행
- 흉기에 대한 접근성
- 알코올에 대한 접근성

◆살인 위험 요인

☑ 타라소프(Tarasoff) 의무(내담자가 폭력을 행사할 가능성이 있는 대상에 대해 경고/보호할 의무)를 고려하고 적절한 조치를 취하도록 하라. 자세한 지침은 Zuckerman과 Kolmes(2017, 섹션 4.8)를 참조하도록 하라.

- **죽이고 싶은 강렬한 소망, 지정되거나 명명된 피해자, 명령 환각, 죽이고 싶은 마음과 그렇지 않은 마음이 공존하는 양가감정, 특정할 수 없는 적대감**
- **폭력적/파괴적/반사회적 행동, 관련 없는 상황에서의 폭력행위, 예고 없는/갑작스러운 물건 파손, 같은 상황에서 반복적인 체포/폭행, 흉기 소지, 행정 당국과의 지속적인 문제, 범죄 기록**
- **칼로 찌르기/목 조르기/총 쏘기로 살해를 시도한, 해가 되는 심한 신체적 학대**
- **젊은 남성, 낮은 교육 수준, 정신병적 망상을 가진 환자, 약물 남용 이력, 성격장애 진단**
- **집/가족/친구 없음, 제도적 지원이나 개입 없음, 집이 있지만 아무도 환자를 돌볼 수 없는, 가족이 환자에게 관심이 없는**

◆강간범의 특징

섹션 12.19 '충동조절장애' 참조

대부분의 연구에서 유죄 판결을 받은 강간범들을 조사했지만, 기소만 되었거나 전혀 발각되지 않은 강간범들도 많이 있다. 피해자를 치료한다고 해서 강간을 막을 수 있는 것이 아니기 때문에 그러한 남성들의 신원을 파악할 필요가 있다. 다음의 자료는 다른 성범죄자에게는 적용되지 않을 수 있다. Malamuth와 Hald(2017)는 성적 공격성에 대해 현재 가장 좋은 통합 모델을 제공하는 것으로 보인다(www.psych.ucla.edu/sites/default/files/documents/other/confluence%20model%20published.pdf에서 이용 가능).

- 그들은 고등학교나 대학 초기에 강간을 시작하는데, 대부분 알고 있는 파트너를 대상으로 한다.
- 피해자의 대다수는 18세 미만이며, 많은 경우 어린 시절에 강간을 당한 경험이 있다.
- 일부 가해자는 몇 번의 강간 후에 멈추기도 하고, 다른 가해자들은 행동 주기를 유지하거나 증가시키기도 한다. 양심의 가책을 표현하는 사람들은 피해자를 비난하는 사람들보다 강간을 계속할 가능성이 적다. 공감은 강간을 감소시킬 수 있지만 자기애는 강간을 증가시킨다.
- 가해자는 성범죄를 저지르는 다른 사람들과 어울린다. 그들이 어울리는 사람들은 여성을 묘사하는 데 있어 적대적인 언어를 사용한다. 과음을 하고, 성관계에 대한 압박감이 있으며, 강간 신화에 대한 믿음을 가지고 있다.
- 가해자는 자신이 강간한 것을 부인하지만, 동의를 무시한 채 합의되지 않은 행위를 한 것에 대해서는 인정한다. 문제가 있거나 강간범이라는 사실을 부인한다(Wegner et al., 2015).
- 이들과 소통하기 위해서는 강한 어조로 대화해야 하지만, 강하게 말한다고 해서 이들에게 대화를 하는 데 충분한 동기를 주지는 않는다.

제13장 성격 양상

이 장의 섹션에서 설명하는 단어와 문구는 군집(cluster)으로 정리되어 있다. 군집이나 군집 내용에 대한 타당성은 확보되지 않았다. 이는 보고서와 연구에서 일반적으로 사용되는 설명어일 뿐이다. 군집과 개념이 겹치기 때문에 유사한 유형을 교차 검토하도록 하라. 이 장은 성격 진단 모델에 대한 섹션으로 시작한다.

13.1 성격 진단 모델

Millon의 모델

Millon의 모델(Millon et al., 2004 참조)에서는 강화(reinforcement)에 초점을 맞춘다. 특정 성격 **유형**의 개인이 일반적으로 추구하는 강화 유형(정적 또는 쾌락 강화/추구 vs. 부적 또는 고통 완화/회피)은 무엇인가? 이 강화의 일반적인 **출처**는 무엇인가(자기 자신/독립적 vs. 타인/의존적 vs. 흔들리는/양가적인 vs. 아무와도 관련 없는/분리된)? 그리고 그 사람이 사용하는 조작적 조건화(instrumental process)나 **전략**(능동적/환경 수정 vs. 수동적/환경 적응)은 무엇인가?

이 3가지 차원은 8가지 범주의 **정상적인** 성격(정적 강화를 추구하는 개인의 성격으로 정의됨)과 8가지 범주의 **비정상적인** 성격(부적 강화를 추구하는 개인의 성격으로 정의됨)으로 귀결된다.

	강화의 출처				
전략	자신	타인	양가적	분리된	유형
능동적	확신하는	사교적인	민감한	억제된	} 정상적인, 정적 강화
수동적	자신감 있는	협조적인	정중한	내성적인	
능동적	반사회성	연극성	수동-공격성	회피성	} 비정상적인, 부적 강화
수동적	자기애성	의존성	강박성	조현성	

성격 5요인 모델

Widiger와 Costa(2013)는 성격에 대한 5가지 분명한 요인을 다음에 열거한 이름으로 부여하고, 그 뒤에 이분법적 설명어를 제공했다(각 요소는 연속체로 간주됨). 다음에 열거된 설명어는 타당화가 잘 이루어진 NEO 성격검사-개정판(NEO Personality Inventory-Revised: NEO PI-R; Costa & McCrae, 2005)의 하위 척도와 연속되는 단어들 중 다른 극단에 적용되는 용어들을 다른 출처에서 가져왔다.

- 신경증: 걱정하는-침착한, 신경질적인-편안한, 몹시 긴장한-긴장이 풀린, 불안정한-안정된, 취약한-강인한
  - 하위 척도: 불안, 분노-적대감, 우울, 자의식, 취약성, 충동성
  - 기타 용어: 정서성, 신경질적인, 부적 정동, 건강염려성. 반대어: 자아강도, 안정된, 침착한, 준비된, 자신감이 넘치는
- 외향성: 사교적-수줍은, 놀기 좋아하는-금욕적인, 다정한-마음을 털어놓지 않는, 이야기하기 좋아하는-조용한, 다른 사람과 함께하고 싶어 하는-혼자 있고 싶어 하는
  - 하위 척도: 따뜻함, 사교성, 자기주장성, 활동성, 흥분 추구, 긍정적 정서
  - 기타 용어: 붙임성, 정열성(surgency), 지도자 같은, 지배성, 사회적 지위를 위한 역량, 사회적 통찰, 권력에 대한 욕구, 고립되지 않는, 솔직하고 개방적인, 모험적인, 사교적인. 반대어: 마음을 털어놓지 않는, 외향적이지 않은, 터놓지 않는, 조심스러운, 은둔하는
- 개방성: 독창적-관습적, 창조적-비창조적, 독립적-순응적, 비전통적-전통적
  - 하위 척도: 환상, 미적 감수성, 감정, 행위, 가치, 관념
  - 기타 용어: 새로운 경험에 개방적인, 경험 그 자체에 관심이 있는, 다양성에 대한 열망, 대담한, 상상력이 풍부한, 교양 있는, 흔치 않은 생각, 불확실성과 타인의 생각/행동/말에 관대한, 편견 없는. 반대어: 경직된, 실용적, 좁은 관심사
- 친화성: 온후한-성마른, 예의 바른-무례한, 관대한-비판적인, 유연한-완고한, 동정적인-무정한
  - 하위 척도: 신뢰, 솔직함, 이타성, 순종성, 겸손, 온유함
  - 기타 용어: 협조적인, 상호지지적인, 소속 욕구, 애정 욕구, 친절히 응하는, 질투하지 않는, 온화하고 부드러운. 극단적인 형식: 의존적이고 자신을 낮추는. 반대어: 심술부리는, 무례한, 무뚝뚝한, 완고한, 부정론적인
- 성실성: 신뢰할 수 있는-신뢰할 수 없는, 주의 깊은-조심성 없는, 근면한-게으른, 시간을 엄수하는-늦은, 인내심 강한-포기하는
  - 하위 척도: 유능함, 질서, 순종, 성취 노력, 자기절제, 신중함
  - 기타 용어: 철저한, 의욕적인, 성취 지향적인, 책임감 있는, 신중한, 성취하려는 의지, 강요하는, 직업윤리, 까다롭고 깔끔한, 꼼꼼한. 반대어: 목적이 없는, 게으른, 변덕이 심한, 원칙이 없는, 신뢰할 수 없는

DSM-5의 성격 군집 유형

군집	진단	비공식 명칭
A	편집성, 조현성, 조현형	기이한/괴상한
B	반사회성, 경계성, 연극성, 자기애성	극적인/변덕스러운
C	회피성, 강박성, 의존성	불안한/두려운

DSM-5에 의해 제안된 대안적 체계

DSM-5는 현재 성격 진단 전반에 걸쳐 증상이 겹치고 그로 인한 신뢰도와 타당도가 매우 낮다는 점을 인식하여 섹션 III에서 '성격장애에 대한 대안적 DSM-5 모델'을 제공한다. 이 체계를 사용하여 진단하려면 7가지 기준(기능, 특질, 행동, 스펙트럼 등)을 평가해야 한다. 이 다차원 모델은 꽤 유용해 보이지만, 전문가들을 대상으로 상당한 재교육이 필요하기 때문에 DSM-5에서 공식적으로 채택되지 않았다.

성격의 대인관계적 진단

DSM의 범주는 개인의 부적응 행동이 발생하는 사회적 맥락에 다소 둔감하다. 성격의 대인관계적 진단을 위한 많은 모델이 개발되었다.

1. 사회적 행동의 구조 분석 모델(Structural Analysis of Social Behavior: SASB; Benjamin, 1996)은 가장 관련성이 높은 대인관계 차원을 통합한다: 친밀성-적대성(우호성)과 지배성-자율성(상호의존성). SASB는 심리치료에서 상호작용을 분류할 뿐만 아니라 환자의 정신 내적 기능 변화를 도표로 작성하도록 설계되었다.
2. Eric Berne(1964) 등이 공식화한 교류분석(Transactional Analysis: TA)은 잘 만들어진 패러다임이다.
3. Schutz의 대인관계 욕구검사(Fundamental Interpersonal Relations Orientation: FIRO)는 관계와 성격에 대해 기술한다(www.cpp.com/en-us/products-and-services/firo; https://careerassessmentsite.com/tests/firo-business-firo-b-tests; https://careerassessmentsite.com/tests/firo-business-firo-b-tests 참조).
4. 권력, 사랑 두 축을 따르는 Leary의 대인관계원형 모델(Interpersonal Circumplex of traits)은 몇 가지 특정 검사 중 하나를 사용하여 수많은 특성, 동기, 성격, 상호작용에 대한 평가를 지원한다. 그의 뛰어난 저서『성격의 대인관계적 진단(Interpersonal Diagnosis of Personality)』(Leary, 1957/2004)은 읽을 만한 가치가 있다.

표준 접근법

성격장애 진단은 서로 중복되는 것으로 악명이 높다. DSM의 접근 방식은 증상의 유무와 수 그리고 진단을 위한 절단 점수에 근거하여 진단을 내린다. 이와는 대조적으로, 표준 접근법은 여러 유형의 정보(증상, 적응 기능, 치료 반응, 병인) 군집을 동시에 검사하여 더 신뢰할 수 있고, 사용하기 쉬우며, 더 많은 임상적 유용성을 갖는 군집을 만들어 낸다. 이와 같은 매우 유용한 대안적 접근법에 대한 자세한 내용은 Westen 등(2014)을 참조하도록 하라.

13.2 알코올 중독자/중독된 부모의 성인 자녀

섹션 13.7 '공동의존성 성격' 참조

알코올 중독자/중독자 부모의 성인 자녀(Adult Children of Alcoholic/Addicted: ACOA) 모델의 매력과 인기에도 불구하고, 중독된 부모 밑에서 자라면서 생기는 심리적 문제들과 그들의 추정된 행동 양상(예: www.huffingtonpost.com/dr-tian-dayton/adult-children-of-alcohol_b_300572.html; https://adultchildren.org/literature/laundry-list 참조)에 관한 출판물들을 포함하여, ACOA 특성 양상의 타당성에 대한 경험적 지지는 거의 없었다. Hinrichs 등(2011; www.ncbi.nlm.nih.gov/pmc/articles/PMC3143015에서 이용 가능)은 혼합된 경험적 발견, 즉 '병리, 적응 기능, 발달 및 이력 변인'의 높은 이질성에 대한 좋은 요약과 연결 고리를 제공한다. 그러나 그들은 성격 및 행동 변인의 5가지 유효한 하위 유형을 발견했다.

공격성 성격

섹션 12.1 '학대', 섹션 12.19 '충동조절장애', 섹션 12.20 '친밀한 관계에서의 폭력/가정 폭력', 섹션 12.39 '폭력 행동', 섹션 13.3 '반사회성 성격', 섹션 13.4, '권위성 성격', 섹션 13.17 '가학성 성격' 참조

공격성 성격은 ICD-10-CM 또는 DSM-5에 없지만, 관련 내용에 대해서는 PTypes 웹사이트(www.ptypes.com/aggressive.html)를 참조하도록 하라.

13.3 반사회성 성격

섹션 12.1 '학대', 섹션 12.19 '충동조절장애', 섹션 12.20 '친밀한 관계에서의 폭력/가정 폭력', 섹션 12.39 '폭력 행동', 섹션 13.4 '권위성 성격', 섹션 13.17 '가학성 성격' 참조

ICD-10-CM 및 DSM-5 모두 F60.2는 반사회성 성격장애에 대한 코드이다. 정신병리학적 문제나 동기 없이 범죄행위에 연루된 사람에게는 Z72.811 명백한 정신장애가 없는 성인의 반사회적 행

동을 사용하도록 하라.

주요 특징

전형적인 기준은 Cleckley(1976)의 유명한 저서 『온전한 정신의 가면(The Mask of Sanity)』과 Hare(1999)와 Lykken(1995)의 저서에서도 찾아볼 수 있다. 이른바 '어둠의 3요소(Dark Triad: 반사회성 성격, 병적 자기애, 마키아벨리즘)' 또는 '어둠의 4요소(Dark Tetrad: 3요소에 가학성이 추가됨)'(Paulhus & Jones, 2015; Book et al., 2016)를 고려하도록 하라. 표준 평가 도구는 Robert Hare의 사이코패스 체크리스트-개정판(Psychopathy Checklist-Revised: PCL-R)이지만, '치트 시트(cheat sheets)' 및 기타 많은 정보를 온라인에서 이용할 수 있다.

- **타인에 대한 약탈적인 태도와 행동, 타인의 권리에 대한 오랜 무관심과 반복적인 침해, 기생적인 생활방식, 사회적으로 파괴적인 행동의 반복**
- **망상이나 비합리적인 사고의 다른 징후, 불안이나 기타 신경증 증상, 자살 시도, 또는 생활 계획이나 질서 잡힌 생활방식의 부재**
- **종종 호감이 가는, 매력적인, 마음을 끄는, 관심의 중심, 사회적으로 숙련된/능력 있는/효율적인, 매력적인/우아한, 장황하게 이야기하는/지저분한 농담을 하는, 괴롭히는, 있을 법하지 않은 자산/관계/경험에 대해 자랑하는, 발끈하는, 입심이 좋은, 민첩한, 넘치는 아이디어, 재치 있는, 말장난/말재간**

사회적 측면

무책임

- 믿을 수 없는, 책임을 회피하는, 신뢰할 수 없는, 의무를 거부하는, 무자비한
- 청구서 미납으로 곤경에 처한, 여러 재정적인 부분에서의 무책임
- 항상 남의 탓으로 돌리는/모든 책임을 부인하는
- 다수의 결혼/이혼, 결혼 불안정성, 빈번한 결혼, 배우자/파트너를 갑자기 떠나는/때리는/외도하는, 무책임한 양육, 자녀에게 심한 해를 가하는/방임하는
- 무신경한, 난폭하게 행동하는, 잘 알지 못하는 사람들과 잠을 잔, 포주/매춘으로 돈을 번
- 무모한, 단호한, 겁 없는, 고통/위험/처벌에 굴하지 않는

이기주의

- 기만적: 거짓말을 많이 하는, 가명을 사용하는, 이기기 위해 속임수를 쓰는/거짓말을 하는/승자로 보이도록 하는, 쉽게 거짓말을 하는, 단지 부정적인 결과를 피하기 위해 자주 거짓말을 하는 것이 아닌

- '옳고 그름'에 대한 독특하고 자기관여적인 생각, 자신의 행동/범죄가 처벌될 것이라고 믿지 않거나 처벌받아야 한다고 생각하지 않는, 타인에게 죄책감을 유발시키는, 모든 책임을 외재화하는, 타인을 비난하는, 불리한 결과에 대한 책임을 지지 않는, 은혜를 갚고자 하는 마음 없이 이기적으로 호의만 받아들이는

대인관계

- 위협적인, 지배적인, 활동성이 과하고 쾌락 추구적인, 완고한, 통제하는, 지도하는
- 굴욕적인, 모욕하는, 조롱하는, 냉혹한, 괴롭히는, 악의 있는
- 배은망덕한, 오만한, 공격적인 사람은 강자로, 친사회적 사람은 약자로 보는
- 자신의 이익에 부합하는 경우에만 업무나 타인을 위해 노력하는
- 반항적인: 다른 사람들의 일하는 방식에 지속적으로 저항하는, 독립적인, 고집 센, 비순응적인
- 논쟁적인: 말대꾸하는, 반항하는, 이의를 제기하는, 논쟁하는. 금지 표현: "건방지게 대꾸하는"
- 신뢰하지 않는, 의심이 많은, 거짓말과 조작으로 행동을 정당화하는
- 편협한, 피상적인 관계

불법적인 또는 부도덕한 행위

- 비윤리적인, 부도덕한, 비양심적인, 무신경한, 헌신적인 것처럼 보여 주기식 행동, 불성실한, 신뢰할 수 없는, 부정직한
- 거짓말하는, 몰래 훔치는, 사기 치는, 속이는, 경미하거나 심각한 불법/비행 행위에 가담한/연루된
- 돈/재산을 빼앗기 위해 사기 치는/조종하는/속이는, 남을 이용하는, 종종 가장 쉬운/약한 사회구성원을 희생시키는, 화이트칼라 범죄
- 타인의 권리를 침해하는 고질적인 양상, 거짓말이나 기만으로 사회 규범을 위반하는, 고질적인 속도 위반/음주 운전, 무모한, 타인의 권리에 무관심한, 규칙을 어기는, 반항적인, 원하는 것을 가진 사람을 대할 때 부도덕하고 기만적인
- 약물/알코올/기타 등의 이력. 과용/남용(그러나 이것은 반사회적 행동의 원인이 아니다)

폭력 행동

- 몸싸움을 시작하는, 싸움에 흉기를 사용하는, 동물을 학대/고문하는, 동물/사람에게 '잔꾀를 부리는', 다른 사람들에게 신체적으로 잔인하게 해를 가하는

- 고의로 타인의 재산을 파괴하는, 재산을 훔치는/파손하는, 불을 지르는
- 누군가를 상대로 강제로 성행위하는, 문란한
- 어릴 때부터: 형사 체포/유죄 판결, 복역 기간, 부실한 보호 관찰/가석방 위험, 다양한 유형의 범죄(중범죄 포함) 이전에 반사회성 성격장애로 진단받은

인지

특히 Samenow(2004)를 참조하도록 하라.

- 자신이 비난받을 것/잡힐 것/처벌받을 것이라 생각하지 않는, 제대로 갖춰지지 않은 도피 계획, 대안이나 결과를 고려하지 않는, 책임을 전가하는, 합리화하는, 마키아벨리즘(Machiavellianism), 비윤리적인 수단을 써서라도 결과를 얻고자 하는, 과거 처벌받은 경험으로부터 배우는 것이 없는, 병식이 낮은
- 독단적인, 옹졸한, 편견을 가진, 편협한
- 평균 또는 평균 이상의 지능

정동

- 양심의 가책/죄책감/후회/피해자 공감이 결여된, 둔감한, 동정심이 부족한, 완고한, 냉담한, 냉혹한, 정서적으로 분리된, 변화에 대한 낮은 동기, 얕은 정동, 정서가 깊고 지속적이지 않은
- 성마름, 공격성, 성급한, '꾹 눌러 둔' 분노, 지연된 만족을 견디지 못하는, 폭력성에 쉽게 자극되는, 낮은 좌절 인내성, 분노 폭발 또는 신경질
- 분개, 부정적 사고, 타인을 도발하는, 비열한, 악의적인, 무례한, 방해하는, 다른 사람이 자신을 적대시하거나 자신이 부당한 대우를 받고 있다고 생각하는
- 정서적 각성이 결핍된, 자극/스릴 추구, 쉽게 지루해하는
- 충동성, 성급한, 생각나는 대로 하는, 근시안적인, 부주의한, 경솔한

자아상

- 독립성과 업적을 자랑스럽게 생각하는, 쉽게 흔들리지 않는, 실질적인, 강인한, 권력 지향적인, 강력한
- 자신의 목표를 추구할 때 자율적으로 적절히 행동할 수 있는, 경쟁적인, 목표 지향적인
- 자신이 괴롭힘을 당하고/이용당하고/피해받고/박해받고 있다고 느끼거나 믿는, 분개하는, 앙심을 품은

직업적 측면

- 불안정한 고용: 해고된, 도망간, 충동적으로/다른 일을 알아보지 않은 채 '그냥 하고 싶지 않았다'는 이유로 직장을 그만두는, 일을 하지 않은, 법정에 선/강등된, 자주 결근하는
- 누구 책임인지에 대해 논쟁하는
- 경력이나 기타 장기적인 계획이 부족한

불안성 성격

섹션 13.5 '회피성 성격' 참조

13.4 권위성 성격

관련 설명어는 섹션 12.19 '충동조절장애', 비교를 위해서는 섹션 13.3 '반사회성 성격', 섹션 13.17 '가학성 성격' 참조

권위성 성격은 ICD-10-CM이나 DSM-5에 없다.

권위성 성격에 대한 자세한 설명은 Adorno 등(1950/1993)과 Stone 등(1993)을 참조하도록 하라.

인지

- 중산층/전통적 가치관에 대한 엄격한 고수
- 전통적 가치관으로부터 일탈하는 것에 대한 엄중한 처벌이 필요하다고 여기는
- 보수적인/극단적으로 보수적인, 도덕적 이념이 다른 모든 관심사보다 우선하는
- 소수자 등에 대한 편견, 외부인을 위험하다고/비인간적으로 여기는, '인간 이하의'/'짐승'/'자격이 없는'과 같은 용어를 사용하는

사회적 측면

- 맹종, 순응, 권위적 대상에 대해 의심하거나 비판하지 않는, 윗사람에게 복종할 것을 지나치게 요구하는, 아랫사람에게 가혹한
- 공식적인/명확한/공동 노선(party-line) 용어를 사용하는
- 권력과 지배는 관계의 가장 중심적인 차원이다, 사람을 약자나 강자로 보는, 강인함을 미화하는/부드러움을 거부하는, 엄격한 규율을 중요시하는
- 부모를 이상화하는, 아버지를 엄한/가혹하게 처벌적인/절대 복종을 요구하는 사람으로 보는

13.5 회피성 성격

관련 ICD-10-CM 및 DSM-5 코드는 F60.6 회피성 성격장애이다.

◆주요 특징

모든 사회적 상황에서 불편해하는, 반감을 드러내는 모든 단서에 주의를 기울이는

◆인지

다른 사람들이 자신이 불안해한다는 것을 알고 있고, 계속 자신의 실수를 주시하고 있다는 믿음

◆대인관계적 측면

- 친밀감/따뜻함/애정/수용을 갈망하지만 관계에서 거부/굴욕/반대를 두려워하는, 지나치게 민감하고 우유부단한
- '실수를 저지르는 것'/실수/사회적 실수로 인해 '스스로 바보가 되는 것'을 두려워하는, 우는 것/얼굴이 붉어지는 것/당황하는 것을 두려워하는
- 경계하는, 불신하는, 침해/위협/조롱/학대/굴욕에 대해 경계하는, 다른 사람들에게 거절당하거나 모욕당할 가능성에 대해 과민한/예민한, 사랑받지 못할 것이라고 생각하는, 무비판적인 애정에 대한 끊임없는 확신/보장이 필요한
- 철회하는, 조심스러운, 사적인, 외로운, 수줍은/과묵한/소심한, 순응적인

◆정동

고뇌에 찬, 극도로 양가적인, 불안한, 스스로 '지루하다'로 묘사하는

◆자아상

자신의 성과를 평가 절하하는, 사회적 어려움에 대해 자기 자신에게 분노하고 우울해하는, 자신을 기본적으로 결함이 있다고/결점이 있다고/이상하다고/부적절하다고 생각하는

◆기타

- 악순환은 다음과 같다. 낮은 자존감, 거절에 대한 두려움, 피상적이거나 서투른 사회적 관계 형성 시도, 거절 경험에 대한 과민성/낮은 자존감을 확신시켜 주는 의욕 상실, 거부당하

는 느낌을 받는, 철회하는, 관계에 대한 두려움, 외로움, 동경, 다시 시도, 거절 등
- 접촉 및 분노 해소에 대한 욕구를 충족시키기 위해 공상에 상당 부분 의존하는

13.6 경계성 성격

관련 ICD-10-CM 및 DSM-5 코드는 F60.3 경계성 성격장애이다.

이러한 사람들은 종종 다른 성격장애의 요소들이 나타나는 혼재된 양상을 보인다. 이들은 또한 종종 기분장애 진단을 받는다.

주요 특징

생활/성격의 기능/기분/사회적 관계의 모든 측면에서 불안정성, 성격의 일관성/응집성 부족, 정동/관계 분위기의 급격한 변화

대인관계적 측면

- 친밀한/요구적인/의존적인/진지한 관계, 진심이 보상받지 못할 때의 환멸감, 유기에 대한 공포
- 불안정한 친밀한 관계, 드물게 안정적이지만 친밀하지 않은 관계, 이해할 수 없는 타인에 대한 태도/감정의 변화, 변덕스러운, 우유부단한 반응, 의존-독립 투쟁, 고립과 외로움에 대한 강한 혐오감 때문에 일련의 일시적인/격렬한/짧은 관계를 맺는, 이상화와 가치 저하/평가 절하가 번갈아 나타나면서 생기는 관계의 피상성. 금지 표현: "좋았다가 나빴다가"

정동

- 불안정한, 변덕스러운, 취약한, 불규칙한, 예측할 수 없는, 빠르지만/짧지만 강렬한 기분 변화, 애정에 대한 인내성이 낮은, 내적 진정/유지 기능의 부족으로 타인에게 의지하는
- 간신히 감춰진/표면 아래에 있는 분노, 비관주의, 논쟁적인, 성마른, 쉽게 짜증을 내는, 빈정대는, 격렬하고 갑작스러운 격노나 우울증, 갑자기 극적이고 예상치 못한 폭발, 다른 사람들이 마음에 안정을 주지 않는 것에 대한 분노발작, 친밀한 사람들에 대한 격노, 실망감
- 한참 동안 드러나는 공허함/지루함/낙담/무감동, 무감각
- 겉보기에 불변하며 상당한 수준의 부정주의, 무가치함/나쁨/비난/죄책감/수치심/잘못된 가정, 사랑받을 수 없다는 느낌

정체성 불안정성

- 개별화(individuation) 결여, 정체성 혼란/동요의 변화, 정체성/성 정체성/진로 선택/장기 목표, "나는 누구인가?"라는 질문을 자주 하는, 자존감/자아상 불안정성, 불확실한 가치/(관계에서의) 충성도. 금지 표현: "무능" "사기꾼" "가치 없는 사람" "아무것도 아닌 사람"
- 파편화된 자기, 분열, 모호한/다중 정체성/성격/부분/목소리/별명, 자신의 일부로부터 받는 생존권 위협(섹션 13.10 '해리성 정체성 장애' 참조)

행동

- 충동성/양호하지 않은 판단력, 판단 착오
- 자살 위협/시늉 또는 시도/약물 과다복용
- 자기파괴적/자기훼손/자기손상적 행동
- 막대한 소비/상점 절도, 도박, 폭식, 성행위, 물질 오용/남용, 난폭 운전
- 양가성, 우유부단, 지연

치료적 측면

빈번한 위기가 예측되는, 특별 조치가 요구되는, 치료자의 말과 동기에 대한 잘못된 해석, 강렬한 양가감정, 이상화에서 폄하로의 급격한 변화, 어떤 종류의 접촉에도 인내심이 부족한, (치료) 방식 변화에 대한 과잉반응, 친밀감과 성적 표현의 혼동, 짧은 기간 동안의 정신병적 증상의 유무

13.7 공동의존성 성격

섹션 10.3 '불안/두려움', 섹션 10.7 '우울증', 섹션 13.6 '경계성 성격' 참조

관련 ICD-10-CM 및 DSM-5 코드는 F60.7 의존성 성격장애일 가능성이 높지만, 의존성 및 공동의존성 성격 모델은 동일하지 않다. 증후군으로서의 공동의존성은 대체로 중독의 개념으로 다루어져 왔다.

주요 특징

자기희생적 자해, 병적 이타주의

◆대인관계적 측면

- 과도하게 책임감 있는
- 자기희생적인, 조심스러운, 자신의 권리를 추구하지 않는, 나쁜 상황을 바꾸기기보다는 적응하는
- 예측 가능성/안전을 위해 타인에게 순응하는
- 다른 사람의 어려움에 과도하게 민감한
- 겉으로는 꾸민 채 진짜 자신은 숨기는
- 돌봄: 과분한 헌신, 인정받지 못하는/과도한 헌신, 지나친 돌봄, (타인의 무책임을 상쇄하기 위해) 과도하게 의존적인/책임감 있는, 상대방의 필요를 미리 예측해서 만족시켜 주고자 하는, 사람들과 상황을 통제해야만 하는, 융통성 없는
- 의존성: 사랑/인정에 대한 갈망, 학대를 용인하는, 특히 스트레스를 받을 때 자신의 욕구보다 항상 다른 사람의 욕구를 충족시키는
- 부인: 문제를 무시/합리화/최소화하는, 증가된 물질 남용/기능장애를 부인하는
- 무너진 일상 구조: 약속을 잊는, 불규칙한 시간에 식사하기, 제시간에 잠자리에 들지 않거나 일어나지 않는
- 임무를 완수하지 못하는/계획을 이행하지 못하는/계획을 세우지 못하는, 작업에 쉽게 압도되는, 능동적이라기보다는 반응적인
- 장기전이 아닌 위기에만 중심을 둔: 위기 상황/시작 및 종료 시 좋으나 중간에는 좋지 않은

적용되는 역할

- 구원자: 결석이나 사회적 실수에 대해 변명을 함으로써 중독된/기능이 부족한 사람을 보호/방어하는
- 보호자: 과도한 책임감과 기능성을 통해 중독자의 과실로 인한 부정적인 결과를 최소화하는
- 협력자: 중독자의 물질 사용을 합리화하거나 함께 참여하는/돕는
- 영웅: 가족의 대외적 이미지를 보호하는, 엄청난/초인적인/자기희생적인 노력으로 주의를 중독에서 벗어나게 해 주는
- 비난자: 가족의 모든 문제를 변화할 가망이 없는 중독된/기능이 부족한 사람 탓으로 돌리는
- 적응자: 중독이 사라지기를 바라는 마음으로 중독에 대한 논의를 피하는, 무관심으로 걱정과 혼란을 숨기는

가족 특성

- 가족에 대한 극도의 헌신, 그러나 피상적인 관계만 유지하는, 친밀한 관계 없이, 피상적인

관계의

- 가족 규칙 : "말하지 마라, 믿지 마라, 느끼지 마라."
- 왜곡된 가족상: 행복, 문제없는, 좋은 것만 보는
- 과도하게 발달된 책임감 및 타인에 대한 관심. 금지 표현: "걱정은 당연한 것이다."
- 통제를 중요시하는, 통제 불능을 무서워하는; 질서, 안정성, 일상, 규칙성, 혼란보다는 평화

자아상

- 낮은 자존감, 모든 문제/타인의 약물 사용에 대한 자책, 죄책감, 극단적인/비생산적인 자기 비판/자책, 부모의 행동 불일치로 인한 비난의 추정, 사랑받을 수 없다는/미친/나쁜/더러운 것에 대한 두려움/생각, 칭찬을 거부하는
- 무력감, 자신 없는
- 중독에 대한 수치심, 숨기는, 도움 청하는 것을 매우 꺼리는
- 자신이 정상이라고 믿는 대로 행동하는, 정상적인 행동/정서적 반응이 무엇인지 모르는, 충분히 정상적이지 않다고 느끼거나/정상적인 행동을 하지 못하거나 다른 사람과 다르다고 느끼는 것에 대해 불안해하는
- 자존감이 낮은 집단이 받아들일 수 있는 극단적인 역할 모델과 기준을 채택하는

정동

- 우울, 부정주의, 통제할 수 없는 기분 변화, 삶에 재미가 없는, 가라앉음, 무쾌감증, 다른 사람의 노력/대리경험으로만 즐거움을 느끼는
- 진지함, 삶이 해결해야 할 문제와 고난으로 가득 찬
- 잦은 원망과 분노, 자신을 "인생을 살면서 부당한 대우를 받았다."라고 묘사하는
- 수많은 두려움/불안, (자신과 중독자의) 분노가 관계를 끝내 버릴 것이라는 생각으로 인한 두려움, 우유부단, 상처받는 것/버림받는 것/거절당하는 것에 대한 두려움

인지

- 강박적 사고, 분석적 사고에 과도하게 의존, 완벽주의
- 망상/비합리적 신념(특히 사랑으로 모든 것을 혹은 적어도 물질 남용은 극복할 수 있다는 신념)
- 부정직한/거짓말하는/부인하는, 자신의 부정직함을 인지하지 못하는, 중독된 사람의 행동은 '실제 모습'이 아니라고 주장하는
- 어린 시절에 대한 기억이 거의 없는

◆ 행동/건강

- 학대당한, 신체적/성적/심리적으로 방임된
- 자신의 좌절감/고통에 대처하기 위한 중독 행동(섭식장애, 물질 남용)
- 통제하려는 시도로서의 강박 행동
- 관심이나 인정을 받기 위해 행동하는
- 건강 문제: 스트레스 관련 장애, 건강 관리 부족

◆ 과거력

- 어린 시절의 관심(따뜻한 신체 접촉) 부족은 자신의 욕구를 부인하는 결과로 이어진다.
- 일찍 성숙했던 성인기 및 책임감, 어린 시절 성인으로서 다루어야 했던 문제로 고군분투한, 어린 시절의 상실
- 중독의 영향은 중독자 가정에 사는 자녀의 발달 단계에 따라 다르다.
  - 유대감 형성 단계: 세상은 안전하지 않다.
  - 탐색/분리 단계: 휩쓸리거나 버려지는 느낌, 수동성, "아니요."라고 말할 권리가 없는
  - 잠재 단계: 규칙, 무엇이 정상적인지, 문제 해결 능력; 거짓, 부인, 불안과 함께 사는 것을 배우지 못함
- 기대 이상의 성과를 냄: 가족들에게 자랑할 만한 것을 주려고 하는
- 즐거움을 줌: 긴장을 풀기 위해 어떤 것도 진지하게 받아들이지 않는, 학급에서 광대 역할을 한
- 철회: 친구 집으로 도망치거나 혼자 시간을 보내는
- 반항: 분노를 표출하는, 가족 문제로부터 관심을 떨어뜨리기 위해 문제를 일으키는

◆ 공동의존적인 사람들의 특성

Schaef(1986)는 다음과 같이 설명한다.

- 외부 참조: 자신의 인식을 불신하는, 경계(boundaries)가 없는, 관계 없이는 생존할 수 없다고 믿는/관계에 중독된, 버려지는 것을 두려워하는, 완벽한 결합을 믿는
- 돌봄: 없어서는 안 될 존재가 되는, 순교자가 되는
- 자기중심성: 모든 사건을 개인화하는, 다른 사람의 행동에 대한 책임을 지는
- 과도한 통제: 혼란이 가중될 때 통제에 대한 노력이 커지는, 모든 것/모든 사람을 통제하려고 시도하는, 통제된 사람들을 배려하지 않고 통제하는, 자신이 더 노력하면 중독자/가족을 해결할 수 있다고 믿는

- **감정: 자신의 감정을 인식하지 못하는, 정서적 경험을 왜곡하는/'좋은' 감정만 받아들이는, 무서움**
- **부정직함: 꾸며 낸 모든 보이는 모습을 관리하는, 진실을 숨기는/진실에 대해 거짓말하는, 융통성 없는**
- **잘 속음: 다른 사람에 대해 잘 판단하지 못하는, 맞서기를 꺼리는, 과도하게 신뢰하는, 자신이 원하는 방식이면 받아들이는**

◆추가 정보 및 평가

최근 종합적인 문헌 고찰 논문은 Hawkins와 Hawkins(2014; www.hrpub.org/20131215/UJP2-19400850.pdf)를 참조하도록 하라. 가장 일반적인 측정 도구는 공동의존성 척도(Codependency Assessment Tool: CODAT)로, 공동의존성을 다음과 같이 5가지 요소로 구성된 구조로 개념화한다. ① 타인 집중/자기무시, ② 낮은 자기가치감, ③ 자아숨김, ④ 약물 문제, ⑤ 원가족 쟁점(Hughes-Hammer et al., 1998). 보다 최신 측정 도구로는 Marks 등(2012)의 복합 공동의존성 척도(Composite Codependency Scale: CCS)가 있는데, 이는 요인 분석에 의해 검증된 19개의 문항으로 구성되어 있다(www.academia.edu/12805214/Development_and_validation_of_a_revised_measure_of_codependency에서 이용 가능).

13.8 강박행동성(compulsive) 성격

섹션 13.14 '강박관념성(obsessive) 성격' 참조

관련 ICD-10-CM 및 DSM-5 코드는 F42 강박장애 및 F60.5 강박성 성격장애이다. 행동만 존재하는 경우 ICD-10-CM에서는 R46.81 코드를 부여한다. 대부분의 물질 사용은 이러한 양상을 만들어 낼 수 있다는 점에 유의하도록 하라.

> ☑ 주: DSM-5와 ICD-10-CM은 강박관념성 성격장애(obsessive personality disorder)와 강박행동성 성격장애(compulsive personality disorder)를 구분하지 않는다. 그러나 보고서 작성자는 고유한 개인을 상대하기 때문에, 여기서는 드러나는 증상의 양상을 강조하기 위해 '강박 사고'와 '강박 행동을 분리하여 다루고자 한다.

◆주요 특징

반복적인 행동/일상 습관/의식 또는 극심한 불안

행동

상당히 규제된/조직화된 생활방식, 질서정연함, 오염에 대한 두려움

인지

Shapiro(1965)를 참조하도록 하라.

- 반추로 인해 작업을 완료하지 못하는, 과도하게 신중한, 의심하는, 우유부단한, 부실한 의사결정/마무리, 부실한 시간 관리
- 윤리 문제에 대한 지나친 염려, 양심적인, 강도 높은 자기평가/자기성찰, 이분법적 판단, 바로 마무리해야만 함
- 완벽주의적인 접근, 세부사항 및 오류 방지에 대한 과도한 주의, 깔끔함, 꼼꼼한, 세부사항에 민감한 사람
- 참견적임: 내용보다 형식에 더 관심을 갖는, 목표보다는 절차/규정을 더 중요시하는, 사회/도덕적 기준보다는 법문을 중요시하는, 결과보다는 질서 있는 업무 절차를 더 중요시하는, 계획/규칙/규정의 관점에서 세상을 보는, 숙제라는 생각으로/부담을 갖고 일에 임하는

정동

- 정교한 계획과 정리에 만족하는, 오직 작업 종결에 대한 가벼운/일시적인 즐거움, 즐거움과는 상관없이 업무에 임하는
- 기쁨이 없는, 진지한, 대부분의 정서를 통제하는, 긴장한, 때때로 강렬한 의분을 느끼는, 환경에 대한 통제감 부족이 심한 우울증으로 이어지는, 긴장/불안을 통제하기 위해 큰 노력/힘을 들여야 하는

자아상

근면한, 신뢰할 만한, 효율적인, 충실한, 신중한/세심한

대인관계적 측면

- 다른 사람들이 자신의 방식대로 일하도록 요구하는
- 속을 알 수 없는/틀에 박혀/냉정하게/단호해 보이는. 금지 표현: "잘난 척하는 사람"
- 예의바른, 관습적인, 예의를 지키는, 정중한, 올바른
- 긍정적/사회적으로 수용 가능한 방식으로 자기를 표현하는

13.9 의존성 성격

섹션 13.7 '공동의존성 성격', 섹션 13.20 '자기파멸성 성격' 참조

관련 ICD-10-CM 및 DSM-5 코드는 F60.7 의존성 성격장애이다.

☑ 주: 이 진단을 사용할 때는 성별 편향에 민감해야 한다. 또한 의존적인 특성을 가진 사람에게 성적 피학증을 가정하거나, 성적 피학증을 의존적인 성격과 혼동하지 않도록 하라.

Bornstein은 이에 대한 개념, 평가 그리고 다른 많은 분야와의 관련성에 대해 잘 정리했다. 그의 가장 최근 요약본(Bornstein & Hopwood, 2017)은 온라인(http://psycnet.apa.org/fulltext/2017-35613-004.html)에서 확인할 수 있다.

◆주요 특징

나약하고 무력한 정체성, 양육해 주고 보호해 주는 관계를 찾는

◆대인관계적 측면

- 회유적인, 달래는, (다른 사람에게) 결정을 맡기는, 경쟁하지 않는, 비판적 발언을 꺼리는. 금지 표현: "좋은 사람"
- 의존적인, 다른 사람들이 자신에 대한 책임을 지게 하는, 아이 같은, 미성숙한, 문제를 해결하거나 목표를 달성하기 위해 다른 사람에게 의존하는, 취업/교우관계/자녀교육/휴가/옷차림/구매와 관련하여 결정하는 것을 의존하는, 독립적인 의사결정의 부재, 외부 요구와 책임을 회피하는, 낮은 자립성, 낮은 자율성, 과장되고 불필요한 도움을 구하는 행동
- 순응적인, 주도당하는, 이차적인 지위, 자멸적인, 다른 사람에게 요구를 할 수 없는, 소극적인, 고분고분한, 유순한, 간청하는
- 학대당하는, 방임된, 무시당하는, 경시당하는, 비난받는, 착취당하는, 파트너의 욕설/구타/만취/무책임을 용인하는
- 자기희생적인, 보호적인 관계를 유지하기/핵심적인 역할을 수행하기/정체성을 유지하기 위해 자신의 욕구를 경시하는
- 과도하게 헌신적인, 과도하게 충실한, 애착을 보이는, 과도하게 애정을 주는, 자신이 지각하는 '사랑'을 위해 어떤 것이든 희생하는, 평가자가 생각하는 것보다 관계에서 더 많은 부정적인 것을 기꺼이 용인하는
- 잘 속는, 너무 신뢰하는, 쉽게 설득되는, 순진한, 의심하지 않는, 변화에 대한 과도한 기대

를 가지고 있는

- 의존성, 학대, 분리/유기의 악순환, 자신을 돌볼 수 없는/욕구를 충족시킬 수 없는 것에 대한 공포, 무력감 및 무가치함에 대한 증명, 정서적 황폐함, 자기존중적인 행동이나 독립적인 행동을 회피하는, 저하된 자존감, 더 큰 의존성

행동

- 자율성에 있어 일반적으로 비효율적이지만 무능하지는 않은(일부 영역에서는 탁월한 능력을 보일 수 있음)
- 독립적인 생활을 위한 능력/동기가 부족한, 성숙한 역할을 맡을 준비가 되어 있지 않은

기분

- 숨겨진 우울과 분노, 투덜대는/떼를 쓰는/불평하는
- 정서를 엄격하게 통제하려고 노력하는
- 분리는 우울/유기 공포로 이어진다.

인지

- 문제에 대해 마법 같은 해결책이 있다고 믿는, 사랑을 통해 구원될 수 있다는 믿음이 있는
- 상상력이 부족한/인지적으로 경직된
- 죄책감을 잘 느끼는, 비난을 받아들이는
- 만족을 위해 위험 감수를 꺼리는
- 버려지는 것에 대한/혼자서 대처할 수 없다는 두려움에 사로잡혀 있는
- 결정하기를 꺼리는
- 자신의 욕구를 인지하지 못하는

자아상

- 취약한/무력한, 자기훼손적인, 경시하는, 순교자 같은, 자기희생적인, 낮은 자신감, 열등감 콤플렉스, 자신을 어리석다고/유능하지 않다고/무가치하다고 여기는, 자신을 낮추는 겸손한 자세, 자기를 내세우지 않는, 자기경시하는, 부적절한, 서투른, 취약한
- 숨겨진 강점, 자신의 능력을 부인/과소평가하는, 큰 격려가 필요한

13.10 해리성 정체성 장애

섹션 12.10 '이인성 및 비현실감', 섹션 13.6 '경계성 성격' 참조

해리성 정체성 장애(Dissociative Identity Disorder: DID)에 대한 관련 ICD-10-CM 및 DSM-5 코드는 F44이다. 이전 명칭은 다중인격장애(Multiple Personality Disorder: MPD)였다.

☑ 주: 대부분의 연구에서 경계성 성격의 증상과 광범위하게 중복되는 것을 발견했다. 임상가를 위한 고전적인 지침서로는 Ross(1997)와 Putnam(1989)이 있다. Ducharme(2015)는 복합 외상에 초점을 둔 접근성이 높은 최신 요약본을 제공한다.

분리된 자아의 특성

- **하나의 중심적 자아/주된/고유한(host) 성격: 우울한, 불안한, 강박적으로 좋은(compulsively good), 도덕적인, 치료를 추구하는**
- **다른 성격들/자아들(alters): 반자율적인, 수많은**[3~100, 평균=15], **어떤 것은 좋고 어떤 것은 나쁜, 일부는 고유한 성격이 기억/고통을 다룰 수 없다고 생각하는, 일부는 고유한 성격이 벌을 받아야 한다고/죽어야 한다고 확신하는, 성격 간 그리고 고유한 성격에 대해 상호 또는 일방향적 기억 상실이 있을 수 있는, 다른 자아가 독특한 이름/성격 기질을 소유하고 있을 가능성이 있는**
- **다른 자아들의 일반적인 '역할': 아이, 보호자, 박해자, 반대 성별의 사람, 완벽한 사람**
- **전환: 갑작스러운/예기치 않은, 스트레스나 사회적/환경적 단서의 규칙적인 양상에 의해 촉발되는, 종종 두통/쇠약/기억 상실/의식 잃음(blackouts)을 동반하는**

출현 증상

Coons와 Milstein(1986)은 다음과 같은 DID/MPD 증상들을 언급했고, 이 증상들은 빈도 순(내림차순)으로 나열되어 있다.

기억상실증, 우울증, 아동기 성학대 이력, 둔주, 자살 시도, 환청, 약물 남용 이력, 아동기 신체학대 이력, 성기능장애, 두통, 아동기 성격, 알코올 남용 이력, 여느 종류의 전환장애 이력, 강간 이력

다음의 내용 역시 일반적이다.

- 분노/좌절감/반항을 나타내는 문제, 신뢰/안전/배신/의심에 대한 문제, 사람들이 자신을 믿어 주지 않을 것이라고 가정하는
- 장소/시간/사람에 대한 혼란. 둘 이상의 이름에 응답하는, 성격의 현저하고 급속한 변화, 최근의 사건들을 잊어버리는, 시간의 흐름을 모른 채 지나가는, 문제에 직면했을 때 강하고 단호하게 책임을 부인하는, 환청이 들리는
- 기술력(예: 손글씨), 음식 선호도, 예술적 능력, 규율에 대한 반응이 극단적이거나 이상한 변형으로 나타나는
- 자해 행동, 신체적 호소 또는 몽유병, 갑작스러운 실명, 감각 상실과 같은 '전환' 증상
- 피해자가 대처 방식의 한 형태로 DID/MPD를 사용하는
- 학대받은 책임이 자신에게 있다고 생각하는, 자신의 나쁜 점/분노/결점으로 인해 학대받아 마땅하다고 생각하는, 학대가 불가능해진 상황에서도 계속될 것이라고 생각하는

13.11 연극성 성격

관련 ICD-10-CM 및 DSM-5 코드는 F60.4 연극성 성격장애이다.

☑ 현재는 '히스테리'라는 용어를 사용하지 않으며, 연극성 성격을 가진 사람들이 모두 여성은 아니다(**섹션 13.9 '의존성 성격'의 성차별에 관한 주의사항 참조**).

◆주요 특징

자기극화 및 과장된 정서를 통해 관심을 추구하는

◆정동

과장된, 불안정한/생생한/피상적인 정동, 정서에 쉽게 휩싸이는, 쉽게 열광하는/실망하는/분노하는, 흥분하기 쉬운, 극적으로/화려하게/강하게 표현된 반응, 과도하게 극적인 행동, 극적인 효과를 내는/역할을 연기하는 것 같은, 과장되고 납득하기 어려운 정서성, 눈물겨운 감상주의

◆행동

- 사소한 성가신 일에 과민 반응하는, 부적절한
- 가장하는/~인 체하는, 겉치레

- 반복적인/충동적인/극적인/조종적인 자살 시늉/시도 또는 유사한 위협
- 창조적인/상상력이 풍부한/예술적인, 멋진, 감성적인
- 정형화된/희화화된 여성성/남성성

◆ 인지

Shapiro(1965)를 참조하도록 하라.

- 망각, 억압, 앞뒤 생각하지 않는, 의도적인 산만함(self-distraction)/주의 산만한
- 실체가 없는/인상주의적으로 지각한/회상한 허구 세계에 살고 있는, 전반적인/확산적인, 기민함이 결여된, 분석적이지 않은
- 감수성이 예민한, 생생하거나/두드러지거나 확연하게 드러나기 쉬운
- 문제 상황에 대한 마법 같은 해결책을 바라는, 직감, '직관', 아이 같은, 변화에 잘 적응하지 못하는
- 피상적이고 틀에 박힌 통찰력. 금지 표현: "심리학 용어를 지껄여 대는 듯한 말투"

◆ 대인관계적 측면

- 자기과시욕이 강한, 대화를 주도하는, 이야기 주제를 경시하는, 장황하고 극적인 이야기, 거창하게 자신을 내세우는, 자랑하는, 관심의 중심, 변덕스러운, 기쁘게 하고 싶어 하는, 관심/칭찬/인정/만족에 대한 과도한 욕구. 금지 표현: "분위기 메이커"
- 연애에 대한 견해: 구제와 승리에 대한 환상; 그리움, 감상주의, 파트너의 이상화; 악당과 영웅의 세계; 양호하지 않은 사회적 관계 선택과 결정을 하는, 파트너/친구/배우자에 대한 잘못된 판단; 실제적이거나 지속적인 즐거움이 거의 없는 살벌한 관계, 멜로드라마 같은 상황에 빠짐
- 허영심이 강한, 처음에는 다른 사람들에게 따뜻하고 애정 어린 모습으로 보이는, 악의가 없는, 생생한, 나중에 이기적인 사람으로 비춰지는, 자기애성의, 얕고/피상적이고 진실하지 못한, 배려하지 않는, 자기연민의, 자신의 행동이나 그 행동이 가져오는 결과/타인에게 미치는 영향/파괴성에 대한 의미를 거의 이해하지 못해 놀라는
- 억압적으로 요구하는, 주는 것 없이 받기만 하는, 자기중심적인, 허영심이 강한, 성미 급한, 쉽게 지루해하는, 과도한 외부 자극을 필요로 하는, 관심 추구, 도움 추구, 안심시키고자 조종하는, 조종하는, '마음을 바꿀 수 있는 여성의 권리'/'남성의 특권'을 주장하는
- 무기력한, 의존적인, 영향받기 쉬운, 무분별한, 조심스러운, 주장하는 것을 무례하거나 불쾌한 것으로 보는, 취약한

- 충동적인, 난폭한 행동 주기가 있는, 무책임한, 화학적 물질 남용, 성적 문란함/일회성 성관계, 낮은/부족한 충동 조절 능력/판단력/통찰력, 경솔한 결정. 금지 표현: "여러 술집을 돌아다니며 술 마시기" "잇따라 애인 만들기"
- 자기중심적인, 모든 관계에서 상처받았다고/버림받았다고/배신당했다고 느끼는, 짧고 피상적인 뉘우침, 자신을 예민하고 취약한 존재로 보는, 실체 없는 자기감(sense of self), 정치적 또는 기타 신념의 부재
- 내숭 떠는, 유혹적인, 추파를 던지는, 성적으로 도발적인, 얼굴이 붉어지는, 쉽게 당황하는, 낄낄 웃는, 순진한, 정확한 성 관련 지식이 부족한, 성관계보다는 도움을 받기 위해 유혹적인, 성관계에 집착하는 것 같은, 미성숙한, 자기극화/섹시한/화려한/인상적인 옷/헤어스타일/화장, 10대/매춘부처럼 보이는/옷을 입은. 금지 표현: "창녀"/"헤픈 여자"/"귀엽고 말 잘 듣는 남자"/"마초맨"

◆ 자아상

매력적인, 사교적인, 활기를 주는, 놀기 좋아하는, 다른 사람/감정에 민감한, 중요도가 낮은 영역에서의 선택적 무능력(예: 숫자, 세부사항)

◆ 신체적 호소

모호한, 변화무쌍한, 고정되지 않은, 노화/외모 변화/성적 능력이나 수행 능력 상실에 대한 호소, 피를 보면 실신하는(또는 실신한 척하는), 기절하는, 질병을 가장하는, 항상 체중이 균형 잡혀 있지 않은, 만족스러운 무관심(la belle indifférence)[드물게-약 30%]. 금지 표현: "여성 관련 문제" "별난 생각"

◆ 다중인격장애

섹션 13.10 '해리성 정체성 장애' 참조

13.12 자기애성 성격

관련 ICD-10-CM 및 DSM-5 코드는 F60.81 자기애성 성격장애이다.

◆ 주요 특징

자기중심

연관된 특징

노출증, 동경심을 갈망하는

자아상

- 웅대한, 자만하는, 자존심/유일함/특권 의식/특별함에 대한 환상, 자존감을 쉽게 잃는, 강한 자기회의감/자의식이 있는 순간들. 금지 표현: "사기/가짜"
- 지속적인 정복/성공/권력/동경심/아름다움/사랑에 대한 환상, 자신의 재능과 업적을 자랑하는, 자신의 큰 성공을 예측하는, 높은 연봉/명예 등을 받을(얻을) 자격이 있다고/받을(얻을) 만하다고 생각하는, 자신의 모든 업적을 과대평가하는

대인관계적 측면

- 특권 의식이 있는, 자신이 있는, 자신하는, 뛰어난 성공을 한/재능 있는 사람이나 적어도 다른 사람들보다 더 나은 사람으로 대우받기를 기대하는, 특별하고 탁월하다고 느끼는, 지적 우월성 또는 다른 우월성의 가면 뒤에 숨는, 작은 성과에 의해 쉽게 강화되고 사소한 경시나 실수로 인해 쉽게 손상되는 과장된 자존감
- 칭찬에 목마른, 애정/동정/아첨/호의를 요구하는, 순간의 좋은 기분을 느끼기 위해 끝없이 인정받기 원하는, 관심을 끄는 행동
- 취약한 자존감, 인정받지 못한 경우 자존감 상실, 인생의 상처로 인해 무너진/곪아 버린, 비판에 격노/절망감/겉보기에 냉정한 태연함으로 반응하는, 다른 사람의 관심에 대해 강박적으로 확인하는, 위협적이지 않은 사회적 상황과 상호작용에 대해 오랫동안 반추하는, 불안하고 음울한 기분이 만연한
- 관계를 교환이 아닌 타인으로부터 받을 생각으로만 바라보는, 경쟁적인, 착취적인, 객관성이 결여된, 거만한, 사회적으로 둔감한, 자신의 욕구를 즉각적이고 완전히 충족시키지 못하는 것에 분개하는, 얕은 관계, 개인적인 약속을 쉽게 철회할 수 있는, 깊고 지속적인 관계가 없는, 사회 규칙을 어기는, 친구에 대한 이상화와 오만한 경멸을 번갈아 나타내는, 자신의 의견에 동의하지 않는 사람들을 창피 주는/비하하는/자존심 상하게 하는, 실패를 남의 탓으로 돌리는, 불안정한 관계의 오랜 이력, 다른 사람들을 소중히 여기지 않는, 사람들의 마음을 멀어지게 하는, 자기중심적인 대화로 다른 사람들이 흥미를 잃는, 자기중심주의에 의해 사회적 관습에 대한 이해가 왜곡된
- 공감 능력의 현저한 결핍, 타인의 권리에 무관심한, 소홀한, 경솔한, 눈치 없는, 이기적인, 감사할 줄 모르는, 인정할 줄 모르는
- 당국/지시/심사관/감독자에(와) 적대적인/논쟁하는, 자신만의 방식을 고집하는, 업무에 거

의 주의를 기울이지 않는, 자아/특권/직위를 보호하기 위해 거짓말하는, 합리화하는, 자기기만, 사실을 왜곡하는

- 웅대한, 자만심이 강한, 협박하는, 호전적인, 분개한, 자만하는, 빈정대는, 무심한, 야비한, 오만한, 고약한, 제멋대로 하는

◆ 정동

자아가 위협/손상받지 않는 한 태연한/동요되지 않는/무관심한/낙관적인, 불분명한 만성우울증, 따뜻한 표현의 부재

◆ 인지

질투하는, 유아독존주의(solipsism), 자신의 성과 가치에 대해 집착하는

13.13 정상/건강한 성격

섹션 25.8 '강점 체크리스트' 참조

관련 ICD-10-CM 코드는 Z71.1 진단을 받지 않음이다.

병리가 부재할 경우에 대안으로, 건강하거나 고도로 기능적인 성격, 즉 긍정적인 정신건강의 기준을 설명하기 위한 몇 가지 옵션이 있다.

Frisch(2009)의 삶의 질 척도(Quality of Life Inventory)를 통해 17가지 삶의 기능을 평가할 수 있다.

건강	현실적 자기존중	삶의 철학을 가지고 있는
일	여가	학습
창의성	타인에 대한 사회봉사	시민 행동
연애관계	우정	자녀와의 관계
공동체	친척과의 관계	가정을 갖는 것
안정적이고 적절한 생활 수준		이웃의 안전/미관/자연/주민들

성격 5요인 모델은 정상적인 기능의 5가지 차원을 제시한다(섹션 13.1 '성격 진단 모델' 참조). 건강과 번영, 행복과 그 밖의 긍정 정서, 회복력, 마음챙김 그리고 내재적 동기에 초점을 두는 긍정심리학은 건강한 성격에 대해 많은 측면을 시사한다. 예를 들어, Compton과 Hoffman(2013)을 참조하도록 하라. Karen Horney(1937/1994)는 각 사회적 · 문화적 환경이 일부 특성만 가져다주므로, '건강'

의 정의는 환경에 따라 달라진다고 적절하게 지적했다. 건강한 성격을 바라보는 관점에 대한 고찰은 온라인(www.texcpe.com/html/pdf/can/CARNHP.pdf)에서 확인할 수 있다.

Jahoda(1958)는 다음과 같이 언급한다.

- 자기개념의 인식, 수용, 정확성
- 환경에 대한 적응과 삶의 요구를 적절히 맞춰 가는
- 성격의 통합과 조화, 전심전력으로 자신의 목표를 추구하는
- 자율성과 자립
- 현실 인식과 사회적 민감성
- 자아실현을 향한 지속적인 성장

Shoben(1956)은 이러한 특성을 다음과 같이 설명한다.

- 과거 경험을 적절히 활용하는 능력
- 자기조절 능력
- 이상을 마음에 그리는 능력
- 사회적 신뢰성(예측 가능성)
- 관계의 필요성을 인정하면서도 독립적으로 행동할 수 있는 능력(상호의존성)

13.14 강박관념성(obsessive) 성격

섹션 13.8 '강박행동성(compulsive) 성격', 특히 '주' 참조. 섹션 12.7 '강박 행동', 섹션 12.22 '강박 사고' 참조

관련 ICD-10-CM 및 DSM-5 코드는 F60.5 '강박성 성격장애(obsessive-compulsive personality disorder)' 및 '강박관념성 성격장애(obsessional personality disorder)'이다.

◆ 주요 특징

과도하게 관념적인, 걱정하는, 과도하게 양심적인

◆ 인지

Shapiro(1965)를 참조하도록 하라.

- 반추하는, 의심하는, 찬반 양론 균형을 맞추는, 과도하게 신중한, '생각이 너무 많은', 자신의 판단을 신뢰하지 못하는, 방황하는, 갈피를 못 잡는, 끝없이 고민하는, 우유부단한, 결정 내리는 상황을 피하는, 결정을 번복하는, 갈팡질팡하는, 흔들리는
- 과도하게 양심적인, 절대 무책임해서는/부주의해서는/무례해서는/나빠서는/완벽하지 않아서는/결함이 있어서는 안 되는,[1] 과도한 책임감, 실수하는 것을 두려워하는
- 지성과 논리에 과도하게 의존하는, 자신의 의지력에 대해 과신하는, 강한 정서가를 견디지 못하는. 금지 표현: "자기 걱정에 빠져 사는"
- 사소한 세부사항에 집착하는, 기술적인 세부사항에 과도하게 신경을 쓰는, 세부사항에 기울이게 되는, 세부사항에 집착하는 사람, 불필요하게 경고하는/상기시키는. 금지 표현: "나무만 봐서 숲을 보지 못하는" "아무 소용없는 짓을 하는" "광적인 사람"
- 목록 작성/정리/일정 작성/수정/규칙 준수 등과 같은 효율성 메커니즘에 대해 집착하는, 통제력 상실을 두려워하는
- 완벽주의, 요구사항이 많은, 엄격한, 융통성 없는, 절대 만족하지 못하는, 옳은 방법으로 일하는 것에 대해 걱정하는, 판단적인, 도덕적인, '당위의 폭정(tyranny of the shoulds)'(Horney), '당위에 대한 자위(musterbates)'(Ellis)에 의해 통제되는
- 종교적인 근심, 면밀한, 영적 지도자로부터 거듭된 안심을 구하는, 무효화, 죄책감, 죄책감 가능성 때문에 종교적 의식을 반복하는
- 자신의 관심사/수치상 지표/세부사항에 대해 엄격하고 협소하게 주의를 집중하는, 새로운 자극은 방해 자극으로 여기며 거부하는, 새로운 아이디어나 자료는 무시하는/거부하는

◆ 행동

- 지연시키는, 시간을 낭비하는, 지체하는, 회피하는, 부인하는, 비효율적인, 중요한 일을 마지막에 가서야 끝내는, 중요하게 앞둔 일에서 실수하는
- 소지품을 철저히 관리하는, 꼼꼼한, 가치 없는 물건을 보관하는
- 비교적 구조적이고 일정에 맞춰 빡빡하게 활동하는, 수고를 들이는, 부담을 느낄 만한, 의욕이 넘치는, 마감 시한에 시달리는, 압박을 받는, 급속 사고(racing thoughts)
- 가벼운 의식 절차, 의례적인 관심사, 반복적으로 주문/신앙 고백문을 외우는, 마술적 사고(예: 자신의 특별함, 순결, 미덕)

1 이것은 Marcia L. Whisman, MSW, ACSW(미주리주 세인트루이스)가 제안한 것이다.

◆정동

- 고립된 정서, 자발성의 상실, 경직되고 형식적인 대인관계, 어떤 일에서도 진정한/강렬한 즐거움을 느낄 수 없는, 양가적인, 혼재된 감정, 만성적인 경도 우울증
- 당황할까 봐/굴욕을 당할까 봐 두려워하는, 부적절한/부족한/실수하는 사람으로 비춰지는 것에 대해 두려워하는
- 알 수 없는/통제할 수 없는/예측할 수 없는 것에 대한 공포
- 자신의 행동을 통해 감정을 감지하는/발견하는(예: "내가 우는 것을 보니 슬픈 게 틀림없어.")

◆대인관계적 측면

- 적절한, 신중한, 충실한, 딱딱한, 독단적인, 자기주장을 고집하는, 융통성이 없는
- 휴가나 계획되지 않은 일정에 불편해하는, 긴장을 풀기 어려운
- 다른 사람에게 요구적이고 통제적이기는 하지만 다른 사람의 통제에는 저항하는

13.15 편집성 성격

섹션 12.24 '편집증' 참조

관련 ICD-10-CM 및 DSM-5 코드는 F60.0 편집성 성격장애이다. ICD-10의 추가적인 진단 양상에 유의하도록 하라.

◆주요 특징

불신과 경계

◆대인관계적 측면

- 불신하는, 믿지 못하는, 타인을 불신하는, 의심, 부당한 불신, 학대와 배신이 있을 것이라 생각하는, 타인의 동기를 불신하는, 조종을 의심하는, 기존의 '협력자'를 불신하는, 타인의 충성심에 의문을 가지는, 타인이 자신을 상대로 불이익을 주려 한다고/음모를 꾸민다고/조종한다고/감시한다고/비웃는다고/나쁘게 말한다고 생각하는
- 타인의 동기, 충성심, 자신에 대한 관심에 회의적/냉소적 견해를 가지고 있는
- 경계하고 있는, 지각된 속임수/배신/비난/경시/혹평에 민감한, 모욕적인/이의를 제기하는 말을 지나치게 귀담아 듣는, 비판에 과민반응하는, 속임수/조종/배신의 징후를 찾는
- 조심스러운, 방어적인, 고립/불신 강화로 이어지는 강화된 예상, 과도하게 조심하는

- 적대적인, 호전적인, 적의를 가진, 대립적인, 논쟁적인, 완고한, 성급하게 화를 내는, 쉽게 기분이 상하는, 이기고 싶은/굴욕을 주고 싶은/비난하고 싶은, 비하 발언을 하는
- 복수에 대한 환상, 평등에 집착하는/갈망하는, 원한을 품는, 음모를 꾸미는
- 독립을 유지하려는 욕구, 친밀한 관계가 없는, 털어놓기를 거부하는, 냉담한, 거리를 두는, 고립된, 철회된, 물러난, 터놓지 않는, 통제되는 것에 대한 두려움, 자율성에 대한 지속적이고 극단적인 방어, 수동적 항복에 대한 두려움, 누군가의/집단의 완전한 통제하에 있지 않는 한 고독한 사람, 남의 지위를 질투하는
- 간접적으로 관계를 만드는/암시/관계 사고를 하는, 아는 체하는/알았다는 눈짓을 하는/돌려 말하는
- 까다로운, 경직된, 적대적인, 비판을 다른 사람에게로 돌리는, 자신의 잘못을 인정하지 않는, 책임이나 비난을 부인하는, 모든 부정적인 결과와 좌절에 대해 다른 사람을 비난하는, 드러내서 비난하는, 결코 용서하거나 잊지 않는. 금지 표현: "별것 아닌 일에 발끈하는"
- 트집잡기 좋아하는, 혹평하는, 결함을 찾는
- 거만한, 교만한, 고압적인, 자랑하기 좋아하는, 선정적인 계획, 웅대한, 자신의 가치/인맥/권력/지식에 대한 과장된 평가, 우월한 태도를 취하는, 다른 사람의 약점에 혐오감을 느끼는, 모든 대화에서 권력을 주제로 이야기하는

◆ 인지

Shapiro(1965)를 참조하도록 하라.

- 자신에 대해 용납할 수 없는 것을 다른 사람에게 투사하는, 행동과 사실의 중요성을 왜곡하는, 균형감을 상실한
- 의심/관계 사고/주관적인 의미 확인을 위한 경직되고 반복적인 탐색, 확인하는 데/단서를 찾는 데 주의가 협소하게 집중되는, 새로운 자극의 진짜 의미를 해석하려 하는, 반증/시정 증거에 대해 영향을 받지 않는, 일치하는 증거/단서에만 주의를 두는, 겉으로 드러나지 않는 사실에 대해 자신만의 신념을 가지고 있는, 다른 사람들의 악의적인 의도와 거짓말을 확인하려고 사소한 사회적 사건들을 확대시키는, 과장된 왜곡으로 망상을 초래하는, 어설프거나 근거 없는 이유로 인해 강한 의심이 일어나는
- 경계하고 있는, 과민한, 과도하게 경계하는, 어떤 변화에도/예기치 않은 일에/일상적인 것에서 벗어난 어떤 것에도 과민한, 갑작스러운 상황에 대한 두려움

◈정동

- 얕은 정서 반응, 차갑고 유머가 없는, 부드럽거나 감상적인 감정의 부재, 감정을 드러내지 않는, 제한된, 알 수 없는 인위적인 미소/의기양양한, 유머가 없는
- 초조한, 좀처럼 긴장을 늦추지 않는, 경계를 늦추지 않는, 긴장한, 불안한, 걱정하는, 위협적인, 운동성 긴장, 성미 급한, 화를 잘 내는, 다른 사람들의 발전을 질투하는/시기하는

◈자아상

- 떨떠름한, 부당한 대우를 받았다고/이용당했다고/속았다고/괴롭힘을 당했다고/무시당했다고/학대받았다고/위협받았다고 느끼는, 부당한 일을 당한 것을 수집하는, 누명을 쓰고 있는/모함당하는 용의자라고 느끼는
- 웅대한/자만심이 강한
- 자신을 객관적이고, 이지적이고, 이성적이고, 신중하며, 힘든 세상에서 살아남기 위해 필요한 일을 할 뿐이라고 여기는

◈망상 체계

섹션 12.8 '망상' 참조

- 지식을 얻는 비정상적이고 비합리적인 방법에 대한 믿음[예: 미래를 읽는 것, 마술적 사고, 초감각적 지각(Extrasensory Perception: ESP)].
- 힘/지위/지식/인맥에 대한 망상
- 자신에 찬성하거나 반대하는 사람들, 음모 등의 '가상 공동체(pseudocommunity)' (Cameron & Rychlak, 1968)를 만드는

◈기타

- 명령하거나 조롱하거나 위협하는 환청/목소리
- 논쟁을 좋아하는 성향. F60.0 불평성 성격장애를 고려하도록 하라.

◈수동성 성격

섹션 13.9 '의존성 성격' 참조

13.16 수동-공격성 성격

관련 ICD-10-CM 및 DSM-5 코드는 F60.89 기타 특정 성격장애(ICD에서 그중 하나는 수동-공격형 성격장애임)이다.

주요 특징

의도한 무능력함 및 자각하지 못한 적대감

대인관계적 측면

- 표면적으로는 순응적인
- 행동이나 분노에 대한 책임을 지지 않고 타인을 간접적으로 통제하는, 저항을 나타내는 공개적인 언급을 부인/거부하는/자신의 선한 의도를 유지하는
- "아니요."라고 직접적으로 말할 수 없는, 수행에 대한 타인의 요구에 간접적으로 저항을 표현하는, 당국자/배우자/파트너/친척을 좌절시키는/실망시키는
- 공격성을 감추기 위한 의도적이지만 무의식적인 수동성, 갈등에서의 자신의 역할에 대한 부정/혼란, 엇갈린 신호를 주는("저리 가. 그리고 가까이 와 줘."), 적대적 반항과 뉘우침이 번갈아 나타나는
- 과도하게 비판적인, 가시가 있는 칭찬, 미묘한 공격, 비난하는, 모욕하는, 타인에 대해 불평하는, 상사/모든 상급자/권력을 가진 사람들/통제권을 가진 사람들을 비난하는, 친밀감/상호약속을 피하고자 트집을 잡는/결점을 찾아내는, 불필요하고 장기적인 논쟁
- 독재적인/포악한, 요구적인, 조종하는, 괴롭히는, 반추하는, 문제가 많은/갈등적 관계

정동

대부분의 정서(특히 분노, 상처, 분개)에 대한 부인, 적대적인 동기, 깊고 지속적으로 양가적인, 뚱한, 시기하는, 분개하는

직업적/학술적 측면

- 적대감이 은근히 드러나는 의도적인 무능력함, 숨겨진 적대감, 통제에 분개하는/요구사항이 많은
- 지각, 꾸물거림, 대충 하는, 완고함, 고의적인 방해행위, 우연한 실수처럼 보이는 행동, 지연 행동, 건망증, 미완성, 중요한 정보/응답/답장을 보류하는, 작업 속도가 느긋한, 기한을

맞추지 못하는 행동을 보이며 순종하는
- 게으르거나 일에 불만이 있는 것은 아니지만, 한결같지 않은 고용 기록/능력에도 불구하고 승진하지 못하는

사이코패스 성격

섹션 13.3 '반사회성 성격' 참조

13.17 가학성 성격

섹션 12.19 '충동조절장애', 섹션 13.3 '반사회성 성격', 섹션 13.4 '권위성 성격' 참조

가학성 성격은 ICD-10-CM이나 DSM-5에 없다.

주요 특징

잔인함

행동

- 자기위신을 떨어트리는, 공격적인/지배적인 행동 양상, 다른 사람들을 난처하게 하는/굴욕감을 주는/품위를 손상시키는
- 잔인한, 남을 고통스럽게 하는 것을 즐기는, 다른 사람에게 고통을 주기 위해 거짓말을 하는, 자신의 욕구를 충족시키기 위해 다른 사람들을 위협하는/겁주는/공포에 떨게 하는, 다른 사람들의 자율성을 제한하는, 훈련 및 학대하는 목적으로 가혹하게 권력을 이용하는, 위협/힘/물리적 학대를 통해 다른 사람을 지배하는, 맞설 경우 지배성을 다지기 위해 폭력성을 재빨리 키우는, 폭력/상해/고문/흉기/무술에 매료된

☑ 주: Weinberg 등(1984)에 따르면, 합의된 가학피학성 행동은 다음과 같은 특성을 가지고 있다.

1. 어느 파트너가 지배/복종(상위/하위)인지에 대한 동의
2. 그들이 (무대/빈 공간에서, 의상/결박 용품/성 관련 기구를 가지고) 놀이를 하고 있다는 공유된 인식
3. 고지에 입각한 자발적 · 명시적 동의(중단하고자 할 때 '안전한 말'을 사용하기로 합의함. 따르는 파트너의 한계를 논의하고 존중함)
4. 성적 맥락
5. 이러한 행동이 가학피학성이라는 공유된 인식, 신체 결박, 지배/복종, 가학성애, 피학성애를 포함한 성적 취향(BDSM), 비정상적인/변태적인, 기타 등등

13.18 조현성 성격

관련 ICD-10-CM 및 DSM-5 코드는 F60.1 조현성 성격장애이다.

◆주요 특징

사회적 거리감, 정서적 수축

◆사회적 측면

- 남과 사귀지 않는, 초연한, 사회적 고립, 친한 친구가 없는, 혼자 생활하는 사람, 철회된, 존재감이 없는, 눈에 띄지 않는, 동떨어진, 타인의 칭찬/감정/비판에 무관심한, 혼자인 것에 만족하는
- 혼자만의 관심사, 백일몽, 자기몰두, '흥미 없어 하는' 것처럼 보이는, 접근하기 어려운
- 사회적 기술이 부족한, 사회적 이해력이 부족한, (사회생활이) 서툰, 부적절한 말을 하고 즉시 사과할 수 있는, 반응이 없는, 애착을 형성할 수 없는, 조연 역할을 하는, 거의 데이트하지 않거나 하더라도 수동적으로 하는, 관계의 형식적 · 외적 측면에만 관심을 두는
- 업무에 사회적 접촉이 필요하지 않은 경우를 제외하고 정상 또는 평균 미만의 업무 성과 및 성취도
- 부당한 대우를 받는, 학대받는, 이용당하는

◆인지

- 우회적 사고, 추상적/이론적 관념에 몰두하는, 모호하고 이해하기 어려운 사고 과정, 비관습적인 인지적 접근, 수수께끼 같은
- 지적으로 이야기하는, 기계적(mechanical)/빈곤한/부족한/무익한 인지
- 모호하고 우유부단한, 멍한
- 과도한 강박적 공상, 공상은 만족감과 동기의 원천이다, 적대적 취향이 더해진 공상

◆행동

무기력한, 낮은 활력, 자발성의 결여, 느린

◆정동

정서적 냉담, 정서적으로 교류하는 능력이 제한적인, 단조로운, 감정이 없는, 둔마된 정동,

정서적 거리감, 타인에 대한 따뜻한 정서의 부재, 타인에 대한 깊은 감정이 없는, 무정한, 약한/얕은 정서만 경험하는, 낮은 성적 욕구, 냉정한/황량한 정동

13.19 조현형 성격

관련 ICD-10-CM 및 DSM-5 코드는 F21 조현형 성격장애이다.

◆ 주요 특징

조현성 성격이 가진 대인관계 어려움에 더하여, 괴상한 혹은 기이한 사고/행동 및/또는 지각

◆ 행동

- 특이한, 이상한, 별난, 기이한
- 모호한/명확하지 않은/이상한/특이한 표현의 이상한 말
- 특이한 옷차림과 개인의 스타일

◆ 인지

- 마술적 사고, 미신적 사고, 천리안, 텔레파시, 예지력, 반복되는 착각, '나쁜 생각'/'나쁜 행동'이라고 자각하여 보이는 취소 행동, 때로는 편집성 사고와 행동 양상
- 자폐성의, 반추적인, 은유적인; 객관적인 상황으로부터 개인적인 것을 분별하지 못하는, 일반적인 현실과 공상을 잘 구분하지 못하는; 해리/이인증/비현실감; 삶을 공허하고 의미가 없는 것으로 보는

◆ 정동

만성적인 불편감, 부정 정서, 지나치게 수줍어하는

◆ 대인관계적 측면

의심이 많은, 긴장한, 경계하는, 냉담한, 철회된, 잠정적인 관계, 사회적 관계 형성에 서툰, 괴상한, 주변에 머물러 있는, 은밀한, 둔한, 관여하지 않는, 무관심한, 반응이 없거나 간접적으로 교류하는

13.20 자기파멸성 성격

섹션 13.9 '의존성 성격' 참조

ICD-10-CM 및 DSM-5에서는 기타 특정 성격장애에 대해 F60.89 코드를 부여하며, ICD에서 그 중 하나는 자기파멸성 성격장애이다.

☑ 주: 이 진단을 적용할 시 성별 편향을 주의하도록 하라(**섹션 13.9의 성차별에 관한 주의사항 참조**).

주요 특징

자신이 혹사당하거나, 실패 또는 실망하게 될 상황을 선택한다.

대인관계적 측면

- 과도하고 자발적인 자기희생, 희생이 타인으로 하여금 죄책감을 느끼고 회피하게 하는, 타인에 의해 거절을 유발하고 나서 상처받거나 굴욕감을 느끼는, 성공에 우울증/죄책감/자해 행동으로 반응하는
- 즐거운 경험이나 성공 경험을 회피하는, 능력이 있음에도 불구하고 성공적인 성과를 내는 일을 수행하지 않는
- 자신에게 도움을 베풀어 주고 필요해 보이는/도움이 되는 개인(예: 치료자)과의 관계를 거부하거나 추구하지 않는, 스스로 깎아내리는, 불가능한 사람과 연애하고자 하는, 상처/굴욕을 주는 관계를 찾아다니는, 자신을 잘 대하는 사람을 지루하거나 매력 없는 사람으로 여기는, 학대하는 사람과의 관계를 선택하는, 착취적이거나 무신경한 파트너와의 관계에서 성적으로 자극될 수 있는, 분노/학대/거절을 부추기는. 금지 표현: "피학대 음란증의"

소시오패스 성격

섹션 13.3 '반사회성 성격' 참조

C. 환경 속의 내담자

제14장 일상생활 수행 능력 373

제15장 사회/지역사회 기능 383

제16장 커플 및 가족관계 387

제17장 직업/학업 능력 395

제18장 여가 기능 407

제19장 기타 전문 평가 411

이 하위 항목의 관심사는 내담자가 살고 있는 더 넓은 세상과 그 속에서 내담자가 충분히 기능하는지 혹은 기능하지 못하는지 여부이다. 따라서 이 하위 항목에서는 내담자의 기본적인 일상생활 수행 능력(Activities of Daily Living: ADLs)의 수행, 사회 및 지역사회 참여, 친밀한 관계의 범위와 질, 직업 및 학업 능력 역량, 보다 특화된 기타 평가 영역을 기술하는 방법을 소개한다.

제14장 일상생활 수행 능력

☑ 주: 일상생활 수행 능력(Activities of Daily Living: ADLs)에 결함이 있거나 전반적으로 변화가 있는 경우 해당 상황에 대한 이유를 제시하도록 하라. 그리고 해당되는 경우 독립적인 생활을 제한하는 행동이나 결함을 기술하도록 하라.

14.1 평가

핵심 ADLs는 목욕하기, 옷 갈아입기, 식사하기, 침대에서 의자로 이동하기, 화장실 이용하기, 걷기이다. 우리는 모두 일정 부분 타인의 도움에 의존하기 때문에 맥락을 고려하여 평가해야 한다.

거의 모든 집단이나 필요에 맞게 개발된 성인의 생활 능력, 독립적 생활 능력, 적응 기능, 기초 직업 능력 등을 평가하는 수십 개의 체크리스트와 객관적 평가 도구가 있다. 예를 들어, 기본 생활 능력 체크리스트(Basic Life Skills Checklist; www.venturecomm.net/~oahespecial/doc/Adaptive_Checklist.pdf)를 참조하도록 하라. 도구 선정과 해석을 위한 기본 정보는 국립생명공학정보센터(National Center for Biotechnology Information) 웹사이트(www.ncbi.nlm.nih.gov/books/NBK207541)에 제공된 목차(제4장)에서 확인할 수 있다.

흔히 사용되는 ADL 평가 도구는 다음과 같다. 각 항목은 검사의 최신판 또는 버전의 제목, 저작권 날짜, 현재 출판사 또는 배급사, 해당 도구가 적용 가능한 연령대에 대한 정보를 제공한다. 다음 항목은 각 검사의 최신판 또는 적용 가능한 연령대에 대한 정보이다.

- 적응 행동 평가 시스템-3(Adaptive Behavior Assessment System-3, 2015), Pearson Assessments, 0~89세
- 적응 행동검사-개정판(Scales of Independent Behavior-Revised, 1996), Riverside, 유아~80세 이상

• 바인랜드 적응 행동 척도 3판(Vineland Adaptive Behavior Scales-3, 2016), Pearson Assessments, 0~90세

☑ 작업치료사가 사용할 수 있는 특정 ADLs의 평가 및 개입을 위한 다수의 도구가 있다.

14.2 도움이 필요한 수준/독립이 가능한 정도

ICD-10-CM Z73.6 및 Z74의 하위 코드를 고려하도록 하라.

- (↔ 정도순) 할 수 없는/불가능한, 일대일/직접적 지원 필요, 정신과 문제가 아닌 신체적/의학적 문제로 제약이 있는, 간단한 과제만 수행 가능한, 배우자/파트너/가족의 집안일을 돕는, 일에 참여하는, 상기/유도/관찰/감독이 필요한, 도움을 받아 수행하는, 도움 없이 끝내는, 주도적인/독립적인/자율적인
- 관습으로 인해/협의하에/자연스럽게/신체적 제약으로 인해 배우자/파트너가 ADLs를 수행해 주는
- 자녀/친척/집주인/동거하는 친구/유급 도우미/정부 지원 도우미가 ADLs를 수행해 주는

14.3 양육

ICD-10-CM Z62의 모든 코드를 고려하도록 하라, 그중 일부는 DSM-5에 있다.

(↔ 정도순) 학대하는, 착취하는, 방임하는, 규칙적으로/적절하게/건강하게 음식을 제공하는, 정기적으로/안전하게 목욕시키는, 기저귀와 옷을 갈아입히는, 날씨와 상황에 맞게 자녀 옷을 입히는, 기본 일과(취침, 등하교, 식사)를 수행하는, 애정이 있는, 자녀와 적극적으로 상호작용하는/자녀와 함께 있는 것을 즐기는, 위험을 알아차리고 자녀 혼자 두지 않는, 아이를 돌보는, 보호하는, 재미있게/즐겁게 해 주는, 가르치는, 자녀의 성장을 즐기는, 자랑스럽게 여기는, 효과적으로 훈육하는, 지지하는

14.4 집안일/집안 관리/가사생활 기술

청소

ICD-10-CM 코드 Z73.89, Z73.9, Z74.2, Z74.3을 고려하도록 하라.

- 음식 정리: 식탁 차리기, 식탁 치우기, 설거지하기, 건조하기, 정리하기, 식기류 분류하기, 식기 정리하기, 식기세척기 올바르게 사용하기, 부엌 청소하기
- 집 정리: 청소기/진공청소기 돌리기, 침실 정리하기, 쓰레기 버리기, 먼지 털기, 걸레질하기, 화장실 청소하기
- (↔ 정도순) 집이 깔끔하다/정돈되었다/청결하다/온전하다/어수선하다/지저분하다/혼돈 상태이다/파손되었다/위험하다, 매우 더럽다, 집에 ________가 들끓는다, 집에 ________ 냄새가 난다.

복장 관리

- 세탁: 더러운 것을 인식하는, 쌓아 두는, 분리하는, 세탁하기/세탁기 돌리기, 말리기, 개기, 다리미질하기, 정리하기
- 바느질하기/수선하기/교체하기
- 여행용 짐을 쌀 수 있는

기타

- 유지: (↔ 정도순) 전구 교체하기, 오작동하는 가전제품 확인하기, 비상 상황 알아차리기, 도움 요청/수리 인력 부르기, 눈 치우기, 잔디 깎기, 전기 및 수도꼭지를 끌 수 있는, 간단한 수리하기, 수도꼭지/스위치 교환하기, 중대한 수리하기
- 장식: (↔ 정도순) 침대 커버/깔개 선택하기, 커튼/가구덮개 선택하기 및 걸기, 페인트칠하기, 벽지 바르기, 리모델링하기
- 식물/반려동물 관리: (↔ 정도순) 식물, 물고기, 고양이, 개를 안전하고 효과적으로 돌보기

14.5 요리

(↔ 정도순) 모든 식사를 준비하고 제공해야 하는, 모든 식사를 외식으로 해결하는, 간식/패스트푸드/가공 식품/테이크아웃/포장음식만 먹는, 포장된 또는 통조림 음식(예: 통조림 수프와

샌드위치)을 먹는, 요리할 필요 없는/간단한 음식, 데우기만 하면 되는/가벼운 조리(튀김, 삶은 요리), 정식(full menu), 영양적으로 균형 잡힌, 모든 주방 기구를 사용하는, 음식의 종류와 준비 시간을 조율하는, 반죽부터 스스로 하는, (손님) 접대하는

14.6 재정 능력

섹션 17.4 '수리 능력' 참조

- (↔ 정도순) 동전/금속 화폐/통화/수표 단위 이해하고 표현하기, 계산하기, 잔돈 바꾸기, 모든 재정을 현금으로 처리하기, 누군가의 도움 없이 구매할 수 있을 정도의 산술 계산이 가능한, 우편환 구입하기, 직불카드 사용하기, 입출금 통장 보유하기(수표 지불, 예금 수표, 일상적인 은행 업무 가능), 거액 지출에 대비한 저축하기, 신용카드 사용하기, 모든 재정 관리하기
- (↔ 정도순) 재정 낭비하기, 충동적으로/부적절하게/쓸모없는/사치스러운 물건 구매하기, 재정 위험/곤란을 초래하는 상황에 쉽게 속아 넘어가는, 자신의 재정을 관리하지 못하는, 수학적으로/지적으로/정서적으로 무능한/할 수 없는, 재정 능력이 부족한, 작은 액수는 가능하나 더 큰 액수 처리/개인 구매 내역 관리/입출금 통장 관리/청구서 지불/저금/투자는 어려운

14.7 위험 인식 및 대처

ICD-10-CM 코드 Z74.3을 고려하도록 하라.

이동

- 집을 떠나 방황하는
- 길을 잃은; 집으로 가는 길, 거리 또는 집 번지수를 알지 못하는
- 위험을 인식하지 못하고 위험한 곳을 돌아다니는
- 다가오는 차량을 보지 못하는
- 보행 중 정지 신호 또는 방향 표지판에 반응하지 않는

화재

- 집에서 대피하는 방법을 아는, 도움 요청이 가능한

- 화염 경보 확인 및 점검이 가능한
- 전기 콘센트 또는 연결선을 과도하게 사용하는, 마모된/느슨해진 전선을 교체하지 않는
- 침대 또는 안락의자에서 흡연하는, 성냥/양초 사용에 주의를 기울이지 않는
- 오븐으로 내부 온도가 올라가게 내버려 두는, 음식을 태우는
- 가스 냄새를 인식하나 불꽃이 보이지 않으면 가스 누출을 찾을 수 없는

◆집 관리

- 수도꼭지나 파이프가 새는 문제를 다루는 방법을 말하지 못하는
- 온도 조절 장치를 표준 설정으로 유지하지 못하는
- 문이나 창문을 부적절하게 열어 두는
- 세정제를 혼합하거나 오용하는
- 흘린 액체, 깨진 유리 또는 기타 위험 요소를 안전하게 치우지 못하는
- 반려동물/식물을 돌보지 못해 고통이나 죽음을 초래하는

◆음식 준비

- 건강하지 않은 식사(간식만 섭취, 너무 조금이거나 드문 식사, 정해진 식단을 따르지 않음)를 하는
- 음식이 상하지 않도록 안전하게 보관하지 않고 상한 음식을 섭취하는
- 적절한 조리 온도 설정에 실패하는, 가스레인지/오븐/토스터기/전자레인지에서 조리 과정을 살피지 못하는
- 냉장고/오븐을 열어 두는, 물을 틀어 놓는, 음식을 태우는

◆복장

- 늘어지거나 어떤 면에서 위험할 수도 있는 옷차림을 한
- 날씨, 계절 또는 몸에 맞지 않는 옷을 입는

◆질병/상해

- 심각한 질병이나 상해 징후 인식 및 적절한 대응을 하지 못하는(상처/화상 소독하기, 연고 바르기, 붕대 감기, 약 복용하기, 전문적 도움 요청하기)
- 약물을 적절히 또는 처방받은 대로 복용하지 않는, 약물을 오용하거나 일정대로 복용하지 않는
- 약물 부작용을 알지 못하는

◆위험 인식: 요약 진술

- 내담자는 환경에 적절하게 대응할 수 없기에 혼자 둘 수 없다.
- 위험, 위험 요인 및 상황에 따라 요구되는 사항에 대한 인식이 전혀 없는 것으로 보인다.
- 내담자는 경찰, 소방, 응급 의료 서비스의 기능과 연락 방법을 알고 있다.

14.8 생활환경/필요한 지원 수준

Z73의 ICD-10-CM 코드, 특히 Z73.89, Z73.9, Z74를 고려하도록 하라.

(↔ 정도순) 독립적으로 자신의 집/아파트에 거주하는, 요양 시설에 거주하는, 지역사회 지원 서비스(예: 무료 급식소, 푸드 뱅크/지역사회 식품 저장고, 식사 배달 서비스, 가사 도우미 서비스, 특별 버스)를 이용하는, 배우자/자녀/파트너/부모/친척/친구/룸메이트와 함께 생활하는, 취사 시설이 있는/없는 독실/침실(이 있는 곳)에 거주하는, 관리하에 개인 아파트에서 거주하는, 부분/주간 입원(낮병동)/보호 시스템을 갖춘 작업장/주간 활동 센터에 참석하는, 약물/알코올 치료 프로그램 전용 주거 시설에 거주하는, 재활 시설에 거주하는, 지역사회 시설/지역사회 재활 주거 시설/그룹홈/관리하에 공동주택에 거주하는, 기숙사에 거주하는, 보호 시설/가정 요양 시설에 거주하는, 개인 요양 시설/양로원에 거주하는, 전문 요양 시설에 거주하는, 급성 요양 시설에 거주하는, 민간 병원/지역사회 병원/주립 병원/시립 병원/보훈 병원, 중환자실에서 지내는

14.9 수행의 질

ADL 수행의 각 영역은 안전성, 독립성, 적합성, 효과성으로 평가할 수 있다.

- (↔ 정도순) 악화시키는, 정리 안 된, 비효율적인, 다시 해야 할 필요가 있는, 만족스럽지 못한, 엉성한, 대충 하는, 정리된, 질서정연한, 자신만의 기준이 있는, 꼼꼼한, 세심한, 강박적인
- 사고 경험이 있는/ADLs의 수행이 안전하지 않은/자신과 타인을 위험하게 하는(예: 길을 잃은, 음식을 태우는), 금지 표현: "사고가 잦은"
- 생명의 큰 위험을 인지해/인지하지 못해 이를 피할 수 있는/없는

14.10 자기관리 기술

ICD-10-CM 코드 Z72.4, Z73.6 및 Z74를 고려하도록 하라.

식사 및 화장실 사용

- 식이: (↔ 정도순) 혼자 먹을 수 없는, 스스로 먹는 데 도움이 필요한, 스스로 먹는
- 식사: 식사가 불규칙적인/규칙적인, 식욕 수준이 부적절한/적절한, 음식 선호도가 있는, 균형/영양 상태가 좋은/나쁜, 음식 제한이 있는, 알러지가 있는
- 배변: 배설/배뇨/변기 사용에 문제가 있는, 설사제/대변 연화제/기타를 사용하는, 요실금(스트레스로 인한, 낮/밤에 따른)이 있는, 패드/성인 기저귀를 사용하는

몸단장

섹션 7.1 '외모', 섹션 7.2 '복장' 참조

- 목욕: 목욕을 비정기적/정기적으로 하는, 재촉(유도)해야 하는, 기본 위생 관리를 하는, 화장/면도를 하는, 이발하는, 손발톱을 다듬는
- 옷 입기: (↔ 정도순) 입고 벗을 수 있는, 혼자 옷차림이 가능한, 날씨/상황에 맞게 옷을 입는, 빨래할 수 있는, 옷을 구입할 수 있는

건강 관리

- 운동: (↔ 정도순) 활동량이 없는, 침대 밖으로는 나오는, 집 근처/주변을 산책하는, 스트레칭하는, 규칙적으로 운동하는, 에어로빅 운동을 하는 [ICD-10-CM 코드 Z72.3을 고려하도록 하라.]
- 수면: (↔ 정도순) 잠을 잘 자는, 가끔 어려움이 있는, 상당한 어려움이 있는(섹션 12.34 '수면장애' 참조) [ICD-10-CM 코드 Z72.820을 고려하도록 하라.]
- 약물: 처방 약을 스스로 복용하는, 상기시켜야/유도해야/촉구해야/드물게/불규칙적으로 약을 복용하는/약 복용을 거부하는, 오용하는/타인의 약을 복용하는, 불필요한 비처방 일반 의약품을 복용하는

14.11 장보기

- (↔ 정도순) 혼자 장을 볼 수 없는, 간식/세면 도구/옷/간편한 음식/조리 식품/정식(full menu

ADLs

foods)/선물 쇼핑이 가능한, 자기/타인을 위해 해야 할 용무를 볼 수 있는, 취미로 쇼핑하는, 값싼 물품/할인을 기다리다 찾아내는, 중요한 구매를 효과적으로 할 수 있는

- 일반 식품/물품의 비용을 추정할 수 있는, 어떤 상점이 어떤 종류의 상품을 판매하는지 아는, 욕구와 필요를 구분할 수 있는/충동적 쇼핑을 통제할 수 있는, 현명한 소비자인

14.12 교통

ICD-10-CM 코드 Z73.6을 고려하도록 하라.

(↔ 정도순) 집 밖을 돌아다니지 않는, 동반자가 필요한, 특별 버스/교통 약자 보조 수단/'셔틀버스'/택시/일반 버스/대중교통을 이용하는, 보행/자전거/히치하이킹으로 이동하는, 가족/친구/배우자/기타 다른 사람이 운전하는, 누군가와 동행하에 운전하는, 혼자 운전하는, 혼자 여행을 다니는

14.13 돌봄 부담

ICD-10-CM Z74의 하위 코드를 고려하도록 하라.

- 식사/화장실 사용/옷 입는 것/씻는 것을 순차적으로 도와주어야 하는
- 시간이 많이 요구되는, 사생활이 줄어들거나 없는, 일상생활에 방해가 되는, 개인적 계획과 활동에 방해가 되는, 자기관리가 줄어든
- 돌봄으로 인한 제약이 많은, 돌봄으로 인해 여행/방문/취업/여가생활/종교 참여/기타에 제약을 받는
- 재정적 손실이 있는/관리 비용이 드는/부담이 큰
- 서비스 접근에 어려움이 있는
- 수면장애, 신체적 고통/상해
- 대인관계에서의 정서적 어려움/손실[예: 논쟁, 비협조, 철수, 무고(false accusations)], 사별 아닌 파트너와의 이별, 감당하기 어려울 만큼 부담되는

14.14 요약 진술

ICD-10-CM 코드 Z73.6 및 Z73.89를 고려하도록 하라.

- 사회경제적 지위와 생활양식을 고려할 때, 내담자의 독립성 수준은 적절하다.
- 내담자는 힘들어진 상황에도 잘 적응해 오고 있다.
- 내담자는 인지 및 심리적으로는 ADLs 수행이 가능하나 신체적인 제약 및 신체적/의학적인 환경으로 인해 수행하지 못한다.
- 내담자는 자신에게 필요한 부분을 스스로 돌보지 못하기 때문에 ________ 지원 서비스를 필요로 한다(제22장 '제언' 참조).
- 내담자는 현재 생활양식/지지받는 상황에서 기능할 수 있지만, 보다 독립적인 환경(즉, 독립적으로/혼자 생활하는)에서는 관리/기능을 유지하기 위한 적절한 내적(자기지시, 스스로 해내는 능력) 및 외적 자원이 부족한 것으로 보인다.

제15장 사회/지역사회 기능

이 장에서는 **사회 및 지역사회 활동**만 다룬다. **면담에서 대인관계 행동**에 대한 설명어는 제8장과 제9장, **커플 및 가족관계**는 제16장을 참조하기 바란다.

☑ 주: 어떤 영역에서든 사회적 관계가 줄어들었다면, 왜 그리고 언제 발생했는지 기술하도록 하라.

15.1 전반적 생활양식

ICD-10-CM 및 DSM-5 코드 Z75.3과 2가지 모두에 포함된 Z59 코드를 고려하도록 하라.

장소

시골/지방, 농장/목장, 교외, 도시, 소/중/대도시, 통근, 도심

질(↔ 정도순)

방랑하는	불안정한	고독한	**다양성이 적은**	활동 수준이 낮은	**편안한**
부랑생활을 하는	**빈곤으로 제한적인**	**활력이 없는**	**스트레스 수준이 낮은**	**비생산적인 활동의**	**독립적인**
떠돌아다니는	**생존을 위한**	**집에 틀어박힌 은둔적인**	**큰 변동 없는**	**열정이 없는**	**자율적인**
옮겨 다니는	**불충분한**		**기대할 것이 많지 않은**	**비생산적인**	**만족한**

배회하는	혼란스러운	최소한의	게으른	생산적인
노숙하는		평범한	늘어져 있는	가족 및 지역사회와 하나 되는
구걸하는		한정된	TV만 보는	
		갑갑한		
빌붙는		제한된		
남을 이용하는		퇴보하는		
함께 사는		일상적인		
		단순한		
		일정이 단조로운		
		금지 표현: "시간만 축내는"		

15.2 사회/지역사회 활동 참여

ICD-10-CM 및 DSM-5의 Z60 코드를 고려하도록 하라.

(↔ 정도순) 다음의 구분은 참여 정도순으로(낮은 순서에서 높은 순서로) 나열되었다.

운둔생활을 하는, 속세를 떠난, 고립된, 철수한, 냉담한, 회피성의, 사회적 관계에 대해 관심 없는, 사람과 관계에 대해 관심이 없는, 사회 활동을 하지 않는, 혼자 지내는

진료 예약 등의 약속에만 가는, 다른 관심사가 없고 어떤 조직에서도 활동하지 않는, 전화 통화를 하는, 방문객을 받기는 하나 방문하지는 않는, 정원 가꾸기/새 돌보기/기타 혼자만의 취미 활동을 하는, 혼자 사냥/낚시하는, 스포츠 경기를 관람하는

윈도우 쇼핑하는/사지 않고 돌아다니며 구경하는, 주요 기념일에만 교회를 참석하는, 친구에게 방문하는/친구들과 어울리는/친구들과 술 마시는, 근처 친구에게 방문하는, 친구에게 편지 쓰거나 전화하는, 가족/이웃에게 방문하는/가족 · 이웃과 어울리는, 정기적으로 타인과 외식하는, 지역사회 그룹에 관심이 있는/참여하는, 소소한 야유회(교회, 빙고 게임, 볼링, 노인복지관, 영화)에 참여하는, 내담자가 아픈 경우 친구들이 도와주는, 선택적으로/적절히 친구/가족/권위자/대중과 어울리는, 필요한 것을 사기 위해 다양한 매장을 둘러보는. 금지 표현: "커피 마시는 모임"/"조찬 모임"/"야간 외출"

사교적인, 교회/종교 모임/사교 모임/상업 스포츠에 매주 또는 그 이상 참여하는,

다른 지역에서 오는 손님이 있는, 영화관/스포츠 경기에 가는, 박물관에 가는, 뮤지컬 및 기타 문화 활동에 참여하는, 선거에 참여하여 투표하는

성인 강좌나 수업에 참여하는, 지역사회에서 활동하는, 삶의 목표/자기계발에 대해 계획하는, 팀 스포츠를 하는, 혼자서 다른 지역을 방문하는, 봉사 활동을 하는, 사회 활동에 전적으로 참여하는/깊이 관여하는

☑ 주: 내담자가 "교회/절/유대교 회당/모스크에 참석한다." 또는 "카드놀이를 한다."라고 보고하는 경우, 내담자가 그곳에서 무엇을 하는지, 성직자의 이름이 무엇인지, 어떤 게임을 하는지 질문하도록 하라. 이를 통해 관심, 요구사항(적극적인지 혹은 수동적인지, 기술이나 운이 필요한지) 및 만족도의 수준 그리고 내담자의 사회적 수행 능력의 질과 강도를 평가할 수 있다.

15.3 공동체 내 관계 문제/갈등

ICD-10-CM의 Z57 코드와 ICD-10-CM 및 DSM-5의 Z56, Z60, Z65 코드를 고려하도록 하라.

직장에서의 문제

제17장 '직업/학업 능력' 참조

- 경고, 철저한 감독/감찰, 질책, 정직, 해고
- 동료와 싸움/논쟁을 하는, 소외당하는, 기피되는, 괴롭히는/도발하는, 위협적/파괴적 행동을 하는. 금지 표현: "개밥에 도토리/꿔다 놓은 보릿자루 취급받는"

법적 측면

- 경찰과 대면, 경고, 벌금, 약식 기소 범죄, 체포(무엇, 언제, 누구와 함께 그리고 결과에 대해 명시하도록 하라), 경범죄/흉악범죄, 재판, 유죄 판결, 보호 관찰, 교도소/감옥 수용 기간, 가석방
- 공공장소에서 주취 이력, 음주 운전, 폭행
- 퇴거, 파산
- 이웃, 회사 직원, 집주인, 상점 점원과 갈등이 있는
- 아동/배우자/파트너/친척/동물학대, 타인이 보호 명령을 신청한

제16장 커플 및 가족관계

DSM과 ICD 진단은 친밀한 관계, 상황 또는 상호작용이 아닌 거의 전적으로 개인에 관한 것이다. 그러나 현재 장애에 대한 이해는 상호작용, 스트레스 요인 및 소인, 가족치료, 시스템 사고(system thinking) 등을 강조한다. 따라서 이 장에서는 커플 및 가족관계 그리고 상호작용 과정을 평가하는 여러 방법에 대해 다룬다.

☑ 커플과 가족에 대한 많은 유용한 정보를 가계도에 기록할 수 있다(섹션 6.6 '가계도' 참조).

ICD-10-CM 및 DSM-5의 Z 코드는 관계 이슈와 문제에 대한 많은 명칭(label)을 제공한다(섹션 21.4 'ICD-10-CM의 정신질환 진단의 참조 목록' 참조).

16.1 체계적 가족 구조

- 구조/관계: 관여, 밀착된 대 유리된(enmeshed vs disengaged; Minuchin, 1974), 고립, 개별화, 권력 구조
- 경계: 경직 대 유연, 폐쇄된 대 개방된, 세대 간 경계
- 연합: 분립, 왜곡(Lidz & Fleck, 1985), 핵심 구성원, 2인 구성(dyads), 삼각관계, 꼬리표, 동일시, 매핑(mapping), 동맹, 접점, 배우자와의 관계
- 양식: 폐쇄된(전통적/권위적) 대 개방된(협력적/민주적), 무작위(개인주의적/관대한) 대 동시발생적(완벽주의적/동조적). 이러한 양식 기준에 대한 가족 이미지 대 실제 행동을 기록하도록 하라.
- 역동
  - 어떤 역동이 있는지, 어떤 구성원 간에 역동이 있는지, 이 역동을 통해 영향받은 사람이 누구인지

- 동기 유발 요인, 동기 저해 요인
- 강점
- 장애: 가족 간 갈등으로 인해 누가 어떤 피해를 입었는지

• 하위 체계
- 커플 체계, 형제 체계, 세대 간 체계
- 경계, 패턴, 동맹, 인종 영향, '의무(shoulds)', 갈등 및 협력, 단절
- 기타 하위 체계: 친구, 직장, 학교, 교회, 전문가, 정부 기관
- 지지 체계: 친척, 친구 등

• 기타 측면
- 가족 생활양식, 주제, 신화(안전, 성공, 금기사항, 비밀)
- 거짓상호성(pseudomutuality; Wynne, 1988)
- 희생양(Ackerman, 1982): 희생양, 박해자, 가족치유자
- 역설, 이중 구속(Bateson, 1972)
- 불화, 공공장소에서의 갈등, 분열
- 구심적 및 원심적 가족 상호작용 패턴(Beavers, 1990)

증상의 유지, 기능 분석, 보상, 균형, 항상성에 대한 가설을 세우도록 하라.

16.2 접수면담 시 가족평가

ICD-10-CM 및 DSM-5의 Z62 및 Z63 코드에 따른 진단을 고려하도록 하라.

☑ 현재 및 이전 결혼/관계/가족을 평가하도록 하라.

◆ 현재 문제, 주호소 문제, 의뢰 사유

- **학대/폭력/방임(배우자/파트너, 자녀; 성적 · 신체적)**
- **청소년 적응 문제**
- **화학적 물질 남용(부모, 자녀)**
- **아동 행동 문제/양육 문제**
- **자녀 양육권**
- **이혼 조정/이혼 후 조정**
- **중진(부부/커플, 가족, 개인, 관계)**

- 건강/의료/영양/신체 상태
- 법적 문제(아동, 부모, 기타; 민사, 형사, 경범죄, 중범죄; 투옥)
- 부부/커플 갈등
- 양육(기술 향상)
- 미숙한 의사소통
- 학교 문제(행동, 학업, 또래)
- 별거/파혼, 배우자/파트너 부재
- 성기능장애/성생활 양상/성적 갈등
- 시간 관리/시간 갈등/시간 부재 [각 구성원의 일과에 대해 물어보도록 하라.]
- 무단결석/가출
- 기타: 문화적 문제, 종교, 직업/재정 문제, 교육, 또래 문제, 친척

누구?

다음과 같이 질문하도록 하라.

- "누가 치료를 받으려고 하는 것입니까? 왜 그렇습니까?"
- "누가 그 문제에 관여되어 있습니까?
- "현재 그 집에 살고 있는 사람은 누구입니까?"

문제 및 상황에 대한 인식

다음과 같이 질문하도록 하라.

- "문제에 대한 ________(의뢰자)의 인식은 어떻습니까?"
- "지금 도움을 청하는 이유는 무엇입니까?" (가능한 촉진 요인: 변화, 출생, 질병, 사망, 재혼/결혼, 이혼, 이사, 이직, 도피, 기타 변동사항)
- ……에 대한 가족구성원들의 인식은 어떻습니까?
  - 문제
  - 현재 가족이 직면한 주요 과제/바라는 변화
  - 개선을 위해 필요한 시간
  - 문제를 가진 사람이 누구인지(즉, 가족들이 환자라고 지명한 사람)

이전의 해결책

다음 사항에 대해 알아보도록 하라.

- 항상성 유지를 위한 노력/시도, 결과, 비효과적인 시도
- 이전 치료의 대상, 목적, 시기; 개입한 치료, 결과

발달 이슈

자녀와 성인의 개별적 발달 이슈에 대해 알아보도록 하라.

- 집안 성인들 간 관계에 대한 이력
  - 어떻게 만났는지, 교제, 각 가족구성원의 태도
  - 부모, 조부모, 다른 친척과의 관계
  - 초반의 기대 수준, 만족/충족 수준
  - 자녀 출생, 혼합 가족(해당되는 경우)
- 가족 단계/생활 주기: 교제, 조혼, 자녀 출산, 자녀 양육, 10대 부모, 자녀 독립, 중년, 은퇴, 전환(transition)

법적 및 사회적 관계 상태

다음을 확인하도록 하라.

- 성인의 현재 상태. 다음과 같이 기술하도록 하라.
  - **비혼, 동거, 룸메이트, 남자 친구/여자 친구, 약혼남/약혼녀, 사실혼관계, 민법상 부부, 기혼, 별거/따로 거주, (사이가) 소원해진, 이혼, 재혼, 필요에 의한 결혼/위장 결혼. 금지 표현: "싱글"(너무 모호하다), "애인 집에서 지내는", "주말부부"**
- 이전 연애관계/동거/결혼: 각각의 기간, 만족도, 끝나게 된 이유/종결 이유, 종결 시점의 나이 및 날짜에 대해 기재하도록 하라.
- 자녀의 수, 이름, 나이, 성별
- 배우자/파트너, 전 배우자/파트너(해당되는 경우), 자녀와의 관계
- 간통/불륜/혼외관계, 다른 이성과의 관계 배척/단혼 요구
- 이혼 과정에 있는지의 여부

◆ 기타: 요약 진술

- [이름]은 ~에 의해 소외당한다, 멀어졌다, 전혀 방문하지 않았다/드물게 방문했다, ~와 싸우기만 했다, 전화로만 연락했다, 소원해졌다, 원가족으로부터 독립하려고 애쓴다.
- [이름]은 자신이 배우자/파트너로부터 양육/육아/자녀 관리/자녀 양육/자녀 돌봄, 집안일, 재정 관리, 친척관계, 집 관리, 가정 지원에 있어 많은/적은/도움을 받는다고 느낀다/도움을 받지 못한다고 느낀다.
- 내담자는 양육에 대해 때때로 성공적이지 못하다/부담된다/스트레스가 많다/어렵다고 생각한다.
- 우선순위/고위험/위험/매우 심각한 문제는 ________ (기재하도록 하라)이다.
- ________ 는 응급/위기/중대한 문제이다, 반복되는 위기/통상적 절차만 밟으면 되는 문제이다, 지나 온 위기/만성적 위기이다.

16.3 가족면담 방법

◆ 각 구성원에게 물어볼 질문

- "당신 가족에게 주요한 문제는 무엇이라고 생각합니까?"
- "당신은 ……을 위해 가족 내에서 무엇을 해야 한다고 생각합니까?"
  - 혼자 있기 위해/사생활을 지키기 위해
  - 다른 사람들이 당신을 귀찮게 하지 않도록 하기 위해
  - 관심, 공감, 스킨십, 사랑을 받기 위해
  - 가족이 당신이 하는 말을 경청하도록 하기 위해
  - 가족이 함께하기 위해
- "언제 ……다고 느낍니까?
  - 긴장한다고, 우울하다고, 속상하다고, 가치가 없다고
  - 기분이 좋다고, 자유롭다고, 가장 가치 있다고, 가장 자랑스럽다고, 낙천적이라고, 사랑한다고, 사랑을 받는다고
  - 당신의 감정을 감추어야 한다고/속여야 한다고
- "…… 감정을 어떻게 나타냅니까?
  - 화난, 실망한, 좌절한, 슬픈, 긴장한
  - 좋아하는, 사랑하는, 공감하는
- "의지하는 사람은 누구입니까?"
  - "……에 대해 의지할 수 있는 사람은 누구입니까?"

- "……에 대해 도와주는 사람은 누구입니까?"
- "가족에게 일어난 큰 변화/문제는 무엇입니까?"
- "결혼/가족/자녀/친척에 대해 실망한 적이 있습니까?"

◆가족에게 단체로 물어볼 질문

- "모두가 함께 할 수 있는 일을 계획해 본 적이 있습니까?"
- "가족의 가장 큰 목표/계획/걱정은 무엇입니까?"
- "가족의 장점은 무엇입니까?"
  - "운동 신경/손재주/학업 능력/음악 실력이 좋은 사람이 누구입니까?"
  - "최고의 유머 감각을 가진/가장 똑똑한/가장 신뢰받는 사람은 누구입니까?"
- "당신들 외에 이 가족의 일원은 또 누가 있습니까?"(친척, 친구, 하숙인, 반려동물 등)
- "가족이 모두 모이는 때는 언제입니까?"
- "이 가족의 가장은 누구입니까?"
- "누가 어느 영역에서 주도권을 가집니까?"

16.4 자녀 부양/양육: 필수 요소

ICD-10-CM Z62의 많은 하위 코드를 고려하도록 하라. DSM-5는 이 중 몇 가지만 채택했다.

◆부모의 규제

- 제한: 과보호/과도한 규제, 과도한 허용/마음대로 하게 함, 비현실적 요구
- 다음의 사항에 대한 엄격함/관대함: 식사, 이동성, 자녀의 방해, 식사 예절, 깔끔함, 청결함, 취침 시간, 소음, 라디오 및 TV, 집안일, 순종/순응, 공격성
- 성(나체, 정숙함, 자위행위, 성행위), 분노, 정서성에 관한 규제
- 공격성: 맞서 싸우기/자기방어하도록 격려하는, 타협, 협상하는, 부모/형제자매/또래를 향한 폭력, 억제, 공격성을 다른 곳에 표출하는
- 부모의 차이: 아버지의 훈육 대비 어머니의 훈육 비율이 높은/낮은, 어머니/아버지는 다른 부모들이 지나치게 엄격하다고 생각하는, 훈육을 둘러싼 갈등이 있는
- 문제가 있는 훈육: 훈육 부족, 일관성 없는 훈육, 혼란스러운/엄한/지나치게 심한 규율, 부모에 대한 두려움/증오, 주도성/자발성 감소, 불안정한 가치관

부모의 수용

- 따뜻함: 울음에 대한 동정 어린/거부적인 반응, 애정 표현이 많은/약한/없는, 육아를 재미있어 하는/육아가 재미없는, 유대감이 많은/적은/없는, 어머니/아버지가 놀이를 시작하는/어머니와 아버지 중 아무도 놀이 시작을 하지 않는
- 칭찬의 사용: 식사 예절을 지키는 경우, 순종하는 경우, 착하게 놀았을 경우/적당히 놀았을 경우, 칭찬하지 않는
- 기타: 임신 사실을 알았을 때 긍정적/부정적 감정을 보인

16.5 커플관계: 필수 요소

부부관계의 성적 측면 관련 질문 및 설명어는 섹션 3.26 '성 관련 이력', 섹션 6.4 '적응', 섹션 10.12 '성적 관심', 섹션 12.1 '학대' 참조

ICD-10-CM 및 DSM-5의 Z63 코드를 참조하도록 하라.

데이트 강도(↔ 정도순)

전혀 하지 않는, 좀처럼 ~않는/드물게 하는, 간헐적으로/특별한 날에만/휴일에만, 집단/자동차 데이트/더블 데이트, '~와 함께 만나는', 데이트를 더 하고 싶어 하지만 ……(기재하도록 하라), 자주, 강박적으로/문란하게 하는, 많은 데이트 상대가 있는, 아주 짧은 관계, 여러 해 동안 한 사람과 데이트하는, 한 사람과만/꾸준히 만나는, 연속적인 일부일처제, 점점 더 나아가는 관계, 하나의 헌신적인 장기적 관계를 가지고 있는. 금지 표현: "원나잇 목적으로 꼬시는"

기타 특성(↔ 정도순)

신체적/언어적/정서적 학대, 방임하는, 착취적인, 고통을 주는, 기생하는, 반복적으로 외도하는, 회피적인, 취약한, 소원한, 지루한, 진부한, 권태기의, 일시적으로 헤어진 상태의, 불행한, 어울리지 않는, 무모한, 성급한, 건강하지 않은, 지지적이지 않은, 한계가 있는, 만족스럽지 못한, 공생하는, 안정적인, 기능적인, 적절한, 만족하는, 가치 있는, 가까운/밀접한, 친밀한, 도움이 되는, 사랑하는, 부족한 부분을 채워 주는

제17장 직업/학업 능력

이 장에서는 직업 및 학업 기능에 대한 평가와 더불어 장애평가 보고서에 필요한 다양한 정보를 다룬다. 장애가 항상 핸디캡(handicap)은 아니라는 점을 유념하도록 하라. 인터넷에서 찾을 수 있는 여러 체크리스트가 있다(예: www.ceuonestop.com/attachments/File/Prison/CA1B_Adaptive_Skills_Checklist_5-3.pdf 참조). ICD-10-CM N55, Z56, Z57의 많은 하위 코드를 고려하도록 하라.

17.1 기초 작업 능력

◆활력 수준(↔ 정도순)

허약한, 쉽게 피로한, 휴식 시간이 자주 필요한, 활력 수준이 낮은, 적절한/보통의, 건강한, 활력 있는, 활발한, 체력이 있는, 과도한, 의욕 넘치는

◆운동 능력

협응

(↔ 정도순) **협응력이 부족한, 소근육 발달이 양호한/적절한/보통인, 소근육 발달이 뛰어난, 협응력이 탁월한**

☑ 균형, 걸음걸이, 기타 직무 관련 움직임의 양상과 더불어 서로 다른 유형의 협응(눈-손, 신체 부위 간, 손가락 등)에 특별한 주의를 기울이도록 하라.

미세 운동 능력

손가락/손/손목을 빠르게/반복적으로 움직일 수 있는, 수동/전동 공구를 안전하고 효과적으로 사용 가능한, 필적이 가독 가능한, 보조 장비인 ________ 가 필요하거나 도움을 받는

대근 운동 능력

강한, 빠르고 효과적으로 스트레칭하기/굽히기/비틀기/뻗기 등이 가능한, 달리기/오르기/점프가 가능한, 무거운 중량 들어 올리기/운반이 가능한, 적당한 무게의 물건(여행 가방, 사다리 등) 운반이 가능한, 물건을 잡을 수 있으나 들어 올리기/운반은 불가능한

◆청각

유의미한 제약이 없는, 보청기/수화/통역자/서면 의사소통/기타로 해결하는

◆시력

시력이 안경/콘택트렌즈 착용/미착용 시 정상 또는 거의 정상인, 약간의 장애, 업무 환경/장비/절차 변경이 요구되는

◆외모(↔ 정도순)

개인 복장이나 청결에 대한 최소한의/수용 불가능한 수준의 신경을 쓰는, 후줄근한/더러운 옷을 입은, 목욕이나 면도가 필요한, 본인 기준에만 청결한, 옷차림이 청결하나 부적절한, 자신이 속한 지역사회 근로자로서 차림새가 적절한/청결한/복장을 한

◆집중력(↔ 정도순)

섹션 11.4 '집중력/과제 지속성' 참조

- 주의력/지속력이 부족한, 좌절 인내성이 낮은, 때때로 주의 산만한, 필요한 만큼의 주의력 집중 및 유지가 가능한
- 과제 이외의 행동을 과도하게 하는
- 일부 주요 업무를 하지 않는
- 부적절하거나 파괴적인 행동을 하는/과장해서 행동하는/고의로 격한 행동을 보이는

◆일에 대한 동기(↔ 정도순)

거부하는, 무관심한, 냉담한, 최소한의 동기만 있는/두말없이 순응하는/긍정적인/열정적인, 단조롭거나 재미없어 보이는 일을 기꺼이 하는

◆기억력(↔ 정도순)

가장 단순한 작업에 대한 지시사항을 기억할 수 없는, 일상적인 작업 수행을 위한 지속적/직

접적/일대일 감독/지속적인 상기/유도/단서/지도가 필요한, 매일 주어지는 정보를 기억하기 위해 강화가 필요한, 초기 지시나 예비 교육 이후 거의 또는 전혀 지시가 필요하지 않은, 위치/작업 절차/지시사항/규칙을 기억하는, 구두 지시/설명/서면 지시를 통한 업무/절차에 대한 학습이 가능한, 짧은/간단한/세부적인/여러 단계의 지시사항을 수행하는

◆ 실수(↔ 정도순)

고객/동료/감독자가 허용할 수 없는/허용할 만한 양의 오류를 범하는, 예외/실패를 알아차리지 못하는, 점검 능력이 낮은/부족한/적절한/높은, 자신의 수행 결과를 평가 분석하는, 문제를 개념화하는, 상황을 바로잡는/자신의 행동을 수정하는, 반복/훈련/감독으로 품질/정확성을 높이는(또는 폐기물/폐품이 감소하는)

◆ 생산성(↔ 정도순)

최소한의/기대치에 떨어지는/경쟁자들의 평균 비율인 ______%에 해당하는 작업량, 생산량/생산성이 본래 측정된 비율보다 ______% 증가한, 실습/반복/훈련/감독에 따른 생산량/생산성이 증가하는, 경쟁하는 작업 환경에 적응하는 모습을 보여 주는, 경쟁적인 고용직에 취업하여 근무할 능력이 되는

◆ 출근/출석(↔ 정도순)

예측할 수 없는/부적절한/최소한의/불규칙한/부족한, 한 달에 무단결근/병가 일수가 비정상적인/많은, 출근/휴식/점심시간을 거의/일반적으로 지키지 않는, 과도한 지각/휴식 시간/일시 중단/결근/심리적 증상으로 인한 중단 없이 일하는, 신뢰할 수 있는, 책임감 있는

◆ 의사소통(↔ 정도순)

거의 최소한의 의사소통만 하고 종종 지시사항을 잘못 이해하는, 동료/감독자로부터 오해받는, 일부 구체적이지 않은 업무 상황의 측면을 이해할 수 있는, 대체로 타인이 이해할 수 있는 의사소통이 가능한, 의사소통이 명확하고 업무와 관련된, 전화상 소통이 적절한, 질문할 수 있는 능력이 있거나 필요에 따라 도움 요청이 가능한

◆ 감독(↔ 정도순)

끊임없이 재지시/지침을 반복해야 하는, 밀접하고 지지적인 감독하에 작업하는, 지시사항만 전달하는, 관찰만 하는, 전반적인 점검을 가끔 해 주는, 독립적으로 작업 가능한

◆감독에 대한 반응(↔ 정도순)

감독에 반항하는, 감독자의 요구사항에 반대하는, 감독자의 비판에 분노하는/불안해하는/상처받는/철수하는, 필요할 때 감독자를 찾지 않는, 감독자—근로자 관계를 개인적으로 받아들이는, 종종 상호작용 제안을 거부/거절하는, 잘 어울리기/함께 일하기 어려운, 엄격한 감독이 필요한, 불필요한 도움/과도한 감독을 요구하는, 극단적 행동 없이/적절하게 주변 사람들/동료/감독자와 상호작용하는, 감독자에게 적절히 보고하는, 감독하에 작업 방식/조직을 향상시키는, 소규모/대규모 집단에서 작업하는, 감독자와 동료에게 도움이 되는

◆정서적 반응성 및 관계 형성(↔ 정도순)

지적받을 때/비판받을 때/자신의 방식대로 하지 못할 때 감정적인/화내는/상처받는/불안해하는 경향이 있고, 일을 지속할 수 없는, 논쟁하는, 지적에 화내거나 부적절하게 반응하지만 상담이나 격려로 작업 현장에 머물 수는 있는, 일에 대해 평정과 주의를 유지하는, 시정 조치를 취하는, 타인의 요구사항을 예측하는, 행동이나 업무 습관 조정을 통해 적절히 대응하는, 사과하는, 갈등/관리자/또래/동료에게 적절히 반응하는, 정서적으로 동요하지 않는

◆또래/동료와의 관계(↔ 정도순)

회피성의, 거리를 두는, 수줍은, 자의식이 강한, 초조해하는, 대립적인, 지배하려 드는, 순종적인, 경쟁적인, 의심하는, 관심을 끌려 하는, 익살부리는, 미성숙한, 도발적인, 부적절한, 의존적인, 사건사고를 일으키는, 조롱하는, 괴롭히는, 〈정상〉, 친근한

◆자신감(↔ 정도순)

매우/역효과를 낳을 만큼 자기비판적인, 자신의 능력을 과소평가하는, 적절한 수준으로 자신감 있는, 현실적으로 자기를 평가하는, 지나치게 자신만만한, 터무니없게/비현실적으로 자신감 있는, 거만한

◆부적응적이거나 특이한 행동

지나치게 내성적인/철수된, 요란스러운/지배하려 드는, 조종하는/동료를 이용하는, '예' 또는 '아니요'로 대화를 제한하는, 대화 상대를 쳐다보지 않는, 험담하는, 대화를 시작하지 않는, 지각/결석/실수/부주의에 대해 변명을 지어내는, 무책임한, 원치 않는/때에 맞지 않는/부적절한 신체 접촉을 시도하는, 모욕적인 언어를 사용/남용하는, 이목을 끄는 이상한 행동/불쾌한 개인 위생을 보이는, 현실과 가상의 능력을 혼동하는, 과도하거나 비현실적인 불평을 하는

적응력(↔ 정도순)

직업 환경이 바뀔 때 심각한 적응 문제를 보이는, 직무 압박에 대처가 어려운, 어떤/보통의/예상했던 압박을 받았을 때 효율적으로 일을 수행하지 못하는, 업무 변경 후 잠깐은 부적절하거나 지장을 주는 행동을 하지만 감독자의 격려로 업무 복귀가 가능한, 말로는 문제를 부인하지만 승진이나 전근 자격이 있을 때마다 눈에 띄는 사고가 발생하는, 일반적으로 업무 변화/일정/기한/중단/압박에 적응하는/대처하는/견디는, 지시/비판/권위/감독/피드백/규칙을 수용하는, 자신의 자원에 의존하는, 실수/설명/지도로부터 학습하는. 금지 표현: "자기 방식만 고집하는"

위험 인식

위험을 의식하지 못하는/인식하고 예방 조치를 취할 수 있는, 평균보다 사고가 더 빈번하게 일어나는 듯한

의사결정(↔ 정도순)

업무 수행을 위한 간단한 결정을 내리지 못하는, 우유부단한 선택과 기준 때문에 혼란스러워하는, 자기 자신을 관리하지/일의 우선순위를 매기지/자료 정리를 못하는, 결정 상황에서 마비되는, 일상에서의 소소한 결정을 잘하는, 예외적 상황과 차질을 다루는, 스스로 결정 내리는, 효과적으로 의사결정 절차를 밟는

속도 조절/일정 관리(↔ 정도순)

일정을 따를 수/전일 근무를 해낼 수/일정 내에서 수행할 수/일상을 지속할 수 없는, 근무 시 불규칙한/불안정한 업무 속도를 보이는, 필요한/기대되는/보통의/요구되는 체력을 보이는, 동기를 유지하는, 업무를 완료한, 자신이 시작한 것을 끝맺는, 장애물/반대/좌절에도 계속 일을 진행하는, 시간 관념을 가지고 일하는

양심(↔ 정도순)

자신의 무책임한 행동에 대한 결과를 인식하지 못하는/비일관적으로 인식하는, 자재를 낭비하는/장비를 훼손하는, 장비와 자재를 필요에 따라 조정/보수하지 않거나 점검/수리/교체하지 않는, 효과적으로 도구/공급품/장비/제품을 관리하는

◆ **열정**(↔ 정도순)

회피성의, 무기력한, 나태한, 마음 내키지 않는, 태만한, 자기만족적인, 만족하는, 열심인, 꾸준한, 희망적인, 야심 있는, 진취적인, 탐욕스러운, 이기적인, 기회주의적인, 가식적인, 비현실적인

◆ **통근**(↔ 정도순)

이용 가능한 교통수단을 이용하지 않는, 출근 경로가 일정하지/안정적이지 않은, 안정적으로 출근하는, 효율적으로 대중교통을 이용하는, 항상 운전하여 출근하는

17.2 근무 경력

다음의 질문을 하도록 하라.

- 내담자는 집 밖으로 나가 일을 해 본 적/보조일을 해 본 적/급여를 받는 일을 한 적이 있는가? 그렇다면 횟수/기간/일의 종류는?
- 내담자는 현재 고용된/고용되지 않은/해고된/능력 이하의 일을 하는/퇴직한 상태인가? 고용된 경우라면, 부업/노동직/임시직/계절 근로직/비상근직/상근직인가?
- 능력 이하의 고용 상태에 있는가?
- 근무 경력이 정기적/비정기적/중단된 상태/간헐적인가? 해고의 횟수와 이유는? 결근 문제, 고객/또래/동료/감독자와의 갈등은?
- 인턴, 구직 시도, 직무 코치, 구직 활동 센터, 직업 강화 프로그램에 참여한 적이 있는가?
- 내담자는 어떤 배경 요인(예: 의료, 가정, 학교, 사회)으로 인해 정규 교육 혜택을 받지 못했는가?
- 내담자에게 일생 동안/살아오면서 생산성이 낮았던/성취/승진 이력이 있는가?
- 일생 동안/살아오면서 내담자가 증상 관리를 위해 직업을 바꾼 적이 있는가?

17.3 언어 능력: 읽기 및 쓰기 능력

섹션 2.8 '언어 이해력' 및 섹션 18.4 '읽을거리' 참조

F80, F81 및 R48 진단의 ICD-10-CM 하위 코드를 고려하도록 하라.

◆독해력

최신 화젯거리에 대한 잡지의 한 단락을 주고, 그 의미에 대해 질문하여 내담자를 평가하도록 하라.

- (↔ 정도순) 실독증, 문맹, 기능적 문맹, 기초/생존을 위한 읽기 능력 부족
- (↔ 정도순) 철자를 말하는, 간단한 단어를 말하는, 소리 내서/조용히 읽는, 인식할 수 있는 단어 조합이 짧은, 표지/사용법/상표/설명서/조리법을 이해할 수 있는, 이해력이 낮은/보통인, 단어 의미를 해석하는, 느리게 읽는, 기초적이고 기능적인 읽고 쓰기 능력이 있는, 재미로 독서하지 않는, 일반적인 능력의, 글을 읽고 쓸 수 있는, 열심인, 학구적인

요약 진술

- 내담자의 독해 실력은 소수의 암기 단어에만 국한되어 있다.
- 내담자는 기본 발음 표기를 읽을 수는 있지만, 익숙하지 않거나 발음 표기상 복잡한 단어는 알아보지 못한다.
- 내담자는 서투른 읽기 능력으로 서면 지시에 반응하지/따르지 못한다.
- 내담자는 열심히 노력했다, 적절히 도움을 요청했다, 오류를 인식했다, 읽기 검사에서 단어 재인 능력을 사용하여 익숙하지 않은 단어를 잘 알아보았다.
- 읽기 능력은 기초 지식과 지시사항에 필요한 서면 자료를 읽기에 적절하다.

◆문해력(literacy)

'기능적인 문해력'은 일상의 다양한 상황에 필요한 읽기, 쓰기, 계산 능력이기 때문에 주어진 상황과 환경에 따라 달라진다.

(↔ 정도순) 다음 세 단락은 기능적인 문해력 정도순으로(낮은 순서에서 높은 순서로) 나열되었다.

극도로 낮은 수준의 문해력: 혼동을 야기하는 문법적 오류, 문장 부호 누락, 흔한 단어의 맞춤법 오류, 어린아이 같은 단어 선택, 올바르지 않은 문자 형태, 비방어/욕설

평균 하–평균 수준의 하단에 해당하는 문해력: 소리 나는 대로 철자쓰기, 부정확한 문장 부호, 속어, 모호한 표현/용어

높은 수준의 문해력: 복잡한 문장 구조를 적절하게 사용함, 정교한 단어 선택, 표준 철자와 문장 부호, 추상적 생각, 효과적인 은유법, 명료함

철자쓰기/쓰기

- 철자쓰기: (↔ 정도순) 실서증(agraphic), 문자-소리 결합이 부재한/좋지 않은/개선이 필요한, 철자쓰기 능력이 부족한/적절한/우수한, 기본적인 음성 원리에 대한 확실한 이해를 나타내는/보이는
- 받아쓰기: 반전, 생략, 대체, 추가, 단어 재인 실패, 부자연스러운 글
- 필적: 양호한/불량한 가독성, 대문자/소문자의 문제, 도치, 반전, 한 철자와 다른 철자를 혼동, 어느 정도의 노력이 필요한, 어색한 손잡이 자세/페이지 사용, 글자의 간격/크기 문제

직업/학업 기능에서 확인할 수 있는 의미 진술

- 내담자 능력의 수준과 학교/직장에서 기대되는 성취의 관계는 ……(기재하도록 하라)이다.
- 교육적 강점/약점/장애에 해당하는 영역 및 개입이 필요한 부분이 시사하는 바는……(기재하도록 하라).

17.4 수리 능력

섹션 14.6 '재정 능력' 참조

ICD-10-CM 및 DSM-5 진단 F81.2, 산술장애 또는 ICD-10-CM 진단 R48.8, 계산불능증(acalculia)을 고려하도록 하라.

(↔ 정도순) 다음 분류는 능력 수준 순으로(낮은 수준에서 높은 수준으로) 나열되었다.

숫자를 셀 수 없는, 숫자를 말할 수 있는, 숫자를 순서대로 아는, 숫자를 물어볼 때 손가락으로 정확히 수를 나타내는, 항목을 세는, 어떤 수가 더 큰지 아는

단순한 계산 및 측정은 가능하나 덧셈과 뺄셈을 넘어서는 계산은 불가능한

한 자리/두 자리 숫자의 단순한 덧셈과 뺄셈은 가능하나 뺄셈에서 숫자 빌려오기가 포함되지 않은 경우에만 가능한

구두로 제시된 산술 문제에서는 간단한 계산만 하는 제한된 능력, 덧셈/뺄셈/곱셈/나누기가 필요한 문제 풀이가 가능한

일반적으로 ______ 학년에 배우는 능력을 가지고 있는

소수/분수/단위 계산 문제를 정확하게 풀 수 있는, 가격을 이해하는, 거스름돈을 세는, 기초/실용 수학(측정, 비율, 백분율, 분수, 무게 등)을 아는, 기본적인 경영 수학/소비자 수학을 아는, 수리적 사고가 충분히 가능한

17.5 장애 보고서에 대한 특별 고려사항

기관에 소속된 임상가는 급여를 받고, 장애평가를 수행하여 얻은 정보를 해당 기관의 이익을 위한 자료로 제공한다. 대부분의 임상가는 장애와 이의 윤리적이고 법적인 맥락을 평가하는 것에 대한 훈련을 받지 않는다.

전문 교육을 받지 않고는, 임상가는 이러한 정보 제공의 함의와 위험 또는 그렇게 하는 과정에서 발생하는 윤리적 딜레마를 이해하지 못할 것이다. 더불어 이러한 절차는 상당히 전문화되고 포괄적인 평가를 필요로 하는 경우가 많다. 이러한 작업을 수행하는 임상가는 Piechowski(2011), Gold와 Vanderpool(2013), Gold와 Shuman(2009)의 논문을 숙지해야 한다. 미국정신의학및법률아카데미(American Academy of Psychiatry and the Law)의 『장애의 법의학적 평가를 위한 실천적 지침(Practice Guideline for Forensic Evaluation of Disability)』(Gold et al., 2008)은 이러한 평가 수행을 위해 필수적이다(http://jaapl.org/content/36/Supplement_4/S3?ijkey=28f3ba1445ca151339cb8480685bd02cdd5b5f01&keytype2=tf_ipsecsha 참조). Edwards(2009)는 이 영역의 윤리적이고 법적인 측면 중 일부를 다루고 있다(www.jaapl.org/content/37/3/392.full?sid=9b7836a7-6157-4b5c-9512-02e7b95644be 참조).

☑ 만약 내담자에게 변호사가 있고 일을 하지 않는 경우, 이를 보고서에 기록하도록 하라.

☑ 또한 장애 보고서에서는 내담자가 '장애'인지 아닌지를 분명하게 명시해서는 안 된다는 점에 유의하도록 하라. 이는 대개 행정적 결정이며, 당신이 수행한 평가 결과만으로 판단할 사항이 아니다.

17.6 직업 능력/권고사항

전반적 능력: 요약 진술

정상적인

- **이 내담자는 전반적으로 상당한 수준의 유급직을 수행할 수 있다.**
- **취업을 저해하는 심리적 요인은 없다.**
- **내담자는 경쟁적인 노동 환경/개방된 노동 시장에서 일할 수 있다.**

다소 제한되는

- **내담자는 지적으로 제한되어 있지만 일반적인 취업이 불가능할 정도는 아니다.**
- **내담자는 자신이 가지고 있는 경계선 지적 기능/경도 수준의 지적장애로서 할 수 있는 선에서 지시를 이해하고, 유지하며, 따를 수 있다.**
- **내담자는 간단하고 기본적인 지시를 이해하고, 유지하며, 따를 수 있다.**

- 내담자는 자신의 지적 수준에 맞게 품질 및 생산 규준을 달성할 수 있다/없다.
- 내담자는 자신의 신체/기능상 한계에 맞서 최대 능력치로 수행할 수 있다.
- 내담자는 동료 및 관리자와 관계를 맺을 수 있고, 지적/신체적 한계 내에서 직장의 스트레스와 요구사항을 다룰 수 있다.

상당히 제한되는

- 내담자는 안정적인 환경/보호 시설/매우 적합하고 지지적인 환경에서만 기능할 수 있다.
- 내담자에게는 직업 전문학교에서의 경험/업무 적응 훈련/직업 강화 프로그램/진로 적성 검사/직업 잠재력 평가가 필요하다.
- 내담자는 직장의 압박감을 견딜 수 있으며/없으며 직업 세계의 규칙과 요구에 익숙하다/익숙하지 않다.
- 실질 유급 활동(Substantial Gainful Activity: SGA)을 위한 잔존 기능 능력(Residual Functional Capacity: RFC)이 없다.
- 진단으로 인해 받는 영향은 취업/생산성/실질 유급 활동에 매우 심각한 방해물/장애물이 된다.
- 내담자는 학업 능력이 매우 부족해서 경쟁력 있는 직업을 구하거나 가질 수 없다.
- 내담자는 장애가 있는 것으로 보이지는 않으나 ……(기재하도록 하라) 때문에 취업하기에 적합하지 않다.

◆필요한 환경 및 과제

(↔ 정도순) 다음 분류는 내담자에 대한 요구 수준 순으로(낮은 수준에서 높은 수준으로) 나열되었다.

스트레스를 주지 않는/압박을 주지 않는/비경쟁적인 환경, 우수한 인지 능력이 필요 없는, 단순한/기초적/반복적/일상적/복잡하지 않은/느린 속도의/제한 시간이 정해지지 않은/속도를 내지 않아도 되는 과제

단독의/사회성이 요구되지 않는 과제, 혼자서 작업하는/사람들과 접촉이 없는

면밀한 지도감독하에 있는

보호받는/매우 지지적인, 안정적인

비상근/탄력적인 근무시간, 상근, 초과 근무

◆고용 수준(↔ 정도순)

비숙련직/보조직/육체 노동직, 반숙련직, 숙련직, 전문직, 관리직, 자영업

구직

(↔ 정도순) 다음 분류는 내담자 측의 노력 수준 순으로(낮은 수준에서 높은 수준으로) 나열되었다.

직업 및 교육 자원에 대한 지식이 빈약한/적은/부적절한

취업이 스트레스를 지나치게/매우/적당히/적게 주는 것으로 보이는

실제 또는 현실적인 구직 이력이 없는, 노력이 일시적인/성의 없는, 노력하는 시도가 분명 있었으나 현재 추진력이 고갈된

구직/면접 기술이 있는, 훈련/기술 개발/취업의 성공적인 완수를 방해하는 장애물 식별이 가능한, 행동을 위한 실현 가능한 직업적 목표/일정이 있는

제18장 여가 기능

18.1 오락: TV/라디오/온라인 프로그램/음악

(↔ 정도순) 회피하는, 싫어하는, 정신을 못 차리는/지나치게 흥분하는, 틀어놓기만 하는/소극적인 청취자, 시사 문제를 알고 있는, 특정 프로그램을 선택하는/고르는/시간에 맞춰 시청하는, 온라인 프로그램(넷플릭스 등)을 실시간 시청/청취하는, "꼭 챙겨 보는 드라마/연속극이 있다.", 보고 싶을 때마다 다시 찾아보는, 음악을 적극적으로 녹음/구매/실시간 청취하는, 음악 행사에 정기적으로 참석하는, 악기를 연주하는

18.2 취미

- (↔ 정도순) 취미가 없는, 퍼즐/컴퓨터/스마트폰 게임/문자 게임/스도쿠(Sudoku)/보드 게임(카드, 체커, 모노폴리), 공예/수예, 수선, 숫자 따라 색칠하기/수채화/유화/아크릴화 그리기, 모형 만들기, 사진 찍기, 사냥/낚시, 원예, 독서, 수집, 수리, 설계, 여행, 조립
- 반려동물 돌보기(먹이 주기, 운동시키기, 뒷정리하기, 단장하기, 가르치기, 수의사에게 진찰받기 등)
- 취미/여가생활을 위한 컴퓨터/인터넷 사용: 잡지/뉴스 기사/블로그 읽기, 이메일, 온라인 쇼핑, 검색 기능 사용, 리스트서브(이메일 소프트웨어, gmail) 사용, 워드프로세서로 글쓰기, 블로그/웹사이트 운영
- 온라인 게임(스도쿠, 카드 게임), Second Life 같은 멀티플레이어 온라인 게임
- SNS(페이스북, 트위터 등)

18.3 스포츠

내담자가 참여하는 스포츠를 기재하도록 하라.

- (↔ 정도순) TV를 시청하는, 참석/관전하는, 스포츠 관련 기사/도서를 읽는, ~에 대해 토론하는, ~에 참여하는, 스페셜 올림픽, 볼링 리그, 스포츠 팀에서 활동하는, 규칙적으로 스포츠에 참여하는, 경쟁력 있는 선수인
- 규칙적인 운동, 걷기, 요가, 조깅, 에어로빅, 헬스클럽, 골프, 자전거, 수영, 역도, 기타

18.4 읽을거리

섹션 17.3 '언어 능력: 읽기 및 쓰기 능력' 참조

◆ 신문(↔ 정도순)

헤드라인, 만화, 별자리 운세, 짧은 기사, 광고/물가, 안내 광고, 뉴스, 칼럼, 사설, 뉴스 해설, 예술 섹션, 논평

◆ 잡지(↔ 정도순)

단어 퍼즐 잡지, 아동용 책/잡지, 만화책, 모험, 가십, 슈퍼마켓, 여성용, 남성용, 시사 주간지/시사, 십자말풀이, 공상 과학, 특별한 관심 분야(예: 전쟁, 탐정, 오토바이 운전자, 총기, 레슬링, 취미, 무역, 과학 기술, 전문, 문학, 예술)

◆ 책(↔ 정도순)

만화/그림, 아동용 책, 만화 소설, 애니메이션, 로맨스, 단편 소설, 미스터리, 소설, 서부극, 호러, 모험, 공상 과학, 현대 문학, 시, 자서전, 역사, 자기계발서, 비문학, 원문, 고전

18.5 참여/수행의 질

ICD-10-CM의 Z73.2 코드를 고려하도록 하라.

- (↔ 정도순) 여가 활동을 하지 않는, 휴식/재미를 위해 하는 것이 없는, 즐거운 활동이 거의

없는, 여가에 대해 보통 정도의 관심이 있는, 적극적이고 만족스러운 여가생활을 하는, 직장 및 사회 생활 속에서도 여가를 함께 즐기는

• (↔ 정도순) 중단한, 마무리 못한 과제가 많은, 완료는 하나 질이 매우 낮은, 보통/이전보다 훨씬 더 오래 걸리는, 매우 느린, 잊어버리는, 활동을 소홀히 하는/활동으로부터 방해받는, 가장 단순한/빠른 것만 끝내는, 대개 완료하는, 항상 완료하는, 시작한 모든 것을 강박적으로 완료하는

제19장 기타 전문 평가

이 장에서는 임상가가 자주 평가를 요청받는 다양한 기타 상황이나 기능 차원을 다룬다.

19.1 비만대사 수술

ICD-10-CM 코드는 Z98.84이다.

비만대사 수술은 다차원적으로 바라보아야 하는 복잡한 문제이다: 의학적(제한된 효과 기간, 병적 상태, 사망률, 의료진 편향) 차원과 더불어 심리적(정체성, 신체상, 기대), 교육적(오해와 비현실적 기대, 정신적인 외상을 덜 초래하는 대안을 인식하는 것, 평생의 심리적/의학적/영양적/생활방식의 변화와 서비스의 필요), 정신의학적(섭식장애, 우울증, 기타 모든 장애), 사회문화적(잘못되고 비현실적인 고정관념, 대중뿐만 아니라 전문가들의 편견, 낙인, 뚱뚱하다고 핀잔 주는 것) 그리고 윤리적/법적/경제적 차원. 우리는 우리가 모르는 것에 대해 대부분 의식하지 못하고, 우리가 할 수 있는 것에 대해 지나치게 낙관적이다. 광범위한 교육과 지도가 적극 권장된다.

Sarwer 등(2005)은 고찰 연구에서 가장 좋은 사례를 통해 다음과 같이 결론 내렸다.

> 소수의 인구통계학적 및 기술적 변인들 외에 수술 후 결과를 예측하는 요인에 대해서는 거의 알려진 것이 없다. 직관적으로, 물질 남용, 조현병, 해리성 정체성 장애, 또는 심각한 우울증과 같이 통제되지 않는 정신병리를 가진 환자들은 성공적인 결과를 보이기 어려운 것으로 간주된다. 우리 프로그램에서는 이러한 각각의 장애 병력을 가진 환자들이 성공적인 결과를 얻는 것을 보아 왔다. 이 환자들은 수술 전 철저한 심리평가를 받았고…… 수술 당시 정신과적으로 안정된 상태였으며, 수술 후 치료 과정 동안 정신과 치료도 받았다. 우리는 심각한 정신병리를 가진 채 수술을 받으려 하는 환자들에게 이 접근법을 권장한다.

◆ 교육 자료

Greenhalgh(2015)는 인류학적인 연구이며 배경 지식으로 필수적이다. 그 외 기본적인 읽을거리에는 Wadden과 Stunkard(2004), Sarwer와 Wadden(2006), Heinberg 등(2010), Sarwer 등(2005) 그리고 Walfish 등(2007)이 있다. 더불어, 미국대사성질환및위절제수술학회(American Society for Metabolic and Bariatric Surgery)는 행동 건강을 전문 주제로 포함하는 연례 학술회의를 개최한다(https://asmbs.org 참조). 또한 체중 감량 수술에 중점을 두고 행동 건강 관련 논문을 자주 싣는 3개의 학술지로 『대사 비만 및 관련 질환 수술(Surgery for Obesity and Related Diseases)』(www.soard.org/home), 『대사 비만 수술(Obesity Surgery)』(www.springerlink.com/content/120415/?p=690a564aef3f47a7ad6ead15d771f681&pi=0), 『비만대사 간호 및 수술 환자 관리(Bariatric Nursing and Surgical Patient Care)』(www.liebertonline.com/loi/bar)가 있다.

19.2 대처 능력/스트레스 인내성

섹션 6.4 '적응', 섹션 25.8 '강점 체크리스트' 참조. ICD-10-CM 및 DSM-5의 F43 코드를 고려하도록 하라.

◆ 유형 및 차원

- 도구적 · 정서적 · 회피적 대처
- 좌절 인내성, 만족 지연 능력, 모호함/불확실성/갈등/적은 정보/부족한 조직 구성에 대한 인내성, 강인함

◆ 대처 기술(↔ 정도순)

압도된, 소진된, 진이 빠진

서투른, 무력한, 적응할 수 없는, 경직된, 융통성 없는, 완고한. 금지 표현: "해낼 수 없는"

특정 심리 기술을 발달시킨: 분노 관리, 주장, 합리적 자기대화, 자기위로법

사회적 지지 체계/친구관계/비공식적인 상담자를 활용하는

자원이 풍부한, 숙련된, 용기 있는, 현실적인, 쉽게 적응하는, 융통성 있는, 적응하는, 조화시키는, 유연한, 대담한, 자랑스러운. 금지 표현: "살아남은" "그냥 운이 나쁜"

◆ 자산/강점 및 부채/약점

섹션 25.8 '강점 체크리스트' 참조

19.3 문화를 감안한 개념화

문화에는 민족, 인종, 종교, 사회계층, 성별, 연령 그리고 유사한 범주들이 포함될 수 있다. 우리는 모두 문화가 행동, 성격, 자아상, 증상, 고통, 치료에 대한 반응, 기타 임상 정보에 영향을 미칠 수 있음을 알고 있다. 이러한 상호작용은 매우 복잡하고, 대개 과소평가되며, 제대로 이해되지 못한다. 이러한 복잡성에 더해, 문화의 일부 측면은 임상적으로 흥미로운 몇몇 현상에 다양한 방식으로 그리고 여러 다른 사람에게 다양한 영향을 줄 수 있다.

우리의 윤리 지침은 우리에게 '문화적 감수성(즉, 평가와 치료에 영향을 줄 수 있는 문화적 변인에 대한 인식)과 문화적 유능감(즉, 이러한 인식을 효과적인 평가와 치료로 이어지도록 하는 행동으로 이행)'을 갖도록 요구한다(Paniagua, 2005, p. 8). 우리가 임상가로서 마주하는 모든 문화에 대해 잘 아는 것은 불가능하나, 우리는 반드시 우리가 할 수 있는 것을 배워야 하고, 우리의 추측, 기대, 고정관념 그리고 민족중심주의에 대해 항시 의식해야 한다.

DSM-5는 몇 가지 지침을 제공한다. 첫째, 이는 DSM-5의 많은 장애 관련 섹션에서 '문화와 관련된 진단적 쟁점'이라는 제목으로 제시되어 있다. 둘째, DSM-5는 모든 유형의 문화적 이슈에 대해 질문하는 반구조화된 면담을 제공하여 내담자의 어려움에 대해 문화 정보에 근거한 개념화를 생성해 준다. 문화적 개념화 면담(Cultural Formulation Interview: CFI)은 면담자와 정보제공자 2가지의 버전이 있으며, DSM-5(American Psychiatric Association, 2013)의 '새로 개발된 평가치와 모델(Emerging Measures and Models)' 섹션에서 제공한다. 핵심 CFI에 대한 보충 모듈은 온라인에서 이용 가능하다(www.psychiatry.org/dsm5). 이 12가지의 모듈은 면담에서 다루어지는 주제들인 내담자의 설명 모델, 사회 네트워크, 문화적 정체성, 대처 및 도움 추구 행동, 노인, 돌봄제공자, 심리사회적 스트레스 요인, 종교 및 영성 그리고 이민 및 난민 상태를 더 상세히 설명한다. 또한 이 쟁점들과 모듈을 더 자세히 설명하는 면담 관련 저서도 있다(Lewis-Fernandez et al., 2016). CFI와 보충 모듈 모두 현재 내담자들 대상으로 무료로 이용이 가능하다. 셋째, DSM-5는 문화 및 역사적 쟁점을 임상적으로 해석하기 위해 대규모의 Z코드를 채택했다. 마지막으로, DSM-5는 '고통의 문화적 개념 용어 해설(Glossary of Cultural Concepts of Distress)'에서 다른 문화권에서는 친숙하지 않은 장애의 몇 가지 예시를 제공한다.

이 분야에서 가장 우수하고 쉽게 접근 가능한 입문서는 Sue와 Sue(2016), Pedersen 등(2015), Ponterotto 등(2010), Tseng(2003) 그리고 Paniagua(2014)이다. 문화 중심으로 진단을 재개념화한 Badlani 등(2012)도 추천한다.

19.4 재정 능력/자본 관리 능력

섹션 14.6 '재정 능력', 섹션 14.11 '장보기' 참조

☑ 주: '능력(competence)'이란 재정, 의학, 유언 관련(유언을 하고, 자산 분배를 결정할 수 있는 능력) 의사결정을 포괄하는 법적 용어이다. 현재는 '무능력자'보다는 '금치산자'가 선호되는데, 이는 후자가 덜 포괄적이고 정보를 수용하고 평가하는 능력—정확한 평가를 더 잘할 수 있는 기능—에 더 초점을 맞추기 때문이다. 기타 모든 평가에 대해 '능력'은, 예를 들어 자신의 건강 상태, 치료 선택지, 가능한 결과, 수반된 위험에 대한 이해로서 평가된다.

기준/규준

- 자신의 재산을 관리할 수 있는 능력/자신의 자원을 탕진할 가능성
- 의도적으로 접근하는 사람들의 희생자가 될 가능성
- 금융 자산의 사용과 관리에 관한 결정을 내리고 전달할 수 있는 능력

재정 능력 평가의 구성 요소

재정 능력 평가에는 심리적/정신의학적 평가/지남력, 기억, 판단, 읽기 능력, 정서 곤란, 지능의 평가 데이터베이스가 포함된다. 다음의 문제들을 다루도록 하라.

- 시간, 장소, 사람에 대한 지남력과 일상적인 물건의 사용
- 적절한 기억 기능, 사회적 판단, 판단력 검사(test judgment), 정서 조절력의 유무
- 현실 접촉의 질(망상, 환각, 사고장애, 사고 과정의 장애 등)
- 통화를 알고, 거스름돈을 바꾸고, 여러 일상적인 물건의 가치/비용을 알아보고, 단순한/기초적인 연산을 하고, 적절한 계산을 수행할 수 있는 능력
- 자기 자산의 출처와 범위에 대한 사실에 입각한 지식, 금융 용어 및 개념 이해
- 개인의 기능적 능력/행동, 예를 들어 자신의 재산을 이체/보존할 수 있는 것으로 관찰되었던 점/과거력 등 개인의 능력/행동, 재정 관리/책임의 유능한 수행, 잠재적 착취 상황에 대한 지각

요약 진술

- **현재 평가에 기반할 때, 이 내담자는 ……인 것으로 보인다.**
  - **모든 재정 분야에서 금치산자인**
  - **______ 원에서 ______ 원 정도의 소액만 관리할 수 있는**

- 자신의 재산을 관리할 수 있는/없는, 자신의 재산을 탕진/낭비할 가능성이 큰/작은
- 수익/권리를 관리하고 자율적으로, 책임감 있게, 효과적으로 장기적인 재정적 결정을 내릴 수 있는/없는
- 의도적으로 접근한 사람에게 넘어가서/희생자가 되어 착취당할 가능성이 있는/없는
- 자신의 권리와 재산을 사용 및 관리하는 것에 대해 책임감 있는 결정을 내릴 수/전달할 수 있는/없는
- 필요한 구매를 하기보다 자산을 축적할 가능성이 있는/없는

• 내담자는 이익을 얻었을 때 약물/알코올/도박 또는 계획적이지 않은/충동적인 구매에 돈을 사용할 것이기 때문에, 내담자는 자산을 관리할 수 있는 가장 적합한 수령자가 되지 못할 수 있다/되지 못할 것이다/되어서는 안 된다.

유언 능력/유언할 수 있는 능력

개인은 ① 자신의 재산 유형 및 범위, ② 통상적인 유산 수령인의 신원 및 관계, ③ 유언의 유형과 ④ 효과를 반드시 이해해야 한다. Melton 등(2018)의 저서에서 유언 능력에 대해 자세히 다루고 있다.

19.5 난민 경험

ICD-10-CM 및 DSM-5의 Z65.4, Z65.5 코드뿐만 아니라 Z59, Z60(특히 Z60.3), Z63.4, Z63.7 코드의 진단을 고려하도록 하라.

이민자 평가에는 정치적 망명, 주거지 상태, 퇴거(국외 추방) 무효, 곤경 면제(미 정부 I-601 유형), 미국 시민권 시험 면제(N-648 유형) 그리고 (외상후 스트레스장애, 고문, 착취/밀매 등에 대한) 외상평가 및 개입과 같은 특정 상황 및 내담자에 기반한 기타 유형에 대한 평가를 포함한다.

외상 및 난민 경험 이슈에 대해 임상가에게 좋은 자료들은 여러 웹사이트에서 찾을 수 있다(http://refugeehealthta.org/physical-mental-health/mental-health/adult-mental-health/traumatic-experiences-of-refugees; http://www.nctsn.org/trauma-types/refugee-trauma; www.ptsd.va.gov/PTSD/professional/trauma/other/ptsd-refugees.asp). Gonsalves(1992)는 재정착을 위한 적응의 각 단계의 전형적인 경험을 기술하고 있다.

19.6 종교 및 영적 문제

ICD-10-CM의 Z71.81 코드를 고려하도록 하라.

☑ 주: 종교적 신념으로 인한 변화를 조증 삽화, 개인화된 신념 또는 지배적인 관념에 기원한 방상, 독실함에서 비롯한 강박적인 양심과 구분하기 어려울 수 있다. 각기 다른 종교적 전통이 다른 영적 문제들을 발생시킨다.

◆이력

다음의 내용을 질문하도록 하라.

- 아동기, 청소년기, 성인기 동안 종교의 역할
- 이 시기 동안의 영적 문제
- 과거 및 현재 소속되어 있던 종교 단체, 참석 그리고 개인 및 공동체 기도, 명상, 영적 지도자와의 만남, 성서 공부 등과 같은 활동에의 관여
- 실존적 문제, 인생을 이끄는 가치의 추구, 영적 건강
- 종교 의식의 빈도–다음과 같이 기술하도록 하라.
  – **위기 상황에서만, 공휴일에/가족을 따라, 일상적으로, 매일**
- 태도/헌신/전념–다음과 같이 기술하도록 하라.
  – **강박적인, 독실한, 엄수하는, 일상적인, 독립적인, 불가지론적인, 적대적인, 무신론의**
- 전지전능자/신/예언자에 대한 지각

◆도덕에 대한 문제

- 자기 또는 타인의 도덕적/윤리적 행동, 가치, 종교 수행, 사회 간의 갈등
- 과도한 또는 최소한의 죄책감, 벌받는 느낌, 속죄할 필요성, 용서받았다고 느끼지 못함
- 죄/악, 옳고 그름, 책임, 규범에 대한 혼란

◆신앙의 상실 또는 의문과 관련된 문제

- 교회/조직, 교리, 성직자들, 성서/성전/기도문과의 차이/갈등/문제(예: 위선)
- 불의/고통/질병/죽음/실현되지 않은 기도로 인한 의심
- 전지자에 대한 분노 또는 공포/불신
- 독실하게 믿거나 죄를 짓지 않았음에도 통제력 상실/질병/상실로 인해 생겨난 의심
- 전지자의 존재를 믿는 것 또는 가까이 다가가는 것의 어려움
- 전지자를 판단적이고 요구가 많은 존재로 보는 개념과 수용적인, 다정한, 너그러운 존재로 보는 개념 간 갈등

◈ 개종이나 다른 종교를 가진 집안/배우자와의 결혼

- 새로운 종교로의 입교 절차와 관련된 어려움
- 가족 또는 이전 종교의 일원으로부터 배교자/파문자/상실자/사망자로 간주되는 것
- 결혼 준비, 예배/주일 지키기, 자녀의 종교 수행에 관하여 해결해야 할 문제들

◈ 죽음 및 자살에 관한 문제

- 죽음에 대한 두려움(예: 끝내지 못한 영적 의무, 장례/추모/매장/화장 준비)
- 사후 발생하는 일에 관한 신념(예: 고인과의 재회/끝이 없는 잠/암흑, 사후 심판, 천국 또는 지옥에서의 사후 세계, 환생 등)
- 자살에 반대하는 종교적 신념

◈ 종교적 경험

- 기도에 대한 반응 또는 기도의 효과
- 천직/소명
- 특별 계시
- 악령 빙의, 메시아/예언자/기타가 되는 것
- 신에게 버림받음

◈ 기타 문제

내담자가 치료자에게 자신의 신앙을 받아들일 것을 요구/권하는

D. 보고서 마무리

제20장 결과 요약 및 결론 421

제21장 진단적 진술/소견 425

제22장 제언 471

제23장 예후 진술 477

제24장 결론 479

제2부의 마지막 하위 항목들은 논리적 흐름에 따라 진행된다. 최종 결론의 전문적 약칭인 진단명을 제시할 수 있도록 결과와 관찰을 종합하는 것으로 시작한다. 내담자에 대한 이해를 정리한 2가지 요약을 통해, 당신은 치료 및 기타 서비스에 대한 중요한 제언을 할 수 있다. 다음으로 예상되는 결과, 즉 예후에 대해 진술할 수 있다. 마지막 장은 보고서 완결과 관련된 사안 및 표준 언어를 다룬다.

제20장 결과 요약 및 결론

20.1 개관

결과 요약 및 결론에서는 이력, 결과 또는 관찰, 역동 그리고 의뢰자 또는 독자의 요구와 가장 밀접한 관련이 있는 영역에서의 내담자 기능에 대해 임상가가 이해한 내용을 통합한다. 의뢰 질문이 있다면, 그에 대해 여기서 답하게 될 것이다. 그러나 소인(disposition)을 찾는 의뢰 질문에 대해서는 별도의 '제언'에서 답하는 것이 보다 적절해 보인다(제22장 '제언' 참조). 요약은 임상가가 실시한 치료 회기 평가나 실시한 평가에서 도출된 결론을 개관하는 것이 적절하다. 통상적으로 진단적 진술 역시 구분된 섹션으로 작성한다(제21장 '진단적 진술/소견' 참조). 그러나 이전 진단에서 변화가 없다면, 진단적 진술은 요약에 포함될 수 있다.

간략한 요약만 필요하거나 요약만 읽기를 원하는 독자들은 늘 존재하기에, 내담자에 대한 가장 중요한 함의가 있는 정보 또는 결론을 포함해야 한다.

20.2 요약의 서론

다음 중 하나 또는 이와 유사한 구문으로 요약을 시작하도록 하라.

- **요약컨대/요약하면/요약하자면…….**
- **합리적으로 진행한 평가 결과에 따른 전문적/심리적인 견해로는…….**

그다음 내담자의 인적사항을 간단하게 기술하도록 하라.

(내담자 이름)/(연령), (성별), (결혼 상태 또는 부모 상태와 같은 기타 결정 관련 요인) 내담자/환자/소비자/기타는…….

이 책의 시작 부분에 있는 '호칭과 표기' 소제목 아래 '보고서 작성을 위한 실용적 지침'에서는 내담자를 지칭할 때 사용할 수 있는 다양한 용어를 제공하고 있다.

20.3 이전 정보의 요약

배경 정보 및 과거력(제6장 참조) 그리고 의뢰 사유(제5장 참조)를 몇 문장 또는 짧은 단락으로 요약하도록 하라.

20.4 주요 결과 및/또는 결론

별도 단락 또는 이전 정보의 요약의 일부로, 의뢰 사유와 가장 관련성이 높은 3~4가지 주요 결과 또는 결론만을 제공하도록 하라. 치료 요약에서는 내담자의 다음 치료자에게 도움이 되는 방향으로 치료 과정에서 다룬 가장 중요한 주제와 성과를 보고하도록 하라. 그 외 상황에서는 보고서의 독자가 이해할 수 있도록 결과 목록을 작성한다.

검사 보고서에서는 결과를 의뢰 질문에 따라 인지 기능, 정서 조절, 대인관계 등과 같은 주제로 구성한다(여러 검사 결과를 통합). 신뢰도에 대한 진술도 필요하다(섹션 4.6 '신뢰도/타당도 관련 진술' 참조).

나타난 심리 증상이 의학적 상태에 의한 것일 수 있다면, 제28장 '의학적 상태의 정신과적 가장'을 참조하도록 하라.

◆손상이 개인에게 미치는 영향

(↔ 정도순) **정신병적 증상을 보이는, 자살 충동을 느끼는, 급성 발작으로 인해 기능을 상실한(decompensated), 황폐화된, 파국적 반응, 퇴행한, 사건 또는 그 결과를 부인하는, 압도된, 부적응적인, 악화 중인, 간신히 기능하는, 우울한, 적응장애, 지속/지연된 애도, 슬픈, 장애/상실에 적응 중인, 적절한/괜찮은 기능, 기능적인, 적응하는, 서서히 적응해 나가는, 수용적인, 협조적인, 심리적 대처 기제를 사용하는, 제 기능을 회복하는, 보상될/대체할/기억을 회복할/대처 도구가 될 만한 방법을 찾아낸, 성공적인, 성숙한, 도전적인, 성장 중인, 과잉보상적인**

요약 진술

내담자의 정서적 및 신체적 손상으로 인해 쌓여 온 영향/결과는 아무런 한계가 되지 않는다/미미한/경도의/유의미한/중등도의/고도의/심각한 한계를 초래한다.

20.5 진단적 진술

일반적으로 진단적 진술은 결과 요약 및 결론 이후에 보고서의 별도 섹션에서 제시된다. 그러나 진단이 간단하거나 현재 치료 또는 이전 진단이 바뀌지 않았다면 요약에 포함될 수 있다(진단에 대한 더 많은 내용은 제21장 '진단적 진술/소견' 참조).

20.6 자문 및 추가 평가

내담자에 대해 이루어진 모든 외부 자문에 대해 사유/필요성, 평가 유형, 자문가 성명, 실시 일자, 결론 및 제언을 기록하도록 하라. 그리고 분명하지 않을 때는 (다른 사람들이 이를 요청할 수 있도록) 자문서 원본 일자와 보관 장소를 기록하도록 하라.

추가 평가 제안이 간단하고 일반적이면 이 부분에 포함시킬 수 있다. 더 복합적인 사안이면 보고서의 제언 섹션에서 충분히 기술하도록 하라(제22장 '제언' 참조).

20.7 치료 요약

◈ 제공된 서비스

회기 수(필요한 경우 누락된 회기를 포함하여)와 처음과 마지막 회기의 일자 및 제공된 서비스 유형(자문, 사정, 평가, 치료 등)을 기록하도록 하라.

◈ 종결

종결 사유와 함께 종결 결정의 출처(내담자, 치료자, 내담자와 치료자가 함께, 기관, 관리 의료, 기타)를 언급하도록 하라. 종결 사유의 설명어는 다음을 포함한다.

> **서비스 거부, 과도한/양해 없는 불참, 진전이 거의 없음/없음, 계획된 치료 중지, 성공적인 프로그램 종료/목표 달성,** ……(기재하도록 하라)**로 인한 타 치료자 또는 서비스 제공자로의 이전,** ……(기재하도록 하라)**로 인해 다른 곳에 의뢰,** ……(기재하도록 하라)**로 인해 서비스를 제공받기에 부적합함, 기타**(기재하도록 하라)

결과 요약 진술

- ……와 관련하여 치료는 모든 부분에서/부분적으로/일부만 성공적이었다.
- 일부/다수/거의 모든 목표를 넘어섰다/달성했다/달성하지 못했다.
- 이 환자는 병원 내 치료 과정을 잘 따랐다.
- 환자는 약물로 인해 관해 상태에 있다/화학적 관해 상태에 있다.
- 환자는 치료/입원/서비스로 큰 효과를 보았다.
- 제공한 치료는 성공을 거두지 못했다/증상을 없애는 데/줄이는 데 비효과적이었다.
- 치료는 환자에게 부정적 결과를 초래했다.
- 이 환자는 부반응 증세(adverse reactions)를 보였다/악화되었다/변함없었다/개선을 보이지 않았다.

최종 결정

해당 사례의 최종 결정[치료 효과가 없는, 종결된, 전원(transfer), 사후 관리, 의뢰]에 관해 기술하도록 하라.

제21장 진단적 진술/소견

비록 정신건강 분야는 의학만큼 치료에 밀접하게 연결되어 있지는 않지만, 진단은 많은 유형의 자료를 통합하고 소통하기 위한 일종의 전문 용어이다. 대부분의 보고서에서 임상가가 내린 진단은 이전 보고 자료들에서 도출하고 요약해야 한다. 따라서 진단은 독자에게 제언과 그에 맞는 치료 계획에 대한 방향을 안내한다.

21.1 ICD 및 DSM

이 책에서 DSM 및 ICD는 진단적 선택지로 나란히 언급되지만, 이 두 체계는 상당히 다르다.

DSM은 미국정신의학회(American Psychiatric Association)가 후원하고 출판한다. DSM의 대부분은 의학 수련을 받고 의학적 관점을 가진 정신건강의학과 전문의가 기술했다. DSM은 미국 이외의 몇몇 국가에서 채택되었다. 그러나 DSM의 750가지 진단 중 소수만이 실제 의학적/생물학적 기반을 가지고, 나머지는 기능적 구분 및 임상적 판단에 기반을 둔다. 그 결과, 가장 일반적인 분류 외의 진단들은 신뢰도가 낮은 문제가 발생하며, 따라서 타당하지 않다. DSM-5는 고유한 코드 대신 각 진단에 대한 ICD-10 코드를 제공하고 있으나, 본 저자의 생각으로는 이 코드들이 가끔 적합하지 않을 때가 있다. DSM-5의 코드는 규모가 훨씬 큰 ICD-10 목록의 부분 집합(아마도 절반)을 구성한다.

ICD는 간단하게 전 세계의 다양한 수련 과정과 수련 수준을 지닌 정신건강 임상가가 사용하는 용어들에 대한 설문 조사 결과를 체계적으로 분류한 것이다. ICD는 세계보건기구(WHO)에서 출판되며 국제연합 소속의 모든 국가가 채택하고 있다. 선진국은 각 국가에 맞는 번안 및 번역판이 있다. 미국에서 ICD-10-CM의 출처는 질병통제예방센터(CDC) 산하 국립보건통계센터이다. ICD의 신뢰도나 타당도에 대한 가정 또는 ICD의 범주에 대한 어떠한 연구 근거도 존재하지 않는다. ICD의 목적은 일관된 진단 기록 지원, 치료의 지속성 유지, 지역 보건소의 결정을 보조하는 것이다. 현재 ICD-10과 관련하여 정신건강 진단에 대해 증상을 열거하거나 경과, 유병률, 발병률 또는 ICD 진단의 기타 측면을 설명한 책은 없다. DSM-5가 이러한 기능을 수행하고 있다.

21.2 정신질환 진단의 참조 목록 개요

면책사항

첫째, 이 면책사항을 읽도록 하라. ICD-10-CM의 정신질환 진단의 참조 목록(섹션 21.4 참조)은 숙련된 임상가들이 진단과 관련해 숫자만 아는 상태에서, 정확한 진단명 표현을 원할 때 진단 라벨 검색을 돕기 위해 고안되었다. 기재사항은 훈련된 정신건강 임상가가 참조할 목적으로 고안된 것이며, 진단 결정 또는 감별 진단을 위한 것이 아니다. 보이는 것이 다가 아니라는 점을 유념하도록 하라. 진단이 불확실한 경우 동료 및 DSM-5와 같은 참고문헌을 참조해야 한다.

목록 내용

1996년 「건강보험 정보의 이전 및 그 책임에 관한 법률(Health Insurance Portability and Accountability Act: HIPAA)」의 일환으로, 미국은 ICD-9(WHO, 1977)에서 ICD-10(WHO, 1992)을 사용하게 되었는데, ICD-10은 1992년에 미국을 제외한 모든 국가에서 모든 질병, 상해 및 병적 상태를 분류하기 위해 채택되었다. 이 목록은 매년 수정될 수 있지만, 정신장애에 대한 변화는 다음에 기술된 경우를 제외하고는 거의 없었으며, 이러한 상황은 지속될 것 같다. 따라서 이 참조 목록은 몇 년간 정확할 가능성이 높다. 실제로 ICD-11이 전 세계적으로 1~2년 이내 채택될 예정이기 때문에 WHO는 ICD-10을 수정하지 않을 것이다. 본 저자는 미국에서 수년간은 ICD-11이 ICD-10을 대체할 가능성이 매우 낮을 것으로 본다.

정신건강과 가장 밀접한 관련 있는 코드는 F코드—'정신, 행동 및 신경발달장애'(F01~F99)—이다. 이 코드는 불안 또는 우울장애에 대한 것과 같은 친숙한 증상 기반의 코드이다. 이 참조 목록은 DSM-5에 포함된 모든 F코드와 더불어 ICD-10-CM의 G, N, R, T, 특히 Z 섹션에서 더 많은 코드를 제공하는데, 본 저자의 생각에는 이 코드들이 임상적으로 유용하기 때문인 것 같다(다음 참조).

이 목록은 ICD-10-CM의 거의 모든 F코드 진단으로 유발된다. 이 목록에는 조현병과 자폐증의 하위 유형과 같이 ICD-10-CM에서는 유지되었으나 DSM-5에서는 삭제된 용어들 일부가 포함된다. 또한 불평성 편집증(paranoia querulans: 소송을 좋아함)과 같이 유익해 보이나 DSM에는 존재하지 않는 ICD 코드도 있다. 전체 ICD-10의 몇 가지 부정확하지만 역사적 진단들도 여기에서는 유지되고 있다(예: '치매'와 동의어로 쓰이는 '노망'은 경멸적 어조이고 '치매'와의 연관성도 부정확하다). DSM-5는 DSM-IV-TR의 '달리 분류되지 않는(Not Otherwise Specified: NOS)'이라는 명칭이 너무 애매모호하다는 이유로 교체했으나, ICD에서는 계속 유지되고 있다. 일부 ICD 진단에는 중복을 줄이거나 감별 진단을 돕기 위한 두 종류의 '제외' 조건이 있는데, 이는 임상 기록 관리에는 불필요하고 이 목록에 넣기에는 지나치게 세부적이라 생략했다.

◆목록 서식

참조 목록에 있는 코드/숫자와 그것의 진단/라벨들은 『국제질병분류 제10차 개정판–임상적 변형(ICD–10–CM)』에서 선정되었고, 미국 내 사용에 대비한 것이다. 이들은 주로 제5장 '정신, 행동 및 신경발달장애'에 있다.

DSM–5와 ICD–10–CM 모두 단일 코드 숫자와 관련해 여러 진단을 허용한다. 이 참조 목록의 구조는 임상가가 코드 숫자만을 가지고 있을 때 진단을 찾기 쉽도록 ICD의 숫자 순서와 친숙한 군집을 따른다(DSM–5의 양장본 순서가 아니라).

지난 몇 년간 DSM과 ICD를 '조화시키기' 위해 DSM–5에만 있던 대략 200개의 진단이 미국 ICD–10–CM에서도 채택되었고, 이런 과정은 지속될 것으로 보인다.

F03.90과 같은 **진한 글씨체**의 코드 숫자는 ICD–10–CM에만 존재한다. *F32.9*와 같이 *기울임체*로 된 코드 숫자는 ICD–10–CM과 DSM–5 모두에 존재한다. F03과 같이 **회색**으로 된 코드는 섹션의 제목이고, 그 아래에 특정 코드가 없지 않는 한 비용이 청구되지 않는다(F04와 F09의 경우처럼). 항상 **F03.90**과 같이 더 구체적인 코드를 사용하도록 하라. 그러나 보험 회사는 비용을 지불할 코드를 스스로 결정한다. DSM–5로부터 ICD–10–CM에 추가된 진단들은 '달리 분류된 우울 삽화(OTHER SPECIFIED DEPRESSIVE EPISODES)'와 같이 작은 대문자 글꼴(SMALL CAPS TYPEFACE)로 나타나 있다.[1] 진단 시, 우선적으로 표준 로마 서체를 사용하도록 하라. 일반적인 진단 라벨은 보기 쉽게 음영으로 표시되어 있고, 흥미로운 진단 라벨은 *기울임체에 밑줄이 그어져 있다*. 발달장애 또는 '기저 생리학적 상태'가 알려진 경우, 이를 정신적 '발현 징후' 이전에 코드화/열거하도록 하라. 이들은 '**코드 우선(CODE FIRST)**'으로 표시된다.

공간 절약을 목적으로 일부 빈번하게 사용되는 일반 용어는 축약형으로 쓰여 왔다. '신경인지장애(Neurocognitive disorder)'(주요 및 경도)는 'NCD'로 축약된다. '진정제, 수면제 또는 항불안제(Sedative, hypnotic, or anxiolytic)'는 'SHA'로 축약된다. '기타 자극제(Other stimulant)'는 'OS'로 축약된다. '기타 정신활성물질(Other psychoactive substance)'은 'OPS'이다. '암페타민 또는 기타 자극제(Amphetamine or other stimulant)'는 'AOOS'이다. 실제 축약형 사용은 이 목록을 훑어볼 때 찾고 있는 진단의 중요한 부분을 더 쉽게 발견하는 데 도움이 된다. 물론 이러한 진단을 사용하거나 기재할 때, 축약형을 긴 형태로 바꿔야 한다.

각 코드는 많은 진단을 포함할 수 있지만, 명확하게 표시하기 위해 각 주요 진단은 새로운 줄에서 시작한다. ICD–10–CM은 진단의 첫 단어의 첫 글자만 대문자로 쓰며, 그 형식이 여기에도 사용되었다. (DSM의 이전 판은 진단명에서 주요한 단어 각각의 첫 번째 글자를 대문자로 표기했으나, DSM–5에서는 이제 본문 내 진단명은 소문자로, 제목은 대문자/소문자로 표기한다.) 모든 전자 기록 시스템이 ICD의 진단 표현을 채택했기 때문에 대부분 DSM 진단 표현보다 이를 선호한다.

1 역자 주: 번역을 하는 과정에서 대문자 글꼴은 구분이 어렵다고 판단되어 고딕체로 표기했다.

◆목록 활용

정확한 진단을 결정할 때 당신의 수련받고 경험했던 경력과 DSM-5의 정보를 이용하고, 그다음 가장 알맞는 코드와 라벨 선정을 위해 ICD-10-CM의 모든 관련 있는 주요한 진단을 검토하도록 하라. 당신의 근무 환경과 목표에 따라, 표준 로마 서체(ICD-10-CM 코드) 또는 *기울임체*(ICD와 DSM 공통)로 된 코드 중 하나를 사용하도록 하라. 동시에 라벨이 필요하다면 표준 로마체(ICD 라벨) 또는 작은 대문자체[2](이러한 첨가는 ICD와 DSM 공통)로 된 라벨 중 하나를 사용하도록 하라. 진단이 의뢰 사유에 해당하거나, 수련 중이거나, 현재 근무 환경 분위기상 완전한 목록을 요구하는 것이 아닌 한, 일반적으로 가장 중요한 하나 혹은 두 가지 진단만을 제시하도록 하라. 당신은 모든 '배제' 또는 기타 조건을 포함시켜야 한다**(섹션 21.1 참조)**. 진단에 대해 확신이 없거나 당신의 직장이 '진단적 소견'을 기대한다면 이를 제공하도록 하라.

ICD는 의학 및 정신 상태를 구분함을 주의하도록 하라. 예를 들어, ICD에서는 알츠하이머병을 '기저하는' 의학적 상태(G30 코드)로 취급하고, 이 코드에서는 달리 분류된 질병(F02.x 코드)의 치매가 '명시적' 진단으로 추가될 수 있다. 참조 목록에서 이와 같은 경우는 '코드 우선'으로 표기된다.

관행상 모든 신체/의학적 진단을 먼저 표기하고, 나머지는 내담자에게 가장 큰 영향을 주는 순서 또는 당신이 우선적으로 치료할 순서대로 표기한다. 코딩 체계는 가장 구체적 수준의 진단을 제공하도록 권고하므로, 모든 해당되는 숫자를 기록하도록 하라.

비용 청구를 위한 코드에 관해서는 메디케어(Medicare)와 메디케이드(Medicaid) 같은 지불인과 민영 보험 회사들은 각각 그들이 지불하거나 지불하지 않을 치료를 요하는 진단 목록을 가지고 있고, 시간이 지나면서 이러한 보장 범위를 변경했을 수 있다. 일반적으로, 검은색 기울임체로 된 코드들은 보장될 것이다. 대부분의 보험 회사는 여기에 더 많은 숫자로 표시되어 있듯이 가장 구체적인 진단을 원하며, 더 포괄적인 제목 또는 라벨에 대해서는 보장하지 않을 것이다.

F코드가 가장 흔히 사용되지만, Z코드(ICD-9의 V코드를 대체 및 확장한)는 장애와 건강 관리 제공 맥락을 다루는데, 2가지 모두 개인 내 병리에 중점을 두는 DSM에서는 과소 표시되어 있다. Z코드는 '사회경제적 그리고 심리사회적 기능 관련 건강 위험' '생활양식 관련 문제' 그리고 '생활 관리의 어려움 관련 문제'를 다룬다. 정신건강 전문직과 무관한 일부 Z코드는 이 목록에서 생략되어 왔으나, DSM-5를 비롯한 많은 기타 목록에는 모두 포함되어 있다.

본 저자는 Z코드가 전달하는 정보들이 종합평가 및 생물심리사회적 사례 개념화를 위해 필수적이라고 생각하고, 이를 활용하기를 장려한다. Z코드를 제공함으로써 얻는 또 다른 이점은 증상 기반의 F코드 진단을 허용하고 설명한다는 것이다. 임상가의 노트는 생략되고 정보는 단순화되거나 응축되는 데 반해, 모든 진단 코드는 내담자의 영구 의료 기록에 남아 있게 된다. 이는 전자 건강 기록 시스템과 의료정보국(Medical Information Bureau)의 기록에서 드러난다.

2 역자 주: 앞서 말했듯이 여기서는 고딕체로 표기했다.

21.3 진단 한정어

DSM-5 진단은 다음 용어 중 하나로 차례대로 기술되거나 한정될 수 있다.

초기의, 연기된, 주요한, 임시의, 부가적인/동반 이환된, 배제하다……, 입원 중인, 잠정적인, 작업 중인, 최종적인, 퇴원, 관해 상태, 진정기의

DSM-5의 일부 진단은 정확성을 위해 한정어를 제공하거나 요구할 수 있다. 이는 현재 목록에는 없고 통상적으로 비용 청구를 위해 필요하지 않다. DSM-5는 이러한 심각도 한정어를 제공한다. 기준이 현재 진단을 충족한다면 '경도' '중등도' 또는 '고도'가 사용될 것이다. 또는 기준이 더 이상 충족되지 않으면 '부분 관해' 또는 '완전 관해'를 사용할 것이다. 정확성을 위해 장애 또는 코드에 맞춘 명시자를 사용하거나 '달리 분류되지 않는(Not Elsewhere Classified: NEC)'을 사용하도록 하라. 예를 들어, 긴장증은 더 이상 개별 장애가 아니지만, 많은 장애에 명시자로 사용 가능하다. 일부 특징만 존재하는 경우, DSM-5는 '달리 명시된'과 '명시되지 않는'을 인정하나, 일반적으로 보험 회사들은 이러한 진단을 보장하지 않음을 주의하도록 하라.

21.4 ICD-10-CM의 정신질환 진단의 참조 목록[3]

E66.9 과체중 또는 비만. **코드 우선(CODE FIRST).** (정신질환 진단이 아님)

다른 의학적 상태로 인한 정신장애(F00~F09)

주요신경인지장애는 DSM-5에서 경도, 중등도 또는 고도 명시자가 필요.

F01.50 행동장애를 동반하지 않는 혈관성 치매. **코드 우선.** 행동장애를 동반하지 않는 신경인지장애.

F01.51 혈관성 치매, 행동장애, 공격 행동, 호전적 행동 또는 폭력 행동을 동반하는 경우 [또는 배회를 동반하는 경우, Z91.83], 신경인지장애, 행동장애를 동반하는 경우. 신경인지장애, 호전적 행동, 폭력 행동 또는 공격 행동을 동반하는 경우. 혈관성 질환으로 인한 신경인지장애, 행동장애를 동반하는 경우.

F02 **달리 분류된 기타 질환에서의 치매.** 다음의 달리 분류된 기타 질환에서의 신경인지장애. 예: 크로이츠펠트-야콥병(A81.0), 인체면역결핍바이러스병(B20), 헌팅턴병(G10), 파킨슨병(G20, G31.83), 알츠하이머(G30), 피크병(G31.01), 외상성 뇌손상(S06) 등. **코드 우선.**

F02.80 달리 분류된 기타 질환에서의 치매 또는 NOS, 행동장애를 동반하지 않는 경우. 달리 분류된 기타 질환에서의 신경인지장애. **코드 우선.**

F02.81 달리 분류된 치매, 행동장애 또는 공격 행동 또는 호전적 행동 또는 폭력 행동 또는 배회를 동반하는 경우(Z91.83). 달리 분류된 기타 질환에서의 신경인지장애, 공격 행동 또는 호전적 행동 또는 폭력 행동 또는 배회를 동반하는 경우. **코드 우선.**

F03 **명시되지 않는 치매.** 초로성 치매 NOS. 초로성 정신병 NOS. 원발성 퇴행성 치매 NOS. 노년 치매 NOS. 우울형 또는 편집형 노년 치매. 노년 정신병 NOS.

F03.90 명시되지 않는 치매, 행동장애를 동반하지 않는 경우. 치매 NOS.

F03.91 명시되지 않는 치매, 행동장애 또는 공격 행동 또는 호전적 행동 또는 폭력 행동 또는 배회를 동반하는 경우(Z91.83).

3 여기에 나타난 코드와 진단은 ICD-10-CM의 2019 회계연도 버전에서 나온 것이며, 2018년 10월 1일 이후에 사용할 모든 코드를 포함한다.

F04 **다른 의학적 상태로 인한 기억상실 장애. 코드 우선.** 비알코올성 코르사코프 정신병 또는 증후군.

F05 **다른 의학적 상태로 인한 섬망. 코드 우선.** 예: 급성 또는 아급성 뇌 증후군, 급성 또는 아급성 착란 상태(비알코올성), 급성 또는 아급성 감염성 정신병, 급성 또는 아급성 기질성 반응, 급성 또는 아급성 정신-기질성 증후군. *황혼 증후군*.

F06.0 **다른 의학적 상태로 인한 정신병적 장애, 환각 동반.**

F06.1 다른 의학적 상태로 인한 긴장성 장애. 다른 정신장애와 연관된 긴장증. 긴장증 NOS.

F06.2 다른 의학적 상태로 인한 정신병적 장애, 망상 동반. 편집증 및 편집증-환각성 기질성 상태. 간질에서의 조현병-유사 정신병.

F06.30 다른 의학적 상태로 인한 상세불명의 기분장애.

F06.31 다른 의학적 상태로 인한 기분장애, 우울 양상 동반.

F06.32 다른 의학적 상태로 인한 기분장애, 주요 우울 유사 삽화 동반.

F06.33 다른 의학적 상태로 인한 기분장애, 조증 양상 동반.

F06.34 다른 의학적 상태로 인한 기분장애, 혼재성 양상 동반.

F06.4 다른 의학적 상태로 인한 불안장애.

F06.8 다른 의학적 상태로 인한 달리 명시된 정신장애. 간질성 정신병 NOS. 기질성 해리장애. 기질성 정서불안정[무력성]장애.

F07 **다른 의학적 상태로 인한 성격 및 행동장애.**

F07.0 다른 의학적 상태로 인한 성격 변화, 예: *전두엽 증후군*. 변연부 뇌전증 성격 증후군. 뇌엽절개 증후군. *기질성 성격장애*. 기질성 거짓정신병증성 성격. 기질성 거짓지연성격. 백질절개후 증후군. **코드 우선.**

F07.81 뇌진탕후 증후군(뇌병증). 비정신병적 외상후 뇌 증후군.

F07.89 다른 의학적 상태로 인한 기타 성격 및 행동장애. 뇌염후 증후군. 우측 대뇌반구 기질성 정동장애.

F07.9 다른 의학적 상태로 인한 명시되지 않는 성격 및 행동장애. **기질성 정신 증후군.**

F09 다른 의학적 상태로 인한 명시되지 않는 정신장애. **코드 우선.** 다른 의학적 상태로 인한 정신장애 NOS. 기질성 뇌 증후군 NOS. 기질성 정신장애 NOS. 기질성 정신병적 장애. 증상성 정신병 NOS.

정신활성물질 사용에 의한 정신 및 행동장애(F10~F19)

F10 알코올 관련 장애.

F10.10 알코올 남용. 알코올 사용장애, 경도.

F10.11 알코올 남용, 관해 상태. 알코올 사용장애, 경도.

F10.120 알코올 중독 남용.

F10.121 알코올 중독 섬망.

F10.129 명시되지 않는 알코올 중독 남용.

F10.14 알코올로 유발된 기분장애. 알코올로 유발된 양극성 및 관련 장애, 경도의 사용장애를 동반하는 경우. 알코올로 유발된 우울장애, 경도의 사용장애를 동반하는 경우.

F10.150 알코올로 유발된 정신병적 장애, 망상 동반.

F10.151 알코올로 유발된 정신병적 장애, 환각 동반.

F10.159 알코올로 유발된 명시되지 않는 정신병적 장애.

F10.180 알코올로 유발된 불안장애.

F10.181 알코올로 유발된 성기능부전.

F10.182 알코올로 유발된 수면장애.

F10.188 기타 알코올로 유발된 장애.

F10.19 명시되지 않는 알코올로 유발된 장애.

F10.20 알코올 의존. 알코올 사용장애, 중등도.

F10.21 알코올 의존, 관해 상태. 알코올 사용장애, 중등도 또는 고도, 조기 관해 또는 지속 관해.

F10.220 알코올 중독. 알코올 사용에 의한 급성 중독.

F10.221 알코올 중독 섬망.

F10.229 명시되지 않는 알코올 중독.

F10.230 알코올 금단.

F10.231 알코올 금단 섬망.

F10.232 알코올 금단, 지각장애를 동반하는 경우.

F10.239 명시되지 않는 알코올 금단.

F10.24 알코올로 유발된 기분장애. 알코올로 유발된 양극성 혹은 관련 장애, 중등도의 사용장애를 동반하는 경우. 알코올로 유발된 우울장애, 중등도의 사용장애를 동반하는 경우. 알코올로 유발된 양극성 및 관련 장애, 고도의 사용장애를 동반하는 경우. 알코올로 유발된 우울장애, 고도의 사용장애를 동반하는 경우.

F10.250 알코올로 유발된 정신병적 장애, 망상 동반.

F10.251 알코올로 유발된 정신병적 장애, 환각 동반.

F10.259 알코올로 유발된 명시되지 않는 정신병적 장애.

F10.26 알코올로 유발된 지속성 기억상실 증후군. 알코올로 유발된 주요신경인지장애, 기억상실 작화증형, 중등도의 사용장애를 동반하는 경우. 알코올로 유발된 주요신경인지장애, 기억상실 작화증형, 고도의 사용장애를 동반하는 경우.

F10.27 알코올로 유발된 지속성 치매. 알코올로 유발된 주요신경인지장애, 비기억상실 작화증형, 중등도의 사용장애를 동반하는 경우. 알코올로 유발된 주요신경인지장애, 비기억상실 작화증형, 고도의 사용장애를 동반하는 경우.

F10.280 알코올로 유발된 불안장애.

F10.281 알코올로 유발된 성기능부전.

F10.282 알코올로 유발된 수면장애.

F10.288 기타 알코올로 유발된 장애. 알코올로 유발된 경도 신경인지장애, 중등도의 사용장애를 동반하는 경우. 알코올로 유발된 경도 신경인지장애, 고도의 사용장애를 동반하는 경우.

F10.29 명시되지 않는 알코올로 유발된 장애.

F10.920 알코올 사용. 알코올 중독, 사용장애를 동반하지 않는 경우.

F10.921 알코올 중독 섬망, 사용장애를 동반하지 않는 경우.

F10.929 알코올 중독, 사용장애를 동반하지 않는 경우.

F10.94 알코올로 유발된 기분장애, 사용장애를 동반하지 않는 경우. 알코올로 유발된 양극성 및 관련 장애, 사용장애를 동반하지 않는 경우.

F10.95 알코올로 유발된 정신병적 장애, 사용장애를 동반하지 않는 경우.

F10.950 알코올로 유발된 정신병적 장애, 망상 동반, 사용장애를 동반하지 않는 경우.

F10.951 알코올로 유발된 정신병적 정애, 환각 동반, 사용장애를 동반하지 않는 경우.

F10.959 알코올로 유발된 명시되지 않는 정신병적 장애, 사용장애를 동반하지 않는 경우. 알코올로 유발된 정신병적 장애, 사용장애를 동반하지 않는 경우.

F10.96 알코올로 유발된 지속성 기억상실장애, 사용장애를 동반하지 않는 경우. 알코올로 유발된 주요신경인지장애, 기억상실 작화증형, 사용장애를 동반하지 않는 경우.

F10.97 알코올로 유발된 지속성 치매, 사용장애를 동반하지 않는 경우. 알코올로 유발된 주요신경인지장애, 비기억상실 작화증형, 사용장애를 동반하지 않는 경우.

F10.980 알코올로 유발된 불안장애, 사용장애를 동반하지 않는 경우.

F10.981 알코올로 유발된 성기능부전, 사용장애를 동반하지 않는 경우.

F10.982 알코올로 유발된 수면장애, 사용장애를 동반하지 않는 경우.

F10.988 기타 알코올로 유발된 장애, 사용장애를 동반하지 않는 경우. 알코올로 유발된 경도 신경인지장애, 사용장애를 동반하지 않는 경우.

F10.99 명시되지 않는 알코올로 유발된 장애, 사용장애를 동반하지 않는 경우.

F11 **아편계 관련 장애.**

F11.10 아편계 남용. 아편계 사용장애, 경도.

F11.11 아편계 남용, 관해 상태. 아편계 사용장애, 경도, 조기 관해 또는 지속 관해.

F11.120 아편계 중독.

F11.121 아편계 중독 섬망.

F11.122 아편계 중독, 지각장애를 동반하는 경우.

F11.129 명시되지 않는 아편계 중독.

F11.14 아편계로 유발된 기분장애. 아편계로 유발된 우울장애, 경도의 사용장애를 동반하는 경우.

F11.150 아편계로 유발된 정신병적 장애, 망

상 동반.

F11.151 아편계로 유발된 정신병적 장애, 환각 동반.

F11.159 아편계로 유발된 명시되지 않는 정신병적 장애.

F11.181 아편계로 유발된 성기능부전.

F11.182 아편계로 유발된 수면장애.

F11.188 기타 아편계로 유발된 장애.

F11.19 명시되지 않는 아편계로 유발된 장애.

F11.20 **아편계 의존**. 아편계 사용장애, 중등도. 아편계 사용장애, 고도.

F11.21 **아편계 의존, 관해 상태**. 아편계 사용장애, 중등도, 조기 관해 또는 지속 관해. 아편계 사용장애, 고도, 조기 관해 또는 지속 관해.

F11.220 아편계 중독.

F11.221 아편계 중독 섬망.

F11.222 아편계 중독, 지각장애를 동반하는 경우.

F11.229 명시되지 않는 아편계 중독.

F11.23 아편계 금단.

F11.24 **아편계로 유발된 기분장애**. 아편계로 유발된 우울장애, 중등도의 사용장애를 동반하는 경우.

F11.250 아편계로 유발된 정신병적 장애, 섬망 동반.

F11.251 아편계로 유발된 정신병적 장애, 환각 동반.

F11.259 아편계로 유발된 명시되지 않는 정신병적 장애.

F11.281 아편계로 유발된 성기능부전.

F11.282 아편계로 유발된 수면장애.

F11.288 기타 아편계로 유발된 장애.

F11.29 아편계로 유발된 명시되지 않는 장애.

F11.90 아편계 사용.

F11.920 아편계 중독, 사용장애를 동반하지 않는 경우.

F11.921 아편계 중독 섬망, 사용장애를 동반하지 않는 경우.

F11.922 아편계 중독, 지각장애를 동반하는 경우, 사용장애를 동반하지 않는 경우.

F11.929 명시되지 않는 아편계 중독, 사용장애를 동반하지 않는 경우.

F11.93 **아편계 금단, 사용장애를 동반하지 않는 경우**. 아편계 금단, 중등도 또는 고도의 사용장애를 동반하지 않는 경우.

F11.94 **아편계로 유발된 기분장애, 사용장애를 동반하지 않는 경우**. 아편계로 유발된 우울장애, 사용장애를 동반하지 않는 경우.

F11.950 아편계로 유발된 정신병적 장애, 망상 동반, 사용장애를 동반하지 않는 경우.

F11.951 아편계로 유발된 정신병적 장애, 환각 동반, 사용장애를 동반하지 않는 경우.

F11.959 아편계로 유발된 명시되지 않는 정신병적 장애, 사용장애를 동반하지 않는 경우.

F11.981 아편계로 유발된 성기능부전, 사용장애를 동반하지 않는 경우.

F11.982 아편계로 유발된 수면장애, 사용장애를 동반하지 않는 경우.

F11.988 기타 아편계로 유발된 장애, 사용장

애를 동반하지 않는 경우. 아편계로 유발된 불안장애, 사용장애를 동반하지 않는 경우.

F11.99 아편계로 유발된 명시되지 않는 장애, 행동장애를 동반하지 않는 경우.

F12 **대마 관련 장애.**

F12.10 대마 남용. 대마 사용장애, 경도.

F12.11 대마 남용, 관해 상태. 대마 사용장애, 경도, 조기 관해 또는 지속 관해.

F12.120 대마 중독.

F12.121 대마 중독 섬망.

F12.122 대마 중독, 지각장애를 동반하는 경우.

F12.129 명시되지 않는 대마 중독.

F12.150 대마로 유발된 정신병적 장애, 망상 동반.

F12.151 대마로 유발된 정신병적 장애, 환각 동반.

F12.159 대마로 유발된 명시되지 않는 정신병적 장애.

F12.180 대마로 유발된 불안장애.

F12.188 기타 대마로 유발된 장애.

F12.19 대마로 유발된 명시되지 않는 장애.

F12.20 대마 의존. 대마 사용장애, 중등도, 대마 사용장애, 고도.

F12.21 대마 의존, 관해 상태. 대마 사용장애, 중등도, 조기 관해 또는 지속 관해. 대마 사용장애, 고도, 조기 관해 또는 지속 관해.

F12.220 대마 중독.

F12.221 대마 중독 섬망.

F12.222 대마 중독, 지각장애를 동반하는 경우.

F12.229 명시되지 않는 대마 중독.

F12.23 대마 금단.

F12.250 대마로 유발된 정신병적 장애, 망상 동반.

F12.251 대마로 유발된 정신병적 장애, 환각 동반.

F12.259 대마로 유발된 명시되지 않는 정신병적 장애.

F12.280 대마로 유발된 불안장애.

F12.288 기타 대마로 유발된 장애. 대마로 유발된 수면장애, 중등도의 사용장애를 동반하는 경우. 대마로 유발된 수면장애, 고도의 사용장애를 동반하는 경우. 대마 금단(DSM-5에서만).

F12.29 대마로 유발된 명시되지 않는 장애.

F12.90 대마 사용.

F12.920 대마 중독, 사용장애를 동반하지 않는 경우.

F12.921 대마 중독 섬망, 사용장애를 동반하지 않는 경우.

F12.922 대마 중독, 지각장애를 동반하는 경우, 사용장애를 동반하지 않는 경우.

F12.929 명시되지 않는 대마 중독, 사용장애를 동반하지 않는 경우.

F12.93 대마 금단, 사용장애를 동반하지 않는 경우.

F12.95 대마로 유발된 정신병적 장애, 사용장애를 동반하지 않는 경우.

F12.950 대마로 유발된 정신병적 장애, 망상 동반, 사용장애를 동반하지 않는 경우.

F12.951 대마로 유발된 정신병적 장애, 환각 동반, 사용장애를 동반하지 않는 경우.

F12.959 대마로 유발된 명시되지 않는 정신병

적 장애, 사용장애를 동반하지 않는 경우.

F12.980 대마로 유발된 불안장애, 사용장애를 동반하지 않는 경우.

F12.988 **기타 대마로 유발된 장애, 사용장애를 동반하지 않는 경우.** 대마로 유발된 수면장애, 사용장애를 동반하지 않는 경우.

F12.99 **대마로 유발된 명시되지 않는 장애, 사용장애를 동반하지 않는 경우.**

F13 **진정제, 수면제 또는 항불안제 관련 장애.**

F13.10 **진정제, 수면제 또는 항불안제 남용.** 진정제, 수면제 또는 항불안제 사용장애, 경도.

F13.11 **진정제, 수면제 또는 항불안제 남용, 관해 상태.** 진정제, 수면제 또는 항불안제 사용장애, 경도, 조기 관해 또는 지속 관해.

F13.120 진정제, 수면제 또는 항불안제 중독.

F13.121 진정제, 수면제 또는 항불안제 중독 섬망.

F13.129 명시되지 않는 진정제, 수면제 또는 항불안제 중독.

F13.14 **진정제, 수면제 또는 항불안제로 유발된 기분장애.** 진정제, 수면제 또는 항불안제로 유발된 양극성 및 관련 장애, 경도의 사용장애를 동반하는 경우. 진정제, 수면제 또는 항불안제로 유발된 우울장애, 경도의 사용장애를 동반하는 경우.

F13.150 진정제, 수면제 또는 항불안제로 유발된 정신병적 장애, 망상 동반.

F13.151 진정제, 수면제 또는 항불안제로 유발된 정신병적 장애, 환각 동반.

F13.159 진정제, 수면제 또는 항불안제로 유발된 명시되지 않는 정신병적 장애.

F13.180 진정제, 수면제 또는 항불안제로 유발된 불안장애.

F13.181 진정제, 수면제 또는 항불안제로 유발된 성기능부전.

F13.182 진정제, 수면제 또는 항불안제로 유발된 수면장애.

F13.188 기타 진정제, 수면제 또는 항불안제로 유발된 장애.

F13.19 진정제, 수면제 또는 항불안제로 유발된 명시되지 않는 장애.

F13.20 **진정제, 수면제 또는 항불안제 의존.** 진정제, 수면제 또는 항불안제 사용장애, 중등도. 진정제, 수면제 또는 항불안제 사용장애, 고도.

F13.21 **진정제, 수면제 또는 항불안제 의존, 관해 상태.** 진정제, 수면제 또는 항불안제 사용장애, 중등도, 조기 관해 또는 지속 관해. 진정제, 수면제 또는 항불안제 사용장애, 고도, 조기 관해 또는 지속 관해.

F13.220 진정제, 수면제 또는 항불안제 중독.

F13.221 진정제, 수면제 또는 항불안제 중독 섬망.

F13.229 명시되지 않는 진정제, 수면제 또는 항불안제 중독.

F13.230 진정제, 수면제 또는 항불안제 금단.

F13.231 진정제, 수면제 또는 항불안제 금단 섬망.

F13.232 진정제, 수면제 또는 항불안제 금단, 지각장애를 동반하는 경우.

F13.239 **명시되지 않는 진정제, 수면제 또는 항불안제 금단.** 진정제, 수면제 또는 항불안제 금단, 지각장애를 동반하지 않는 경우.

F13.24 **진정제, 수면제 또는 항불안제로 유발된 기분장애.** 진정제, 수면제 또는 항불안제로 유발된 양극성 및 관련 장애, 중등도의 사용장애를 동반하는 경우. 진정제, 수면제 또는 항불안제로 유발된 우울장애, 중등도의 사용장애를 동반하는 경우. 진정제, 수면제 또는 항불안제로 유발된 양극성 및 관련 장애, 고도의 사용장애를 동반하는 경우. 진정제, 수면제 또는 항불안제로 유발된 우울장애, 고도의 사용장애를 동반하는 경우.

F13.25 **진정제, 수면제 또는 항불안제로 유발된 정신병적 장애, 망상 동반.**

F13.251 **진정제, 수면제 또는 항불안제로 유발된 정신병적 장애, 환각 동반.**

F13.259 **진정제, 수면제 또는 항불안제로 유발된 명시되지 않는 장애.**

F13.26 **진정제, 수면제 또는 항불안제로 유발된 지속성 기억상실장애.**

F13.27 **진정제, 수면제 또는 항불안제로 유발된 지속성 치매.** 진정제, 수면제 또는 항불안제로 유발된 주요신경인지장애, 중등도의 사용장애를 동반하는 경우. 진정제, 수면제 또는 항불안제로 유발된 주요신경인지장애, 고도의 사용장애를 동반하는 경우.

F13.280 **진정제, 수면제 또는 항불안제로 유발된 불안장애.**

F13.281 **진정제, 수면제 또는 항불안제로 유발된 성기능부전.**

F13.282 **진정제, 수면제 또는 항불안제로 유발된 수면장애.**

F13.288 **기타 진정제, 수면제 또는 항불안제로 유발된 장애.** 진정제, 수면제 또는 항불안제로 유발된 경도 신경인지장애, 중등도의 사용장애를 동반하는 경우. 진정제, 수면제 또는 항불안제로 유발된 경도 신경인지장애, 고도의 사용장애를 동반하는 경우.

F13.29 **진정제, 수면제 또는 항불안제로 유발된 명시되지 않는 장애.**

F13.90 **진정제, 수면제 또는 항불안제 사용.**

F13.92 **진정제, 수면제 또는 항불안제 중독, 사용장애를 동반하지 않는 경우.**

F13.920 **진정제, 수면제 또는 항불안제 중독, 사용장애를 동반하지 않는 경우.**

F13.921 **진정제, 수면제 또는 항불안제 중독 섬망, 사용장애를 동반하지 않는 경우. 진정제, 수면제 또는 항불안제로 유발된 섬망.**

F13.929 **명시되지 않는 진정제, 수면제 또는 항불안제 중독, 사용장애를 동반하지 않는 경우.**

F13.930 **진정제, 수면제 또는 항불안제 금단, 사용장애를 동반하지 않는 경우.**

F13.931 **진정제, 수면제 또는 항불안제 금단 섬망, 사용장애를 동반하지 않는 경우.** 진정제, 수면제 또는 항불안제 금단, 섬망을 동반하지 않는 경우, 중등도 또는 고도의 사용장애를 동반하지 않는 경우.

F13.932 **진정제, 수면제 또는 항불안제 금단, 지각장애를 동반하는 경우, 사용장애를 동반하지 않는 경우.** 진정제, 수면제 또는 항불안제 금단, 지각장애

를 동반하는 경우, 중등도 또는 고도의 사용장애를 동반하지 않는 경우.

F13.939 **진정제, 수면제 또는 항불안제 금단, 사용장애를 동반하지 않는 경우.** 진정제, 수면제 또는 항불안제 금단, 지각장애를 동반하지 않는 경우, 중등도 또는 고도의 사용장애를 동반하지 않는 경우.

F13.94 **진정제, 수면제 또는 항불안제로 유발된 기분장애, 사용장애를 동반하지 않는 경우.** 진정제, 수면제 또는 항불안제로 유발된 양극성 및 관련 장애, 사용장애를 동반하지 않는 경우. 진정제, 수면제 또는 항불안제로 유발된 우울장애, 사용장애를 동반하지 않는 경우.

F13.950 진정제, 수면제 또는 항불안제로 유발된 정신병적 장애, 망상 동반, 사용장애를 동반하지 않는 경우.

F13.951 진정제, 수면제 또는 항불안제로 유발된 정신병적 장애, 환각 동반, 사용장애를 동반하지 않는 경우.

F13.959 **진정제, 수면제 또는 항불안제로 유발된 명시되지 않는 정신병적 장애.** 진정제, 수면제 또는 항불안제로 유발된 정신병적 장애, 사용장애를 동반하지 않는 경우.

F13.96 진정제, 수면제 또는 항불안제로 유발된 지속성 기억상실장애, 사용장애를 동반하지 않는 경우.

F13.97 **진정제, 수면제 또는 항불안제로 유발된 지속성 치매, 사용장애를 동반하지 않는 경우.** 진정제, 수면제 또는 항불안제로 유발된 주요신경인지장애, 사용장애를 동반하지 않는 경우.

F13.980 진정제, 수면제 또는 항불안제로 유발된 불안장애, 사용장애를 동반하지 않는 경우.

F13.981 진정제, 수면제 또는 항불안제로 유발된 성기능부전, 사용장애를 동반하지 않는 경우.

F13.982 진정제, 수면제 또는 항불안제로 유발된 수면장애, 사용장애를 동반하지 않는 경우.

F13.988 **기타 진정제, 수면제 또는 항불안제로 유발된 장애, 사용장애를 동반하지 않는 경우.** 진정제, 수면제 또는 항불안제로 유발된 경도 신경인지장애.

F13.99 **진정제, 수면제 또는 항불안제로 유발된 명시되지 않는 장애, 사용장애를 동반하지 않는 경우.**

F14 **코카인 관련 장애.**

F14.10 **코카인 남용.** 코카인 사용장애, 경도.

F14.11 **코카인 남용, 관해 상태.** 코카인 사용장애, 경도, 조기 관해 또는 지속 관해.

F14.120 코카인 중독.

F14.121 코카인 중독 섬망.

F14.122 코카인 중독, 지각장애를 동반하는 경우.

F14.129 명시되지 않는 코카인 중독.

F14.14 **코카인으로 유발된 기분장애.** 코카인으로 유발된 양극성 및 관련 장애, 경도의 사용장애를 동반하는 경우. 코카인으로 유발된 우울장애, 경도의 사용장애를 동반하는 경우.

F14.150 코카인으로 유발된 정신병적 장애, 망상 동반.

F14.151 코카인으로 유발된 정신병적 장애, 환각 동반.

F14.159 코카인으로 유발된 명시되지 않는 정신병적 장애.

F14.180 코카인으로 유발된 불안장애.

F14.181 코카인으로 유발된 성기능부전.

F14.182 코카인으로 유발된 수면장애.

F14.188 기타 코카인으로 유발된 장애. 코카인으로 유발된 강박 및 관련 장애, 경도의 사용장애를 동반하는 경우.

F14.19 코카인으로 유발된 명시되지 않는 장애.

F14.20 코카인 의존. 코카인 사용장애, 중등도. 코카인 사용장애, 고도.

F14.21 코카인 의존, 관해 상태. 코카인 사용장애, 중등도, 조기 관해 또는 지속 관해. 코카인 사용장애, 고도, 조기 관해 또는 지속 관해.

F14.220 코카인 중독.

F14.221 코카인 중독 섬망.

F14.222 코카인 중독, 지각장애를 동반하는 경우.

F14.229 명시되지 않는 코카인 중독.

F14.23 코카인 금단.

F14.24 코카인으로 유발된 기분장애. 코카인으로 유발된 양극성 및 관련 장애, 중등도의 사용장애를 동반하는 경우. 코카인으로 유발된 우울장애, 중등도의 사용장애를 동반하는 경우. 코카인으로 유발된 양극성 및 관련 장애, 고도의 사용장애를 동반하는 경우. 코카인으로 유발된 우울장애, 고도의 사용장애를 동반하는 경우.

F14.250 코카인으로 유발된 정신병적 장애, 망상 동반.

F14.251 코카인으로 유발된 정신병적 장애, 환각 동반.

F14.259 코카인으로 유발된 명시되지 않는 정신병적 장애.

F14.280 코카인으로 유발된 불안장애.

F14.281 코카인으로 유발된 성기능부전.

F14.282 코카인으로 유발된 수면장애.

F14.288 기타 코카인으로 유발된 장애. 코카인으로 유발된 강박 및 관련 장애, 중등도의 사용장애를 동반하는 경우. 코카인으로 유발된 강박 및 관련 장애, 고도의 사용장애를 동반하는 경우.

F14.29 코카인으로 유발된 명시되지 않는 장애.

F14.90 코카인 사용.

F14.920 코카인 중독, 사용장애를 동반하지 않는 경우.

F14.921 코카인 중독 섬망, 사용장애를 동반하지 않는 경우.

F14.922 코카인 중독, 지각장애를 동반하는 경우, 사용장애를 동반하지 않는 경우.

F14.929 명시되지 않는 코카인 중독, 사용장애를 동반하지 않는 경우.

F14.94 코카인으로 유발된 기분장애. 코카인으로 유발된 양극성 및 관련 장애, 사용장애를 동반하지 않는 경우. 코카인으로 유발된 우울장애, 사용장애를 동반하지 않는 경우.

F14.950 코카인으로 유발된 정신병적 장애, 망상 동반, 사용장애를 동반하지 않

는 경우.

F14.951 코카인으로 유발된 정신병적 장애, 환각 동반, 사용장애를 동반하지 않는 경우.

F14.959 코카인으로 유발된 명시되지 않는 정신병적 장애, 사용장애를 동반하지 않는 경우.

F14.980 코카인으로 유발된 불안장애, 사용장애를 동반하지 않는 경우.

F14.981 코카인으로 유발된 성기능부전, 사용장애를 동반하지 않는 경우.

F14.982 코카인으로 유발된 수면장애, 사용장애를 동반하지 않는 경우.

F14.988 기타 코카인으로 유발된 장애, 사용장애를 동반하지 않는 경우. 코카인으로 유발된 강박 및 관련 장애.

F14.99 코카인으로 유발된 명시되지 않는 장애, 사용장애를 동반하지 않는 경우.

F15 기타 자극제 관련 장애.
진단 시 기타 자극제 또는 암페타민류 또는 기타 자극제를 단독으로 기입하지 말 것.

F15.10 기타 자극제 남용. 암페타민류 물질 사용장애, 경도. 기타 또는 명시되지 않는 자극제 사용장애, 경도.

F15.11 기타 자극제 남용, 관해 상태. 암페타민류 물질 사용장애, 경도, 조기 관해 또는 지속 관해.

F15.120 기타 자극제 중독.

F15.121 기타 자극제 중독 섬망.

F15.122 기타 자극제 중독, 지각장애를 동반하는 경우. 암페타민 또는 기타 자극제 중독, 지각장애를 동반하는 경우, 경도의 사용장애를 동반하는 경우.

F15.129 명시되지 않는 기타 자극제 중독. 암페타민 또는 기타 자극제 중독, 지각장애를 동반하지 않는 경우, 경도의 사용장애를 동반하는 경우.

F15.14 기타 자극제로 유발된 기분장애. 암페타민 또는 기타 자극제로 유발된 양극성 및 관련 장애, 경도의 사용장애를 동반하는 경우. 암페타민 또는 기타 자극제로 유발된 기분장애, 경도의 사용장애를 동반하는 경우.

F15.150 기타 자극제로 유발된 정신병적 장애, 망상 동반.

F15.151 기타 자극제로 유발된 정신병적 장애, 환각 동반.

F15.159 기타 자극제로 유발된 명시되지 않는 정신병적 장애.

F15.180 기타 자극제로 유발된 불안장애.

F15.181 기타 자극제로 유발된 성기능부전.

F15.182 기타 자극제로 유발된 수면장애.

F15.188 기타 자극제로 유발된 장애. 암페타민 또는 기타 자극제로 유발된 강박 및 관련 장애, 경도의 사용장애를 동반하는 경우.

F15.19 기타 자극제로 유발된 명시되지 않는 장애.

F15.20 기타 자극제 의존. 암페타민류 물질 사용장애, 중등도. 암페타민류 물질 사용장애, 고도. 기타 또는 명시되지 않는 자극제 사용장애, 중등도. 기타 또는 명시되지 않는 자극제 사용장애, 고도.

F15.21 기타 자극제 의존, 관해 상태. 암페

타민류 물질 사용장애, 중등도, 조기 관해 또는 지속 관해. 암페타민류 물질 사용장애, 고도, 조기 관해 또는 지속 관해.

F15.220 명시되지 않는 기타 자극제 중독.

F15.221 기타 자극제 중독 섬망.

F15.222 기타 자극제 중독, 지각장애를 동반하는 경우. 암페타민 또는 기타 자극제 중독, 지각장애를 동반하는 경우, 중등도의 사용장애를 동반하는 경우. 암페타민 또는 기타 자극제 중독, 지각장애를 동반하는 경우, 고도의 사용장애를 동반하는 경우.

F15.229 명시되지 않는 기타 자극제 중독. 암페타민 또는 기타 자극제 중독, 지각장애를 동반하지 않는 경우, 중등도의 사용장애를 동반하는 경우. 암페타민 또는 기타 자극제 중독, 지각장애를 동반하지 않는 경우, 고도의 사용장애를 동반하는 경우.

F15.23 기타 자극제 금단. 암페타민 또는 기타 자극제 금단.

F15.24 기타 자극제로 유발된 기분장애. 암페타민 또는 기타 자극제로 유발된 양극성 및 관련 장애, 중등도의 사용장애를 동반하는 경우. 암페타민 또는 기타 자극제로 유발된 기분장애, 중등도의 사용장애를 동반하는 경우. 암페타민 또는 기타 자극제로 유발된 양극성 및 관련 장애, 고도의 사용장애를 동반하는 경우. 암페타민 또는 기타 자극제로 유발된 기분장애, 고도의 사용장애를 동반하는 경우.

F15.250 기타 자극제로 유발된 정신병적 장애, 망상 동반.

F15.251 기타 자극제로 유발된 정신병적 장애, 환각 동반.

F15.259 기타 자극제로 유발된 명시되지 않는 정신병적 장애.

F15.28 기타 자극제로 유발된 장애.

F15.280 기타 자극제로 유발된 불안장애.

F15.281 기타 자극제로 유발된 성기능부전.

F15.282 기타 자극제로 유발된 수면장애.

F15.288 기타 자극제로 유발된 장애. 암페타민 또는 기타 자극제로 유발된 강박 및 관련 장애, 중등도의 사용장애를 동반하는 경우. 암페타민 또는 기타 자극제로 유발된 강박 및 관련 장애, 고도의 사용장애를 동반하는 경우.

F15.29 명시되지 않는 기타 자극제로 유발된 장애.

F15.90 기타 자극제 사용.

F15.92 기타 자극제 중독, 사용장애를 동반하지 않는 경우.

F15.920 기타 자극제 중독, 사용장애를 동반하지 않는 경우.

F15.921 기타 자극제 중독 섬망. 암페타민 또는 기타 자극제로 유발된 섬망.

F15.922 기타 자극제 중독, 지각장애를 동반하는 경우, 사용장애를 동반하지 않는 경우.

F15.929 명시되지 않는 기타 자극제 중독, 사용장애를 동반하지 않는 경우. 카페인 중독.

F15.93 기타 자극제 금단, 사용장애를 동반하지 않는 경우. 카페인 금단. 암페타민 또는 기타 자극제 금단, 중등도 또는 고도의 사용장애를 동반하지 않는 경우.

F15.94 **기타 자극제로 유발된 기분장애, 사용장애를 동반하지 않는 경우.** 암페타민 및 기타 자극제로 유발된 양극성 및 관련 장애, 사용장애를 동반하지 않는 경우. 암페타민 또는 기타 자극제로 유발된 기분장애, 사용장애를 동반하지 않는 경우.

F15.950 기타 자극제로 유발된 정신병적 장애, 망상 동반, 사용장애를 동반하지 않는 경우.

F15.951 기타 자극제로 유발된 정신병적 장애, 환각 동반, 사용장애를 동반하지 않는 경우.

F15.959 **기타 자극제로 유발된 명시되지 않는 정신병적 장애. 사용장애를 동반하지 않는 경우.** 암페타민 또는 기타 자극제로 유발된 정신병적 장애, 사용장애를 동반하지 않는 경우.

F15.980 **기타 자극제로 유발된 불안장애, 사용장애를 동반하지 않는 경우.** 암페타민 또는 기타 자극제로 유발된 불안장애, 사용장애를 동반하지 않는 경우. **카페인으로 유발된 불안장애, 사용장애를 동반하지 않는 경우.**

F15.981 **기타 자극제로 유발된 성기능부전, 사용장애를 동반하지 않는 경우.** 암페타민 또는 기타 자극제로 유발된 성기능부전, 사용장애를 동반하지 않는 경우.

F15.982 **기타 자극제로 유발된 수면장애, 사용장애를 동반하지 않는 경우.** 암페타민 또는 기타 자극제로 유발된 수면장애, 사용장애를 동반하지 않는 경우. 카페인으로 유발된 수면장애, 사용장애를 동반하지 않는 경우.

F15.988 **기타 자극제로 유발된 장애, 사용장애를 동반하지 않는 경우.** 암페타민 또는 기타 자극제로 유발된 강박 및 관련 장애, 사용장애를 동반하지 않는 경우.

F15.99 **명시되지 않는 기타 자극제로 유발된 장애, 사용장애를 동반하지 않는 경우.**

F16 **환각제 관련 장애.**
엑스터시, 펜시클리딘 포함.

F16.10 **환각제 남용.** 기타 환각제 사용장애, 경도. 펜시클리딘 사용장애, 경도.

F16.11 **환각제 남용, 관해 상태.** 기타 환각제 사용장애, 경도, 조기 관해 또는 지속 관해. 펜시클리딘 사용장애, 경도, 조기 관해 또는 지속 관해.

F16.120 환각제 중독.

F16.121 환각제 중독 섬망.

F16.122 환각제 중독, 지각장애를 동반하는 경우.

F16.129 명시되는 않는 환각제 중독.

F16.14 **환각제로 유발된 기분장애.** 기타 환각제로 유발된 양극성 및 관련 장애, 경도의 사용장애를 동반하는 경우. 기타 환각제로 유발된 우울장애, 경도의 사용장애를 동반하는 경우. 펜시클리딘으로 유발된 양극성 및 관련 장애, 경도의 사용장애를 동반하는 경우. 펜시클리딘으로 유발된 우울장애, 경도의 사용장애를 동반하는 경우.

F16.150 환각제로 유발된 정신병적 장애, 망상 동반.

F16.151 환각제로 유발된 정신병적 장애, 환

각 동반.

F16.159 환각제로 유발된 명시되지 않는 정신병적 장애.

F16.180 환각제로 유발된 불안장애.

F16.183 환각제 지속성 지각장애(플래시백).

F16.188 기타 환각제로 유발된 장애.

F16.19 명시되지 않는 환각제로 유발된 장애.

F16.20 환각제 의존. 기타 환각제 사용장애, 중등도. 기타 환각제 사용장애, 고도. 펜시클리딘 사용장애, 중등도. 펜시클리딘 사용장애, 고도.

F16.21 환각제 의존, 관해 상태. 기타 환각제 사용장애, 중등도, 조기 관해 또는 지속 관해. 기타 환각제 사용장애, 고도, 조기 관해 또는 지속 관해. 펜시클리딘 사용장애, 중등도, 조기 관해 또는 지속 관해. 펜시클리딘 사용장애, 고도, 조기 관해 또는 지속 관해.

F16.220 환각제 중독.

F16.221 환각제 중독 섬망.

F16.229 명시되지 않는 환각제 중독.

F16.24 환각제로 유발된 기분장애. 기타 환각제로 유발된 양극성 및 관련 장애, 중등도의 사용장애를 동반하는 경우. 기타 환각제로 유발된 우울장애, 중등도의 사용장애를 동반하는 경우. 기타 환각제로 유발된 양극성 및 관련 장애, 고도의 사용장애를 동반하는 경우. 기타 환각제로 유발된 우울장애, 고도의 사용장애를 동반하는 경우. 펜시클리딘으로 유발된 양극성 및 관련 장애, 중등도의 사용장애를 동반하는 경우. 펜시클리딘으로 유발된 우울장애, 중등도의 사용장애를 동반하는 경우. 펜시클리딘으로 유발된 양극성 및 관련 장애, 고도의 사용장애를 동반하는 경우. 펜시클리딘으로 유발된 우울장애, 고도의 사용장애를 동반하는 경우.

F16.250 환각제로 유발된 정신병적 장애, 망상 동반.

F16.251 환각제로 유발된 정신병적 장애, 환각 동반.

F16.259 환각제로 유발된 명시되지 않는 정신병적 장애.

F16.280 환각제로 유발된 불안장애.

F16.283 환각제 지속성 지각장애(*플래시백*).

F16.288 기타 환각제로 유발된 장애.

F16.29 명시되지 않는 환각제로 유발된 장애.

F16.90 환각제 사용.

F16.920 환각제 중독.

F16.921 환각제 중독 섬망. 기타 환각제 중독 섬망.

F16.929 명시되지 않는 환각제 중독, 사용장애를 동반하지 않는 경우.

F16.94 환각제로 유발된 기분장애, 사용장애를 동반하지 않는 경우. 기타 환각제로 유발된 양극성 및 관련 장애, 사용장애를 동반하지 않는 경우. 기타 환각제로 유발된 우울장애, 사용장애를 동반하지 않는 경우. 펜시클리딘으로 유발된 양극성 및 관련 장애, 사용장애를 동반하지 않는 경우. 펜시클리딘으로 유발된 우울장애, 사용장애를 동반하지 않는 경우.

F16.950 환각제로 유발된 정신병적 장애, 망상 동반, 사용장애를 동반하지 않는 경우.

F16.951 환각제로 유발된 정신병적 장애, 환

각 동반, 사용장애를 동반하지 않는 경우.

F16.959 명시되지 않는 환각제로 유발된 정신병적 장애, 사용장애를 동반하지 않는 경우. 기타 환각제로 유발된 정신병적 장애, 사용장애를 동반하지 않는 경우. 펜시클리딘으로 유발된 정신병적 장애, 사용장애를 동반하지 않는 경우.

F16.980 환각제로 유발된 불안장애, 사용장애를 동반하지 않는 경우. 기타 환각제로 유발된 불안장애, 사용장애를 동반하지 않는 경우. 펜시클리딘으로 유발된 불안장애, 사용장애를 동반하지 않는 경우.

F16.983 환각제 지속성 지각장애(*플래시백*), 사용장애를 동반하지 않는 경우.

F16.988 기타 환각제로 유발된 장애, 사용장애를 동반하지 않는 경우.

F16.99 명시되지 않는 환각제로 유발된 장애, 사용장애를 동반하지 않는 경우.

F17 **니코틴 의존.**
제외: 담배 의존 과거력(Z87.891), 담배 사용 NOS(Z72.0), 임신 중 담배 사용, 출생 및 산후(O99.33), 니코틴의 독성 효과(T65.2).

F17.200 명시되지 않는 니코틴 의존. 담배 사용장애, 경도. 담배 사용장애, 중등도. 담배 사용장애, 고도.

F17.201 명시되지 않는 니코틴 의존, 관해 상태. 담배 사용장애, 중등도, 조기 관해 또는 지속 관해. 담배 사용장애, 고도, 조기 관해 또는 지속 관해.

F17.203 니코틴 금단, 사용장애를 동반하지 않는 경우. 담배 금단.

F17.208 기타 니코틴으로 유발된 장애, 사용장애를 동반하지 않는 경우.

F17.209 명시되지 않는 니코틴으로 유발된 장애, 사용장애를 동반하지 않는 경우.

F17.210 니코틴 의존, 궐련.

F17.211 니코틴 의존, 궐련, 관해 상태.

F17.213 니코틴 금단, 궐련.

F17.218 기타 니코틴으로 유발된 장애, 궐련.

F17.219 명시되지 않는 니코틴으로 유발된 장애, 궐련.

F17.220 니코틴 의존, 씹는 담배.

F17.221 니코틴 의존, 씹는 담배, 관해 상태.

F17.223 니코틴 금단, 씹는 담배.

F17.228 기타 니코틴으로 유발된 장애, 씹는 담배.

F17.229 명시되지 않는 니코틴으로 유발된 장애, 씹는 담배.

F17.290 니코틴 의존, 기타 담배 제품.

F17.291 니코틴 의존, 기타 담배 제품, 관해 상태.

F17.293 니코틴 금단, 기타 담배 제품.

F17.298 기타 니코틴으로 유발된 장애, 기타 담배 제품.

F17.299 명시되지 않는 니코틴으로 유발된 장애, 기타 담배 제품.

F18 **흡입제 관련 장애.**

F18.10 흡입제 남용. 흡입제 사용장애, 경도.

F18.11 흡입제 남용, 관해 상태. 흡입제 사용

장애, 경도, 조기 관해 또는 지속 관해.

F18.120 흡입제 중독.

F18.121 흡입제 중독 섬망.

F18.129 명시되지 않는 흡입제 중독.

F18.14 흡입제로 유발된 기분장애. 흡입제로 유발된 우울장애, 경도의 사용장애를 동반하는 경우.

F18.150 흡입제로 유발된 정신병적 장애, 망상 동반.

F18.151 흡입제로 유발된 정신병적 장애, 환각 동반.

F18.159 명시되지 않는 흡입제로 유발된 정신병적 장애.

F18.17 흡입제로 유발된 치매. 흡입제로 유발된 주요신경인지장애, 경도의 사용장애를 동반하는 경우.

F18.180 흡입제로 유발된 불안장애.

F18.188 기타 흡입제로 유발된 장애. 흡입제로 유발된 경도 신경인지장애, 경도의 사용장애를 동반하는 경우.

F18.19 명시되지 않는 흡입제로 유발된 장애.

F18.20 흡입제 의존. 흡입제 사용장애, 중등도. 흡입제 사용장애, 고도.

F18.21 흡입제 의존, 관해 상태. 흡입제 사용장애, 중등도, 조기 관해 또는 지속 관해. 흡입제 사용장애, 고도, 조기 관해 또는 지속 관해.

F18.220 흡입제 중독.

F18.221 흡입제 중독 섬망.

F18.229 명시되지 않는 흡입제 중독.

F18.24 흡입제로 유발된 기분장애. 흡입제로 유발된 우울장애, 중등도의 사용장애를 동반하는 경우. 흡입제로 유발된 우울장애, 고도의 사용장애를 동반하는 경우.

F18.250 흡입제로 유발된 정신병적 장애, 망상 동반.

F18.251 흡입제로 유발된 정신병적 장애, 환각 동반.

F18.259 흡입제로 유발된 명시되지 않는 정신병적 장애.

F18.27 흡입제로 유발된 치매. 흡입제로 유발된 주요신경인지장애, 중등도의 사용장애를 동반하는 경우. 흡입제로 유발된 주요신경인지장애, 고도의 사용장애를 동반하는 경우.

F18.280 흡입제로 유발된 불안장애.

F18.288 기타 흡입제로 유발된 장애. 흡입제로 유발된 주요신경인지장애, 중등도의 사용장애를 동반하는 경우. 흡입제로 유발된 주요신경인지장애, 고도의 사용장애를 동반하는 경우.

F18.29 명시되지 않는 흡입제로 유발된 장애.

F18.90 흡입제 사용.

F18.920 흡입제 중독, 사용장애를 동반하지 않는 경우.

F18.921 흡입제 중독 섬망, 사용장애를 동반하지 않는 경우.

F18.929 명시되지 않는 흡입제 중독, 사용장애를 동반하지 않는 경우.

F18.94 흡입제로 유발된 기분장애, 사용장애를 동반하지 않는 경우. 흡입제로 유발된 우울장애.

F18.950 흡입제로 유발된 정신병적 장애, 망상 동반, 사용장애를 동반하지 않는 경우.

F18.951 흡입제로 유발된 정신병적 장애, 환각 동반, 사용장애를 동반하지 않는 경우.

F18.959 흡입제로 유발된 명시되지 않는 정신병적 장애, 사용장애를 동반하지 않는 경우.

F18.97 흡입제로 유발된 지속성 치매, 사용장애를 동반하지 않는 경우. 흡입제로 유발된 주요신경인지장애.

F18.980 흡입제로 유발된 불안장애, 사용장애를 동반하지 않는 경우.

F18.988 기타 흡입제로 유발된 장애, 사용장애를 동반하지 않는 경우. 흡입제로 유발된 경도 신경인지장애.

F18.99 명시되지 않는 흡입제로 유발된 장애, 사용장애를 동반하지 않는 경우.

F19 **기타 정신활성물질 사용장애.** *진단 시 '기타 정신활성물질' 단독으로 기입하지 말 것.* 포함: 다항성 약물 사용(무차별적 약물 사용). 제외: 19.2와 19.9.

F19.10 기타 정신활성물질 남용. 기타(또는 미상의) 물질 사용장애, 경도.

F19.11 기타 정신활성물질 남용, 관해 상태. 기타(또는 미상의) 물질 사용장애, 경도, 조기 관해 또는 지속 관해.

F19.120 기타 정신활성물질 중독.

F19.121 기타 정신활성물질 중독 섬망.

F19.122 기타 정신활성물질 중독, 지각장애를 동반하는 경우.

F19.129 명시되지 않는 기타 정신활성물질 중독.

F19.14 기타 정신활성물질로 유발된 기분장애. 기타(또는 미상의) 물질로 유발된 양극성 및 관련 장애, 경도의 사용장애를 동반하는 경우. 기타(또는 미상의) 물질로 유발된 우울장애, 경도의 사용장애를 동반하는 경우.

F19.150 기타 정신활성물질로 유발된 정신병적 장애, 망상 동반.

F19.151 기타 정신활성물질로 유발된 정신병적 장애, 환각 동반.

F19.159 기타 정신활성물질로 유발된 명시되지 않는 정신병적 장애.

F19.16 기타 정신활성물질로 유발된 지속성 기억상실장애.

F19.17 기타 정신활성물질로 유발된 지속성 치매. 기타(또는 미상의) 물질로 유발된 주요신경인지장애, 경도의 사용장애를 동반하는 경우.

F19.180 기타 정신활성물질로 유발된 불안장애.

F19.181 기타 정신활성물질로 유발된 성기능부전.

F19.182 기타 정신활성물질로 유발된 수면장애.

F19.188 기타 정신활성물질로 유발된 장애. 기타(또는 미상의) 물질로 유발된 경도 신경인지장애, 경도의 사용장애를 동반하는 경우. 기타(또는 미상의) 물질로 유발된 강박 및 관련 장애, 경도의 사용장애를 동반하는 경우.

F19.19 명시되지 않는 기타 정신활성물질로 유발된 장애.

F19.20 기타 정신활성물질 의존. 기타(또는 미상의) 물질 사용장애, 중등도. 기타(또는 미상의) 물질 사용장애, 고도.

F19.21 **기타 정신활성물질 의존, 관해 상태.** 기타(또는 미상의) 물질 사용장애, 중등도, 조기 관해 또는 지속 관해. **기타(또는 미상의) 물질 사용장애, 고도, 지속 관해.** 기타(또는 미상의) 물질 사용장애, 고도, 조기 관해 또는 지속 관해.

F19.220 기타 정신활성물질 중독.

F19.221 기타 정신활성물질 중독 섬망.

F19.222 기타 정신활성물질 중독, 지각장애를 동반하는 경우.

F19.229 명시되지 않는 기타 정신활성물질 중독.

F19.230 기타 정신활성물질 금단.

F19.231 기타 정신활성물질 금단 섬망.

F19.232 기타 정신활성물질 금단, 지각장애를 동반하는 경우.

F19.239 **명시되지 않는 기타 정신활성물질 금단.** 기타(또는 미상의) 정신활성물질 금단, 중등도 또는 고도의 사용장애를 동반하지 않는 경우.

F19.24 **기타 정신활성물질로 유발된 기분장애.** 기타(또는 미상의) 정신활성물질로 유발된 양극성 및 관련 장애, 중등도의 사용장애를 동반하는 경우. 기타(또는 미상의) 정신활성물질로 유발된 우울장애, 중등도의 사용장애를 동반하는 경우. 기타(또는 미상의) 정신활성물질로 유발된 양극성 및 관련 장애, 고도의 사용장애를 동반하는 경우. 기타(또는 미상의) 정신활성물질로 유발된 우울장애, 고도의 사용장애를 동반하지 않는 경우.

F19.250 기타 정신활성물질로 유발된 정신병적 장애, 망상 동반.

F19.251 기타 정신활성물질로 유발된 정신병적 장애, 환각 동반.

F19.259 기타 정신활성물질로 유발된 명시되지 않는 정신병적 장애.

F19.26 기타 정신활성물질로 유발된 지속성 기억상실장애.

F19.27 **기타 정신활성물질로 유발된 지속성 치매.** 기타(또는 미상의) 물질로 유발된 주요신경인지장애, 중등도의 사용장애를 동반하는 경우. 기타(또는 미상의) 물질로 유발된 주요신경인지장애, 고도의 사용장애를 동반하는 경우.

F19.280 기타 정신활성물질로 유발된 불안장애.

F19.281 기타 정신활성물질로 유발된 성기능부전.

F19.282 기타 정신활성물질로 유발된 수면장애.

F19.288 **기타 정신활성물질로 유발된 장애.** 기타(또는 미상의) 물질로 유발된 경도 신경인지장애, 중등도의 사용장애를 동반하는 경우. 기타(또는 미상의) 물질로 유발된 경도 신경인지장애, 고도의 사용장애를 동반하는 경우. 기타(또는 미상의) 물질로 유발된 강박 및 관련 장애, 중등도의 사용장애를 동반하는 경우. 기타(또는 미상의) 물질로 유발된 강박 및 관련 장애, 고도의 사용장애를 동반하는 경우.

F19.29 명시되지 않는 기타 정신활성물질로 유발된 장애.

F19.90 기타 정신활성물질 사용.

F19.92 기타 정신활성물질 중독, 사용장애를 동반하지 않는 경우.

F19.920 기타 정신활성물질 중독, 사용장애를 동반하지 않는 경우

F19.921 기타 정신활성물질 중독 섬망, 사용장애를 동반하지 않는 경우. 기타(또는 미상의) 물질로 유발된 섬망.

F19.922 기타 정신활성물질 중독, 지각장애를 동반하지 않는 경우, 사용장애를 동반하지 않는 경우.

F19.929 명시되지 않는 기타 정신활성물질 금단, 사용장애를 동반하지 않는 경우.

F19.930 기타 정신활성물질 금단, 사용장애를 동반하지 않는 경우.

F19.931 기타 정신활성물질 금단 섬망, 사용장애를 동반하지 않는 경우.

F19.932 기타 정신활성물질 금단, 지각장애를 동반하는 경우, 사용장애를 동반하지 않는 경우.

F19.939 명시되지 않는 기타 정신활성물질 금단. 기타(또는 미상의) 물질 금단, 중등도 또는 고도의 사용장애를 동반하지 않는 경우.

F19.94 기타 정신활성물질로 유발된 기분장애. 기타(또는 미상의) 물질로 유발된 양극성 및 관련 장애, 사용장애를 동반하지 않는 경우. 기타(또는 미상의) 물질로 유발된 우울장애, 사용장애를 동반하지 않는 경우.

F19.950 기타 정신활성물질로 유발된 정신병적 장애, 망상 동반, 사용장애를 동반하지 않는 경우.

F19.951 기타 정신활성물질로 유발된 정신병적 장애, 환각 동반, 사용장애를 동반하지 않는 경우.

F19.959 기타 정신활성물질로 유발된 명시되지 않는 정신병적 장애, 사용장애를 동반하지 않는 경우. 기타(또는 미상의) 정신병적 장애, 사용장애를 동반하지 않는 경우.

F19.96 기타 정신활성물질로 유발된 지속성 기억상실장애, 사용장애를 동반하지 않는 경우.

F19.97 기타 정신활성물질로 유발된 지속성 치매, 사용장애를 동반하지 않는 경우. 기타(또는 미상의) 물질로 유발된 주요신경인지장애, 사용장애를 동반하지 않는 경우.

F19.980 기타 정신활성물질로 유발된 불안장애, 사용장애를 동반하지 않는 경우. 기타(또는 미상의) 물질로 유발된 불안장애, 사용장애를 동반하지 않는 경우.

F19.981 기타 정신활성물질로 유발된 성기능부전, 사용장애를 동반하지 않는 경우. 기타(또는 미상의) 물질로 유발된 성기능부전, 사용장애를 동반하지 않는 경우.

F19.982 기타 정신활성물질로 유발된 수면장애, 사용장애를 동반하지 않는 경우. 기타(또는 미상의) 물질로 유발된 수면장애, 사용장애를 동반하지 않는 경우.

F19.988 기타 정신활성물질로 유발된 장애, 사용장애를 동반하지 않는 경우. 기타(또는 미상의) 물질로 유발된 경도신경인지장애, 사용장애를 동반하지 않는 경우. 기타(또는 미상의) 물질로 유발된 강박 및 관련 장애, 사용장애를 동반하지 않는 경우.

F19.99 명시되지 않는 기타 정신활성물질로 유발된 장애, 사용장애를 동반하지 않는 경우.

조현병, 조현형, 망상장애 및 기타 비기분 정신병적 장애(F20~F29)

F20.0 편집성 조현병.

F20.1 해체성 조현병. *파과증*.

F20.2 *긴장성* 조현병. 조현병성.

F20.3 미분화 조현병. 비정형 조현병.

F20.5 *잔류조현병*.

F20.8 기타 조현병.

F20.81 조현양상장애, 조현양상 정신병 NOS.

F20.89 기타 조현병.

F20.9 달리 명시되지 않는 조현병.

F21 **조현형 장애.**
경계성, 전구성, *조현형 성격장애*, 전정신병적.

F22 **망상장애.**
망상형 *이상형태공포증*, 편집증, *불평편집증*, 편집성 정신병.

F23 **단기 정신병적 장애.**
편집성 반응.

F24 **공유 정신병적 장애.**
감응성 정신병, 유발성 편집장애, 유발성 정신병적 장애.

F25.0 **조현정동장애, 양극형.**
조현정동장애, 조증형. 조현정동장애, 혼합형. 조현정동정신병, 양극형. 조현형 정신병, 조증형.

F25.1 조현정동장애, 우울형.

F25.8 기타 조현정동장애.

F25.9 명시되지 않는 조현정동장애.

F28 **기타 정신병적 장애(물질 또는 다른 의학적 상태로 인한 것이 아닌).**
만성 환각성 정신병.

F29 **명시되지 않는 정신병(물질 또는 다른 의학적 상태로 인한 것이 아닌).** 정신병 NOS.

기분[정동]장애(F30~F39)

F30 **조증 삽화.**
양극성장애, 단일조증 삽화. 혼합정동 삽화.

F30.10 정신병적 증상이 없는 조증 삽화, 명시되지 않는 경우.

F30.11 정신병적 증상이 없는 조증 삽화, 경도.

F30.12 정신병적 증상이 없는 조증 삽화, 중등도.

F30.13 정신병적 증상이 없는 조증 삽화, 고도.

F30.2 정신병적 증상이 있는 조증 삽화, 고도. *조증성 혼미*. 기분과 조화된 정신병적 증상을 동반하는 조증 삽화.

기분과 부조화된 정신병적 증상을 동반하는 조증 삽화.

F30.3 조증 삽화, 부분 관해 상태.

F30.4 조증 삽화, 완전 관해 상태.

F30.8 기타 조증 삽화. 경조증.

F30.9 명시되지 않는 조증 삽화.

F31 **양극성장애(현존).**
조울병. 조울정신병.

F31.0 양극성장애, 현존 삽화 경조증.

F31.10 양극성장애, 현존 삽화, 정신병적 양상을 동반하지 않는 경우, 명시되지 않는 경우.

F31.11 양극성장애, 현존 조증 삽화, 정신병적 양상을 동반하지 않는 경우, 경도.

F31.12 양극성장애, 현존 조증 삽화, 정신병적 양상을 동반하지 않는 경우, 중등도.

F31.13 양극성장애, 현존 조증 삽화, 정신병적 양상을 동반하지 않는 경우, 고도.

F31.2 양극성장애, 현존 조증 삽화, 정신병적 양상 동반, 고도. 양극성장애, 현존 조증 삽화, 기분과 조화된 정신병적 증상 동반.

F31.30 양극성장애, 현존 우울증 삽화, 경도 또는 중등도, 명시되지 않는 경우.

F31.31 양극성장애, 현존 우울증 삽화, 경도.

F31.32 양극성장애, 현존 우울증 삽화, 중등도.

F31.4 양극성장애, 현존 우울증 삽화, 고도, 정신병적 양상을 동반하지 않는 경우.

F31.5 양극성장애, 현존 우울증 삽화, 고도, 정신병적 양상 동반. 양극성장애, 현존 우울증 삽화, 기분과 부조화된 정신병적 증상 동반. 양극성장애, 현존 우울증 삽화, 기분과 조화된 정신병적 증상 동반.

F31.60 양극성장애, 현존 혼합 삽화, 명시되지 않는 경우.

F31.61 양극성장애, 현존 혼합 삽화, 경도.

F31.62 양극성장애, 현존 혼합 삽화, 중등도.

F31.63 양극성장애, 현존 혼합 삽화, 고도, 정신병적 양상을 동반하지 않는 경우.

F31.64 양극성장애, 현존 혼합 삽화, 고도, 정신병적 양상 동반. 양극성장애, 현존 혼합 삽화, 기분과 조화된 정신병적 증상 동반. 양극성장애, 현존 혼합 삽화, 기분과 부조화된 정신병적 증상 동반.

F31.70 양극성장애, 현존 관해 상태, 가장 최근 명시되지 않는 삽화.

F31.71 양극성장애, 가장 최근 경조증 삽화, 부분 관해 상태. 제I형 양극성장애, 현존 또는 가장 최근 경조증 삽화, 부분 관해 상태.

F31.72 양극성장애, 가장 최근 경조증 삽화, 완전 관해 상태. 제I형 양극성장애, 현존 또는 가장 최근 경조증 삽화, 완전 관해 상태.

F31.73 양극성장애, 가장 최근 조증 삽화, 부분 관해 상태. 제I형 양극성장애, 현존 또는 가장 최근 조증 삽화, 부분 관해 상태.

F31.74 양극성장애, 가장 최근 조증 삽화. 제I형 양극성장애, 현존 또는 가장 최근 조증 삽화, 완전 관해 상태.

F31.75 양극성장애, 가장 최근 우울증 삽화, 부분 관해 상태.

F31.76 양극성장애, 가장 최근 우울증 삽화, 완전 관해 상태.

F31.77 양극성장애, 가장 최근 혼합 삽화, 부분 관해 상태.

F31.78 양극성장애, 가장 최근 혼합 삽화, 완전 관해 상태.

F31.81 제II형 양극성장애.

F31.89 기타 양극성장애, 재발성 조증 삽화 NOS.

F31.9 명시되지 않는 양극성장애.

F32 **주요우울장애, 단일 삽화.** 단일 삽화의 초조 우울증, 우울성 반응, 심인성 우울증, 또는 반응성 우울증. DSM-5의 주요우울장애, 단일 삽화 진단에 '불안증 동반' 명시자 추가를 고려하도록 하라.

F32.0 주요우울장애, 단일 삽화, 경도.

F32.1 주요우울장애, 중등도.

F32.2 주요우울장애, 고도, 정신병적 양상을 동반하지 않는 경우.

F32.3 주요우울장애, 고도, 정신병적 양상 동반. 주요우울장애, 단일 삽화, 기분과 조화된 정신병적 양상 동반. 주요우울장애, 단일 삽화, 기분과 부조화된 정신병적 증상. 반응성 우울정신증, 단일 삽화.

F32.4 주요우울장애, 단일 삽화, 부분 관해 상태.

F32.5 주요우울장애, 단일 삽화, 완전 관해 상태.

F32.81 월경전불쾌감장애.

F32.89 달리 명시된 우울증 삽화. 비전형성 우울증. 조현병후 우울증. 가면 우울증, 단일 삽화, NOS.

F32.9 주요우울장애, 단일 삽화, 명시되지 않는 경우. 우울증 NOS. 우울장애 NOS. 주요우울증 NOS.

F33 **주요우울장애, 재발성 삽화.** 우울성 반응, 재발성 삽화. 내인성 우울증, 심인성 우울증, 반응성 우울증 또는 계절성 우울장애. DSM-5 주요우울장애, 재발성 삽화 진단에 '불안증 동반' 또는 '계절성 양상 동반' 명시자 추가를 고려하도록 하라.

F33.0 주요우울장애, 재발성 삽화, 경도.

F33.1 주요우울장애, 재발성 삽화, 중등도.

F33.2 주요우울장애, 재발성 삽화, 고도, 정신병적 양상을 동반하지 않는 경우.

F33.3 주요우울장애, 재발성 삽화, 고도, 정신병적 양상 동반. 주요우울장애, 재발성 삽화, 고도, 기분과 조화된 정신병적 양상 동반. 주요우울장애, 재발성 삽화, 고도, 기분과 부조화된 정신병적 양상 동반. 반응성 우울정신증, 재발성 삽화, 고도.

F33.40 주요우울장애, 재발성 삽화, 관해 상태, 명시되지 않는 경우.

F33.41 주요우울장애, 재발성 삽화, 부분 관해 상태.

F33.42 주요우울장애, 재발성 삽화, 완전 관해 상태.

F33.8 기타 재발성 우울장애. 재발성 단기 우울증 삽화.

F33.9 주요우울장애, 재발성 삽화, *명시되지 않는 경우. 단극성 우울증 NOS*.

F34 **지속성 기분[정동]장애.**

F34.0 순환성장애. 정동성 성격장애. 순환기분장애, *순환성 성격*.

F34.1 기분저하증. *우울성 성격장애*. 기분저하증. *지속성 불안-우울증*. 지속성 우울장애.

F34.81 파괴적 기분조절부전장애.

F34.89 달리 명시된 지속성 기분장애.

F34.9 명시되지 않는 지속성 기분[정동]장애.

F39 **명시되지 않는 기분[정동]장애.** 정동성 정신병 NOS.

불안, 해리, 스트레스 관련, 신체형 장애 및 기타 비정신병적 정신장애(F40~F48)

F40 **공포성 불안장애.**

F40.00 광장공포증.

F40.01 광장공포증, 공황장애 동반. 공황장애, 광장공포증 동반.

F40.02 광장공포증, 공황장애를 동반하지 않는 경우.

F40.10 사회공포증. 사회불안장애. 아동기 사회불안장애.

F40.11 사회공포증, 일반형.

F40.210 거미공포증. 거미에 대한 두려움.

F40.218 기타 동물 유형 공포증.

F40.220 *천둥소리에 대한 두려움*.

F40.228 기타 자연환경 유형 공포증.

F40.23 혈액, 주사, 부상 유형 공포증.

F40.230 혈액에 대한 두려움

F40.231 주사 및 수혈에 대한 두려움.

F40.232 기타 의료적 처치에 대한 두려움.

F40.233 부상에 대한 두려움.

F40.240 밀폐공포증.

F40.241 고소공포증.

F40.242 *교량에 대한 두려움*.

F40.243 비행에 대한 두려움.

F40.248 기타 상황 유형 공포증.

F40.290 남성공포증. 남성에 대한 두려움.

F40.291 여성공포증. 여성에 대한 두려움.

F40.298 기타 특정공포증.

F40.8 기타 공포성 불안장애. *아동기 공포성 불안장애*.

F40.9 명시되지 않는 불안장애. 공포증 NOS. 공포증 상태.

F41 **기타 불안장애.**

F41.0 공황장애[우발적 발작성 불안]. 광장공포증을 동반하지 않는 경우. 공황발작. 공황 상태.

F41.1 범불안장애. 불안 반응. 불안 상태. 과다불안장애.

F41.3 기타 혼합형 불안장애.

F41.8 달리 명시된 불안장애.

F41.9 명시되지 않는 불안장애. 불안 NOS.

F42 **강박장애.**

F42.2 혼합형 강박성 사고와 행위.

F42.3 수집광. 강박장애. 달리 명시된 강박 및 관련 장애. 명시되지 않는 강박 및 관련 장애.

F42.4 피부뜯기장애.

F42.8 기타 강박장애. 강박신경증.

F42.9 명시되지 않는 강박장애.

F43 **심한 스트레스에 대한 반응 및 적응장애.**

F43.0 급성 스트레스 반응. 급성 위기 반응. 전쟁 반응. 전쟁 피로.

F43.10 외상후 스트레스장애.

F43.11 외상후 스트레스장애, 급성.

F43.12 외상후 스트레스장애, 만성.

F43.20 적응장애, 명시되지 않는 경우. 문화 충격. 애도 반응. 소아에서의 병원증.

F43.21 적응장애, 우울 기분 동반.

F43.22 적응장애, 불안 동반.

F43.23 적응장애, 불안 및 우울 기분 동반.

F43.24 적응장애, 품행장애 동반.

F43.25 적응장애, 정서 및 품행장애 동반.

F43.29 적응장애, 기타 증상 동반.

F43.8 심한 스트레스에 대한 기타 반응. 달리 명시된 외상 및 스트레스 관련 장애.

F43.9 명시되지 않는 심한 스트레스에 대한 반응.

F44 **해리 및 전환장애.**

F44.0 해리성 기억상실. (제외 R41 기억상실증[순행성, 역행성].)

F44.1 해리성 둔주. 해리성 기억상실, 해리성 둔주 동반.

F44.2 해리성 혼미.

F44.4 전환장애, 운동 증상 또는 결손 동반. 심인성 실성증 또는 부전실성증.

F44.5 전환장애, 발작 또는 경련 동반.

F44.6 전환장애, 감각 증상 또는 결손(무감각증, 감각 손실) 동반. 심인성 난청.

F44.7 전환장애, 혼합 증상 동반.

F44.81 해리성 정체성 장애. *다중인격장애*.

F44.89 기타 해리 및 전환장애. *간저 증후군*. 심인성 혼돈 또는 몽롱상태. 황홀경 및 *빙의장애*.

F44.9 명시되지 않는 해리성 및 전환장애.

F45 **신체형장애.**

F45.0 신체화장애. 다발성 정신신체장애.

F45.1 미분화형 신체형장애. 미분화형 정신신체장애. 신체증상장애.

F45.20 명시되지 않는 건강염려증성 장애.

F45.21 건강염려증. 질병불안장애.

F45.22 신체이형장애.

F45.29 기타 건강염려증성 장애.

F45.41 심리적 요인 단일로 관련된 통증장애. 신체형 통증장애(지속성).

F45.42 통증장애, 관련 심리적 요인 동반.

F45.8 기타 신체형장애. 심인성 월경통, 삼킴 곤란(심인성 히스테리구를 포함하는), 가려움증, 기운목. 신체형 자율신경기능장애. *이갈이*. *딸꾹질*.

F45.9 명시되지 않는 신체형장애.

F48 **기타 비정신성 정신장애.**

F48.1 이인성/비현실감 장애.

F48.2 *감정실금*. 불수의적 감정표현 장애. **코드 우선.**

F48.8 달리 명시된 비정신성 정신상애. 직업적 신경증, 서경 포함. 정신무력, 심인성 실신.

F48.9 명시되지 않는 비정신성 정신장애. 신경증 NOS.

생리적 장애 및 신체적 요인들과 수반된 행동 증후군(F50~F59)

F50 **섭식장애.**

F50.00 신경성 식욕부진증.

F50.01 신경성 식욕부진증, 제한형.

F50.02 신경성 식욕부진증, 폭식/제거형.

F50.2 신경성 폭식증. 폭식증 NOS. 신경성 식욕감소증.

F50.81 폭식장애.

F50.82 회피적/제한적 음식섭취장애.

F50.89 달리 명시된 섭식장애. 이식증, 성인. 심인성 식욕상실. 회피적/제한적 음식섭취장애. 달리 명시된 급식 및 섭식장애.

F50.9 명시되지 않는 섭식장애. 비전형적 신경성 식욕부진증. 비전형적 신경성 폭식증.

F51 **물질 또는 다른 의학적 상태에 의하지 않은 수면장애.**

F51.0 물질 또는 다른 의학적 상태에 의하지 않은 불면증.

F51.01 원발성 불면증. 불면장애.

F51.02 *적응불면증*.

F51.03 역설적 불면증.

F51.04 정신생리적 불면증.

F51.05 기타 정신장애로 인한 불면증. (관련된 정신장애 코드를 기입하도록 하라.)

F51.09 물질 또는 다른 의학적 상태에 의하지 않은 기타 불면증.

F51.1 물질 또는 다른 의학적 상태에 의하지 않은 과다수면증.

F51.11 원발성 과다수면증. 과다수면장애.

F51.12 *수면결핍 증후군*.

F51.13 기타 정신장애로 인한 과다수면증.

F51.19 물질 또는 다른 의학적 상태에 의하지 않은 기타 과다수면증.

F51.3 수면보행증.

F51.4 야경증.

F51.5 악몽장애, 꿈불안장애.

F51.8 물질 또는 다른 의학적 상태에 의하지 않은 기타 수면장애.

F51.9 물질 또는 다른 의학적 상태에 의하지 않은 수면장애, 명시되지 않는 경우. 정서적 수면장애 NOS.

F52 **물질 또는 다른 의학적 상태에 의하지 않은 성기능부전.**

F52.0 저활동성 성욕장애. 성욕감퇴 혹은 상실. 성적 무감동.

F52.1 성혐오장애. 성적 쾌감 결핍.

F52.2 성적각성장애. 생식기 반응의 부진.

F52.21 남성발기장애. 심인성 발기부전증. (N52 참조.)

F52.22 여성 성적 관심/흥분장애.

F52.31 여성극치감장애.

F52.32 남성극치감장애. 사정지연.

F52.4 조기사정.

F52.5 물질 또는 다른 의학적 상태에 의하지 않은 질경련. 심인성 질경련.

F52.6 물질 또는 다른 의학적 상태에 의하지 않은 성교통. 심인성 성교통. (N94.1 참조.) 성기-골반통증/삽입장애.

F52.8 물질 또는 다른 의학적 상태에 의하지 않은 기타 성기능부전. *성욕과다증.*

F52.9 물질 또는 다른 의학적 상태에 의하지 않은 성기능부전, 명시되지 않는 경우.

F53 **산후기의 정신 및 행동장애** NOS.

F53.0 분만후 우울증. 출산후 우울증 NOS. 분만후 우울증 NOS.

F53.1 산후기 정신증. 분만후 정신증. 산후기 정신증 NOS. (O90.6 참조.)

F54 **달리 분류된 장애나 질환에 연관된 심리적 요인 및 행동적 요인.** 기타 의학적 상태에 영향을 주는 심리적 요인. **코드 우선.**

F55 **비의존성 물질의 남용.**

F55.0 *제산제 남용.*

F55.1 *약초 또는 민간약제 남용.*

F55.2 설사제 남용.

F55.3 스테로이드 또는 호르몬 남용.

F55.4 *비타민 남용.*

F55.8 기타 비정신활성물질 남용.

F59 생리적 장애 및 신체적 요인과 연관된 명시되지 않는 행동 증후군.

성인 성격 및 행동의 장애(F60~F69)

F60 **특정 성격장애.**

F60.0 편집성 성격장애. 확대편집증, *광신적*, 불평 또는 과민편집성 성격장애.

F60.1 조현성 성격장애.

F60.2 반사회성 성격장애. 무도덕, 비사회적, 비사교적, 정신병적 또는 사회병적 성격장애.

F60.3 경계성 성격장애. 공격성, 정서불안성 또는 폭발성 성격장애.

F60.4 연극성 성격장애.

F60.5 강박성 성격장애. 강박관념성 또는 강박행동성 성격장애.

F60.6 회피성 성격장애. 불안성 성격장애.

F60.7 의존성 성격장애. 무력증, *부적절한* 또는 수동적 성격장애.

F60.81 자기애성 성격장애.

F60.89 기타 특정 성격장애. *치우친*, *미숙한*, 수동-공격형, *자기파멸성 성격장애.*

F60.9 명시되지 않는 성격장애. 성격장애

NOS.

F63 습관 및 충동장애.

F63.0 병적 도박. 강박성 도박.

F63.1 방화광. 병적 방화.

F63.2 절도광. 병적 도벽.

F63.3 발모광. 털뽑기장애.

F63.8 기타 충동장애.

F63.81 간헐적 폭발장애.

F63.89 기타 충동장애.

F63.9 명시되지 않는 충동장애. 충동조절장애 NOS.

F64 성 정체성 장애.

F64.0 성전환증. (성전환의 경우 Z87.890 사용.) 청소년과 성인에서 성별 불쾌감.

F64.1 이중역할 의상도착증.

F64.2 아동기 성 정체성 장애. 아동에서 성별 불쾌감.

F64.8 기타 성 정체성 장애.

F64.9 명시되지 않는 성 정체성 장애. *남녀-역할장애 NOS.*

F65 성도착증.

F65.0 물품음란증.

F65.1 복장도착증.

F65.2 노출증.

F65.3 관음증.

F65.4 소아성애증.

F65.5 가학피학증.

F65.50 명시되지 않는 가학피학증.

F65.51 성적 피학증.

F65.52 성적 가학증.

F65.81 마찰도착증.

F65.89 기타 성도착증. 시체성애증.

F65.9 명시되지 않는 성도착증. 성도착증 NOS.

F66 기타 성적 장애. (N94 참조.) 성적 성숙장애. 성적 관계장애.

F68 인위성장애.

F68.1 스스로에게 부여된 인위성 장애. 보상신경증. 심리적 원인에 의한 신체적 증상의 정교화. *뮌하우젠* 증후군. *병원 순례 환자.*

F68.10 명시되지 않는 스스로에게 부여된 인위성장애.

F68.11 스스로에게 부여된 인위성장애, 우세한 심리적 징후 및 증상 동반.

F68.12 스스로에게 부여된 인위성장애, 우세한 신체적 징후 및 증상 동반.

F68.13 스스로에게 부여된 인위성장애, 심리적 및 신체적 징후 및 증상 동반.

F68.8 달리 명시된 성인 성격 및 행동장애.

F68.8A 타인에게 부여된 인위성장애. 대리인에 의한 인위성장애. 대리인에 의한 *뮌하우젠* 증후군.

F69 명시되지 않는 성인 성격 및 행동장애.

지적장애(F70~F79)

코드 우선. 제외: R41.83 경계선 지적 기능(IQ 71~84).

F70 지적장애, 경도. IQ 50~55부터 약 70까지.

F71 지적장애, 중등도. IQ 35~40부터 50~55까지.

F72 지적장애, 고도. IQ 20~25부터 35~40까지.

F73 지적장애, 최고도. IQ 20~25 미만.

F78 기타 지적장애.

F79 명시되지 않는 지적장애.

전반적 및 특정 발달장애(F80~F89)

F80 **말과 언어의 특정 발달장애.**

F80.0 음운장애. *발음장애*. 발음혼동. 기능적 구음장애. 혀짧은 소리. 발달성 음성학적 장애. 발달성 언어구음장애. 말소리장애.

F80.1 표현성 언어장애. 발달성 언어장애 또는 실어증, 표현형.

F80.2 수용성-표현성 언어장애. 발달성 언어장애 또는 실어증, 수용형. 발달성 베르니케 실어증. 언어장애.

F80.4 청각 손실에 의한 말하기와 언어의 발달지연. (청각 손실의 경우 코드 기입[H90, H91].)

F80.8 기타 말과 언어의 발달장애.

F80.81 아동기 발병 유창성장애. 속화증 NOS. 말더듬 NOS.

F80.82 사회적(실용적) 의사소통장애.

F80.89 기타 말과 언어의 발달장애.

F80.9 명시되지 않는 말과 언어의 발달장애. 의사소통장애 NOS. 언어장애 NOS. (말과 목소리 관련 증상 및 징후[R47~R49] 참조).

F81 **학습능력의 특정 발달장애.**

F81.0 특정 읽기장애. 발달성 읽기곤란증.

F81.2 산술장애. 발달성 계산불능증. 발달성 산술장애. 발달성 *게르스트만 증후군*.

F81.81 표현성 쓰기장애. 특정 철자장애.

F81.89 기타 학습능력의 발달장애.

F81.9 명시되지 않는 학습능력의 발달장애. 지식획득무능력 NOS. 학습무능력 NOS. 학습장애 NOS.

F82 **운동기능의 특정 발달장애.** *둔한소아 증후군*. 발달성 협응장애. 발달행동곤란증.

F84 **전반적 발달장애. 코드 우선.**

F84.0 자폐스펙트럼장애, 자폐성 장애. 영아자폐증. 카너 증후군.

F84.2 레트 증후군.

F84.3 기타 아동기 붕괴성 장애. *헬러 증후군*. (관련 신경학적 상태 코드 기입.)

F84.5 아스퍼거 증후군.

F84.8 기타 전반적 발달장애. 지적장애 및 상동운동과 연관된 과다활동성장애.

F84.9 명시되지 않는 전반적 발달장애. 비정형 자폐증.

F88 **기타 심리적 발달장애.** *발달성 심인증*. 전반적 발달지연. 달리 분류된 신경발달장애.

F89 **명시되지 않는 심리적 발달장애.** 발달장애 NOS. 신경발달장애 NOS.

소아기 및 청소년기에 주로 발병하는 행동 및 정서장애(F90~F98)

이 코드들은 환자의 연령과 상관없이 사용될 수 있다.

F90.0 주의력결핍 과잉행동장애, 주의력결핍 우세형.

F90.1 주의력결핍 과잉행동장애, 과잉행동/충동 우세형.

F90.2 주의력결핍 과잉행동장애, 복합형.

F90.8 주의력결핍 과잉행동장애, 기타형.

F90.9 명시되지 않는 주의력결핍 과잉행동장애. 아동기와 청소년기의 주의력결핍 과잉행동장애 NOS. 주의력결핍 과잉행동장애 NOS.

F91.0 가족관계에만 한정된 품행장애.

F91.1 품행장애, 아동기 발병형. 사회화되지 않은 품행장애. 고립성 공격형 품행장애. 사회화되지 않은 공격성 장애.

F91.2 사회화된 품행장애. 품행장애, 집단형. 품행장애, 청소년기 발병형.

F91.3 적대적 반항장애.

F91.8 기타 품행장애. 달리 분류된 품행장애. 달리 분류된 파괴적 장애.

F91.9 명시되지 않는 품행장애. 행동장애 NOS. 품행장애 NOS. 파괴적 행동장애 NOS. 파괴적 장애 NOS.

F93 **아동기에만 발병하는 정서장애.**

F93.0 아동기의 분리불안장애.

F93.8 기타 아동기 정서장애. 정체성 장애.

F93.9 명시되지 않는 아동기 정서장애.

F94 **아동기 및 청소년기에만 발병하는 사회적 기능수행장애.**

F94.0 선택적 함구증.

F94.1 아동기 반응성 애착장애.

F94.2 아동기 탈억제성 애착장애. *감동결여성 성격장애*. 공공시설 증후군.

F94.8 기타 아동기 사회적 기능수행장애.

F94.9 명시되지 않는 아동기 사회적 기능수행장애.

F95 **틱장애.**

F95.0 일과정 틱장애. 잠정적 틱장애.

F95.1 만성 운동 또는 음성 틱장애.

F95.2 뚜렛장애. 음성과 다발성 운동이 병합된 틱장애.

F95.8 기타 틱장애.

F95.9 명시되지 않는 틱장애. 틱장애 NOS.

F98 **아동기 및 청소년기에 주로 발병하는 기타 행동 및 정서장애.**

F98.0 물질 또는 다른 의학적 상태에 의하지 않은 유뇨증. 기능성 유뇨증.

F98.1 물질 또는 다른 의학적 상태에 의하지 않은 유분증. 기능성 유분증.

F98.21 영아의 되새김장애.

F98.29 기타 영아기 또는 초기 아동기의 급식장애.

F98.3 이식증, 아동 및 청소년.

F98.4 상동증적 운동장애. 상동증/습관장애.

F98.5 성인기 발병 유창성장애.

F98.8 달리 명시된 아동기와 청소년기에 주로 발병하는 행동 및 정서장애. *과다자위행위*. 손톱 물어뜯기. *코파기*. 엄지손가락 빨기.

F98.9 아동기 및 청소년기에 주로 발병하는 명시되지 않는 행동 및 정서장애.

F99 달리 분류되지 않는 정신장애. 정신병 NOS. (다음을 참고할 것: R69, 진단 연기, 질병 불명확. Z03.89, 기타 의심 질병 및 상태를 제외하기 위한 관찰 개입. Z65, 정신사회적 상황에 관련된 문제 Z71.1, 진단받지 않음.)

추체외로 및 운동장애(G20~G26)

G10 헌팅턴병. 헌팅턴 무도병. 헌팅턴 치매.

G20 파킨슨병.

G21.0 악성 신경이완 증후군. 신경이완제 악성 증후군.

G21.11 신경이완제로 유발된 파킨슨증.

G24.01 약물치료로 유발된 아급성 이상운동증. 신경이완제로 유발된 지연성 이상운동증.

G24.02 약물치료로 유발된 급성 근육긴장이상. 약물치료로 유발된 급성 근육긴장이상. 신경이완제로 유발된 급성 근육긴장이상.

G24.09 명시되지 않는 근육긴장이상. 근육긴장이상 NOS.

G25.1 약물치료로 유발된 떨림.

G25.71 약물치료로 유발된 좌불안석(정좌불능증). 신경이완제로 유발된 급성 좌불안석.

G25.79 기타 약물치료로 유발된 운동장애.

G25.81 *하지불안 증후군*.

신경계통의 기타 퇴행성 질환(G30~G32)

G30 **알츠하이머병.**

G30.0 조기 발병을 수반하는 알츠하이머병.

G30.1 만기 발병을 수반하는 알츠하이머병.

G30.8 기타 알츠하이머병.

G30.9 명시되지 않는 알츠하이머병.

G31.01 피크병.

G31.2 알코올에 의한 신경계통의 변성.

G31.83 루이소체 치매.

G31.84 전두측두엽 경도 신경인지장애. 알츠하이머병으로 인한 경도 신경인지장애.

G31.9 명시되지 않는 신경계통의 퇴행성 질환.

G40 간질.

G43 편두통.

G47 수면장애. (F51 참조.)

G47.00 명시되지 않는 불면증.

G47.01 의학적 상태로 인한 불면증.

G47.09 기타 불면증.

G47.10 명시되지 않는 과다수면장애. 과다수면장애 NOS. (F51.11 참조.)

G47.11 수면시간이 긴 특발성 과다수면증.

G47.12 수면시간이 길지 않은 특발성 과다수면장애.

G47.13 반복성 과다수면장애. 클라인-레빈 증후군. *월경 관련 과다수면장애*.

G47.14 달리 분류된 의학적 상태로 인한 과다수면장애.

G47.19 기타 과다수면장애.

G47.20 일주기리듬 수면장애, 명시되지 않는 유형. 수면-각성 양상의 장애. 주야리듬의 역위. 수면리듬의 역위.

G47.21 일주기리듬 수면장애, 뒤처진 수면위상형.

G47.22 일주기리듬 수면장애, 앞당겨신 수면위상형.

G47.23 일주기리듬 수면장애, 불규칙한 수면-각성형.

G47.24 일주기리듬 수면장애, 자유진행형.

G47.25 일주기리듬 수면장애, 비행시차형.

G47.26 일주기리듬 수면장애, 교대근무형.

G47.27 달리 분류된 일주기리듬 수면장애.

G47.29 기타 일주기리듬 수면장애.

G47.30 명시되지 않는 수면무호흡증.

G47.31 원발성 중추성 수면무호흡증.

G47.32 고지대 주기성 호흡증.

G47.33 폐쇄성 수면무호흡증.

G47.34 허파꽈리의 특발성 수면 관련 비폐쇄성 저환기.

G47.35 선천성 중추성 폐포 환기저하.

G47.36 달리 분류된 수면 관련 환기저하.

G47.37 달리 분류된 중추성 수면무호흡증.

G47.39 기타 수면무호흡증.

G47.411 탈력발작이 있는 기면증.

G47.419 탈력발작이 없는 기면증. 기면증 NOS.

G47.421 달리 분류된 탈력발작이 있는 기면증.

G47.429 달리 분류된 탈력발작이 있는 기면증.

G47.50 명시되지 않는 사건수면 또는 NOS.

G47.51 혼돈성 각성.

G47.52 REM수면 행동장애.

G47.53 반복성 단발 수면 마비.

G47.54 달리 분류된 사건수면. **코드 우선.**

G47.59 기타 사건수면.

G47.61 *주기성 사지운동장애*. (G25.81 참조.)

G47.62 수면 관련 다리 경련.

G47.63 수면 관련 이갈이.

G47.69 기타 수면 관련 운동장애.

G47.8 기타 수면장애.

G47.9 명시되지 않는 수면장애 또는 NOS.

M70 **기타 연조직장애.**

M79.7 섬유근통. 만성피로 증후군. (DSM-5의 신체증상장애 참조.)

N94 **여성생식기관 및 월경주기와 관련된 통증 및 기타 병태.**

N94.0 배란통.

N94.10 명시되지 않는 성교통.

N94.11 표재성 (입구) 성교통.

N94.12 심층성 성교통.

N94.19 달리 명시된 성교통.

N94.2 질경련.

N94.3 월경전 긴장 증후군. (F32.81 참조.)

O90.6 분만후 기분장해. 분만후 불행감.

달리 분류되지 않는 증상, 징후와 임상 및 검사의 이상 소견(R00~R99)

R15.0 불완전 배변. 대변실금.

R32 명시되지 않는 요실금. 유뇨증 NOS.

R40 기면, 혼미, 혼수.

R40.0 기면.

R40.1 혼미, 발작성 혼미.

R40.2 혼수.

R40.3 지속 식물 상태.

R40.4 일시적 의식 변화.

R41 **인지 기능 및 각성에 관한 기타 증상 및 징후.**

R41.0 명시되지 않는 지남력상실. 혼돈 NOS. 섬망 NOS.

R41.1 순행성 기억상실.

R41.2 역행성 기억상실. 신체인식장애. 환측운동불능. 편측무시. 좌측무시. 감각무시. 시공간무시.

R41.81 노화에 의한 인지 기능 저하.

R41.82 명시되지 않는 정신 상태 변화.

R41.83 경계선 지적 기능(IQ 70~84.)

R41.84 달리 명시된 인지 결핍.

R41.840 주의력 및 집중력 결핍. 제외: 주의력결핍 과잉행동장애(F90).

R41.841 인지-의사소통 결핍.

R41.842 시공간능력 결핍.

R41.843 정신운동 결핍.

R41.844 전두엽 및 실행 기능 결핍.

R41.89 인지 기능 및 각성에 관한 기타 증상 및 징후. 질병인식불능증.

R44 **일반적 감각 및 지각에 관련된 기타**

증상 및 징후.

R44.0 환청.

R44.1 환시.

R44.2 기타 환각.

R44.3 명시되지 않는 환각.

R44.8 기타 일반적 감각 및 지각에 관한 증상 및 징후.

R45 **정서 상태에 관한 증상 및 징후.**

R45.0 신경질. 신경과민.

R45.1 초조 및 안절부절.

R45.2 불행감.

R45.3 풍기문란 및 무감동. 제외: 무쾌감증(R45.84).

R45.4 자극과민성 및 분노.

R45.5 적대감.

R45.6 폭력적 행동.

R45.7 명시되지 않는 정서적 쇼크 및 스트레스 상태.

R45.81 낮은 자기존중감.

R45.82 *걱정*.

R45.83 아동, 청소년, 성인의 과도한 울음. (유아 제외, R68.11 참조.)

R45.84 무쾌감증.

R45.850 살인 사고. 제외: 시도(T14.91).

R45.851 자살 사고.

R45.86 감정 동요.

R45.87 충동성.

R45.89 기타 정서 상태에 관한 증상 및 징후.

R46 **외양 및 행동에 관한 증상 및 징후.**

R46.1 괴상한 용모.

R46.2 이상하고 설명하기 어려운 행동.

R46.3 과다활동성.

R46.4 느림 및 불량반응.

R46.5 의심 및 뚜렷한 도피.

R46.6 스트레스성 사건에 대한 부적절한 걱정 및 편견.

R46.7 의사 면담 이유를 모호하게 하는 정도의 말의 장황함 및 상세 세부 묘사.

R46.81 강박 행동.

R46.89 기타 외모 및 행동에 관한 증상 및 징후.

R47 **달리 분류되지 않는 말하기장애.**

R47.01 실어증.

R47.02 언어장애.

R47.1 조음장애 및 무조음증.

R47.81 불분명한 발음.

R47.82 달리 분류된 유창성장애.

R47.89 기타 말하기장애.

R47.9 명시되지 않는 말하기장애.

R48 **달리 분류되지 않는 읽기곤란 및 기타 상징적 기능이상.**

R48.0 읽기곤란 및 실독증.

R48.1 실인증.

R48.2 실행증.

R48.3 시각실인증. 얼굴인식불능증.

R48.8 기타 상징기능 이상. 계산불능증. 실서증.

R48.9 명시되지 않는 상징기능 이상.

R49 **음성장애.**

R49.0 발성장애.

R49.1 실성증.

R53 **병감 및 피로.**

R53.82 명시되지 않는 만성피로. 만성피로 증후군 NOS.

R68.82 성욕감퇴.

손상, 중독 및 외인에 의한 특정 기타 결과(T07~T88)

T14.91 자살 시도(다양한).

T40 마약 및 정신이상약[환각제]에 의한 중독.

T43 달리 분류되지 않는 정신작용제에 의한 중독.

T43.205 명시되지 않는 항우울제에 의한 부작용.

T50.905 치료용 약물, 약제 및 생물학적 물질에 의한 부작용.

T65.211 담배 및 니코틴의 독작용.

T74 **성인 및 아동 학대, 방임, 기타 학대, 확인됨.**
(가해자에 대해 Y07[이 목록에는 포함되지 않음] 참조.)

T74.01 성인 방임 또는 유기, 확인됨.

T74.02 아동 방임 또는 유기, 확인됨.

T74.11 성인 신체적 학대, 확인됨.

T74.12 아동 신체적 학대, 확인됨.

T74.21 성인 성적 학대, 확인됨.

T74.22 아동 성적 학대, 확인됨.

T74.3 심리적 학대, 확인됨. 따돌림과 협박. 소셜미디어를 통한 협박, 확인됨.

T74.31 성인 심리적 학대, 확인됨.

T74.32 아동 심리적 학대, 확인됨.

T74.5 강제된 성적 착취, 확인됨.

T74.51 성인의 강제된 성적 착취, 확인됨.

T74.52 아동의 강제된 성적 착취, 확인됨.

T74.6 강제된 노동 착취, 확인됨.

T74.61 성인의 강제된 노동 착취, 확인됨.

T74.62 아동의 강제된 노동 착취, 확인됨.

T74.91 명시되지 않는 성인 학대, 확인됨.

T74.92 명시되지 않는 아동 학대, 확인됨.

T76 **성인 및 아동 학대, 방임, 기타 학대, 의심됨.**

T76.01 성인 방임 또는 유기, 의심됨.

T76.02 아동 방임 또는 유기, 의심됨.

T76.11 성인 신체적 학대, 의심됨.

T76.12 아동 신체적 학대, 의심됨.

T76.21 성인 성적 학대, 의심됨.

T76.22 아동 성적 학대, 의심됨.

T76.3 심리적 학대, 의심됨. 따돌림과 협박. 소셜미디어를 통한 협박.

T76.31 성인 심리적 학대, 의심됨.

T76.32 아동 심리적 학대, 의심됨.

T76.5 강제된 성적 착취, 의심됨.

T76.51 성인의 강제된 성적 착취, 의심됨.

T76.52 아동의 강제된 성적 착취, 의심됨.

T76.6 강제된 노동 착취, 의심됨.

T76.61 성인의 강제된 노동 착취, 의심됨.

T76.62 아동의 강제된 노동 착취, 의심됨.

T76.91 기타 성인학대, 의심됨.

T76.92 기타 아동학대, 의심됨.

Y07 **폭행 가해자, 학대 및 방임.**
진단 시 '폭행 가해자, 학대 및 방임'을 단독으로 기입하지 말 것.

Y07.01 남편, 폭행 가해자, 학대 및 방임.

Y07.02 아내, 폭행 가해자, 학대 및 방임.

Y07.03 남성 파트너, 폭행 가해자, 학대 및 방임.

Y07.04 여성 파트너, 폭행 가해자, 학대 및 방임.

Y07.10 생부, 폭행 가해자, 학대 및 방임.

Y07.12 생모, 폭행 가해자, 학대 및 방임.

Y07.13 양부, 폭행 가해자, 학대 및 방임.

Y07.14 양모, 폭행 가해자, 학대 및 방임.

Y07.410 남자 형제, 폭행 가해자, 학대 및 방임.

Y07.411 여자 형제, 폭행 가해자, 학대 및 방임.

Y07.420 의부, 폭행 가해자, 학대 및 방임.

Y07.421 의모, 폭행 가해자, 학대 및 방임.

Y07.430 계부, 폭행 가해자, 학대 및 방임.

Y07.432 부모의 남성 친구(동거), 폭행 가해자, 학대 및 방임.

Y07.433 계모, 폭행 가해자, 학대 및 방임.

Y07.434 부모의 여성 친구(동거), 폭행 가해자, 학대 및 방임.

Y07.435 이복형제, 폭행 가해자, 학대 및 방임.

Y07.436 이복자매, 폭행 가해자, 학대 및 방임.

Y07.490 남성 사촌, 폭행 가해자, 학대 및 방임.

Y07.491 여성 사촌, 폭행 가해자, 학대 및 방임.

Y07.499 기타 가족구성원, 폭행 가해자, 학대 및 방임.

Y07.50 명시되지 않는 비가족구성원, 폭행 가해자, 학대 및 방임.

Y07.510 가정 아동 보육자, 폭행 가해자, 학대 및 방임.

Y07.511 주간 보호 아동 보육자, 폭행 가해자, 학대 및 방임.

Y07.512 가정 성인 보육자, 폭행 가해자, 학대 및 방임.

Y07.513 성인보호센터 보육자, 폭행 가해자, 학대 및 방임.

Y07.519 명시되지 않는 주간 보호 보육자, 폭행 가해자, 학대 및 방임.

Y07.521 정신건강 서비스 제공자, 폭행 가해자, 학대 및 방임.

Y07.528 기타 치료자 또는 건강 관리 서비스 제공자, 폭행 가해자, 학대 및 방임.

Y07.529 명시되지 않는 건강 관리 서비스 제공자, 폭행 가해자, 학대 및 방임.

Y07.53 교사 또는 강사, 폭행 가해자, 학대 및 방임.

Y07.59 기타 비가족구성원, 폭행 가해자, 학대 및 방임.

Y07.6 다수의 폭행 가해자, 학대 및 방임.

Y07.9 명시되지 않는 폭행 가해자, 학대 및 방임.

사회경제적 및 정신사회적 상황과 관련된 잠재적 보건 위험이 있는 사람(Z55~Z65)

Z03.89 진단 또는 상태 없음.

Z13.3 정신건강 및 행동장애 선별검사를 위한 방문.

Z13.4 아동기 특정 발달장애 선별을 위한 방문.

Z55 **교육 및 문해력과 관련된 문제.** (발달로 인한 것이 아님; F80~F89 참조.)

Z55.0 문맹 및 낮은 수준의 문해력.

Z55.1 받지 못한 학교 교육.

Z55.2 학교 시험에 실패.

Z55.3 성취도 이하의 학교 교육.

Z55.4 교육상 부적응 및 교사와 급우들과의 부조화.

Z55.8 기타 교육 및 문해력과 관련된 문제. 부적합한 가르침과 관련된 문제.

Z55.9 명시되지 않는 교육 및 문해력과 관련된 문제.

Z56 **취업 및 실업에 관련된 문제.**

Z56.0 명시되지 않는 실업.

Z56.1 직업의 변화.

Z56.2 직업 상실의 위협.

Z56.3 스트레스가 많은 작업 계획.

Z56.4 직장 상사 및 동료와의 불화.

Z56.5 맞지 않는 작업 환경. 직장에서의 어려운 조건.

Z56.6 작업과 관련한 기타 육체적 및 정신적 과로.

Z56.81 *직장 내 성적 괴롭힘.*

Z56.82 현재의 군대 배치 상태와 관련된 문제.

Z56.89 취업과 관련된 기타 문제.

Z56.9 취업과 관련된 명시되지 않는 문제.

Z57 **위험 요인에 직업적 노출.**

Z57.0 소음에 직업적 노출.

Z57.1 방사선에 직업적 노출.

Z57.2 먼지에 직업적 노출.

Z57.31 *환경 속의 담배연기에* 직업적 노출.

Z57.39 기타 공기 오염 물질에 직업적 노출.

Z57.4 농업용 독성 제제 또는 고체, 액체, 기체 또는 물김에 직업적 노출.

Z57.5 기타 산업용 독성 제제 또는 고체, 액체, 기체 또는 물김에 직업적 노출.

Z57.6 극도의 온도에 직업적 노출.

Z57.7 진동에 직업적 노출.

Z57.8 기타 위험 요인에 직업적 노출.

Z57.9 명시되지 않는 위험 요인에 직업적 노출.

Z59 **주택 및 경제적 상황에 관련된 문제.**

Z59.0 노숙.

Z59.1 부적절한 주거. 난방 부족. *공간 협소.* 적당한 예방적 보호를 할 수 있는 주택의 기술적 결여. 불만족스러운 주위 환경.

Z59.2 이웃, 세입자 및 임대주 등과의 불화.

Z59.3 기숙 시설에서의 생활과 관련된 문제. 학교 기숙사에 거주.

Z59.4 적절한 음식이나 안전한 식수 부족.

Z59.5 *극도의 가난*.

Z59.6 *적은 수입*.

Z59.7 불충분한 사회보험이나 복지 지원.

Z59.8 기타 주택 및 경제적 상황에 관련된 문제. 저당물의 반환권 상실. 고립된 주거. *채권자와의 문제*.

Z59.9 명시되지 않는 주택 및 경제적 상황에 관련된 문제.

Z60 **사회적 환경에 관련된 문제.**

Z60.0 생활주기 변이에 대한 적응 문제. *빈둥지 증후군*. 생의 단계 문제. 은퇴(연금)에 대한 적응 문제.

Z60.2 독거생활과 관련된 문제.

Z60.3 문화 적응의 어려움. 이민에 대한 어려움. 사회적 이식에 대한 어려움.

Z60.4 비정상적인 외모, 질병 또는 행동과 같은 개인적인 특성을 이유로 한 *사회적 배척 및 거부*. 배제: Z60.5.

Z60.5 (지각된) 부정적 차별이나 *박해*의 표적.

Z60.8 사회 환경과 관련된 기타 문제.

Z60.9 사회 환경과 관련된 명시되지 않는 문제.

Z62 **양육에 관련된 문제.**
현재 및 과거 아동기 부정적 일상 사건 또는 양육에 관련된 아동의 문제.

Z62.0 부적절한 부모의 감시 및 통제.

Z62.1 *부모의 과보호*.

Z62.2 부모와 떨어진 양육.

Z62.21 보호 관찰 중인 아동. 부모가 아닌 가족구성원 또는 위탁 양육 중인 아동.

Z62.22 시설 양육. 고아원 또는 그룹홈에 거주하는 아동.

Z62.29 기타 시설 양육.

Z62.3 *어린이에 대한 적대감 및 속죄양 취급*.

Z62.6 부적합한(과도한) 부모의 압력.

Z62.81 아동기의 학대 개인력.

Z62.810 아동기의 신체적 및 성적 학대 개인력.

Z62.811 아동기의 심리적 학대 개인력.

Z62.812 아동기의 방임 개인력.

Z62.813 아동기의 강제된 노동 또는 성적 착취 개인력.

Z62.819 명시되지 않는 아동기의 학대 개인력.

Z62.820 부모-양친성 자녀 간 갈등. 부모-아동 문제 NOS.

Z62.821 부모-비양친성 자녀 간 갈등.

Z62.822 부모-양자녀 간 갈등.

Z62.890 부모-자녀 별거 NEC.

Z62.891 *형제간 경쟁*.

Z62.898 기타 명시된 양육에 관련된 문제.

Z62.9 명시되지 않는 양육에 관련된 문제.

Z63 **가족 상황을 포함하여 일차 부양 집단에 관련된 기타 문제.**

Z63.0 배우자 또는 동반자와 관련된 문제.

Z63.1 부모 및 양부모와 관련된 문제.

Z63.31 군대 배치로 인한 가족구성원의 부재. 가족구성원의 군대 배치로 인해 개인 또는 가족이 받는 영향.

Z63.32 기타 가족구성원의 부재.

Z63.4 가족구성원의 실종 및 사망. 가족구성원의 추정된 사망. 사별.

Z63.5 별거나 이혼에 의한 가족 붕괴. 부부간 불화.

Z63.6 가정에서 보호가 필요한 부양친척.

Z63.71 군대 배치에서 복귀한 가족구성원으로 인한 스트레스. 군대 배치에서 복귀한 가족구성원으로 인해 개인 또는 가족이 받는 영향(현재 또는 과거 갈등).

Z63.72 *가족 내 알코올 중독자와 약물 중독자*.

Z63.79 가족 및 가정에 영향을 주는 기타 스트레스성 일상 사건. 가족의 병든 사람에 대한 (정상적인) 걱정. 가족 내 보건 문제. 고립된 가족.

Z63.8 기타 명시된 일차 부양 집단에 관련된 문제. 가족 불화 NOS. 가족 간 불화 NOS. *가족 내 고도의 표출 정서*. 부적절한 가족 부양 NOS. 가족 내 의사소통의 부적당 또는 왜곡.

Z63.9 명시되지 않는 일차 부양 집단에 관련된 문제.

Z64 **특정 정신사회적 상황에 관련된 문제.**

Z64.0 원하지 않는 임신과 관련된 문제.

Z64.1 임신 반복과 관련된 문제.

Z64.2 위험 또는 유해한 것으로 알려진 물리적, 영양적, 화학적 중재의 탐색 및 수용.

Z64.3 위험 또는 유해한 것으로 알려진 행동적 및 정신과학적 중재의 탐색 및 수용.

Z64.4 상담자, 보호관찰관 또는 사회사업가와 불화.

Z65 **기타 정신사회적 상황에 관련된 문제.**

Z65.0 불구속 상태의 민사 또는 형사 소송에서 유죄 판결.

Z65.1 구속 또는 기타의 구금.

Z65.2 출감과 관련된 문제.

Z65.3 기타 법적 상황과 관련된 문제. 체포. 어린이 감독 또는 양육 소송. 소송. 기소.

Z65.4 범죄와 테러 *또는 고문*의 피해자.

Z65.5 재앙, 전쟁 및 기타 적대 행위에 노출.

Z65.8 정신사회적 상황과 관련된 기타 문제.

Z65.9 명시되지 않는 정신사회적 상황과 관련된 문제.

기타 상황에서 보건 서비스와 접하고 있는 사람(Z69~Z76)

Z69 **학대 피해자 및 가해자에 대한 정신건강 서비스를 위한 대면.**

Z69.010 부모에 의한 아동 학대 피해자에 대한 정신건강 서비스를 위한 대면.

Z69.011 양친성 아동 학대 가해자에 대한 정신건강 서비스를 위한 대면.

Z69.020 비양친성 아동 학대 피해자에 대한 정신건강 서비스를 위한 대면.

Z69.021 비양친성 아동 학대 가해자에 대한 정신건강 서비스를 위한 대면.

Z69.11 배우자나 동반자 학대 피해자에 대한 정신건강 서비스를 위한 대면.

Z69.12 배우자나 동반자 학대 가해자에 대한 정신건강 서비스를 위한 대면.

Z69.81 기타 학대 피해자에 대한 정신건강 서비스를 위한 대면.

Z69.82 기타 학대 가해자에 대한 정신건강 서비스를 위한 대면.

Z70 **성적 태도, 행동 및 지향에 관련된 상담.**

Z70.0 성적 태도에 관련된 상담.

Z70.1 환자의 성적 행동 및 지향에 관련된 상담. 발기불능, 무반응성, 난교 또는 성적 지향을 걱정하는 환자.

Z70.2 제3자의 성적 행동 및 지향에 관련된 상담. 어린이, 동반자 또는 배우자에 대한 성적 행동 및 지향에 관하여 찾고자 하는 충고.

Z70.3 성적 태도, 행동 및 지향에 관한 복합된 관심에 관련된 상담.

Z70.8 기타 성상담. 성교육을 위한 대면.

Z70.9 명시되지 않는 성상담.

Z71 **달리 분류되지 않는 기타 상담 및 의학적 권고를 위해 보건 서비스와 접하고 있는 사람.**

Z71.0 다른 사람을 대신하여 상담하고자 또는 참석하지 않은 제3자에 대한 권고 또는 치료를 찾고자 보건 서비스와 접하고 있는 사람.

Z71.1 진단을 받지 않고 건강 관련 공포를 호소하는 사람. 나타나지 않은 공포적 병태 또는 정상 상태임. "*좋은 일에 대한 걱정*".

Z71.2 *검사 소견의 설명을 위한 상담을 하는 사람*.

Z71.3 식사 상담 및 감시.

Z71.4 알코올 남용에 대한 상담 및 감시. (알코올 관련 장애 코드, F10을 기입하도록 하라.)

Z71.41 알코올 중독자에 대한 알코올 남용 상담 및 감시.

Z71.42 알코올 중독자의 가족구성원 또는 알코올 중독자의 중요한 타인, 동반자 또는 친구에 대한 상담.

Z71.5 약물 남용에 대한 상담 및 감시. (약물 관련 장애 코드, F11~F16, F18~F19를 기입하도록 하라.)

Z71.51 약물 남용자에 대한 약물 남용 상담 및 감시.

Z71.52 약물 남용자의 가족구성원 또는 약물 남용자의 중요한 타인, 동반자 또는 친구에 대한 상담.

Z71.6 담배 남용 상담(니코틴 의존 코드, F17을 기입하도록 하라.)

Z71.7 인체면역결핍바이러스(HIV) 상담.

Z71.81 영적 또는 종교적 상담.

Z71.82 운동 상담.

Z71.83 비출산 유전 상담을 위한 대면.

Z71.89 달리 명시된 상담.

Z71.9 명시되지 않는 상담. 의학적 권고를 위한 대면 NOS.

Z72 생활양식에 관련된 문제.

Z72.0 담배 사용.

Z72.3 육체 운동의 결여.

Z72.4 부적당한 식사 및 식사 습관.

Z72.51 고위험도의 이성 성적 행동.

Z72.52 고위험도의 동성 성적 행동.

Z72.53 고위험도의 양성 성적 행동.

Z72.6 도박 및 내기. (제외: F63.0, 병적 도박)

Z72.810 아동 또는 청소년 반사회적 행동. 명백한 정신장애를 동반하지 않는 반사회적 행동. 비행 NOS. 집단 비행. 갱 조직원 맥락의 범죄. 집단 강도. 학교 무단결석.

Z72.820 수면 박탈. 적당한 수면 결여.

Z72.821 부적절한 수면 위생. 나쁜 수면 습관. 불규칙한 수면 습관. 좋지 못한 자고 일어나는 습관.

Z72.89 기타 생활양식과 관련된 문제. 자기 손상적 행동.

Z72.9 명시되지 않는 생활방식과 관련된 문제.

Z73 생활 관리의 어려움에 관련된 문제.

Z73.0 탈진.

Z73.1 *A형 행동 양상.*

Z73.2 휴식 및 여가의 결여.

Z73.3 달리 분류되지 않는 스트레스. 육체적 및 정신적 긴장 NOS.

Z73.4 *달리 분류되지 않는 부적절한 사회적 숙련.*

Z73.5 달리 분류되지 않는 사회적 역할 갈등.

Z73.6 장애로 인한 활동의 제한.

Z73.810 아동기 행동성 불면증, 수면 개시 유형.

Z73.811 아동기 행동성 불면증, 취침 시간 통제 결여 유형.

Z73.812 아동기 행동성 불면증, 혼합 유형.

Z73.819 아동기 행동성 불면증, 명시되지 않는 유형.

Z73.82 이중감각장애.

Z73.89 기타 생활 관리 어려움에 관련된 문제.

Z73.9 명시되지 않는 생활 관리 어려움에 관련된 문제.

Z74 간호제공자 의존성에 관련된 문제.

Z74.01 침상 감금. 침상 의존.

Z74.09 기타 감소된 운동성. 의자 의존.

Z74.1 개인 간호의 지원 필요.

Z74.2 간호를 제공할 다른 가족구성원이 없는 가정에 지원 필요.

Z74.3 계속적 감시의 필요.

Z74.8 간호제공자 의존성에 관련된 기타 문제.

Z74.9 명시되지 않는 간호제공자의 의존성에 관련된 문제.

Z75 의료 시설 및 기타 건강 관리에 관련된 문제.

Z75.0 가정에서 이용할 수 없는 의료서비스.

Z75.1 다른 곳의 적당한 시설에 입원을 기다리는 사람.

Z75.3 건강 관리 기관이 없거나 가기 어려움.

Z75.4 기타 건강 관리 기관이 없거나 가기 어려움.

Z76.5 꾀병(의식적 꾀병). 병의 가장(명백한 동기를 가진).

Z91 **달리 분류되지 않는 위험 요인의 개인력.**

Z91.120 재정난으로 인한 환자의 고의적인 약물 복용 감소.

Z91.128 기타 원인으로 인한 환자의 고의적인 약물 복용 감소.

Z91.130 연령 관련 쇠약으로 인한 환자의 비의도적인 약물 복용 감소.

Z91.138 기타 원인으로 인한 환자의 비의도적인 약물 복용 감소.

Z91.14 의학적 치료에 대한 환자의 기타 불순응.

Z91.19 기타 의학적 치료에 대한 환자의 불순응. 의학적 치료에 대한 미준수.

Z91.410 성인 신체적 및 성적 학대의 개인력.

Z91.411 성인 심리적 학대의 개인력.

Z91.412 성인 방임의 개인력.

Z91.49 심리적 외상의 기타 개인력.

Z91.5 자해, *자살극*, 자가중독 또는 자살 시도의 개인력.

Z91.82 군대 배치 개인력. 전쟁에서 평화유지군 및 인도적 지원단 배치.

Z91.83 달리 분류된 질병에서의 배회. **코드 우선.**

Z91.89 달리 분류된 개인 위험 요인.

Z98.84 비만 수술 상태.

Z99.3 휠체어에 의존.

Z99.81 보조 산소에 의존.

Z99.89 달리 분류되지 않는 기능계 및 장치에 대한 의존.

제22장 제언

보통 보고서 작성에 있어 주요 목적은 제언하는 것이다. 치료가 적절하다면, 이를 정당화하기 위한 치료의 필요성을 나타내는 지표와 긴급성이 반드시 제시되어야 한다. 이용 가능한 수백 개의 개입에서 적절한 치료를 선정하는 것은 각 개입의 구조와 방법, 치료 시 내담자와 치료자가 감당해야 할 사항 그리고 각기 다른 증후군, 상황, 성격에 대해 발생할 수 있는 결과에 대한 폭넓은 지식을 요구한다. 치료-내담자 조합은 이 책의 범위를 넘어서나, 이 섹션에서는 내담자의 요구를 다루기 위한 폭넓은 서비스 체크리스트를 제공한다.

22.1 치료 필요성/치료의 의료적 필요성

치료의 필요성을 기술할 때는 정당한 근거/사유/임상적 근거/그리고 치료 선택사항/대안책(제안하지 않았던 치료까지 포함한) 각각에 대한 의료적 필요성을 나타내는 지표(하나라도 있다면)와 위험 및 이점을 포함시켜야 한다.

◆ 치료 노력의 지속 또는 증대 지표: 의료적 필요성을 뒷받침하는 요약 진술

- 적절한 외래치료에도 불구하고 환자의 상태는 심각하다/지속적이다.
- 환자의 현 기능 수준은 지금처럼 (저하된) 수준을 유지하기 위해서라도 심리치료 및/또는 사례 관리 서비스가 필요한 수준이다.
- 환자의 전반적 기능은 극도로 빈약하고/상당히 낮고, 사회, 직업/학교, 기타 기능에서 중등도 또는 그 이상의/심각한 어려움을 가지고 있다. 심리치료는 안정화 촉진/지원/보조를 위해 필수적이다.
- 환자는 심각한 및/또는 장기적인 정신과 병력을 가지고 있으며 극심한 기능 저하/증상 재발을 보인다.

- 환자는 지속적인 심리치료 서비스 없이 더 낮은 기능 수준으로 퇴보한 이력이 있다.
- 환자는 과거에 상당히 회복했으나, 치료 방문 빈도 감소 이후 기능과 상태는 악화되었다.
- 환자는 치료의 필수 요소(약물, 낮 치료, 참석, 금주 등)를 지키지 않은 이력이 있어, 심리치료가 이 환자의 치료 준수 수준을 높이는 데 도움이 될 것으로 보인다.
- 환자의 물질 남용/자해/정신증은 금단 증상/기타로 인한 심각한 신체적 및 정신적 후유증 등을 통제하거나 예방하기 위한 입원이 요구될 정도의 강도 및 지속성을 보인다.
- 환자는 자살 사고/위협/행동/시도를 보이거나 신체적인 자해 위험이 있는 것으로 보인다.
- 폭행/도망/살인/자살 예방을 위한 예방 조치가 필요하다. 환자는 분명히 타인 또는 재산에 대해 물리적으로 피해 주는 행동을 하겠다고 위협/행동하고 있다.
- 환자는 입원하지 않으면 더욱 심해질 기이한/반사회적인/위험한 행동을 보이고 있다. 신체건강에 해로울 것으로 간주되는 식욕/체중의 심각한 감소 및/또는 수면장애가 존재한다.
- 입원 시설에서만 제공 가능한 정신과적 · 신경심리학적 또는 의학적 평가를 요구하는 신경인지장애/치매/기질성 뇌증후군의 근거가 존재한다.
- ______ 박사/[기관/클리닉/프로그램명]는 약물 유형 또는 기타 의학적 상태의 존재나 합병증 요인으로 인해 지속적인 관찰과 평가가 요구되는 정신약물치료를 시작 또는 수정 중에 있다.
- 다음의 검사와 척도는 감별 진단을 명료화하고 치료 계획을 수립하기 위해 시행되어 왔다/시행될 것이다(기재하도록 하라).
- 이에 본 임상가는 다음의 치료 방법 및 빈도를 제언한다.
  - ☐ 주/월 ______ 회기의 개인 심리치료
  - ☐ 주/월 ______ 회기의 집단 심리치료
  - ☐ 주/월 ______ 회기의 지인 참여 치료
  - ☐ ______ 에 의한 약물 관리 및 관찰(빈도를 기재하도록 하라)
  - ☐ ______ 마다 ______ 수준의 임상 사례 관리
  - ☐ 기타: ______________

◆긴급성

(↔ 정도순) 다음 분류는 긴급성 순으로(높은 순서에서 낮은 순서로) 나열되었다.

응급 상황, 지체 없이 조치가 필요함, 생명 또는 건강 보호를 위한 즉각적 개입이 요구됨

위험한/기능 손상이 심각한, 금일/24시간 이내 조치가 필요함

환자가 고통받고 있는, 치료/평가가 필요함, 빠르게 조치가 필요함

일상적인 접수/평가/의뢰가 필요함

____________(기재하도록 하라)을 위해 대기가 필요함

◆ 치료 가능성 추정

현재 많이 쓰이지는 않으나 치료 가능성 문제는 대개 고려할 가치가 있고, 특히 자원이 한정되어 있을 때 그렇다. 치료 가능성 추정 시, 환자의 다음과 같은 특징에 가중치를 두도록 하라.

- 동기 유발 요인/심리적 고통; 동기 저해 요인/불안/회피/저항
- 장애물(재정적 · 법적 · 문화적 · 지적). 연령은 장애물이 아님
- 치료 유지 가능성
- 필요한 지지와 이용 가능성
- 새로운 경험에의 개방성(성격의 5요인 중 하나)/치료에 대한 친숙함/강한 정동 상태/새로운 관점
- 심리적 마음자세(행동의 원인을 판단하지 않고 찾기, 행위자의 동기 살펴보기, 문화 및 시간의 상대성 인식하기, 인지적 오류와 불충분한 증거 인식하기, 기타)
- 자기, 자아강도를 위해 기꺼이 노력하고 변화하려는 태도

22.2 효과적인 치료 제공

메타분석에 의하면 심리치료가 대부분의 내담자에게 유익하다는 점은 분명하지만, 실제 치료를 안내할 만한 치료 방법의 효과성 연구를 활용하는 치료자가 극소수라는 점도 입증되었다(Stewart & Chambless, 2007). 대략 400개의 유명 치료법 중 십여 개만이 결과의 효과성을 적절히 평가해 왔고, 이보다 더 적은 수만이 경험적으로 지지되었다.

치료 실습에서의 다양성은 치료 효과 변산성의 대략 1/4을 설명한다. 내담자-치료자 관계에서의 변산성은 그보다 더 설명력이 높다. '공통 요인'(즉, 각기 다른 치료 기법이 공유하는 요인들)은 Norcross(2011)가 종합적으로 검토하였고, 연구할 가치가 충분하다.

여러 책에는 치료 효과 연구에 대한 훨씬 유용한 지침이 포함되어 있다. 여기에는 Roth와 Fonagy(2005), Nathan과 Gorman(2015)이 포함된다. 이 책들에서 논의된 치료들은 주로 행동적 및 인지적 접근인데, 이는 이 접근들이 보다 철저히 연구되어 왔기 때문이다. 정신역동적 접근에 대한 편견과 무시가 여전히 존재하지만, 충분히 연구되고 있고 지지되어 왔다. 많은 일반적인 치료는 경험적으로 검증 가능하거나 반증 가능한 가설을 생성하지 못한다.

1966년 Gordon Paul이 제시한 다음 질문에 대답하기 위해서는 더 많은 연구가 필요하다. 어떤 치료를 누구를 통해 진행할 것이며, 어떤 진단/문제에 대해 어떤 유형의 사람에게 할 것이며, 어떤 치료 효과를 가져올 것인가?

22.3 치료 선택지/사례 처리

제25장 '치료 계획 수립 및 치료 계획 서식' 참조

일반적 진술

- **현재 치료를 지속하도록 한다.**
- **부가적인/병행 치료를 추가하도록 한다**(기재하도록 하라).
- **다른 병원/프로그램/치료자에게 환자를 의뢰/이전하도록 한다**(기재하도록 하라).
- **퇴원 후에는** ________[치료자 또는 기관]**과/에서** ______[일자] ______[시간]**에 첫 면담을 한다.**

상담 또는 심리치료

목표 및 방법에 대해 제25장 참조

약물에 대한 고지된 동의

환자와 치료자는 제안된 약물의 위험 및 이익에 대해 자유롭게 충분히 논의했고, 환자는 이 투약 계획에 동의한다. 환자는 ______[상표명 또는 일반 명칭]**을** _____**의 기간 동안 하루에 회** _____**의 복용량으로 복용을 시작할 것이고, 이후** _____**의 기간 동안 하루에** ______**회의 복용량으로 이 약물을 증량/감량/점차 감량/중지할 것이다. 환자와 치료자는 함께 치료에 따른 이익과 위험, 기대 그리고 문제를 처리하는 방법 등에 관해 논의했다. 이 투약 계획은 환자/가족/병원 직원/보건 교사/기타**(기재하도록 하라)**에 의해 관리/시행될 것이다.**

의뢰

- **추가 평가/진단적 자료: 신체적/의학적, 지능, 성격, 신경심리학적, 보호권, 가족, 법의학적, 발화/언어 능력, 청력, 교육적/학문적, 직업적/직업 적성/재활**(기재하도록 하라)
- **영양 교육 프로그램 의뢰 및 식이요법 변경 제언**
- **운동 교육 프로그램/운동 프로그램 의뢰**
- **여가상담 의뢰, 환자로 하여금 사회/여가 등의 활동을** _______(기재하도록 하라)**로 바꾸게 하고, 집/가족 외의 활동을 늘리고,** _______(기재하도록 하라)**와 같은 봉사 활동을 하도록 한다.**

22.4 치료/서비스 유형

다음 치료 및 서비스 유형에는 정해진 순위가 없다는 점과 가능한 한 많은 선택지를 고려할 수 있도록 하기 위한 점 때문에 가나다 순으로 나열했다.

- 가족 지원: 위기 관리, 직원 관찰과 평가 및 개입 진행, 위탁 간호, 재택/모바일치료, 개인 행동 지원 및 훈련 등
- 관계 및 의사소통: 성치료, 부부상담(Marriage Encounter), 관계 개선
- 기술 구축 집단: 발화 능력과 리더십 훈련을 위한 모임(Toastmasters International), 양육 기술/자녀 관리 훈련, 부모 효율성 훈련(Parent Effectiveness Training; PET; Gordon, 2008)
- 다양한 유형의 인지치료 및 인지행동치료, 변증법적 행동치료(Dialectical Behavior Therapy: DBT), 동기강화상담(Motivational Interviewing: MI), 수용전념치료(Acceptance and Commitment Therapy: ACT) 등
- 다양한 중독 행동을 위한 12단계 프로그램: 익명의 알코올 중독자들/코카인 중독자들/가족들/약물 중독자들/과식자들/도박 중독자들(Alcohol/Cocaine/Narcotics/Families/Overeaters/Gamblers Anonymous), 알아넌(Al-Anon), 알라틴(Alateen)
- 대인관계치료
- 독서치료, 자조(Norcross et al., 2003 참조), 환자 교육
- 동물 보조 치료 및 동물 지원
- 사례 관리(내담자 집중 및 맞춤식), 집중적 지역사회 치료
- 신체-마음 인식: 마음챙김, 게슈탈트, 바이오피드백, 알렉산더(Alexander) 기법, 마사지, 다양한 유형의 요가, 무도 수련 프로그램, 태극권 등
- 위기 개입 및 관리
- 위험 감소 접근(섹션 25.5 '물질 남용 내담자를 위한 치료 계획 요소' 참조)
- 이야기치료
- 자기통제 훈련, 분노 관리, 자기주장 훈련, 피해 방지 프로그램, 연애 기술 등
- 주거 서비스: 위탁 보호, 그룹홈, 지역사회 거주 시설, 지역사회 주거 서비스, 사회 복귀 훈련 시설, 구조화된/지지적인 생계 준비, 전환기 서비스, 보호 서비스, 재가 복지 등
- 지지 집단(Norcross et al., 2003 참조)
  - 애도상담, 피해자 지원 서비스, 음주 운전 방지 어머니회(Mothers Against Drunk Driving: MADD), Parents of Murdered Children, Compassionate Friends(사망한 자녀의 부모), Candlelighters(암 환자 자녀), Make Today Count(불치병 환자)
  - Encore Plus(유방암 여성 환자), Reach for Recovery(유방암 수술을 받은 여성)

- Parents Anonymous(자녀를 학대한 부모), Sojourn(구타당한 여성)
- Resolve(불임), Adoptees Liberty Movement Association(성인 양자와 친부모), Tough Love(까다로운 청소년들의 부모), 한부모 가정 모임(Single Parent Network)
- Take Off Pounds Sensibly(TOPS, 비만치료 모임), Dignity(게이 및 레즈비언 가톨릭 신자) 등
- PFLAG(Parents, Families, and Friends of Lesbians and Gays, 성 소수자 모임) 그리고 기타 레즈비언, 게이, 양성애자, 트렌스젠더, 퀴어, 인터섹슈얼, 무성애자(LGBTQIA) 지지 집단

- 직업 적응 훈련, 직업 강화 프로그램, 직무 연수, 인턴십 프로그램**(제17장 '직업/학업 능력' 참조)**
- 컴퓨터 보조 기법, 증강 및 가상현실 기법
- 표현치료: 미술, 음악, 춤/동작, 일기 쓰기, 시 쓰기
- 학교 교육: 고등학교, 검정고시(General Equivalency Diploma: GED) 수업, 지역 대학/교양/야간 강좌, 직업/실업학교
- 행동 수정 방법: 유관성 관리, 유관성 계약, 자극 통제, 내재적 민감화, 타임아웃, 토큰 경제, 모델링, 자기통제법, 내재적 혐오치료, 스트레스 면역 훈련(Stress Inoculation Training: SIT) 등
- 행동치료: 체계적 둔감화, 홍수법, 내파법(implosion), 안구운동 민감소실 및 재처리요법(Eye Movement Desensitization and Reprocessing: EMDR)
- 현실치료
- 회복기 치료 서비스, 사례 관리 및 관찰, 연계, 집중 외래치료, 부분 입원

☑ 주: 지역사회 또는 시스템에서 이용 가능한 추가적인 또는 특정 서비스 및 해당 서비스 제공 기관의 참조 목록을 만들어서 여기에 삽입할 수 있다.

제23장 예후 진술

예후에 대한 모델은 ① 선행 요인, ② 촉발 요인, ③ 보호 요인 리스트를 각각 작성하고 평가하는 것이다.

23.1 일반적 예후 관련 진술

이는 예후 진술에 대한 일반적 서식이며, 다음 선택지를 사용하여 빈칸을 채울 수 있다.

내담자의 ________ [치료 효과 유형]**에 대한 예후는** ________ [예후 설명어]**이다. 내담자는** ________ [내담자 설명어] **것으로 보이기 때문에, 앞으로 그 과정이** ________ [경과 설명어] **것으로 보인다.**

◈ 치료 효과 유형

- 증상 개선, 전/일부/________ (기재하도록 하라) 기능의 완전한/부분적 회복
- 취업 능력(경쟁적/지지적/보호 시스템을 갖춘 작업 환경), 복직/________ 수준에 맞는 이직
- 지역사회/가족/구조화된/보호 시설 생활 적응 또는 기타

◈ 예후 설명어(↔ 정도순)

매우 좋다/좋다/긍정적이다/불확실하다. 왜냐하면 ……(기재하도록 하라)/가변적이다/확인되지 않았다/확정할 수 없다/부족하다/조심스럽다/부정적이다/심각하다/매우 좋지 않다

◆ 경과 설명어(↔ 정도순)

순조로울, 변동적일, 증상의 호전과 악화를 반복할, 단계적일, 안정적일, 지켜봐야 할, 회복이 오래 걸릴, 지속될, 큰 변화 없을, 치료가 힘들, 치료 전후 차이가 없을, 심각할, 몹시 힘들, 쇠퇴할, 급격히 악화될, 최선의 노력에도 변함없을, 악성의, 중세가 심할

◆ 내담자 설명어(↔ 정도순)

회복/요양 중인, 좋은 진전이 있는, 안정적 상태에 이른, 증상이 계속 일상 기능을 방해하는, 다루기 어려운, 치료에 순응하지 않는, 악성 형태의 질병으로부터 고통받는, 모든 적절한 치료에도 불구하고 실패한

23.2 기타 진술

- 내담자의 인생 후반에 나타나는 예후는 개인의 능력이 상황적 요구에 얼마나 부합하는가와 관계있을 것이다.
- 내담자의 증상 심각도 및 만성화는 좋지 않은 예후를 나타낸다.
- 내담자의 경과가 계속 악화되었기 때문에 ……(기재하도록 하라)하지 않는 이상 예후를 부정적으로 보아야 한다.
- 치료의 효과/결과는 (서비스명을 기재하도록 하라) 서비스를 받는 경우에만 기대할 수 있으며, 그 과정은 여러 가지 고비로 인해 느리고 힘들게 이루어질 수 있다.
- ……(기재하도록 하라) 치료 목표 달성을 위한 예상 치료 기간은 ______ 이다.
- 내담자는 다양한 사회 기관에 소속되어 있어야 할 필요가 있다.
- 내담자의 만성적 상태로 인해 현재 치료 및 치료 목표가 계속 유지되어야 한다.
- 내담자는 식이요법 및/또는 처방된 약물을 전적으로/부분적으로/가변적으로/간헐적으로 순응/준수한다.

제24장 결론

24.1 정보의 가치

- 이 정보가 사례/개인/내담자의 요구를 고려할 때 유용하길 바라고, 귀하의 업무/평가/치료/의사결정에 도움이 되기를 바랍니다.
- 이 정보가 귀하가 환자의 상황을 판단하는 데 충분하기를 바랍니다.
- 이 정보가 도움이 되기를 바라며…….

24.2 의뢰인에 대한 감사

- 귀하의 환자/흥미로운/도전적인/좋은 환자/사람/남성/여성을 평가할 수 있는 기회/권한을 주셔서 감사드립니다.
- 귀하께서 저희에게 ______를 보내 주신 것/저희에게 ______에 대한 치료를 요청한 것/를 다루기를 요청하신 것에 감사드립니다.
- 다시 한번 ______의 치료에 참여할 기회를 주셔서 감사드립니다.
- 귀하와 함께 ______를 돌볼 수 있는 기회를 주셔서 감사드립니다.
- 이 환자를 돌볼 수 있었던 것은 좋은 기회였다고 생각합니다.
- 두말할 나위 없이 이/귀하의 환자를 도울 수 있도록 보내 주신 신뢰에 감사드립니다.
- 저와 동료들은 ……(기재하도록 하라)에 대해 감사드립니다.
- 항상 귀하의 친절한 의뢰에 매우 감사드립니다.

24.3 치료의 지속 가능성

- 이 정보가 귀하가 원하시는/요구하시는 것이라고 생각하지만, 만약 그렇지 않다면…….
- 이 보고서에 대한 추가 정보를 원하신다면/다른 질문이나 문제가 생긴다면 언제든지 연락 주시기 바랍니다.
- 내담자 상태에 대한 다른 의견이 있다면 알려 주시기 바랍니다.
- 내담자에 대한 제 검사 결과에/검사에 기반하여 제가 다룰 수 있는 질문이 추가로 있을 경우, 편하실 때 연락 주시기 바랍니다.
- 내담자에게 필요하다면, 추가 정보 수집 및 면담이(을) 가능합니다/할 것입니다.
- 정보를 적절한 수준에서 공개한다는 조건하에, 내담자의 치료와 관련 있는 분들과의 추후 논의에 기꺼이 참여하겠습니다.
- 이 사례에 대해 제가 더 도움이 될 수 있다면 편하게 연락 주시기 바랍니다.
- 환자의 치료나 문제에 대해 더 도움을 제공할 수 있다면 기꺼이 돕도록 하겠습니다.
- 설명이 필요하다면, 저는 ______요일 ______시부터 ______시 사이에 ______[연락처]로 연락이 가능합니다.
- 추가 검사/평가/시험/설명/정보/치료가 필요한 경우, 저는 기꺼이 이를 제공할 의향이 있습니다/없습니다.
- 이 내담자에 대한 추가 검사/평가를 수행할 의향이 있습니다/없습니다.
- 이 내담자를 ________ 내에 다시 볼 것입니다. 문제 발생 시 더 빨리 볼 수 있습니다.
- 필요한 경우 환자에게 치료를 계속 제공할 것입니다.
- 저희 소견으로는 내담자는 더 이상/적극적인 사후 관리가 필요하지 않지만, 이후 추가 문제가 발생했을 때 저희에게 연락할 수 있다는 것을 내담자가 알고 있습니다.
- ________치료에 관해서는 귀하에게 돌려보냅니다.
- 항상 그렇듯이, 환자의 동의를 얻어 제 경과 기록지 사본을 통해 귀하의 환자와의 추가 접촉/상호작용/치료에 대한 정보를 알려 드리도록 하겠습니다.

24.4 서명 등

항상 개인의 이름, 학위, 직함을 기재하고 서명하도록 하라. 보고서의 정보가 긴급하게 필요한 경우, 전화를 걸어 가능한 한 빨리 완성된, 면밀히 검토되고, 정확하며, 서명된 보고서를 전송하도록 하라. 보안 및 암호화된 프로그램을 통해 보고서를 이메일로 전송하도록 하라.

다음 중 적절한 진술을 추가하도록 하라.

- 해당 보고서에 본인의 서명이 전자 서명될 수 있음을 승인하는 바입니다.
- 우송/전송/전달하기 쉽도록, 읽기 전 서명부터 했습니다.
- 의사 부재중에 입력 및 전송된 메일(서류)입니다.
- 이 글 이후 서명이 없을 경우, 출력된 해당 보고서는 본 임상가로부터 아직 검토/편집된 것이 아니며, 오타 및 수정해야 할 단어가 남아 있을 수 있습니다.

24.5 면책사항

당신의 면책사항에 맞는 문장을 목록에서 선택하도록 하라.

- 보고서에 있는 진단과 제언은 합리적 수준의 심리적 확신을 가지고 이루어졌습니다.
- 전문가로서 판단하자면, (정신건강 전문가)로서, ……한 상황에서는…….
- 이는 내담자에게 가장 유리한 방향으로 제시되었으며, 요청 기관과는 전적으로 독립적인 결정입니다.
- 본 임상가는 이 내담자를 ______ 회 총 ______ 시간 상담/면담/검사했고, 이 내담자에게 어떤 치료도 제공하지 않았습니다.
- ______ 를 포함한 인지 과정에 대한 이 보고서의 평가 및 결과는 인지 과정을 나타내는 언어 표현 능력을 가장 우선시했으며, 다음으로는 행동 표현 능력을 근거로 했습니다. 이는 인지 과정에 대한 추론일 뿐 징후(sign)는 아닙니다. 다른 조건들(수용성-표현성 언어장애, 약물치료, 약물 및 다른 물질 사용, 개인력 등)이 이러한 표현에 영향을 주었을 수도, 부정확한 것에 근거하여 추론했을 수도 있습니다.[1]

독자는 이 보고서가 평가 시 작성자가 접근 가능한 모든 정보(제공된 기록, 내담자의 보고, 반응, 호소 문제, 의료적/심리적 과거력)에 기초하고 있음을 이해해야 한다. 제공된 자료가 정확하고 완전하다고 가정했으며, 확인하기 위한 절차는 진행하지 않았다.

이후 더 많은 혹은 다른 정보를 이용할 수 있게 되면 추가 보고를 요청할 수도 있다. 그러한 정보는 이 보고서에 제시된 의견을 변경할 수도 있고 변경하지 않을 수도 있다.

관련이 있지만 현재는 이용 불가능한 기타 정보, 혹은 이 보고서가 완성된 이후에 수집 가능한 정보들은 물론 포함되어 있지 않다.

작성자에게 제공될 수 있는 기타 정보는 현재 보고서의 결과나 제언을 변경할 수 있다.

1 이 면책사항은 Joe Elwart, PsyD(미시간주 로얄 오크)가 제공해 주었다.

제3부

유용한 자원

제25장 치료 계획 수립 및 치료 계획 서식 485

제26장 보고서, 평가, 요약 서식 511

제27장 일반 정신과 및 향정신성 약물 목록 517

제28장 의학적 상태의 정신과적 가장 523

제25장 치료 계획 수립 및 치료 계획 서식[1]

치료 계획은 단순히 치료의 한 단계일 뿐이다. 종합평가하기, 심사숙고하여 치료 계획 수립하기, 성실하고 공감적으로 치료하기, 진행 경과 기록하기, 당신의 노력 및 결과 평가하기, 치료 효과 및 무엇을 알게 되었는지에 대한 최종 요약 작성하기.

25.1 치료 계획의 흐름과 특성

치료 계획 시, 임상적 사고의 순서는 평가, 진단, 목표 그리고 최종 수행할 치료적 개입에 대한 계획이라는 4단계를 따른다.

치료 계획 수립은 내담자의 현재 문제/주호소 문제, 발현 증상, 정신 상태, 위험, 과거력(특히 치료 경험) 그리고 치료 및 효과에 대한 기대를 **평가**하는 것에서부터 시작한다. 이는 **진단**으로 이어진다. 이 모든 과정을 내담자와 함께 하도록 하라, 모든 영역의 기능에 대해 물어보도록 하라. 그리고 함께 현실적으로 문제의 우선순위를 결정하도록 하라.

그다음 계획 과정은 **치료 효과**에 대한 고려—목적, 목표, 이익—로 이어진다. '이날까지 이 목표를 달성하기 위해 어떤 단계가 필요한가?'를 질문하고, 목표를 선택하며, 우선순위를 정하도록 하라.

이제 치료 계획 수립은 **치료 설계 및 선택**—개입, 노력, 방법, 수단의 선택—으로 나아갈 수 있다. 이용 가능한 자원과 현실성, 시간, 재정 등 한계를 고려하도록 하라(섹션 22.4 '치료/서비스 유형' 참조).

1 이 장의 대부분은 저자의 책을 각색한 것이다, *The Paper Office* (4th ed.). Copyright © 2008 Edward L. Zuckerman. Adapted by permission.

25.2 치료 계획 작성에 대한 조언

- 내담자와 협력하여 공동으로 계획을 세우는 데는 성공적인 치료를 보장할 수 있는 일종의 사려 깊고, 종합적이고, 통찰력 있는 노력이 필요하다. 이는 치료 시간의 낭비가 아니라 생산적으로 주력하는 것이다. 준비 단계로 내담자와 함께 주요 문제와 내담자의 삶에서 이 문제가 미치는 영향에 대한 목록을 작성할 수 있다. 모든 영역의 기능을 평가하도록 하라. 그 후 치료와 이 문제 목록의 개선에 대한 기대를 질문하도록 하라. 일부는 목표 설정을 내담자의 일로 여기지만, 수단을 선택하고 실행하는 것은 치료자/전문가의 몫이다.
- Berg와 Miller(1992)는 '잘 작성된 치료 목표'에 대해 다음의 기준을 제시한다.
  - 목표는 내담자에게 중요해야 한다.
  - 목표는 구체적이고, 행동적이고, 명확해야 한다. [그리고 기억에 남을 만한 것이어야 한다.]
  - 목표는 어떤 부재하는 것보다는 존재하는 것에 초점을 맞춰야 한다.
  - 목표는 작은 첫걸음, 무엇을 먼저 해야 하는지, 끝보다는 시작에 초점을 맞춰야 한다.
  - 목표는 내담자의 삶의 맥락 안에서 현실적이고 달성 가능해야 한다.
  - 목표는 Jay Haley의 역경치료(Haley, 1984 참조)와 같이 '힘든 작업'을 요구하는 것처럼 인식되어야 한다.
- 증상이 완전히 혹은 수개월 동안 나타나지 않았다는 것만이 내담자의 회복을 입증하지는 않는다. 단지 증상이 생활을 유의미하게 방해하거나 제한하지 않으면 된다.
- 치료 계획 수립에는 치료의 종결 그리고 질병으로 인해 중단된 내담자의 삶을 진전시키는 것을 반드시 포함시켜야 한다. 따라서 치료 계획 수립에서 치료 종결에 대한 준비는 필수적이다. 관리의료체계(Managed Care Organizations: MCOs)는 환자나 가족이 치료 퇴원 준비를 위해 어떤 조치를 취했거나 취할 것인지 질문할 수 있다.
- 탄탄한 기초에 기반하여 검토 및 수정하고, 동료 및 환자와 소통하고, 결과를 평가하고 수정하며, 과실에 대한 고소로부터 당신 스스로를 보호하기 위해, 보고서에는 각 치료 단계에서 고려했던 모든 선택지, 이유, 결정이 반영되어 있어야 한다.
- 계획서 작성 시 너무 구체적이라 계속해서 수정해야 하거나, 지나치게 포괄적이거나, 치료 지침으로 쓰기에는 불충분할 만큼 갖춰지지 않은 계획들 사이에서 선택해야 하느라 힘들 수 있다.
- 치료 계획서 작성 시 유의사항: 전문 용어, 특히 특정 분야의 전문가만 이해할 수 있는 용어를 피하도록 하라. MCO 평가자는 보통 구체적 기법을 훈련받지 않고, 어려운 특수 용어를 잘 모르는 간호사나 상담가이다. 이론의 일반적 용어를 사용하거나, 다른 부분에 초점을 맞추도록 하라.
- 본 저자는 치료 계획서를 작성하는 것이 치료자로서 우리에게 임상적이고 윤리적 책임이라고 본다. 계획해 두지 않으면, 우리는 본능적으로 계획 없이 행동해 버린 후 원래 의도했

던 결과를 얻은 것이라고 스스로 합리화해 버릴 수 있다. 치료 계획은 우리가 정직하게 치료를 할 수 있도록 돕는다.

- 초보자와 전문가를 비교한 많은 연구는 전문가들이 개발해 온 많은 마음속 선택지가 초보자에게는 없다는 점을 언급한다. 초보자들은 목표를 설계하고 방법을 만들어 내는 것을 매우 어렵다고 생각한다. 전문가들도 동일한 어려움(목적과 방법을 완벽히 이해했는지 명확히 하기)을 겪을 수 있다. 즉, 이러한 어려움으로 인해 치료 계획에 대한 책과 소프트웨어가 인기를 얻었지만, 어떤 임상가라도 약간의 정신적인 노력을 들이면 완벽하게 만족스러운 계획서를 만들 수 있다. 이 책의 내용이 어떻게 도움을 줄 수 있는지에 대한 상세한 내용은 다음 MCO 계획 및 결과에 대한 부분을 참조하도록 하라.

25.3 다양한 형태의 치료 계획

초기 치료 개요

이 중 내담자의 요구와 당신의 서비스에 가장 적절한 것을 선택하도록 하라.

A. 다음을 평가하도록 하라.

1. 내담자의 건강, 체력, 필요한 의학적 치료. 치료관계를 수립하는 기회로 과거력을 검토하도록 하라. 이전/현재 치료제공자, 서비스, 날짜, 그 기관에 대한 만족도 또는 종결 이유 등을 메모하도록 하라.
2. 비밀보장의 한계, 내담자로서 자신의 권리, 기관 규정에 대한 내담자의 이해(접수면담이라면 짧게 논의하도록 하라. 그러나 이미 공개된 것은 없었던 일이 될 수 없음을 유념하도록 하라)
3. 현재 문제(목록), 기간, 심각도/기능 방해 정도(이것이 치료 초점이 될 것이다)
4. 현재 치료/서비스 수준: 이것이 적절한가/효과적인가/변경되어야 하는가?
5. 현재 계획 및 서비스에 대한 내담자 만족도. 불만사항, 미충족 욕구
6. 현재 서비스 기간
7. 서비스에 대한 장벽: 문화적, 재정적, 법적, 의료적, 언어/문해/산술/의사소통, 주거 안정성, 교통수단 등
8. 기능 변화에 대한 내담자의 동기, 동기의 특성, 목표, 자기효능감
9. 내담자의 현재 가족 및 지역사회 수준에서의 사회적 지지 체계, 중요한 타인과의 만남
10. 본인 또는 타인에 대한 위험성
11. 정신과 약물치료, 생활요법, 자원의 필요 여부, 준수율 평가, 필요시 환자 교육 실시,

필요시 추가 검사 의뢰

12. 약물의 효과 및 부작용을 보고하도록 하라.

B. 다른 기타 조치

1. 연락망을 마련하도록 하라.
2. 추가 평가 및 치료를 위한 의뢰서를 작성하도록 하라. 대기 시간, 이동 경로, 제공자를 최소화하는 계획을 세우도록 하라.
3. 제공되는 서비스와 치료에 대한 지속적인 재평가 계획을 세우도록 하라.
4. 진전도 모니터링: 약물 복용, 예약 진료 참석, 증상 변화, 섭식 및 수면 변화 등

C. 전반사항

1. 윤리적이고 유능한 업무에 필요한 요구사항을 준수하도록 하라.
2. 관계자 모두를 존중하고, 예의를 갖추며, 배려하는 모습을 보이도록 하라.
3. 기관의 규정 및 절차를 준수하도록 하라.
4. 제공한 서비스를 문서화하도록 하라.

◆표 형식

임상가, 기관, 재정 지원자, 감독자에 따라 선호하는 치료 계획 형식이 다르다. 그들 중 다수는 종이를 가로로 돌려, 열로 나누어 사용한다. 이를 사용하고 싶다면, 다음에 제공된 4가지 각 열의 표제를 사용하도록 하라(일부 다른 선택사항도 있다).

각 열의 제목을 위해 비슷한 뜻을 나타내는 용어도 제공했다. 이로부터 당신의 실무 및 현장 환경에 가장 적합한 제목을 선택할 수 있다.

첫 번째 열은 '목적'이다. 대체 가능한 용어는 다음과 같다.

문제, 목표(Aim),[2] 변화되어야 할 행동, 치료의 초점, 장기 목표, 진단 관련 증상

이 책에는 목표로 삼을 특정 증상에 대한 상세한 내용들이 수록되어 있다(제10장 기분/정동 증상, 제11장 인지적 증상, 제13장 성격장애 증상, 제12장 기타 증상들). 보다 특정한 영역에 대해서는 목차를 사용하도록 하라. 기능 향상의 목적을 위해서는 제14장 일상생활 수행 능력, 제15장 사회/지역사회 기능, 제16장 관계, 제17장 직업 및 학업 능력을 참조하도록 하라.

두 번째 열은 '치료 효과'이다. 대체 가능한 용어는 다음과 같다.

2 이 용어는 Makover(2016)가 사용한 용어이다.

목표, 하위 목표, 추구하는/바라는/기대하는 결과,[3] **관찰 가능한 개선 지표,**[4] **증상 관련 목표, 단기 목표, 문제 행동으로부터 벗어난 정도, 수행, 계획대로 실천해 나가는 것, 우선순위, 목표의 순서**

세 번째 열은 '개입'이다. 대체 가능한 용어는 다음과 같다.

사용 자원, 방법, 치료, 수단, 전략, 전술, 노력, 제공

이 열은 누가 무엇을, 어디서, 언제, 얼마나 자주, 얼마나 오래, 누구와 함께 그리고 누구에게 언제 수퍼비전을 받을지에 대한 내용이 포함되어야 한다.

마지막 열은 '시간(time frame)'이다.[5] 대체 가능한 용어는 다음과 같다.

평가 날짜, 시작 날짜, 목표 날짜, 기간, 종결 날짜, 목표 달성을 위해 예상되는 회기 수, 평가/재평가/진행 상황/평가 날짜

그 외의 열은 다음의 사항들을 포함할 수 있다.

- **내담자의 강점 또는 자원, 개입 정도**
- **책임, 변화에 대한 저항/장애물**[내담자 또는 다른 곳에서]
- [내담자, 제공자, 재정 지원자, 가족 등] **참여도에 대한 문서화**

◆변화 단계 모델

Prochaska 등(1992)은 모든 사람이 어떠한 종류의 행동 변화를 할 때 거치는 5단계를 제안했다. 이는 전문가의 도움의 존재와 무관하게 내담자의 변화에 대한 준비도 또는 개방성을 다룬다. 이는 중독치료에서 널리 사용되어 왔다.

3 목표 달성 척도(Goal Attainment Scaling: GAS)는 기대하는 결과를 평정한다. Kiresuk 등(1994)과 뒤의 섹션 25.9를 참조하라.

4 내가 아는 한 이 완벽한 표현은 Levenstein(1994)이 소개했다.

5 가능하다면, 이 부분을 치료 회기에 대한 목표로 작성하도록 하라. 왜냐하면 내담자를 정해진 기간 동안 만나지 못할 수도 있기 때문이다. 이와 유사하게, 달성/완성 날짜보다 평가 날짜를 제공하는 것이 선호된다.

1. 숙고 전 단계(Precontemplation)

예측 가능한 미래에 변화할 의도 없음. 내담자는 자신이 문제가 있다고 생각하지 않음. '부인' 상태. 타인의 압력에 의해 치료받는 상태

2. 숙고 단계(Contemplation)

장단점을 저울질하기 때문에 '양가적'이라고도 불림. 문제 인식-"무언가 잘못되었다." 6개월 내로 행동을 취하겠다는 약속-"아직 준비가 덜 되었다."

3. 준비 단계(Preparation)

변화에 대한 생각을 행동으로 옮기려고 시도함. 몇몇 행동에서의 변화(예: 물질 사용을 줄이나, 완전히 끊지 못함). 병리적 행동이 있다가 없다가를 반복함. 장단점에 대한 논쟁은 줄어들고, 결정이나 계획이 증가함. 이 단계에서 치료에 자발적으로 참여할 수도 있음

4. 행동 단계(Action)

변화의 방향으로 조금 더 확실한 행동을 함. 일부 성공. 6개월보다 짧은 일정 기간 동안의 행동 변화(예: 금단, 금주)

5. 유지 단계(Maintenance)

최소 6개월 이상의 행동 변화. 변화 지속을 위한 노력. 치료에서는 변화된 행동의 안정화와 재발 방지를 목표로 삼아야 함. 변화 양상은 선형적이지 않음. 일부 재발을 예상하고 계획해야 함

치료 의의

치료는 내담자의 변화 단계에 맞춰 진행되어야 하며, 사전 변화 단계에 따라 과정이 달라질 수 있기 때문에 일부 개입은 적절하지 않을 수 있다. 치료는 단계 간 전환점에 주목해야 한다. 쇠가 뜨거울 때 두드리도록 하라. 변화의 각 단계에서 당신의 역전이를 주의하도록 하라. 변화는 의식화, 자기재평가, 환경평가, 자기해방, 역조건 형성, 자극 관리, 강화 계획, 대인관계 조력, 극적 해소, 사회적 해방의 10개 과정을 포함할 수 있다.

25.4 사례 개념화를 위한 치료 계획 서식

비록 MCOs의 관리 및 비용 억제에 대한 요구가 치료 계획 작성의 공식화를 위한 주된 동력이었으나, 치료 계획은 사례 개념화와 치료자의 성장을 돕는 수단으로 중요한 가치가 있다. 체크리스트 형식의 간략한 계획이 필요한 사람들을 위해 『디지털 시대의 종이 사무실 5판(The Paper Office for the Digital Age, 5th edition)』(Zuckerman & Kolmes, 2017)은 효율적인 양식을 제공한다. 그러나 내담자의 과거력과 상황에 대한 보다 많은 평가를 구조화하고 종합적인 사례 개념화를 돕기 위해 [양식 2]의 활용을 추천한다. 내담자와의 작업을 위해서는 서면 허가 없이도 사용할 수 있으나, 교육, 글쓰기 또는 상업 목적인 경우 서면 허가가 필요하다. 치료 계획에 대한 더 많은 지침은『디지털 시대의 종이 사무실』에서 찾을 수 있다. 공간 제약으로 인해 여기에서는 당신이 발견한 것을 기입할 수 있는 칸을 없애고, 각각의 응답 수를 3개로 제한했다.

◆ 허가: MCO가 독자인 경우 보고서의 목적

정신건강 서비스의 환급(서비스 제공 후 비용 지불)에 대한 허가를 위해 치료 계획서를 제출해야 한다. [양식 2]와 같은 형식은 정신건강 서비스의 필요성과 전달 계획을 문서화한다. 진술서에 기초하여, MCO는 서비스 제공자에 대한 비용 지불을 허가하거나 거부한다.

[이 페이지의 상단을 레터헤드로 사용한다.]

개인 행동/정신건강 치료 계획

☐ 최초 인증을 위한 사전 승인용 ☐ 치료 재승인을 위한 재검토용

I. 내담자 정보

내담자 성명: ________ 주민등록번호(사회보장번호 Soc.Sec. #): ________ ID: ________

회원 번호: ________ 생년월일: ________ 성별: ________

그룹명/번호: ________ 인증 번호(Certificate #): ________

이용자/회원 성명, 주소(내담자가 아닌 경우): ________

개인정보공개 동의 ☐ 예 ☐ 아니요

II. 사례 개념화/ 개요

A. 현재 문제/주호소 문제/의뢰 또는 치료 사유/어려움:

문제	심각도[1]	기간
1.		
2.		
3.		

B. 현재 문제, 현재 상황의 과거력(촉발 요인, 동기, 스트레스원과 자원/대처 방법, 동반 이환 상태, 생활 상태, 관련 인구학적 특성):

C. 이전 치료:

이름	위치/전화번호	서비스 유형 & 날짜

D. 비정상적/일반적이지 않은 정신상태평가 결과 요약:

(계속)

주 1. 장애의 심각도 또는 저하된 일상생활 수행과 효과성 평가를 위한 코드: Mi=약함, Mod=보통, S=심각, VS=매우 심각

양식 2. 개인 행동/정신건강 치료 계획. Adapted from Zuckerman (2008).

(2/4)

E. 기능 제한 및 손상(제한의 심각도 기술 및 평정):

1. 자기관리, 일상생활 수행 능력(ADLs)–심각도[1]:
2. 학업/직업–심각도[1]:
3. 친밀한 관계/결혼/자녀/원가족–심각도[1]:
4. 사회적 관계–심각도[1]:
5. 기타 영역–심각도[1]:

F. 강점:

1.
2.
3.

G. 진단–현재 가장 적합한 공식 표현: 명칭(1차 진단을 'P'로 표시):

	코드 번호 (❑ DSM–IV–TR 또는 ❑ ICD?)
1. ______	______
2. ______	______
3. ______	______

4. 알레르기와 약물 민감성을 포함한 중요하고 관련된 의학적 상태:

	의학적 상태	치료/약물/요법	제공자	상태
1.				
2.				
3.				

5. 지난해의 심리사회적 · 환경적 스트레스원/문제들. 구체화를 위해 Z코드 사용을 고려하도록 하라.

전반적 심각도: 약함 보통 심각 극심한

❑ 일차 지지 체계와의 문제 ❑ 사회적 환경 관련 문제
❑ 교육 문제 ❑ 직장 문제
❑ 주거 문제 ❑ 경제적 문제
❑ 의료 접근성 문제 ❑ 기타 문제: ______

임상적 주의를 요하는 기타 문제: ______

(계속)

치료 계획

(3/4)

H. 현재 예측 가능한 위험평가:

1. *자기방임 또는 자해*: ❑ 없음 ❑ 미흡한 자기관리 ❑ 상당한 자기방임 ❑ 자해
   세부사항 : ____
2. *자살*: ❑ 징후 없음 ❑ 생각해 본 적 있음 ❑ 계획 ❑ 수단 없는 의향 ❑ 수단이 있는 의향
3. *살인*: ❑ 징후 없음 ❑ 생각해 본 적 있음 ❑ 계획 ❑ 수단 없는 의향 ❑ 수단이 있는 의향
4. *충동 조절*: ❑ 충분한 ❑ 일정하지 않은 ❑ 최소한 ❑ 폭발적
5. *치료 순응도*: ❑ 완전 순응 ❑ 가변적 ❑ 수동적 비순응 ❑ 저항적
6. *물질 사용*: ❑ 없음/정상 사용 ❑ 남용 ❑ 불안정한 관해 ❑ 의존
7. *신체 또는 성학대*: ❑ 징후 없음 ❑ 있음 ❑ 보고되지 않음 ❑ 보고된 날짜: ____
8. *아동 또는 노인학대 또는 방임*: ❑ 징후 없음 ❑ 있음 ❑ 보고되지 않음
   ❑ 보고된 날짜: ____
   있다면, 내담자는 ❑ 피해자 ❑ 가해자 ❑ 둘 다 ❑ 둘 다 아니나, 가족 내 학대 존재
9. 위험이 존재할 때 내담자는 ❑ 자신 ❑ 타인 ❑ 둘 다를 해치지 않기 위해 연락을 취하는 것에 진심으로 동의할 수 ❑ 있다 ❑ 없다.

III. 치료 문제

A. 현재 치료 진행 상황 – 치료 효과 및 현증상의 심각도, 치료 유지 이유:
❑ 아직 치료받지 않음

B. 치료 계획 – 협력 부서, 협의, 평가 및 치료 서비스의 추천 프로그램:

1. 현재 임상적 평가에 기반하여 **추가 상담 및 평가** 필요:

우려사항 또는 질문	상담자
a.	
b.	
c.	

2. 치료 목표 및 목적: ____ 에 대한 특정 치료를 통해 예상되는 중요한 개선
   문제: ____
   - 수정시킬 행동:
   - 개입(누가 무엇을, 얼마나 자주, 활용 자원, 양상, 빈도, 기간):
   - 관찰 가능한 개선 지표(행동, 보고):
   - 문제 행동이 나타나는 수준:
   - 지표를 달성하기 위해 예상되는 방문 수:
   - 평가 날짜:

[✓ 2번 항목은 각 문제별로 작성되어야 한다.]

(계속)

(4/4)

3. **그 외 현재 치료 전문가들:**

이름	주소/전화번호	제공하는 치료

4. 본인은 치료 계획 수립에 참여했고, 이를 이해하고 동의하며, 치료를 성실히 수행할 책임이 있다는 것을 수용한 바 이에 **서명**합니다.

내담자: ________________ 날짜: ________

서비스 제공자: ________________ 날짜: ________

5. **추가 의견, 계획, 정보:**

이 양식은 접수면담 시 작성하며, 치료가 승인된 첫 시간에는 (몇) 회기씩 종료될 때마다 (재검토용으로) 다시 작성한다. 이러한 세세한 관리는 관계자들에게 부담되는 일이지만, 일반적인 업무 양상이다. 다음의 'III. A. 현재 치료 진행 상황'도 참조하도록 하라.

다시 한번 간단히 말하면, [양식 2]에 나타난 것처럼 MCOs에서 요구하는 형식에 맞게 작성된 해당 계획서 양식은 최종 결과에 국한된다. [양식 2]의 각 제목의 의미와 이유는 하단에 논의되었으며, 조언을 담고 있다.

◆II. 사례 개념화/개요

A. 현재 문제/주호소 문제

내담자는 (자신이 생각하는) '불편'이나 고통(정신적 고통)을 가지고 내원하며, 임상가는 이에 대해 질문하고 검사하고 근거를 모아 '진단'(의학적 용어), '걱정'(내담자 중심 접근 용어), 또는 '문제'(일반적 용어, MCO 용어)로 재해석한다.

- 관련 질문은 제2장 '정신상태평가 관련 질문/과제' 및 제3장 '징후, 증상, 기타 행동 양상 관련 질문' 참조

B. 현재 문제/현 상황의 과거력

정신건강 임상가는 대개 종합적인 해석을 위해 상호작용적 생물심리사회 모델을 적용하고, 이상행동 설명을 위해 '소인(취약성)에 더해 스트레스원(변화에 대한 요구)이 증상 행동을 야기한다'는 모델을 적용한다. 임상가의 주의가 필요한 모든 요소는 스트레스원, 소인, 이상 행동으로 간주된다. 결과적으로, 이러한 행동은 새로운 스트레스원이 될 수도 있다.

당신은 임상가로서 증상, 불편감, 문제, 목적, 기능 수준, 행동 과다/결여, 스트레스원의 감소로 인한 회복, 대처를 위한 성장 및 학습, 가족 역동/항상성의 변화, 위기 관리 등에 집중할 수 있다. 문제를 이해하는 방식—그것의 원인, 역동 그리고 목표—은 임상가의 학문적 견해와 훈련에 따라 다르다.

C. 과거 치료

과거 치료자들은 2가지 이유에서 임상가인 당신에게 매우 중요하다. 첫째, 당신이 알아야만 했던 상태(왜냐하면 모든 훌륭한 임상가는 항상 이전 기록을 가지고 있기 때문)를 알지 못해서 환자의 상태를 오진하거나 잘못된 치료를 하는 것은 의료 과실의 주된 원인이다. 둘째, 보다 효과적인 치료 제공을 위해 과거 효과적이었거나 그렇지 않았던 치료에 대해 알 필요가 있다.

D. 비정상적/일반적이지 않은 정신상태평가 결과의 간략한 요약

정신상태평가(MSE)는 임상가의 전통적 기술 영역이므로, 임상가들은 정교한 평가자가 되도록 노력해야 한다. 이 부분에서 이상 소견을 요약하고, 모든 정상적 발견은 무시하도록 하라.

- 제2장에서 다양한 MSE 관련 질문을 제공한다.
- 제11장에서 MSE 보고서 작성을 위한 많은 설명어를 제공한다.
- 섹션 2.25에서 결과 기록 양식을 제공한다[양식 1].

E. 기능 제한 및 손상

어떤 기능을 평가하고, 이들을 어떻게 명명할 것인지에 대해서는 논란이 있다. 개별 내담자에게 당신은 내담자별로 '정동 기능'(예: 지속적인 애도로 인한 정서적 마비나 광장공포증으로 이어지는 공황발작), '신체 기능'(예: 만성피로, 어지러움 또는 사회적 고립을 초래하는 요실금) 또는 이러한 기능을 연결지어 추가 명시하거나 대체할 수 있다.

[양식 2]에 제시된 기능 영역들은 MCOs가 유일하게 관심을 갖는 영역들이다. 만약 내담자가 일을 중단했다면, MCO 인사과의 입장(결국 내담자의 고용주를 위해 일하기 때문에)에서 제공할 수 있는 가장 가치 있는 서비스는 내담자가 다시 직장으로 복귀하도록 하는 것이다.

- 일상생활 수행 능력(ADL) 평가는 제14장 참조
- 사회관계는 제15장 참조
- 커플 및 가족관계는 제16장 참조
- 직장 혹은 학교생활 기능은 제17장 참조

법적 문제는 '사회적 관계' '학업/직장'에, 여가/취미 활동 감소는 '기타 영역'에 포함될 수 있다. 각 기능 제한에 대한 최상의 범주를 고르려고 집착하지 말도록 하라. 그건 아무도 중요하게 생각하지 않는다. 이와 유사하게, 범주 제목 자체도 크게 중요하지 않다('일' '직장' '직업' '고용' '군대'는 기능적으로 동일하다).

MCOs는 생활 또는 직업 기능에 중요한 영향을 주지 않는 한, 성기능장애, 초기 외상 경험, 섭식장애와 같은 일부 임상적 영역에는 거의 관심을 두지 않는다. 영적/종교적, 문화적/민족적 그리고 여가 부문에서는 형식적인 서비스만 제공할 뿐이다. 이 모든 것은 '의학적으로 필요한 치료'에 대해서만 비용을 지불하는 그들의 역할에 부합한다(**섹션 22.1 참조**).

MCO 작업의 핵심 원칙은 단지 내담자를 즉각 이전 기능 수준으로 회복시키는 것을 치료 목표로 삼는 것이다. 이전 수준으로 회복시키는 것 이상의 치료(아마도 보다 건강한 기능, 이해력, 성격 변화, 재발 예방 또는 심지어 비용이 절감된 추가 치료)는 MCO의 재정적 책임이 아니다.

F. 강점

우리 임상가들은 큰(사실상 과도한) 수준의 결함, 단점에 초점을 두지만, 결함/결핍 위에는 아무것도 구축할 수가 없다. MCOs, 공동위원회(Joint Commision) 등은 임상가들이 내담자의 자원을 성장을 위한 기반으로 그리고 영감을 주거나 다시 얻을 수 있는 것으로 여겨지는 이전 성공 경험으로 고려하도록 권고한다. '해결중심 접근'이나 '기적치료'와 같은 치료는 이러한 성공을 의도적으로 활용하며, 자원에 대한 철저한 조사가 당신 일을 쉽게 만들 수 있다는 것을 알게 될 것이다.

- 섹션 2.24, 섹션 19.2는 대처 능력을 평가하는 데 도움이 될 수 있다. 또한 섹션 25.8 '강점 체크리스트' 참조

G. 진단

우리 모두는 진단, 결함, 치료가 정신건강 영역과 밀접한 관계가 없음을 알고 있다. 우리는 진단을 치료하는 것이 아니라 양상과 고통을 가진 내담자를 치료한다. 그러나 진단명의 약칭은 훈련된 전문가들에게 무엇이 존재하고, 존재하지 않는지에 대한 중요한 정보를 제공한다. MCOs는 개입의 초점이 다른 측면에 맞추어져 있고 진단이 상호작용이나 대인관계 측면을 다루지 못할 때에도 임상가들이 널리 인정된 기준에 근거해 진단을 내릴 것을 요구한다.

MCOs는 성격에 대한 치료가 비효과적이라 여기기 때문에, 성격 진단의 치료에 대한 지원을 꺼린다. 그럼에도 불구하고 현재 어떤 상태라도 반드시 기록하도록 하라. 당신은 진단 개수로 급여를 받지 않으며, 최근에는 엄청난 정밀함도 요구하지 않는다. 그러나 진단은 정확해야 하므로, 신중한 감별 진단이 필요하다. Morrison(2014a, 2014b)에 당신이 알아야 할 모든 것이 있다.

- 제21장에 DSM-5와 ICD-10 진단 및 코드에 대한 내용이 있다.

H. 현재 예측 가능한 위험평가

마지막으로, 최종 확정, 영향, 법적 문제를 고려할 때, 살인, 폭력 그리고 자살은 임상가와 MCOs 모두가 우려하는 가장 큰 위험 요인이다. 물질 사용장애는 MCOs에게는 관심이 덜한 사안이다.

- 섹션 12.37은 자살 가능성을 평가하는 데 도움이 될 것이다.
- 섹션 12.39는 폭력 가능성을 평가하는 데 도움이 될 것이다.

[양식 2]는 간단한 확인사항들을 제공하나, 만약 이러한 위험 중 어느 하나라도 중대하다고 의심되거나 확신이 없고 불안하여 의심이 들 때는 이에 대해 다른 사람들과 상의하고 당신의 우려를 상세히 설명하도록 하라. 의료 과실의 관점에서, 비극적인 사건 이전에 당신이 전문적으로 사려 깊게 행동했다는 것을 증명하는 것이 이를 정확히 예측하는 것(일반적으로 할 수 없는)보다 더 중요하다.

III. 치료 문제

A. 현재 치료 진행 상황

이 항목은 서비스를 지속하기 위해 재승인을 받을 때 작성한다. '재검토'는 경과 보고서 같은 기능을 한다. 이는 서비스 필요성을 정당화하기 위해 긍정적일 필요는 없으며, 신경 써야 한다. 만약 내담자가 이전 기능 수준으로 되돌아갔다면, 일반적으로 회복의 안정성과 무관하게 서비스 지속이 불필요하다고 여겨질 것이다. 만약 진전이 거의 또는 완전히 없는 경우, 치료의 추가(약물, 가족면담, 물질 및 알코올평가, 심리교육적 지역사회 집단)나 접근 방식의 변화를 고려해야 한다. 이는 적절하고 성실한 노력에도 불구하고 진전이 없는 상황에서 재정적이면서 윤리적인 고려사항이다.

B. 치료 계획

- **섹션 2.24 '치료/서비스 유형'에 선택 가능한 치료 서비스 목록이 있다.**

1. 추가 상담 또는 평가

이러한 질문은 MCOs 서식에 종종 빠져 있지만, 다음의 질문을 하는 것이 임상적으로 타당하며 논리적이다. 우리가 무엇을 더 알아야 하며, 이를 어떻게 알아낼 수 있을까?

MCOs는 치료자가 치료를 진행함으로써 치료를 이끄는 데 필요한 모든 정보를 알게 된다는 근거로 평가 기능을 생략했다. 이는 꼭 필요하지도, 효율적이지도 않다. 비록 검사가 과용될 수 있지만, 우울한 사람이 어떤 성격을 가지는지 또는 치료 동안 현재 드러나지 않은 다른 문제들이 무엇인지 아는 것은 여전히 가치가 있다. 아무리 방법들이 타당할지라도, 치매 환자에 대한 우울증 치료는 완전한 회복으로 이어질 가능성이 분명히 낮다. 본 저자는 모든 치료자가 치료 효과 평가에 사용하는 도구가 무엇이든 간에 적어도 몇 개의 선별검사의 사용과 해석법에 대해 학습할 것을 권고한다.

2. 치료 목표 및 목적

지면상의 이유로 [양식 2]에는 하나의 문제만 기입하도록 되어 있다. 상기했듯이, 사례 개념화에 기초하여 필요한 만큼 이 서식을 반복해서 사용해야 한다. 당신과 내담자는 초점을 유지하기 위해 몇 가지 문제만 나열해야 한다. 진단 및 기능 제한과 밀접한 관련이 있는 문제를 선택하고 이를 우선순위에 따라 제시하도록 하라.

* 변화되어야 할 행동

이는 본질적으로 역동을 나타내는 행동(징후 및 증상 또는 행동적 발현) 측면에서 문제를 재진술하는 것이다. 만약 행동을 구체화할 수 없다면, 더 철저히 내담자를 조사하고 면담할 필요가 있다. 그러나 일부는 설명되지 않고 불분명한 상태로 계속 남아 있을 수도 있다.

* 개입

스스로 다음의 질문을 함으로써 개입을 구체화시킬 수 있다. 이 문제에 대해 효과를 보인 접근법은 무엇인가?(섹션 22.2 '효과적인 치료 제공' 참조) 이러한 문제를 다루기 위해 어떤 훈련을 받았는가? (이 분야에 대한 기술이 부족하면, 감추려고 하지 말라. 교육을 받거나 내담자를 다른 전문가/기관에 의뢰하도록 하라.) 증상을 다루는 기법은 무엇인가? 이를 어떻게 실행하는가?(얼마나 자주? 얼마나 오래? 어떤 수단으로) 환자가 무엇을 하길 기대하는가? 일반적이고, 목적이 없으며, 초점 없는 치료는 비윤리적이고 효과적이지 않을 수 있다. 실험적이거나 일시적으로 유행하는 기법을 피하고, 사전 동의를 얻도록 하라.

치료 방식(개인, 집단, 가족치료 등), 이론적 지향점/유형(인지, 대인관계, 정신역동, 구조적 등), 구체적 기법(뜨거운 의자, 내재적 민감화, 재발 방지)과 관련된 설명어를 제공하도록 하라. '부부관계에서 외상 경험' 또는 '우울 사고 양상'과 같은 임상적 초점을 명시하도록 하라.

MCOs는 비용이 적거나 전혀 들지 않는 개입을 선호하는 듯하다. (적절한 경우) 지역사회 지지 집단, 심리 교육, 독서치료 등을 포함하도록 하라.

✲목적

당신은 [양식 2]에 '목적'이라는 표제가 없다는 것을 알아차렸을지도 모른다. 이는 의도적이다. 반면, '관찰 가능한 개선 지표' '문제 행동이 나타나는 수준'이 있는데, 이 2가지 모두 '목적'보다 더 쉽게 이해되고 명시하기도 쉽다. 하지만 일반적으로 기술하기 위해 본 저자는 이후 논의에서 '목적'이라는 용어를 사용했다.

목적은 보통 장기적 목적으로 이해하며, 목표는 그 목적의 달성을 위한 필요 단계이다. 대개 목표는 목적보다 더 행동적이고 구체적이다. 목표는 단기적이고 더 측정하기 쉽다. 그것은 대개 내담자의 수행으로 표현된다("내담자가 ……를 할 수 있다."). 치료가 10~12회기로 제한될 경우 장기적인 목표나 변화를 계획하는 것은 의미가 없다. 문제를 파악하고, 이 문제가 치료를 통해 어떻게 바뀔 수 있는지 생각해 본 후, 몇 가지 목적을 세우도록 하라.

✲관찰 가능한 개선 지표

변화를 평가할 수 있다는 것은 매우 중요하다. 기대하는 결과를 행동적 언어로 작성하도록 하라. 즉, 눈으로 볼 수 없는 정서, 인지 과정, 과거력, 의도가 아닌, 관찰할 수 있는 것(행동, 표현)을 말한다. 이를 위해 익숙한 공식화나 진단이 아니라 이들의 행동적 발현을 고려하도록 하라.

내담자와 평가자가 무엇을 변화로 간주할 수 있는지 알 수 없기 때문에, '의사소통 기술' 또는 '우울' 같은 매우 포괄적인 용어 사용은 피하도록 하라. 각 변화의 지표(목적 또는 장기적 결과를 향한 목표 또는 단계)와 드러나는 기능 문제를 연결 지어 명시하도록 하라. 관찰 가능한 목표를 측정 가능하게 또는 적어도 수량화하도록 하라. 이러한 객관화는 공정한 평가를 가능하게 한다.

(실패, 불안, 낮은 자신감이 강화되지 않도록) 너무 달성하기 어려운 변화나 (목표 달성이 짜증나고, 동기가 저하되지 않도록) 너무 달성하기 쉬운 단계별 변화는 지양하도록 하라.

내담자의 생활환경에서 내담자를 관찰할 수 없기 때문에, 필요에 따라 새로운 행동에 대한 '내담자의 보고'를 받아들여 사용하도록 하라. 아마도 내담자를 자주 관찰하는 누군가로부터 변화를 확인하는 것이 가장 좋을 것이다(제3자, 평가자, 내담자는 평가하기에 훌륭한 '3인조'가 될 것이다).

*각 지표의 달성을 위한 예상 방문 수

당신은 기간이나 날짜가 제시되지 않았음을 주목했을 수도 있는데, 이는 회기를 놓치거나, 또 다른 문제가 발생할 수 있기 때문이다. 게다가 비용 지불은 정해진 시간이 아닌 제공된 서비스에 근거한다.

*문제 행동이 나타나는 수준

이는 '장기 목표'라고도 하며, MCOs에게는 기능 회복의 기준이다. 진행 상황 평가나 내담자 상태에 대한 보다 공식적인 재평가 날짜는 여기서 구체적으로 언급하지 않았지만, 대개 이 또한 치료 계획의 일부이다.

3. 그 외 현재 치료 전문가들

당신은 치료 조정을 위해, 당신 또는 다른 치료자가 내담자를 치료하는 데 있어 내담자 치료에 중요한 정보 손실 방지(예: 약물 부작용)를 위해, 내담자 치료를 위한 의료적 협력을 구하기 위해, 수퍼비전을 받기 위해, 서비스 중복을 줄이기 위해, 응급 상황 지원을 받기 위해, 문제와 관련된 상담을 받기 위해 이 정보가 필요하다.

4. 서명

고지된 동의는 윤리적으로 필수이다. 오늘날 치료는 수동적 환자와 적극적 전문가 간에 일어나는 과정이 아니라 능력 있는 내담자와 전문가 간의 계약 합의로 여겨진다. 만약 치료가 함께 하는 모험이라면, 두 사람 모두 이에 대해 알아야 하며, 자발적으로 동의해야 한다. 단지 이 문서를 비용을 위한 것으로 다루지 말고 내담자와 계획을 공유하는 것으로 생각한다면 치료의 관점에서 매우 생산적일 수 있다. 고지된 동의에 대한 모든 논의사항은 『디지털 시대의 종이 사무실』(Zuckerman & Kolmes, 2017) 제5장을 참조하기 바란다.

5. 추가 의견, 계획, 정보

이는 따로 설명이 필요하지 않고, 주로 덜 정리된 세부사항에 대한 기록을 상기하기 위해 포함한다.

25.5 물질 남용 내담자를 위한 치료 계획 요소

섹션 12.36 '물질 사용, 남용, 의존'의 '치료에 대한 반응' 참조

다음 제시된 목적 및 방법은 문헌에 나온 진술로부터 도출되었고, 포괄적이기는 하나 완전하지는 않다. 당연히, 이는 각 내담자에 맞춰야 한다.

치료 목적

- 금욕: 취하지 않은 상태 유지하기, 유기농 주의로 살기, 화학 성분 없이 살아가기
- 음주 조절: 피해를 줄이는 사용 양상 따르기(다음 참조)
- 건강, 재정, 직업/학교, 고용, 생활방식 안정화
- 처방된 신체검사 완수 및 의료 조언 준수
- 건강 및 체력 강화, 건강검진 받기, 처방된 약물 복용; 처방받은 대로(복용량/시간 준수) 약물 복용하기, 효과, 부작용에 대한 보고
- 법적 문제 해결 및 방지
- 취하지 않은 상태(맑은 정신)에서 하는 여가 기술 개발
- 친밀한 관계/부부관계/가족 안정화
- 재활 프로그램에서 규정한 대로 중요한 타인(배우자/파트너, 자녀, 친척, 친구 등) 포함
- 사회 기술, 자기주장, 정서 표현, 편안함 향상
- 사회적 지지, 우정, 지역사회 참여 향상
- 지역사회에서 리더 역할 맡기
- 거절, 우울, 미해결된 슬픔/애도, 수치심, 죄책감, 자포자기와 같은 정서 문제/감정 다루기/대처/해결
- 대처 기술, 스트레스 관리 기술, 이완 능력, 자기통제력 향상
- 자존감, 자신감, 자기수용력 높이기
- 행동의 결과에 대한 책임 수용
- 문제 해결 능력, 우선순위 설정, 끈기, 좌절 인내성 향상
- 집단 내 효과적인 건설적 피드백 제공 및 수용
- 다음 과정에 참석/참여하여 치료 프로그램에 적극적인 참여자 되기
  - 약물 의존 및 회복 과정에 대해 마련된 교육 수업
  - 제공되는 상담, 심리치료, 교육 집단(예: 영성 집단, 남녀 집단)
- 스폰서, 약물 전문 교육자, 역할 모델로서의 서비스
  - 신체 활동, 건강한 경쟁, 기술 습득, 사회화, 관심 영역 등 즐거움 확대를 위한 여가 활동
  - 지역사회에서 약물중독으로부터 벗어난 공동체 활성화를 위한 알코올 중독자 자조 집단(Alcoholics Anonymous: AA)/약물 중독자 자조 집단(Narcotics Anonymous: NA)/기타 집단들
  - 취업, 주거지, 금주 등이 포함된 퇴원 계획 설계 및 수행

방법

교육

- 다음 사항에 대한 학습(대체 표현으로는 '노출' '이해' '인식' '적용' '설명'이 있다)
  - 중독의 질병 개념
  - 자신의 정체성을 알코올 중독자/약물 남용자로 받아들였을 때 얻는 결과
  - 교차중독, 다중중독, 이중 진단
  - 화학 물질과 관계없는 중독 행동
  - 중독 및 회복의 본질과 과정
  - 역기능적 가족, 공동의존, 알코올 중독자/중독자 부모의 성인 자녀 집단(Adult Children of Alcoholic/Addicted: ACOA), 중독을 유발하는 회로와 관련된 문제들
- 개인의 약물 이력, 중독의 진행, 그 결과로 나타난 문제 작성 및 공유
- 추천 도서를 읽은 후 내용에 대한 토론

치료 활동

- 12단계에 나오는 모든 단어를 자신만의 언어로 정의하기
- 5명의 집단원과 무력감, 12단계에 대한 이해 등에 대해 이야기 나누기
- 자신이 감당할 수 없는 5가지 사례 나열하기
- 물질 사용으로 인한 구체적인 부정적 결과 파악하기
- '감정 수첩' 작성 및 하루에 최소 두 번 기입하기
- 분노, 수치심 등을 다루는 방법에 대해 상담자와 면담하기
- 집단원과 자신의 긍정적 · 부정적 자질에 대해 이야기 나누기
- 부모님께 (불만족감, 정서/신체/성학대 또는 방임의 이력, 유기 등에 대한) '감정 편지' 작성하기
- 물질 남용으로 이전에 얻은 이점을 달성하기 위한 다른 방법을 파악하고 실천하기
- 매일 감사한 항목 5가지 작성하기

주거형 치료 활동 집단

AA/NA 친목회, 남성/여성 단체, 만남 집단, 중독자 유대 집단, 심리 교육 세미나, 범죄자적 사고(criminal thinking)를 다루는 (인지행동치료) 집단, 작업치료, 여가 교육 및 활동, 건설적 비판을 위한 일일 피드백 집단

치료 계획

- 일상 계획, 홈 그룹 모임 그리고 주 ______(횟수)회, 총 ______(횟수)모임/주/일 참여를 포함한 회복기 치료 계획 준비하기

- **재발의 전형적인 촉발 요인 대처를 위한 계획 준비하기: 배고픔, 분노, 외로움, 피곤함 (Hungry, Angry, Lonely, Tired: HALT).** 자세한 촉발 요인은 온라인 세부 목록 참조(www.hazelden.org/web/public/document/7559_addrelapsewarnsigns.pdf)
- **재발 방지**(Marlatt & Donovan, 2005): **금욕 위반 효과 설명 및 이에 대한 대비책 개발하기; 고위험 상황, 경고 신호 및 촉발 요인 파악하기; 대처 반응 연습하기; 자신을 위한 재발 방지 계획 작성하기; 다른 사람들에게 재발 방지 교육하기**
- **고위험 상황에서 화학 물질 사용에 대한 여러 대안 개발하기(예: 여가 기술, 시간 관리 계획, 지지 체계 요청), 스트레스 면역 훈련(Stress Inoculation Training: SIT;** Meichenbaum, 1996) **사용하기**
- **간단하고 효과적인 피해 감소 전략 학습 및 사용하기**(Marlatt et al., 2012; Denning & Little, 2012 참조). **예를 들어, 경찰/관계자에게 총 반납하기, 총과 탄약 분리하기, 총의 안전장치를 잠근 후 열쇠는 따로 보관하기, 방아쇠 잠금장치는 해 놓고 열쇠는 따로 보관하기 등**

개요와 예시를 위해 www.unodc.org/ddt-training/treatment/VOLUME%20D/Topic%204/1.VolD_Topic4_Harm_Reduction.pdf를 참조하도록 하라.

25.6 위기개입을 위한 치료 계획 요소

- 대상자의 고통 인정하기/이해하기/타당화하기/진지하게 받아들이기
- 감정의 환기 격려하기
- 당신을 지속적으로 만날 수 있다는 것을 대상자/가족에게 확신시키기
- 모든 긍정적 반응 강화/지지하기
- 문제 해결 노력 강화/지지하기
- 이전의 성공적인 대처 검토하기
- 대안적인 대처 방안 제공하기
- 일정 기간 동안 상황을 악화시키는 일을 하지 않겠다는 계약 협의하기
- 기분이 안 좋을 때 무엇을 할지 협의하기
- 확실하고 지속적인 지원 제공하기

25.7 회복 패러다임 및 관련 표현

회복 패러다임

이 패러다임은 늘 그렇듯이 치료로부터의 큰 전환이다. Davidson 등(2007, 각 괄호 안은 본 저자가 추가한 내용)이 정의 내린 것처럼 재활은 "자신의 상태와는 별개로, 그 상태로 인해 발생하는 제한에도 불구하고, 또는 그 제한 속에서[즉, 증상이나 장애를 가졌음에도 불구하고] 삶을 재구축[증상을 치료하는 것만이 아닌, 행동적 및 신체적 건강 관리를 통합하여 온전한 사람으로서; 한 사람이 설계한 삶의 방향]하는 동안, 자신의 공동체에서 의미 있는 소속감[단지 공동체에 속해 있는 것만이 아닌]과 자신의 정체성에 대한 긍정적 관점[예: 자기주도적 vs 수동적, 탄력성 vs 취약성, 외상 생존자 vs 피해자]을 회복하는 과정이다".

회복 모델은 안정화와 증상 감소를 위한 단기 또는 일회성 개입에 비해 장기적이며, 임상적 상태 관리를 위해 전문가뿐만 아니라 지역사회 자원(동료 전문가)을 활용한다. 전문가들은 주 치료자가 아닌 협력자 및 자문가 역할을 한다. 미국심리학회는 심리학자들의 회복 원칙과 실천 촉진을 위해 15개의 무료 모듈 커리큘럼을 제공한다(www.apa.org/pi/mfp/psychology/recovery-to-practice/training.aspx에서 이용 가능). 다른 자료는 물질 남용 및 정신건강서비스국(Substance Abuse and Mental Health Services Administration: SAMHSA; www.samhsa.gov/recovery)을 참조하도록 하라. Davidson 등(2009)의 저서는 코네티컷주에서 저자들이 좋은 결과를 얻었던 도구들을 사용한, 새로운 패러다임의 훌륭한 지침서이다.

강점 기반, 회복 지향 및 인간 중심 언어

연구에 따르면 내담자는 임상가나 기법만큼이나 성공적인 치료 효과에 기여하며, 내담자 개인 요인들은 치료적 관계와 개입을 합친 것보다 치료 효과를 더 많이 예측할 수 있다. 따라서 우리는 내담자를 서비스의 수동적인 수혜자로 다루기보다 항상 개인의 기여(강점)를 고려해야 한다. 언어 선택은 제공자와 내담자의 현재 관계뿐만 아니라 내담자의 미래에 대한 예후, 치료 효과, 서비스에 대한 접근에도 영향을 미친다. 우리가 더 이상 '정신지체'나 '정신분열증'을 언급하지 않듯이, 이제 모든 전문 활동에서 '인간 중심' 언어를 사용해야 할 때이다. 예를 들어, 사법 제도에서 일하는 사람들은 '범죄자' '흉악범' '죄수' '수감자' '재소자'와 같은 비인간적이며 지나치게 위계적이고 맥락에만 맞춘 언어 사용을 재고해야 한다. 정상적인 대화에서 우리는 '누구누구 씨' 같은 말을 사용한다.

언어 선택은 강점 기반 회복 모델의 한 요소이자 서비스가 이해되고 전달되는 방법을 수정하려는 동향의 일환이다. 인간 중심 언어는 유행이나 정치적 정당성보다 중요한 것으로, 장애를 인정하고, 소통하고, 보고하는 객관적인 방법이다. 이는 장애보다는 사람에 초점을 맞춤으로써 일반화, 가정, 고정관념을 없앤다.

이 방식에서 사용되는 언어는 다음을 고려해야 한다.

- 사람을 우선시하도록 하라. 장애는 그 사람의 개성과 인간성보다 중요하지 않다.
- 낙인찍지 말고, 내담자의 상태를 배제하거나, 사회적으로 무시하거나, 깎아내리거나, 깔보거나, 비하하지 말도록 하라.
- 약점이나 문제가 아닌 강점, 대처, 탄력성, 성공, 효과를 거둔 방식을 반복하는 것에 초점을 두도록 하라.
- 피해자 역할을 지지하지 않고, 부정적인 고정관념을 사용하지 않고, 제한점에만 몰두하지 않고, 의존성/동정심/연민을 조장하지 말도록 하라. 독립성을 촉진하도록 하라.
- '탄력성' '희망' '회복'과 같은 단어의 사용으로 낙관과 신뢰를 보이도록 하라.
- 내담자를 질병의 보고(寶庫)나 진단 대상자로 보지 말도록 하라. 기능 또는 병의 경험이나 징후를 무시하는 진단명을 피하도록 하라.
- 전문가로서, 위계적이고 불평등한 상황에 특권을 부여하지 말라.
- 공동 작업, 내담자 활동 참여, 내담자 위주의 관리가 이루어진다는 사실을 보여 주도록 하라.

보고서에는 반드시:

- 동기나 내적 과정에 대한 (오류가 있을 수 있는) 해석이나 가정을 피하면서 행동을 기술하도록 하라.
- 수동태(예: "……이 보고되었다.")나 모호한 표현을 사용하지 말고 책임의 주체로서 진술하도록 하라.
- 병력이 보고된 맥락과 기간을 포함하도록 하라.
- 서로 다를 경우, 모든 관점을 포함하도록 하라.
- 내담자의 견해, 관점, 근거, 가치관, 선호 등을 포함하도록 하라.
- 재활을 위해 내담자가 밝힌 목표, 방향, 요구한 지원사항들을 포함하도록 하라.
- 문서에 대한 내담자의 의견, 수정 및 변경사항을 포함하도록 하라.
- 내담자가 속한 문화, 인종, 종교, 사회 집단에 대해 존중을 표하도록 하라.

Harris와 Felman(2012)의 대안적 표현의 몇 가지 예는 다음과 같다.

다음의 단어 대신	회복을 촉진하는 단어를 사용하도록 하라
거부하는	정중히 사양하는/반복적으로 아니라고 말하는
저항하는	제안을 따르지 않는/제안에 동의하지 않는
내담자는 ……라고 생각한다.	내담자는 ……라고 말한다.

망상의	망상적 사고를 경험하는
편집증의	편집증 증상을 경험하는
보상 기전이 손상된	증상 증가를 경험하는
조종하는	욕구 충족의 대안적 방법을 모색하는
순응하지 않는	치료 계획에 동의하지 않는
권고사항을 따르는 데 어려운	동기 부여가 되지 않은/지루해하는/아직 해 보지 않은
……로부터 고통받는	……의 병력을 가진
저기능의	……의 어려움을 가진

25.8 강점 체크리스트

섹션 19.2 '대처 능력/스트레스 인내성' 참조

부분적으로는 대부분의 임상 작업이 병리 기반에 초점을 두는 것에 대한 반작용으로, 인간의 강점을 표현하고, 평가하며, 구축하려는 연구가 최근 몇 년 동안 탄력을 받았다. 특히 Peterson과 Seligman(2004) 및 펜실베이니아 대학교의 긍정심리학센터 웹사이트(www.ppc.sas.upenn.edu)를 참조하도록 하라.

연구할 가치가 있는 관련 용어는 다음과 같다.

탄력성, 외상 후 성장, 건강, 역량, 인간의 강점, 보호 요인, 낙관주의, 역량 증진, 자기효능감, 강점 기반, 회복 지향, 건강 생성 이론(salutogenesis)

사회/지역사회

- 사회생활이 온전하게 유지되고 있는
- 다수의 광범위하고 접근 가능한 지원 체계를 보유한
- 온전한 집단이나 공동체의 생산적인 구성원인
- 많은 사람에게 사랑받고, 함께 시간 보내는 것을 꽤 자주 즐기는
- 장기적 관계 – 지지적이고 능력 있는 파트너/배우자, 친척, 가까운 친구 – 를 맺고 있는
- 정의/공정성을 추구하는, 용감한/용기 있는

대인관계

- 사회 기술 능력이 좋은/유능한, 인기 있는, 호감이 가는, 팀워크가 좋은, 협력하는

- 적극적인, 강한, 영향력 있는, 지배적인, 리더로서 행동하는, 결단력 있는
- 존중하는, 관대한, 피드백을 제안하고 수용하는
- 친절한, 편안한, 사교적인, 외향적인, 유머 감각이 좋은, 장난기 많은, 함께 나누는, 도움이 되는
- 사회적으로 민감한, 타인에 대한 자신의 영향력을 인식하는, 공감적인, 잘 경청하는, 타인을 배려하는, 동정심이 있는
- 검사자의 요구와 검사상 필요한 사회적 요구사항에 민감한
- 타인을 위해 지원하는/제공하는, 보살피는, 친절한, 사랑스러운, 자비로운, 참을성 있는
- 적절한 경계를 유지하는, 신중한, 조심스러운, 예의 바른

◆직업/교육

- 잘 적응하는, 평범한, 정서적으로 안정된, 행복한, 만족하는
- 업무 동기가 높은, 야심 있는, 열심히 일하는, 끈기 있는, 부지런한, 성실한, 배우고 싶어 하는, 학교/직장생활에서 성공적인, 문제 해결에 유능한
- 역경을 이겨 낸 경험이 있는, 회피하지 않는/두려운 상황에 맞서는, 손실에 효과적으로 대처하는, 이전 상담으로부터 도움받은
- 고용/직업/경력이 안정적인
- 적절한 소득/재원/예금/보험을 가지고 있는, 재정을 잘 관리하는
- 식견이 있는, 아는 것이 많은, 배움을 추구하는

◆성격

- 진실함/정직함을 보여 주는, 신뢰할 수 있는, 자신의 행동에 대한 책임을 수용하는, 의지할 수 있는, 신뢰할 수 있는, 안정적인
- 회복력 있는/강인한, 대처 능력이 있는, 적응할 수 있는/유연한, 자기교정이 가능한
- 자신감 및 자존감이 있는, 자기지각이 정확한, 자기존중이 긍정적인
- 장시간 주의를 기울일 수 있는/전념할 수 있는/집중할 수 있는
- 정확하고 적절하게 회상할 수 있는
- 영적 · 종교적 신념을 가지는, 감사의 태도를 보이는, 감사하는
- 인지 · 정서 · 행동의 상호작용을 이해하는, 자신의 동기를 이해하는, 통찰력이 있는, 심리적 마음자세를 가지고 있는, 고상한
- 호기심이 많은, 이성적인, 능숙한, 지적으로 유능한
- 창의적인, 상상력이 풍부한, 기발한, 독창적인, 어떤 방식으로든 예술적인, 재능 있는, 미와

우수성에 일가견이 있는, 경외감을 느끼는
- 현명한, 판단력이 좋은, 시야가 넓은, 현실 검증력이 양호한, 필요한 것이 무엇인지 정확하게 아는, 현실적인, 개방적인

◆변화에 대한 동기

- 양호한 좌절 인내성/독립성/낮은 양가감정/강한 추진력에 의해 동기가 강화된
- 내담자의 동기는 변화/치료/훈련/재활치료/자기계발에 적절하다/충분하다/매우 높다.
- 내담자는 문제를 인식하고, 행동에 옮길 동기를 충분히 가지고 있다.
- ……(기재하도록 하라)에서 보이는 것처럼, 내담자는 변화에 대한 동기가 강하다.

◆정서

- 자신이나 타인의 기분을 인식하고 편안히 느끼는, 표현적인, 다양한 감정 상태를 보여 주는
- 자기훈련이 된/조절하는/통제하는, 충동을 조절하는, 사고와 기분을 통합하는
- 고통스러운 정서를 참는
- 정서적 지능이 높은
- 열정과 열의가 있는, 희망적인, 낙관적인

◆신체

- 건강한, 튼튼한, 활동적인, 활력 넘치는
- 체력 있는, 연약하지 않은, 몸이 탄탄한, 운동하는
- 잘 자는, 위생이 양호한, 잘 단장한, 만족스러운 여가생활, 성적으로 만족하는
- 신체적 한계와 손실에 적응한
- 물질 남용을 하지 않는

25.9 효과 측정/목표 달성

자신의 작업 효과에 대한 평가는 과학적 의무일 뿐만 아니라 전문가로서의 의무이며 윤리적 의무이다. 임상에 종사하는 특권의 일환으로, 현재와 미래의 환자에게 가장 효과적인 치료를 제공하고 기술 발전으로 이끌 피드백을 제공하는 것은 우리의 책임이다. 자신의 작업에 대해 스스로 평가하려는 임상가는 Clement(1999), Wiger와 Solberg(2001), Ogles 등(2002)에서 여러 지침을 이용할 수 있다. 포괄적인 패키지의 예로는 OQ Measures에서 나온 OQ-Analyst가 있다(www.oqmeasures.com/products/oq-analyst).

치료의 많은 측면이 평가될 수 있다. 내담자와 MCOs는 증상 감소 목표에 가장 중점을 둔다. 이 책에는 목표를 수립하는 데 영향을 주는 특정 증상에 대한 보다 많은 세부사항이 포함되어 있다(제10장 기분/정동 증상, 제11장 인지적 증상, 제13장 성격장애 증상, 제12장 기타 증상). 보다 특정한 영역에 대해서는 목차를 사용하도록 하라. 기능 향상의 목적을 위해서는 제14장 일상생활 수행 능력(ADLs), 제15장 사회/지역사회 기능, 제16장 관계, 제17장 직업 및 학업 능력을 참조하도록 하라.

효과평가의 공통 초점

임상가와 MCOs는 매우 다른 관점에서 효과를 정의한다. 임상가는 현실적인 자존감 구축; 기분 변화/병력 탐색을 위한 지지해 줄 맥락 제공; 방어력 강화 및 더 나아가 앞으로의 보상 작용 상실 방지; 통찰력 향상; 직장/가정에서 행동 통제, 대처 능력, 스트레스에 대한 내성 증가; 성적 적응력 향상 등에 초점을 맞추는 경향이 있다. MCOs는 가장 일반적으로 서비스에 대한 내담자의 만족에 초점을 맞춘다. 이는 보다 쉽게 측정되지만, 물리적 접근성, 일정 조정/이용 가능성, 환경의 쾌적함과 같은 비임상적 측면의 요소들을 평가한다. 최근에 MCOs는 내담자에게 다시 치료를 받을 의향이 있는지 혹은 다른 사람에게 서비스를 추천할 것인지, 자율성/통제 수준에 대한 편안함 또는 제공자와의 관계(존중, 신뢰, 유능성, 접근 가능성 등을 포함)에 대해 물어보았다. 확실히 이러한 추가 요인은 평가하기 어렵기 때문에 다양한 해석이 가능하다.

삶의 질 향상, 기타 의료비 절감, 수명 연장, 인간의 행복 · 만족 · 생산성 증대를 위한 치료의 역할을 평가하려는 큰 그림은 아직 MCOs에 의해 다루어지지 않았다. 그런데 Frisch(2006)의 첫 시도는 좋았다.

목표 달성 척도

효과평가를 하는 데 있어 거의 알려지지 않은 방법인 목표 달성 척도(Goal Attainment Scaling: GAS)의 강점은 단순성과 유연성이다. 어떤 패러다임에서든, 어떤 영역에서든, 어떤 정의를 가진 어떤 종류의 목표도 사용할 수 있다. 필요한 모든 것은 최소 5가지 목표 각각에 대한 5가지 수준의 결과(최악의 결과, 기대 이하의 결과, 기대했던 결과, 기대 이상의 결과, 최상의 결과)를 관찰 가능한 측면에서 명시하는 능력이다. 각 수준에는 상대적 가중치를 부여한다. 검토 시 각 목표의 현재 상태를 평가하고, 간단한 수학 공식으로 개입의 성공 여부를 결정한다. 자세한 내용은 Kiresuk 등(1994)을 참조하도록 하라.

제26장 보고서, 평가, 요약 서식

이 장에서는 특정 독자나 목적을 위해 정보를 구조화하고 전달하는 다양한 종류의 보고서에 대한 템플릿, 서식 또는 개요를 제공한다. 신경심리학, 법의학, 발달, 직업, 재활 그리고 몇몇 다른 전문화된 정신과 간호 및 심리사회적 평가는 이 책의 범위를 벗어나지만, 여기서 일반적인 보고서와 흔치는 않지만 사례를 통해 발견할 수 있는 일반적이지 않은 대안 몇 가지에 대한 지침을 찾을 수 있다.

치료 계획 서식은 제25장, 특히 섹션 25.4 '사례 개념화를 위한 치료 계획 서식', 섹션 25.5 '물질남용 내담자를 위한 치료 계획 요소', 섹션 25.6 '위기개입을 위한 치료 계획 요소'에서 다루어진다.

26.1 평가 보고서 표준 서식

이 책 제2부의 순차적 구조를 사용할 수 있다(이 책 서두에 있는 '보고서 작성을 위한 실용적 지침'의 <표 1> 참조).

기관의 레터헤드 또는 관련 자격증명이 포함된 레터헤드를 사용하도록 하라. 보고서 표제 또는 유형을 제목으로 하도록 하라. 그리고 다음의 사항을 제시하도록 하라.

- 보고서 수취인 이름
- 보고서 대상자의 이름; 사례/식별 번호; 대상자의 성별 및 연령
- 검사 및 보고서 날짜
- 평가자 이름(레터헤드와 이름이 동일하지 않은 경우)

보고서는 작성자가 아닌 독자의 요구를 충족시켜야 한다. 다음의 세부사항과 함께 제시되는 12개의 내용 영역은 Rivas-Vasquez 등(2001)이 초기 평가를 위해 추천한 것이다. 당신은 이 중에서 선택하고, 보고서의 목적 및 독자와 관련성이 높은 것에 대해 더 상세히 설명해야 한다.

1. 배경 정보
2. 주호소 문제(Chief Complaint or Concern: CC)
   - 내담자의 언어로
   - 의뢰 출처와 사유
3. 현재 질병의 병력(History of Present Illness: HPI)
   - 증상, 치료, 문제
4. 관련 병력
   - 상태, 약물, 치료, 치료자, 영양
5. 정신과 병력
6. 물질 사용/남용 병력
7. 가족의 정신과적 및 물질 남용 병력
8. 심리사회력
   - 외상, 교육 및 직업 기능, 법적 문제
9. 정신상태검사(Mental Status Evaluation: MSE)
   - 외모, 행동 관찰
   - 기분 및 정동
   - 인지 기능
10. 심리측정 데이터베이스(해당되는 경우)
   - 결과 요약
11. 진단적 소견
   - 사례 개념화/요약
   - 신뢰도 또는 주의사항
   - 진단
12. 치료 계획 또는 제언
   - 의뢰
   - 자원
   - 동기 및 장애물

Rivas-Vasquez 등(2001)은 "상기 개요는 임상가가 수행한 작업을 증명 가능한 임상적 · 법적 기록 작성을 위해 초기 진단평가의 문서를 구조화할 수 있도록 고안된 것이다. 또한 심리학자의 성실성과 철저함을 나타내는 데에도 도움이 되고, 의료진 간의 의사소통을 도우며, 제3자 비용 지불인을 위한 보장 요건을 충족시킨다."(p. 199)라고 언급했다.

이후 Lewis(2002)는 상담의 목적이 다르므로 보고서의 내용도 달라져야 하며, 많은 경우 열거된 항목 수를 제한하는 것이 더 적절하다고 지적한다. 그는 기존 장면에서의 관행이 내용을 좌우한다고 덧붙인다.

26.2 정신역동평가 서식: 발달 모델

Huber(1961)는 자신이 '순차적 보고서(sequential report)'라고 명명한 보고서에 대한 개요를 제시한다. 이는 (인과관계 이해를 위한) 발생 순서와 (현재를 이해하기 위한) 주제를 결합하고 역동의 문제를 다룬다.

1. 지적 기능
   - 현재 기능 수준, 내담자의 집단과 비교
   - 능력 수준
   - 최대 능력까지 기능하지 못하는 이유
   - 강점 및 약점의 영역
2. 역동
   - 현재 내담자는 자신의 행동방식을 통해 무엇을 이루려고 하는가?
   - 내담자는 어떤 생각과 감정을 가지고 있는가?
   - 어떤 사건이나 사람이 갈등/불안을 일으키는가?
   - 크고 작은 갈등
   - 갈등을 조장하는 사람
   - 갈등이 발생하는 시간과 장소
   - 어떻게 현재 상황이 발생했는가? 중요한 인물에 의해 어떤 압력과 지원이 주어졌는가? 방어, 증상, 적응 등이 학습된 순서는?
3. 갈등 처리 방법
   - 불안, 방어기제, 증상을 나타내는 외현적 행동
4. 목표와 관련된 강점과 약점
   - 명시적이고 잠재적인 욕구와 소망
   - 이를 추구하기 위한 강점: 내담자의 삶을 바꿀 수 있는 (환경적 · 내적) 압박, 지지 그리고 강점은 무엇인가?
   - 약점: 무엇이 위험한 및/또는 심한 손상을 주는 행동(자살, 정신증적 반응, 심인성 문제, 반사회적 행동)을 발생시키는가?
   - 보다 효과적으로 기능하기 위해 내담자에게 무엇이 필요한가?
   - 얼마나 많은 손상이 있는가? 손상의 원인이 무엇인가?

5. 제언
   - 치료 요망/필요한 치료 없음, 환경 변화
   - 치료 형태
   - 치료에 대한 예측

26.3 『정신역동 진단 편람-2』 서식

DSM은 거의 전적으로 평가 당시의 드러나는 증상에 기반을 둔다. 따라서 끊임없이 적응해 가며 역사적으로 그리고 발달적으로 풍부한 내담자의 표면만을 포착한다. 따라서 끊임없이 변화하는, 시간에 따라 다양한 정보를 가지고 있는 사람인 내담자에게서 극히 표면적인 부분만을 다룬다. 이러한 복합성을 이해하기 위한 최신 모델은 정신역동 접근이며, 대안적 진단 편람의 개정판인『정신역동 진단 편람-2(Psychodynamic Diagnostic Manual-2: PDM-2)』(Lingiardi & McWilliams, 2017)는 여러 이전 개념을 통합하고 있다. 해당 편람은 사례 개념화에 대한 가장 정교하고, 포괄적이며, 연구 기반의 최신 정신역동 접근이다. 이를 사용함으로써 증상과 성격 그리고 기능 및 적응력을 통합할 수 있다. 성인용 코드와 기술은 3가지 축, 즉 성격 유형과 정신역동(P), 정신 기능 및 적응력(M), 개인의 주관적 경험을 다루는 증상 양상(S)에 따라 부여된다. 아동, 청소년, 노인에 해당하는 축이 있으며, 이들 연령대에는 각각 C, A, E라는 접미사가 붙은 P, M, S 코드가 사용된다. 유아 및 어린 아동에게는 상호작용장애, 조절-감각처리장애, 신경발달장애 및 생애주기별 나타나는 기타 양상들을 다루는 추가 코드가 있다. 이러한 진단은 PDM-2에 기술된 바와 같이 인과적 · 실용적 그리고 치료적 시사점을 배가했다.

26.4 실존주의적 관점의 평가 사안

- 선택을 하고 삶을 온전히 살기 위해 자기인식 능력 향상시키기
- 책임 수용하기: 우리는 자유롭게 행동할 수 있으므로 우리 행동에 대한 책임을 수용해야 한다. 우리는 이 책임을 수용하지 않고는 변할 수 없다.
- 타인의 기대에 기반을 두기보다 내면에서 정체성 발견하기
- 자신의 삶의 의미를 끊임없이 탐색하기: "내가 이 삶에서 원하는 것은 무엇인가? 내 삶의 의미는 무엇으로부터 오는가?"
- 불안을 정상적이고, 피할 수 없는 삶의 일부로 수용하기
- 죽음과 비존재에 대해 보다 전적으로 인식하기

26.5 치료 노트 서식

먼저, 다음 질문에 대한 답을 정하도록 하라. ① 누구에게/누구를 위해 쓰는 것인가? ② 이 노트를 작성하는 목적은 무엇인가? ③ 내가 정보를 기록하는 방식이 정해져 있는가?

내용(사실, 행동, 용어)과 일부 해석을 포함시키고 이를 구분하도록 하라.

치료 노트 작성에 대해 보편적으로 수용되는 기준은 없으며, 내용과 서식에 대한 1996년 「건강보험 정보의 이전 및 그 책임에 관한 법률(Health Insurance Portability and Accountability Act: HIPAA)」이 대부분의 보고서에 기본이 된 것으로 보인다. HIPAA는 상담 회기 관련 사항—시작 및 종료 시간, 치료 구성(개인, 가족 등), 회기 빈도, 증상 및 진단 요약, 치료 계획, 기능 상태, 현 진행 상태, 예후, 임상 검사 결과—과 약물 처방 및 모니터링을 **제외한** '심리치료 노트(Psychotherapy Notes: PNs)'에 대해 상세히 기술한다. 기본적으로 방금 언급된 항목들은 HIPPA가 '의료 기록'이라 명명한 것의 구성 요소이며, 우리가 보통 '경과 기록지'라고 부르는 것이다. 간단하게, HIPPA에 따르면 의료 기록은 거의 모든 목적으로 다른 보험 회사(다른 치료자, 보험 회사, 청구인)에게 공개될 수 있다. 반면, (정신건강 관련 임상가만이 작성 가능한) PNs는 임상가의 개인적 사용을 위해 작성되고 비공개되므로 추측, 개인적 논의, 전이에 대한 의견, 역동에 대한 가설 등을 정리할 수 있는 공간이다. HIPAA가 정의한 PNs를 보관할 필요가 없지만(또는 적어도 모든 환자에게 그렇지는 않지만), 우발적인 무단 방출을 방지하려면 HIPAA의 추가 규정에 의해 보호되는 것으로 명확하게 표시되어야 한다. HIPAA를 이행하는 방법은 복잡하기 때문에, 서식에 대한 지침, 형식, 예시를 위해 Zuckerman과 Kolmes(2017) 그리고 좋은 노트, 좋지 않은 노트에 대한 제안과 예시를 위해 Wiger(1998)를 살펴보는 것이 좋을 것이다.

◆간이 서식

Huber(1961)는 다음과 같은 서식을 제안한다. 괄호 [ ] 안에 있는 팁들은 다양한 요소를 정리하는 본 저자의 개인적 방식이다.

- 내용(또는 행동): 각자 행동하고 말한 것 [나는 이것을 수식어 없이 기록한다.]
- 치료자가 그 내용에 대해 생각하고 느낀 것, 환자에게 언급했을 법한 내용 [나는 이것들을 괄호 안에 넣었다.]
- 치료자가 환자, 면담, 내용에 대해 생각하고 느낀 것–환자에게 언급하지 않았을 내용 [나는 이것들을 환자와 다룬 회기에 대한 관찰 및 가설, 정서 및 인지 양식 등과 함께 네모 괄호에 넣었다.]
- 면담실 외: 면담 밖에서 발생한 치료에 영향을 줄 수 있는 사안. Menninger (1952)는 이에 대해 치료 프로그램 준수, 환자의 저항 극복을 위해 그들이 취한 조치 및 조치를 취한 사람, 전화 통화, 동료들과 상의한 내용 및 결과를 덧붙였다.

- 다음 면담 계획(약속, 추구하는 바, 질문) [나는 우리 중 누군가 해야 할 작업에 대해서는 'HW', 이후 다루게 될 주제에 대해서는 'RX'라는 말머리를 붙인다.]

제27장 일반 정신과 및 향정신성 약물 목록

27.1 상표 및 일반 명칭별 약물 목록

섹션 12.33 '향정신성 약물의 부작용/약물 이상 반응' 참조

대부분의 정신건강 관련 내담자들은 일종의 향정신성 약물을 복용하며, 이러한 약물은 평가와 치료에 영향을 줄 수 있으므로, 임상가는 이러한 약물의 효과에 대해 반드시 알아야 한다. 많은 정보가 온라인으로 제공되지만(섹션 27.4 '임상가를 위한 약물 관련 자료' 참조), 실제 목록은 동시에 여러 약물에 대한 정보에 빠르게 접근하는 데 유용할 수 있다. 명칭들이 모두 신조어이고 그 수가 많아 혼동될 수 있다.

이 책의 온라인 부록(차례 12페이지의 글상자 참조)에는 120가지의 일반 향정신성 약물의 복용량 및 사용에 대한 두 버전의 체크리스트가 포함되어 있다. 한 버전은 약물을 상표명의 알파벳 순으로 나열하고, 뒤이어 일반 명칭의 약물을 나열한다. 다른 버전은 약물을 일반 명칭의 알파벳 순으로 나열하고, 뒤이어 상표명이 있는 약물을 나열한다. 공간 절약을 위해, 오래된 항정신병 약물과 항우울제 그리고 오피오이드는 대부분 생략했다. 이 목록은 연간 단위로 몇 차례 검토된다. 신약이 출시되면, 개정된 목록에 포함되고 하단의 날짜가 변경된다.

목록의 서식

'항목' 열은 유사 약물 비교를 위한 정보를 제공한다. '보통 성인의 하루 복용량 범위(mg)' 열은 이전 약물의 복용량이 매우 낮거나 높았기 때문에 새로 처방된 약물이 너무 많거나 적다고 생각할 수 있는 내담자를 위한 정보를 제공한다. 'FDA 승인 지표(들)' 열은 일부 과학, 일부 식약청(Food and Drug Administration: FDA)의 정치적 고려 그리고 일부 돈과 마케팅의 결과물이다. 이 정보를 회의론적 관점과 희망론적 관점으로 검토하도록 하라. 이 열의 이름은 '치료(treatment)'를 의미하지 않으며, 명백히 '치유(cure)'를 의미하지 않는다. 마지막 열은 심리학 박사이면서 자문 정신약물학자인 본 저자의 동료 Pamela Kaden의 경험을 반영한다. 일단 약물이 어떤 식으로든 사용 승인을 받으면,

다른 기타 용도를 위한 법적 처방이 가능하다. 해당 열은 Kaden 박사가 준수해 온 지침사항을 보여준다.

약어 풀이

앞에 표시된 별표(*)는 목록의 마지막 버전이 온라인에 공개된 이후 일부 변경이 이루어졌음을 의미한다.

약물 종류

AChEI = 아세틸콜린 분해 효소 억제제(Acetylcholinesterase Inhibitor). 항이상운동제(antidyskinetic) = 파킨슨병과 항정신병 약물의 추체외로 효과 치료를 위해 사용되는 약물이다. 비정형의(atypical) = 새롭거나 2세대 항정신병 약물/신경 이완제(전통적이고, 오래된 항정신병 약물/신경 이완제는 현재 거의 사용되지 않으며, 따라서 일부만 나열되어 있다); DNRI = 도파민-노르에피네프린 재흡수 억제제(Dopamine-Norepinephrine Reuptake Inhibitor); 5-HT = 세로토닌(serotonin); MAOI = 모노아민 산화 효소 억제제(Monoamine Oxidase Inhibitor); NMDAR = N-메틸-D 아스파르트산염 수용체 길항제(*N*-methyl-d-aspartate Receptor Antagonist); NRI = 노르에피네프린 재흡수 억제제(Norepinephrine Reuptake Inhibitor); PDE-5 inhibitor = 포스포디에스테라제 제5형 억제제(Phosphodiesterase type-5 inhibitor); SARI = 세로토닌-2 길항제/재흡수 억제제(Serotonin-2 Antagonist/Reuptake Inhibitor); SDAM = 세로토닌-도파민 활성 조절 인자(Serotonin-Dopamine Activity Modulator); SPARI = 세로토닌 부분 작용제/재흡수 억제제(Serotonin Partial Agonist/Reuptake Inhibitor); SNRI = 세로토닌-노르에피네프린 재흡수 억제제(Serotonin-Norepinephrine Reuptake Inhibitor); SSRI = 선택적 세로토닌 재흡수 억제제(Selective Serotonin Reuptake Inhibitor).

약물 투여 방식

CR, DR, ER, XL, XR[1] = 천천히 방출(서방형); IM(Intramuscular) = 근육 내의; ODT(Orally Disintegrating Tablet) = 구강 붕해정; TTS(Transdermal Delivery System) = 경피 전달 시스템(피부 패치)

증상과 장애

ADHD = 주의력결핍/과잉행동장애(Attention-Deficit/Hyperactivity Disorder); Anx = 불안장애(Anxiety Disorder); BED = 폭식장애(Binge-Eating Disorder); BDD = 신체이형장애(Body Dysmorphic

1 역자 주: CR: Controlled Release, DR: Delayed Release, ER: Extended Release, XL: Extended Release, XR: Extended Release

Disorder); Bipolar=양극성장애(Bipolar Disorder; 항조증 약물을 위한). Depr=우울장애(Depression; MDD 참조); EDS=주간 졸림증(Excessive Daytime Sleepiness); EPS=추체외로 증상(Extrapyramidal Symptoms); GAD=범불안장애(Generalized Anxiety Disorder); MDD=주요우울장애(Major Depressive Disorder; 기분부전장애가 아님); OSA=폐쇄성 수면 무호흡증(Obstructive Sleep Apnea); OCD=강박장애(Obsessive-Compulsive Disorder); Panic=광장공포증 유무와 관계없는 공황장애; PMDD=월경전불쾌감장애(Premenstrual Dysphoric Disorder); PTSD=외상후 스트레스장애(Post-traumatic Stress Disorder); SWSD=교대근무 수면장애(Shift Work Sleep Disorder); SocAnx=사회불안장애/사회공포증(Social Anxiety/Social Phobia); Tx-RDep=치료-저항성 우울증(Treatment-Resistant Depression)

면책사항

이 목록에 제시된 정보는 일반적 건강 정보를 제공하기 위한 목적으로 제시되었다. 이는 처방 결정을 내리기에는 정확하지 않으며, 의사의 조언으로 받아들여서는 안 된다. 증상/장애는 배타적이거나, 완전하거나, 정확하지 않다. 정확히 하기 위해 노력했지만, 오류가 있을 수 있다. 이 목록은 특정 치료 목적으로 특정 약물을 사용하는 것에 대해 저자들이 지지한다는 의미는 아니다. 여기에 제시된 복용량은 약물 효과 유지를 위한 것이고, 이는 관련 기관마다 다르다. 초기 용량은 더 낮을 수 있으며, 어떤 사람에게는 더 높은(권장량 이상의) 복용량이 적당하다. 모든 상표명과 일반 명칭의 의약품은 각각의 제조사, 유통자, 저작권 소유자의 재산이다. 이 목록을 변경하지 않는 한 비상업적 복사 및 배포는 허용된다. 다른 용도로 사용할 때는 서면 허가를 받아야 한다.

27.2 길거리 마약의 명칭

이용자가 사용하는 약물 용어는 숙련된 임상가가 증상의 양상과 심각성을 판단하는 데 진단적 관점에서 유용할 수 있다. 공유되는 어휘의 사용은 재발 방지를 위한 권고를 보다 신뢰롭게 받아들이도록 할 수 있다. 전문가가 정보를 얻기 위해 약물 용어를 이해하는 것은 환자의 약물 사용 범위와 깊이에 대한 더 심층적인 이해를 이끌 수 있다(Johnson et al., 1991).

일반적으로 사용되는 길거리 마약—점차 늘어나고 있는 불법 유통 약물과 '합성 마약', 기타 남용 가능한 물질들—의 명칭이 장소에 따라 다르고 자주 바뀌기 때문에, 여기에 몇 개의 웹사이트를 제시한다(이 책이 출판될 당시의 최신 정보들이다).

- 이 사이트에는 등급, 일반 명칭, 속칭에 따라 마약이 나열되어 있다(www.thetreatment center.

com/resources/drug-slang; www.centeronaddiction.org/addiction/commonly-used-illegal-drugs).

- 이 사이트에서는 약물검사에 대한 개요를 볼 수 있다(www.drugs.com/article/drug-testing.html).
- 최근(2017) 마약단속국(Drug Enforcement Administration: DEA)에서 출판된 소책자가 매우 잘 갖춰져 있다(www.dea.gov/pr/multimedia-library/publications/drug_of_abuse.pdf).

27.3 약물치료의 결과: 설명어

- **양호한/호전과 악화를 반복하는/양호하지 않은 준수/순응**
- **어려움 없이 견디는, 호전이 빠르고 극적인, 증상이 경감하는, 전반적인 증상이 호전되는**
- **중독, 전용(diversion), 오용 또는 남용에 대한 징후가 없는**
- **모든 약물에 매우 민감한, 다수의/고통스러운 부작용을 보이는, 부작용을 견뎌 낼 수 있는 약물을 찾는 것이 매우 어려운, 복용량 및 일정을 바꿈에도 불구하고 고통스럽고 극단적인 반응을 보이는, 약물 이상 반응을 보이는**
- **사용 금지,** ……(기재하도록 하라) **때문에 사용을 권하지 않는**
- **다중약물요법, 하나 이상의/여러 개의/다수의 약물을 복용하는, 약물 상호작용, 약물 증강**

27.4 임상가를 위한 약물 관련 자료

◆저서

최신 정보는 아니지만 다음에 나열된 도서들은 최근 개정되어 광범위한 정보를 제공한다.

- Patterson, J., Albala, A. A., McCahill, M. E., & Edwards, T. M. (2010). *The therapist's guide to psychopharmacology: Working with patients, families, and physicians to optimize care* (rev. ed.). New York: Guilford Press.
  - 처방자(prescribers)와 일하는 사람들을 대상으로 해당 주제에 대한 이상적인 소개를 제공한다.
- Preston, J. D., O'Neal, J. H., & Talaga, M. C. (2017). *Handbook of clinical psychopharmacology for therapists* (8th ed.). Oakland, CA: New Harbinger.
  - 실용적이고 사용자 친화적이며 종합적이다.
- Procyshyn, R., Bezchlibnyk-Butler, K. Z., & Jeffries, J. J. (2017). *Clinical handbook of psychotropic drugs* (22nd rev. ed.). Cambridge, MA: Hogrefe & Huber.

- 쉽게 접근하도록 다량의 객관적인 데이터를 표에 제시하며, 장애별로 조직화되었다. 설명이나 해석은 없지만, 상호작용, 비교, 부작용 등에 대한 조언이 일부 있다.

- Stahl, S. (2017). *Stahl's essential psychopharmacology: Prescriber's guide* (6th ed.). New York: Cambridge University Press.
  - 전문 정보가 풍부하고, 실용적이고, 최신 경향성을 반영하며, 종합적이다.

온라인 약물 정보

- www.drugs.com/professionals.html은 각 약물에 대한 광범위한 정보, 알약 식별 시스템, 상호작용 검사, Stedman의 의학 사전, 천연물(natural products)에 대한 정보 등을 제공한다. 애플리케이션 또한 이용 가능하다.
- www.pdr.net은 유명한 『의사용 탁상 편람(Physicians' Desk Dictionary)』 또는 PDR로, 현재 온라인이나 애플리케이션으로만 이용 가능하며, 더 넓게는 『처방의의 디지털 편람(Prescribers' Digital Reference)』이라고 불린다. 환자 교육 자료, 약물 할인 카드, 상호작용, 부작용 보고 방법 등이 포함되어 있다.
- https://online.epocrates.com에서는 모든 약물 및 의학적 상태 목록, 약물 상호작용 검사, 알약 사진, 표, 계산기, 환자 교육 유인물, 지침 등을 제공한다. 무료 등록이 필요하고, 애플리케이션 또한 이용 가능하다.
- www.rxlist.com/script/main/hp.asp는 Epocrates 사이트와 매우 비슷하다. 보충제, 질병, 사전(dictionary), 증상검사 정보를 제공한다.

기타 온라인 검색 방법

Wikipedia(www.wikipedia.org)와 같은 사이트에서는 거의 모든 약물에 대해 상당히 많은 정보를 제공하며, www.ask.com에서는 다양한 형태의 질문에도 답을 제공할 것이다. 제약 회사 웹사이트는 FDA 요구에 따라 PDR에 포함된 정보를 제공할 것이다.

만일 Google이나 Bing과 같은 검색 엔진을 사용한다면, 두 사이트 모두 광고를 게시하고 사용자를 추적하므로 당신은 약물에 대한 광고를 보게 될 것이다. 이를 방지하기 위해 Google의 '새 시크릿 창(New Incognito Window)'으로 새 검색창을 열거나 Bing에서 브라우저 설정을 조정하도록 하라. Browzar(https://browzar.com)와 DuckDuckGo(https://duckduckgo.com)는 이러한 검색 기록을 저장하거나 쿠키를 사용하지 않고, 공용이나 공유 컴퓨터에서도 당신의 검색 기록을 남기지 않는다. 이와 같은 엔진을 사용하여 '[당신이 검색 중인 항목]'과 'filetype:edu'(혹은 '.pdf,' 등) 형식에서 '.edu' '.pdf' '.ppt' 또는 '.gov'를 입력하여 보다 질 높은 사이트로 검색을 제한할 수 있다. 보다 전문적인 자료를 원한다면 Google Scholar를 이용하도록 하라.

제28장 의학적 상태의 정신과적 가장

28.1 개요

잘 훈련받은 책임감 있는 임상가는 내담자 증상의 발달적, 역동적, 실존적, 학습, 문화적, 의학적/생리학적 등 모든 가능한 원인을 고려해야 한다.

'정신과적 가장(psychiatric masquerade)'은 환자가 임상가에게 즉각(그리고 슬프게도 때로는 전혀) 인식되지 않는 의학적 상태나 질병에 의한 심리적 또는 정신과적 증상을 보이는 상황에 대한 통상적 용어이다. 다시 말해, 의학적 상태가 정신과적 상태의 '가면'을 착용하는 것이다. Adams(1991)는 '정신과적 가장'이라고 부르는 것은 표상에 초점을 맞추는 것이며, 만약 우리가 원인에 초점을 맞춘다면 이를 '의학적 가장'이라 부를 것이라고 언급한다. 꾀병(섹션 12.21 참조) 또는 ICD-10-CM 신체형 장애/DSM-5 신체증상 및 관련 장애와 혼동해서는 안 된다.

처방약과 다른 처방약, 약초, 건강 보조 식품, 일반 의약품(Over-the-Counter drug: OTC)/비처방 약물 그리고 길거리 마약 간의 부작용 및 상호작용에 의해 정신과적 증상이 발현되는 일은 흔하다. 이는 복잡하고 변화하는 영역이므로, 이를 설명하기 위해 전문가, 최신 서적, 온라인 데이터베이스의 자문을 구하도록 하라. 각 임상가는 내담자가 복용하는 모든 약물에 대해 포괄적인 목록을 작성함으로써 책임을 다 할 수 있다. 이러한 의학적/심리적 발현에 대한 인식은 정신건강 임상가가 협력하며 일해야 하는 주요한 이유이다(Grace & Christensen, 2007; Spengler et al., 2016).

이 복잡한 영역의 좋은 지침서로는 권위 있는 Schildkrout(2014)의 저서가 있다. Morrison(2015), Schildkrout(2011), Taylor(2007)의 저서는 상당히 이해하기 쉬우므로 비의료 임상가에게 추천한다.

이 저서들은 의학적 상태나 약물의 심리적 효과를 기술하고 있지만, 의학적 상태가 동반되지 않은 정신과적 증상을 보이는 환자에게는 보다 덜 유용하다. 잘 훈련받은 임상가는 다음과 같아야 한다.

증상의 생리적 원인을 배제하기 위해 언제 의사에게 의뢰해야 할지 알아야 한다.
우울하고 불안한 환자에게 갑상선기능저하증, 비타민D 결핍, 당뇨병 등을 배제하도록 의사에게 요구하는 것은 꽤 일상적인 일이다. 나는 채식주의자 치료 시 B12에 대해 물어본다. 알코올 중독자를 치료할 때는 B1(티아민) 결핍을 포함한다. 우리는 췌장암과 같은 의학적 상태가 우울과 함께 나타날 수 있음을 알아야 한다. 마찬가지로, 파킨슨병에도 발작, 종양, 다른 신경학적 질환에 의한 환각이 있다. 우리는 실무에 앞서 이러한 유형의 정보를 잘 알아야 한다(Pamela Kaden, PsyD, 개인교신, 2017년 11월 12일).

임상가로서 우리 모두는 정신과적 가장의 가능성에 민감하게 반응하고, 그 가능성을 적절히 조사할 윤리적 의무가 있다. 이에 평가 초기에 물질 남용, 다약제 복용, 포르피린증(porphyria)을 고려하도록 하라(Burgoyne et al., 1995).

Yellow Card-MHRA라 불리는 스마트폰 애플리케이션에서 해로운 부작용을 가진 약물을 검색할 수 있다. Apple(https://itunes.apple.com/us/app/yellow-card-mhra/id990237487?mt=8) 또는 Google Store(https://play.google.com/store/apps/details?id=uk.org.mhra.yellowcard&hl=en_GB)에서 이용할 수 있다.

다음의 섹션은 좋은 임상 관찰 능력을 완성시키거나 대체하기 위해 있는 것이 아니다. 이 항목들은 임상가가 고려하고 조사할 영역을 제안하지만, 각 개인의 고유성을 감안해야 한다.

28.2 불안

섹션 10.3 '불안/두려움' 참조

◆불안을 유발할 수 있는 약물/물질

☑ 흥분제 및 교감신경 흥분제: 암페타민(amphetamines), 코카인(cocaine), 아메틸페니데이트(amethylphenidate), 페몰린(pemoline), 에페드린(ephedrine), 슈도에페드린(pseudoephedrine), 페닐프로판올아민(phenylpropanolamine), 크산틴유도체[xanthine derivatives, 카페인(caffeine), 테오브로민(theobromine), 테오필린(theophylline)]

- 금단 상태(특히 술, 진정제, 마취제)
- 항콜린제 및 항히스타민제
- 항우울제: 플루옥세틴(fluoxetine)과 기타 선택적 세로토닌 재흡수 억제제(Selective Serotonin Reuptake Inhibitors: SSRIs), 모노아민 산화 효소 억제제(Monoamine Oxidase Inhibitors: MAOIs), 삼환계 항우울제(tricyclic antidepressants, 특히 치료 초기)
- 벤조디아제핀(benzodiazepines, 역설적 반응, 금단 상태)

- 도취제 및 환각제: 대마초(Cannabis), LSD, 메스칼린(mescaline), 실로시빈(psilocybin), 펜시클리딘(phencyclidine: PCP)
- 호르몬: 안드로겐(androgens), 에스트로겐(estrogens), 프로게스테론(progesterones), 코르티코스테로이드류(corticosteroids), 갑상선 보충제(thyroid supplements)
- 기타: 시클로세린(cycloserine), 메트리자마이드(metrizamide), 퀴나크린(quinacrine), 비충혈제거 스프레이(nasal decongestant sprays)

불안으로/불안과 함께 나타날 수 있는 의학적 상태

승모판막탈출증(Mitral Valve Prolapse: MVP), 부신 종양, 알코올 중독, 카르시노이드 증후군, 중추신경계(Central Nervous System: CNS) 퇴행성 질환, 쿠싱병, 관상동맥부전증, 섬망, 저혈당증, 갑상선기능항진증, 메니에르병(초기 단계), 뇌진탕후 증후군(Postconcussion Syndrome: PSC), 만성폐쇄성폐질환, 에이즈, 당뇨병, 섬유근육통

28.3 성기능장애

여러 흔한 약물은 성기능장애(흥분 또는 절정의 어려움)를 일으킬 수 있다. ICD-10-CM은 다수의 남용 가능한 물질(F10~F19)로 인한 성기능장애 진단을 포함한다.

28.4 우울증

섹션 10.7 '우울증' 참조

우울증을 유발할 수 있는 약물/물질

- 항부정맥제: 디기탈리스(digitalis), 디소피라미드(disopyramide), 니페디핀(nifedipine)
- 항고혈압제: 클로니딘(clonidine), 구아네티딘(guanethidine), 하이드랄라진(hydralazine), 메틸도파(methyldopa), 프라조신(prazosin), 프로프라놀롤(propranolol), 기타 베타 차단제(other β-blockers), 레저핀(reserpine), 트리클로로메티아지드(trichloromethiazide)
- 항생제: 사이클로세린(cycloserine), 아이소나이아지드(isoniazid), 메트로니다졸(metronidazole), 날리딕스산(nalidixic acid)
- 항파킨슨제: 레보도파(levodopa), 아만타딘(amantadine), 카르비도파(carbidopa)
- 화학치료제: 아스파라기나제(asparaginase), 빈블라스틴(vinblastine), 빈크리스틴(vincristine)
- 호르몬제: 코르티코스테로이드류(corticosteroids), 경구 피임약(oral contraceptives), 갑상선

보충제(thyroid supplements)
- 진정제: 알코올(alcohol), 바르비투르(barbiturates), 벤조디아제핀(benzodiazepines), 최면제(hypnotics), 마리화나(marijuana), 환각제(hallucinogens)
- 금단 상태[특히 코카인(cocaine)과 기타 흥분제(other stimulants), 암페타민(amphetamines)]
- 기타: 시메티딘(cimetidine), 라니티딘(ranitidine), 디설피람(disulfiram), 레보도파(levodopa), 알파메틸도파(α-methyldopa), 카르비도파(carbidopa), 메토클로프라미드(metoclopramide), 메트리자마이드(metrizamide), 콜린에스테라아제 억제제(cholinesterase inhibitors), 살충제(insecticides). 간염에 대한 인터페론(interferon) 치료는 거의 항상 심각한 우울증을 유발한다.

우울증으로/우울증과 함께 나타날 수 있는 질병

인플루엔자, 결핵, 진행 마비/3기 매독, 갑상선기능저하증, 쿠싱병, 애디슨병, 파킨슨병, 전신 홍반 루프스(Systemic Lupus Erythematosus: SLE), 류머티스성 관절염(Rheumatoid Arthritis: RA), 뇌졸중, 다발성경화증(Multiple Sclerosis: MS), 말기 신질환(End-Stage Renal Disease: ESRD, 혈액 투석 포함),[1] 뇌종양, 수면무호흡증, 치매 초기 단계, 간질, 당뇨병, 뇌 외상, 라임병, 췌장암

28.5 조증

섹션 10.9 '조증' 참조

조증을 유발할 수 있는 약물/물질

암페타민(amphetamines), 브롬화물(bromides), 코카인(cocaine), 아이소나이아지드(isoniazid), 프로카바진(procarbazine), 코르티코스테로이드류(corticosteroids), 레보도파(levodopa), 모노아민 산화 효소 억제제(MAOI)와 삼환계 항우울제(tricyclic antidepressants), 메틸페니데이트(methylphenidate), OTC 흥분제(OTC stimulants)/식욕 억제제(appetite suppressants), 비타민결핍증(vitamin deficiencies), 지용성 비타민 과다(excess of fat-soluble vitamins)

조증으로/조증과 함께 나타날 수 있는 질병

인플루엔자, 진행 마비/3기 매독, 세인트루이스뇌염, 큐열, 갑상선중독증, 류머티스무도증, 뇌졸중, MS(다발성 경화증), 소뇌/간뇌/제3뇌실 종양, 갑상선기능항진증, 쿠싱병, 부갑상선기능항진증

1 이 점을 지적한 Renee F. Bova-Collis(버지니아주 리치몬드)에게 감사한다.

28.6 기질성 뇌 증후군/치매

섹션 11.7 '치매' 참조

섬망, 환각 또는 편집증을 유발할 수 있는 약물/물질

- 항부정맥제: 디기탈리스(digitalis), 리도카인(lidocaine), 프로카인아미드(procainamide), 퀸아크린(quinacrine)
- 항콜린제
- 항생제, 구충제, 항바이러스제: 아만타딘(amantadine), 암포테리신 B(amphotericin B), 메트로니다졸(metronidazole), 티아벤다졸(thiabendazole), 사이클로세린(cycloserine), 아이소나이아지드(isoniazid), 클로로퀸(chloroquine), 하이드록시클로로퀸(hydroxychloroquine), 댑손(dapsone), 프로카인페니실린 G(penicillin G procaine)
- 항히스타민제: H_2 차단제[H_2 blockers, 시메티딘(cimetidine), 라니티딘(rantidine)]
- 베타차단제(β-blockers)
- 화학치료제(특히 경막 내 투여): 아스파라기나제(asparaginase), 시스플라틴(cisplatin), 빈크리스틴(vincristine)
- 도취제 및 환각제: 대마초(cannabis), LSD, 메스칼린(mescaline), 실로시빈(psilocybin), 펜시클리딘(PCP)
- 호르몬제: 코르티코스테로이드류(corticosteroids)
- 진정제: 알코올(alcohol), 바르비투르(barbiturates), 벤조디아제핀(benzodiazepines), 최면제(hypnotics)
- 흥분제 및 교감신경 흥분제: 암페타민(amphetamines), 코카인(cocaine), 메틸페니데이트(methylphenidate), 페몰린(pemoline)
- 금단 상태(특히 알코올과 진정제)
- 기타: 알부테롤(albuterol), 브롬화물(bromides), 브로모크립틴(bromocriptine), 디설피람(disulfiram), 레보도파(levodopa), 카르비도파(carbidopa), 메틸도파(methyldopa), 메티세르지드(methysergide), 메트리자마이드(metrizamide)

☑ 치매/섬망의 주된 원인(특히 노인들의 경우)은 다음과 같다. 약물-약물, 약물-음식, 약물-OTC 약물, 약물-약초 간 상호작용; 알코올 남용, 다약제 복용 또는 약물 과용/과소사용/오용; 당뇨; 우울; 편집증; 부분 청각장애

◆ 일반적으로 심리적 증상을 보이는 신경학적 상태

Bondi(1992)는 이 문제에 대한 다음의 기본 배경 정보를 제공한다.

- 신경학적 상태의 기저율은 전체 인구의 2.5%이다.
- 일반적 증상: 편집증, 주의력 결핍, 기분 동요, 도취감, 수면장애, 성격 변화, 우울, 기억 저하, 불안, 무감동, 폭력
- 측두엽 간질(Temporal Lobe Epilepsy: TLE)/복합 부분 발작장애 → 지나친 윤리 및 종교적 역사를 지닌 장면에서 두드러지는 성행동 및 충동-짜증스러운 행동의 전반적인 감소, 하이퍼그라피아(hypergraphia),[2] 사소한 것에 대한 과도한 걱정 및 지나친 강조
- 전두엽 손상 → 무감동(우울증에서 걱정에 대한 몰입과 대조되는 공허한 무관심), 주체성 상실, 도취감, 성숙한 자제력/임기응변 상실, 무절제
- 외상성 뇌손상(Traumatic Brain Injury: TBI) → 우울(정신 운동 지연, 무감동, 주체성 결핍, 둔마된 정동 또는 무정동)뿐만 아니라 전두엽 손상 같은 기억장애
- 헌팅턴병 → 무도증이나 치매 이전, 발병과 함께 간헐적인 기분장애. 정서적 요소 외에도 편집증, 망상, 환각, 기분 동요가 있을 수 있다. 항상 가족력을 조사해 보도록 하라.
- 갑상선기능저하증 → 진행성 인지 퇴화, 점진적 발병, 나태, 무기력, 주의력 및 집중력 저하, 기억장애
- MS → 근육 약화, 피로, 복시(double vision), 저림, 이상 감각, 통증, 배변 및 방광 기능장애, 성장애, 도취감 및/또는 우울증, '전환' 증상
- 두통
  - 환자가 경험한 것 중 최악인 경우이거나 새로운 유형의 두통 또는 신경학적 징후 동반 시 사라지거나, 일반화되거나, 익숙해지거나, 1년 동안 나타나는 것이기보다는 기질적인 문제일 가능성이 높다.
  - 종양 유발 두통은 하나의 특성을 가지지 않는다. 깨어날 때 발생할 수도 있고, 하루 동안 약해질 수도 있다. 양측 전두엽 또는 양측 후두엽, 편중되거나 국소적이며, 자세 변화에 따라 개선 또는 악화된다.

◆ 기질적 정신장애를 시사하는 몇 가지 단서

다음은 Hoffman과 Koran(1984)의 허가에 따라 수정되었다.

2 역자 주: 글을 쓰고자 하는 것을 주체할 수 없는 욕구를 의미한다.

- 정신과적 증상은 40세 이후에 발병한다.
- 정신과적 증상 시작은……
  a. 주요 질병 중
  b. 정신 증상을 유발하는 것으로 알려진 약물 복용 시(위 참조)
  c. 과거 정신과적 병력이나 알려진 스트레스원이 없는 환자에게서 갑자기
- ……의 병력
  a. 알코올 또는 약물 남용
  b. 주요 장기 기능을 손상시키는 신체질환(예: 간염)
  c. 다수의 약물 복용(처방된 또는 OTC)
  d. 겉보기에 적절한 정신과적 치료에 대한 부적절한 반응
- ……의 가족력
  a. 퇴행성 또는 유전성 뇌질환
  b. 대사성질환(당뇨병, 악성 빈혈 등)
- ……을 포함하는 정신적 징후
  a. 변화된 의식 수준
  b. 정신 상태 변동
  c. 인지장애
  d. 삽화, 재발 또는 순환 과정
  e. 시각, 촉각 또는 후각적 환각
- ……을 포함하는 신체적 징후
  a. 뇌에 영향을 줄 수 있는 장기 기능 저하의 징후
  b. 국소 신경학적 이상
  c. 확산된 피질하 기능장애(둔화된 말투/정신 작용/움직임, 운동 실조, 불협응, 떨림, 무도병, 고정자세불능증, 구음장애 등)
  d. 피질 기능장애(실어증, 실행증, 실인증, 시공간적 장애 또는 피질 감각 이상 등)

기질성 뇌 증후군의 치료 가능/가역적 원인

다음 목록은 Slaby 등(1994)의 허가에 따라 수정되었다.

애디슨병, 뇌혈관의 일부 혈관종, 만성심장질환이나 호흡기질환 이후 산소결핍증, 뇌농양, 일부 뇌종양, 만성경막하혈종, 전해질 불균형, 내독소(간 또는 신부전과 마찬가지로), 일산화탄소 같은 외인성 독소, 갑상선기능저하증, 저혈당증, 대뇌 감염(예: 결핵, 매독, 기생충 또는 효모균), 두개강내 동맥류, 정상압수두증, 가성치매(예: 조현병이나 우울), 비타민 결핍, 윌슨병

기질성 뇌 증후군의 비가역적 원인

다음 목록은 Slaby 등(1994)의 허가에 따라 발췌했다.

알코올성뇌병증, 알츠하이머병, 동맥경화증, 대뇌 전이, 일부 1차 뇌종양, 크로이츠펠트–야콥병, 권투 선수 치매, 가족성 근간대성 간질, 척추소뇌변성증, 헌팅턴무도병, 쿠프병, 마르키아파바–비냐미병, 다발성골수종, MS, 교원증(collagenoses), 괌형 파킨슨병/치매 복합체, 피크병, 운동 뉴런 질병을 동반한 초로기 치매, 초로기 교세포 변형(presenile glial dystrophy), 치매를 동반한 1차 척수소뇌변성증, 1차 피질하 신경교증, 진행성 핵상 마비, 사르코이드증, 쉴더병, 노인성 치매

28.7 정신증

정신증을 유발할 수 있는 약물/물질

- 교감신경 흥분약[Sympathomimetics, 예: 코카인(cocaine), '크랙(crack)', 여러 OTC 감기약]
- 항염증제(Antinflammatory drugs): 스테로이드(Steroids)
- 항콜린제(Anticholinergics): 항파킨슨제(Antiparkinsonian agents) [특히 조현병 환자에게 레보도파(levodopa)]
- 환각제 및 모든 남용 가능한 물질, ICD–10–CM 및 DSM–5 F10~F19 코드 참조

정신증으로/정신증과 함께 나타날 수 있는 의학적 상태

애디슨병, 중추신경계(Central Nervous System: CNS) 감염, CNS 종양, CNS 외상, 쿠싱병, 엽산결핍증, 헌팅턴무도병, MS, 점액수종, 췌장염, 펠라그라, 악성 빈혈, 포리피린증, 전신 홍반루프스(SLE), 측두엽 간질(TLE), 갑상선중독증

28.8 약물로 유발된 정신과적 상태

섹션 12.33 '향정신성 약물의 부작용/약물 이상 반응' 참조

약물로 유발된 정신과적 상태는 이미 알려진 상호작용 및 위험을 잘못 처치한 경우, 알 수 없는 우발적 사고 혹은 실제 또는 예상된 이익보다 더 크게 예상되고 수용된 위험으로 인해 발생할 수 있다. 이 주제에 대한 최신 서적은 특히 부족하다. 영국 웹사이트 Adverse Psychiatric Reactions Information Link(APRIL, www.april.org.uk 참조)는 기사 및 목록과 연결되어 있는 많은 링크를 제공한다.

평가, 면담, 보고서 작성과 관련된 문헌 참조

평가

Antony, M. M., & Barlow, D. H. (Eds.). (2002). *Handbook of assessment and treatment planning for psychological disorders*. New York: Guilford Press.

➡ 이 책의 가치는 평가를 임상 진료에 성공적으로 통합한 데 있다. 검사가 아닌 진단별로 구성되어 있으며, 각 진단에 대한 평가 도구의 수가 인상적이다.

Campbell, W. H., & Rohrbaugh, R. M. (2006). *The biopsychosocial formulation manual: A guide for mental health professionals*. New York: Routledge.

➡ 신규 임상가(이 경우 정신건강의학과 레지던트)가 면담 보고서 및 기타 사례 자료를 보다 종합적으로 개념화하는 데 도움이 되도록 구성된 개론서이다.

Clement, P. W. (1999). *Outcomes and incomes: How to evaluate, improve, and market your psychotherapy practice by measuring outcomes*. New York: Guilford Press.

➡ 이 책은 증상의 변화와 치료 과정에서 나타나는 내담자의 다른 양상들을 보여 주기 위해 특별히 고안된 수십 가지의 평가 도구를 제공한다. 각 내담자에게 이들 중 1개 또는 2개의 평가 도구를 사용하면 치료자가 초기 수준, 치료 과정에서의 변화, 추후 치료 효과를 문서화할 수 있다. Clement는 치료자들이 임상 작업을 평가하기 위해 자신의 도구를 쉽게 사용할 수 있도록 필요한 모든 것 또한 제공한다.

Fischer, J., & Corcoran, K. (2007). *Measures for clinical practice: A sourcebook* (4th ed.). New York: Oxford University Press.

➡ 임상 작업을 위해 신뢰도와 타당도가 확보된 설문지가 필요하다면, 아마도 이 책에서 찾을 수 있을 것이다.

Groth-Marnat, G., & Wright, A. J. (2016). *Handbook of psychological assessment* (5th ed.). Hoboken, NJ: Wiley.

➡ 검사 및 평가 분야에서 현재 가장 정평이 난 책이다. 종합적이고, 최신 내용을 담고 있으며, 검사들에 대한 타당한 자료를 기반으로 하고 있다. 출처가 다른 여러 자료를 통합하는 데 효과적이다. 초보자부터 숙련된 임상가까지 모두 도움이 된다.

Hebben, N., & Milberg, W. (2009). *Essentials of neuropsychological assessment* (2nd ed.). Hoboken, NJ: Wiley.

➡ 일반적인 검사의 시행, 채점, 해석을 다루는 기본 저서로 모집단을 통해 검증된 검사로 구성되어 있고 좋은 보고서를 작성하는 방법도 포함되어 있다.

Lezak, M. D., Howieson, D. B., Bigler, D. D., & Tranel, D. (2012). *Neuropsychological assessment* (5th ed.). New York: Oxford University Press.

➡ 이 분야에서 정평이 난 책으로, 초보자부터 숙련된 임상가까지 모두 도움이 된다.

Meehl, P. (1996). *Clinical vs. statistical prediction: A theoretical analysis and a review of the evidence.* Northvale, NJ: Aronson. (Original work published 1954)

➡ 진리를 담고 있기 때문에 여전히 출판 중이다: 객관적인 자료를 측정하는 기계식 수식은 임상가가 선호하는 검사 등을 사용하는 것보다 더 정확하다. 우리 임상가들은 경험이 많아질수록 판단에 대한 자신감이 높아진다는 말을 듣고 싶어 하지 않지만, 사실 판단이 더 타당해지지는 않는다. 더 늦기 전에 이 책을 읽도록 하라.

면담

Atkins, M. (2013, October 8). 50 first strength based questions [Blog post]. Retrieved from *www.changedlivesnewjourneys.com/50-first-strength-based-questions.*

➡ 능력, 성취, 장애물을 극복했던 것, 회복 탄력성, 삶의 가치와 의미를 경험한 일과 같은 긍정적인 점을 회상하고 강조하기 위해 스스로에게 묻는 질문들로 구성되어 있다.

Lukas, S. (1993). *Where to start and what to ask: An assessment handbook.* New York: Norton.

➡ Lukas는 정보를 수집하고 통합하여 일관된 평가를 하기 위해 특정 도구들과 유용한 지침을 사용하는 등 초보자 혹은 학생들이 제대로 시작할 수 있게 해 준다.

MacKinnon, R. A., Michels, R., & Buckley, P. J. (2006). *The psychiatric interview in clinical practice* (2nd ed.). Washington, DC: American Psychiatric Publishing.

➡ 면담 방법을 자세히 설명하는 것 외에 정신역동, 주요 임상 증후군, 특수 상황, 메모 작성 및 이메일 사용에 대해서도 다룬다.

Morrison, J. (2014). *DSM-5 made easy: The clinician's guide to diagnosis.* New York: Guilford Press.

➡ 진단하는 방법을 배우기 위해 DSM-5를 찾지 말도록 하라. (당신에게) 필요한 모든 것은 바로 이 책에서 쉽게 찾을 수 있다. 마치 임상 장면에서 뛰어난 임상가, 진단자, 면담자의 어깨너머로 보는 것 같다. 익숙한 부분에 대해서도 페이지를 넘기는 것만으로 더 똑똑해진 기분이 든다. 예를 들어, '감별'에 대한 부분은 역동에 대한 나의 이해를 확장시키며, 현재 존재할 가능성이 있는 의학적 장애에 대한 부분은 나의 기술을 향상시킨다. 완벽하게 구성된 수백 개의 짧은 사례(vignettes)를 통해 진단에 대한 연습과 생각을 해 볼 수 있는 기회를 제공한다.

Morrison, J. (2014). *The first interview* (4th ed.). New York: Guilford Press.

➡ 진단보다 면담의 역동에 더 관심이 있다면 Morrison의 재능을 즐길 준비를 하도록 하라. 이 저서는 특히 내담자가 보일 수 있는 다양한 종류의 까다로운 면담 상황을 다루는 데 좋은 조언을 제공한다. 또한 매우 구조화된 사례들을 풍부하게 제공한다.

Rogers, R. (2001). *Handbook of diagnostic and structured interviewing.* New York: Guilford Press.

➡ 면담은 신뢰도가 낮아 타당도가 낮다. 이를 해결하는 데 있어 구조화된 면담이 정답이며, 이 책은 각 장애에 가장 적합한 면담을 선택할 수 있게 도와주는 지침서로 읽기 쉽고 신뢰할 만하다.

Segal, D. L., & Hersen, M. (Eds.). (2010). *Diagnostic interviewing* (4th ed.). New York: Springer.

➡ 앞선 Lukas의 책 다음 단계에 해당하는 책이다. 기본적인 상황은 물론 다양하고 특수한 그리고 까다로운 상황들을 다룬다.

Shea, S. C. (2016). *Psychiatric interviewing: The art of understanding* (3rd ed.). Philadelphia: Elsevier.

➡ 분량이 방대한 책(876페이지)이지만 위압적이지는 않다. 많은 내용을 포함하면서도 간결하고 명확하다.

Trzepacz, P. T., & Baker, R. W. (1993). *The psychiatric mental status examination.* New York: Oxford University

Press.

➡ 200페이지 미만의 저서로 정신상태평가만을 다루고 있지만, 이를 수행하고 해석하는 데 있어 당신이 알아야 할 모든 것을 담고 있다.

보고서 작성 및 사람 우선 언어

Goldfinger, K., & Pomerantz, A. M. (2014). *Psychological assessment and report writing* (2nd ed.). Thousand Oaks, CA: Sage.

➡ 간결하다. 관련 정보를 수집하기 위한 많은 검사를 다룬다.

Harvey, V. S. (2006). Variables affecting the clarity of psychological reports. *Journal of Clinical Psychology, 62*, 5–18.

➡ 보고서 작성자에게 확실한 지침을 제공한다.

Mental Health Commission of Canada. (2015). *Guidelines for recovery-oriented practice*. Retrieved from *www.mentalhealthcommission.ca/sites/default/files/MHCC_RecoveryGuidelines_ENG_0.pdf.*

➡ 회복 지향적 실무를 이해하고 실행하는 것에 관한 짧은 책자이다.

Mental Health Coordinating Council (MHCC). (2013). MHCC recovery oriented language guide. Retrieved from *http://mob.mhcc.org.au/media/5902/mhcc-recovery-oriented-language-guide-final-web.pdf.*

➡ 기본적인 개념과 용어를 9페이지 분량으로 정리했다.

State of Connecticut, Department of Mental Health and Addiction Services. (n.d.). Important language considerations in developing person-centered plans. Retrieved from *www.ct.gov/dmhas/lib/dmhas/publications/PCRPLanguage.pdf.*

➡ 이 문서는 다음과 같이 기술하고 있다: "코네티컷주 뉴 헤이븐에 소재한 예일대학교 의과대학 회복 및 지역사회 건강 프로그램 소속 Tondora 등(2007)에 기초하여."

White, W. (2006). An addiction recovery glossary: The languages of American communities of recovery. In W. White, *Let's go make some history: Chronicles of the new addiction recovery advocacy movement*. Washington, DC: Johnson Institute and Faces and Voices of Recovery. (Original work published 2002). Retrieved from *www.williamwhitepapers.com/pr/2002RecoveryLanguageGlossary.pdf.*

➡ 52페이지 분량으로 관련 용어가 풍부하게 수록되어 있다.

참고문헌

Ackerman, N. (1982). *The strength of family therapy*. New York: Brunner/Mazel.

Adams, D. (1991). Factitious disorders and malingering: Choosing the appropriate role for the psychologist. *American Psychological Association Division 29 Newsletter*, pp. 10–13.

Adorno, T. W., Frenkel–Brunswik, E., Levinson, D. J., & Sanford, R. N. (1993). *The authoritarian personality*. New York: Norton. (Original work published 1950)

Agency for Healthcare Research and Quality. (2013). *Screening for suicide risk in primary care: A systematic evidence review for the U.S. Preventive Services Task Force*. Rockville, MD: U.S. Department of Health and Human Services.

American Academy of Sleep Medicine. (2014). *International classification of sleep disorders: Diagnostic and coding manual* (3rd ed.). Darien, IL: Author.

American Psychiatric Association. (2013). *Diagnostic and statistical manual of mental disorders* (5th ed.). Arlington, VA: Author.

American Psychological Association. (2015). Guidelines for psychological practice with transgender and gender nonconforming people. *American Psychologist*, *70*(9), 835–864. Retrieved from www.apa.org/practice/guidelines/transgender.pdf.

Antony, M. M., & Barlow, D. H. (2010). *Handbook of assessment and treatment planning for psychological disorders* (2nd ed.). New York: Guilford Press.

Badlani, M. B., Overtree, C., & Perry–Jenkins, M. (2012). Culture at the center: A reformulation of diagnostic assessment. *Professional Psychology: Research and Practice*, *43*(2), 175–182.

Barkley, R. A. (1997). *ADHD and the nature of self-control*. New York: Guilford Press.

Barkley, R. A. (2010). *Taking charge of adult ADHD*. New York: Guilford Press.

Barkley, R. A. (2015). *Attention-deficit hyperactivity disorder: A handbook for diagnosis and treatment* (4th ed.). New York: Guilford Press.

Barrett, S. L., Uljarević, M., Baker, E. K., Richdale, A. L., Jones, C. R., & Leekam, S. R. (2015). The Adult Repetitive Behaviours Questionnaire–2 (RBQ–2A): A self-report measure of restricted and repetitive behaviours. *Journal of Autism and Developmental Disorders*, *45*(11), 3680–3692.

Barrows, J., & Finger, R. (2008). Human trafficking and the healthcare professional. *Southern Medical Journal*, *101*, 521–524.

Bastiaansen, J. A., Meffert, H., Hein, S., Huizinga, P., Ketelaars, C., Pijnenborg, M., et al. (2011). Diagnosing autism spectrum disorders in adults: The use of Autism Diagnostic Observation Schedule (ADOS) Module 4.

Journal of Autism and Developmental Disorders, 41(9), 1256–1266.

Bateson, G. (1972). *Steps to an ecology of mind.* San Francisco: Chandler.

Beavers, R. W. (1990). *Successful families*. New York: Norton.

Beck, A. T., Rush, A. J., Shaw, B. F., & Emery, G. (1979). *Cognitive therapy of depression.* New York: Guilford Press.

Beck, A. T., Brown, G., Berchick, R. J., & Stewart, B. I., (1990). Relationship between hopelessness and ultimate suicide: A replication with psychiatric outpatients. *American Journal of Psychiatry, 142*, 559–563.

Beck, J. C. (1990). The potentially violent patient: Clinical, legal and ethical implications. In E. Margenau (Ed.), *The encyclopedic handbook of private practice*. New York: Gardner Press.

Becker–Blease, K. A., & Freyd, J. J. (2006). Research participants telling the truth about their lives: The ethics of asking and not asking about abuse. *American Psychologist*, *61*, 218–226.

Belvederi Murri, M., Guaglianone, A., Bugliani, M., Calcagno, P., Respino, M., Serafini, G., et al. (2015). Second-generation antipsychotics and neuroleptic malignant syndrome: Systematic review and case report analysis. *Drugs R&D*, *15*(1), 45–62. Retrieved from *https://link.springer.com/article/10.1007/s40268-014-0078-0.*

Benjamin, L. S. (1996). *Interpersonal diagnosis and treatment of personality disorders* (2nd ed.). New York: Guilford Press.

Berg, I. K., & Miller, S. D. (1992). *Working with the problem drinker.* New York: Norton.

Berne, E. (1964). *Games people play*. New York: Grove Press.

Black, M. C., & Black, R. S. (2007). A public health perspective on "The ethics of asking and not asking about abuse." *American Psychologist*, *62*, 328–329.

Book, A. S., Visser, B., Blais, J., & D'Agata, M. T. (2016). Unpacking more "evil": What is at the core of the dark tetrad? *Personality and Individual Differences*, *90*, 269–272.

Bondi, M. (1992). Distinguishing psychological disorders from neurological disorders: Taking Axis III seriously. *Professional Psychology: Research and Practice*, *23*(4), 306–309.

Bongar, B., & Sullivan, G. R. (2013). *The suicidal patient: Clinical and legal standards of care* (3rd ed.). Washington, DC: American Psychological Association.

Bornstein, R. F., & Hopwood, C. J. (2017). Evidence-based assessment of interpersonal dependency. Professional Psychology: Research and Practice, 48(4), 251–258. Retrieved from *http://psycnet.apa.org/fulltext/2017-35613-004.html.*

Braaten, E. (in press). *The child clinician's report-writing handbook* (2nd ed.). New York: Guilford Press.

Brenner, E. (2003). Consumer-focused psychological assessment. *Professional Psychology: Research and Practice*, *34*(3), 240–247.

Breznitz, S. (1988). The seven kinds of denial. In C. Spielberger et al. (Eds.), *Stress and anxiety* (Vol. 2). Washington, DC: Hemisphere.

Brown, W. A. (2006, May 26). Acknowledging preindustrial patterns of sleep may revolutionize approach to sleep dysfunction. *Psychiatric Times*. Retrieved from *www.psychiatrictimes.com/display/article/10168/56881.*

Burgess, T., & Holmstrom, B. (1974). Rape trauma syndrome. *American Journal of Psychiatry*, *131*(9), 981–986.

Burgoyne, K., Swartz, R., & Ananth, J. (1995). Porphyria: Reexamination of psychiatric implications. *Psychotherapy and Psychosomatics*, *64*, 121–130.

Burns, D. D. (1999). *Feeling good: The new mood therapy, revised and updated*. New York: Harper.

Cameron, N., & Rychlak, J. F. (1968). *Personality and psychopathology*. Boston: Houghton Mifflin.

Campbell, R. J. (2009). *Campbell's psychiatric dictionary* (9th ed.). New York: Oxford University Press.

Capaldi, D. M., Knoble, N. B., Short, J. W., & Kim, H. K. (2012). A systematic review of risk factors for intimate partner violence. *Partner Abuse*, *3*(2), 231–280. Retrieved from *www.ingentaconnect.com/content/springer/pa/2012/00000003/00000002/art00009#*.

Carlson, E. B., & Putnam, F. W. (1993). An update on the Dissociative Experiences Scale. *Dissociation: Progress in the Dissociative Disorders*, *6*(1), 16–27. Retrieved from *http://scholarsbank.uoregon.edu/xmlui/bitstream/handle/1794/1539/Diss_6_1_3_OCR_rev.pdf*.

Carnes, P. (1983). *Out of the shadows: Understanding sexual addiction*. Minneapolis, MN: CompCare.

Carnes, P., Green, B., & Carnes, S. (2010). The same yet different: Refocusing the Sexual Addiction Screening Test (SAST) to reflect orientation and gender. *Sexual Addiction and Compulsivity*, *17*(1), 7–30.

Cass, V. C. (1979). Homosexual identity formation: A theoretical model. *Journal of Homosexuality*, *4*(3), 219–235.

Cheyne, J. A., Newby-Clark, I. R., & Rueffer, S. D. (1999). Relations among hypnagogic and hypnopompic experiences associated with sleep paralysis. *Journal of Sleep Research*, *8*(4), 313–317.

Cleckley, H. M. (1976). *The mask of sanity* (5th ed.). St. Louis, MO: Mosby.

Clement, P. W. (1999). *Outcomes and incomes: How to evaluate, improve, and market your psychotherapy practice by measuring outcomes*. New York: Guilford Press.

Coons, P. M., & Milstein, V. (1986). Psychosexual disturbances in multiple personality: Characteristics, etiology, and treatment. *Journal of Clinical Psychiatry*, *47*, 107–110.

Compton, W. C., & Hoffman, E. (2013). *Positive psychology: The science of happiness and flourishing* (2nd ed.). Belmont, CA: Wadsworth/Cengage Learning.

Costa, P. T., Jr., & McCrae, R. R. (2005). *NEO-PI-3 professional manual*. Odessa, FL: Psychological Assessment Resources.

Coulehan, J., & Block, M. (2005). *The medical interview: A primer for students of the art* (5th ed.). Philadelphia: Davis.

Courtois, C. (2004). Complex trauma, complex reactions: Assessment and treatment. *Psychotherapy: Theory, Research, Practice, and Training*, *41*(4), 412–425.

Cullen, B., O'Neill, B., Evans, J. J., Coen, R. F., & Lawlor, B. A. (2007). A review of screening tests for cognitive impairment. *Journal of Neurology, Neurosurgery and Psychiatry*, *78*(8), 790–799.

Davidson, L., Tondora, J., Lawless, M. S., O'Connell, M., & Rowe, M. (2009). *A practical guide to recovery-oriented practice: Tools for transforming mental health care*. New York: Oxford University Press.

Davidson, L., Tondora, J., O'Connell, M. J., Kirk, T., Rockholz, P., & Evans, A. C. (2007). Creating a recovery-oriented system of behavioral health care: Moving from concept to reality. *Psychiatric Rehabilitation Journal*, *31*, 23–31.

Davis, T. C., Long, S. W., Jackson, R. H., Mayeaux, E. J., George, R. B., Murphy, P. W., et al. (1993). The Rapid Estimate of Adult Literacy in Medicine: A shortened screening instrument. *Family Medicine*, *25*, 391–395.

Delmonico, D., & Miller, J. (2003). The Internet Sex Screening Test: A comparison of sexual compulsives versus non-sexual compulsives. *Sexual and Relationship Therapy*, *18*(3), 261–276.

Denning, P., & Little, J. (2012). *Practicing harm reduction psychotherapy: An alternative approach to addictions* (2nd ed.). New York: Guilford Press.

Derogatis, L. R. (1994). *The Symptom Checklist-90-Revised (SCL-90-R)*. Minneapolis, MN: NCS Pearson.

Ducharme, E. (2015). *Assessment and treatment of dissociative identity disorder*. Atlanta, GA: Practice Institute.

Durkheim, E. (1966). *Suicide: A study in sociology* (J. Spaulding & G. Simpson, Trans.). New York: Free Press. (Original work published 1897)

Dutton, D. G. (2007). *The abusive personality: Violence and control in intimate relationships* (2nd ed.). New York: Guilford Press.

Ebert, B. W. (1987). Guide to conducting a psychological autopsy. *Professional Psychology: Research and Practice*, *18*(1), 52–56.

Edwards, H. B. (2009). Disability guideline, role conflicts, and treatment records. *Journal of the American Academy of Psychiatry and the Law Online*, *37*(3), 392–396.

Retrieved from *www.jaapl.org/content/37/3/392.full?sid=9b7836a7-6157-4b5c-9512-02e7b95644be*.

Ellis, A. E., & Dryden, W. (Eds.). (1997). *The practice of rational emotive behavior therapy* (2nd ed.). New York: Springer.

Esser, T. J. (1974). *Effective report writing in vocational evaluation and work adjustment training*. Menomonie: Materials Development Center, Department of Rehabilitation and Manpower, University of Wisconsin.

Farberow, N. (Ed.). (1980). *The many faces of suicide: Indirect self-destructive behavior*. New York: McGraw-Hill.

Folstein, M. F., Folstein, S. E., & McHugh, P. R. (1975). Mini-Mental State: A practical method for grading the cognitive state of patients for the clinician. *Journal of Psychiatric Research*, *12*, 189–198.

Frisch, M. B. (2006). *Quality of life therapy: Applying a life satisfaction approach to positive psychology and cognitive therapy*. Hoboken, NJ: Wiley.

Frisch, M. B. (2009). *Quality of Life Inventory handbook: A guide for laypersons, clients, and coaches*. Minneapolis, MN: NCS Pearson.

Gardner, H. (2006). *Multiple intelligences: New horizons in theory and practice*. New York: Basic Books.

Gazzillo, F., Gorman, B., Bush, M., Silberschatz, G., Mazza, C., Faccini, F., et al. (2017). Reliability and validity of the Interpersonal Guilt Rating Scale-15: A new clinician-reporting tool for assessing interpersonal guilt according to control-mastery theory. *Psychodynamic Psychiatry*, *45*(3), 362–384.

Gibbs, R. W., & Beitel, D. (1995). What proverb understanding reveals about how people think. *Psychological Bulletin*, *118*(1), 133–154.

Gill, D. J., Freshman, A., Blender, J. A., & Ravina, B. (2008). The Montreal Cognitive Assessment as a screening tool for cognitive impairment in Parkinson's disease. *Movement Disorders*, *23*(7), 1043–1046.

Gold, L. H., Anfang, S. A., Drukteinis, A. M., Metzner, J. O., Price, M., Wall, B. W., et al. (2008). AAPL practice guideline for the forensic evaluation of psychiatric disability. *Journal of the American Academy of Psychiatry and the Law Online*, *36*(Suppl. 4), S3–S50. Retrieved from *http://jaapl.org/content/36/Supplement_4/S3?ijkey=28f3ba1445ca151339cb8480685bd02cdd5b5f01&keytype2=tf_ipsecsha.*

Gold, L. H., & Shuman, D. W. (2009). *Evaluating mental health disability in the workplace: Model, process, and analysis*. New York: Springer.

Gold, L. H., & Vanderpool, D. L. (Eds.). (2013). *Clinical guide to mental disability evaluations*. New York: Springer.

Golding, J. M. (1999). Intimate partner violence as a risk factor for mental disorders: A meta-analysis. *Journal of Family Violence*, *14*(2), 99–132.

Gonsalves, C. (1992). Psychological stages of the refugee process: A model for therapeutic interventions. *Professional Psychology: Research and Practice*, *23*(5), 382–389.

Goodman, W. K., Rasmussen, S. A., Price, L. H., Mazure, C., Heninger, C. R., & Charney, D. S. (1989). Yale–Brown Obsessive Compulsive Scale. *Archives of General Psychiatry*, *46*(11), 1006–1011.

Gordon, T. (2008). *Parent effectiveness training: The proven program for raising responsible children* (rev. ed.). New York: Three Rivers Press.

Gorski, T. T. (1997). *Passages through recovery: An action plan for preventing relapse*. Center City, MN: Hazelden.

Grace, G. D., & Christensen, R. C. (2007). Recognizing psychologically masked illnesses: The need for collaborative relationships in mental health care. *Primary Care Companion to the Journal of Clinical Psychiatry*, *9*(6), 433–436.

Grant, I., & Atkinson, J. (1995). Psychiatric aspects of acquired immune deficiency syndrome. In H. I. Kaplan & B. J. Sadock (Eds.), *Comprehensive textbook of psychiatry* (6th ed., Vol. 2, Sect. 29.2). Baltimore: Williams & Wilkins.

Gratz, K. (2003). Risk factors for and functions of deliberate self-harm: An empirical and conceptual review. *Clinical Psychology: Science and Practice*, *10*(2), 192–205.

Greenhalgh, S. (2015). *Fat-talk nation: The human costs of America's war on fat*. Ithaca, NY: Cornell University Press.

Greenwood, D. U. (1991). Neuropsychological aspects of AIDS dementia complex: What clinicians need to know. *Professional Psychology: Research and Practice*, *22*(5), 407–409.

Greist, J. H., Jefferson, J. W., & Marks, I. M. (1986). *Anxiety and its treatment: Help is available*. Washington, DC: American Psychiatric Press.

Groth–Marnat, G. (2016). *Handbook of psychological assessment* (6th ed.). Hoboken, NJ: Wiley.

Group for the Advancement of Psychiatry (GAP). (1990). *Casebook in psychiatric ethics*. New York: Brunner/Mazel.

Hagen, C., Malkmus, D., & Durham, P. (1972). *Rancho Los Amigos Cognitive Scale*. Downey, CA: Los Amigos Research & Education Institute, Rancho Los Amigos National Rehabilitation Center.

Haley, J. (1984). *Ordeal therapy*. San Francisco: Jossey–Bass.

Hamby, S. (2013). *Battered women's protective strategies: Stronger than you know*. New York: Oxford University Press.

Harder, D. W., & Greenwald, D. F. (1999). Further validation of the shame and guilt scales of the Harder Personal Feelings Questionnaire–2. *Psychological Reports*, *85*, 271–281.

Hare, R. D. (1999). *Without conscience: The disturbing world of the psychopaths among us*. New York: Guilford Press.

Harris, J., & Felman, K. (2012). *A guide to the use of recovery-oriented language in service planning, documentation, and correspondence*. Pittsburgh, PA: Mental Health America Allegheny County. Retrieved from *http://content.ementhe.eu/Recovery/Diagnosis-Labelling-stigma/Theuseof.pdf.*

Harvey, V. S. (1997). Improving readability of psychological reports. *Professional Psychology: Research and Practice*, *28*(3), 271–274.

Harvey, V. S. (2006). Variables affecting the clarity of psychological reports. *Journal of Clinical Psychology*, *62*, 5–18.

Hawkins, C. A., & Hawkins, R. C., II. (2014). Codependence, contradependence, gender-stereotyped traits, personality dimensions, and problem drinking. *Universal Journal of Psychology*, *2*, 5–15. Retrieved from *www.hrpub.org/download/20131215/UJP2-19400850.pdf.*

Heinberg, L. J., Ashton, K., & Windover, A. (2010). Moving beyond dichotomous psychological evaluation: The Cleveland Clinic Behavioral Rating System for weight loss surgery. *Surgery for Obesity and Related Diseases*, *6*(2), 185–190.

Heinik, J., & Shaikewitz, D. (2009). The Clock Drawing Test–Modified and Integrated Approach (CDT–MIA) as an instrument for detecting mild cognitive impairment in a specialized outpatient setting. *Journal of Geriatric Psychiatry and Neurology*, *22*(3), 171–180.

Hinrichs, J., DeFife, J., & Westen, D. (2011). Personality subtypes in adolescent and adult children of alcoholics: A two part study. *Journal of Nervous and Mental Disease*, *199*(7), 487–498. Retrieved from *www.ncbi.nlm.nih.gov/pmc/articles/PMC3143015.*

Hoffman, R. S., & Koran, L. M. (1984). Detecting physical illness in patients with mental disorders. *Psychosomatics*, *25*, 654–660.

Holt, J., Hotto, S., & Cole, K. (1994). *Demographic aspects of hearing impairment: Questions and answers* (3rd ed.). Washington, DC: Center for Assessment and Demographic Studies, Gallaudet University. Retrieved from *research.gallaudet.edu/Demographics/factsheet.php.*

Horney, K. (1994). *The neurotic personality of our time*. New York: Norton. (Original work published 1937)

Horvath, A. T. (1993). Enhancing motivation for treatment of addictive behavior: Guidelines for the psychotherapist. *Psychotherapy*, *30*, 473–480.

Huber, J. T. (1961). *Report writing in psychology and psychiatry*. New York: Harper & Row.

Hughes–Hammer, C., Martsolf, D. S., & Zeller, R. A. (1998). Development and testing of the Codependency Assessment Tool. *Archives of Psychiatric Nursing*, *12*(5), 264–272.

Hus, V., & Lord, C. (2014). The Autism Diagnostic Observation Schedule, Module 4: Revised algorithm and standardized severity scores. *Journal of Autism and Developmental Disorders*, *44*(8), 1996–2012.

Hyler, S. E., & Spitzer, R. T. (1978). Hysteria split asunder. *American Journal of Psychiatry*, *135*, 1500–1504.

Jackson, H., Philip, E., Nutall, R. L., & Diller, L. (2002). Traumatic brain injury: A hidden consequence for battered women. *Professional Psychology: Research and Practice*, *33*(1), 39–45.

Jahoda, M. (1958). *Current concepts of positive mental health*. New York: Basic Books.

Jesse, S., Brathen, G., Ferrara, M., Keindl, M., Ben–Menachem, E., Tanasescu, R., et al. (2017). Alcohol withdrawal syndrome: Mechanisms, manifestations, and management. *Acta Neurologica Scandinavica*, *135*, 4–16.

Jobes, D. A. (2016). *Managing suicidal risk: A collaborative approach* (2nd ed.). New York: Guilford Press.

Johnson, N. P., Michels, P. J., & Davis, C. W. (1991). The importance of street drug terms as diagnostic clues. *Journal of Health and Social Policy*, *3*(1), 45–53.

Joiner, T. (2007). *Why people die by suicide*. Cambridge, MA: Harvard University Press.

Juby, A. (1999). Correlation between the Folstein Mini–Mental State Examination and three methods of clock drawing scoring. *Journal of Geriatric Psychiatry and Neurology*, *12*(2), 87–91.

Kalichman, S. C. (2003). *The inside story on AIDS: Experts answer your questions*. Washington, DC: American Psychological Association.

Kaplan, H. S. (1983). *The evaluation of sexual disorders: Psychological and medical aspects*. New York: Brunner/Mazel.

Kaplan, M. S., & Krueger, R. B. (2010). Diagnosis, assessment, and treatment of hypersexuality. *Journal of Sex Research*, *47*(2–3), 181–198.

Kiresuk, T. J., Smith, A., & Cardillo, J. E. (Eds.). (1994). *Goal Attainment Scaling: Applications, theory, and measurement*. Hillsdale, NJ: Erlbaum.

Klonsky, E. D., & Glenn, C. R. (2009, Summer). Non-suicidal self-injury: What independent practitioners should know. *Independent Practitioner: Newsletter of Division 42 of the American Psychological Association*, pp. 147–150.

Kral, V. A. (1978). Benign senescent forgetfulness. In R. Katzman, R. F. Terry, & K. L. Bick (Eds.), *Alzheimer's disease: Senile dementia and related disorders*. New York: Raven Press.

Kübler–Ross, E. (1969). *On death and dying*. New York: Macmillan.

Langer, E. J. (1989). *Mindfulness*. Reading, MA: Addison–Wesley.

Leary, T. (2004). *Interpersonal diagnosis of personality: A functional theory and methodology for personality evaluation*. Eugene, OR: Resource. (Original work published 1957)

Lesieur, H. R., & Blume, S. E. (1987). South Oaks Gambling Screen (SOGS): A new instrument for the identification of pathological gamblers. *American Journal of Psychiatry*, *144*, 1184–1188.

Levenstein, J. (1994). Treatment documentation in private practice: I. The PIC Treatment Plan. *Independent Practitioner*, *14*, 181–185.

Levine, S. B. (2006). How to take a sexual history (without blushing). *Current Psychiatry*, *5*(8), 16–25. Retrieved from *www.mdedge.com/currentpsychiatry/article/62293/how-take-sexual-history-without-blushing.*

Lewinsohn, P. M., Rohde, P., & Seeley, J. R. (1996). Adolescent suicidal ideation and attempts: Prevalence, risk factors, and clinical implications. *Clinical Psychology: Science and Practice*, *3*(1), 25–46.

Lewis, B. L. (2002). Second thoughts about documenting the psychological consultation. *Professional Psychology: Research and Practice*, *33*(2), 224–225.

Lewis–Fernández, R., Aggarwal, N. K., Hinton, L., Hinton, D. E., & Kirmayer, L. J. (Eds.). (2016). *DSM–5 handbook on the cultural formulation interview*. Arlington, VA: American Psychiatric Association.

Lichtenberger, E. O., Nather, N., Kaufman, N., & Kaufman, A. S. (2004). *Essentials of assessment report writing*. New York: Wiley.

Lidz, T., & Fleck, S. (1985). *Schizophrenia and the family* (2nd ed.). New York: International Universities Press.

Lingiardi, V., & McWilliams, N. (Eds.). (2017). *Psychodynamic diagnostic manual* (2nd ed.). New York: Guilford Press.

Lukas, C., & Seiden, H. M. (2007). *Silent grief: Living in the wake of suicide* (rev. ed.). Philadelphia: Jessica Kingsley.

Lykken, D. T. (1995). *The antisocial personalities*. Hillsdale, NJ: Erlbaum.

Macy, R. J., & Graham, L. M. (2012). Identifying domestic and international sex-trafficking victims during human service provision. *Trauma, Violence, and Abuse*, *13*(2), 59–76. Retrieved from *http://journals.sagepub.com/doi/abs/10.1177/1524838012440340.*

Makover, R. B. (2016). *Treatment planning for psychotherapists* (3rd ed.). Washington, DC: American Psychiatric Publishing.

Malamuth, N., & Hald, G. M. (2017). The confluence meditational model of sexual aggression. In T. Ward & A. Beech (Eds.), *The Wiley handbook on the theories, assessment, and treatment of sexual offending*. Hoboken, NJ: Wiley. Retrieved from *www.psych.ucla.edu/sites/default/files/documents/other/confluence%20model%20published.pdf.*

Maris, R. W., Berman, A. L., Maltsberger, J. T., & Yufit, R. I. (Eds.). (1992). *Assessment and prediction of suicide*. New York: Guilford Press.

Marks, A. D. C., Blore, R. L., Hine, D. W., & Dear, G. E. (2012). Development and validation of a revised measure of codependency. *Australian Journal of Psychology*, *64*, 119–127. Retrieved from *www.academia.edu/12805214/Development_and_validation_of_a_revised_measure_of_codependency.*

Marlatt, G. A., & Donovan, D. M. (Eds.). (2005). *Relapse prevention: Maintenance strategies in the treatment of addictive behaviors* (2nd ed.). New York: Guilford Press.

Marlatt, G. A., Larimer, M. E., & Witkiewitz, K. (Eds.). (2012). *Harm reduction: Pragmatic strategies for managing high-risk behaviors* (2nd ed.). New York: Guilford Press.

McCloskey, K., & Grigsby, N. (2005). The ubiquitous clinical problem of adult intimate partner violence: The need for routine assessment. *Professional Psychology: Research and Practice*, *36*(3), 264–275.

McGoldrick, M., Gerson, R., & Petry, S. (2008). *Genograms: Assessment and intervention* (3rd ed.). New York: Norton.

McIntosh, J. L. (1995). Suicide prevention in the elderly (age 65–99). *Suicide and Life-Threatening Behavior*, *25*(1), 180–192.

Meichenbaum, D. (1996). Stress inoculation training for coping with stressors [Electronic version]. *The Clinical*

Psychologist, *49*, 4–7. Retrieved from *www.apa.org/divisions/div12/rev_est/sit_stress.html#top.*

Meichenbaum, D. (2007). *35 years of working with suicidal patients: Lessons learned*. Miami, FL: Melisa Institute. Retrieved from *https://pdfs.semanticscholar.org/4536/7fd1b92d03e4714d3e6aeffbdf64037dfdca.pdf.*

Melton, G. B., Petrila, J., Poythress, N. G., Slobogin, C., Otto, R. K., Mossman, D., et al. (2018). *Psychological evaluations for the courts: A handbook for mental health professionals and lawyers* (4th ed.). New York: Guilford Press.

Menninger, K. A. (1952). *A manual for psychiatric case study*. New York: Grune & Stratton.

Michaels, M. (2006). Ethical considerations in writing psychological assessment reports. *Journal of Clinical Psychology*, *62*, 47–58.

Miller, W. R., & Rollnick, S. (2013). *Motivational interviewing: Helping people change* (3rd ed.). New York: Guilford Press.

Millon, T., Millon, C. M., Meagher, D., Meagher, S., & Grossman, S. (2004). *Personality disorders in modern life* (2nd ed.). New York: Wiley.

Minuchin, S. (1974). *Families and family therapy*. Cambridge, MA: Harvard University Press.

Monahan, J., Steadman, H. J., Silver, E., Appelbaum, P. S., Robbins, P. C., Mulvey, E. P., et al. (2001). *Rethinking risk assessment: The MacArthur study of mental disorder and violence*. New York: Oxford University Press.

Morgan, J. F., Reid, F., & Lacey, H. (1999). The SCOFF questionnaire: Assessment of a new screening tool for eating disorders. *British Medical Journal*, *319*(7223), 1467–1468.

Morrison, J. (2014a). *DSM-5 made easy: The clinician's guide to diagnosis*. New York: Guilford Press.

Morrison, J. (2014b). *Diagnosis made easier: Principles and techniques for mental health clinicians* (2nd ed.). New York: Guilford Press.

Morrison, J. (2014c). *The first interview* (4th ed.). New York: Guilford Press.

Morrison, J. (2015). *When psychological problems mask medical disorders: A guide for psychotherapists* (2nd ed.). New York: Guilford Press.

Mosher, D. L. (2011). Revised Mosher Guilt Inventory. In T. D. Fisher, C. M. Davis, W. L. Yarber, & S. L. Davis (Eds.), *Handbook of sexuality-related measures* (3rd ed.). New York: Routledge.

Murphy, C. M., Wilson, C. E., Robertson, D. M., Ecker, C., Daly, E. M., Hammond, N., et al. (2016). Autism spectrum disorder in adults: Diagnosis, management, and health services development. *Neuropsychiatric Disease and Treatment*, *12*, 1669–1686. Retrieved from *www.ncbi.nlm.nih.gov/pmc/articles/PMC4940003.*

Nathan, P. E., & Gorman, J. M. (Eds.). (2015). *A guide to treatments that work* (4th ed.). New York: Oxford University Press.

National Institute on Alcohol Abuse and Alcoholism. (2000). *10th special report to the U.S. Congress on alcohol and health: Highlights from current research*. Bethesda, MD: Author.

NiCarthy, G., & Davidson, S. (1989). *You can be free: An easy to read handbook for abused women*. Seattle, WA: Seal Press.

Niolon, R. (2011). Domestic violence-types, theories, and assessment. Retrieved from *www.psychpage.com/*

family/dv.html.

Norcross, J. C. (Ed.). (2011). *Psychotherapy relationships that work: Therapist contributions and responsiveness to patients* (2nd ed.). New York: Oxford University Press.

Norcross, J. C., Santrock, J. W., Campbell, L. F., Smith, T. P., Sommer, R., & Zuckerman, E. L. (2003). *Authoritative guide to self-help resources in mental health* (rev. ed.). New York: Guilford Press.

Nyhus, E., & Barcelo, F. (2009). The Wisconsin Card Sorting Test and the cognitive assessment of prefrontal executive functions: A critical update. *Brain and Cognition*, *71*, 437–451.

O'Connor, L. E., Berry, J. W., Weiss, J., Bush, M., & Sampson, H. (1997). Interpersonal guilt: The development of a new measure. *Journal of Clinical Psychology*, *53*(1), 73–89.

Ogles, B. J., Lambert, M. J., & Fields, S. A. (2002). *Essentials of outcome assessment*. New York: Wiley.

Ownby, R. L. (1997). *Psychological reports: A guide to report writing in professional psychology* (3rd ed.). New York: Wiley.

Pandey, G. P. (2016). Cytokines as suicide risk biomarkers. *Biological Psychiatry*, *78*(1), 5–6. Retrieved from *www.ncbi.nlm.nih.gov/pmc/articles/PMC4942283*.

Paniagua, F. (2005). *Assessing and treating culturally diverse clients: A practical guide* (3rd ed.). Thousand Oaks, CA: Sage.

Paniagua, F. (2014). *Assessing and treating culturally diverse clients: A practical guide* (4th ed.). Thousand Oaks, CA: Sage.

Paul, G. L. (1966). *Insight vs. desensitization in psychotherapy: An experiment in anxiety reduction*. Stanford, CA: Stanford University Press.

Paulhus, D. L. & Jones, D. N. (2015). Measures of dark personalities. In G. J. Boyle, D. H. Sakfofske, & G. Mathews (Eds.). *Measures of personality and social psychological constructs*. San Diego, CA: Academic Press.

Pedersen, P. B., Draguns, J. G., Lonner, W. J., & Trimble, J. E. (Eds.). (2015). *Counseling across cultures* (7th ed.). Thousand Oaks, CA: Sage.

Peruzzi, N., & Bongar, B. (1999). Assessing risk for completed suicide in patients with major depression: Psychologists' views of critical factors. *Professional Psychology: Research and Practice*, *30*(6), 576–680.

Peterson, C., & Seligman, M. E. P. (2004). *Character strengths and virtues: A handbook and classification*. New York: Oxford University Press.

Phillips, K. A. (2004). Body dysmorphic disorder: Recognizing and treating imagined ugliness. *World Psychiatry*, *3*(1), 12–17. Retrieved from *www.ncbi.nlm.nih.gov/pmc/articles/PMC1414653.*

Phillips, K. A. (2009). *The broken mirror: Understanding and treating body dysmorphic disorder* (rev. and expanded ed.). New York: Oxford University Press.

Phillips, K. A., Hart, A. S., & Menard, A. (2014). Psychometric evaluation of the Yale–Brown Obsessive–Compulsive Scale Modified for Body Dysmorphic Disorder (BDD–YBOCS). *Journal of Obsessive–Compulsive and Related Disorders*, *3*(3), 205–208. Retrieved from *www.sciencedirect.com/science/article/pii/S2211364914000281.*

Piechowski, L. D. (2011). *Evaluation of workplace disability*. New York: Oxford University Press.

Pies, R. (1993). The psychopharmacology of PTSD. *Psychiatric Times*, *10*(6), 21–24.

Pisani, A. R., Murrie, D. C., & Silverman, M. M. (2016). Reformulating suicide risk formulation: From prediction to prevention. *Academic Psychiatry*, *40*(4), 623–629. Retrieved from *www.ncbi.nlm.nih.gov/pmc/articles/PMC4937078.*

Ponterotto, J., Casas, J. M., Suzuki, L. A., & Alexander, C. M. (Eds.). (2010). *Handbook of multicultural counseling* (3rd ed.). Thousand Oaks, CA: Sage.

Potter–Effron, R. T. (1989). Shame and guilt: Definitions, processes, and treatment issues with AODA clients. In R. T. Potter–Effron & P. S. Potter–Effron (Eds.), *The treatment of shame and guilt in alcoholism counseling*. New York: Haworth Press.

Prochaska, J. P., DiClemente, C. C., & Norcross, J. (1992). In search of how people change: Applications to addictive behaviors. *American Psychologist*, *47*(9), 1102–1114.

Purcell, R., Pathe, M., & Mullen, P. E. (2003). Classification of stalkers. In M. P. Brewster (Ed.), *Stalking: Psychology, risk factors, interventions, and law*. Kingston, NJ: Civic Research Institute.

Putnam, F. W. (1989). *Diagnosis and treatment of multiple personality disorder*. New York: Guilford Press.

Ramsey, S. E., Engler, P. A., & Stein, M. D. (2005). Alcohol use among depressed patients: The need for assessment and intervention. *Professional Psychology: Research and Practice*, *36*(2), 203–207.

Rapp, A. M., Bergman, R. L., Piacentini, J., & McGuire, J. F. (2016). Evidence-based assessment of obsessive–compulsive disorder. *Journal of Central Nervous System Diseases*, *8*, 13–29. Retrieved from *www.ncbi.nlm.nih.gov/pmc/articles/PMC4994744.*

Read, J. (2007). To ask, or not to ask about abuse: New Zealand research. *American Psychologist*, *62*, 325–326.

Reimer, T., Brink, P. J., & Saunders, J. M. (1984). Cultural assessment: Content and process. *Nursing Outlook*, *32*(2), 78–82.

Reisberg, B., Ferris, S., deLeon, M. J., & Crook, T. (1982). The Global Deterioration Scale for assessment of primary degenerative dementia. *American Journal of Psychiatry*, *139*(9), 1136–1139.

Reitan, R. M., & Wolfson, D. (1993). *The Halstead–Reitan Neuropsychological Test Battery: Theory and clinical interpretation* (2nd ed.). Tucson, AZ: Neuropsychology Press.

Resnick, R. J. (2000). *The hidden disorder: A clinician's guide to attention deficit hyperactivity disorder in adults*. Washington, DC: American Psychological Association.

Ritvo, R. A., Ritvo, E. R., Guthrie, D., Ritvo, M. J., Hufnagel, D. H., McMahon, W., et al. (2011). The Ritvo Autism Asperger Diagnostic Scale–Revised (RAADS–R): A scale to assist the diagnosis of autism spectrum disorder in adults. An international validation study. *Journal of Autism and Developmental Disorders*, *41*(8), 1076–1089.

Rivas–Vasquez, R. A., Blais, M. A., Rey, G. J., & Rivas–Vasquez, A. A. (2001). A brief reminder about documenting the psychological consultation. *Professional Psychology: Research and Practice*, *32*(2), 194–199.

Rivas–Vasquez, R. A., Saffa–Biller, D., Ruiz, I., Blais, M. A., & Rivas–Vasquez, A. (2004). Current issues in anxiety and depression: Comorbid, mixed, and subthreshold disorders. *Professional Psychology: Research and Practice*, *35*(1), 74–83.

Rogers, R. (1984). Toward an empirical model of malingering and deception. *Behavioral Science and the Law*, *2*, 544–559.

Rogers, R. (2001). *Handbook of diagnostic and structured interviewing*. New York: Guilford Press.

Rogers, R., & Bender, S. D. (Eds.). (2018). *Clinical assessment of malingering and deception* (4th ed.). New York: Guilford Press.

Roid, G. (2003). *Stanford–Binet Intelligence Scales, Fifth Edition*. Itasca, IL: Riverside.

Rosenthal, N. E. (2013). *Winter blues: Everything you need to know to beat seasonal affective disorder* (4th ed.). New York: Guilford Press.

Ross, C. A. (1997). *Dissociative identity disorder* (2nd ed.). New York: Wiley.

Ross, M. W., Channon–Little, L. D., & Rosser, B. R. S. (2000). *Sexual health concerns: Interviewing and history taking for health practitioners* (2nd ed.). Philadelphia: Davis.

Roth, A., & Fonagy, P. (2005). *What works for whom?* (2nd ed.). New York: Guilford Press.

Rudd, M. D., Joiner, T. E., Jr., & Rajab, H. (2001). *Treating suicidal behavior: An effective, time-limited approach*. New York: Guilford Press.

Ruiz, M. A., Drake, E. B., Glass, A., Marcotte, D., & van Gorp, W. G. (2002). Trying to beat the system: Misuse of the Internet to assist in avoiding the detection of psychological symptom dissimulation. *Professional Psychology: Research and Practice*, *33*(3), 294–299.

Samenow, S. (2004). *Inside the criminal mind* (rev. and updated ed.). New York: Crown.

Sarwer, D. B., & Wadden, T. A. (2006). Behavioral assessment of candidates for bariatric surgery: A patient-oriented approach. *Obesity*, *14*(Suppl. 2), 53S–62S. Retrieved from *http://onlinelibrary.wiley.com/doi/10.1038/oby.2006.283/full.*

Sarwer, D. B., Wadden, T. A., & Fabricatore, A. N. (2005). Psychosocial and behavioral aspects of bariatric surgery. *Obesity Research*, *13*, 639–648. Retrieved from *http://onlinelibrary.wiley.com/doi/10.1038/oby.2005.71/full.*

Sattler, J. M., & Hoge, R. D. (2005). *Assessment of children* (5th ed.). San Diego, CA: Jerome M. Sattler.

Schaef, A. W. (1986). *Codependency: Misunderstood–mistreated*. San Francisco: Harper & Row.

Schildkrout, B. (2011). *Unmasking psychological symptoms: How therapists can learn to recognize the psychological presentation of medical disorders*. Hoboken, NJ: Wiley.

Schildkrout, B. (2014). *Masquerading symptoms: Uncovering physical illnesses that present as psychological problems*. Hoboken, NJ: Wiley.

Segal, D. L., & Hersen, M. (Eds.). (2010). *Diagnostic interviewing* (4th ed.). New York: Springer.

Segal, D. L., & Hutchings, P. S. (2007). Writing up the intake interview. In M. Hersen & J. C. Thomas (Eds.), *Handbook of clinical interviewing with adults*. Thousand Oaks, CA: Sage.

Shapiro, D. (1965). *Neurotic styles*. New York: Basic Books.

Shea, C. S. (2002). *The practical art of suicide assessment: A guide for mental health professionals and substance abuse counselors*. New York: Wiley.

Sheehan, B. (2012). Assessment scales in dementia. *Therapeutic Advances in Neurological Disorders*, *5*(6), 349–358.

Sherin, K. M., Sinacore, J. M., Li, X. Q., Zitter, R. E., & Shakil, A. (1998). HITS: A short domestic violence screening tool for use in a family practice setting. *Family Medicine*, *30*(7), 508–512.

Shneidman, E. S. (Ed.). (1980). *Death: Current perspectives*. Palo Alto, CA: Mayfield.

Shneidman, E. S., & Collins, J. (2004). *Autopsy of a suicidal mind*. New York: Oxford University Press.

Shoben, E. J. (1956). *The psychology of adjustment: A dynamic and experiential approach to personality and mental hygiene*. Boston: Houghton Mifflin.

Slaby, A. E., Liev, J., & Tancredi, L. R. (1994). *Handbook of psychiatric emergencies* (4th ed.). Norwalk, CT: Appleton & Lange.

Smith, T., Gildeh, N., & Holmes, C. (2007). The Montreal Cognitive Assessment: Validity and utility in a memory clinic setting. *Canadian Journal of Psychiatry/Revue Canadienne de Psychiatrie*, *52*(5), 329–332.

Spengler, P. M., Miller, D. J., & Spengler, E. S. (2016). Psychological masquerade embedded in a cluster of related clinical errors: Real practice, real solutions, and their scientific underpinnings. *Psychotherapy*, *53*(3), 336–341.

Stedman's psychiatry words (4th ed.). (2007). Baltimore: Wolters Kluwer Health/Lippincott Williams & Wilkins.

Steinem, G. (1980). Erotica and pornography: A clear and present difference. In L. Lederer (Ed.), *Take back the night: Women on pornography*. New York: Morrow.

Stewart, R. E., & Chambless, D. L. (2007). Does psychotherapy research inform treatment decisions in private practice? *Journal of Clinical Psychology*, *63*(3), 267–281.

Stone, W. F., Lederer, G., & Christie, R. (Eds.). (1993). *Strength and weakness: The authoritarian personality today*. New York: Springer–Verlag.

Sue, D. W., & Sue, D. W. (2016). *Counseling the culturally diverse: Theory and practice* (7th ed.). Hoboken, NJ: Wiley.

Tangney, J. P., & Dearing, R. L. (2002). *Shame and guilt*. New York: Guilford Press.

Taylor, R. L. (2007). *Distinguishing psychological from organic disorders: Screening for psychological masquerade* (3rd ed.). New York: Springer.

Tedeschi, R. G., & Kilmer, R. P. (2005). Assessing strengths, resilience, and growth to guide clinical interventions. *Professional Psychology: Research and Practice*, *36*(3), 230–237.

Tewksbury, R. (2007). Effects of sexual assaults on men: Physical, mental and sexual consequences. *International Journal of Men's Health*, *6*(1), 22–35.

Tolin, D. F., Frost, R. O., & Steketee, G. (2010). A brief interview for assessing compulsive hoarding: The Hoarding Rating Scale–Interview. *Psychiatry Research*, *178*, 147–152. Retrieved from *www.ncbi.nlm.nih.gov/pmc/articles/PMC2914137*.

Trzepacz, P. T., & Baker, R. W. (1993). *The psychiatric mental status examination*. New York: Oxford University Press.

Tseng, W. S. (2003). *Clinician's guide to cultural psychiatry*. Amsterdam: Academic Press.

Tuckman, A. (2007). *Integrative treatment for adult ADHD: A practical, easy-to-use guide for clinicians*. Oakland, CA: New Harbinger.

Tyrer, P., Fowler–Dixon, R., Ferguson, B., & Keleman, A. (1990). A plea for the diagnosis of hypochondrical personality disorder. *Journal of Psychosomatic Research, 34*(6), 637–642.

U.S. Department of Health and Human Services. (2018). International classification of diseases (10th rev.), clinical modification: Chapter 5. Mental disorders. Retrieved from *www.cdc.gov/nchs/icd/icd10cm.htm.*

Wadden, T. A., & Stunkard, A. J. (Eds.). (2004). *Handbook of obesity treatment*. New York: Guilford Press.

Walfish, S., Vance, D., & Fabricatore, A. (2007). Psychological evaluation of bariatric surgery applicants: Procedures and reasons for delay or denial of surgery. *Obesity Surgery, 17*, 1578–1583.

Wechsler, D. (2008). *Manual for the Wechsler Adult Intelligence Scale–Fourth Edition*. San Antonio, TX: Pearson Assessments.

Wechsler, D. (2009). *Manual for the Wechsler Memory Scale–Fourth Edition*. San Antonio, TX: Pearson Assessments.

Wegner, R., Abbey, A., Pierce, J., Pegram, S. E., & Woerner, J. (2015). Sexual assault perpetrators' justifications for the actions: Relationships to rape supportive attitudes, incident characteristics, and future perpetration. *Violence against Women, 21*, 1018–1037.

Weinberg, T. S., Williams, C. T., & Moser, C. (1984). The social constituents of sadomasochism. *Social Problems, 31*, 379–389.

Westen, D., Waller, N. G., Shedler, J., & Blagov, P. S. (2014). Dimensions of personality and personality pathology: Factor structure of the Shedler–Westen Assessment Procedures–II (SWAP–II). *Journal of Personality Disorders, 28*(2), 281–318.

Widiger, T. A., & Costa, P. T., Jr. (Eds.). (2013). *Personality disorders and the five-factor model of personality* (3rd ed.). Washington, DC: American Psychological Association.

Wiger, D. E. (1998). *The psychotherapy documentation primer*. New York: Wiley.

Wiger, D. E., & Solberg, K. B. (2001). *Tracking mental health outcomes: A therapist's guide to measuring client progress, analyzing data, and improving your practice*. New York: Wiley.

Wilhelm, S., Phillips, K. A., & Steketee, G. (2013). *Cognitive-behavioral therapy for body dysmorphic disorder: A treatment manual*. New York: Guilford Press.

Womack, S. D., Hook, J. N., Ramos, M., Davis, D. E., & Penberthy, J. K. (2013). Measuring hypersexual behavior. *Sexual Addiction and Compulsivity, 20*(1–2), 68–75.

World Health Organization (WHO). (1977). *International classification of diseases* (9th rev.). Geneva: Author.

World Health Organization (WHO). (1992). *International classification of diseases* (10th rev.). Geneva: Author.

Wynne, L. C. (Ed.). (1988). *The state of the art in family therapy research*. New York: Family Process Press.

Zimmerman, I. L., & Woo–Sam, J. M. (1973). *Clinical interpretation of the Wechsler Adult Intelligence Scale*. New York: Grune & Stratton.

Zuckerman, E. L. (2006). *HIPAAHelp: A compliance manual for mental health professionals*. Armbrust, PA: Three Wishes Press.

Zuckerman, E. L. (2008). *The paper office* (4th ed.). New York: Guilford Press.

Zuckerman, E. L. & Kolmes, K. (2017). *The paper office for the digital age* (5th ed.). New York: Guilford Press.

찾아보기

ADLs 373
DSM 425
Millon의 모델 337
ICD 425
ICD-10-CM의 정신질환 진단의 참조 목록 430

ㄱ

가계도 178
가족력 171
가족면담 391
가족평가 388
가학성 성격 367
강간 외상 증후군 305
강박관념성(obsessive) 성격 361
강박 사고 115
강박 행동 94, 276
강박행동성(compulsive) 성격 351
강인함 412
강점 412
강점 기반, 회복 지향 및 인간 중심 언어 505
강점 체크리스트 507
개인력 171
건강염려증 289
검사자와의 관계 204
결과 요약 424
경계성 성격 346
경과 478
계산불능증 402
계절성정동장애 239
고지된 동의 474
공동의존성 성격 347
공동체 내 관계 문제/갈등 385
공포증 120, 300
공황 238
과거력 170, 422
관계 형성 398
관해 상태 424
교양 213
교육 23
교통 380
권위성 성격 344
근무 경력 400
기분 91
기억력 67, 253, 396
기질성 뇌 증후군 527
기초 직업 능력 373
긴급성 471, 472
길거리 마약 519
꾀병 295

ㄴ

냉담함 214
노력 200
노인성 건망증 256
뇌진탕후 증후군 301
능력 414

ㄷ

대근 운동 능력 396
대인관계 422
대인관계 행동 383
대처 기술 412
대처 및 도움 추구 행동 413
도구적 · 정서적 · 회피적 대처 412
도박 285
도움이 필요한 수준 374
독립성 381
독립적 생활 능력 373
독해력 401
돌봄 부담 380
돌봄제공자 413
동기 203, 396
두려움 222
또래/동료와의 관계 398

ㅁ

만성통증 117, 298
만성피로 증후군 275
만족 지연 능력 412
망상 96, 277
면담 22, 49
목표 달성 510
문해력 401
문화를 감안한 개념화 413
문화와 관련된 진단적 쟁점 413
문화적 감수성 413
문화적 개념과 면담 413
문화적 유능감 413
문화적 정체성 413
물질 남용 128, 501
물질 사용 140
물질 사용, 남용, 의존 318
뮌하우젠 증후군 296
미세 운동 능력 395

ㅂ
반사회성 성격 340
발달 이슈 390
발화 행동 194
방임 88
배경 정보 422
변화 단계 모델 489
병식 81, 249
보고서 22, 25, 32, 153, 511
보호 요인 477
복장 189
복장 관리 375
부인 279
분노 221
불안 92, 222, 524
비밀보장 163
비현실감 279

ㅅ
사고의 흐름 262
사례 개념화 490
사전 동의 51, 159
사회력 171
사회 및 지역사회 활동 383
사회/지역사회 활동 참여 384
사회적 성숙도 261
사후 관리 424
산술력 244
산술장애 402
상식 248
생활 능력 373
생활양식 381
생활환경 378
선별 도구 55
선행 요인 477
섭식장애 104, 281, 411
성격 5요인 모델 338
성공/실패/피드백에 대한 반응 208
성과 422
성기능장애 525
성적 관심 239
성적 충동성 310
성 정체성 106
수동-공격성 성격 366
수리 능력 402
수면 125
수면장애 314
수집광 288
수치심 235
수퍼비전 23
순환성장애 227
스토킹 317
시력 396
신경성 식욕부진증 281
신경성 폭식증 282
신뢰도 159
신뢰도에 대한 진술 422
신체이형장애 93, 274
실행 기능 248
심리검사 41
심리적/정신의학적 평가
쓰기 402

ㅇ
약물치료 520
약점 412
언어 능력 400
언어 이해력 66
에이즈 치매 증후군 268
여가 407
연극성 성격 356
영성 413
예후 477
외모 183, 396
외상후 스트레스장애 301
요리 375
요약 421
우울증 98, 227, 411, 525
운동 능력 395
움직임 190
월경전불쾌감장애 304
위기개입 504
위험 인식 378
위험 인식 및 대처 376
유언 능력 415
의뢰 424, 474
의뢰 사유 167, 388, 422
의료적 필요성 471
의사결정 246, 399
의사소통 397
의식 수준 246
의존성 211
의존성 성격 353
이인성 279
인신매매 330
인지 기능 243, 422
일상생활 수행 능력 373
읽기 및 쓰기 능력 400
임상적 근거 471

ㅈ
자기관리 기술 379
자기애성 성격 358
자기파멸성 성격 370
자녀 부양/양육 392
자문 423
자본 관리 능력 414
자산 412
자살 141, 322, 417
자살 사고/위협/행동/시도 472
자살 충동 422
자아상 212
자폐스펙트럼장애 271
자해 120

자해 위험 472
자해 행동 309
장애 보고서 403
장애평가 403
장애평가 보고서 395
재정 능력 376, 414
재정 능력 평가 414
적응 176
적응 기능 373
전반적 생활양식 383
전원 424
접수면담 388
정동 91
정서적 반응성 398
정서 조절 422
정신과적 가장 523
정신상태평가 59, 82
정신증 530
정신질환 진단의 참조 목록 426
제1형 양극성장애 226
제2형 양극성장애 226
제언 421, 471
조증 114, 236, 526
조현병 308
조현성 성격 368
조현형 성격 369
종결 423, 424
종교 413, 416
종교 및 영적 문제 415
좌절 인내성 412
죄책감 235
주의력 64, 200, 244
주의력결핍/과잉행동장애 269
주호소 문제 53, 388
죽음 417
증상 87, 267
증후군 267
지남력 62, 258
지남력, 기억, 판단, 읽기 능력, 정서 곤란, 지능의 평가 414
지능 250, 252
지속성 203
직업 능력 403
직업 및 학업 기능 395
직업/학업 능력 385, 395
진단적 진술 421, 423
진단적 진술/소견 425
진단한정어 429
집안일/집안 관리/가사생활 기술 375
집중력 65, 200, 245, 396
징후 87, 267

ㅊ

착각 112, 290
참여/수행의 질 408
철자쓰기 402
청각 396
청소 375
체계적 가족 구조 387
체크리스트 373, 395
촉발 요인 477
추가 평가 423
추상적 사고 259
충동 조절 113
충동조절장애 290
치료 475
치료 가능성 473
치료 계획 485
치료 노트 515
치료에 대한 순응/불순응 94
치료 필요성 471
치료 효과 485
치매 247, 527

ㅋ

커플관계 393
커플 및 가족관계 383, 387

ㅌ

타당도 159
태도 211
태아 알코올 증후군 284

ㅍ

판단 257
편집성 성격 363
편집증 118, 300
평가 373
평가/검사/질문 방법에 대한 반응 201
평가 도구 373
폭력 145, 292
폭력 행동 332
폭식장애 283

ㅎ

학대 88, 90, 267
향정신성 약물 311, 517
해리 102
해리성 정체성장애 355
현실 검증력 259
현재 문제 388
협응 67, 395
호소 문제 53
환각 111, 286
활동 190
활력 395
활용 예시 18
회복 패러다임 505
회피성 성격 345
효과평가 510

저자 소개

Edward L. Zuckerman, PhD는 임상가들이 효율적이고 실용적으로 활용할 수 있는 도구를 자문하고 개발하고 있다. 그는 1960년대에 뉴욕 벨뷰 병원의 신경정신과 보조원으로 일하면서 자신의 열정을 발견했다. Zuckerman 박사는 다양한 임상 장면에서 성인 내담자들을 만났고, 주립병원에서 코디네이터로 일했으며, 학부생을 지도했고, 임상심리학 분야 전반에서 오랫동안 독립적인 임상 활동을 해 왔다. 그는 현재 미국 펜실베이니아주 서부의 시골에 살고 있다.

역자 소개

조성근(Cho, Sungkun)
미국 하와이주립대학교 심리학 박사
현 충남대학교 심리학과 교수
정신건강임상심리사 1급, 임상심리전문가

〈주요 저서 및 역서〉
임상심리학(공저, 학지사, 2022)
건강심리학(11판, 공역, 시그마프레스, 2022)
임상면담: 기초와 적용(6판, 공역, 학지사, 2020)

〈주요 역서〉
MMPI-2 해설서(공역, 학지사, 2020)
외상의 치유 인생의 향유: 트라우마의 수용전념치료(공역, 학지사, 2014)
성격장애의 인지치료(공역, 학지사, 2008)

심은정(Shim, Eun-Jung)
이탈리아 로마 교황청립 살레시안대학교 심리학 박사
현 부산대학교 심리학과 교수
임상심리전문가, 상담심리사 1급

〈주요 역서〉
건강심리학(11판, 공역, 시그마프레스, 2022)

유성진(Yoo, Seongjin)
서울대학교 심리학 박사
현 한양사이버대학교 상담심리학과 교수
정신건강임상심리사 1급, 임상심리전문가

한경훈(Han, Kyung Hun)
독일 뮌헨대학교 심리학 박사
현 부산대학교 스포츠과학부 부교수
임상심리전문가

〈주요 역서〉
건강심리학(11판, 공역, 시그마프레스, 2022)

노가은(No, Gaeun)
중앙대학교 심리학 석사
현 이해와 공감 심리상담센터 원장
정신건강임상심리사 1급, 임상심리전문가

정신건강 임상가를 위한 핸드북(원서 8판)

면담 수행 및 보고서 작성 지침

Clinician's Thesaurus (8th ed.)

The Guide to Conducting Interviews and Writing Psychological Reports

2023년 1월 10일 1판 1쇄 인쇄
2023년 1월 15일 1판 1쇄 발행

지은이 • Edward L. Zuckerman
옮긴이 • 조성근 · 심은정 · 유성진 · 한경훈 · 노가은
펴낸이 • 김진환
펴낸곳 • (주) 학지사
04031 서울특별시 마포구 양화로 15길 20 마인드월드빌딩
대표전화 • 02)330-5114 팩스 • 02)324-2345
등록번호 • 제313-2006-000265호

홈페이지 • http://www.hakjisa.co.kr
페이스북 • https://www.facebook.com/hakjisabook

ISBN 978-89-997-2784-9 93180

정가 28,000원

역자와의 협약으로 인지는 생략합니다.
파본은 구입처에서 교환해 드립니다.